PROTÁGORAS

DE PLATÃO

Coleção Textos

Dirigida por:

João Alexandre Barbosa (1937-2006)
Roberto Romano
Trajano Vieira
João Roberto Faria
J. Guinsburg

Equipe de realização – Edição de texto: Giacomo Leone Neto; Revisão: Marcio Honorio de Godoy; Ilustrações: Sergio Kon; Projeto de capa: Adriana Garcia; Produção: Ricardo W. Neves, Sergio Kon, Lia N. Marques, Luiz Henrique Soares e Elen Durando.

PROTÁGORAS
DE PLATÃO
ತಿ
OBRAS III

DANIEL ROSSI NUNES LOPES

TRADUÇÃO, ESTUDO INTRODUTÓRIO,
NOTAS E COMENTÁRIOS

Esta publicação contou com o apoio da Fapesp – processo n. 2016/05551-3, por meio do programa "Auxílio à Pesquisa – Publicações Científicas".
As opiniões, hipóteses e conclusões ou recomendações expressas neste material são de responsabilidade do autor e não necessariamente refletem a visão da Fapesp.

CIP-Brasil. Catalogação na Publicação
Sindicato Nacional dos Editores de Livros, RJ

P96

Protágoras de Platão : obras III / organização e tradução Daniel R. N. Lopes. - 1. ed. - São Paulo : Perspectiva : Fapesp, 2017.
680 p. ; 22 cm. (Textos ; 19)

Tradução de: *Protágoras*
anexos
ISBN 978852731112-0

1. Filosofia. I. Lopes, Daniel R. N. II. Fundação de Amparo à Pesquisa do Estado de São Paulo. III. Série.

17-44502
CDD: 100
CDU: 1

01/09/2017   06/09/2017

1ª edição

Direitos reservados em língua portuguesa à
EDITORA PERSPECTIVA LTDA.

Av. Brigadeiro Luís Antônio, 3025
01401-000 São Paulo SP Brasil
Telefax: (11) 3885-8388
www.editoraperspectiva.com.br

2017

*Agradeço à Fapesp a concessão do auxílio a esta publicação
e a bolsa de pós-doutorado (BPE 2011/02005-4),
para a realização de parte deste trabalho,
junto à Universidade de Cambridge (Inglaterra).*

Em memória do Filósofo, o cão

SUMÁRIO

Cronologia 11

Agradecimentos. 15

Apresentação 17

Estudo Introdutório:
FILOSOFIA E SOFÍSTICA NO *PROTÁGORAS*, DE PLATÃO

1. O Problema da Distinção Entre "Filósofo" e "Sofista"... 25
   A Semântica do Termo *Sophistēs*; A Noção Genérica de
   "Sofista" em Platão

2. A Construção da Figura do "Sofista" no *Protágoras*....45
   Prólogo (309a-310a); O Caso Hipócrates (310a-314e); A Descrição
   do Ambiente Sofístico (314e-316a); O Estabelecimento
   do Diálogo Entre Sócrates e Protágoras (316a-320c);
   A *Epideixis* de Protágoras (320c-328d); Considerações Finais

3. A Unidade das Virtudes: As Duas Primeiras
   Provas/Refutações 97
   A Proposição do Problema: A Unidade das Virtudes
   (328d-330b); A Primeira Refutação/Prova: Justiça e Piedade

(330b-332a); A Segunda Refutação/Prova: Sabedoria e Sensatez/ Temperança (332a-333b) Considerações Finais

4. A "Crise" do Diálogo e a Inversão dos Papéis 153

A Terceira Prova/Refutação Incompleta (333b-334c);
O Impasse Sobre a Modalidade de Diálogo (334c-338e);
A Incursão de Protágoras na *Brakhulogia* (338e-340e);
A Sátira da Figura de Pródico (340e-342a)

5. A Incursão de Sócrates na *Makrologia* 191

A Crítica de Sócrates à Exegese Poética (347b-348a);
O Proêmio da Exegese de Sócrates (342a-343c); A Exegese
de Sócrates (343c-347a); Considerações Finais

6. O Retorno à *Brakhulogia*: Sócrates "Erístico"? 253

A Reformulação da Tese Protagoriana (348b-349d);
A Análise do Argumento à Luz dos Elementos Dramáticos
(349e-351b); Considerações Finais

7. O Argumento Hedonista: A Refutação Final....... 289

A Proposição do Problema: O Prazer, Enquanto Prazer,
É Bom? (351b3-d11); O Problema da *Akrasia* (352a1-353b6);
O Exame do Hedonismo (353c1-354e2); A Reformulação da
Akrasia à Luz do Hedonismo (354e2-356c3); A Negação
da *Akrasia* à Luz do Hedonismo (356c4-357e8);
A Recapitulação dos Argumentos e a Preparação Para o
Elenchos Final (358a2-359a1); O *Elenchos* da Tese
de Protágoras (359a1-360e5); Considerações Finais

8. Epílogo: Um Diálogo Aporético?................. 355

Tradução
PROTÁGORAS, DE PLATÃO....................... 369

Protágoras: Estrutura do Diálogo 537
COMENTÁRIOS

1. Prólogo: Sócrates e um Amigo Anônimo: 309a-310a 539

2. Sócrates e Hipócrates: 310a-314c 540

3. A Casa de Cálias: 314c-316a 553

4. Sócrates e Protágoras: A Virtude Pode Ser Ensinada? 316a-320c 558
5. *Mito* e *Logos* de Protágoras: 320c-328d 574
6. Unidade das Virtudes: 328d-334c 594
7. Crise do Diálogo: 334c-338e 602
8. Exegese do Poema de Simônides: 338e-347a 614
9. Interlúdio: Hípias, Alcibíades e Sócrates: 347a-348c. 628
10. Unidade das Virtudes: 348c-360e 633
11. Epílogo: 360e-362a 655

Bibliografia 661
Anexo 1:
     Diógenes Laércio – Vida de Protágoras (9.50-56) . . . 671
Anexo 2:
     Planta da casa de Cálias 678

CRONOLOGIA

431	Início da Guerra do Peloponeso.
428/427	Nascimento: Arístocles (provavelmente seu nome verdadeiro) receberá o apelido de Platão, por causa do tamanho de seu corpo (*platos* em grego significa extensão; cf. Diógenes Laércio, 3. 4); uma segunda interpretação refere o termo ao tamanho da testa; e uma terceira, à extensão do estilo (cf. Diógenes Laércio, 3. 4); a família é da alta aristocracia ateniense: a mãe, Perictione, é prima de Crítias, um dos Trinta Tiranos, irmã de Cármides (a quem Platão dedicou um diálogo homônimo); o pai, Áriston, pertencia a uma estirpe que se vangloriava de ter entre seus antepassados Codro, antigo rei de Atenas (cf. Diógenes Laércio, 3.1); Platão tem três irmãos: Adimanto, Glauco, (personagens da *República*) e Potone, mãe de Espeusipo (o qual sucederá a Platão na direção da Academia); educação nobre: retórica, ginástica, pintura, poesia lírica e trágica (cf. Diógenes Laércio, 3.4-5); teria sido discípulo de Crátilo (cf. Diógenes Laércio, 3.5-6; Aristóteles, *Metafísica*, 987 a 32).
413	Derrota na Sicília da expedição ateniense promovida por Alcibíades.
409-407	Período da efebia: Platão teria participado de três campanhas militares, em Tanagra, Corinto e Délio. Nesta última, ter-se-ia

	distinguido por seu valor (cf. Aristóxeno, fr. 51 Wehril = Diógenes Laércio, 3.8).
408-407	Aos vinte anos conhece Sócrates, torna-se seu discípulo (cf. Diógenes Laércio, 3.6), tendo se dedicado antes a atividades poéticas e frequentado as lições de Crátilo, um discípulo de Heráclito.
405	Atenas perde sua frota no conflito com Esparta.
404	Sítio e capitulação de Atenas; condições para paz impostas por Esparta, sendo estabelecida hegemonia espartana; oligarquia em Atenas, os Trinta Tiranos, de que participa Crítias, tio de Platão; este o convida a participar da vida política, mas Platão se decepciona.
403-402	Com o fim da Guerra do Peloponeso, Atenas fica empobrecida; Crítias morre em batalha e cai o governo dos Trinta Tiranos.
399	Sócrates é condenado à morte, em grande parte pelos democratas que, em 401, haviam retomado o poder.
399-390	A condenação de Sócrates leva Platão a afastar-se da vida política, indo para Mégara com alguns socráticos (cf. Diógenes Laércio, 3.6), possivelmente para resguardar-se de perseguições; permanece lá por pouco tempo, depois parte para uma longa viagem, quando provavelmente conhece o matemático Teodoro de Cirene e o pitagórico Arquitas de Tarento; visita Creta, Egito e outros países (cf. Diógenes Laércio, 3.6); volta para Atenas a fim de cumprir obrigações militares; participou talvez, em 394, da batalha de Corinto, na qual Esparta e seus aliados derrotaram os atenienses e tebanos.
390-385	Data provável de composição dos diálogos *Apologia de Sócrates, Criton, Hípias Menor, Hípias Maior, Íon, Laques, Cármides, Eutífron, Lísis, Alcibíades I, Alcibíades II* (discutível), *Protágoras, Górgias, Menêxeno,* Livro I da *República* ou *Trasímaco.*
388	Primeira viagem ao sul da Itália; encontro com o pitagórico Arquitas de Tarento – filósofo, matemático e político; vai a Siracusa com o intuito de convencer Dioniso I a pôr em prática seus ideais filosófico-políticos (cf. *Carta VII*, 326d-327b); estabelece amizade com Dion, parente do tirano; Dioniso ter-se-ia irritado com Platão e vendido o filósofo como escravo em Egina, onde o socrático Aniceris de Cirene o teria comprado e libertado (cf. Diógenes Laércio, 3.18-21): informações de natureza anedótica reportadas por Diógenes Laércio; Platão não menciona esse episódio na *Carta VII*).

387	Volta para Atenas; adquire um ginásio e um parque dedicado a Academo e funda aí uma escola que, por causa do nome do herói, recebe o nome de Academia. Platão a teria instituído em contraposição à escola de Isócrates em Atenas por volta de 391 a.C., cujo ensinamento primordial era a técnica retórica.
385-367	Data provável da composição dos diálogos *Clitofonte* (discutível), *Mênon, Fédon, Eutidemo, Banquete,* Livros II-X da *República, Crátilo, Fedro.* Início provável da composição dos diálogos *Teeteto* e *Parmênides.*
377	Paz geral entre Atenas e Esparta.
369	Luta permanente pela hegemonia; aumento do emprego de mercenários; separação entre a cidadania civil e a militar.
367-366	Segunda viagem ao sul da Itália; Dioniso II, que sucedera seu pai em Siracusa, poderia ser levado a realizar o projeto político do filósofo, ao ver de Dion; mas a relação entre o tirano e seu tio é marcada por divergências e litígios; Dioniso II então o exila, mas mantém Platão como amigo e conselheiro; desfrutando dessa amizade, Platão tenta reconciliar Dion com o tirano, na esperança de realizar em Siracusa seu projeto filosófico-político (cf. *Carta VII,* 327b-330c).
365	Dioniso II se envolve numa guerra e Platão é obrigado a voltar a Atenas; Dioniso II promete a Platão que, com o fim da guerra, ele o convidaria novamente a retornar a Siracusa junto a Dion; ao retornar a Atenas, Platão retoma as atividades na Academia; Aristóteles na Academia.
365-361	Data provável da composição dos diálogos *Teeteto, Parmênides e Sofista.* Início provável da composição dos diálogos *Político* e *Filebo.*
361-360	Terceira viagem ao sul da Itália; Platão deixa-se convencer por Dioniso II a aceitar um novo convite e retorna a Siracusa, mas sem a participação de Dion; as relações entre o tirano e o filósofo ficam logo estremecidas, quando Dioniso II se mostra irredutível em sua inimizade e hostilidade contra Dion, de quem Platão era amigo; Platão é feito prisioneiro e tem a sua vida ameaçada, mas é salvo por interseção de Arquitas de Tarento, o qual mantinha boas relações com o tirano (cf. *Carta VII,* 337e-350b); parte de Siracusa.
360	Em seu retorno a Atenas, Platão passa por Olímpia e encontra Dion, que preparava uma expedição contra Dioniso II; o filósofo procura conciliar o conflito; retorna a Atenas.

360-347	Data provável da composição dos diálogos *Político*, *Filebo*, *Timeu*, *Crítias* e *Leis*.
357	Dion toma o poder em Siracusa.
353	Dion é assassinado por uma conspiração chefiada por Calipo, discípulo de Platão.
346-347	**Morte de Platão com cerca de 80 anos;** estava redigindo as *Leis*, que restaram inacabadas: sua divisão em 12 livros e publicação teriam sido obra de Felipe de Opunte, o qual, por sua vez, teria escrito e incluído como 13º Livro o diálogo *Epínomis;* sucessão na Academia: Espeusipo, Xenócrates, Pólemon, Crantor e Crates.
346	Paz de Filócrates entre Macedônia e Atenas.
343-342	Divisão política em Atenas entre Isócrates, que apóia Filipe na sua proposta de unir a Grécia contra os persas, e Demóstenes, que põe em primeiro plano a luta contra Filipe.
340	Formação da liga helênica contra Filipe.
336	Morre Filipe II da Macedônia.

AGRADECIMENTOS

Gostaria de agradecer a Jacó Guinsburg e Gita Guinsburg o fato de acolherem meu trabalho sobre Platão na editora Perspectiva, concedendo-me absoluta liberdade para a delimitação do escopo e formato desta edição do diálogo *Protágoras* que ora vem a público; aos professores Marco Zingano e Roberto Bolzani Filho (Faculdade de Filosofia/USP), que se dispuseram a ler gentilmente a versão preliminar deste livro, externando uma série de observações, sugestões e críticas que ajudaram sobremaneira a aprimorar o resultado final desta pesquisa; aos professores Evan Keeling (Faculdade de Filosofia/USP), Fátima Évora (Faculdade de Filosofia/Unicamp), Fernando Gazoni (Faculdade de Letras/Unifesp), Gisele Amaral dos Santos (Faculdade de Filosofia/UFRN), Paulo Ferreira (Faculdade de Filosofia/Unifesp) e Raphael Zillig (Departamento de Filosofia/UFRGS), com quem tenho mantido uma interlocução constante e profícua sobre diversas questões filosóficas no âmbito dos seminários do Projeto Temático Fapesp coordenado pelo professor Marco Zingano; aos demais participantes dos seminários sobre o diálogo *Protágoras*, levados a cabo em 2014, junto ao referido Projeto Temático Fapesp, quando discutimos intensamente problemas de natureza teórica e exegética, relativos à recepção deste diálogo pela crítica contemporânea; aos colegas das áreas de Língua e Literatura Grega e Língua e Literatura Latina da Universidade de São Paulo, às ótimas condições de trabalho e à cooperação em docência e pesquisa; aos professores David Sedley e Malcolm Schofield, que me propiciaram as melhores condições de trabalho na Universidade de Cambridge (Inglaterra), no período em que estive como *visiting scholar* para desenvolver parte desta pesquisa (2011-2012); ao professor Andrea Capra (Universidade de Milão), com quem tenho mantido uma interlocução muito valiosa sobre a exegese dos diálogos platônicos e sua relação com outros gêneros literários; aos(às) orientandos(as) e/ou ex-orientandos(as) Ana Cristina Dias, Antônio Vieira Pinto, Bruna Câmara, Danilo Costa Leite, Flávia Vasconcellos Amaral, Francisco de Assis Barros, Helena Maronna, Rodrigo Illarraga, Ticiano Lacerda e Vanessa Gomes, que têm sido meus interlocutores privilegiados e compartido ativamente do desenvolvimento de minha pesquisa sobre os diálogos platônicos, historiografia e retórica gregas; aos estudantes dos cursos de graduação e pós-graduação, quando tive a oportunidade de lecionar sobre o diálogo *Protágoras*, apresentando-lhes os resultados parciais desta pesquisa que ora se concretiza; e, por fim, à minha esposa e companheira de tantos anos, Bianca Fanelli Morganti, com quem partilho meus anseios, minhas dúvidas e minhas convicções, apoiando-me incondicionalmente em todas as circunstâncias.

APRESENTAÇÃO

O presente trabalho compreende: i. a tradução do texto grego original para o português do diálogo *Protágoras*, de Platão; ii. um estudo introdutório que acompanha passo a passo a argumentação do texto; iii. notas de rodapé à tradução com informações básicas relevantes para a elucidação de pontos específicos do diálogo; iv. comentários à tradução que complementam pontualmente a discussão desenvolvida no estudo introdutório; e v. anexos como material suplementar. A finalidade é oferecer ao público um livro sobre esta obra seminal da história da filosofia que contemple tanto o leitor iniciante quanto o mais versado no pensamento platônico, contribuindo, assim, para os estudos sobre literatura grega e filosofia antiga realizados no Brasil. O princípio básico que regeu todo o trabalho de tradução foi aliar o rigor filosófico necessário para verter apropriadamente o texto de Platão ao vernáculo e a atenção à naturalidade das soluções em português, objetivando uma leitura fluente, clara e agradável ao leitor. A função das notas e dos comentários que acompanham o trabalho de tradução é salientar e discutir pontualmente diferentes aspectos do texto, sejam filosóficos, sejam históricos, literários ou linguísticos, com o intuito de elucidar o leitor sobre informações que não se encontram na superfície do texto, mas que auxiliam a sua compreensão. Para tal fim, foram de grande valia as edições comentadas do *Protágoras*, especialmente as de J. Adam & A.M. Adam, de C.C.W. Taylor e de Nicholas Denyer[1], além da vasta bibliografia crítica que aborda, sob diferentes ângulos e recortes, essa complexa obra do filósofo.

O extenso estudo introdutório, por sua vez, oferece uma leitura do *Protágoras* que acompanha passo a passo a argumentação do diálogo, tendo como tema geral a distinção entre a figura do "filósofo", na imagem de Sócrates, e a do "sofista", na imagem de Protágoras (e, secundariamente, na de Hípias e Pródico), uma vez que as noções de "filosofia" e "sofística", que parecem ser incontroversas para nós hoje, estavam em pleno processo de delineamento no interior do pensamento platônico. A natureza deste estudo poderia ser definida, em termos gerais, como uma leitura literário-filosófica do diálogo, na medida em que se busca salientar a relevância dos elementos dramáticos e literários inerentes ao gênero dialógico para a compreensão de certos problemas de ordem estritamente filosófica[2] – no caso específico do *Protágoras*, a ensinabilidade da virtude e, subordinada a ela, a unidade das virtudes. O estudo se insere, assim, em uma tendência atual dentro dos estudos platônicos de integrar os elementos característicos do gênero de escrita ao qual Platão se dedicou, designado por Aristóteles na *Poética* de *Sōkratikoi logoi* ("discursos socráticos", 1447b9-13), ao exame dos

---

1. J. Adam; A.M. Adam, *Plato: Protagoras*, Cambridge: Cambridge University Press, 1905; C.C.W. Taylor, *Plato: Protagoras*, Oxford: Clarendon, 1990; N. Denyer, *Plato: Protagoras*, Cambridge: Cambridge University Press, 2008.

2. Utilizo aqui a distinção genérica entre elementos "literários" e "dramáticos" proposta por Gerald Press: "Escolha de palavras, gramática, sintaxe, estilo, idioma, ironia, humor, metáforas, referências, citações e alusões são características literárias objetivas dos diálogos; personagens, contexto, ação, jogos de cena, enquadramento dramático, a ausência, presença ou multiplicidade de níveis narrativos são, similarmente, características dramáticas objetivas." G.A. Press, The Dialogical Mode in Modern Plato Studies, em R. Hart; V. Tejera (eds.), *Plato's Dialogues: The Dialogical Approach*, Lewiston, Maine: Edwin Mellen Press, 1997, p. 4.

APRESENTAÇÃO

tópicos filosóficos estritos de cada diálogo, oferecendo assim uma leitura alternativa ao viés preponderantemente analítico de grande parte da produção crítica sobre a sua obra. Para esse propósito, os estudos de Andrea Capra e Andrea Nigthingale[3], por exemplo, bem como as recentes coletâneas de artigos que abordam sob diferentes matizes a relação do diálogo filosófico com os outros gêneros de escrita (em verso ou em prosa)[4] serviram como material de referência para a metodologia adotada na consecução do texto.

No caso específico do *Protágoras,* esse tipo de abordagem literário-filosófica é especialmente profícuo, visto que, aos aspectos dramáticos e literários, é conferida uma grande relevância pelo autor, seja pela apropriação de elementos da comédia (mais especificamente, das peças *Os Aduladores*, de Êupolis, e *As Nuvens*, de Aristófanes), seja pela paródia dos modos de discurso e das atividades pedagógicas dos chamados "sofistas", ou pela inserção no corpo do diálogo de uma longa exegese de um canto do poeta Simônides, ou ainda pela função específica desempenhada pelo narrador (no caso, o próprio Sócrates), que oferece ao leitor uma gama de informações úteis para a compreensão do próprio andamento e direcionamento da discussão entre os protagonistas. O presente estudo busca, em última instância, revelar ao leitor a importância das particularidades do gênero de escrita, empreendido por Platão, para o entendimento de seu conteúdo filosófico.

---

3. A. Capra, *Agōn Logōn. Il "Protagora" di Platone tra Eristica e Commedia*, Milano: LED, 2001; Andrea W. Nightingale, *Genres in Dialogue,* Cambridge: Cambridge University Press, 1995.

4. G.R. Boys-Stones; J.H. Haubold (eds.), *Plato and Hesiod*, Oxford: Oxford University Press, 2010; C. Collobert; P. Destrée; F. Gonzalez (eds.), *Plato and Myth: Studies on the Use and Status of Platonic Myths,* Leiden: Brill, 2012; P. Destrée; F.G. Herrmann (eds.), *Plato and the Poets*, Leiden: Brill, 2011; F.J. Gonzalez (ed.), *The Third Way: New Directions in Platonic Studies,* Lanham: Rowman & Littlefield Publishers Inc., 1995; C.L. Griswold (ed.), *Platonic Writings: Platonic Readings,* London: Routledge, 1988; R. Hart; V. Tejera (eds.), *Plato's Dialogues: The Dialogical Approach,* Lewiston, Maine: Edwin Mellen Press, 1997; Ann N. Michelini (ed.), *Plato as Author: The Rhetoric of Philosophy,* Leiden-Boston: Brill, 2003.

Por fim, esta edição bilíngue do *Protágoras*, de Platão, adota como texto-base a edição canônica do texto grego realizada por John Burnet[5] (1903), que vem estampada na página à esquerda, acompanhada da tradução do trecho correspondente na página à direita. O *Protágoras, de Platão* integra a coleção Textos Platão, dirigida por Jacó Guinsburg e por mim.

São Paulo, outubro de 2016.

D.R.N.L.

---

5. *Platonis Opera*, t. III, Oxford: Clarendon, 1968.

ESTUDO INTRODUTÓRIO:

FILOSOFIA E SOFÍSTICA
NO *PROTÁGORAS* DE PLATÃO*

* As traduções de todos os textos gregos citados no livro são de minha autoria.

O belo Protágoras de Platão, além de ser uma invectiva contra vários poetas e homens sábios, encena a vida de Cálias de modo mais teatral que Os Aduladores, *de Êupolis.*

ὁ δὲ καλὸς αὐτοῦ Πρωταγόρας πρὸς τῷ καταδρομὴν ἔχειν πολλῶν ποιητῶν καὶ σοφῶν ἀνδρῶν ἐκθεατριζόμενον ἔχει καὶ τὸν Καλλίου βίον μᾶλλον τῶν Εὐπόλιδος Κολάκων.

Ateneu, *Deipnosophistae* 11.115

1. O PROBLEMA DA DISTINÇÃO ENTRE "FILÓSOFO" E "SOFISTA"

1.1. A Semântica do Termo Sophistēs

Do ponto de vista da estrutura dramática do diálogo, o *Protágoras* pode ser dividido em três movimentos: a. uma breve conversa em *diálogo direto* (i.e., sem a mediação de um narrador) entre Sócrates e um amigo anônimo, a quem será narrado o encontro com Protágoras que acabara de acontecer na casa de Cálias (309a-310a); b. a narração de Sócrates, que reporta uma conversa privada em sua casa com o jovem Hipócrates, que solicitava a Sócrates que o apresentasse a Protágoras para se tornar discípulo do sofista (310a-314c); e c. a narração de Sócrates que relata seu diálogo com Protágoras no interior na casa de Cálias, onde também se encontravam Hípias e Pródico, além da fina flor da juventude aristocrática ateniense, e, em especial, Crítias e Alcibíades (314c-362a). O deslocamento da cena da casa de Sócrates para a casa de Cálias é marcada, contudo, por um breve interlúdio que compreende a intervenção da figura do "eunuco", que cuidava da entrada dos visitantes na casa do anfitrião dos sofistas. O episódio é narrado da seguinte maneira:

Quando nos aproximamos do portão, detivemo-nos ali e continuamos a dialogar sobre um assunto que nos surgiu durante o percurso. A fim de que a discussão não ficasse inconclusa e só entrássemos depois de tê-la terminado, paramos diante do portão e persistimos no diálogo até que chegássemos a um consenso. Parece-me, pois, que o porteiro, um eunuco, estava nos ouvindo, e é provável que, devido ao grande afluxo de sofistas, estivesse irritado com os visitantes da casa. Assim, tão logo batemos à porta, ele a abriu e, mirando-nos, falou o seguinte:

— Ah, não! Sofistas! Ele está ocupado.

E ao mesmo tempo, com ambas as mãos, fechou a porta na nossa cara com todas as suas forças. Nós tornamos a bater, e ele, atrás da porta trancafiada, disse-nos em resposta:

— Homens, vocês não acabaram de ouvir que ele está ocupado?

— Mas, bom homem – tornei eu –, nem viemos à procura de Cálias, nem somos sofistas. Tenha confiança! É a Protágoras que solicitamos e desejamos ver. Anuncie-nos!

A duras penas, então, o homem nos abriu a porta. (314c3-e2)

A cena tem claramente uma nuança cômica, e, numa primeira leitura, pode parecer algo trivial, cujo fim seria apenas entreter o leitor[1]. Todavia, é por meio dessa personagem secundária do "eunuco" que Platão toca sutilmente em um problema que perpassa não apenas o *Protágoras*, mas se estende igualmente a outros diálogos: a confusão da figura de "Sócrates" com a do "sofista", que será construída por Platão, em linhas gerais, como

---

1. Em seu estudo sobre *Protágoras*, Andrea Capra identifica três elementos estruturais da comédia antiga que aparecem no diálogo: i. a mudança de cena; ii. o motivo da "porta fechada" que abre para outro mundo; e iii. os *agônes*, os embates verbais. Na comédia aristofânica, o protagonista – ou seja, o herói cômico – move-se de um contexto familiar, realístico, para confrontar outro mundo, situado num espaço diferente e separado por uma porta fechada. Ao tentar superar essa barreira, o herói encontra resistência da parte de uma personagem secundária, que funciona como uma espécie de figura de bloqueio, impedindo-o momentaneamente de adentrar esse novo espaço. Essa estrutura dramática aparece em *As Nuvens* (da casa de Estepsíades para o "pensatório" de Sócrates), em *A Paz* (da casa de Trigueu para a morada dos deuses) e em *As Rãs* (da casa de Héracles para o reino subterrâneo de Hades); ver A. Capra, *Agôn Logôn: Il "Protagora" di Platone tra Eristica e Commedia*, p. 65. A narração de Sócrates, nesse sentido, se baseia em tais elementos cômicos que provavelmente Platão se apropria na construção do drama filosófico. Sobre a atmosfera cômica do *Protágoras*, ver também G. Casertano, As Virtudes e a Virtude: Os Nomes e o Discurso, em M. Migliori; L.M.N. Valditara, *Plato Ethicus*, p. 85-87; M. Dorati, Platone ed Eupoli ("Protagora" 314c-316a), *Quaderni Urbinati di Cultura Classica*.

o antípoda do "filósofo", enquanto um *pseudofilósofo*. Como vem sendo ressaltado por vários estudiosos nas últimas décadas, a distinção entre "filósofo" e "sofista" (e, por conseguinte, entre "filosofia" e "sofística"), tal como hoje nós a concebemos, é resultado de uma operação, sobretudo, platônico-aristotélica[2]. Do ponto de vista histórico, no entanto, as ocorrências dos termos *philosophos* e *sophistēs* (e seus correlatos) na literatura grega supérstite do séc. v a.C. não denotam exatamente o que ambos os termos passaram a designar posteriormente nas obras dos dois filósofos. A princípio, o termo grego *sophistēs* ("sofista"), da mesma raiz de *sophia* ("sabedoria") e *sophos* ("sábio"), era empregado no séc. v a.C. para se referir a diversos tipos de indivíduos reputados como sábios: os poetas (Píndaro, *Ístmicas* 5.28), os adivinhos (Heródoto, *Histórias* 2.49), os músicos (Ésquilo, Fr. 314), os chamados "Sete Sábios" (Heródoto, *Histórias* 1.29), os investigadores da natureza (Hipócrates, *De Prisca Medicina* 20.1-6)[3]. O uso do termo, nesses casos, tem uma conotação positiva, qualificando uma competência específica sobre um certo campo do saber que distingue a figura do *sophistēs* dos homens comuns[4]. Sendo assim, o sentido primeiro de *sophistēs* conserva em si a afinidade semântica com os termos correlatos *sophia* e *sophos*[5].

---

2. G.B. Kerferd, *The Sophistic Movement*, p. 13-30. Em linhas gerais, Platão e Aristóteles delineiam em suas obras a noção de "sofística" como uma *falsa sabedoria* e/ou *uma sabedoria aparente*: ver Platão, *Sofista* 268b-d; Aristóteles, *Refutações Sofísticas* 165a21-23; *Metafísica* I 1004b25-26.

3. G.B. Kerferd, *The Sophistic Movement*, p. 24-25. Ver também W. Guthrie, *A History of Greek Philosophy*, vol. III, p. 27 34; E. Schiappa, *Protagoras and Logos: A Study in Greek Philosophy and Rhetoric*, p. 3-12. Heródoto se refere também a Pitágoras como um *sophistēs* (*Histórias*, 4.95.2).

4. P. Chantraine, *Dictionnaire étymologique de la langue grecque*, p. 1031.

5. Diógenes Láercio, *Vidas e Doutrinas dos Filósofos Ilustres*, 1.12: Pitágoras foi o primeiro a empregar o termo *filosofia* e a denominar a si mesmo *filósofo*, no diálogo ocorrido em Sícion com Léon, soberano de Sícion ou Fliunte, conforme afirma Heráclito Pôntico em sua obra *Sobre a Inanimidade*, pois ele considerava que ninguém era sábio, a não ser deus. Rapidamente passou a ser chamada de *sabedoria*, e *sábio*, o indivíduo que professa tê-la, que tivesse atingido o ponto culminante da perfeição da alma; *filósofo*, por sua vez, era chamado o indivíduo que aspirava à sabedoria. Os *sábios* também eram chamados de *sofistas*, e não apenas eles, mas também os poetas eram chamados de *sofistas*, como faz Cratino, em sua obra *Arquílocos*, ao elogiar Homero e Hesíodo.

Esse sentido genérico do termo *sophistēs* é referido por Platão no próprio *Protágoras*, quando o jovem Hipócrates, sob o escrutínio de Sócrates, busca definir o que é o "sofista":

— Você está ciente, então, do que está prestes a fazer agora, ou não percebe? – perguntei.
— A respeito do quê?
— De que está prestes a entregar a sua própria alma aos cuidados de um homem, de um sofista, como você mesmo diz; contudo, o que é o sofista, eu me admiraria se você soubesse. E se de fato o ignora, você não sabe a quem está ofertando a sua alma, tampouco se vem a ser alguma coisa boa ou má.
— Eu acho que sei, sim – redarguiu ele.
— Diga-me, então! O que você considera ser o sofista?
— Eu considero que ele é – respondeu –, *como o próprio nome indica, o conhecedor das coisas sábias.* (312b7-c6)

O juízo positivo do termo *sophistēs* fica evidente pelo tom laudatório de Hipócrates, que, diante da possibilidade de vir a ser um discípulo do estrangeiro de Abdera, se encontrava tomado por um desejo arrebatador em razão da influência exercida sobre ele pela reputação de Protágoras.

De forma análoga, Platão também emprega ocasionalmente em sua obra o termo *philosophia* em sentido genérico, proveniente da própria constituição do vocábulo: "amor à sabedoria", "apreço pela erudição" etc. No *Protágoras*, essa acepção aparece na boca de Sócrates para se referir à disposição de Cálias em continuar ouvindo o debate entre ele e Protágoras, que, àquela altura (na chamada "crise do diálogo"), estava na iminência de ser interrompido, tendo em vista o desacordo entre os interlocutores a respeito da modalidade de discussão:

Depois de fazer essas ponderações, levantei-me para partir. E, enquanto me levantava, Cálias segurou-me pelo braço com a mão direita e, com a esquerda, agarrou este manto aqui, dizendo:
— Não permitiremos, Sócrates! Pois, se você for embora, o diálogo entre nós não será o mesmo. Peço, portanto, que permaneça aqui conosco, porque nada me daria mais prazer em ouvir do que você e Protágoras dialogando. Faça esse favor a todos nós!

E eu, que já estava de pé para partir, disse-lhe:

— Filho de Hipônico, eu sempre apreciei *o seu apreço pela sabedoria*, e reitero agora meus elogios e minha estima por ele, de modo que lhe concederia de bom grado esse favor, se você me pedisse algo que estivesse ao meu alcance. (335c8-e2)

Fica claro que o termo *philosophia* (traduzido aqui por "apreço pela sabedoria", 335d7) está sendo empregado para designar a curiosidade intelectual de Cálias por assuntos que transcendem as questões práticas do dia a dia[6], como indicaria seu vínculo estreito com os "sofistas". No entanto, pelo contexto dramático do diálogo, a observação de Sócrates é flagrantemente irônica, visto que Cálias é representado como patrono dos "sofistas" e defensor de Protágoras (336b), e não um discípulo em potencial de Sócrates. Se Platão visa a delimitar no *Protágoras* as fronteiras entre "filosofia" e "sofística" em diversos níveis, como veremos adiante, o emprego do termo *philosophia* para qualificar o interesse de Cálias pelo conhecimento é, no mínimo, paradoxal[7].

Portanto, quando levamos em consideração esse aspecto histórico envolvido na semântica dos termos *philosophos* e *sophistēs* (e seus correlatos), o diálogo constitui uma peça de suma importância na história da delimitação das fronteiras entre "filosofia" e "sofística", representadas paradigmaticamente aqui pelas personagens Sócrates e Protágoras. Ao longo do *Protágoras,* Platão buscará responder, em certa medida, àquele juízo expresso pela personagem do eunuco, que representaria, *grosso modo*, a visão do senso comum sobre a figura de Sócrates – a saber, que Sócrates, assim como Protágoras e os demais "sofistas", é um *sophistēs*, ou seja, um homem dotado de certo saber que o distingue da massa de homens medíocres. Na ausência de uma distinção clara entre *philosophos* e

---

6. N. Denyer, *Plato: Protagoras*, p. 138.

7. No *Banquete* de Xenofonte, o narrador faz uma referência semelhante ao amor pela *philosophia* de Cálias (φιλοσοφίας ἐρῶντα, 4.62). Trata-se provavelmente de uma alusão ao *Protágoras* de Platão, se supormos que o *Banquete*, de Xenofonte, tenha sido composto após o diálogo platônico (a despeito de toda a dificuldade de precisar as datas de composição das obras de ambos os autores).

sophistēs como dois tipos de intelectuais radicalmente diferentes (seja pela capacidade intelectual, seja pelo interesse por diferentes áreas do conhecimento, seja pela concepção sobre a educação, seja pelos valores morais, seja pela concepção de virtude etc.), *sophistēs* serviria no séc. v a.C., a princípio, como denominador comum para indivíduos que se destacassem dos homens ordinários no exercício do *logos*, como Sócrates e Protágoras, por exemplo.

O problema implícito sugerido pelo episódio do "eunuco" no *Protágoras* se esclarece pela argumentação de Platão na *Apologia de Sócrates*. Na primeira parte do discurso, Sócrates argumenta que as imputações que culminaram no processo de impiedade e corrupção da juventude, impetrado por Meleto, Ânito e Lícon contra ele (23e-24a), decorrem de uma difamação bem mais antiga, representada paradigmaticamente na comédia *As Nuvens*, de Aristófanes (19b-c): a. de um lado, que ele investigava os *fenômenos naturais* e ensinava tal matéria a seus discípulos, cuja implicação seria a descrença nas divindades gregas tradicionais, tendo em vista a dessacralização da natureza decorrente desse tipo de investigação científica[8]; e b. de outro lado, que ele ensinava a seus discípulos "tornar forte o discurso fraco", o que os tornaria aptos a empregarem as técnicas de persuasão, especialmente no âmbito judiciário, em vista de fins moralmente censuráveis[9]. Segundo Platão, seriam essas, em última instância, as duas causas da acusação de que Sócrates corrompia a juventude (23c-d). Essas duas facetas da personagem Sócrates na comédia *As Nuvens* (ou seja, "filósofo da natureza" e "sofista"), aludidas por Platão na *Apologia*, aparecem, por exemplo, nestes dois trechos do Prólogo da peça, em que o pai, Estrepsíades, busca convencer o filho, Fidípides, a entrar no "pensatório" de Sócrates para encontrar um meio de se safar das dívidas contraídas por causa da prodigalidade do filho:

---

8. Ver, por exemplo, Aristófanes, *As Nuvens*, v. 365-374; Platão, *Apologia*, 26c-e (sobre Anaxágoras); Xenofonte, *Banquete* 6.6-8.

9. Ver, por exemplo, Aristófanes, *As Nuvens*, v. 925-938; 1036-1045; 1067-1083.

EST. Olhe lá!

Vê aquela portinhola e aquele barraco?

FID. Vejo. E o que é aquilo mesmo, pai?

EST. Aquilo é o pensatório de almas sábias.

Ali moram homens que tentam convencer
que o céu é um forno que nos
circunda, e que nós somos os carvões.
Se lhes der dinheiro, eles o ensinam a vencer
o debate em defesa de causas justas e injustas. (v. 91-99)

{Στ }δεῦρό νυν ἀπόβλεπε.

ὁρᾷς τὸ θύριον τοῦτο καὶ τοἰκίδιον;
{Φε.} ὁρῶ. τί οὖν τοῦτ' ἐστὶν ἐτεόν, ὦ πάτερ;
{Στ.} ψυχῶν σοφῶν τοῦτ' ἐστὶ φροντιστήριον.

ἐνταῦθ' ἐνοικοῦσ' ἄνδρες οἳ τὸν οὐρανὸν
λέγοντες ἀναπείθουσιν ὡς ἔστιν πνιγεύς,
κἄστιν περὶ ἡμᾶς οὗτος, ἡμεῖς δ' ἄνθρακες.
οὗτοι διδάσκουσ', ἀργύριον ἤν τις διδῷ,
λέγοντα νικᾶν καὶ δίκαια κἄδικα.

EST. Dizem que eles têm dois discursos,
o forte, seja ele qual for, e o fraco.
Um desses discursos, o fraco, dizem eles,
vence em defesa das causas mais injustas.
Se você então aprendesse o discurso injusto,
dessas dívidas que hoje tenho por sua causa
nada pagaria, nem mesmo um óbolo. (v. 112-118)

{Στ.} εἶναι παρ' αὐτοῖς φασὶν ἄμφω τὼ λόγω,
τὸν κρείττον', ὅστις ἐστί, καὶ τὸν ἥττονα.
τούτοιν τὸν ἕτερον τοῖν λόγοιν, τὸν ἥττονα,
νικᾶν λέγοντά φασι τἀδικώτερα.
ἤν οὖν μάθῃς μοι τὸν ἄδικον τοῦτον λόγον,
ἃ νῦν ὀφείλω διὰ σέ, τούτων τῶν χρεῶν
οὐκ ἂν ἀποδοίην οὐδ' ἂν ὀβολὸν οὐδενί.

a. Interesse pelos estudos sobre os fenômenos naturais e b. ensino da "retórica" voltada para o âmbito judiciário, portanto, são dois elementos proeminentes da caracterização de Sócrates

32 PROTÁGORAS, DE PLATÃO: ESTUDO INTRODUTÓRIO

na comédia *As Nuvens* (423 a.C.)[10]. Na *Apologia*, em contrapartida, Platão negará peremptoriamente essas duas facetas da personagem cômica de Sócrates: a. o exercício filosófico de Sócrates não visa a investigação da natureza, mas o exame crítico daqueles indivíduos que eram reputados sábios na cidade, na tentativa de elucidar o oráculo de Delfos que dizia não haver ninguém mais sábio do que ele (20e-21e)[11]; b. Sócrates nunca se propôs a ensinar algo a alguém, visto que sua sabedoria consistia precisamente em reconhecer que nada sabia (21d-e; 23a-b); nunca professou ser "mestre" (*didaskalos*) de algum indivíduo mediante pagamento; jamais, porém, impedia que as pessoas o escutassem e participassem de suas conversas (33a-b).

10. William Prior, O Problema Socrático, em H.H. Benson (ed.), *Platão*, p. 41: "Por outro lado, a peça *As Nuvens* nos dá informação importante sobre Sócrates. Ela nos diz que ele era uma figura pública em Atenas e que Aristófanes pensou que o público não seria capaz de diferenciar as ideias dele das dos *sofistas* e dos *filósofos da natureza*, com os quais estava, na visão do público, associado. Caso se deva dar crédito neste ponto à *Apologia*, de Platão, isso se mostra verdadeiro. Platão faz Sócrates citar essa peça na *Apologia* (18d1-2, 19c2-5) como uma das principais fontes de preconceito contra ele. Aos olhos de Platão, a peça *As Nuvens* é, se não um retrato acurado de Sócrates, uma fonte importante para a compreensão popular de Sócrates na parte final do séc. v." Todavia, a caracterização da figura de Sócrates em Aristófanes é mais complexa do que assinala Prior, visto que no "pensatório" eram cultivadas outras áreas do conhecimento além da retórica (i.e., domínio da "sofística") (cf. v. 94-99; 112-118) e das *teorias físicas* (i.e., filosofia natural) (cf. v. 94-99; 223-224; 263-266; 366-374). Seriam elas: I. biologia (v. 155-168); ii. geologia (v. 187-191); iii. astronomia (v. 169-173; 200-217); iv. geometria (v. 200-217); v. geografia (v. 200-217); vi. métrica (v. 636-638); vii. gramática (*orthoepeia*) (v. 660-693). Nesse sentido, Sócrates é retratado, em linhas gerais, como uma figura híbrida que representaria o "pensador" ou "intelectual" por excelência. Sobre a complexidade da caracterização de Sócrates em *As Nuvens*, de Arisfófanes, ver D. Clay, The Origins of the Socratic Dialogue, em P.W.W. Waerdt (ed.), *The Socratic Movement*; D. Konstan, Socrates in Aristophanes' *Clouds*, em D.R. Morrison (ed.), *The Cambridge Companion to Socrates*.

11. Algumas das teorias físicas que aparecem vigentes no interior do "pensatório", em *As Nuvens*, são geralmente identificadas com as de Diógenes, de Apolônia, como a ideia de que o ar é o princípio de todas as coisas, e com as de Hipo, de Élide, como a suposição de que o céu é uma "tampa" (K. Dover, *Aristophanes' Clouds*, xxxvi). Embora Platão argumente, na *Apologia*, que Sócrates jamais se envolveu com esse tipo de especulação sobre a natureza, a suposta "biografia" de Sócrates referida no *Fédon* faz menção, contudo, a um período inicial de sua formação intelectual dedicado a esse tipo de investigação; logo, porém, abandonado por ele (96a-c). A tradição doxográfica posterior também se refere a esse período da vida de Sócrates, supostamente dedicado à filosofia natural, antes de voltar sua atenção para as questões éticas, como vemos em Diógenes Laércio (*Vidas e Doutrinas dos Filósofos Ilustres*, I.13-4, II.19).

Essa resposta direta de Platão a Aristófanes, como indicam as referências explícitas à peça do comediógrafo (18b-d; 19b-c; 23d), cumpre uma função bem definida em sua argumentação na *Apologia*: ela consiste, talvez, no primeiro esforço de Platão em construir a figura de Sócrates em oposição à figura do "sofista", se admitirmos que a *Apologia* tenha sido composta no início de sua carreira, como parece ser consenso hoje entre a maioria dos estudiosos da obra do filósofo, ainda que não seja possível precisar a data[12]. Ademais, se levarmos em consideração o que Aristóteles afirma na *Retórica*[13], a expressão formular "tornar forte o discurso fraco", referida tanto em *As Nuvens* (v. 112-115) quanto na *Apologia* (18c1; 19c1; 23d7), não indicaria apenas o interesse que os chamados "sofistas" tinham pelo ensino da "retórica", mas teria um referente mais preciso: Protágoras. Se essa associação direta é possível de ser estabelecida com base no testemunho de Aristóteles, então Aristófanes estaria atribuindo à personagem cômica de Sócrates em *As Nuvens* o que seria da competência de uma figura em particular: Protágoras.

No entanto, mesmo o juízo comum expresso pela crítica contemporânea de que Sócrates é representado por Aristófanes como "sofista" (mais especificamente, como mestre de "tornar forte o discurso fraco", portanto como mestre de "retórica") é, de certo modo, uma projeção anacrônica da noção de "sofista", tal como a depreendemos de Platão e Aristóteles. Se nos atentarmos para as próprias ocorrências do termo *sophistēs* e de termos

---

12. C. Kahn, *Plato and the Socratic Dialogue*, p. 46; R. Kraut (ed.), *The Cambridge Companion to Plato*, p. 5.

13. Aristóteles, *Retórica* II, 1402a17-28: A *Arte* composta por Córax parte desse tópico: se a culpa por um assalto não recair sobre alguém porque é fraco, ele escapará da acusação, pois é inverossímil que ele seja culpado; e, se a culpa recair sobre alguém porque é forte, também ele escapará da acusação, pois é inverossímil que ele seja culpado na medida em que seria verossímil que ele parecesse ser o culpado. E o mesmo vale também para os demais casos, pois é necessário que a culpa recaia ou não recaia sobre alguém. Ambos os casos então parecem verossímeis, mas o primeiro é o verossímil, ao passo que o segundo não o é diretamente, mas como foi enunciado. *Isso é tornar forte o discurso fraco e a razão pela qual os homens se indispuseram de modo justo contra o dito de Protágoras*; pois é uma falsidade, e não é verdadeiro, mas aparentemente verossímil, próprio de nenhuma outra arte senão da retórica e da erística.

34 PROTÁGORAS, DE PLATÃO: ESTUDO INTRODUTÓRIO

compostos de *sophistēs* em *As Nuvens*, datada de 423 a.C.[14], verificaremos que nenhuma delas se coaduna precisamente com a noção geral da figura do "sofista", descrita paradigmaticamente no trecho da *Apologia* que veremos a seguir (19e-20c). A primeira ocorrência do termo na peça se dá pela boca de Sócrates no verso 331, referindo-se a "adivinhos de Turi, profissionais de medicina, cabeludos preguiçosos com anéis e unhas feitas, entortadores de coros ditirâmbicos e astrônomos charlatões" (v. 331-334). A despeito da dificuldade de precisarmos os referentes específicos dessas diferentes classes de "sábios", o termo *sophistēs* é aplicado ainda no sentido genérico de "um indivíduo dotado de um saber específico que os distingue dos homens comuns", ainda que Aristófanes esteja satirizando tais figuras ou que o tom da fala da personagem Sócrates seja pejorativo[15].

As outras duas ocorrências de *sophistēs* na peça são empregadas, por sua vez, para qualificar Fidípides (v. 1111) e Estrepsíades (v. 1310a): a primeira aparece na boca do "Discurso Fraco" (identificado com o "Discurso Injusto"), depois de vencer o *agōn* contra o "Discurso Forte" (identificado com o "Discurso Justo"), para designar a competência técnica que Fidípides está prestes a adquirir com as suas lições (i.e., "aprender a falar bem", cf. v. 1143); a segunda aparece na boca do Coro, para designar a esperteza de Estrepsíades ao tentar se safar injustamente dos dois credores que exigiam o pagamento das dívidas contraídas por ele e pelo filho. Nos dois casos, há claramente um juízo negativo associado ao saber adquirido por Fidípides e

14. A versão supérstite da peça consiste numa segunda versão, visto que Aristófanes faz uma alusão na parábase (v. 520-525) à sua derrota no festival, o que indica que pelo menos esses versos foram inseridos posteriormente à sua apresentação nas *Dionísias Urbanas*. Sobre o problema relativo às duas versões da peça, ver K.J. Dover, *Aristophanes' Clouds*, p. lxxx-xcviii.

15. Segundo Keneth Dover, Ateneu (632c) considera, assim como mencionado brevemente nos escólios da peça, que, na época de Aristófanes, o termo *sopisthēs* ainda podia ser usado como sinônimo de *sesophismenos*, ou seja, "perito em alguma arte". Mas Dover sugere que essa passagem pode ser considerada o exemplo mais antigo do sentido de "professor de assuntos indesejáveis e supérfluos" (*Aristophanes' Clouds*, p. 144). Para Alan Sommerstein, já nessa época o termo havia adquirido conotações pejorativas (*The Comedies of Aristophanes, v. 3: Clouds.*, p. 178).

Estrepsíades no "pensatório", uma vez que ele é praticado em vista de fins moralmente censuráveis (por ex., v. 1131-1153; 1303-1320). Todavia, ainda assim as duas ocorrências do termo se aplicam antes ao "produto" da educação oferecida pelo "pensatório" de Sócrates, do que àquele que é responsável por esse tipo de ensinamento (no caso, a personagem Sócrates). Portanto, essas duas ocorrências de *sophistēs* em *As Nuvens* também não se coadunam exatamente com a noção genérica de "sofista" em Platão.

A única ocorrência do termo aplicada à personagem Sócrates aparece na boca do Coro mediante o composto *meteōrosophistēs* (v. 360), que significa "sábio em assuntos relativos aos corpos celestes"[16]. Nesse canto, o Coro o emprega para qualificar tanto Sócrates quanto Pródico, que também aparece no *Protágoras* como um dos "sofistas" presentes na casa de Cálias[17]. Entretanto, o termo *meteōrosophistēs* é empregado aqui para designar antes o interesse desses intelectuais por questões astronômicas – um dos campos de especulação da "filosofia natural" em pleno desenvolvimento na época (fim do séc. v a.C.), cujo princípio remonta às primeiras teorias de Tales de Mileto (±625/624 –548/546 a.C.) – do que o ofício de educador da juventude, sentido este que seria mais próximo à noção genérica de "sofista" nos diálogos platônicos, como veremos no próximo tópico. Além disso, o termo parece ser empregado sem uma conotação necessariamente pejorativa, pois visa apenas descrever o suposto interesse de intelectuais, tais como "Sócrates" e "Pródico", por essa área específica do conhecimento científico. Em suma, *meteōrosophistēs* aparece associado antes à faceta de "filósofo da natureza" do que à de

---

16. Aristófanes, *As Nuvens*, v. 358-363:
CORO
Salve, velho senil, caçador de discursos plenos de erudição!
E você, [Sócrates], sacerdote de baboseiras refinadas, diga-nos o que deseja!
Além de você, não daríamos ouvido a nenhum outro *astrônomo sabichão*,
exceto a Pródico. A ele, porque é sábio e douto; a você,
porque anda pelas ruas de cabeça empinada, olhando para todo lado,
suportando, descalço, inúmeros males, com seu semblante solene voltado para nós.
17. Sobre as referências a Pródico nos diálogos platônicos, ver nota 22 da tradução.

"sofista" da personagem Sócrates em *As Nuvens*, segundo essa breve caracterização apresentada aqui.

1.2. *A Noção Genérica de "Sofista" em Platão*

Essa sucinta digressão sobre *As Nuvens* teve como propósito, em primeiro lugar, problematizar o juízo comum de que Sócrates é representado na peça como um "sofista", uma vez que as próprias ocorrências do termo *sophistēs* (incluindo os termos compostos com *sophistēs*) não se coadunam precisamente com o sentido que o termo adquirirá em Platão e Aristóteles; e, em segundo lugar, mostrar como a fala do "eunuco" no *Protágoras* (314d3) aponta sutilmente para um problema considerado por Platão na *Apologia* como uma das causas (se não a principal delas) de Sócrates ter sido condenado à morte pela cidade: a sua identificação com a figura do "sofista". Do ponto de vista histórico, contudo, vimos que, quando nos atentamos para as ocorrências do termo *sophistēs* na literatura grega supérstite do séc. v a.C., especialmente em *As Nuvens*, de Aristófanes (423 a.C.), não se trata exatamente de uma "confusão" entre a figura do "filósofo" e a do "sofista", mas antes de uma ausência de conceitos bem delimitados para distingui-las. Essa operação, por conseguinte, parece ter sido posterior na história do pensamento grego, e será feita, sobretudo, no interior dos diálogos platônicos, e adotada, então, por Aristóteles. Nesse sentido, a percepção do "eunuco" ao ver Sócrates nessa cena do *Protágoras*, chamando-o de "sofista" (314d3), pode ser entendida, em última instância, como expressão de uma visão comum que pesava sobre ele, contra a qual Platão vai reagir aqui e em outros diálogos. Aos olhos do senso comum, Sócrates é um *sophistēs* (ou seja, um homem sábio), assim como eram *sophistai* inúmeros outros intelectuais da época, sejam eles atenienses, sejam estrangeiros, que dedicavam seu tempo livre ao cultivo do conhecimento em suas diversas áreas.

Tendo o argumento histórico em mente, resta-nos a pergunta crucial para os propósitos deste estudo: mas, afinal, qual seria a noção genérica de "sofista" nos diálogos platônicos? A passagem abaixo da *Apologia,* referida há pouco, congrega os atributos mais gerais da caracterização da figura do "sofista" que vemos recorrer, em diferentes níveis, em outros diálogos, ainda que o termo se aplique a diferentes figuras históricas com diferentes interesses pelo conhecimento, como o próprio *Protágoras* nos indica[18]. Vejamos o trecho:

[...] Se vocês ouviram de alguém que eu tento educar os homens em troca de dinheiro, também isso não é verdade. Pois parece-me belo, de fato, que alguém seja capaz de educar os homens, como Górgias, de Leontine, Pródico, de Ceos, e Hípias, de Élide. Cada um deles, ó homens, indo de cidade em cidade, é capaz de persuadir os jovens, que podem conviver de graça com qualquer concidadão à sua escolha, a abandonar o convívio com os seus e a passar a conviver com eles mediante pagamento, ficando ainda por cima agradecidos. Aliás, encontra-se entre nós outro sábio, oriundo de Paros, o qual, segundo soube, está visitando nossa cidade; pois deparei-me com um homem que tem despendido com sofistas mais dinheiro do que todos os demais, Cálias, filho de Hipônico. Perguntei-lhe, então (pois ele possui dois filhos): "Cálias", disse eu, "se seus dois filhos fossem potros ou novilhos, teríamos de contratar e pagar salário a um treinador, que estivesse apto a torná-los excelentes no tocante à virtude apropriada a eles; e, nesse caso, ele seria ou um equitador ou um agricultor. Todavia, uma vez que ambos são homens, quem você pretende contratar para ser seu treinador? Quem conhece esta virtude, a virtude humana e política? Pois suponho que você já tenha examinado o assunto, visto que possui filhos. Há alguém", continuei, "ou não?". "Certamente", respondeu. "Quem é ele?", tornei eu, "de onde provém, e por quanto ensina?" "Eveno", disse ele, "ó Sócrates, proveniente de Paros, e ele cobra cinco minas." Eu felicitei Eveno, supondo que ele detivesse verdadeiramente essa arte e a ensinasse de modo tão apropriado. De minha parte, eu me orgulharia e ensoberbeceria, se conhecesse tais coisas; porém as desconheço, ó atenienses. (19d9-20c3)

Segundo essa caracterização geral, os sofistas são estrangeiros, provenientes de diferentes partes do mundo helênico, que

---

18. 315d-316a, 318e-319a, 338e-339a, 339e-340b.

se dirigem a Atenas para oferecer aos jovens de famílias ricas um novo modelo de educação, cujo fim é torná-los excelentes na *virtude* que concerne aos homens (i.e., a virtude política ou cívica) em troca de uma determinada remuneração[19]. Por outro lado, o sucesso dos sofistas em Atenas se deve à sua capacidade de *persuadir* os jovens a se tornarem seus discípulos, que passam então a acompanhá-los em sua peregrinação. Isso implica que o "sofista" detém certo domínio sobre o âmbito do *discurso* (*logos*), do qual deriva seu poder de sedução sobre os jovens nas cidades por que passa. Sendo assim, além da referência à casa de Cálias e ao ensino da *virtude política,* que nos remete diretamente ao contexto dramático e ao tópico filosófico central do *Protágoras* (319a), todas essas características genéricas da figura do "sofista" em Platão reaparecem, da maneira caricatural, nesse diálogo, como veremos adiante.

Levando em consideração a construção da figura do "sofista" na *Apologia*, portanto, a figura do Sócrates platônico se distinguiria dela por motivos óbvios: ele é ateniense, e não estrangeiro; ele não exige remuneração para o exercício de sua investigação filosófica; ele não se propõe a educar ninguém, pois seria no mínimo paradoxical alguém que reconhece a sua própria ignorância se propor a educar os homens. Todavia, em alguns aspectos, a figura de Sócrates e a do "sofista" se aproximam, como fica evidente na passagem da *Apologia* abaixo, em que Platão retrata a relação do filósofo com seus "discípulos":

Além disso, os jovens que me acompanham por conta própria – sobretudo os que dispõem de ócio, membros das famílias mais abastadas – deleitam-se quando ouvem os homens sendo examinados, e eles próprios, não raras vezes, passam a me imitar e buscam, então, examinar os outros. Depois descobrem, suponho eu, um grande número de pessoas que presumem saber alguma coisa, embora nada saibam, ou saibam muito pouco. Como consequência, aqueles homens por eles examinados se enfurecem comigo, e não consigo próprio, e afirmam que há certo Sócrates, o ser

---

19. Ver também Platão, *Górgias* 519c-d; *Mênon* 95b-c; *República* VI 492a-3d; Isócrates, *Contras os Sofistas* 5-6.

humano mais abominável, que corrompe os jovens. E quando alguém lhes pergunta por fazer o que e ensinar o que, não têm nada a dizer porque o ignoram; mas a fim de não parecerem em embaraço, assacam aquelas coisas ditas contra todos os filósofos, ou seja, "as coisas celestes e as subterrâneas", "não reconhecer os deuses" e "tornar forte o discurso fraco". (23c-d)

A descrição geral da prática filosófica de Sócrates, ao mesmo tempo que busca responder à representação cômica de Sócrates em *As Nuvens*, aponta para aspectos semelhantes que o aproximariam da figura do "sofista" (considerando aqui, evidentemente, a figura do "sofista" em Platão). Em primeiro lugar, o círculo de admiradores de Sócrates é formado por jovens provenientes de famílias abastadas, o mesmo público-alvo dos "sofistas", como vemos referido na passagem da *Apologia* citada acima (19d-20c)[20]. Em segundo lugar, o escrutínio a que Sócrates submete seus interlocutores, em especial os que carregam consigo a reputação de homens sábios, tem como resultado geralmente o desvelamento de sua ignorância sobre aquilo que presumem conhecer; isso implica que também Sócrates possui certo domínio no âmbito do *logos*. Em terceiro lugar, a sua prática de colocar à prova o conhecimento arrogado por alguém (referida comumente pelo termo *elenchos*) é imitada por aqueles que o acompanham, motivo pelo qual Sócrates é visto como "mestre" de certo saber[21]. Dessa caracterização, presume-se que também Sócrates exerce sobre a juventude certo fascínio, a ponto de congregar inúmeros indivíduos que o acompanhavam *por sua própria conta*, e não mediante pagamento, como aconteceria no caso dos "sofistas"[22]. E em quarto lugar, por ser uma prática muitas vezes "pública" (ou melhor, na presença de outras pessoas que não participam diretamente da discussão), a prática

---

20. Ver também Platão, *Protágoras* 316b-d.

21. Um exemplo, dentro do *corpus Platonicum*, de como os seguidores de Sócrates imitavam seu procedimento dialógico encontra-se no início do diálogo *Górgias* (447c-448c). Querefonte, discípulo do filósofo, interpela Polo, discípulo do rétor Górgias, recorrendo ao mesmo tipo de argumento empregado habitualmente por Sócrates nos chamados "primeiros diálogos" de Platão: a saber, o *argumento indutivo*. Sobre a definição de *indução*, ver infra p. 53n11.

22. Sobre o fascínio peculiar de Sócrates, ver Platão, *Mênon* 79e-80d.

PROTÁGORAS, DE PLATÃO: ESTUDO INTRODUTÓRIO

filosófica de Sócrates acaba sendo odiada por aqueles cuja sabedoria é colocada sob suspeita quando são submetidos ao *elenchos*, resultando, por conseguinte, numa série de imputações contra ele, como aquelas que aparecem na peça *As Nuvens*.

No *Protágoras*, por sua vez, Platão coloca na boca da personagem homônima a necessidade de o "sofista" tomar certas precauções nas cidades por que passa, tendo em vista a inveja, o ódio e as conspirações que surgem contra o seu ofício educativo (316c-317c). Embora Platão não explore as razões que motivariam essa animosidade, a ideia implícita é que, se os "sofistas" exerciam um grande poder de sedução sobre "os jovens de famílias mais abastadas" (como indicaria o caso de Hipócrates no *Protágoras*), eles eram vistos com maus olhos, contudo, por outra parte daquela sociedade[23], que via nessa prática pedagógica uma causa para a corrupção da juventude (problema representado, sobretudo, em *As Nuvens*[24]).

A *Apologia*, portanto, não apenas constitui, em certo sentido, uma reposta de Platão à caracterização cômica de Sócrates

---

23. Sobre o aspecto sociológico envolvido no problema da "sofística", ver C. Kahn, Drama and Dialectic in Plato's *Gorgias, Oxford Studies in Ancient Philosophy*, v. 1., p. 80-81; J.C. Shaw, *Plato's Anti-hedonism and the* Protagoras, p. 74-80.

24. Ali, como vimos, a "nova educação" é identificada com o Discurso Fraco (i.e., Discurso Injusto), ao passo que a "educação antiga" é identificada com o Discurso Forte (i.e., Discurso Justo). No *agôn*, entre eles, cujo fim era persuadir Fidípides, estabelece-se um confronto entre duas moralidades antagônicas: de um lado, a. *a educação antiga* (v. 961-983), baseada na poesia e ginástica (*Protágoras* 325c-6c; *República* II 376e), louva a *temperança* (σωφροσύνη, v. 962), a *justiça* (τὰ δίκαια, v. 962), e a *disciplina* (εὐτάκτως, v. 964), apoiando-se no sentimento de *vergonha* e *pudor* como reguladores da conduta moral (τοῖς αἰσχροῖς αἰσχύνεσθαι, v. 992; τῆς Αἰδοῦς, v. 995); de outro lado, b. *a educação nova* (v. 1036-1045; 1067-1083) estimula, inversamente, a subversão dos valores tradicionais (ἅπαντα ταῦτ' ἐναντίαις γνώμαισι συνταράξαι, v. 1037) (τοῖσιν νόμοις καὶ ταῖς δίκαις τἀναντί' ἀντιλέξαι, v. 1040), vituperando a *temperança* (ἐν τῷ σωφρονεῖν ἅπαντα / ἄνεστιν, ἡδονῶν θ' ὅσων μέλλεις ἀποστερεῖσθαι, v. 1071-1072), e estimulando o jovem a buscar uma vida *intemperante* e *injusta*, em que as técnicas persuasivas aprendidas no "pensatório" o ajudariam a se safar das punições aos delitos cometidos por causa de seus excessos. Na comédia aristofânica, portanto, essa "nova educação", personificada pelo Discurso Fraco, é representada como fonte de corrupção dos costumes e da moralidade tradicional centrada nos valores da *temperança* e da *justiça*. O problema específico da corrupção da juventude é referido explicitamente na seguinte fala do Discurso Forte contra o Discurso Fraco: "[ó desvario] da cidade que te cria | enquanto corrompes os jovens" (ἥτις σε τρέφει λυμαινόμενον τοῖς μειρακίοις, v. 927-928).

em *As Nuvens*, como também apresenta as razões pelas quais Sócrates era confundido, aos olhos do senso comum, com figuras tais como Górgias, Hípias e Pródico (citados nominalmente em 19e), a quem Platão atribui a alcunha de "sofista". Nesse sentido, o diálogo *Protágoras* representa mais uma instância no *corpus Platonicum* em que se busca delimitar o âmbito da "filosofia" em oposição ao que é denominado, como um todo, de "sofística". E essa distinção entre "filósofo" e "sofista" é apresentada na própria construção das personagens e do *drama dialógico*, salientada, sobretudo, pelo confronto entre seus dois protagonistas, Sócrates e Protágoras, ainda que Hípias e Pródico apareçam como figuras coadjuvantes representando diferentes expoentes da "sofística"[25]. Não é fortuito, portanto, que Platão faça sua personagem Protágoras se apresentar ao leitor da seguinte forma: "assumo que sou *sofista* e *educador* dos homens" (317b4-5). Nessa breve declaração, delineia-se o horizonte sobre o qual toda a crítica platônica se desenvolverá aqui e em outros diálogos: a relação íntima entre "sofística" e "educação"[26]. A discussão sobre o tópico filosófico específico do *Protágoras* – a saber, a *unidade das virtudes* – está subordinada, em última instância, a essa questão mais ampla, uma vez que o sofista é retratado, em linhas gerais, como "mestre de virtude"[27]. Nessa perspectiva de leitura, o *Protágoras* se apresenta como um texto estratégico, pois o contraste entre a figura do "filósofo" e a do "sofista" perpassa todo o diálogo e se dá em

---

25. E. Schiappa, *The Beginnings of Rhetorical Theory in Classical Greece*, p. 52: "De fato, o termo 'filósofo' não era usado para demarcar um grupo específico de pensadores até o séc. iv a.C. Como Ostwald observa, 'o público ateniense não tentava diferenciar sofistas de filósofos' (Martin Ostwald, *From Popular Sovereignty to the Sovereignty of Law: Law, Society, and Politics in Fifth-Century Athens*, Berkeley: University of California Press, 1986, p. 259). Estamos lendo a história de trás para a frente quando chamamos os pré-socráticos, tais como Tales e Pitágoras, de 'filósofos', porque, antes de Aristóteles, eles poderiam ser descritos como 'sofistas'. Mesmo no séc. iv a.C., Isócrates e Platão chamavam um ao outro de 'sofista' e a si próprios de 'filósofo', fazendo disso uma mera tendência moderna para rotular ambos definitivamente."

26. Sobre a associação entre os *sophistai* e *educação* nas fontes do séc. v a.C., ver W. Guthrie, *A History of Greek Philosophy, v. iii*, p. 29-31.

27. Cf. Platão, *Górgias* 519c-d; *Mênon* 95b-c; *Eutidemo* 273d; *Hípias Maior* 283c; *Protágoras* 318e-319a; *Apologia* 19e-20c.

diferentes níveis: na maneira como se relacionam com seus "discípulos", no modo de discussão que privilegiam, na concepção de virtude que buscam defender, no modelo de educação que entendem ser o mais apropriado aos jovens, na preocupação com sua reputação junto ao público etc. Será precisamente esse o tema geral deste estudo introdutório.

Um dos artifícios que Platão emprega para delimitar as fronteiras entre "filosofia" e "sofística" é um recurso que encontramos comumente na comédia: a *paródia* interna[28]. No início do diálogo, Protágoras defende que a "arte sofística" é muito antiga e propõe uma genealogia dos sofistas, que congrega poetas (Homero, Hesíodo e Simônides), profetas (Museu e Orfeu), mestres de ginástica (Ico e Heródico) e músicos (Agátocles e Pitoclides) (316d-e). Na segunda metade do diálogo (342a-343c), Sócrates, por sua vez, aventa a ideia estapafúrdia de uma "filosofia lacônica" da qual os chamados Sete Sábios e ele próprio seriam adeptos, referindo-se parodicamente à genealogia proposta por Protágoras. Quando as duas passagens são colocadas lado a lado, podemos perceber o que está em jogo aqui:

i. [Protágoras] Eu afirmo que a arte sofística é antiga, e que os antigos homens que a colocavam em prática, por medo do ódio inerente a ela, produziram um disfarce e encobriram-na com ele, uns usando a poesia, como Homero, Hesíodo e Simônides. [...] (316d)

ii. [Sócrates] Filosofia é mais antiga e mais difundida, entre os helenos, em Creta e na Lacedemônia, onde há o maior número de sofistas. Eles, porém, negam o fato e dissimulam ser ignorantes, a fim de mascarar que suplantam os helenos em sabedoria, tal como faziam os sofistas *a que se referia Protágoras*. [...] (342a-b)

Como fica claro, Platão coloca em flagrante oposição a "arte sofística" (316d3-4) e a "filosofia" (342a7), representadas dramaticamente aqui pelos protagonistas Protágoras e Sócrates: Protágoras, como o proponente de um novo modelo de educação que,

---

28. Sobre a função da paródia, ver A.W. Nightingale, *Genres in Dialogue*, p. 6-8. Sobre a paródia nas comédias de Aristófanes, ver K.J. Dover, *Aristophanic Comedy*, p. 73.

em última instância, será retratado por Platão como continuidade da educação tradicional baseada na poesia, música e ginástica, como descrita em seu grande discurso (325c-326e)[29]; e Sócrates, como herdeiro dos Sete Sábios, enquanto modelo da verdadeira sabedoria que se constrói *dialogicamente* (343a-b). Essa questão crucial será retomada mais adiante, quando analisarmos mais detidamente o problema da educação sofística. Assim, se levarmos em consideração os aspectos dramáticos do texto, a questão, tal como é apresentada por Platão, não consiste apenas em saber *o que é o filósofo* e *o que é o sofista*, mas também em observar *como eles agem e falam,* e em descobrir *o que eles pensam* sobre questões fundamentais, especialmente as de ordem moral. O gênero *dialógico* nos oferece, portanto, uma imagem vívida de como Platão concebe o problema e de como ele o apresenta ao leitor.

Todavia, essa distinção entre "filosofia" e "sofística" no *Protágoras* não é tão simples quanto poderia parecer numa primeira apreciação; pelo contrário, ela é apresentada por Platão como algo problemático. Se analisarmos, por exemplo, a questão do ponto de vista dos diferentes *modos de discurso* que as caracterizam, perceberemos que há dois movimentos conflitantes no diálogo, levando-se em conta não apenas os argumentos que Platão coloca na boca de suas personagens, mas também os elementos dramáticos do texto: de um lado, um distanciamento da figura de Sócrates em relação à do "sofista", na busca pela delimitação do modo de discurso propriamente filosófico (referido de modo genérico pelo termo *brakhulogia*, "discurso breve", cf. 335b8); e de outro, um movimento de aproximação e estreitamento desses mesmos limites, na medida em que Sócrates recorre voluntariamente a certas modalidades discursivas e estratégias argumentativas que Platão, a princípio, atribui à esfera prática da "sofística", como

---

29. No Livro X da *República*, Platão diz que Homero buscou tratar em seus poemas das "coisas mais belas e importantes, a saber, da guerra, das expedições militares e do governo da cidade, bem como da educação dos homens" (X 599c6-d2). Se a "sofística" é apresentada no *Protágoras* como herdeira da tradição poética, por assim dizer, então ela assume essa função política e educacional desempenhada antes pela poesia, como vemos salientada nessa passagem da *República*.

é o caso da exegese do canto de Simônides (342a-347a). Sendo assim, buscaremos explorar neste estudo esse duplo movimento envolvido na delimitação das fronteiras entre "filosofia" e "sofística", na tentativa de compreender a complexidade do problema tratado por Platão no *Protágoras*.

2. A CONSTRUÇÃO DA FIGURA
DO "SOFISTA" NO *PROTÁGORAS*

2.1. Prólogo (309a-310a)

Tendo em vista o problema geral a ser explorado neste estudo – a saber, a distinção entre a figura do "filósofo" e a figura do "sofista" –, o *Prólogo* do diálogo (309a-310a), que compreende o encontro de Sócrates com seu amigo anônimo logo após sua visita à casa de Cálias, oferece ao leitor algumas informações que, embora aparentemente triviais, são muito relevantes quando consideradas à luz do que será narrado por Sócrates ulteriormente. Não parece fortuito que a primeira frase do diálogo, na voz do amigo anônimo de Sócrates, mencione sua perseguição a Alcibíades: "Está vindo de onde, Sócrates? Já sei. Da caça à beleza primaveril de Alcibíades, não é? Quando o vi dias atrás, tive a impressão de que ainda era um belo homem, contudo, um homem, Sócrates (que essas palavras fiquem entre nós): já lhe desponta a barba." (309a1-5) Qualquer leitor do *Protágoras*, sobretudo os contemporâneos de Platão, reconheceria de pronto que Alcibíades representa justamente o caso mais patente do fracasso de Sócrates em persuadir alguém a devotar

46 PROTÁGORAS, DE PLATÃO: ESTUDO INTRODUTÓRIO

sua vida à filosofia, e não à política no contexto da democracia ateniense no fim do séc. v a.C.[1] Se levarmos em consideração a data dramática do diálogo, que pode ser mais ou menos estimada pela menção à juventude de Alcibíades (por volta do ano 433 a.c., portanto no limiar da Guerra do Peloponeso)[2], a personagem ainda se encontraria aberta a essas duas vias possíveis: à vida filosófica, como amante e "discípulo" de Sócrates, ou à vida política de Atenas. A preocupação de Sócrates com a condição da alma do jovem Alcibíades é tema do diálogo platônico *Alcibíades Primeiro*, que, do ponto de vista da data dramática, seria anterior ao *Protágoras* (portanto, anterior a 433 a.c.), por retratar o que teria sido o primeiro encontro particular e a primeira conversa entre as duas figuras. O trecho abaixo ilustra bem o conflito diagnosticado por Sócrates pelo qual passa Alcibíades no primor de sua juventude:

soc: Pois bem, eis a razão: somente eu sou seu amante, ao passo que os demais o são de suas coisas, e enquanto elas perdem seu frescor, você começa a florescer. E daqui em diante, se o povo de Atenas não corrompê-lo e você não vier a ser motivo de vergonha, espero não

---

1. Na *História da Guerra do Peloponeso,* Tucídides salienta a importante mas conturbada participação de Alcibíades como general militar, junto a Nícias e Lâmaco, na campanha de Atenas contra a Sicília em 415 a.C. (6.8). Alcibíades, segundo Tucídides, foi acusado de ter participado da ação sacrílega que mutilou as hermas de mármore em Atenas (6.28-9), pouco antes da partida da expedição naval. Como ele já se encontrava na Sicília, foi expedida uma nau para buscá-lo e trazê-lo de volta a Atenas de modo que pudesse se defender de tal acusação (6.53). Mas ele conseguiu fugir durante a viagem (6.61) e acabou se exilando em Esparta, passando a colaborar com os que outrora eram seus inimigos (6.88). Posteriormente, em 411 a.C., foi chamado de volta do exílio pelos atenienses para comandar as tropas na ilha de Samos (8.81-82) e, em seguida, aceito novamente em Atenas (8.97). Sua morte, todavia, não é referida por Tucídides, na medida em que sua narração da guerra entre Atenas e Esparta é interrompida nos eventos do ano de 411 a.C., embora seu projeto inicial fosse narrá-la em sua completude, até a derrota de Atenas em 404 a.C. A referência à sua morte em 404 é feita por Plutarco (séc. I d.C.) na obra dedicada a Alcibíades: ele teria sido assassinado na Frígia, onde se encontrava sob a proteção do sátrapa Farnábazo, por ordem do lacedemônio Lisandro, que havia instituído em Atenas, depois de sua derrota frente a Esparta, o governo conhecido como os "Trinta Tiranos" (*Alcibíades,* 38-39).

2. L. Goldberg, *A Commentary on Plato's Protagoras,* p. 11; PLATO, *Ion, Hippias Minor, Laches, Protagoras: The Dialogues of Plato, v. 3,* translated with comment, R.E. Allen, p. 89; D. Nails, *The People of Plato: A Prosopography of Plato and other Socratics,* p. 170; N. Denyer, *Plato: Protagoras,* p. 66.

abandoná-lo. Este é decerto o meu maior temor: que você se torne amante do nosso povo e seja, assim, corrompido. Pois inúmeros atenienses, que eram homens bons, tiveram tal sorte. De fato, "o povo do magnânimo Erecteu" possui um belo vulto, mas é preciso contemplá-lo desnudado. Então, tome essa precaução a que me refiro! (131e10-132a5)

Mas qual a relevância da menção a Alcibíades logo na primeira frase do *Protágoras*? Na nossa perspectiva, ela pode ser interpretada como uma referência implícita ao problema que funciona como pano de fundo do diálogo, sobre o qual se desenvolve o tópico filosófico estrito que norteia a discussão (a saber, a *unidade das virtudes*): qual é, afinal, o modelo de educação apropriado para que os jovens se tornem cidadãos virtuosos? Os sofistas são apresentados por Platão como os primeiros candidatos a tal posto, e isso fica evidente em diversas passagens do texto. A expectativa do jovem Hipócrates dos benefícios que o convívio com Protágoras poderia lhe proporcionar (312a-b); a profissão de Protágoras enquanto educador dos homens (317b); a determinação do objeto de ensino de sua atividade pedagógica (318e-319a); o problema da *ensinabilidade* da virtude (319a-320c); a educação sofística como formação suplementar da educação básica, baseada na ginástica, poesia e música (325c-326d; 328a-b), situam todo o debate em torno dessa questão primordial. Em última instância, o modelo de educação apregoado pela personagem Protágoras tem como escopo a formação do homem político para a vida democrática de Atenas: seu objeto de ensino é precisamente a *arte política*, na formulação sintética de Sócrates (*ten politikēn tekhnēn*, 319a4). A presença de certas figuras que compõem a cena do diálogo, como o próprio Alcibíades, Crítias e os dois filhos de Péricles, o homem político mais influente e renomado de Atenas na segunda metade do séc. v a.C., salientam essa íntima relação entre educação sofística e vida política na democracia[3].

---

3. Péricles (±495-429 a.C.), ilustre general militar e político, passou a ser a principal figura da democracia ateniense depois do exílio de Címon II e da morte de Efialtes no fim dos anos 460 a.C., os dois rivais políticos de maior influência naquela época. ▶

Sócrates representa, em contrapartida, aquele indivíduo que se propõe a verificar, por meio do *diálogo*, se Protágoras tem, de fato, a competência para promover a virtude tanto do indivíduo quanto de sua comunidade política. Isso implica que o sofista deva ser capaz, no mínimo, de sustentar uma posição coerente sobre o que ele entende por "virtude", e sobre como as virtudes particulares se relacionam entre si (sabedoria, temperança/sensatez, coragem, justiça e piedade), uma vez que ele se apresenta como "mestre de virtude". Em certo sentido, é esse "teste" da sabedoria professada por Protágoras que vemos dramatizado no diálogo[4]. Ainda que Sócrates não se declare "mestre" (*didaskalos*) de algum saber, como dito na *Apologia*[5], sua prática filosófica, baseada no procedimento investigativo *dialógico*, constitui, de certa forma, um modelo diferente de formação intelectual para os jovens que faziam parte de seu círculo de amizades, na medida em que os impelia a pensar criticamente sobre as suas próprias opiniões e ações, e as opiniões e ações dos demais homens no âmbito ético-político.

Dessa forma, a condição ambígua de Alcibíades, como amante de Sócrates e aspirante à vida política em Atenas, remete-nos a um conflito que será, como referido no capítulo 1, um problema central no *Protágoras*: o contraste entre a educação sofística, na figura de Protágoras (e, secundariamente, de Hípias e Pródico), e a educação filosófica, na figura de Sócrates. Mas como a figura

---

▷ Até a sua morte em 429 a.C., no começo da Guerra do Peloponeso, Péricles foi eleito como general anualmente e manteve sua preeminência na condução das ações políticas de Atenas. (D. Nails, op. cit., p. 227-228).

4. Platão se refere, em diversas ocasiões do *Protágoras*, a essa ideia do "teste" do interlocutor, mediante o verbo *apopeiraomai* (cf. 311b1; 341d8; 342a1; 348a2; 348a6; 349c8), salientando precisamente esse aspecto envolvido no exercício investigativo de Sócrates.

5. Platão, *Apologia*, 33a5-b3:
Eu jamais fui mestre de quem quer que seja. Se alguém ansiava por ouvir-me quando falava ou fazia as minhas coisas, seja ele jovem, seja velho, eu jamais o impedia; tampouco dialogo por dinheiro, como se, sem dinheiro, eu não dialogasse; sem discriminação entre o rico e o pobre, estou pronto para interrogá-lo, caso ele queira responder às perguntas e ouvir o que digo.
Xenofonte recorre a um argumento semelhante nas *Memoráveis*:
Além disso, Sócrates jamais professou ser mestre [de virtude], mas, por ser manifesto que tipo de homem era, ele fazia com que seus companheiros tivessem a esperança de, imitando-o, tornarem-se como ele. (1.2.3)

do "sofista" é construída no *Protágoras*? A resposta parcial a essa questão aponta para a segunda função do *Prólogo* do diálogo: a apresentação do tipo do interlocutor com o qual Sócrates vai dialogar quando adentrar a casa de Cálias – o *pretenso sábio*. Sócrates confessa ao seu amigo anônimo que, embora Alcibíades estivesse presente naquela ocasião, sua beleza não lhe chamava a atenção, pois ali se encontrava alguém mais belo do que ele: não pela sua beleza física, mas pelo fato de Protágoras ser "o mais sábio dos homens" (309c11). A superioridade da beleza da "sabedoria" de Protágoras sobre a beleza física de Alcibíades é salientada por Platão por intermédio do emprego recorrente de verbos associados à noção de "aparência", de algo que se manifesta aos sentidos e/ou está confinado ao âmbito das opiniões partilhadas pelos homens: os verbos *dokeō* ("parecer", "opinar", "crer") e *phainomai* ("aparecer", "manifestar-se")[6]. Embora sejam verbos de uso corrente na língua grega, não parece fortuito que Platão os empregue de modo recorrente para se referir à suposta sabedoria de Protágoras: em nenhum momento, Sócrates ou seu amigo afirma peremptoriamente que "Protágoras é o mais sábio dos homens", mas tão somente que Protágoras *parece* (*dokeō*), ou *se mostra como* (*phainomai*), o mais sábio dos homens (309c9-d2). Assim, embora Sócrates sobreponha a beleza da "sabedoria" de Protágoras à beleza do corpo de Alcibíades, sugere-se que ambos os tipos de beleza, apesar de distintos (alma *vs.* corpo), encontram-se, contudo, no mesmo nível da *aparência*: no caso do corpo, porque percebemos mediante os sentidos sua beleza que se desvanece com o tempo, ao passo que, no caso de Protágoras, porque, embora a maioria dos homens o *repute* sábio, sua suposta sabedoria revela-se falível ao longo do diálogo, quando submetida ao escrutínio de Sócrates[7].

---

6. 309a1, a3, b3, b5, c9, c10, c12, d1.

7. Vale lembrar que, no nível dramático, a cena inicial do *Protágoras* acontece logo depois de ter acontecido o encontro com os sofistas na casa de Cálias, encontro este que será então narrado por Sócrates ao amigo anônimo. Assim, quando o diálogo começa, Protágoras acabara de ser refutado pelo filósofo no que concerne à sua concepção sobre a *unidade das virtudes*. Portanto, a ironia de Sócrates na abertura do diálogo só fica evidente ao leitor depois de ter lido a obra integralmente.

Em linhas gerais, portanto, a figura de Protágoras, que logo será identificada como "sofista" (*sophistēn*, 311e4), enquadra-se na categoria mais ampla dos *pretensos sábios*, cujo poder se funda, sobretudo, na sua *reputação* (*doxa*). Nesse sentido, Protágoras representaria, dentro do *corpus Platonicum*, um caso particular daqueles indivíduos que, segundo a célebre passagem da *Apologia*, eram alvos da investigação crítica de Sócrates em sua busca por decifrar o sentido do enigma da palavra oracular do deus de Delfos (a saber, que ninguém é mais sábio que ele, cf. 21a-b), como vemos neste trecho:

Tempos depois, embora relutante, volvi-me para uma investigação desta natureza: dirigia-me a um homem que parecia ser sábio para, assim, refutar o oráculo e mostrar a ele que "Este homem é mais sábio do que eu, embora você afirme o contrário." Examinando, então, esse homem – não preciso referir seu nome, mas era um dos políticos com o qual, investigando e dialogando, ó atenienses, tive uma experiência do gênero –, pareceu-me que esse homem parecia ser sábio à grande massa de homens e, sobretudo, a si mesmo, sem sê-lo. Em seguida, tentava lhe mostrar que ele presumia ser sábio, embora não o fosse. Como consequência, tornava-me odiável a ele e aos demais homens que estivessem ali presentes. Depois de partir, então, refletia comigo mesmo que mais sábio do que esse homem eu sou; é provável que nenhum de nós conheça algo de belo e bom, mas ele presume saber algo, embora não o saiba, enquanto eu, porque não sei, tampouco presumo saber. É plausível, portanto, que em alguma coisa, ainda que diminuta, seja eu mais sábio do que ele: precisamente porque o que não sei, não presumo sabê-lo. A partir de então, dirigia-me a outro homem que parecia ser sábio e eu tinha a mesma impressão. (21b7-d9)

Na argumentação da *Apologia*, Sócrates seleciona três classes de homens reputados como sábios para ilustrar a sua prática filosófica em Atenas: os políticos (21c-d), os poetas (22a-c) e os artesãos (22d-e). Embora Sócrates não se refira precisamente à figura do "sofista" nesse trecho da *Apologia*, a descrição de sua atividade filosófica, tal como descrita acima, possui uma aplicação geral, todavia: quem quer que fosse reputado sábio pelos homens e se professasse como sábio, em qualquer área do conhecimento que fosse, era candidato a ser examinado criticamente por Sócrates. Em segundo lugar, Sócrates afirma que o resultado do *elenchos* era sempre negativo, ou seja, toda vez que ele investigava *dialogicamente* alguém nessas condições, essa pretensa sabedoria se mostrava falível. Como veremos no decorrer desta leitura do *Protágoras*, a descrição genérica da atividade filosófica de Sócrates na *Apologia* nos ajuda a compreender o que acontece no movimento geral do diálogo: o renomado sofista Protágoras, que se propõe a ensinar a seus discípulos a *arte política* (319a4), identificada por Sócrates com a própria *virtude* (319e2), no decorrer da discussão concede a Sócrates certas premissas que acabam contradizendo as suas próprias posições[8]. E tais posições concernem especificamente à natureza da virtude, objeto do ensino sofístico: se sua concepção sobre a unidade das virtudes não se sustenta, como estaria ele apto a ensinar essa matéria a seus discípulos? Ou antes: como ele poderia supor que o que ele ensina é ensinável, se é incapaz de apresentar uma concepção coerente sobre a própria natureza do objeto que se propõe a ensinar?

Em suma, o *Prólogo* desempenha basicamente duas funções: i. indica sutilmente o pano de fundo sobre o qual se dará o debate estrito a respeito da *unidade das virtudes*, ou seja, o problema do modelo de educação apropriado aos jovens atenienses, conforme sugere a menção a Alcibíades; e ii. apresenta o tipo de interlocutor com o qual Sócrates passará a discutir ao adentrar a casa de Cálias – a saber, o *pretenso sábio* nas vestes do "sofista". Na análise da parte seguinte (310a-314c), analisaremos como Platão caracteriza a força suasória da *reputação* (*doxa*) de Protágoras sobre os jovens atenienses, ao retratar o estado psicológico da personagem Hipócrates.

---

8. No entanto, vale salientar que, na *Apologia*, o princípio e o fim da investigação filosófica de Sócrates é a decifração do enigma da palavra oracular do deus de Delfos. O próprio exercício filosófico de Sócrates é considerado, em última instância, um serviço a Apolo (23b). No *Protágoras*, por sua vez, assim como nos demais "primeiros diálogos" platônicos, esse argumento de cunho religioso não aparece: o princípio e o fim da investigação filosófica de Sócrates ao confrontar Protágoras é, do ponto de vista *dramático*, a salvação da alma do jovem Hipócrates (313a-314c), que pretendia se tornar discípulo do sofista.

52 PROTÁGORAS, DE PLATÃO: ESTUDO INTRODUTÓRIO

2.2. O Caso Hipócrates (310a-314e)

Como discutido acima, embora Platão vise distinguir Sócrates da figura do "sofista" na *Apologia*, dissociando a educação sofística do tipo de investigação crítica exercida por Sócrates, o público-alvo dos sofistas e o círculo de seguidores do filósofo são referidos, todavia, como pertencentes a um mesmo estrato daquela sociedade ateniense: os jovens de família rica (cf. 19e-20c; 23-d). Nesse sentido, a personagem Hipócrates do diálogo *Protágoras* representa precisamente um caso particular dentro do *corpus Platonicum* de um discípulo *em potencial* dos sofistas, não só pela caracterização de seu desejo irresistível de se tornar discípulo de Protágoras, como também por satisfazer as condições de seu público-alvo[9]: é jovem e proveniente de uma família abastada, como o próprio Sócrates salientará a Protágoras (316b-c), que almeja adquirir uma boa reputação na cidade e ter sucesso na vida política da Atenas democrática[10].

Na primeira parte da narração de Sócrates no *Protágoras*, que concerne à conversa privada com Hipócrates em sua casa, antes de seguirem para a casa de Cálias (310a-314c), Platão enfatiza claramente o poder de influência que a *doxa* do "sofista" exercia sobre os jovens, ao caracterizar a condição psicológica da personagem Hipócrates. Segundo a narração de Sócrates (310a-c), tendo escutado na noite anterior que o sofista estava na cidade, o jovem, que mal conseguira dormir, dirige-se à casa do filósofo, antes mesmo do alvorecer, para pedir-lhe que o apresentasse ao sofista:

---

9. Sobre a relação entre os tipos de interlocutores de Sócrates nos diálogos e o público-leitor dos diálogos platônicos, ver C. Kahn, *Plato and the Socratic Dialogue*, p. 381.

10. O fato de Hipócrates já ter um escravo para servir às suas necessidades pessoais (310c) sublinha esse aspecto da personagem (D. Nails, op. cit., p. 169). Como salienta Nicholas Denyer em seu comentário ao diálogo, um nome composto com a raiz *hipp-* ("cavalo") poderia indicar sua origem aristocrática, uma vez que tanto o avô quanto o sobrinho de Péricles (N. Denyer, *Plato: Protagoras*, p. 68; L. Palumbo, Socrate, Ippocrate e il vestibolo dell'anima, em G. Casertano (ed.), *Il Protagora di Platone: Struttura e Problematiche*, p. 88) se chamavam "Hipócrates". Conjetura-se, inclusive, que essa personagem do *Protágoras* seja precisamente o tal sobrinho de Péricles, hipótese esta fortalecida pela presença dos filhos do renomado político ateniense na cena do diálogo,

A CONSTRUÇÃO DA FIGURA DO "SOFISTA" NO PROTÁGORAS

E é justamente em vista disso que agora recorro a você, a fim de que dialogue com ele em meu interesse. Pois, além de ser muito jovem, jamais vi Protágoras, tampouco já o ouvi falar; eu era ainda criança, quando nos visitou pela primeira vez. Porém, todos, Sócrates, elogiam-no e dizem ser ele o homem mais sábio no discurso. Mas por que não caminhamos ao seu encontro e o surpreendemos em casa? Ele é hóspede, ouvi dizer, de Cálias, filho de Hipônico. Vamos lá! (310e2-311a2)

A causa de tanta euforia é precisamente o fato de Hipócrates *ouvir dizer* que Protágoras é um homem sábio – e sábio no âmbito dos *discursos* (*logoi*), segundo ele –, ainda que ele *não o tenha conhecido* pessoalmente. A esse ímpeto irrefletido de Hipócrates, então, Sócrates contrastará um exame racional para trazer à luz os motivos que o levam a buscar tão resolutamente a ajuda profissional de Protágoras, e verificar em que medida ele está ciente das consequências da atitude que está prestes a tomar. O que se segue dramaticamente, portanto, é um breve excerto do tipo de procedimento dialógico que a personagem Sócrates adota habitualmente nos chamados "primeiros diálogos" de Platão: a. a proposição de um problema; b. a discussão mediante perguntas e respostas breves, conduzida por Sócrates; c. o uso de *argumentos indutivos* mediante exemplos particulares[11]; d. o recurso ao "interlocutor fictício", que funciona como uma terceira

Páralo e Xantipo (314e-315a) (D. Nails, op. cit., p. 169-170). Todavia, ainda que não haja um indício no próprio diálogo suficiente para garantir tal identificação, o que Platão parece ressaltar aqui, na apresentação da figura de Hipócrates, é justamente o tipo de indivíduo que se volta precipuamente à educação sofística.

11. A indução (*epagogē*) é definida desta maneira por Aristóteles nos *Tópicos*: "Depois dessas distinções, é preciso divisar quantas são as espécies de argumentos dialéticos. Há a indução e o silogismo, e o que é silogismo já foi dito previamente. Indução é o método que parte dos particulares para o universal, como neste exemplo: se o piloto perito é o mais apto, e assim também o auriga, o perito em cada coisa será em todos os casos o melhor. E a indução é mais persuasiva e mais clara, mais apreensível pela sensação e comum à maioria dos homens, ao passo que o silogismo é mais imponente e mais efetivo contra os contraditores" (I, 105a10-19). Na *Metafísica*, Aristóteles atribui o emprego desse tipo de argumento ao Sócrates "histórico": "São duas coisas que poderiam ser atribuídas de maneira justa a Sócrates: os argumentos indutivos e a definição universal, pois ambos concernem ao princípio do conhecimento – Sócrates, contudo, não considerava os universais como existindo separadamente, tampouco as definições." (XIII, 1078b27-31)

54 PROTÁGORAS, DE PLATÃO: ESTUDO INTRODUTÓRIO

parte na discussão[12]; e e. o fim *aporético*, em que o interlocutor não consegue responder de modo satisfatório à pergunta inicial de Sócrates, seja se contradizendo, seja não sabendo que resposta dar. O exame de Hipócrates por Sócrates divide-se, assim, em duas partes: i. a busca pelo esclarecimento da finalidade de tal iniciativa (311b-312b); e ii. a delimitação do domínio específico do saber sofístico dentro do âmbito dos *discursos* (312b-e).

Na primeira parte, Sócrates faz com que Hipócrates compreenda que, diferentemente do que sucede às demais artes (como a estatuária e a medicina[13]) em que o aprendiz busca aprender o ofício para se tornar um perito naquele campo do conhecimento específico, ele não visa o ensinamento oferecido por Protágoras para se tornar um sofista, mas para se *educar* (*epi paideiai*,

---

12. No caso do breve diálogo com Hipócrates, o recurso à *interlocução fictícia* desempenharia duas funções básicas, conforme o estudo de Angela Longo: i. *Explicativa*; e ii. *paradigmática*. Ela caracteriza a primeira do seguinte modo: "a interlocução fictícia é introduzida por Sócrates [...] com o intuito de ajudar o interlocutor a dar uma reposta a perguntas do primeiro tipo que ocorrem por serem particularmente difíceis. Para obter esse resultado, a interlocução fictícia opera em duas frentes: aquela de fazer o interlocutor socrático compreender qual é o sentido da pergunta de primeiro tipo que lhe é posta (em geral uma pergunta definitória do tipo "Que coisa é *F*?") e aquela de oferecer ao interlocutor socrático os modelos de respostas adequadas à pergunta de primeiro tipo. Em ambos os casos, recorre-se a exemplos tirados de âmbitos cognoscitivos diversos (comumente as *tekhnai*) em relação ao objeto específico do exame em curso (concernente geralmente a questões éticas)" (*La Tecnica della Domanda e le Interrogazioni Fittizie in Platone*, p. 134-135). A segunda função, diretamente associada à primeira, é caracterizada por Longo do seguinte modo: "pode-se dizer que a interlocução fictícia, na medida em que tem como fim fornecer modelos de resposta adequados a perguntas de primeiro tipo, desempenha uma função paradigmática. [...] A paradigmacidade é de natureza essencialmente operativa: ela induz o interlocutor socrático a colocar em ato, na resposta que é convidado a dar, as indicações oferecidas pela interlocução fictícia. É esse o motivo pelo qual a interlocução fictícia comumente se conclui com um imperativo em que se requer do interlocutor uma reposta a propósito do argumento específico sob exame, assim como fez ou viu fazer nos casos ficticiamente criados. Tais exortações podem ser introduzidas por um *peirō*, um *ithi*, um *eipe*, um *ithi e eipe* juntos" (ibidem, p. 136).

13. M. Meoli, La funzioni dell'esempio, em G. Casertano (ed.), op. cit., p. 76-77: "O contínuo recurso a exemplos é um método preparado por Sócrates em função de Hipócrates: construído um percurso simples, que por sua exemplaridade Hipócrates pode facilmente acompanhar, ele servirá de modelo para o percurso seguinte que o jovem deve efetuar. A finalidade didática dessa metodologia é evidente: com os exemplos, Sócrates guia Hipócrates por meio de percursos cognitivos já previamente elaborados por ele, consentido-lhe assim a aquisição de novos conhecimentos. A estatura intelectual menor de Hipócrates estimula então Sócrates a exercitar com o jovem sua *paideia*."

312b3-4), de modo semelhante ao que ocorre no caso do ensino da *língua grega*, da *música* (citarística) e da *ginástica*. Ao situar a sofística no âmbito da *educação* dos jovens, como uma forma de educação suplementar à educação básica, que compreende o ensino das letras, e à educação fundamental, baseada na *poesia*, na *música* e na *ginástica*[14], Platão menciona expressamente, pela primeira vez no diálogo, o problema geral no qual está subsumido o tópico filosófico da *unidade das virtudes*: a saber, a *educação sofística*. Como referido no subtítulo 2.1, essa delimitação da finalidade do ensino sofístico se coaduna com a referência a Alcibíades logo na primeira frase do diálogo, que já aludia implicitamente a esse problema. No entanto, que tipo de educação oferece o sofista? O que ele ensina precisamente?

A segunda parte do escrutínio de Sócrates busca justamente esclarecer tais questões. Ele parte da pergunta inicial "o que é o sofista?", a que Hipócrates responde "o conhecedor das coisas sábias" (312c), baseando-se na própria etimologia do termo *sophistēs*. Recorrendo mais uma vez a um *argumento indutivo*, Sócrates exige de Hipócrates que delimite o campo específico do conhecimento do sofista, visto que os demais indivíduos competentes em uma determinada arte (como a pintura ou a carpintaria) também são "conhecedores de coisas sábias" (definição genérica), mas das "coisas sábias" relativas ao domínio específico de sua própria arte (ou seja, "produção de imagens" e "confecção de móveis", respectivamente). A segunda tentativa de Hipócrates visa a responder a essa exigência de especificação: "ele é mestre *em tornar alguém terrivelmente hábil no discurso*" (312d). Mas Sócrates exigirá de seu interlocutor novamente uma qualificação para essa resposta, na medida em que os demais indivíduos competentes em uma determinada arte (como a citarística, p. ex.) também ensinam seus alunos a serem "terrivelmente hábeis no

---

14. Cf. Platão, *Protágoras* 325d-326b; *República* II 376e. O termo grego *mousikē* ("música") significa genericamente "atividade realizada sob a égide das Musas", compreendendo tanto o emprego das palavras (ou seja, a poesia) quanto os elementos estritamente musicais no sentido moderno (ou seja, ritmo, harmonia e melodia).

discurso", mas naqueles discursos que dizem respeito ao *objeto específico* de sua arte: os alunos não só aprendem a tocar apropriadamente o instrumento, como também a saber explicar e dar as razões sobre o seu procedimento técnico[15]. A pergunta remanesce, então: "a respeito de que o sofista torna alguém terrivelmente hábil no discurso?" (312e) Nesse ponto da discussão, Hipócrates revela, enfim, sua ignorância, não sabendo que resposta dar.

Pois bem, nessa breve interlocução entre Sócrates e Hipócrates (311b-312e), Platão apresenta alguns pontos fundamentais para compreendermos o que sucederá adiante, quando Sócrates adentrar a casa de Cálias e passar a dialogar diretamente com Protágoras. i. O primeiro ponto, já ressaltado anteriormente, concerne à apresentação da *doxa* do sofista, especificamente da de Protágoras: ele é alguém cuja sabedoria diz respeito aos *discursos*, professando transmiti-la a seus discípulos mediante remuneração. O diálogo com Hipócrates, todavia, falhou em identificar o *objeto específico* do conhecimento a que concerne esses discursos, visto que todas as demais artes também concernem, em certo sentido, a *discursos* (*logoi*) – ou seja, os *discursos* relativos ao domínio específico de seu conhecimento. No entanto, Platão parece indicar uma possível resposta ao problema, ainda que não explorada nesse contexto do diálogo. A expressão idiomática "terrível no discurso" (*deinon legein*, 312d7) remete diretamente à habilidade retórica de um orador, como vemos referida, por exemplo, no proêmio da *Apologia* (17b1)[16]. Assim, poderíamos inferir que a expectativa de Hipócrates, enquanto futuro discípulo de Protágoras, é, em última instância, adquirir conhecimento em *retórica*[17], o que o tornaria apto para a vida política na democracia ateniense[18]. A aspiração

---

15. Ver também Platão, *Górgias* 449d-452e.

16. Sobre o significado da expressão *deinos legein*, ver K.J. Dover, *Greek Popular Morality*, p. 25-26.

17. Sobre a origem do termo *rhētorikē* na literatura grega e a provável origem platônica do termo, ver E. Schiappa, Did Plato Coin Rhetorike? *American Journal of Philology*, v. 111.

18. M. Meoli, La funzioni dell'esempio, em G. Casertano (ed.), op. cit., p. 84.

política de Hipócrates é aludida por Sócrates, quando ele esclarece a Protágoras o que motivava o jovem a procurá-lo:

> — Este Hipócrates é nativo daqui, filho de Apolodoro, membro de uma família influente e próspera; quanto à sua natureza, ele parece se equivaler aos seus coetâneos. Mas suponho que ele almeja adquirir boa reputação na cidade, presumindo que alcançaria esse intento, sobretudo, se convivesse com você. (316b8-c2)

Assim, uma possível resposta para a questão "que matéria é essa da qual o próprio sofista é conhecedor e faz de seu discípulo um conhecedor?" (312e) seria "retórica". Todavia, a *retórica* não é tema específico do *Protágoras*, mas de outro diálogo platônico, o *Górgias*. E mesmo que Hipócrates tivesse respondido objetivamente que Protágoras ensina "retórica", o mesmo problema remanesceria, se levássemos em consideração a discussão sobre a definição de *retórica* na primeira parte do *Górgias*. Nesse diálogo, a personagem Górgias (o sofista que dá nome ao diálogo) busca defini-la como uma *arte genérica* dos discursos – em outras palavras, uma arte em que o próprio *discurso* (*logos*), enquanto *discurso*, seria seu próprio objeto, a despeito da matéria sobre a qual versa cada discurso em particular. No entanto, Sócrates exige de Górgias uma delimitação do *objeto específico* do discurso retórico, pressupondo essa condição como necessária para que uma atividade se constitua como *arte* (*tekhnē*)[19]. Dessa forma, a definição genérica de

---

19. Segundo a análise de Alessandra Fussi sobre o problema da *retórica* no *Górgias* (*Retorica e Potere*, p. 134-135), os critérios que fundamentam a concepção platônica de *tekhnē* seriam os seguintes: 1. *tekhnē* se equivale ao conhecimento de um campo específico. O seu objeto é determinado. O sapateiro, por exemplo, para produzir bons sapatos, deve conhecer os diversos tipos de couro e o melhor modo de trabalhá-lo; 2. Está orientada por um fim específico e produz alguma coisa de útil ou diretamente, como no caso da produção de barcos, ou indiretamente, como no caso da escrita e da aritmética, cujo conhecimento é útil para as artes produtivas; 3. Torna possível a libertação do homem do poder do acaso, dos deuses e da natureza; 4. É facilmente reconhecível como tal. O detentor de uma *tekhnē* possui um conhecimento precioso na medida em que não está ao alcance de todos; 5. As *teknai* são ensináveis; 6. Um paradigma exemplar de *tekhnē* é a matemática pela sua precisão, pela capacidade de produzir resultados universais e necessários; 7. A *tekhnē* é tão confiável que sua função é idêntica a seu fim. O técnico, enquanto técnico, não pode errar. Espera-se do construtor naval que ele construa barcos que não afundem. O produto, o barco acabado, é idêntico à função do construtor. Se o barco afunda, temos o direito de ▶

retórica como "artífice da persuasão" (453a) assentida por Górgias requeria uma precisão semelhante a essa exigida por Sócrates no diálogo com Hipócrates no *Protágoras*: a retórica é "artífice da persuasão" *a respeito de quê*, já que também as demais artes particulares *persuadem* seus aprendizes daquilo que concerne à matéria específica de seu conhecimento (453d-454a)? A resposta final de Górgias, que satisfaz as exigências estipuladas por Sócrates, busca completar, então, essa lacuna em sua definição: "a retórica é artífice da persuasão que infunde crença, mas não ensina nada *a respeito do justo e do injusto*" (454e-455a). Em suma, se a resposta de Hipócrates à pergunta de Sócrates tivesse sido explicitamente "retórica" nessa passagem do *Protágoras* (312e), ainda assim seria necessária uma determinação do objeto específico que seria da competência exclusiva da *retórica*, se, de fato, ela constitui uma *arte* (*tekhnē*).

Portanto, embora nessa parte da narração de Sócrates (310a-312e) não encontremos ainda uma delimitação precisa da competência do "sofista", Platão apresenta ao leitor, mediante a expectativa de Hipócrates de se tornar discípulo de Protágoras, a natureza de sua *reputação* (*doxa*) – ou seja, alguém que detém certo domínio sobre o âmbito dos *discursos* (*logoi*). E é precisamente essa suposta sabedoria de Protágoras a exercer tamanho fascínio sobre Hipócrates, que representa, por sua vez, o público-alvo dos sofistas: um jovem de família abastada, que almeja sucesso na vida política de Atenas.

2.3. A Descrição do Ambiente Sofístico (314e-316a)

O processo de construção da figura do "sofista" ganha contornos mais nítidos quando Sócrates e Hipócrates entram na casa de Cálias (314e). Nessa parte da narração (314e-316a), Platão nos oferece uma vívida descrição do ambiente que se descobre por

---

▷ suspeitar de que a pessoa a quem havíamos confiado o trabalho não possua a *tekhnē* de construí-lo. Se o fim não é aquele que se espera do técnico, também a sua função será colocada em questão. Sobre a noção de *tekhnē* e sua relação com *epistēmē* ("conhecimento", "ciência"), ver J. Barnes, Enseigner la vertu? *Revue Philosophique*, n. 4, p. 583-585.

detrás da porta trancafiada e vigiada pelo eunuco. A citação de dois versos do Canto XI da *Odisseia*, de Homero (315b9; c8)[20], sugere uma comparação da cena descrita pelo narrador com a visita de Odisseu ao Hades, conhecida como *Nekuia*:

i. *Depois dele* [*i.e Protágoras*] *entrevi*, como dizia Homero, Hípias de Élide, sentado sobre o trono no pórtico oposto. À sua volta, estavam sentados sobre bancos Erixímaco, filho de Acumeno, Fedro, de Mirrine, Ândron, filho de Androtíon, e, entre os estrangeiros, concidadãos de Hípias e outros mais. (315b9-c5)

ii. E então, *avistei Tântalo*, pois também Pródico de Ceos estava na cidade. Ele se encontrava num cômodo que, antes, Hipônico utilizava de depósito, mas que, agora, devido ao grande contingente de hóspedes, Cálias esvaziara para acomodar os estrangeiros. (315c8-d4)

Platão estabelece aqui a seguinte relação analógica entre as personagens: Sócrates está para Odisseu, assim como Protágoras está para Sísifo, Hípias para Héracles, e Pródico para Tântalo; o porteiro eunuco, por sua vez, está para Cérbero, o cão de três cabeças que vigiava a casa de Hades no mundo subterrâneo. Muitos símiles empregados por Platão nos diálogos constituem apenas uma referência trivial, sem implicações diretas na própria discussão em curso. O caso desse símile do *Protágoras*, em contrapartida, está carregado de uma significação bem mais complexa que exige do leitor um exercício exegético para compreendê-lo no contexto dramático-argumentativo em questão. Segundo a leitura de Denyer, Platão estaria sugerindo que "os sofistas são tão frágeis quanto os *fantasmas* [*psukhai*] que habitam o Hades, que o dinheiro que os sofistas requerem para ensinar são como o sangue que Odisseu deve ofertar aos *fantasmas* [*psukhai*] para eles falarem, e também que o próprio Sócrates possui algo semelhante à resolução e à curiosidade de Odisseu quando ele arrisca visitar o antro dos sofistas"[21]. Nesse sentido, continua Denyer, "o movimento repetido de Protágoras e de sua audiência (315b2-7) é, portanto, implicitamente

20. Homero, *Odisseia* 11, 582 e 11, 601;
21. N. Denyer, op. cit., p. 82.

comparado à punição contínua de Sísifo: ele tem de rolar a pedra enorme morro acima, mas, quando atinge o topo, ela rola novamente morro abaixo, e ele tem de começar tudo de novo (*Odisseia* 11, 593-600). Da mesma forma, as perguntas da audiência que cerca Hípias e o questiona sobre astronomia são implicitamente comparadas àquilo que cerca Héracles: *um barulho de cadáveres, como se fossem de pássaros, em pânico vindo de toda parte* (*Odisseia* 11, 605- 606)"[22]. Pródico, por sua vez, é comparado a Tântalo, cuja punição, descrita por Odisseu no mesmo episódio, era ficar cercado de comidas e bebidas que lhe escapavam toda vez que tentava consumi-las (*Odisseia* 11, 583-592). Denyer entende que "a sugestão aqui é que o conhecimento, a nutrição da alma (313c-8-9), irá nos escapar se tentarmos adquiri-lo pelos métodos intelectuais de Pródico que são parodiados em 337a1-c4"[23].

Capra, por sua vez, chama a atenção para o fato de que as punições de Tântalo e Sísifo no Hades se devem à sua hostilidade para com os deuses[24]. Por conseguinte, ambas as figuras mitológicas, no contexto dos sécs. V e IV a.C., teriam se tornado símbolo de ateísmo e rebelião contra a religião tradicional, de modo que essa associação sugerida aqui por Platão poderia aludir às acusações de impiedade sofridas por Protágoras e Hípias, conforme as informações que encontramos em outras fontes de natureza histórica[25]. Se for esse o caso, Platão estaria utilizando

---

22. Heda Segvic propõe uma interpretação alternativa: "O fato de Hípias ensinar muitas áreas do conhecimento diferentes corresponde muito bem aos incontáveis trabalhos de Hércules. Héracles é um super-herói, cuja energia e empreitada ilimitadas, e por vezes ultrajantes, parecem zombar do herói ordinário. Ele é um apto substituto irônico para as ambições enciclopédicas de Hípias." (Homer in Plato's *Protagoras: Classical Philology*, v. 101, n. 3, p. 256).

23. N. Denyer, op. cit., p. 84. Segvic propõe uma interpretação alternativa: "Pródico se preocupa muito com o uso correto da linguagem. Ele se esmera em distinguir expressões intimamente relacionadas. Mas, assim como a comida e a bebida de Tântalo, a verdade a respeito das palavras sempre lhe escapa. As análises linguísticas de Pródico mais adiante no diálogo parecem laboriosas, mas invariavelmente não atingem o que realmente interessa." (op. cit, p. 257).

24. A. Capra, Notes and Discussions: Protagoras' Achilles: Homeric Allusion as a Satirical Weapon (*Protagoras* 340a), *Classical Philology*, v. 100, n. 3, p. 275.

25. Sobre Pródico, cf. PHerc. 1428, fr. 19; DK 84 B5. Sobre Protágoras, cf. Éforo, FGrH 70 F196; Plutarco, *Péricles* 32.2 (A. Capra, op. cit., p. 275).

esse artifício literário não apenas para sublinhar o fim desastroso da passagem desses "sofistas" por Atenas, como também para deixar nas entrelinhas um problema que se estende à figura de Sócrates. Em 399 a.C., Sócrates foi condenado à morte por *corrupção da juventude* e *impiedade*[26]. Na *Apologia*, a origem dessas acusações contra ele é atribuída, sobretudo, a uma visão do senso comum bastante difundida de que Sócrates se ocupava das mesmas coisas que os "filósofos da natureza" e os "sofistas", como discutimos brevemente no capítulo 1. Toda a argumentação que Platão coloca na boca de Sócrates nesse discurso visa, em última instância, a distinguir o exercício de sua investigação filosófica idiossincrática, tanto do tipo de especulação sobre os fenômenos naturais empreendida por diferentes pensadores de diversas proveniências do mundo helênico (a referência explícita ali é Anaxágoras, cf. 26d) quanto das especulações teóricas e do modelo pedagógico dos chamados "sofistas". Portanto, o problema das acusações de impiedade supostamente sofridas por Protágoras e Pródico se estenderia, ao menos indiretamente, à própria figura de Sócrates, uma vez que a distinção entre "filósofo" e "sofista", tal como hoje a concebemos, não existia no fim do séc. v a.C., tendo sido resultado posterior de uma operação, sobretudo, platônico-aristotélica. E esse problema, como vimos há pouco, é referido magistralmente por Platão no *Protágoras* mediante a fala do eunuco, o porteiro da casa de Cálias, ao se deparar com Sócrates: "Ah, não! Sofistas!" (314d3).

As sugestões de Denyer e Capra, então, são bastante pertinentes para os propósitos deste estudo e salientam a relevância desse tipo de artifício literário usado por Platão em contextos específicos de certos diálogos. Há quatro pontos que gostaria de explorar aqui nesse símile, tendo em vista a construção da figura do "sofista" no *Protágoras*.

a. No Canto ix da *Odisseia*, Odisseu confronta as *psukhai* de várias figuras, incluindo a de sua mãe e a de Aquiles, que se

---

26. Platão, *Apologia* 24b; Xenofonte, *Memoráveis* I.1.1.

encontravam no Hades depois de sua morte. O sentido forte de *psukhē* aqui – termo este traduzido comumente por "alma" – é de "espectro", de "imagem fantasmagórica" a partir da qual se reconhece a identidade da figura *post mortem*. Nesse sentido, uma vez que os sofistas são comparados a essas *psukhai*, podemos interpretar a cena, recorrendo ao jargão propriamente platônico, como a incursão de Sócrates, que habita o *mundo real*, no âmbito do *mundo aparente* em que estão encerrados os sofistas[27]. Como vimos no subtítulo 2.1, no *Prólogo* do diálogo (309a-310a) Platão recorre marcadamente a um vocabulário que denota a ideia de "aparência" para qualificar o tipo de saber atribuído a Protágoras, um saber que está confinado no âmbito da *doxa* ("reputação", "opinião", "crença"). Assim, esse símile do Canto XI da *Odisseia* reforçaria esse aspecto da caracterização dos "sofistas" no *Protágoras*: trata-se de sábios aparentes cuja falibilidade será revelada pelo escrutínio de Sócrates, à medida que o diálogo progride; Sócrates, em contrapartida, estaria no âmbito do *real*, na medida em que não apregoa um pretenso saber e se dispõe a examinar criticamente não apenas seus interlocutores, como também a si mesmo (cf. 333c).

b. O segundo ponto a ser ressaltado é a descrição da relação entre os sofistas e seus respectivos discípulos. O séquito de Protágoras é comparado ao "coro" do teatro, que executa seus movimentos sob o encantamento exercido pelo sofista-corifeu (314e-315b). Hípias, por sua vez, é descrito "sentado sobre o trono, dando seu veredicto e respondendo em detalhes a cada pergunta que lhe era endereçada" (315c6-7) sobre a natureza e a astronomia. Pródico, enfim, é referido como "dialogando" com seus discípulos (315e5-6), deitado e envolto em velos e cobertas,

---

27. Uso essa distinção aqui sem qualquer valor ontológico, que poderia remeter, de modo inapropriado, à Teoria das Formas tal como apresentada nos Livros VI-VII da *República*. *Real* e *aparente* são empregados aqui no sentido trivial que encontramos na *Apologia*, quando Sócrates reporta sua experiência com os pretensos sábios: eles *parecem ser* sábios à massa e a si mesmos, mas, quando examinados criticamente por Sócrates, eles mostram que *não o são* (cf. 21c-d). Em suma, refiro-me aqui à distinção básica do pensamento platônico entre *parecer ser* [*dokein einai*] e *ser* [*einai*].

embora o conteúdo e a modalidade dessa conversa não sejam precisados pelo narrador, dada a impossibilidade de compreender o que era dito por ele. Essa descrição, pois, salienta precisamente a diferença entre o "método" de inquirição socrático, como vimos representado paradigmaticamente na cena que se passa no interior da casa do filósofo (311a-312e), e o modo como os diferentes "sofistas" se relacionam com seus discípulos. No caso da conversa entre Sócrates e Hipócrates, os dois interlocutores contribuem igualmente para a consecução da discussão, diferenciando-se pela função que cada um exerce: um formula as perguntas, enquanto o outro as responde. Hipócrates é confrontado criticamente por Sócrates, que o faz perceber os limites de seu conhecimento sobre Protágoras e seu ofício; no entanto, o filósofo não se apoia numa suposta autoridade baseada em sua *doxa*, confiando antes no poder efetivo e independente de seu escrutínio. Esses elementos de caracterização do proceder socrático contrastam flagrantemente com tal descrição do ambiente sofístico: i. o "coro" de Protágoras sugere um canto em uníssono que prescinde de uma voz dissonante que teria o poder de confrontá-lo; ii. o fato de Hípias estar sentado sobre o trono, de onde ele responde às perguntas, sugere uma hierarquização entre as funções de mestre e discípulo, assinalando a condição superior do sofista, que dá seu "veredicto" sobre as questões formuladas pela sua audiência; iii. a pomposidade das vestimentas de Pródico se opõe à austeridade de Sócrates (marcada especificamente pelo termo *skimpous* em 310c1, o "colchão" sobre o qual Sócrates estava deitado), que pode conotar, por sua vez, um contraste entre a simplicidade de uma conversa tal qual encenada por Sócrates e Hipócrates, e o discurso ornado marcado pelas sutilezas das distinções semânticas de Pródico, como evidenciado em sua primeira intervenção no diálogo (cf. 337a-c)[28].

---

28. Sobre a relevância filosófica dos elementos dramáticos nesta parte inicial da narração de Sócrates, ver R. Bolzani, O Cênico no *Protágoras, Revista Brasileira de Estudos Clássicos*, v. 13-14.

c. A comparação entre Protágoras e Orfeu salienta, por seu turno, o aspecto irracional envolvido no poder de persuasão do discurso do sofista, em contraste com o exercício da razão promovido pelo procedimento dialógico de Sócrates, como vimos em prática em sua conversa com Hipócrates (311a-312e). Platão faz referência aqui ao notório poder de *encantamento* da música de Orfeu (*kēlōn*, 315a8; *keklēmenoi*, 315b1), capaz de seduzir animais, árvores e plantas, como referido em diversas fontes antigas[29]. Nesse sentido, o símile sugere que Protágoras incita um desejo irracional nos jovens mediante uma persuasão encantadora, ao passo que Sócrates estimula, inversamente, a razão mediante o diálogo, incitando seus interlocutores a colocarem à prova suas opiniões e convicções, como vimos ilustrado modelarmente na breve conversa com Hipócrates[30].

d. A comparação entre Sócrates e Odisseu pode ter um sentido tanto positivo quanto negativo, dependendo do ponto de vista em que se interpreta a controversa personagem homérica. Segundo Kahn[31], essa associação sugerida aqui no *Protágoras* não era exclusiva a Platão; Antístenes, que fez parte do círculo de amizade de Sócrates e foi um importante expoente dos *Sōkratikoi logoi*[32], aparentemente concebia Odisseu como uma espécie de sábio socrático, tendo em vista um dos fragmentos de sua obra exegética sobre Homero preservada por Porfírio (*Questionum Homericarum ad Odysseam Pertinentium Reliquiae*, 1.1.1-21). Nesse fragmento, numa discussão sobre a semântica do termo *polutropos,* o epíteto homérico de Odisseu, Antístenes se opõe a um contra-argumentador anônimo que se apoiava no sentido dado ao termo por Aquiles na *Ilíada* [33] ao censurar Odisseu, ou seja, de "dolo", "engano", "mentira". Na concepção de Antístenes, contudo, *polutropos* significava

29. Ver, por exemplo, Eurípides, *As Bacantes*, v. 560-564; Simônides, fr. 567 PMG. Ver nota 32 da tradução.

30. Sobre o *encantamento* peculiar exercido por Sócrates, ver Platão, *Mênon* 79e-80d; *Cármides* 155a-157c, 176a-b.

31. C.H. Kahn, *Plato and the Socratic Dialogue*, p. 122-123.

32. Sobre Antístenes como amigo e discípulo de Sócrates, ver Xenofonte, *Banquete* 4.43-44.

33. Homero, *Ilíada,* 9, 307-313.

antes ter a habilidade com o "diálogo" (*dialegesthai*, 1.1.17), saber se exprimir "por diversos modos" (*pollous tropous*, 1.1.18), e, por conseguinte, ser capaz de se relacionar com os homens "de diversas maneiras" (*pollois tropois*, 1.1.21), "adequando o seu discurso ao caráter do interlocutor"[34]. Embora Antístenes não cite nominalmente o filósofo, a figura de "Sócrates" dos diálogos platônicos (e provavelmente dos diálogos de Antístenes que não foram conservados senão por fragmentos) pode ser prontamente reconhecida nessa descrição[35]. Nessa perspectiva exegética, portanto, o epíteto *polutropos* teria uma conotação absolutamente positiva, sendo enfatizado precisamente o aspecto da *versatilidade* e da *adaptabilidade*, que seriam qualidades comuns de Odisseu e Sócrates, em detrimento do sentido negativo de "dolo", "engano" e "mentira". Como veremos ao longo deste Estudo, ambos os atributos integram a caracterização de Sócrates no *Protágoras* e os vemos em efetividade ao longo do diálogo: i. ele é *versátil*, na medida em que é capaz de manipular com maestria diferentes modalidades de discurso, inclusive aquelas que, a princípio, seriam do domínio da "sofística" (como a *exegese poética*, por exemplo), ii. *adaptando-se* aos diferentes tipos de interlocutores com os quais dialoga, bem como às circunstâncias particulares de cada discussão, como o contraste entre a conversa privada com Hipócrates e o confronto com os "sofistas" na casa de Cálias evidencia. Nesse sentido, a comparação com Odisseu pode sugerir que a personagem Sócrates no *Protágoras* é, nesse sentido, *polutropos*, como concebe Antístenes no fragmento preservado em Porfírio[36].

---

34. C.H. Kahn, *Plato and the Socratic Dialogue*, p. 123. Sobre o interesse de Antístenes pela exegese dos poemas homéricos e da mitologia em geral, ver K.A. Morgan, *Myth and Philosophy. From Presocratics to Plato*, p. 100. Ver Diógenes Laércio 6.15-18.

35. Porfírio, *Questionum Homericarum ad Odysseam Pertinentium Reliquiae*, 1.1.17-21: Mas, se os sábios são terrivelmente hábeis no diálogo, eles também sabem exprimir o mesmo pensamento por diversos modos; uma vez que eles conhecem diversos modos de discurso a respeito de uma mesma coisa, eles seriam então *polutropoi*. E, se os sábios são bons também em se relacionar com os homens, é por esse motivo que Homero diz que Odisseu, sendo sábio, é *polutropos*: porque ele, de fato, sabia conviver com os homens de diversas maneiras.

36. Sobre Antístenes e a exegese dos poemas homéricos, ver C. Mársico, *Socráticos: Testimonios y Fragmentos*, p. 43-49.

No entanto, a associação entre Sócrates e Odisseu pode ser interpretada negativamente, se o mesmo termo for entendido na acepção referida por Aquiles ao censurar o comportamento do herói: alguém que "esconde na mente uma coisa, porém diz outra" (*Ilíada* 9, 313)[37]. No diálogo *Hípias Menor* (cf. 364a-5e), em que as personagens Sócrates e Hípias se envolvem com um tipo de exegese semelhante àquele que vemos no fragmento de Antístenes referido acima[38], os interlocutores partem do princípio de que *polutropos* significa a mesma coisa que *pseudēs* ("falso", "mentiroso") (365b8) para discutirem sobre qual herói é representado por Homero como "o melhor" (*ariston*, 364c5). Portanto, se o peso semântico pender para o lado negativo do termo, essa comparação sugerida por Platão no *Protágoras* pode salientar um problema ético da caracterização de Sócrates nos diálogos platônicos, que aparece salientado na voz de certas personagens que suspeitam de sua seriedade no confronto com seus interlocutores e o acusam de agir de má-fé, como é o caso especialmente de Cálicles no *Górgias* (cf. 482c-e)[39]. No *Protágoras*, por sua vez, a personagem homônima acusa Sócrates de um procedimento ilegítimo na condução do argumento, alegando que a pretensa refutação de sua posição sobre a *coragem* depende de uma premissa não assentida formalmente por ele, como veremos na análise da quarta prova/refutação (349d-51b) no capítulo 6. Em outras palavras, Protágoras acusa Sócrates de agir de modo doloso e de má-fé naquela altura da discussão, como se o filósofo visasse apenas a derrotá-lo numa disputa verbal a despeito dos meios empregados para tal fim. Nesse sentido, o termo *polutropos* poderia ser empregado para qualificar

37. Vale ressaltar que, nessa invectiva de Aquiles, o epíteto utilizado é *polumēkhanos* ("de muitos recursos", "astucioso"), que é correlato de *polutropos* (*Ilíada* 9.308).

38. Na interpretação de Kahn (*Plato and the Socratic Dialogue*, p. 122), a exegese sobre Homero presente no *Hípias Menor* é uma referência de Platão a esse tipo de debate feito por Antístenes, e não o inverso, pois, segundo as informações conservadas sobre o autor, ele é bem mais velho que Platão e um escritor já bem estabelecido nos anos 390 a.C., quando Platão, provavelmente, começou a escrever os diálogos.

39. Ver também a censura de Trasímaco ao procedimento refutativo de Sócrates no Livro I da *República* (336b-d).

essa faceta contenciosa de Sócrates, numa perspectiva crítica sobre o seu comportamento no confronto, sobretudo, com seus principais adversários, os "sofistas".

Essa tensão existente na própria ambiguidade semântica do termo *polutropos* se estende ao problema de fundo que perpassa todo o *Protágoras*, que é o tema central deste Estudo: a confusão da figura de Sócrates com a dos "sofistas". Como salienta Morgan com base nos fragmentos dos chamados "sofistas" e dos autores "socráticos", dentre as personagens homéricas, Odisseu se destaca como um figura mitológica análoga para representar a *versatilidade* do "sofista" e do ateniense do fim do séc. v a.C[40]. Tal associação aparece em diversas ocasiões da obra platônica. Por exemplo, no *Hípias Menor*, como observa Blundell, a personagem Hípias "se assemelha ao Odisseu homérico enquanto um indivíduo versado em todos os negócios, sempre buscando novidades, ávido pelo ganho prático, [...] mestre da linguagem persuasiva com a qual ele deleita com sucesso sua audiência, e também de habilidades práticas, tais como a produção de sua própria embarcação (*Odisseia,* 5, 228-261)"[41]. No *Fedro* (261c), por sua vez, a personagem homônima escolhe Teodoro e Trasímaco como a contraparte "sofística" de Odisseu. E mais adiante

---

40. K.A. Morgan, op. cit., p. 115. Sobre o contraste entre a figura de Aquiles, enquanto figura ideal da tradição aristocrática grega, e a de Odisseu, como figura ideal do homem democrático ateniense, na literatura grega do séc. v a.C., ver B.M.W. Knox, *The Heroic Temper: Studies in Sophoclean Tragedy*, p. 121-122.

41. M.W. Blundell, Character and Meaning in Plato's *Hippias Minor*, em J.C. Klagge; N.D. Smith (eds.), *Methods of Interpreting Plato and his Dialogues: Oxford Studies in Ancient Philosophy*, vol. suppl., p. 152. Vale ressaltar que a análise de Blundell é mais complexa do que isso, pois ela busca argumentar que tanto Sócrates quanto Hípias possuem qualidades diferentes, mas comuns a Odisseu e a Aquiles, segundo a caracterização das personagens no *Hípias Menor*. i. Hípias congregaria os elementos de Odisseu referidos na citação acima, mas não teria a mesma disposição para mentir *deliberadamente* (cf. 371a), ao passo que se assemelharia a Aquiles por mentir *involuntariamente*, visto que suas convicções morais convencionais são reveladas inconsistentes pelo escrutínio socrático (p. 167-168). ii. Sócrates, por sua vez, congregaria as qualidades positivas de ambas as personagens: teria a mesma habilidade verbal e persuasiva de Odisseu, tendo a *capacidade* inclusive de dizer falsidades *deliberadamente,* mas, como Aquiles, ele é eticamente íntegro (analogia esta que Platão faz na *Apologia*, cf. 28b-d). Sendo assim, sua ironia sarcástica, bem como o emprego de argumentos falaciosos na discussão com Hípias, não teriam como fim "enganar" o interlocutor simplesmente (pois isso colocaria em xeque sua integridade), mas estimulá-lo a progredir filosoficamente (p. 169-170).

68 PROTÁGORAS, DE PLATÃO: ESTUDO INTRODUTÓRIO

no próprio *Protágoras* (348c-d), depois da longa *epideixis* de Sócrates, a citação de um verso do Canto x da *Ilíada* (v. 224-225), referente a um episódio envolvendo Odisseu e Diomedes, sugere uma inversão de papéis: se Sócrates compara sua entrada na casa de Cálias com a visita de Odisseu ao Hades, (315b-316a), aqui é Protágoras quem assume o papel de Odisseu, ao passo que Sócrates, o de Diomedes[42]. Portanto, a comparação da entrada de Sócrates na casa de Cálias com a visita de Odisseu ao Hades pode ser interpretada como mais uma alusão de Platão ao problema veiculado pela fala do eunuco referida previamente (314d): a confusão de Sócrates com a figura do "sofista".

Em resumo, a alusão ao Canto xi da *Odisseia* cumpre uma função bem definida no movimento geral do diálogo. i. Em relação aos sofistas, ela circunscreve sua sabedoria no âmbito da *aparência*, em conformidade com as referências anteriores que salientavam esse mesmo aspecto, como vimos na análise do *Prólogo* (subtítulo 2.1). O que veremos no decorrer do diálogo é justamente o desvelamento da superficialidade e da falibilidade do saber sofístico, quando posto à prova pelo *elenchos* socrático. ii. Em relação a Sócrates, por sua vez, a comparação com Odisseu pode ser interpretada de modo ambíguo, a depender do sentido conferido ao epíteto do herói homérico (*polutropos*), que é objeto de discussão tanto em Antístenes quanto no diálogo *Hípias Menor*: ela pode ser positiva, se a entendermos como uma referência à *versatilidade* e *adaptabilidade* do filósofo no âmbito do *logos*, cujo domínio não se limita somente à modalidade estritamente filosófica – alcunhada por Platão de *brakhulogia*, "discurso breve" (cf. 335b8) – como também se estende às diferentes espécies de discurso no interior da *makrologia* –"discurso longo" –, que, a princípio, seria da competência dos sofistas e dos oradores (como discutiremos nos capítulos subsequentes); todavia, ela pode ser negativa, se enfatizarmos o problema ético envolvido na

---

42. Sobre o sentido da analogia com episódio do Livro x da *Ilíada*, ver A. Capra, Notes and Discussions, op. cit.

polutropia de Odisseu a partir da censura de Aquiles no Canto IX da *Ilíada* (v. 307-313), o que favoreceria certa visão crítica sobre o procedimento de Sócrates no exercício de sua investigação filosófica, registrada por Platão em seus diálogos, mediante a voz de certas personagens críticas ao filósofo, como Cálicles (*Górgias*) e Trasímaco (Livro I da *República*).

2.4. O Estabelecimento do Diálogo Entre Sócrates e Protágoras (316a-320c)

A vívida descrição do interior da casa de Cálias apresenta ao leitor não apenas uma caraterização do ambiente sofístico, mas também as condições a serem enfrentadas por Sócrates a fim de estabelecer um diálogo com Protágoras, condições estas bastante diversas daquelas encontradas na cena inicial da conversa com Hipócrates. Assim, o primeiro movimento de Sócrates é justamente atrair Protágoras para uma conversa e então confrontá-lo, tirando-o de sua condição de superioridade sobre seus discípulos, conforme descrita anteriormente pelo narrador (314e-315b). Essa passagem do domínio "sofístico" para o "filosófico", por assim dizer, é marcada, do ponto de vista dramático, pela reestruturação da cena: no âmbito sofístico, cada um dos sofistas discursava separadamente para o seu próprio séquito, ao passo que agora, com o início do diálogo propriamente dito entre os protagonistas, todos se encontram sentados juntos e igualmente sujeitos à interpelação de Sócrates (317c-d):

— Vocês querem, então – perguntou Cálias – que nos acomodemos em círculo, a fim de que dialoguem sentados?
Pareceu-nos que devíamos proceder assim. Todos nós estávamos contentes porque iríamos ouvir homens sábios; nós mesmos pegávamos os bancos e os leitos e arranjávamo-nos próximo a Hípias, pois os bancos já estavam ali. Nesse ínterim, Cálias e Alcibíades chegaram escoltando Pródico, depois de tê-lo feito levantar do leito, junto com os acompanhantes de Pródico. (317d5-e2)

Os elementos de cena, portanto, que figuram nessa passagem, ressaltam um aspecto relevante para a compreensão do comportamento das personagens no decorrer da discussão: o fato de o diálogo entre Sócrates e Protágoras se dar perante uma *audiência* formada pelo público dos sofistas e, especialmente, por Hipócrates. Diferentemente do que ocorrera no interior da casa de Sócrates, a condição agora é um diálogo, em certo sentido, "público"[43].

Essa parte da narração (317d-20c), que antecede o *Grande Discurso* de Protágoras no diálogo (320c-8d), contribui igualmente para a construção da imagem do "sofista" em Platão, especialmente no que se refere ao seu desempenho quando confrontado por Sócrates no âmbito do "diálogo". Num primeiro momento, o procedimento de Sócrates para com Protágoras é semelhante àquele adotado quando interpelava Hipócrates. Ao lhe perguntar que benefício o jovem teria se viesse a ser seu discípulo, o sofista lhe responde, de maneira pouco precisa:

Protágoras, então, tomou a palavra e disse:

— Meu jovem, se você conviver comigo, voltará para casa, no mesmo dia em que passar em minha companhia, melhor do que era antes, e assim sucederá no dia seguinte. E, a cada dia, continuará a progredir e a melhorar.

E eu, depois de ouvi-lo, retorqui:

— Protágoras, não há nada admirável em suas palavras; o que você está dizendo é apenas razoável, pois, mesmo você, embora com tal idade e tão sábio, se aprimoraria, se alguém lhe ensinasse algo que, porventura, desconhecesse. Não é essa, porém, a minha pergunta, mas algo do gênero: suponhamos que Hipócrates, aqui presente, passasse a almejar de repente outra coisa e almejasse, então, conviver com esse jovem recém-chegado à cidade, Zêuxipo, de Heracleia; suponhamos que ele, indo ao seu encontro como agora faz com você, escutasse desse jovem as mesmas coisas que acabou de ouvir – ou seja, que a cada dia de convívio ele se tornaria melhor e progrediria. Se, diante disso, Hipócrates lhe indagasse: "em que, pois, você afirma que eu me tornarei melhor e progredirei?", Zêuxipo lhe responderia que em pintura. E se, no convívio com Ortágoras, de Tebas, ele escutasse

---

43. Sobre a relevância desses elementos de cena, ver R. Bolzani, op. cit. Sobre a relação entre o sentimento de *vergonha* e a presença de um público nos diálogos conduzidos por Sócrates, especialmente o *Górgias* e o *Protágoras*, ver J.C. Shaw, *Plato's Anti-hedonism and the* Protagoras, p. 104-107.

dele as mesmas coisas que acabou de ouvir, e então lhe perguntasse em que ele se tornaria melhor dia após dia mediante o seu convívio, Ortágoras lhe responderia que em tocar aulo. De maneira similar, então, responda você a este jovem e a mim, visto que o interpelo em nome dele: Hipócrates, aqui presente, uma vez em convívio com Protágoras, no mesmo dia em que passar em sua companhia irá embora melhor, e a cada dia subsequente progredirá, em que e a respeito de que, Protágoras? (318a6-d4)

A resposta vaga de Protágoras remete diretamente à advertência de Sócrates a Hipócrates, quando dizia que era preciso se precaver dos elogios às "mercadorias" que negociantes, como os sofistas o são, costumam fazer a seus clientes a fim de venderem o seu produto (313c)[44]. Em outras palavras, Platão caracteriza aqui a tendência do "sofista" a privilegiar o discurso de tom laudatório para impressionar o seu público, em detrimento de uma discussão objetiva que tenha a finalidade de esclarecer com precisão o que se examina. A exigência de Sócrates por esclarecimento, por sua vez, possui as mesmas características de seu procedimento *dialógico* frente a Hipócrates, como analisado no subtítulo 2.2: i. o uso do *argumento indutivo* mediante exemplos particulares; e ii. o recurso ao "interlocutor fictício" (embora seja o próprio Sócrates quem responde aqui às perguntas em vez de Protágoras). Temos, assim, o primeiro índice do estabelecimento de um diálogo de orientação filosófica entre os dois protagonistas, cujo fim é determinar precisamente aquilo que Hipócrates não soube responder (312e): afinal, o que ensina o sofista a seus discípulos?

A fala subsequente de Protágoras responde, então, ao que permanecia em aberto: o sofista ensina "tomar boas decisões tanto a respeito dos afazeres domésticos, a fim de que se administre a própria casa da melhor maneira possível, quanto a respeito dos afazeres da cidade, para que esteja apto ao máximo a agir e discursar" (318e5-319a2). Sócrates prontamente identifica o objeto do ensino sofístico com a *arte política* (319a4). Como o intuito de Hipócrates é se tornar um homem bem reputado em

---

44. Sobre a definição do sofista como "negociante" de "mercadorias" para a alma, ver também Platão, *Sofista* 223c-4e, 231d.

Atenas, segundo o diagnóstico de Sócrates (316b-c), a promessa de Protágoras vai ao encontro de sua expectativa, uma vez que o prepararia apropriadamente para a vida pública tanto em suas ações quanto em seus discursos. Temos, enfim, a identificação da "mercadoria" vendida por Protágoras, conforme a analogia proposta por Sócrates anteriormente (313c-4b). Resta verificar, então, se o sofista tem o conhecimento necessário para avaliar se o "objeto" (*tekhnēma*, 319a8) que vende é benéfico ou nocivo à alma de seus discípulos – como sugeria Sócrates ao comparar o sofista a uma espécie de "negociante" de ensinamentos para a alma –, ou se ele se encontra na mesma condição daqueles comerciantes que elogiam suas mercadorias para vendê-las a seus clientes, sem saber ao certo se ela é benéfica ou prejudicial à saúde do corpo. E para estar apto a julgar se esse "objeto" é benéfico ou nocivo, o sofista deve ser capaz de explicar de maneira consistente a *natureza* desse objeto, que tipo de conhecimento é esse que torna o indivíduo apto a *deliberar bem* (*euboulia*, 318e5) sobre os afazeres privados e/ou públicos, e quais são os meios pelos quais é possível adquiri-lo.

Todavia, a primeira objeção de Sócrates (319a-320b) concerne não exatamente à natureza da *arte política*, mas à possibilidade de se ensiná-la, questionando a própria condição do "sofista" como educador dos jovens: se a *arte política* não pode ser ensinada, como a princípio alega Sócrates, então a profissão do sofista seria inútil. Essa declaração desafiadora é um índice de comportamento assumido por Sócrates ao confrontar Protágoras, adaptando-se ao tipo de interlocutor com o qual passa a dialogar: por ser ele um *pretenso sábio*, e, em especial, um pretenso sábio que se propõe a educar os homens, Sócrates vai submetê-lo a um escrutínio exaustivo a fim de diagnosticar sua real condição em comparação à reputação que possui. A objeção de Sócrates se baseia, pois, em dois argumentos empíricos: i. na esfera *pública*, a *arte política* não se enquadraria no modelo das demais *tekhnai* (qualidade que, por si só, colocaria sob suspeita a sua própria condição enquanto *tekhnē politikē*), na medida em que a. não há especialistas quando as decisões políticas concernem à administração da cidade (pois todos os cidadãos participam igualmente das deliberações em assembleia, como se dá de fato na democracia ateniense), b. assim como não existem mestres de tal matéria (contra a pretensão de Protágoras, 318e-9a); ii. na esfera *privada*, os melhores e mais sábios cidadãos não são capazes de transmitir a seus filhos a *virtude* (*aretē*) que possuem. Nesse momento da discussão, Sócrates identifica *arte política* (*tēn politikēn tekhnēn,* 319a4) com *virtude* ou *excelência moral* (*tēn aretēn,* 319e2), e toda a discussão subsequente se desenvolverá em torno da questão da ensinabilidade e da unidade das virtudes, e não propriamente da *arte política.* Esse passo dado por Sócrates, segundo a análise de Gerd van Riel,

não é tão admirável segundo a própria perspectiva [de Sócrates]: a "arte política" é uma noção muito ampla que inclui todas as instâncias possíveis da capacidade de ser um *politēs*, um cidadão. Sendo assim, ela concerne ao fundamento da habilidade social, significando que se equivale à virtude moral. Portanto, na visão de Sócrates, é possível afirmar, com segurança, que a arte da cidadania (*politikē tekhnē*) é idêntica à *aretē*[45].

A despeito dos possíveis problemas implicados nessa identificação, ao tratar *arte política* e *virtude* indistintamente, Platão apresenta ao leitor do *Protágoras* a imagem genérica do "sofista" referida na *Apologia* (19e-20c), como analisamos no capítulo 1: em última instância, o sofista é "mestre de virtude"[46].

---

45. G. van Riel, Religion and Morality: Elements of Plato's Anthropology in the Myth of Prometheus, em C. Collobert; P. Destrée; F.J. Gonzalez (eds.), *Plato and Myth: Studies on the Use and Status of Platonic Myths*, p. 147. Poder-se-ia levantar uma dificuldade aqui nessa identificação feita por Sócrates: em que medida a *virtude moral*, enquanto *disposição de caráter* [*hexis*] (como Sócrates sublinhará na exegese do poema de Simônides, cf. 344c1), é condição suficiente para que um indivíduo seja capaz de *deliberar bem* [*euboulia*] em cada ação particular no âmbito político, em que as circunstâncias mudam constantemente, e em que se requer uma capacidade de previsão sobre as consequências futuras das decisões a serem tomadas? Condições suplementares, como, por exemplo, experiência nas instituições públicas ou mesmo na guerra, não seriam também *necessárias* para a aquisição da *arte da política*?

46. Como referido no diálogo *Mênon*, de Platão (95d-6a), e no *Banquete*, de Xenofonte (2.6-7), a *ensinabilidade* da virtude era uma questão controversa. Segundo o ▶

2.5. A Epideixis *de Protágoras (320c-328d)*

Depois de apresentar a sua objeção à possibilidade de se ensinar arte política ou virtude, Sócrates deixa a Protágoras o encargo de escolher a modalidade de apresentação mais adequada para responder a essa dificuldade. A sugestão se dá nos seguintes termos:

> — [...] Se puder, então, *mostrar-nos* de modo mais claro como a virtude pode ser ensinada, não relute! *Faça-nos uma exibição sobre o tema!*
> — Mas eu, Sócrates – disse ele –, não relutarei em fazê-la. Devo, contudo, assim como um homem mais velho perante os mais novos, *fazer-lhes tal exibição contando um mito, ou empreendendo uma exposição por meio de argumentos?*
> A maioria das pessoas que estavam ali sentadas sugeriu-lhe que fizesse a exposição da maneira que lhe aprouvesse.
> — Pois bem – disse ele –, parece-me mais agradável que eu lhes conte um mito. (320b8-c7)

Sócrates não oferece simplesmente a Protágoras a oportunidade de escolher o modo de apresentação que mais lhe convém, como também o induz a fazer um tipo de *exibição (epideixis)*, que, em diversas circunstâncias da obra platônica, é atribuída à prática oratória e pedagógica própria da "sofística". Esse ponto é indicado por Platão mediante o uso marcado de formas verbais e nominais derivadas da raiz grega *epideik-* (traduzidas aqui por "exibir" e/ou "mostrar": ἐπιδεῖξαι 320b8; ἐπίδειξον c1; ἐπιδείξω c3). No *Prólogo* do *Górgias* (447a-449c), por exemplo, Sócrates chega acompanhado por Querefonte ao local onde se encontrava o sofista depois que a sua *exibição* havia terminado, sendo,

▷ testemunho de Diógenes Laércio, dentre os "socráticos" havia tanto quem defendesse a sua *ensinabilidade*, como seria o caso de Antístenes e dos cínicos que o sucederam (6.105), quanto quem a rejeitasse, como Símon (2.122) e Críton (2.121). Isócrates, por sua vez, contemporâneo e rival de Platão, declara peremptoriamente que temperança e justiça não consistem em conhecimento, de modo que não poderiam ser ensinadas (*Contra os Sofistas* 21; *Antídose*, 274-275) (J. Barnes, Enseigner la vertu? *Revue Philosophique*, n. 4, p. 572-573). Sobre a própria noção de *ensinabilidade* da virtude, ver J. Barnes, op. cit.; e J. Brunschwig, Pouvoir Enseigner la Vertu? *Revue Philosophique*, n. 4.

A CONSTRUÇÃO DA FIGURA DO "SOFISTA" NO PROTÁGORAS

então, admoestado por Cálicles[47]. No início do *Hípias Menor* (363a-c), a breve interlocução entre Sócrates e Êudico ocorre logo após uma *exibição* do sofista sobre os poemas homéricos[48]. Nesse trecho do *Protágoras*, por sua vez, são sugeridas duas modalidades distintas de *exibição*: a. uma narração mitológica; ou b. uma exposição argumentativa. Embora a segunda modalidade pareça, a princípio, um tanto quanto obscura (em que ela consistiria, afinal?), o que vemos efetivamente no *Grande Discurso* de Protágoras pode ser visto como uma combinação de ambas, levando em consideração a própria referência da personagem à mudança de registro durante o discurso ("Sobre esse assunto, Sócrates, não recorrerei mais a um *mito* [*muthon*], mas a um *argumento* [*logon*]", 324d5-6). De qualquer modo, a característica genérica desse tipo de *perfomance* sofística é que se trata de uma *makrologia*, como Platão alcunhará esse modo genérico de discurso mais adiante no diálogo (335b8); ou seja, ela consiste em um *discurso longo e contínuo* sem a intervenção de um interlocutor, em oposição ao diálogo entre dois interlocutores mediante perguntas e respostas, cujas características principais foram comentadas no subtítulo 2.2.

Todavia, diferentemente do *Górgias* e do *Hípias Menor*, cujo drama se inicia após a *epideixis* das personagens que dão nome ao diálogo, Platão oferece ao leitor, no *Protágoras*, uma vívida imagem de como esse tipo de performance sofística se dava (evidentemente, segundo a construção literário-filosófica platônica). Nesse sentido, estamos diante de como Platão circunscreve, no interior do *logos*, um tipo de prática caracterizada por ele como genuinamente "sofística", associada ao modelo pedagógico de figuras tais como Protágoras e Hípias. Embora não seja possível determinar com precisão os limites entre o que é paródico e o que é historicamente atribuível à prática sofística na representação platônica,

---

47. Platão, *Górgias*: ἐπεδείξετο, 447a6; ἐπιδείξεται, 447b2; ἐπιδείξεται, 447b8; ἐπίδειξιν, 447c3; ἐπιδείξεως, 447c6; ἐπίδειξιν, 449c4.

48. Platão, *Hípias Menor*: ἐπιδειξαμένου, 363a2; ἐπιδέδεικται, 363c2; εἰς ἐπίδειξιν, 363d2; τὴν ἐπίδειξιν, 364b4-5; τῇ ἐπιδείξει, 364b8.

essa seção do *Protágoras* (320c-328d) é muito importante para os estudos contemporâneos sobre a apropriação do mito e da poesia pelos "sofistas" e a sua função no modelo de educação propalado por eles[49]. Em seu importante estudo sobre o tema, Morgan distingue três modalidades de tratamento do mito e da poesia pelos intelectuais do fim do séc. V[50]: i. exegese de textos poéticos (ex.: Platão, *Protágoras* 339a-348a; *Hípias Menor*); ii. personagens e situações mitológicas usadas como protótipos éticos por meio dos quais os sofistas anunciam o caráter moral e os benefícios de seus ensinamentos, ao mesmo tempo que exibem sua capacidade oratória (ex.: *A Escolha de Héracles*, de Pródico, em Xenofonte, *Memoráveis* 2.1.21-34, e o *Diálogo Troiano*, de Hípias, referido em Platão, *Hípias Maior* 286a-b, ambos parcialmente recuperáveis a partir dos testemunhos de Xenofonte e Platão); iii. *epideixeis* em sentido estrito (que se confundem parcialmente com ii), como as de Hípias e Pródico, referidas acima, bem como as de Górgias (*Elogio de Helena* e *Defesa de Palamedes*, DK 82 B11 B11a) e Antístenes (*Ájax*, SSR V.A. 53; *Odisseu*, SSR V.A. 54; *Héracles*, SSR V.A. 92-99)[51], em que os autores se apropriam do mito de maneira mais

49. É bastante controverso o debate sobre a relação entre o *Grande Discurso*, que Platão coloca na boca da personagem Protágoras, e a obra propriamente dita do Protágoras histórico, que teria servido de base para a "paródia" e/ou apropriação platônica, uma vez que esta não foi conservada. Edward Schiappa, por exemplo, considera que o discurso não pode ser visto como *ipsissima verba*, mas acha provável que ele contenha preceitos genuinamente protagorianos, tais como a ensinabilidade da virtude, a teoria da punição, a função do *logos* na pólis (ou seja, a participação da maioria dos homens mediante o discurso na política) (*Protagoras and Logos: A Study in Greek Philosophy and Rhetoric*, p. 180). Kathryn A. Morgan, por sua vez, argumenta que o discurso é substancialmente protagoriano e representa acuradamente o uso sofístico do mito que está intimamente relacionado a outras práticas *epidíticas* utilizadas pelos sofistas (*Myth and Philosophy: From Presocratics to Plato*, p. 132), e que Platão tem como finalidade, nessa seção do diálogo, evidenciar a insuficiência desse tipo de discurso, quando confrontado com as exigências de fundamentação próprias do contexto dialético (ibidem, p. 154). Gerd van Riel, por outro lado, defende que, a despeito do grau de influência exercido pelos ensinamentos de Protágoras, o texto é, indubitavelmente, de autoria de Platão e veicula uma série de questões antropológicas que representam as próprias doutrinas platônicas, especialmente no que diz respeito às origens da moralidade e da religião, desenvolvidas em diálogos posteriores como o *Político* e as *Leis* (Religion and Morality: Elements of Plato's Anthropology in the Myth of Prometheus, em C. Collobert; P. Destrée; F.J. Gonzalez (eds.), op. cit., p. 145-146, 163).

50. K.A. Morgan, op. cit., p. 91-92.

51. Sobre Antístenes e a exegese dos poemas homéricos, ver C. Mársico, op. cit., p. 43-49.

livre, e, por meio das quais, exibem sua capacidade oratória na manipulação e reinvenção do material mitológico ao discutirem questões contemporâneas (especialmente as de ordem moral). No caso do *Grande Discurso*, de Protágoras, no diálogo platônico, embora possa ser classificado genericamente como um exemplo de iii. *epideixis*, Morgan reserva um capítulo especial para analisá-lo tendo em vista as suas peculiaridades, a começar pelo problema da delimitação do que é platônico e do que é protagoriano no conteúdo veiculado pelo discurso colocado na boca de Protágoras[52]. Mas deixemos, por ora, essa difícil questão de sobreaviso, pois, no momento oportuno, voltaremos a tratá-la à medida que avançarmos na análise do texto.

Pois bem, o primeiro ponto a ser salientado nessa seção do *Protágoras* (320d-328d) concerne justamente ao tema específico deste estudo: a *epideixis* de Protágoras, uma instância de *makrologia* ("discurso longo") inserida no diálogo, é colocada por Platão em oposição direta ao *modelo dialógico* preferido por Sócrates para investigar a consistência das opiniões de seus interlocutores, i.e., a *brakhulogia*, o "discurso breve" (335b8)[53]. Nesse sentido, a conversa entre Sócrates e Hipócrates (311a-312e) representaria uma exemplo modelar, dentro do próprio *Protágoras*, de *como fala habitualmente* o "filósofo", segundo as características peculiares desse tipo de modalidade de discurso, como expomos no subtítulo 2.2. Portanto, num primeiro momento, poderíamos supor que o "filósofo" e o "sofista" se distinguem pelos diferentes *modos de discurso* que um e outro empregam no exercício de sua investigação crítica e na sua prática oratória e pedagógica, respectivamente. Se levássemos em consideração apenas a primeira metade do *Protágoras* (309a-334c) até a crise do diálogo (334c-338e), talvez essa distinção parecesse satisfatória, pois Platão enfatiza na própria estruturação do texto o contraste entre a *epideixis* de Protágoras (320c-328d) e o *modelo dialógico* da prática investigativa de Sócrates (311b-312e;

---

52. K.A. Morgan, op. cit., p. 132.
53. Ver também Platão, *Górgias* 449b-c.

329c-333e). Todavia, quando passamos para a segunda metade do diálogo (338e-362a), após a resolução da crise, a prática discursiva de ambas as personagens se entrecruzam em diversos níveis, obscurecendo, assim, as fronteiras entre "filosofia" e "sofística" que, pelo menos do ponto de vista do exercício do *logos*, pareciam ser, a princípio, nítidas. Voltaremos a esse ponto no capítulo 5.

O segundo aspecto que gostaria de ressaltar é como Platão estabelece um vínculo estreito entre sofística e tradição poética. A apropriação e a reinvenção do mito de Prometeu e Epimeteu (320c-322a) para responder à objeção de Sócrates representa o exemplo mais significativo dentro do *corpus Platonicum* de como Platão atribui à poesia uma função crucial no modelo pedagógico dos "sofistas"[54]. Como foi referido acima, a personagem Protágoras propõe uma genealogia dos "sofistas" que remonta a Homero, Hesíodo e Simônides, de modo que os "sofistas" seriam, em última instância, herdeiros e seguidores de um modelo de educação que era centrado na *música* (que inclui a poesia) e na *ginástica* (325c-326c)[55]. Na segunda metade do diálogo, quando Protágoras passa a conduzir a discussão, ele inicia a inquirição de Sócrates com a seguinte ponderação: "eu considero, Sócrates, que a parte principal da educação do homem é ser hábil em poesia" (338e6-339a1), passando a discutir o problema da *unidade das virtudes* a partir da exegese de um canto de Simônides. Todos esses elementos indicam que Platão está enfatizando esse aspecto fundamental da caracterização da figura do "sofista" e de sua prática oratória e pedagógica no *Protágoras*. Do ponto de vista do contexto dramático do diálogo,

---

54. Observe que, depois da exegese de Sócrates do canto de Simônides, Hípias prontifica-se a apresentar a sua própria interpretação do poema, mas é obstado por Alcibíades (347a-b). Isso indica que esse vínculo estreito entre prática oratória e tradição poética, em suas diferentes modalidades, não é atribuído por Platão exclusivamente à figura de Protágoras, mas se estende aos demais "sofistas", e, em especial, a Hípias. Ver também Platão, *Hípias Menor* 363a-365d.

55. K.A. Morgan, op. cit., p. 90: "Os sofistas ensinam seus discípulos a serem versáteis e bem-sucedidos no contexto da pólis. Eles desenvolvem uma série de técnicas para controlar a tradição cultural da qual a poesia mitológica era uma parte muito

por sua vez, o *Grande Discurso*, de Protágoras, que se inicia com o mito de Prometeu e Epimeteu (320d-323a), serve não apenas como um meio para responder às dificuldades solevadas por Sócrates, mas também como um ensejo ideal para *exibir* sua técnica oratória e sua erudição perante sua própria audiência e conquistar mais um discípulo para seu séquito: Hipócrates.

Do ponto de vista filosófico, é durante esse célebre discurso da personagem que o tópico estritamente filosófico do diálogo é sugerido obliquamente pela primeira vez: a *unidade das virtudes* (cf. 323e3-324a1; 325a1-2). Toda a discussão ulterior consiste, em certo sentido, em uma tentativa de compreender com mais clareza a concepção da natureza da(s) virtude(s), segundo Protágoras, visto que ele se apresenta como mestre de *arte política*. Como sintetiza apropriadamente Gerd van Riel,

o mito de Prometeu desempenha um papel particular na discussão, que pode ser acrescido à lista de 'funções e usos dos mitos platônicos': ele estabelece o fundamento comum para a discussão, fornecendo o ponto de partida em que ambos os interlocutores se baseiam. O desacordo entre eles vai se evidenciar subsequentemente por intermédio de suas explicações do mito, e não por meio do conteúdo do mito em si[56].

Passemos, então, à análise de alguns aspectos do *Grande Discurso* (320c-328d) de Protágoras que concernem ao tema específico deste Estudo. Estruturalmente, ele pode ser subdividido da seguinte forma:

(1) *mito*: 320c-324c > (1.1) 320c-323c: explica por que todos participam da virtude, justificando assim a participação de

---

importante. Como professores de retórica e cultura, eles combinam algumas das inclinações teoréticas dos primeiros pré-socráticos com uma aceitação mais relaxada da importância da poesia e do mito. Eles devem atrair discípulos e ensiná-los como aproveitar ao máximo o material cultural à sua disposição, e são, portanto, tanto *performers* quanto estudiosos. [...] [Sobre *Protágoras* 316d] Trata-se de uma tentativa de se apropriar da autoridade cultural e da respeitabilidade da poesia, e sublinhar a continuidade da história educacional." Sobre a relação entre sofística e tradição poética, ver também: M.W. Blundell, Character and Meaning in Plato's *Hippias Minor,* em J.C. Klagge; N.D. Smith (eds.), op. cit.

56. Op. cit., p. 163-164.

80 PROTÁGORAS, DE PLATÃO: ESTUDO INTRODUTÓRIO

todos os cidadãos na vida política da pólis democrática; (1.2) 323c-324c: explica por que a virtude pode ser ensinada, respondendo assim à primeira objeção de Sócrates (319a-d).

(2) *logos*: 324d-328d > explica por que filhos de pais virtuosos não são virtuosos como os pais, respondendo assim à segunda objeção de Sócrates (319d-320b).

A primeira parte da exposição de Protágoras (1.1) (320c-323c) compreende a adaptação do mito de Epimeteu e Prometeu ao contexto atual da discussão entre Protágoras e Sócrates: a *arte política* é desmembrada, no episódio mitológico emprestado de Hesíodo[57], em *justiça* (*dikē*) e *pudor* (*aidōs*) (322c2), considerados como condição de possibilidade da vida comunitária e dos laços de amizade entre as pessoas. A diferença entre as *artes particulares*, para as quais há especialistas e mestres que ensinam seu próprio ofício aos aprendizes, e a *arte política*, da qual todos indiscriminadamente participam e para a qual não há mestres específicos, como argumentava Sócrates (319a-d), é justificada por Protágoras em termos mitológicos: Zeus enviou *justiça* e *pudor* a todos os homens, pois todos devem cultivar ambos de um modo ou de outro, pois, caso contrário, a vida comunitária não seria possível. Aqueles indivíduos que "não forem *capazes* de participar da justiça e do pudor" (τὸν μὴ δυνάμενον αἰδοῦς καὶ δίκης μετέχειν, 322d4-5), entretanto, devem ser condenados à morte por ser uma "doença da cidade" (ὡς νόσον πόλεως, 322d5), colocando em risco a própria preservação da cidade. Ao estabelecer a questão em termos de *capacidade* (*dunamis*), fica claro que *justiça* e *pudor*, enquanto dádivas de Zeus, segundo a interpretação do mito oferecida por Protágoras, não são vistas por ele como certa *disposição* que os homens possuem *por natureza* (pois, se assim o fosse, a questão da ensinabilidade da virtude não se colocaria, tampouco teria

---

57. Hesíodo, *Teogonia* (v. 507-653); *Os Trabalhos e os Dias* (v. 173-285). Sobre a relação ambivalente de Platão para com Hesíodo e a diferença de tratamento da *Teogonia* e de *Os Trabalhos e os Dias* nos diálogos, ver Most, Plato's Hesiod: An Acquired Taste?

utilidade o ofício do sofista), mas como *capacidade* política a ser desenvolvida, capacidade esta que distinguiria o homem dos animais[58]. Se é essa a tese que podemos depreender da versão do mito de Prometeu e Epimeteu, então ela responde ao mesmo tempo a três dificuldades solevadas por Sócrates em sua objeção: i. justifica a própria constituição democrática, visto que todos os homens possuem essa *capacidade* inata para participar da *justiça* e do *pudor*, habilitando-os a se envolverem nas ações políticas da cidade; ii. justifica a possibilidade de certos indivíduos não desenvolverem apropriadamente tal *capacidade*, razão pela qual devem ser expurgados da cidade (pois se *justiça* e *pudor* fossem simplesmente uma certa *disposição* inata dada pelos deuses aos homens, não haveria absolutamente injustiça nem inimizades entre eles); e iii. mostra que a *arte política*, desmembrada em *justiça* e *pudor*, distingue-se das artes particulares porque estas são condição de possibilidade da vida em comunidade, de modo que todos os indivíduos devem, de um modo ou de outro, participar de ambos, ao passo que, em relação às demais *tekhnai*, bastam apenas alguns peritos em cada uma delas para suprirem as necessidades de todo o corpo civil[59].

58. Essa ideia que podemos inferir dessa passagem em questão reaparece no final do discurso de Protágoras, quando ele compara o ensino da língua grega ao ensino da virtude (cf. 327e-328a): assim como o aprendizado da língua nativa depende da capacidade natural da criança em desenvolver a linguagem, o aprendizado da virtude depende da capacidade inata do homem em adquirir e praticar a virtude: "Um professor de gramática não pode ensinar as regras gramaticais da língua nativa sem que o aluno conheça a língua previamente. Ele precisa da língua para ensinar a língua. Então, há uma interação entre um conhecimento básico prévio, ou a capacidade natural do aluno, e o ensino por meio do qual esse conhecimento básico é expandido. O mesmo acontece, pois, aos professores de virtude: eles pressupõem uma atitude geral preexistente do aluno, uma habilidade para aprender, na qual tudo se baseia. Essa analogia tem importantes consequências para a interpretação geral do mito. Se ele assume que todos participam da virtude, isso significa, de fato, que todos possuem essa capacidade básica de adquirir e praticar a virtude, assim como todos compartilham de uma capacidade básica para aprender e falar a língua nativa. O grau eventual de sucesso em ser virtuoso ou em dominar a língua nativa depende da qualidade da educação, mas a coisa mais importante continua sendo a capacidade básica dos próprios alunos." (G. van Riel, op. cit., p. 157-158)

59. A tese de que justiça e pudor são condições de possibilidade da vida comunitária, distinguindo os homens dos animais, se manifesta claramente nesta passagem do poema *Os Trabalhos e os Dias*, de Hesíodo: ▶

No comentário ao mito que se segue (323a-c), Protágoras atualiza os termos-chave até então utilizados: a *arte política* (*politikēn tekhnēn*, 322b5), enviada por Zeus aos homens, converte-se em *virtude política* (*politikēs aretēs*, 323a1); *dikē* ("justiça") se converte em *dikaoisunē* ("justiça", 323a1), termo este usado comumente por Platão, aqui e em outros diálogos, para designar a virtude da *justiça*; *pudor* (*aidōs*), palavra de uso mais arcaico, converte-se em *sensatez/temperança* (*sōphrosunē*, 323a2), termo este usado por Platão, aqui e em outros diálogos, para designar a. tanto a moderação e o equilíbrio no comportamento e no juízo (traduzido por *sensatez*), b. quanto a virtude relativa ao controle sobre os próprios apetites e prazeres (traduzido comumente por *temperança*). Essa passagem do mito propriamente dito ao comentário sobre ele deixa claro o movimento de conformação do mito aos propósitos atuais da discussão de natureza ético-política empreendida por Sócrates e Protágoras, ambientada no contexto histórico-político da democracia ateniense. Como observa Calame: "é em Atenas, na presente situação, imaginada e dramatizada pelo diálogo, que a trama desvelada na história [de Prometeu] encontra sua fase de sanção narrativa e consequentemente sua razão: trata-se de dar de uma só vez a origem e causa (*aitia*, 323a) do estado presente. [...] Por um recurso etiológico, a história tem como foco, em sua conclusão, não apenas o momento da conversa com Protágoras, mas, em particular, Atenas (322d)"[60].

▷ Ó Perses, conserva estas palavras em teu âmago!
Ouve a justiça, e condena a violência ao completo oblívio!
Eis a lei instituída aos homens pelo filho de Cronos:
que devorem uns aos outros os peixes, as bestas
e os pássaros alados, pois não os rege a justiça;
aos homens, porém, concedeu a justiça, o maior
de todos os bens. Se alguém, ciente, quiser proclamar
o que é justo, Zeus longevidente o tornará feliz.
Mas se alguém, voluntariamente, cometer perjúrio
falseando testemunhos, e, ultrajando a justiça, contrair
ferida incurável, uma prole obscura há de legar.
Aos pósteros a melhor prole provém do homem leal. (v. 274-285)

60. C. Callame, The Pragmatics of "Myth" in Plato's Dialogues: The Story of Prometheus in the *Protagoras*, em C. Collobert; P. Destrée; F. Gonzalez (eds.), *Plato and Myth: Studies on the Use and Status of Platonic Myths*, p. 137.

Se o mito de Prometeu e Epimeteu busca justificar a participação de todos os homens na vida política da cidade (ou melhor, da cidade democrática), ele não é suficiente para provar, contudo, que a virtude pode ser ensinada. Na segunda parte de sua exposição (1.2) (323c-324c), Protágoras tenta refutar então a objeção de Sócrates por meio de uma evidência empírica: a função da punição infligida pelos homens aos transgressores. Para tal fim, são distinguidas duas ordens de fatores que dizem respeito aos homens: a. as coisas que lhes pertencem por *natureza* ou são frutos do *acaso* (φύσει ἢ τύχῃ, 323d1, d5), como a beleza e a compleição física e seus contrários; e b. aquelas coisas que provêm aos homens através do *ensino, exercício* e *empenho* de cada um (ἐξ ἐπιμελείας καὶ ἀσκήσεως καὶ διδαχῆς, 323d6-7), como a justiça, a piedade e seus contrários (323c-e). As punições que os homens infligem a seus pares concernem, evidentemente, às coisas que estão sob o seu poder (b), e não àquilo que é dado *por natureza* ou *por acaso* (a). Embora a questão não seja colocada nesses termos, Platão, mediante a voz de sua personagem, está delimitando aqui o âmbito da *responsabilidade moral*, da esfera das ações cujo princípio e causa são as escolhas feitas pelos indivíduos voluntariamente (portanto, abertas aos contrários) sem serem coagidos ou acometidos por forças que estão acima de seu poder (ou seja, por necessidade), de modo a serem passíveis de punição e admoestação quando agem contra os valores morais partilhados pela comunidade civil[61]. Essa reflexão

---

61. Esse ponto fica mais claro a partir da discussão do mesmo tópico por Aristóteles na *Ética Eudêmia*, que ressoa de certo modo o que é tratado de maneira não sistemática aqui no *Protágoras*:

Uma vez que a virtude e o vício, bem como as ações decorrentes deles, são dignos de elogio e vitupério, respectivamente (pois são vituperadas e elogiadas não as coisas que nos pertencem por necessidade, acaso ou natureza, mas aquelas cuja responsabilidade cabe a nós mesmos, ao passo que, quando o responsável é outrem, cabe a ele o vitupério ou o elogio), é evidente que tanto a virtude quanto o vício concernem àquelas coisas cuja responsabilidade e cujo princípio das ações cabem ao próprio indivíduo. Devemos compreender, portanto, de quais ações o indivíduo é responsável e princípio. Todos nós concordamos em que cada um de nós é responsável por tudo quanto é realizado voluntariamente e segundo a sua própria escolha, ao passo que não se é responsável por tudo quanto é realizado involuntariamente. E é evidente que, tudo ▶

sobre a função da punição tem como fim mostrar, dentro da argumentação de Protágoras, que todos os homens acreditam que a virtude pode ser ensinada, pois, caso contrário, as punições infligidas aos indivíduos que cometeram algum crime ou desvio moral não teriam razão de ser; seriam antes uma espécie de vingança irracional, como fazem os animais quando reagem a algum ato hostil. Em outras palavras:

> Quem procura punir de forma racional pune não em vista do ato injusto já consumado – pois o que foi feito está feito –, mas visando ao futuro, a fim de que ninguém torne a cometer injustiça, seja a pessoa punida, seja quem a viu ser punida. Com tal pensamento, ele pensa que a virtude pode ser instruída: pune-se, sim, em vista da dissuasão. Essa opinião, pois, sustentam todos aqueles que buscam o desagravo, tanto no âmbito particular quanto no público. (324b1-c1)

Esse argumento de Protágoras busca refutar diretamente a asserção de Sócrates de que a *arte política* "não pode ser ensinada nem provida aos homens pelos homens" (319b2-3). A punição, como meio tanto de *dissuasão* quanto de *correção* (cf. 326d8-e3), seria a evidência empírica do contrário. De todo modo, à medida que o discurso de Protágoras se desenvolve, a resposta para a questão inicial que motiva essa longa *epideixis* (ou seja, a virtude pode ser ensinada?) torna-se paulatinamente mais complexa. A ponderação sobre a punição introduz uma nova condição na discussão sobre a aquisição da virtude: não se trata apenas de uma questão de *ensino* e *aprendizagem* (o que pressupõe um determinado modelo de educação que propicie as condições básicas para um desenvolvimento apropriado dos indivíduos em um determinado contexto sociocultural), mas também de *exercício* e *empenho* que dependem, por sua vez, da dedicação de cada indivíduo em particular (323c6; d6-7). Por conseguinte, ainda que Protágoras ou qualquer outro sofista oferecesse a seus

▷ aquilo que escolhemos, nós o fazemos voluntariamente. É manifesto, então, que tanto a virtude quanto o vício concerniriam às coisas que são voluntárias. (II.6 1223a9-20)

Sobre os princípios de delimitação do âmbito da responsabilidade moral, ver também Aristóteles, *Ética Nicomaqueia* III.5 1113b3-26.

clientes o melhor modelo de educação possível, isso não seria *condição suficiente* para que seus discípulos se tornassem bons cidadãos. Sendo assim, a própria argumentação de Protágoras acaba desvelando, em certo sentido, o caráter laudatório de sua promessa a Hipócrates: "meu jovem, se você conviver comigo, voltará para casa, no mesmo dia em que passar em minha companhia, melhor do que era antes, e assim sucederá no dia seguinte. E, a cada dia, continuará a progredir e a melhorar" (318a6-9). O eventual sucesso da educação sofística não depende apenas da qualidade de seus ensinamentos, mas requer concomitantemente *empenho* e *exercício* que dependem da dedicação de cada um de seus discípulos e sobre o que o sofista não tem poder.

No entanto, a concepção de Protágoras acerca da ensinabilidade da virtude não se limita a essas duas condições referidas acima; mais adiante em sua argumentação, ele introduz um terceiro fator que passa a integrar a discussão do problema. Tal acréscimo aparece na segunda parte de sua *epideixis* (2) (324d-328c), quando ele busca responder à segunda objeção de Sócrates (319d-320b): por que filhos de pais virtuosos não são virtuosos como os pais? O argumento de Protágoras pode ser resumido da seguinte forma: esse fenômeno se explica não pela falta de diligência dos pais para com a educação dos filhos (324d-326e), mas porque há um terceiro fator envolvido no processo de aquisição da *virtude*, a saber, a *natureza* de cada indivíduo, da qual também depende o grau de aprimoramento moral de cada um (326e-327e)[62]. Essa terceira condição aparece referida mediante a analogia entre *arte* e *virtude* (comumente usada

---

62. Isócrates trata de modo semelhante dos limites e alcances da educação retórica, tendo em vista a contribuição do elemento *natural* para o desenvolvimento de tal habilidade em cada indivíduo:

Tanto o poder dos discursos quanto o poder de todos os demais ofícios surgem nos homens de ótima natureza e treinados na experiência, ao passo que a educação os torna mais hábeis tecnicamente e mais engenhosos para a investigação; pois ela os ensina a assimilar prontamente aquilo com que se deparam casualmente, ao passo que aqueles dotados de uma natureza inferior, ela não conseguiria torná-los bons contendores ou compositores de discursos, mas os melhoraria e os tornaria mais inteligentes em muitas coisas. (*Contra os Sofistas*, 14-15)

por Sócrates nos chamados "primeiros diálogos", de Platão), para justificar por que motivo a diligência dos pais para com a educação dos filhos não é *condição suficiente* para que eles se tornem indivíduos virtuosos, como aconteceria no caso dos filhos de Péricles (319e-320a). Vejamos o trecho:

> Suponhamos que só pudesse existir uma cidade, se todos fossem auletas à medida da capacidade de cada um, e que todos ensinassem a todos tal ofício, tanto em particular quanto publicamente, e castigassem quem não tocasse bem o instrumento sem ter inveja disso, assim como ninguém inveja ou guarda só para si o que é justo e lícito, ao contrário do que sucede às demais atividades técnicas (pois são vantajosas a nós, julgo eu, a justiça e a virtude de uns para com os outros, motivo pelo qual todos se dispõem a falar e ensinar a todos o que é justo e lícito); suponhamos que nos dispuséssemos integralmente, sem qualquer inveja, a ensinar uns aos outros da mesma forma a tocar aulo; pois bem, Sócrates, você presume – disse Protágoras – que haveria bons instrumentistas filhos de bons auletas em maior número do que filhos de auletas medíocres? Creio que não. *Se o filho nascesse, porém, com a melhor natureza para tocar o instrumento, ele seria bem reputado nessa prática quando crescesse; caso contrário, não seria afamado.* (327a4-c1)

Temos, então, o quadro completo da visão que Platão atribui à personagem Protágoras sobre o problema da ensinabilidade da virtude: não se trata apenas da qualidade i. do *ensino* que se oferece aos indivíduos desde a infância, mas depende igualmente ii. da *dedicação* que cada indivíduo despende na busca pelo aprimoramento moral, bem como iii. da *propensão natural* que varia de indivíduo para indivíduo e sobre a qual não temos qualquer poder[63]. Sendo assim, a consequência dessa concepção mais complexa desenvolvida por Protágoras ao longo de seu discurso acaba colocando em xeque, em certa medida, a

---

63. É provável que Platão esteja aludindo aqui à posição da figura histórica de Protágoras, se levarmos em consideração um dos poucos fragmentos supérstites de sua produção escrita (DK 80 B3: *Instrução requer natureza e exercício*, φύσεως καὶ ἀσκήσεως διδασκαλία δεῖται), embora seja impossível recuperar, devido à indelével limitação material, os argumentos que ele teria presumivelmente empregado para fundamentar tal proposição.

A CONSTRUÇÃO DA FIGURA DO "SOFISTA" NO PROTÁGORAS

própria função do "sofista" na cidade[64], pois se, em última instância, "todos ensinam a todos" (327a6) a virtude, à medida da capacidade de cada um (como sugere a analogia entre *arte* e *virtude* na citação acima), e se a aquisição da virtude depende de outros fatores que não apenas da qualidade do *ensino* (ou seja, *natureza* e *exercício*), qual seria a utilidade do "sofista", afinal? O "argumento" de Protágoras para dirimir essa dificuldade imposta pela sua própria argumentação acaba se limitando apenas a uma promessa de sucesso, calcada em sua reputação aos olhos do público, como analisamos no subtítulo 2.2:

Se há alguém entre nós que se distinga, um pouco que seja, em nos conduzir à virtude, seria adorável. Eu, com efeito, considero-me à altura dessa tarefa, e creio que, diferentemente dos demais, eu poderia ajudar alguém a se tornar uma pessoa excelente, e que mereço o salário por mim requerido e que mereceria um ainda maior, como sugerem, inclusive, meus discípulos. É por isso que tenho estipulado a seguinte forma de pagamento: quando alguém vier aprender comigo, se lhe aprouver, ele me paga o montante que cobro; se assim não quiser, ele vai a um templo, declara sob juramento a quantia equivalente a meus ensinamentos e, então, deposita tal valor. (328a8-c2)

Eis, portanto, o resumo do *mito* e do *logos* de Protágoras, que tinham como fim responder às objeções iniciais de Sócrates, bem como as suas consequências para o debate sobre a ensinabilidade da virtude. Todavia, a discussão subsequente entre os dois protagonistas não versará sobre a questão inicial que motivou a longa *epideixis* de Protágoras, mas sobre um problema relativo à natureza da virtude que emerge no decorrer de sua argumentação – a saber, o problema da *unidade das virtudes*, que constitui o tópico filosófico estrito do diálogo, como referido previamente. As duas passagens do *Grande Discurso* de Protágoras que suscitam o problema são as seguintes:

a. Todavia, em relação aos bens que eles presumem advir aos homens pelo empenho, exercício e ensino, se alguém possuir os males que lhes são contrários, é nessas circunstâncias que ocorrem as exasperações, as

---

64. Ver G. van Riel, op. cit., p. 162-163.

punições e as admoestações. *Dentre esses males, um é a injustiça e a impiedade, e, em suma, tudo quanto é contrário à virtude política.* (323d6-324a1)

b. A resolução desse impasse que tanto o embaraça consiste exclusivamente na resposta a essa questão. Pois, se há essa única coisa e ela não é a arte do carpinteiro, do ferreiro ou do ceramista, *mas justiça, sensatez e ser pio – em suma, uma única coisa que eu chamo precisamente de virtude do homem* [...]. (324e1-325a2)

A variedade do vocabulário referente à virtude e a falta de precisão nas duas formulações ressaltadas acima ensejam a Sócrates a oportunidade de exigir de Protágoras um esclarecimento sobre a sua concepção de virtude, mais especificamente sobre a relação entre as virtudes particulares e a virtude como um todo, uma vez que ele emprega diferentes nomes alternativamente para designar, a princípio, o que seria uma única e mesma coisa, a *virtude*: "sabedoria política" (τὴν πολιτικὴν [σοφίαν], 321d5); "arte política" (πολιτικὴν τέχνην, 322b5, b8); "virtude política" (τῆς πολιτικῆς ἀρετῆς, 324a1); "justiça" (δίκην, 322c4, d5; δικαιοσύνης, 323a1, a6, b2, 325a1); "pudor" (αἰδῶ, 322c4, d5); "sensatez" (σωφροσύνης, 323a2, b4, 325a1); "piedade" (τὸ ὅσιον εἶναι, 325a1). Visto que Protágoras se apresenta como "mestre de virtude", a expectativa de Sócrates é que ele seja capaz, quando submetido a seu escrutínio, de defender uma posição coerente sobre a natureza do próprio objeto que professa ensinar a seus discípulos; caso contrário, a própria condição do "sofista" enquanto "educador dos homens" será colocada em xeque. O que veremos a seguir é justamente o desempenho de Protágoras sob o constrangimento da inquirição socrática em vista do esclarecimento desse ponto em específico, deixando em suspenso por ora o debate sobre a ensinabilidade da virtude.

2.6. Considerações Finais

Para concluir o capítulo 2, gostaria de explorar um pouco mais um elemento crucial da caracterização do "sofista" enfatizado aqui no *Protágoras*: a vinculação entre tradição poética e sofística. Esse ponto é especialmente realçado na genealogia dos "sofistas" referida acima, que Platão coloca na boca de Protágoras:

Eu afirmo que a arte sofística é antiga, e que os antigos homens que a colocavam em prática, por medo do ódio inerente a ela, produziram um disfarce e encobriram-na com ele, uns usando a poesia, como Homero, Hesíodo e Simônides, outros, os mistérios e as profecias, como os seguidores de Orfeu e Museu; há alguns, como tenho constatado, que se serviram também da ginástica, como Ico, de Tarento, e o não menos sofista, ainda vivo, Heródico, de Selímbria, antigamente de Mégara; Agátocles, conterrâneo de vocês, fez da música seu disfarce, embora fosse um grande sofista, assim como Pitoclides, de Ceos, e outros mais. Todos eles, como estou dizendo, por medo da inveja, serviram-se dessas artes como anteparo contra ela. Eu, contudo, discordo de todos eles quanto a isso, pois considero que não chegaram a realizar aquilo que queriam – pois, aos homens poderosos envolvidos com as ações da cidade, aos quais visam a tais disfarces, eles não passam despercebidos, ainda que a maioria dos homens, por assim dizer, nada perceba e venere aquilo que aqueles proclamarem. Assim, quando um fugitivo não consegue escapar, mas é pego em flagrante, a própria tentativa é de grande estultícia; os homens se tornam forçosamente muito mais indispostos para com ele, pois consideram que um homem de tal tipo é, dentre outras coisas, inescrupuloso. Eu, de minha parte, tenho seguido o caminho totalmente contrário ao deles, e assumo que sou sofista e educador dos homens, pois julgo que assumir ao invés de negar é uma precaução melhor do que aquela. (316d3-317b6)

Essa suposta genealogia é calcada na própria acepção genérica do termo *sophistēs*, que, como discutimos no capítulo 1, designava a princípio o mesmo que seu termo correlato *sophos* (sábio): assim como poetas (Homero, Hesíodo e Simônides), profetas (Museu e Orfeu), mestres de ginástica (Ico e Heródico) e músicos (Agátocles e Pitoclides) são *sophistai* – ou seja, peritos em seus respectivos campos do saber de modo a se distinguirem dos homens comuns –, também Protágoras é *sophistēs*, diferenciando-se de seus antecessores, contudo, pelo fato de professar abertamente a sua condição e não buscar subterfúgios em outras denominações tais como "poeta", "profeta" etc. Nesse sentido, a

90 PROTÁGORAS, DE PLATÃO: ESTUDO INTRODUTÓRIO

personagem não apenas estabelece um vínculo direto com seus supostos antecessores, como também sugere uma superação da deficiência observada neles: Protágoras se assume declaradamente como "sofista" e "educador dos homens" (317b4-5). Mas essa superação não implica negação; pelo contrário, Platão contrói a figura do "sofista" como herdeiro e perpetuador da educação tradicional baseada na *música* (que compreende a *poesia*) e na *ginástica*[65]. Portanto, a escolha das diferentes classes de *sophistai* no delineamento dessa genealogia (poetas, músicos e mestres de ginástica) não é fortuita, mas salienta precisamente os campos do saber humano que constituíam a educação básica do homem grego, dos quais o "sofista" seria tributário.

Essa função do poeta como educador dos homens, cuja autoridade é herdada pelos "sofistas", segundo a construção literário-filosófica platônica, é ressaltada por Platão em diversos momentos de sua obra, bem como por outros autores anteriores e/ou contemporâneos a ele[66]. No entanto, a passagem abaixo da comédia *As Rãs*, de Aristófanes (405 a.C.), é especialmente interessante para nossos propósitos, uma vez que as mesmas figuras referidas por Protágoras na genealogia dos "sofistas" aparecem também aqui concatenadas em razão da função pedagógica exercida pela poesia. Nesse trecho, a personagem Ésquilo, em

---

65. Embora Platão os classifique aqui como "profetas", tanto Orfeu quanto Museu são conhecidos como poetas e músicos lendários. Orfeu é representado como tocador de lira e "cítara", cuja invenção é atribuída a ele (P. Grimal, *Dicionário da Mitologia Grega e Romana*, p. 340-341). Como vemos nas *Bacantes*, de Eurípides (v. 560-564), sua música tinha o poder de seduzir animais, árvores e plantas. Segundo Kenneth James Dover, no fim do séc. V a.C. circulavam poemas de natureza cosmogônica e cosmológica atribuídos a Orfeu (cf. Platão, *República* II 364e), além da existência de ritos iniciáticos nos mistérios órficos, em que se ofereciam uma purificação das faltas cometidas e uma vida feliz *post mortem* (*Aristophanes' Frogs*, p. 321). A figura de Museu, por sua vez, confunde-se eventualmente com a de Orfeu, sendo considerado um grande músico capaz de curar os doentes com a sua música (P. Grimal, op. cit., p. 320). Platão se refere a poemas cosmogônicos, hinos e prescrições purificadoras atribuídas a ele (*República* II 364e), mas, segundo Dover, era mais conhecido no período clássico por ser um compilador de oráculos de origem divina ou de inspiração (cf. Heródoto 8.6.3, 8.96.2, 9.43.2) (K.J. Dover, op. cit., p. 331). Portanto, podemos reduzir aqui o escopo da genealogia dos "sofistas" a três classes: poetas, músicos e mestres de ginástica.

66. Cf. Aristófanes, *Os Acarnenses*, v. 496-501, 626-658; Platão, *Íon* 531c; idem, *República* II 376e-7d, X 599c-e.

disputa com Eurípides, no Hades, pela primazia da tragédia, dialoga com Dioniso, dizendo o seguinte:

ÉSQUILO
Quanto a isso, é preciso que os poetas instruam os homens. Observa, desde o princípio, como os nobres poetas têm nos beneficiado! Orfeu nos legou os mistérios e nos apartou dos homicídios; Museu, as curas das doenças e os oráculos; e Hesíodo, o cultivo da terra, a colheita dos frutos e a aragem. E o divino Homero? De onde ele obteve honra e glória senão de seus ensinamentos úteis, organizações de falanges, virtudes, armamentos? (v. 1030-1036)

O escopo dos benefícios advindos dos poetas aos homens é bastante amplo, desde a cura mágica de doenças (Museu) até questões de ordem prática, como a instrução na arte da agricultura (*Os Trabalhos e os Dias*, de Hesíodo) e na guerra (Homero). A referência de Ésquilo às "virtudes" (ἀρετάς, v. 1036) como "ensinamentos úteis" (χρήστ' ἐδίδαξεν, v. 1035), oferecidos por Homero, em especial, aponta para a noção do poeta como "mestre de virtude", ainda que o enfoque da passagem sejam às qualidades específicas do guerreiro (em suma, aquelas relativas à virtude da *coragem*). De todo modo, quando pensamos no procedimento platônico de construção da noção de "sofística" no *Protágoras*, fica evidente que a ideia do "sofista" como "mestre de virtude" decorre, em grande medida, dessa vinculação estreita estabelecida com a poesia ressaltada pela genealogia dos *sophistai* (316b-317b), herdando assim a autoridade em questões de ordem moral e pedagógica até então desempenhada pelos poetas. E como enfatizado anteriormente, é justamente essa vinculação estreita entre "sofística" e "educação" que parece ser o cerne de todo o problema envolvendo a "sofística" no pensamento platônico, pois o que está sendo questionado, em última instância, é a competência de tais intelectuais em aprimorar intelectual e moralmente seus discípulos, em "tornar os homens bons cidadãos" (ποιεῖν ἄνδρας ἀγαθοὺς πολίτας, 319a4-5), como abrevia Sócrates.

A vinculação estreita entre poesia e educação é estabelecida de modo explícito, quando Protágoras descreve, durante a sua *epideixis,* o que seriam as diferentes fases da educação das crianças e dos jovens, vigente àquela época, particularmente daqueles pertencentes às famílias mais abastadas. Vejamos o trecho:

Quando, por sua vez, as crianças vão aprender as letras e estão prontas para compreender a escrita, como outrora sucedeu à fala, eles as acomodam sobre os bancos para lerem os poemas dos bons poetas e as obrigam a decorarem-nos, poemas estes repletos de admoestações e relatos, além de elogios e encômios aos homens bons do passado. O intuito é que a criança, zelando por eles, imite-os e se esforce para se lhes assemelhar. Da mesma forma, os mestres de cítara se empenham em promover a sensatez nos jovens para que não sejam malévolos em nada; e, depois de aprenderem a tocar cítara, é o momento de lhes ensinar os poemas dos outros bons poetas, os líricos, sincronizando-os com os sons do instrumento. Eles obrigam as almas das crianças a se habituarem aos ritmos e às harmonias, a fim de que elas sejam mais dóceis e, uma vez bem ritmadas e harmonizadas, sejam benéficas em suas palavras e ações; pois a vida do homem, como um todo, carece de bom ritmo e boa harmonia. (325e2-326b6)

Protágoras oferece um quadro completo da educação básica grega, desde a tenra infância até a adolescência, incluindo as leis da cidade que desempenhariam o papel de modeladora e controladora do comportamento dos jovens (cf. 325c-326e). A passagem acima concerne especificamente à função da *música* (que compreende a *poesia* e os elementos estritamente musicais, o *ritmo* e a *harmonia*), a qual, junto à ginástica, constitui o cerne do modelo pedagógico tradicional: como lemos na *República*, a *música* cuida da educação da alma, ao passo que a *ginástica*, do corpo (II 376e-377c). É evidente aqui como essa descrição pode ser vista como o ponto de partida da discussão empreendida por Platão na *República*[67], quando apresentará, de maneira detida, seu próprio modelo de educação para os guardiães da cidade

---

67. M. Vegetti, Protagora, autore della *Reppublica*?, em G. Casertano (ed.), *Il Protagora di Platone: struttura e problematiche*, p. 151.

ideal construída discursivamente por Sócrates e seus interlocutores, sem abandonar, contudo, a subdivisão básica entre *música* e *ginástica*. Para tal fim, ele vai propor uma reforma nos fundamentos da educação tradicional, estabelecendo os princípios para uma nova teologia (II 378e-83c), depurando os valores morais veiculados pela poesia (especialmente os relativos à *temperança* e à *coragem*, III 386a-92c), selecionando os modos apropriados de *elocução* poética (III 392c-8b), dos tipos de *harmonia* e de *ritmo* (III 398c-400e), dos instrumentos musicais (III 399c-e), das dietas para a promoção da saúde do corpo (III 403c-4e) etc. *Grosso modo*, todo o problema ético-político envolvido na crítica à poesia na *República* pode ser compreendido à luz do que Platão coloca aqui na boca de sua personagem Protágoras: a poesia oferece os *modelos de conduta a serem imitados* pelas crianças durante o processo pedagógico, de modo que, se eles são moralmente censuráveis (ao menos segundo os princípios da ética platônica), então a *poesia* e a *música* devem ser submetidas a uma espécie de "depuração" moral. Portanto, fica evidente que, em Platão, toda a discussão sobre o melhor modelo de educação para os homens se remete de uma forma ou de outra à função desempenhada pela poesia nesse campo, o que se estende, consequentemente, à sofística, se considerarmos a linha contínua estabelecida aqui no *Protágoras* como uma posição platônica bem delineada.

Outro elemento que aproxima o "sofista" do poeta (mais especificamente, do *rapsodo*) seria a própria modalidade discursiva da *epideixis*. A comparação entre Protágoras e Orfeu na cena inicial descrita por Sócrates logo depois de sua entrada na casa de Cálias já sugeria essa vinculação com a figura do poeta[68]. No subtítulo 2.3, ressaltamos que essa analogia sublinhava o poder de *encantamento* (*kēlōn*, 315a8; *keklēmenoi*, 315b1) de Protágoras sobre o público, assim como a música de Orfeu era capaz de seduzir animais, árvores e plantas, como referido

---

68. Sobre Orfeu como poeta mítico, ver supra p. 90n65.

em diversas fontes antigas[69]. Além disso, Sócrates compara os movimentos de Protágoras e seus discípulos com as evoluções de um coro no teatro (ἐν τῷ χορῷ; τοῦτον τὸν χορὸν, 315b2-3), provavelmente de um coro cômico, como sugerem os estudos de Nightingale e Capra[70]. Mas não seria apenas o poder de fascinação o elemento comum entre Protágoras e o poeta; o próprio modelo de *exibição* oratória que vemos ilustrado por Platão no *Grande Discurso* da personagem (320c-328d) seria, de certo modo, semelhante às apresentações dos *rapsodos*, na medida em que ambos recorrem igualmente a uma performance oral perante um determinado público, mediante um discurso contínuo sem as intervenções de um interlocutor. A própria referência ao séquito do sofista como "ouvintes" (οἱ ἐπήκοοι, 315b6) ressalta essa condição passiva da audiência, ao contrário do que acontece no âmbito *dialógico* em que se requer uma participação ativa de ambos os interlocutores. Em relação à figura do *rapsodo*, Platão dedica um breve diálogo para tratar da natureza de seu suposto "saber", o *Íon*, cuja cena inicial descreve o encontro de Sócrates com a personagem homônima, logo após sua vitória numa competição poética, ocorrida no festival em honra de Asclépio, na cidade de Epidauro (530a-b). Embora Platão não ofereça ao leitor uma ilustração de como se dava essa perfomance poética, o fato é que ela é referida ao longo do diálogo pelos mesmos termos derivados da raiz grega *epideik-* empregados aqui no *Protágoras* e em outros diálogos, como discutimos há pouco, para designar marcadamente a *exibição* oratória dos "sofistas"[71]. Nesse sentido, a crítica de Sócrates

---

69. Ver, por exemplo, Eurípides, *As Bacantes*, v. 560-564; Simônides, fr. 567 PMG. Ver nota 32 da tradução.

70. A. Capra, *Agōn Logōn: Il "Protagora" di Platone tra Eristica e Commedia*, p. 37-84; A.W. Nightingale, *Genres in Dialogue*, p. 186-187. Assim como no *Protágoras*, de Platão, a comédia *Os Aduladores*, de Êupolis, encenada em 421 a.C., também é ambientada na casa de Cálias e tem como personagens Protágoras (fr. 157), Alcibíades (fr. 171), Querefonte (fr. 180) e possivelmente Sócrates. Sobre a relação entre *Os Aduladores* e o *Protágoras*, ver infra Comentários 311a1-2, 311a5-6, 315b2-3 e 361a4.

71. Platão, *Íon*: ἐπιδεῖξαι, 530d5; ἐπιδείξειν, 541e4; ἐπιδεῖξαι, 541e5; ἐπιδείξῃς, 542a1; ἐπιδείξειν, 542a3.

adiante (328e-329b) a esse tipo de discurso longo e contínuo empregado por Protágoras também se estenderia à perfomance poética dos rapsodos, pois ela possuiria as mesmas deficiências apontadas por ele.

Do ponto de vista do conteúdo da *epideixis* de *Protágoras*, por sua vez, o mito, cujo veículo principal de transmissão oral era o verso poético, aparece como matéria adaptada para responder às questões solevadas por Sócrates. Como referido acima, a primeira parte do discurso de Protágoras (320c-323a), que compreende o mito de Prometeu e Epimeteu, representa provavelmente uma paródia de Platão de uma atividade comum no âmbito "sofístico": a apropriação e reinvenção do mito em discursos em prosa para fins didáticos. Portanto, trata-se de mais um nível em que poesia e "sofística" se entrelaçam no diálogo. Do ponto de vista da *elocução* empregada nessa seção específica do discurso protagoriano, é claramente marcado o emprego abundante de figuras de linguagem, especialmente: i. *antíteses* (a narração da distribuição feita por Epimeteu das *capacidades* para cada uma das espécies mortais é inteiramente organizada antiteticamente mediante orações coordenadas pelas partículas gregas *men ... de*, cf. 320d8-321c8, 321d3-e1); ii. *isócola* (p. ex., τοῖς μὲν ἰσχὺν ἄνευ τάχους προσῆπτεν, τοὺς δ' ἀσθενεστέρους τάχει ἐκόσμει, 320d8e1; ἃ δὲ ηὖξε μεγέθει, τῷδε αὐτῷ αὐτὰ ἔσῳζεν, 320e4-5); iii. *paronomásias* (p. ex., νεῖμαι δυνάμεις, 320d5; εὐμάρειαν ἐμηχανᾶτο, 321a4); iv. *poliptotos* (p. ex., αὐτῷ αὐτὰ, 321a1; ἄλλοις ἄλλας, 321b1); v. *metáforas* (p. ex., ἄοπλον φύσιν, 320e2; σμικρότητι ἤμπισχεν, 320e3); vi. *quiasmos* (p. ex., πόλεων κόσμοι τε καὶ δεσμοὶ φιλίας, 322c3); vii. *neologismo* (ἀλληλοφθοριῶν, 321a3); além de viii *assonâncias* (p. ex., em /a/ καταναλώσας τὰς δυνάμεις εἰς τὰ ἄλογα, 321c1); e xix. *aliterações* (p. ex., em /t/ /th/ τήν τε ἔμπυρον τέχνην τὴν τοῦ Ἡφαίστου καὶ τὴν ἄλλην τὴν τῆς Ἀθηνᾶς, 321e1-2). Esse tipo de recursos variegados, cujo fim é ornamentar o discurso de modo a impressionar e seduzir a audiência, provém evidentemente da linguagem poética, transposta aqui

96   PROTÁGORAS, DE PLATÃO: ESTUDO INTRODUTÓRIO

para um registro prosaico nessa provável paródia platônica da elocução protagoriana[72].

Portanto, no nível *dramático* do texto, a *epideixis* de Protágoras serve como um meio de exibição pública, tanto de sua competência oratória, em que se evidencia a sua virtuosidade na manipulação de expedientes poéticos, quanto de sua erudição, ao se apropriar do material mitológico e fazê-lo se conformar às exigências da discussão com Sócrates sobre questões éticas e políticas debatidas no ambiente intelectual de Atenas do fim do séc. v a.C. (segundo a data dramática do diálogo). Como a personagem afirmará mais adiante, no início da exegese do canto de Simônides: "Eu considero, Sócrates, que a parte principal da educação do homem é ser hábil em poesia." (338e6-339a1) Dessa forma, tendo em vista o tema específico deste Estudo, podemos considerar que o *Grande Discurso* de Protágoras constitui o ponto culminante da construção platônica da figura de "sofista" no diálogo: não apenas em relação à sua virtuosidade no âmbito do *logos*, motivo pelo qual é reputado como "o homem mais sábio no discurso" (310e6-7), mas, sobretudo, pela sua vinculação à tradição poética cuja herança é educar os homens e prepará-los para a vida política da Atenas democrática. Segundo essa perspectiva de leitura, o que vemos dramatizado no decorrer do diálogo consiste, em última instância, em um "teste" socrático a fim de verificar se, de fato, o sofista conhece a natureza da "mercadoria" que vende (i.e., a virtude), e se, de fato, ele está apto a ensinar aquilo que apregoa a seu público, conforme a analogia empregada por Sócrates entre o "sofista" e o "negociante" em 313c-314c. Exploraremos esse tópico à medida que avançarmos na análise dos argumentos empregados por Sócrates para verificar a consistência das opiniões de Protágoras sobre a natureza da virtude, e, mais especificamente, sobre o problema da *unidade das virtudes*.

---

72. Sobre outros recursos de elocução no discurso de Protágoras, ver N. Denyer, *Plato: Protagoras*, p. 100-110.

3. A UNIDADE DAS VIRTUDES:
AS DUAS PRIMEIRAS PROVAS/REFUTAÇÕES

3.1. *A Proposição do Problema: A Unidade das Virtudes (328d-330b)*

Após a longa *epideixis* de Protágoras, a voz do diálogo passa mais uma vez para Sócrates na voz do "narrador":

Protágoras, depois dessa tremenda exibição, interrompeu o discurso. E eu, *ainda encantado*, fiquei por muito tempo a contemplá-lo como se ele fosse prosseguir, almejando por ouvi-lo. Quando percebi, porém, que ele havia de fato terminado, com certo apuro me recompus, por assim dizer, e falei com os olhos fitos em Hipócrates [...]. (328d3-8)

É evidente que a declaração de Sócrates tem aqui uma nuança irônica, pois ele, diferentemente dos demais membros da audiência (se não de toda ela, de sua maior parte), tem o "antídoto" necessário para tornar imune o poder de *encantamento* do discurso sofístico, ou seja, uma atividade crítica da razão, como ficará claro na sequência do diálogo com a proposição do problema da *unidade das virtudes* e a exigência de clarificação da concepção moral de Protágoras. A ideia da imunidade de Sócrates ante o

98 PROTÁGORAS, DE PLATÃO: ESTUDO INTRODUTÓRIO

encantamento de Protágoras é sugerida pela própria analogia entre a sua figura e a de Odisseu, já mencionada: no Canto x, cujo episódio é aludido pela primeira citação de Homero no diálogo (309a6-b2), Odisseu recebe de Hermes um *pharmakon* a fim de torná-lo "imune aos feitiços" de Circe (*aklētos*, *Odisseia* 10, 239), que havia encantado parte de seus companheiros e os transformado em javalis[1]. Todavia, o problema do ponto de vista *dramático* não é a influência do discurso de Protágoras sobre Sócrates, mas o seu poder de sedução sobre os jovens ali presentes, e, em especial, sobre Hipócrates, cuja alma o filósofo tem a missão de "salvar" mediante a submissão do sofista a seu escrutínio e a consequente desqualificação de sua condição de "sábio". A referência ao suposto "encantamento" de Sócrates (κεκηλημένος, 328d4-5) retoma aqui aquele motivo do Protágoras-Orfeu (314e-315b) que comentamos no subtítulo 2.3, já mencionado pelo narrador como causa do poder exercido pelo sofista sobre a juventude, sobre o que repousa, em última instância, sua reputação de "o homem mais sábio no discurso" (310e6-7). No entanto, se naquela cena inicial descrita por Sócrates, em que os movimentos de Protágoras e seu séquito são comparados aos do coro no teatro, não tínhamos clareza a respeito do tipo de discurso proferido por ele àquela altura, mas apenas uma observação de seu efeito sedutor sobre os "ouvintes" (οἱ ἐπήκοοι, 315b7), associado ao *prazer* causado por ele (ἥσθην, 315b3), o *Grande Discurso*, de Protágoras, contudo, cumpre essa lacuna e passa a representar, na economia interna do diálogo, o discurso modelar sofístico, como discutimos nos capítulos 2.5 e 2.6. Dessa forma, o "encantamento" próprio do discurso do sofista está diretamente associado à *forma* discursiva característica da *epideixis*; e é justamente esse o tópico da reflexão de Sócrates, na sequência do trecho citado acima:

Com efeito, se alguém consultasse qualquer um dos oradores a respeito desses mesmos assuntos, ouviria, talvez, discursos do mesmo gênero, seja de Péricles, seja de qualquer outra pessoa apta a discursar. Mas, se esse

---

1. H. Segvic, Homer in Plato's *Protagoras*. *Classical Philology*, v. 101, n. 3, p. 249-250.

indivíduo insistir em lhes perguntar sobre alguma questão, eles, como livros, não sabem responder nem interrogar: se alguém lhes fizer uma pergunta, por mais trivial que seja, sobre algum ponto do discurso, os rétores, assim como o bronze forjado que ressoa continuamente até que alguém o toque, estendem o discurso numa longa tirada, mesmo quando indagados sobre questões triviais. Protágoras, aqui presente, contudo, está apto a proferir longos e belos discursos, como é evidente, assim como a dar respostas breves quando indagado, e, quando é ele quem indaga, em aguardar e acolher a resposta; são poucos os que estão preparados para isso. (328e5-329b5)

Essa reflexão *metadiscursiva* na boca de Sócrates salienta aquela distinção entre duas modalidades genéricas do discurso já mencionadas: de um lado, o "discurso longo e contínuo" – i.e. *makrologia* – habitualmente praticado tanto pelos "sofistas" em sua atividade didática (ilustrada paradigmaticamente pelo *Grande Discurso* de Protágoras) quanto pelos rétores no ambiente político da cidade democrática; e, de outro, o "discurso breve" – i.e. *brakhulogia* – característico do exercício investigativo de Sócrates, construído por dois interlocutores que dialogam mediante perguntas e respostas, cujo exemplo é representado por Platão na conversa entre Sócrates e Hipócrates (311b-312e)[2].

Esse tipo de *metadiscussão* desempenha algumas funções importantes no diálogo. Primeiro, ressalta a relação intrínseca entre *sofística* e *retórica*, embora o problema da prática retórica no contexto político da democracia ateniense não seja um tópico teórico do *Protágoras*, e sim do *Górgias*. Segundo, alude a uma suposta onipotência de Protágoras no âmbito do *logos*, ao menos no nível de sua *reputação* (*doxa*)[3]: nas palavras de Sócrates, Protágoras não é apenas competente no registro da *makrologia*, mas também no da *brakhulogia*. Ao colocar na boca de

---

2. Tais termos compostos, *makrologia* e *brakhulogia*, aparecem efetivamente adiante numa fala de Sócrates durante a "crise do diálogo" (cf. 335b8), que analisaremos no subtítulo. 4.2.

3. Este ponto fica evidente na fala de Sócrates referida na nota acima: "*como reza a sua fama e você mesmo o professa*, é capaz de entreter um encontro, tanto por meio do discurso longo quanto do discurso breve [...]" (335b7-8).

sua personagem essa longa *epideixis*, Platão busca salientar a competência do sofista na construção de um discurso contínuo que manipula com propriedade o arsenal cultural poético, que evidencia uma argumentação articulada e bastante impressiva e revela grande experiência nesse tipo de prática discursiva. Nesse sentido, parece claro que a polêmica de Platão contra os sofistas, nesse ponto de vista específico, não concerne à sua maestria sobre o registro da *makrologia*[4], e sim à sua competência naquela modalidade genérica de discurso que é tratada por Platão como própria do exercício de investigação socrático – i.e. a *brakhulogia*. Portanto, o que veremos dramatizado na sequência do diálogo é precisamente a representação platônica do "teste" da suposta habilidade de Protágoras no âmbito da *brakhulogia*, uma vez submetido a um processo de escrutínio em que, diferentemente do que ocorre na *makrologia*, um determinado interlocutor passará a interrogá-lo diretamente em condições de igualdade, e lhe exigirá esclarecimento sobre suas opiniões para se certificar se elas são, de fato, consistentes. Terceiro, ela prepara dramaticamente a transposição da prática do *logos* do registro sofístico, caracterizada pela *epideixis* de Protágoras, para o âmbito estritamente filosófico de discussão, quando Sócrates passa a questioná-lo a respeito de sua concepção sobre a natureza da virtude.

O contraponto da prática discursiva sofística, como analisamos no subtítulo 2.2, já havia sido apresentado por Platão naquele breve excerto da conversa entre Sócrates e Hipócrates no interior de sua casa (311a-312e), em que são salientadas as características mais fundamentais do modelo *dialógico* socrático, tais como o emprego do argumento indutivo, o recurso do interlocutor fictício, a aporia final etc. Essa representação, contudo, não consiste apenas em mais uma instância do exercício filosófico de Sócrates dentre outras tantas nos diálogos

---

4. Esse ponto parece ressaltado por Platão mediante a fala da personagem Alcibíades durante a "crise do diálogo": "Não fala com acerto, Cálias, pois Sócrates, aqui presente, admite que não se arvora em discursos longos e concede essa primazia a Protágoras; ser, porém, capaz de dialogar e saber oferecer e acolher a palavra, eu me espantaria se ele concedesse tal primazia a quem quer que fosse." (336b7-c2)

platônicos, cumpre, porém, uma função peculiar no contexto dramático do *Protágoras*: ela serve também como contraponto para avaliarmos o procedimento e o comportamento de Sócrates quando em discussão com os sofistas no âmbito da *brakhulogia*. Evidentemente, as circunstâncias do diálogo entre Sócrates e Hipócrates são bem distintas daquelas em que se constitui a sua discussão com Protágoras. Em primeiro lugar, o diálogo com o jovem ocorre em um ambiente privado, sem a presença de uma audiência, permitindo, assim, uma conversa franca e aberta. Em segundo lugar, a relação entre Sócrates e Hipócrates é mediada por um sentimento de *amizade* (*philia*), indicado claramente pela iniciativa do jovem de buscar se aconselhar com o filósofo, ao saber da fuga de seu escravo (310c; 313a-b). Nesse ambiente amistoso, as brincadeiras de Sócrates (cf. 310d) não soam como provocação, ofensa ou desprezo para com seu interlocutor (voltaremos a esse ponto adiante), mas indicam, pelo contrário, a intimidade e a confidência que o sentimento de *philia* proporciona à relação entre os interlocutores. Em terceiro lugar, o tipo de interlocutor de Sócrates é bem distinto nas duas ocasiões: no primeiro caso, um jovem imaturo que necessita de instrução e desenvolvimento intelectual, por quem Sócrates nutre um sentimento de amizade e com quem se preocupa; no segundo caso, o "mais sábio" de todos os homens da época, o maior adversário da figura de Sócrates nos diálogos platônicos: o sofista.

É razoável, portanto, que, diante de circunstâncias tão diversas, o que veremos na sequência do *Protágoras* é outro tipo de diálogo, cuja função e finalidade são bem distintas daquele primeiro diálogo com Hipócrates. A questão colocada por Sócrates adiante, durante o impasse sobre o modo de discussão a ser seguido, pode valer retrospectivamente: "que modalidade de diálogo há de ser essa?" (τίς ὁ τρόπος ἔσται τῶν διαλόγων; 336b1). Pois bem, busquemos responder a essa pergunta à medida que analisamos o procedimento refutativo de Sócrates, o chamado *elenchos*[5].

---

5. *Elenchos* ("refutação") é o termo empregado em geral pela crítica contemporânea para designar o método argumentativo de Sócrates nos chamados "primeiros ▸

PROTÁGORAS, DE PLATÃO: ESTUDO INTRODUTÓRIO

Penso que a chave de interpretação para compreendermos o procedimento e o comportamento de Sócrates ao enfrentar Protágoras se encontra aludida naquela analogia entre o "sofista" e o "comerciante", quando admoestava Hipócrates pela sua atitude precipitada de buscar se instruir com o sofista, sem saber o que é o "sofista", tampouco o que ele ensina. Vejamos retrospectivamente o trecho:

E cuidado, meu amigo, para que o sofista, ao elogiar o que vende, não nos engane, assim como fazem as pessoas envolvidas com a nutrição do corpo, o negociante e o vendedor. Com efeito, das mercadorias que portam, eles próprios não sabem o que é útil ou nocivo para o corpo, mas elogiam todas elas quando estão à venda; tampouco sabem disso seus clientes, a não ser que seja ele casualmente um professor de ginástica ou um médico. Da mesma forma, aqueles que rondam pelas cidades negociando e vendendo ensinamentos a todos que almejam por eles, elogiam tudo quanto vendem, mas, talvez, haja também em meio a eles, excelente homem, quem ignore, dentre as coisas que vende, o que é útil ou nocivo para a alma; e o mesmo sucede aos seus clientes, a não ser que seja ele eventualmente um médico da alma. (313c7-e2)

Como comentado no subtítulo 1.2, encontramos sublinhado aqui um aspecto fundamental da caracterização do "sofista" nos diálogos platônicos: trata-se, em última instância, de um "comerciante de ensinamentos", imagem esta que reaparecerá como uma das definições para o "sofista" no diálogo tardio de Platão, o *Sofista*[6]. Outro símile extremamente significativo nessa

▷ diálogos" de Platão. No entanto, i. a *refutação* é apenas uma das funções do método socrático. Além dela, ii. há a função *epistêmica*, que concerne à busca pelo conhecimento, usualmente associada à busca pelas definições das virtudes a partir da questão "o que é *x*?". E por fim, iii. a função *protréptica*, que visa a conduzir o interlocutor à posição moral defendida por Sócrates (R.B. Cain, *The Socratic Method: Plato's Use of Philosophical Drama*, p. 3). Vale ressaltar que as três funções não implicam necessariamente três tipos de diálogos diferentes; pelo contrário, tais funções tendem a se encontrar sobrepostas, a depender do contexto argumentativo e dramático em que o diálogo procede: por exemplo, a busca por definições das virtudes particulares procede mediante refutações das tentativas malogradas de defini-las pelos interlocutores de Sócrates (ex.: *Eutífron*, *Laques* e *Cármides*); e as refutações de certas teses morais contrárias às convicções de Sócrates visam, concomitantemente, a persuadir seus interlocutores da coerência e superioridade das posições morais socráticas e exortá-los à vida orientada para a filosofia (ex. *Górgias* e *Protágoras*).

6. Platão, *Sofista* 224c-e, 231d.

passagem é a ideia de um "médico da alma", que remete, implicitamente nesse trecho, à função de Sócrates no diálogo, sendo Hipócrates seu paciente. A analogia entre Sócrates e a figura do médico sugere, por conseguinte, que o escrutínio filosófico pode desempenhar uma determinada função *terapêutica*. No *Górgias*, por exemplo, a refutação socrática (*elenchos*) é comparada a um instrumento de "punição" de seu interlocutor, mais precisamente Cálicles, que, segundo o diagnóstico de Sócrates, estava acometido por uma grave doença, a *intemperança* (*akolasia*)[7]. Platão joga, nesse trecho do diálogo (504d-505c), com a semântica do verbo grego *kolazein* e seus derivados, que pode significar tanto "punir" quanto "refrear": nesse sentido, a "punição" de Cálicles, exercida pelo *elenchos* socrático, consiste, em certa medida, no "refreamento" dos apetites descomedidos de sua alma (ou, segundo uma leitura menos otimista, numa tentativa de refreá-los)[8]. Dessa associação, pois, depreende-se que, ao menos *potencialmente*, o escrutínio socrático é dotado de certo poder *curativo* e *corretivo* de seu interlocutor. Esse ponto fica mais claro se levarmos em conta a analogia entre as artes concernentes à *alma* e ao *corpo* proposta no *Górgias*, apresentada por Sócrates, na discussão com Polo sobre a retórica como uma pseudoarte (463a-466a). De acordo com essa analogia, a *medicina* estaria para a *justiça* assim como a *legislação* para a *ginástica*: em outras palavras, a medicina e a justiça teriam um poder de *correção* e *cura*, assim como a legislação e a ginástica teriam uma função de *prevenção* e *controle*[9]. Nesse sentido, Cálicles é

7. Passagens em que Sócrates é comparado com a figura do médico no *Górgias*: 475d, 514d-e, 521a, 521e, 522a.
8. Ver também Aristóteles, *Ética Eudêmia* II.1 1220a34-7.
9. Este é o quadro sinóptico que apresenta as quatro artes relativas ao corpo e à alma e suas respectivas espécies de "adulação" (*kolakeia*):

			ALMA	CORPO
ARTE / τέχνη		*corretiva*	JUSTIÇA	MEDICINA
		regulativa	LEGISLAÇÃO	GINÁSTICA

			ALMA	CORPO
ADULAÇÃO / κολακεία		*corretiva*	RETÓRICA	CULINÁRIA
		regulativa	SOFÍSTICA	INDUMENTÁRIA

apresentado por Platão como um caso crônico, em que Sócrates, enquanto médico, emprega o *elenchos* como um instrumento a serviço da *justiça* para tentar refrear os apetites descomedidos na tentativa de curar a alma de seu paciente, apresentando as razões pelas quais a intemperança é um mal para o indivíduo e tentando dissuadi-lo de buscar uma vida que tenha como fim a procura desenfreada de satisfação dos prazeres[10].

Embora Platão saliente no *Górgias* o aspecto *curativo* e *corretivo* potencialmente desempenhado pelo escrutínio socrático, há, concomitantemente, um segundo aspecto que lhe é complementar: uma função *preventiva* e *persuasiva*, quando aplicado a um interlocutor cuja alma não se encontra ainda gravemente "doente". Nesse caso, o *elenchos* teria uma função análoga à da ginástica (e/ou da medicina preventiva), conforme o quadro das artes apresentado no *Górgias*, ou seja, uma função *protréptica*: manter o bom estado da alma e evitar que contraia os vícios que a corromperiam, conduzindo-a a boas decisões e ações no âmbito privado e/ou público[11]. Talvez seja precisamente esse o caso de Hipócrates aqui no *Protágoras*. Nessa perspectiva de leitura, o breve diálogo entre Sócrates e Hipócrates (310a-314c), ocorrido no interior da casa do filósofo, consistiria num exemplo prático da função *preventiva* do escrutínio socrático: ao revelar ao jovem sua ignorância sobre os ensinamentos do sofista e sobre os riscos a que ele submeteria sua alma se viesse a se tornar um de seus discípulos, Sócrates parece dissuadi-lo, pelo menos momentaneamente, de uma ação precipitada e irrefletida. Sendo assim, a escolha do próprio nome da personagem funcionaria no diálogo como um *oximoro*, pois, se Hipócrates, de Cós (±469-399a.C.), referido expressamente em 311b, foi um médico contemporâneo de Sócrates e considerado por Aristóteles[12] como

10. Sobre o caso "Cálicles", ver D.R.N. Lopes, Função da Vergonha na Refutação de Cálicles no *Górgias* de Platão, *Una Mirada Actual a la Filosofía Griega: Ponencias del II Congreso Internacional de Filosofía Griega de la Sociedad Ibérica de Filosofía*.

11. Sobre a função preventiva e persuasiva do *elenchos*, ver D.N. Sedley, Myth, Punishment and Politics in the "Gorgias", em C.P. Partenie (ed.), *Plato's Myths*, p. 65.

12. Aristóteles, *Política* VII 1326a15.

o paradigma do grande médico[13], a personagem homônima do *Protágoras* seria, inversamente, o indivíduo a ser "curado" – ou, se sua alma ainda não se encontra gravemente doente, a ser dissuadido preventivamente, antes que ela contraia uma doença indelével provocada por uma educação nociva[14].

Portanto, para os propósitos deste estudo, assumamos que, em última instância, a "missão" de Sócrates no *Protágoras* tem como fim dissuadir Hipócrates de sua decisão irrefletida de se tornar discípulo do sofista, conforme a alusão à sua função enquanto "médico da alma" (313d-e). Dessa forma, essa seção do diálogo, que compreende o escrutínio socrático da posição de Protágoras sobre o problema da *unidade das virtudes* até a "crise do diálogo" (329b-334c), consiste nesse tipo de "teste" não apenas da natureza da mercadoria vendida por Protágoras (*arte política*, ou *virtude política*, ou simplesmente *virtude*), como também da própria competência do sofista para o desempenho de tal função (ou seja, "tornar os homens bons cidadãos", 319a4-5)[15]. Em outras palavras, o "teste" de Sócrates consistiria em verificar em que medida o sofista, enquanto "mercador de ensinamentos para a alma", conhece a natureza do objeto que professa vender. Como se trata, em última instância, de "virtude", isso requer que ele seja capaz de defender uma determinada posição sobre a sua natureza (mais especificamente, sobre a *unidade das virtudes*) com argumentos suficientemente coerentes que possam justificar a existência de seu próprio ofício, pois, se Protágoras se contradiz e/ou é refutado por Sócrates, decorre necessariamente disso que ele, desconhecendo a natureza do "produto" que vende, não é capaz de avaliar se tal objeto é realmente benéfico ou prejudicial à alma de seus discípulos,

---

13. N. Denyer, *Plato: Protagoras*, p. 72.

14. Palumbo considera, em contrapartida, que é a ignorância característica dos potenciais discípulos dos sofistas que constitui a "doença" da alma (Socrate, Ippocrate e il vestibolo dell'anima, em G. Casertano (ed.), *Il Protagora di Platone: Struttura e Problematiche*, p. 94). Nesse sentido, o escrutínio socrático desempenharia uma dupla função: a *curativa*, na medida em que faz com que o jovem reconheça sua ignorância, e a *preventiva*, na medida em que busca precavê-lo dos riscos de sua ação iminente irrefletida.

15. Ver supra p. 48n4.

tampouco se ele pode ser efetivamente ensinado. Eis o que, em linhas gerais, está em jogo no *Protágoras*.

Pois bem, vejamos como o problema referente à *unidade das virtudes* é formulado por Sócrates:

— [...] Você dizia que Zeus havia enviado aos homens a justiça e o pudor, e, em vários momentos de sua fala, por sua vez, você se referia à justiça, sensatez, piedade e todas elas como se fossem, em suma, uma única coisa: virtude. Explique-me então este ponto com um argumento preciso: **a.** se a virtude é uma única coisa e são partes dela a justiça, a sensatez e a piedade; ou **b.** se essas coisas, às quais há pouco me referia, são todas elas nomes de uma única e mesma coisa. Eis o que ainda desejo.

— Mas é fácil, Sócrates – disse ele –, responder a essa questão: as coisas referidas em sua pergunta são partes da virtude que é única.

— São partes **a.1.** tais como as do rosto, boca, nariz, olhos e orelhas – indaguei –, ou **a.2.** tais como as partes do ouro, em nada se diferem umas das outras, seja reciprocamente, seja em relação ao todo, senão em grandeza ou em pequenez?

— A mim é manifesto, Sócrates, que é daquele modo: tais como as partes do rosto se relacionam com o rosto como um todo.

— Há homens, então – disse eu –, que participam de certas partes da virtude, enquanto outros participam de outras, ou é necessário que, se alguém vier a adquirir uma, ele possua todas elas?

— De forma alguma – respondeu ele –, visto que há inúmeros homens corajosos que são injustos, e homens justos, por sua vez, que não são sábios. (329c2-e6)

São três alternativas apresentadas aqui por Sócrates: a. a primeira estipula o modelo *partes/todo*, subdividida em duas modalidades: a.1. a relação entre as partes da virtude, seja entre si, seja para com o todo, seria tal como as partes do rosto, que se diferem pelas suas propriedades e capacidades tanto entre si quanto em relação ao rosto como um todo; ou a.2. tal como as partes do ouro, que teriam as mesmas propriedades que o todo do qual são partes, e que se difeririam apenas pela sua grandeza ou pequenez (não fica claro em que sentido essa diferença se daria). Unidade, portanto, é entendida como *inseparabilidade* entre as virtudes particulares. E b. a segunda entende unidade, aparentemente, como a *identidade estrita* entre as virtudes particulares, no sentido de que todas elas possuem *um único e mesmo significado*, de modo que os nomes das virtudes particulares poderiam ser usados intercambiavelmente na medida em que possuiriam um mesmo *definiens*, ou então ser substituídos por um único termo, i.e., *virtude*. Platão atribui uma posição bem determinada a.1. sobre a *unidade das virtudes* à personagem Protágoras, que será o ponto de partida de toda a discussão subsequente: a virtude consiste em um todo composto de partes diferentes entre si, cada qual com a sua *capacidade* (*dunamis*) particular. O corolário dessa tese, assumido expressamente por Protágoras logo após identificar sua posição a.1., é que um indivíduo pode ter uma virtude sem ter as demais: assim como a faculdade de um sentido não requer a faculdade de outro sentido, os quais funcionariam independentes, é possível que haja indivíduos corajosos, mas injustos, e indivíduos justos, mas não sábios[16]. Sendo assim, por meio da analogia entre as partes da virtude e as do rosto, são relevados dois problemas distintos, mas intrinsecamente relacionados, decorrentes da posição do sofista: o fato de ele conceber a virtude como um todo composto de partes diferentes entre si, cada qual com uma capacidade particular, concede a possibilidade da *não coimplicação* das virtudes, ou seja, a possibilidade de se ter uma virtude sem ter necessariamente as demais. Como observa Cooper, o problema da *coimplicação* deriva, em última instância, da questão primária relativa à *unidade das virtudes*, que é efetivamente o ponto principal do desacordo entre os interlocutores[17].

16. Segundo a análise de Centrone, a posição de Protágoras é incoerente nesse ponto, pois o modelo *partes/todo*, representado pela alternativa a.1., não implica necessariamente a *nao coimplicaçao* das virtudes (B. Centrone, A Virtude Platônica Como *Holon* das *Leis* ao *Protágoras*, em M. Migliori; L.M.N. Valditara, *Plato Ethicus*, p. 107). De fato, Protágoras assume, a princípio, que a virtude é uma *unidade* composta de partes (329d4), retomando uma ideia geral esboçada em seu *Grande Discurso* (325a2), mas, logo depois, admite a possibilidade da não *coimplicação* (329e5-6): como seria possível falar em unidade estritamente falando, se ela pode prescindir de uma ou mais partes? Ainda assim poderíamos falar em "unidade"? Nesse sentido, Centrone parece ter razão em apontar uma má compreensão do símile por Protágoras, que vai possibilitar a Sócrates refutá-lo.

17. J.M. Cooper, The Unity of Virtue, *Essays on Ancient Moral Psychology and Ethical Theory*, p. 81.

Todavia, como argumentaremos ao longo deste estudo, a finalidade do exame socrático não é apenas refutar a posição de Protágoras de modo a tornar patente a ele próprio e à audiência (e, em especial, a Hipócrates, em vista de quem se dá todo o diálogo), seu desconhecimento a respeito da natureza do próprio "produto" (i.e., a virtude) que promete "vender" a seus discípulos, para empregar a metáfora do comércio referida previamente (313c-314b); no *Protágoras*, Sócrates tem como intuito provar, concomitantemente à refutação da posição do sofista, a sua própria concepção de virtude: b. *sabedoria* (*sophia*), *justiça* (*dikaiosunē*), *piedade* (*hosiotēs*), *sensatez/temperança* (*sōphrosunē*) e *coragem* (*andreia*) são todas elas nomes de uma única e mesma coisa, a saber, *virtude* (*aretē*). Sendo assim, o próprio termo *elenchos*, empregado habitualmente pela crítica contemporânea para designar o procedimento refutativo socrático, compreenderia aqui os dois sentidos coexistentes na própria semântica do termo: o *negativo*, enquanto *refutação* da posição de Protágoras, e o *positivo*, enquanto *prova* de sua própria concepção de *unidade das virtudes*[18]. No entanto, é preciso esclarecer, como ponto de partida para uma melhor compreensão da posição socrática no diálogo, em que sentido é possível entender as virtudes particulares enquanto "uma única e mesma coisa" (τοῦ αὐτοῦ ἑνὸς ὄντος, 329d1). Basicamente, há duas vias de interpretação: b.1. aquela referida há pouco, exposta por Vlastos em seu importante artigo sobre o *Protágoras*[19], segundo a qual as virtudes particulares são uma

18. R.S.P. Beekes, *Etymological Dictionary of Greek*, p. 404-405; P. Chantraine, *Dictionnaire étymologique de la langue grecque*, p. 334-335; R. Kraut, Comments on Gregory Vlastos 'The Socratic Elenchus', *Oxford Studies in Ancient Philosophy*, v. 1, p. 60: "O *elenchos* não é meramente um instrumento negativo – um dispositivo para descobrir contradições – como Grote pensou, mas é também usado por Sócrates para dar suporte às suas convicções positivas."

19. Gregory Vlastos distingue três diferentes posições que aparecem misturadas na proposição do problema da *unidade das virtudes* no *Protágoras* (329c-330b): a Tese da Unidade, a Tese da Similaridade e a Tese da Bicondicionalidade (G. Vlastos, The Unity of the Virtues, em G. Vlastos [ed.], *Platonic Studies*, p. 224). Ele compreende a Tese da Unidade no sentido da alternativa b.1., um dos motivos pelos quais ele argumenta que a Tese da Bicondicionalidade é a que melhor representa a posição de Sócrates no *Protágoras* e nos ▶

única coisa porque possuem o mesmo significado (conhecida também como Tese Nominalista)[20]; e b.2. a leitura proposta por Taylor em seu comentário ao diálogo, segundo a qual a virtude é uma única coisa na medida em que os cinco nomes referentes a ela designam *diferentes aspectos de uma única e mesma disposição moral*, de modo a conservar uma distinção semântica entre as virtudes particulares, cada qual com um *definiens* próprio[21]. Para antecipar minha posição frente ao problema, cujos argumentos serão apresentados ao longo deste estudo, se é possível atribuir razoavelmente a Sócrates uma determinada posição, ela é melhor compreendida no sentido b.2., o que implica necessariamente a *coimplicação* das virtudes (contra Protágoras, 329e)[22]. Essa assunção se justifica pelo fato de que, no último argumento do diálogo (351b-360e), o qual versa sobre a relação entre *sabedoria* e *coragem*, Sócrates chega a uma definição precisa de *andreia*: coragem é "a sabedoria relativa às coisas temíveis e não temíveis" (Ἡ σοφία ἄρα τῶν δεινῶν καὶ μὴ δεινῶν ἀνδρεία ἐστίν, 360d4-5). Evidentemente, essa definição não pode se aplicar à *justiça*, tampouco à *piedade* ou à *temperança*, de modo que a expressão "uma única e mesma coisa" (τοῦ αὐτοῦ ἑνὸς ὄντος, 329d1) não pode ser

▷ demais "diálogos socráticos" (ibidem, p. 233-234). No entanto, como salienta J.M. Cooper (op. cit., p. 81), a *coimplicação* das virtudes, na qual repousa a Tese da Bicondicionalidade, deriva, em última instância, da questão primária relativa à *unidade das virtudes*, que seria efetivamente o ponto principal do desacordo entre os interlocutores; assim sendo, Vlastos não estaria identificando corretamente o cerne da polêmica entre eles. *Contra* Vlastos, ver D.T. Devereux, The Unity of the Virtues in Plato's *Protagoras* and *Laches*, *The Philosophical Review*, v. 101, n. 4, p. 767-770, C.C.W. Taylor, *Plato: Protagoras*, p. 103-108.

20. B. Centrone, A Virtude Platônica Como *Holon* das *Leis* ao *Protágoras*, em M. Migliori; L.M.N. Valditara, op. cit., p. 105.

21. C.C.W. Taylor, op. cit., p. 103. Ver também T. Penner, The Unity of Virtue, *The Philosophical Review*, v. 82, n. 1, p. 42.

22. Observe que, quando Sócrates retoma a discussão sobre a *unidade das virtudes* depois do longo interlúdio da exegese do canto de Simônides, a formulação é ligeiramente diferente dessa que encontramos na proposição do problema ("são todas elas *nomes de uma única e mesma coisa*", πάντα ὀνόματα τοῦ αὐτοῦ ἑνὸς ὄντος, 329c8-d1): "sabedoria, temperança/sensatez, coragem, justiça e piedade, embora sejam cinco nomes, *concernem a uma única coisa*" (σοφία καὶ σωφροσύνη καὶ ἀνδρεία καὶ δικαιοσύνη καὶ ὁσιότης, πότερον ταῦτα, πέντε ὄντα ὀνόματα, ἐπὶ ἑνὶ πράγματί ἐστιν, 349b1-3). Isso, todavia, não altera, substancialmente, o teor de tal posição em face do problema em questão.

entendida no sentido b.1.[23] Voltaremos a esse ponto no capítulo 7, quando tratarmos das implicações decorrentes dessa definição de coragem para a compreensão da posição de Sócrates sobre a *unidade das virtudes*.

Para fins didáticos, vejamos a estrutura geral do diálogo, no que diz respeito, especificamente, à discussão sobre a *unidade das virtudes*. Platão coloca na boca de Sócrates cinco argumentos, sendo um deles incompleto, que teriam como fim *refutar* de maneira suficiente a posição de Protágoras (329d-330b), e *provar*, em contrapartida, a sua própria tese, a despeito dos problemas de ordem lógica envolvidos em cada um deles, como os inúmeros estudos sobre o diálogo têm debatido ao longo do tempo. Eis, então, o esquema geral:

1ª refutação/prova: *justiça* (*dikaiosunē*) e *piedade* (*hosiotēs*): 330b-332a

2ª refutação/prova: *sabedoria* (*sophia*) e *temperança/sensatez* (*sōphrosunē*): 332a-333b

3ª refutação/prova (incompleta): *temperança/sensatez* (*sōphrosunē*) e *justiça* (*dikaiosunē*): 333b-334c

4ª refutação/prova: *sabedoria* (*sophia*) e *coragem* (*andreia*): 349d-350c

5ª refutação/prova: *sabedoria* (*sophia*) e *coragem* (*andreia*): 351b-360e

Se Sócrates fosse bem-sucedido nesse projeto, com argumentos incólumes e corretamente demonstrados, então ele conseguiria provar suficientemente a *unidade das virtudes* da seguinte maneira:

i.   *Justiça* (A) = *Piedade* (B) (1ª refutação/prova);

ii. *Sabedoria* (C) = *Temperança/sensatez* (D) (2ª refutação/prova);

---

23. Sobre o problema da posição de Sócrates no *Protágoras* em relação à unidade das virtudes, ver B. Centrone, A Virtude Platônica Como *Holon* das *Leis* ao *Protágoras*, em M. Migliori; L.M.N. Valditara, op. cit.; J.M. Cooper, op. cit., p. 78-83; D.T. Devereux, op. cit.; T. Irwin, *Plato's Ethics*, p. 81; C.C.W. Taylor, op. cit., p. 103-108; G. Vlastos, The Unity of the Virtues, em G. Vlastos (ed.), op. cit.; M. Zingano, Virtude e Saber em Sócrates, *Estudos de Ética Antiga*, p. 46-49.

iii. *Temperança/sensatez* (D) = *Justiça* (A) (3ª refutação/prova);

iv. *Sabedoria* (C) = *Coragem* (E) (4ª/5ª refutação/prova)

v. *Sabedoria* (C) = *Justiça* (A) (a partir de ii. e iii.)

vi. *Sabedoria* (C) = *Piedade* (B) (a partir de I. e v.)

vii. Portanto, *Sabedoria* (C) = *Temperança/sensatez* (D) (a partir de ii.) = *Justiça* (A) (a partir de v.) = *Piedade* (B) (a partir de vi.) = *Coragem* (E) (a partir de iv.)

Todavia, esse projeto não é levado a cabo em sua totalidade no *Protágoras*, havendo uma série de percalços de diferentes ordens na exposição dos cinco argumentos, como veremos detidamente à medida que analisarmos os problemas peculiares de cada um deles. Por exemplo: a. a 1ª refutação/prova não é peremptória, pois, na conclusão do argumento, Sócrates admite a possibilidade de a *piedade* e a *justiça* não serem *idênticas*, mas apenas *semelhantes* (ou melhor, "muitíssimo semelhantes") (331b), o que colocaria em xeque uma concepção forte de *unidade das virtudes* como ele parece defender nas demais provas[24]; além disso, parte do argumento é aparentemente falacioso (ou parcialmente falacioso), como apontam alguns comentadores do diálogo[25]. b. A 2ª refutação/prova pode ser compreendida como um argumento baseado em um caso de *homonímia*[26], o que a tornaria inválida do ponto de

24. A conclusão do 1º argumento, portanto, poderia sugerir a adesão de Sócrates à Tese da Similaridade, tal como formulada por Vlastos (op. cit., p. 224): "justiça e piedade são a mesma coisa *ou coisas muitíssimo semelhantes*" (ὅτι ἤτοι ταὐτόν γ' ἐστιν δικαιότης ὁσιότητι ἢ ὅτι ὁμοιότατον, 331b4-5); "há pouco nos ficou manifesto que a justiça e a piedade *são quase a mesma coisa*" (τὸ δὲ πρότερον αὖ ἐφάνη ἡμῖν ἡ δικαιοσύνη καὶ ἡ ὁσιότης σχεδόν τι ταὐτὸν ὄν, 333b5-6).

25. O principal problema concerniria à confusão entre a noção de "contrários" e a de "contraditórios": ver J. Adam; A.M. Adam, *Plato. Protagoras*, p. 133; J. Deversluis, *Cross-Examining Socrates: a Defense of the Interlocutors in Plato's Early Dialogues*, p. 265; D. Gallop, Justice and Holiness in "Protagoras" 330-331, *Phronesis*, v. 6, n. 2, p. 91-92; G. Klosko, Towards a Consistent Interpretation of the *Protagoras*, *AGPh*, 61, p. 131; C.C.W. Taylor, op. cit., p. 114-115; J.P. Sullivan, The Hedonism of Plato's *Protagoras, Phronesis*, v. 6, n. 1, p. 14.

26. Como definido por Aristóteles (*Tópicos* I 106a9-22; *Refutações Sofísticas* I 165b30-166a6), *homonímia* designa o caso de uma mesma palavra ser empregada em sentidos diferentes (ou, em termos saussurianos, o mesmo significante com significados distintos), de modo que o termo contrário varia segundo a acepção em que a palavra é tomada (p. ex., "agudo" é o contrário de "grave" quando referido à voz, e o contrário ▶

vista lógico; ademais, a premissa fundamental do argumento é vista por certos estudiosos como falsa (a saber, que, para cada coisa, há apenas um contrário, cf. 332c8-9)[27]. c. A 3ª refutação/prova é interrompida por conta do desacordo entre Sócrates e Protágoras sobre o modo de conduzir a discussão, culminando, assim, na crise do diálogo (334c-338e). d. A 4ª refutação/prova é colocada em xeque por Protágoras, que acusa expressamente Sócrates de empregar uma premissa na demonstração do argumento que não fora concedida por ele (350c-1b); Sócrates, por sua vez, não rebate diretamente a imputação do adversário, preferindo mudar o enfoque da discussão. e. A 5ª refutação/prova é um argumento extremamente complexo, especialmente em virtude da concepção *hedonista* de felicidade que Sócrates atribui à personagem fictícia da "maioria dos homens" (οἱ πολλοί, 351c3), suscitando assim o problema de seu comprometimento ou não com tal argumento: i. se ele representa a concepção moral da personagem Sócrates no *Protágoras*, isso acarretaria uma série de dificuldades quando pensamos no desenvolvimento da filosofia moral de Platão em outros diálogos, sejam eles contemporâneos do *Protágoras* (em especial, do *Górgias*), sejam porteriores a ele (como, por exemplo, a *República*); ii. se ele é apenas um argumento *dialético* que opera no interior da visão hedonista que Sócrates atribui à "massa" e aos "sofistas" (argumento este baseado na identidade estrita entre *prazer* e *bem*), isso colocaria em xeque o projeto argumentativo geral do diálogo apresentado acima, na medida em que dependeria de um argumento cujas premissas (ou, ao menos, parte delas) não expressariam as convicções pessoais de Sócrates. Pois bem, voltaremos a examinar todos esses problemas referidos sumariamente acima, buscando apresentar uma interpretação factível

▷ de "obtuso" quando referido ao ângulo; nesse caso, dizemos que "agudo" é empregado como homônimo). Sendo assim, quando acontece de uma mesma palavra ser usada em sentidos diferentes no interior de um mesmo argumento dialético, isso configuraria um caso de argumento por *homonímia*, que corresponde a uma das espécies de *paralogismo* (cf. *Tópicos* I 108a18-37).

27. J. Beversluis, op. cit., p. 267-270.

à luz não apenas de questões de ordem lógica, mas fazendo valer também a importância dos elementos de natureza dramática para a compreensão geral do diálogo.

3.2. A Primeira Refutação/Prova: Justiça e Piedade (330b-332a)

Antes de analisarmos estritamente a primeira refutação/prova, vale ressaltar mais uma vez certos aspectos metodológicos que orientam este estudo. Nosso escopo aqui não é explorar todos os problemas de ordem analítica referentes a cada um dos argumentos empregados por Sócrates para provar a *unidade das virtudes* e refutar consequentemente a posição de Protágoras. Essa tarefa demandaria uma quantidade de trabalho exegético que ultrapassaria os limites de um estudo introdutório que se propõe a examinar, na medida do possível, todas as seções de um diálogo tão variegado quanto é o *Protágoras*. Sendo assim, buscaremos salientar certos aspectos do procedimento de Sócrates no registro da *brakhulogia*, que não se limitam a questões estritamente lógicas, mas que compreendem também os elementos *dramáticos* do texto em que a discussão de orientação filosófica se constitui (como, por exemplo, o comportamento de Sócrates diante de Protágoras e dos demais sofistas, e as estratégias que ele usa para enredar o sofista na argumentação e fazê-lo se contradizer etc.). Esse tipo de leitura, que faz valer a importância dos aspectos *dramáticos* do texto para a análise dos argumentos, como vem sendo sublinhado ao longo deste estudo, tem como fim compreender os diferentes níveis em que Platão busca distinguir o "filósofo" do "sofista". Como ressaltado acima, todo o procedimento refutativo de Sócrates consiste, em certo sentido, em um "teste" da pretensa sabedoria de Protágoras[28]. O que sucede na exposição dos cinco argumentos referidos acima é justamente a prática desse "teste" no terreno

---

28. Ver supra p. 48n4.

próprio em que Sócrates exerce a sua investigação filosófica, ou seja, o *diálogo*. Se Protágoras é de fato "o homem mais sábio no discurso" (310e6-7), como reza a sua fama, isso implica que ele seja exímio não apenas no domínio da *makrologia* (como já evidenciado em seu *Grande Discurso*), como também naquela outra modalidade genérica do discurso – a *brakhulogia* –, em que Sócrates costuma examinar criticamente seus interlocutores. E é essa suposta onipotência do sofista no âmbito do *logos* (cf. 329b, 335b-c) que Sócrates vai verificar doravante.

Analisemos, então, o primeiro argumento de Sócrates contra a posição de Protágoras (329d-331b), que concerne à relação entre *justiça* e *piedade*. A tese defendida por Protágoras pode ser resumida em quatro proposições fundamentais: Q1. as virtudes particulares são partes distintas da virtude que é uma única coisa (o que implica a negação da *identidade* entre elas); Q2 nenhuma virtude é como a outra, nem em relação a si mesma nem em relação ao todo do qual são partes (o que implica a negação da *homogeneidade* entre elas); Q3. as partes da virtude podem existir separadamente nos indivíduos, de modo que é possível possuir uma sem possuir as demais (o que implica a negação da *reciprocidade* e/ou *coimplicação*); e Q4. cada virtude possui uma capacidade (*dunamis*) específica, assim como as partes do rosto[29]. O argumento subsequente de

---

29. D. Gallop, op. cit., p. 87: "Essas asserções são obtidas separadamente de Protágoras com graus diferentes de convicção. Elas não são absolutamente equivalentes, e a sua relação lógica é importante para avaliar o argumento de Sócrates, pois não se segue que, se ele refutar uma delas, terá refutado, por conseguinte, todas as demais. A única circunstância em que isso seria verdadeiro seria (Q1). É claro que, se as partes da virtude são idênticas, elas não podem ser heterogêneas, nem podem diferir na 'capacidade' que possuem ou em qualquer outro aspecto. Tampouco seria possível possuir uma sem possuir todas. Portanto, a falsidade de (Q1) implica a falsidade de (Q2), (Q3) e (Q4). Por outro lado, a falsidade de (Q2), (Q3) e (Q4) não implicaria a falsidade de nenhuma outra asserção. Por exemplo, similaridade na 'capacidade' que possuem não implicaria nem estaria implicado na homogeneidade (Q2). Tampouco a reciprocidade entre as partes da virtude (Q3) provaria que são idênticas ou homogêneas." Para uma visão mais ampla da concepção sobre a natureza da virtude atribuída por Platão à personagem Protágoras, que inclui tanto as considerações do *Grande Discurso* quanto os desdobramentos da discussão subsequente com Sócrates, ver G. Casertano, As Virtudes e a Virtude: Os Nomes e o Discurso, em M. Migliori; L.M.N. Valditara, *Plato Ethicus*, p. 89-90.

Sócrates procede do seguinte modo, do ponto de vista estritamente analítico (330b-331b):

(P1) Justiça é alguma coisa;
(P2) Justiça é alguma coisa justa;
(P3) Justiça é como ser justo (a partir de [P2]);
(P4) Piedade é alguma coisa;
(P5) Piedade é como ser pio;
(P6) Cada parte da virtude não é como as outras partes da virtude;
(P7) Piedade não é como ser justo (a partir de [P3] e [P6]);
(P8) Justiça não é como ser pio (a partir de [P5] e [P6]);
(P9) Justiça é como não ser pio (a partir de [P8]);
(P10) Piedade é como não ser justo (a partir de [P7]);
(P11) Piedade é como ser injusto (a partir de [P10]);
(P12) Justiça é como ser ímpio (a partir de [P9]);
(P13) Mas justiça é pia e piedade, justa;
(P14) Portanto, i. justiça e piedade são a mesma coisa, ou ii. coisas mutíssimo semelhantes (i.e., [P6] é falso por *reductio ad absurdum*).

Como há uma disjunção na conclusão do argumento, se o raciocínio demonstra i. a *identidade* entre justiça e piedade, então ela coloca em xeque as quatro proposições que constituem a tese protagoriana (Q1, Q2, Q3 e Q4); se, por outro lado, o raciocínio demonstra ii. que essas duas virtudes particulares são *muito semelhantes*, então ela coloca em xeque apenas a proposição (Q2), o que não seria suficiente para provar que ambas não são partes distintas da virtude (Q1), nem que ambas não possuem *dunameis* distintas (Q4), tampouco que seja impossível possuir uma sem possuir a outra (Q3)[30]. Voltaremos a esse ponto

---

30. Menciono aqui "coloca em xeque", e não simplesmente "refuta", por dois motivos. i. Sócrates não é peremptório na conclusão do argumento, admitindo a possibilidade de ambas as virtudes não serem *idênticas*, mas apenas *semelhantes* em grande medida (331b4-6); e ii. mesmo se Sócrates tivesse provado de maneira suficiente a identidade entre *justiça* e *piedade*, a tese de Protágoras ainda poderia valer para os demais casos: considerando agora *piedade* e *justiça* como uma única coisa, seria preciso demonstrar que as demais virtudes (*sabedoria*, *coragem* e *sensatez/temperança*) se encontram nessa mesma condição tanto em relação à *justiça/piedade* quanto em todas as relações recíprocas entre elas, conforme o projeto argumentativo apresentado acima (cf. p. 110-111). Observe que os exemplos utilizados por Protágoras concernem: a. a indivíduos ▸

adiante para avaliar as consequências dessa disjunção. O que nos interessa aqui, primeiramente, é o problema da validade lógica desse argumento, pois, como mencionado há pouco, isso tem sido objeto de controvérsia entre os estudiosos do diálogo, especialmente no que concerne à inferência que compreende as premissas (P9) a (P12)[31]. Vejamos separadamente as premissas referentes à justiça e à piedade para termos maior clareza do raciocínio de Sócrates:

(P8) Justiça não é como ser pio;	(P7) Piedade não é como ser justo;
(P9) Justiça é como não ser pio;	(P10) Piedade é como não ser justo;
(P12) Justiça é como ser ímpio;	(P11) Piedade é como ser injusto;

Se, de fato, a formulação das orações correlativas em grego (*toiouton .... hoion* e suas variações, traduzidas aqui por "como") designa aqui proposições de identidade[32], o problema lógico

▷ que são corajosos, porém injustos; e b. a indivíduos justos, porém não sábios (329e5-6). Dessa forma, a identidade entre *justiça* e *piedade*, se provada, não é suficiente para refutar totalmente a posição de Protágoras.

31. Estudiosos que consideram falacioso esse argumento de Sócrates: J. Adam; A.M. Adam, op. cit., p. 133; J. Beversluis, op. cit., p. 265; P. Friedländer, *Plato*, v. 2, p. 19; D. Gallop, op. cit., p. 91-92; J.P. Sullivan, op. cit., p. 13-14; C.C.W. Taylor, op. cit., p. 114-115; G. Vlastos, op. cit., p. 249-250. Outro problema lógico relativo a esse argumento, discutido também pela crítica contemporânea, são as chamadas "predicações paulínias" presentes em algumas de suas premissas, i.e., a atribuição de predicados morais a noções abstratas e universais (p. ex., "a justiça é pia", "a piedade é justa"), quando deveriam ser predicadas as instâncias concretas derivadas de tais noções (p. ex., "Sócrates é justo", "essa ação é pia"). Como resume Vlastos: "Se for esse o caso, dizer de qualquer universal que ele é justo ou injusto, pio ou ímpio, corajoso ou covarde seria uma total falta de senso: são predicados morais, e, por essa razão, eles não podem ser predicados de uma entidade lógica, como é um universal, assim como não podem ser predicados de uma entidade matemática, como um número ou uma figura geométrica: dizer que a Justiça é pia seria tão absurdo quanto dizer que o número oito ou um hexágono é pio." (op. cit., p. 252) Essa questão não será tratada aqui por não ser pertinente para a análise que estamos empreendendo: sobre o assunto e o problema da autopredicação diretamente associado a ele (p. ex., "a justiça é justa", "a piedade é pia"), ver G. Vlastos, op. cit., p. 252-265; C.C.W. Taylor, op. cit., p. 118-120.

32 Gallop entende, inversamente, como proposições que designam estritamente relações de *semelhança* (ele as traduz como "of such a class as") (D. Gallop, op. cit., p. 89, nota 3). De fato, a formulação em grego é ambígua, o que de certa forma justifica por que Sócrates conclui o argumento com uma disjunção: "i. que justiça e piedade são a mesma coisa ou ii. coisas muitíssimo semelhantes, e, sobretudo, que a justiça é como a piedade, e a piedade, como a justiça" (331b4-6). A conclusão i. decorreria de premissas ▶

residiria na identificação dos predicados "não ser pio" e "ser ímpio", de um lado, e "não ser justo" e "ser injusto", de outro. Se essa inferência fosse válida, isso implicaria que um indivíduo justo é necessariamente ímpio, assim como um indivíduo pio é necessariamente injusto. Dito de outra maneira, todas as ações justas são necessariamente ímpias, assim como todas as ações pias são necessariamente injustas. Como observa Taylor, nesse passo do argumento Sócrates estaria confundindo a noção de "contrários" com a de "contraditórios", de modo que o fato de um indivíduo não possuir uma determinada *disposição moral* (p. ex., ser justo é como não ser pio) implica que ele tenha a disposição contrária (p. ex., ser justo é como ser ímpio)[33]. Todavia, se os predicados "ser justo" e "ser pio" fossem tomados como "contraditórios", chegaríamos a conclusões absurdas, tais como, por exemplo, i. que todas as crianças são injustas, na medida em que não adquiriram ainda a disposição da justiça; ou ii. que ações triviais, como assoar o nariz, são injustas, na medida em que não possuem qualquer relação com o domínio prático da justiça[34].

Uma possibilidade de leitura que evite atribuir a Sócrates o emprego de um argumento falacioso seria atenuar a identificação dos predicados "não ser pio" e "ser ímpio", de um lado, e "não ser justo" e "ser injusto", de outro, compreendendo esse passo do argumento do seguinte modo: não é que *toda ação* justa seja ímpia, e que *toda ação* pia seja injusta, como a inferência nos faz supor a princípio; mas, ao se considerar a justiça e a piedade

▷ em que as correlativas seriam compreendidas como proposições de identidade, ao passo que ii. decorreria de premissas em que as correlativas seriam compreendidas como proposições de semelhança. De todo modo, o argumento acaba sendo inconclusivo a esse respeito, dada a formulação disjuntiva da conclusão.

33 C.C.W. Taylor, op. cit., p. 113: "A apresentação aqui (330c5 e 330d6) dos pares justo-injusto e pio-ímpio como aparentemente alternativas exclusivas indica que não é feita nenhuma distinção aqui entre contrários e contraditórios. Uma vez que, em 346d1-3, mostra Platão ciente dessa distinção, não devemos considerar que ele esteja confundindo as noções de contrário e contraditório como tais, mas, antes, que ele esteja tratando esses pares particulares como pares de contraditórios." Sobre a noção de "intermediário" entre dois contrários, ver Platão, *Banquete* 201e-202a; *Sofista* 257b.

34 C.C.W. Taylor, op. cit., p. 114-115.

como coisas distintas, nos termos em que defende Protágoras (Q1, Q2, Q3, Q4), admite-se, por conseguinte, a possibilidade de que, *em determinadas circunstâncias, certas ações* justas sejam ímpias, ou que *certas ações* pias sejam injustas. O caso de Antígona na tragédia homônima de Sófocles poderia ser um exemplo desse tipo de conflito entre *justiça* e *piedade*: a ação pia da heroína ao decidir velar o irmão Polinices conforme os ritos religiosos contradiz a prescrição de Creonte, o soberano de Tebas, que havia decretado como crime o sepultamento daquele que tentara usurpar o poder da cidade à força. Em outras palavras, esse passo do argumento apontaria somente para a possibilidade de *certas ações* justas serem ímpias, e *certas ações* pias serem injustas, o que não implica necessariamente que *todas as ações* justas sejam ímpias, e que *todas as ações* pias sejam injustas.

No entanto, para que essa tentativa de resolução do problema fosse válida, necessitaríamos de uma qualificação adicional nesse passo do argumento que não se verifica, contudo, textualmente, pois é muito diferente afirmar que "ser justo é como ser ímpio" de admitir a possibilidade de conflito, *em determinadas circunstâncias*, entre o que é justo e o que é pio. Para isso, seria preciso assumir que as premissas do argumento não designam proposições de *identidade*, mas tão somente de *semelhança*, de modo que, quando Sócrates diz que "justiça é como ser ímpio" (P12) e que "a piedade é como ser injusto" (P11), está querendo dizer que há *certa semelhança* entre justiça e impiedade, de um lado, e entre piedade e injustiça, de outro, na medida em que é possível que certas ações justas sejam ímpias e certas ações pias sejam injustas *circunstancialmente*. Embora as orações correlativas presentes nas premissas do argumento (*toiouton .... hoion* e suas variações) admitam semanticamente essa possibilidade, Sócrates parece compreendê-las, porém, como exprimindo de fato relações de identidade, como fica claro, por exemplo, em (P5) ("Πότερον δὲ τοῦτο αὐτὸ τὸ πρᾶγμά φατε τοιοῦτον πεφυκέναι οἷον ἀνόσιον εἶναι ἢ οἷον ὅσιον;" 330d5-6). Tanto é que Sócrates, ao sugerir a Protágoras que desse a mesma resposta que ele daria ao interlocutor fictício, afirma que (P13) "a justiça é pia, e a piedade é justa" (ἐγὼ μὲν γὰρ αὐτὸς ὑπέρ γε ἐμαυτοῦ φαίην ἂν καὶ τὴν δικαιοσύνην ὅσιον εἶναι καὶ τὴν ὁσιότητα δίκαιον, 331b2-3), indicando claramente que ele quer obter de Protágoras o assentimento em que toda ação justa é pia e vice-versa, ou, em outras palavras, que todo indivíduo justo é pio e vice-versa. Para isso, requer-se que as premissas do argumento sejam proposições de identidade. Se, por outro lado, assumíssemos que, nessa seção problemática do argumento ([P9] a [P12]), as premissas são baseadas em proposições de semelhança, enquanto as demais exprimiriam identidade, estaríamos admitindo assim uma flutuação semântica no interior do argumento, o que o invalidaria logicamente.

Como interpretar, portanto, esse passo problemático do argumento ([P9] a [P12]), se considerarmos todas as premissas do argumento como proposições de identidade? A tentativa de Taylor de poupar Sócrates da imputação de uma falácia, ainda que ele não assuma essa iniciativa explicitamente, é observar que as premissas (P9) a (P12) não seriam necessárias para a refutação da tese protagoriana. Pois se nós simplesmente as retirássemos do argumento, Sócrates conseguiria ainda assim refutar o sofista, desde que as premissas (P3), (P5) e (P13) fossem assentidas pelo interlocutor como verdadeiras. Vejamos o argumento reconstruído:

(P1) Justiça é alguma coisa;
(P2) Justiça é alguma coisa justa;
(P3) Justiça é como ser justo (a partir de [P2]);
(P4) Piedade é alguma coisa;
(P5) Piedade é como ser pio;
(P6) Cada parte da virtude não é como as outras partes da virtude;
(P7) Piedade não é como ser justo (a partir de [P3] e [P6]);
(P8) Justiça não é como ser pio (a partir de [P5] e [P6]);
    ****
(P13) Mas justiça é pia e piedade, justa;
(P14) Portanto, justiça e piedade são a mesma coisa, ou coisas mutíssimo semelhantes (i.e., [P6] é falso por *reductio ad absurdum*).

Segundo Taylor,

a essência do argumento é que (P6), junto com (P3) e (P5), obriga Protágoras a negar que a piedade é justa e a justiça pia, o que é inaceitável (P13). Portanto, uma vez que (P3) e (P5) são verdadeiras, (P6) deve ser rejeitada. As negações cruciais são obtidas em (P7) e (P8) respectivamente. A função dos passos (P7) a (P11) via (P10)[35] e (P8) a (P12) via (P9)[36] é enfatizar as conclusões inaceitáveis então alcançadas, colocando-as na forma escandalosa "piedade é injusta" e "justiça é ímpia". Eristicamente, isso pode ser efetivo, mas o trabalho lógico é completado por (P7) e (P8)[37].

A explicação de Taylor é plausível do ponto de vista lógico, mas não do dramático, pois não responde ao que é crucial: por que Protágoras anuiria à premissa (P13) nessa reconstrução hipotética, se ele não é constrangido pelas consequências indesejáveis e "escandalosas" evidenciadas pelo passo problemático do argumento (P9) a (P12)? Ele poderia simplesmente recusar (P13) tal como formulada por Sócrates, alegando que a justiça é "nem pia nem ímpia", assim como a piedade é "nem justa nem injusta", e mantendo assim as premissas (P3), (P5) e (P6). Tanto é que logo após a conclusão do argumento (P14), Protágoras mostra certa reserva precisamente quanto a (P13), supondo-a, no mínimo, controversa (cf. 331b8-c3), e concedendo a Sócrates apenas certa semelhança (não precisa) entre justiça e piedade. Se Protágoras tivesse objetado a (P13) da maneira sugerida acima (o que, efetivamente, não acontece), a conclusão (P14) que refuta a sua tese não procederia. Assim, se considerarmos não apenas o aspecto lógico da reconstrução do argumento proposta por Taylor, mas também a sua plausibilidade associada ao contexto dramático da discussão, a premissa (P13) só seria razoavelmente admitida

---

35 (P7) Piedade não é como ser justo;
   (P10) Piedade é como não ser justo;
   (P11) Piedade é como ser injusto;
36 (P8) Justiça não é como ser pio;
   (P9) Justiça é como não ser pio;
   (P12) Justiça é como ser ímpio;
37 C.C.W. Taylor, op. cit., p. 114-115.

por Protágoras como verdadeira por força da constrição imposta pelo passo (P9) a (P12), que constitui, como elucidado acima, um passo falacioso do argumento, se, de fato, a formulação das orações correlativas (*toiouton .... hoion* e suas variações) em suas premissas designa proposições de identidade.

Em resumo, encontramo-nos diante de um impasse, quando consideramos, do ponto de vista estritamente analítico, a primeira prova/refutação de Sócrates contra a tese de Protágoras sobre a *unidade das virtudes*: a. ou admitimos que Sócrates recorre a um argumento que, ao menos em parte, é falacioso, de modo que teríamos de encontrar uma justificativa para esse tipo de procedimento "erístico" do filósofo, procedimento este que Platão atribuirá ao domínio da sofística (ou, ao menos, de certa classe de sofistas) no diálogo *Eutidemo*[38]; b. ou introduzimos qualificações extrínsecas ao texto de modo a atenuar a inferência de Sócrates no passo (P9) a (P12), evitando assim entendê-la como falaciosa, porém ao preço de admitir uma flutuação semântica no argumento considerado como um todo (o que implicaria outro problema de ordem lógica); ou c. consideramos que Sócrates (ou Platão) não está ciente de que o passo (P9) a (P12) constitui uma falácia, na medida em que não há, na filosofia platônica, uma lógica formalizada que só encontraremos posteriormente nos tratados de Aristóteles, de modo que os critérios pelos quais poderíamos julgar um argumento como falacioso ainda não estavam claramente estabelecidos no ambiente filosófico – o que impossibilitaria, por conseguinte, decidir a questão em termos estritamente lógicos[39].

---

38 Retomaremos a discussão a respeito da noção de "erístico" referida aqui na análise da quarta prova/refutação (349d-351b) no capítulo 6.

39 Contra a alternativa (c), Klosko argumenta da seguinte forma (Plato and the Morality of Fallacy, *The American Journal of Philology*, v. 108, n. 4, p. 613-614): "Em primeiro lugar, Platão não apenas emprega recorrentemente argumentos que parecem ser falaciosos em vários diálogos, mas muitas de suas falácias são óbvias e transparentes. Ademais, há uma série de casos em que Platão parece ciente de que argumentos específicos são falaciosos. Para citar o exemplo mais claro, devido ao número de alusões e indicações dispersas ao longo do *Hípias Menor*, inúmeros estudiosos defendem que Platão está ciente da natureza sofística dos argumentos empregados por Sócrates nessa obra. Em outros diálogos, como o *Protágoras*, os interlocutores de Sócrates objetam ▶

A despeito de qual via o leitor entenda a mais plausível para compreender o que sucede nesse passo do *Protágoras* (330b-331b), a deficiência desse tipo de abordagem exclusivamente analítica, como é a de Taylor, consiste justamente em desconsiderar a *forma* em que as premissas do argumento são apresentadas por Sócrates e como o assentimento de Protágoras é obtido em cada etapa, uma vez que nos encontramos em um contexto *dialógico* (ou *dialético* no sentido amplo do termo). Sem levar em conta esse elemento complementar, qualquer posição frente ao problema corre o risco de negligenciar um fato indelével: Platão escreve *diálogos* em que os argumentos de natureza filosófica são debatidos por personagens que possuem um determinado *ēthos* em um contexto dramático específico e bem delimitado, de modo que *forma* e *conteúdo* estão intrinsecamente ligados[40]. Nessa perspectiva, por assim dizer, literário-filosófica do problema, o primeiro aspecto a ser salientado é a função que o recurso ao *interlocutor fictício* desempenha na dinâmica da discussão, especialmente nessa primeira prova/refutação da posição de Protágoras. Como foi referido no subtítulo 2.2, tal artifício constitui uma das características básicas do procedimento investigativo de Sócrates nos "primeiros diálogos" platônicos, representado paradigmaticamente na sua interlocução com Hipócrates (311b-312e). À luz dessas considerações de ordem metodológica, voltemos então ao texto e observemos como Sócrates obtém de Protágoras o assentimento nas primeiras premissas do argumento (P1) a (P5):

▷ a certos argumentos seus como sendo falaciosos (*Protágoras* 331b-c; 350c-1b), ao passo que, em outros diálogos, ele expressa, reiteradamente, a suspeita de que argumentará falaciosamente (ex. *República 1* 341a-c). De modo semelhante, Platão usa uma série de argumentos em vários diálogos marcadamente semelhantes àqueles empregados no *Eutidemo*, os quais ele indubitavelmente reconhece como falaciosos." Ver também R.K. Sprague, *Plato's Use of Fallacy: A Study of the* Euthydemus *and Some Other Dialogues*, p. xi-xv.

40 R.B. Cain, *The Socratic Method: Plato's Use of Philosophical Drama*, p. 1-8; G. Casertano (ed.), *Il Protagora di Platone: Struttura e Problematiche*, p. 5-6; A.W. Nightingale, *Genres in Dialogue*, p. 1-13; M.M. McCabe, *Plato and his Predecessors: The Dramatisation of Reason*, p. 4-5; G.A. Press, The Dialogical Mode in Modern Plato Studies, em R. Hart; V. Tejera (eds.), *Plato's Dialogues: The Dialogical Approach*, p. 5.

A UNIDADE DAS VIRTUDES: AS DUAS PRIMEIRAS PROVAS/REFUTAÇÕES 123

— Adiante, então – tornei eu –, examinemos juntos o que é cada uma delas! Vamos à primeira: (**P1**) a justiça é uma coisa ou coisa nenhuma? A mim parece que seja. E a você?

— A mim também – respondeu.

— E então? Se alguém indagasse a você e a mim: "Protágoras e Sócrates, respondam-me ambos ao seguinte: aquela coisa que vocês denominaram há pouco, a justiça, ela própria é justa ou injusta?" (**P2**) Eu lhe responderia que ela é justa. Qual seria o seu voto? O mesmo que o meu, ou seria diferente?

— O mesmo – disse ele.

— (**P3**) "Portanto, a justiça é como ser justo", diria eu em resposta a quem perguntou. Você confirmaria?

— Sim – disse ele.

— Se ele, pois, indagasse-nos em seguida: "Então, vocês não afirmam que também existe certa piedade?" Nós confirmaríamos, presumo eu.

— Sim – disse ele.

— (**P4**) "Então, vocês não afirmam que também ela é alguma coisa?" Concordaríamos, ou não?

Assentiu nisso também.

— "E quanto a essa coisa, vocês afirmam que ela própria é por natureza como ser ímpio ou como ser pio?" (**P5**) Pelo menos eu me exasperaria com a pergunta – continuei – e lhe retorquiria: "Cale-se, homem! Dificilmente alguma outra coisa seria pia, se a própria piedade não fosse pia." E você? Não lhe responderia desse modo?

— Absolutamente – disse ele. (330b6-e2)

O recurso ao interlocutor fictício cumpre nessa etapa do argumento (P1) a (P5) duas funções básicas:

a. Ele cria a ilusão de que Sócrates está do mesmo lado de Protágoras na discussão, visto que a posição do filósofo sobre a *unidade das virtudes*, que é oposta à do sofista (pelo menos até onde podemos atribuir a Sócrates uma posição bem determinada frente ao problema), ainda não foi delineada e só vai se revelar à medida que o diálogo proceder. Isso fica evidente logo no início da interlocução fictícia, especialmente no uso do vocativo ("Protágoras e Sócrates, respondam-me ambos ao seguinte [...]", 330c3) e da 1ª pessoa do plural ("nós confirmaríamos", 330d3;

"concordaríamos", 330d4). O objetivo desse recurso é causar uma simpatia entre os interlocutores, uma vez que, nesse momento da discussão, Protágoras ainda não conhece claramente as motivações de Sócrates ao interrogá-lo, acreditando antes que se trata de uma ótima oportunidade para se exibir diante da audiência e dos demais sofistas presentes na cena, conforme salienta a narração de Sócrates em 317c-d. É somente após a segunda prova/refutação (332a-333b) que Protágoras perceberá que está diante de um interlocutor extremamente arguto e perspicaz, cuja inquirição começa a colocar em xeque a sua própria reputação de "o homem mais sábio no discurso" (310e6-7), passando a resistir assim à estratégia argumentativa de Sócrates (333d-e). Essa função específica do recurso ao interlocutor fictício se confirma pelo fato de Sócrates, nos dois argumentos subsequentes (332a-333b, 333b-334c), não recorrer mais a esse expediente, visto que não obteria o mesmo efeito: uma vez refutado, Protágoras não seria mais iludido por essa suposta simpatia de Sócrates[41];

b. A segunda função consiste em permitir que Sócrates não apenas formule as perguntas, mas também as responda,

41 Longo distingue quatro funções básicas do recurso à *interlocução fictícia* nos diálogos platônicos: i. função explicativa; ii. função paradigmática; iii. função de envolvimento indireto do interlocutor; e iv. função de aquisição de certas premissas. O breve diálogo com Hipócrates no início da narração de Sócrates seria um exemplo da coexistência das duas primeiras funções, e isso está diretamente associado ao tipo de interlocutor com o qual o filósofo dialoga e à finalidade da discussão entre eles, como discutimos no subtítulo 2.2. No caso dessa passagem de *Protágoras* que estamos examinando, tal recurso desempenharia a terceira função, caracterizada por Longo da seguinte maneira: "isso ocorre na maior parte das vezes quando Sócrates acontece de dialogar com representantes famosos da sofística, tais como Hípias, de Élide, Protágoras, de Abdera, e Górgias, de Leontine. Com tais interlocutores, não é sempre fácil estabelecer contato e discutir precisamente em razão de seu prestígio e de sua convicção de saber. Com eles Sócrates deve ser particularmente cauteloso para evitar qualquer incidente de percurso que possa comprometer o desenvolvimento do diálogo, em particular quando este assume um caráter refutativo. Numa situação como essa, o recurso a uma interlocução fictícia e, sobretudo, a um interrogante anônimo (*tis*), revela-se para Sócrates um meio profícuo para amenizar em muito a tensão interna do diálogo. É o que acontece nos casos de *Protágoras* 330c2-1c4, *Górgias* 455c5-d8, 514a3-9/515a4-b2, e, de um modo macroscópio, no *Hípias Maior* 286c5-293e7/298a1-304a3" (La Tecnica della domanda e le interrogazioni fittizie in Platone, p. 138). Sobre as funções i. *explicativa* e ii. *paradigmática*, ver supra p. 54n12.

requerendo de Protágoras apenas uma confirmação, não obtido, por conseguinte, uma anuência direta do interlocutor a cada uma das premissas do argumento:

(p2) [...] *Eu lhe responderia que ela é justa. Qual seria o seu voto? O mesmo que o meu, ou seria diferente?* (330c5-6)

(p3) "Portanto, a justiça é como ser justo", *diria eu em resposta a quem perguntou. Você confirmaria?* (330c7-d1)

(p4a) Se ele, pois, indagasse-nos em seguida: "Então, vocês não afirmam que também existe certa piedade?" *Nós confirmaríamos, presumo eu.* (330d2-3)

(p4b) "Então, vocês não afirmam que também ela é alguma coisa?" *Concordaríamos, ou não?* (330d3-4)

(p5) [...] "Cale-se, homem! Dificilmente alguma outra coisa seria pia, se a própria piedade não fosse pia." *E você? Não lhe responderia desse modo?* (330d7-e2)

Isso propicia a Sócrates o domínio completo da condução do argumento, visto que há pouco ensejo para Protágoras intervir ou objetar. Em certo sentido, esse tipo de procedimento consiste, em última instância, num "monólogo dialogado", uma vez que Sócrates acaba desempenhando ambas as funções *dialógicas*, a de interrogante e a de interrogado.

Todavia, na sequência do argumento (p6), quando é reafirmada a posição de Protágoras sobre a *unidade das virtudes* exposta no início da discussão (329d-330a), Sócrates se desvincula repentinamente do sofista no interior da interlocução fictícia, quebrando, assim, aquela ilusão de aliança entre eles no confronto com a personagem imaginária, como vemos na passagem em questão:

— E se, em seguida, ele nos questionasse: (p6) "Como diziam há pouco? Porventura não os escutei corretamente? Ao que me pareceu, vocês afirmaram que as partes da virtude se relacionam entre si de tal modo que uma não é como a outra." De minha parte, eu lhe responderia: "você ouviu corretamente a quase tudo, porém, ao supor que eu compactuo dessa afirmação, não entendeu muito bem. Pois essa foi a resposta de Protágoras, ao passo que eu apenas o interrogava". Se ele dissesse, então: "Ele diz a verdade, Protágoras? Você afirma que uma parte da virtude não é como a outra? É essa a sua posição?" O que você lhe responderia?

— É necessário, Sócrates – disse ele –, que eu admita isso. (330e3-331a5)

Sendo assim, se no primeiro momento a impressão era de que Sócrates e Protágoras estavam sendo interrogados em conjunto por uma terceira parte na discussão, a partir de então a situação se reconfigura e Sócrates passa para o lado do interlocutor fictício, colocando exclusivamente Protágoras na condição de interrogado: é o sofista e suas opiniões que estão sob escrutínio, e não o filósofo e suas opiniões sobre o tema em debate. Depois da reconfiguração do diálogo, Sócrates apresenta a última etapa do argumento (P7) a (P14) do seguinte modo:

— Uma vez que concordamos nesse ponto, o que lhe responderemos, Protágoras, se ele nos tornar a perguntar: "Portanto, (**P7**) a piedade não é como ser uma coisa justa, (**P8**) nem a justiça, como ser uma coisa pia, (**P9**) mas como não ser pia; e (**P10**) se a piedade é como não ser justo, (**P11**) então ela é como ser injusto, (**P12**) ao passo que a justiça é como ser ímpio; não é isso?" O que lhe responderemos? Eu próprio diria, em minha defesa, (**P13**) que tanto a justiça é pia quanto a piedade é justa; e, em sua defesa, se você me permite, eu daria a mesma resposta, (**P14**) que justiça e piedade são a mesma coisa ou coisas muitíssimo semelhantes, e, sobretudo, que a justiça é como a piedade e a piedade, como a justiça. Contudo, veja se vai me proibir de lhe responder, ou se compartilhará dessa opinião! (331a6-b8)

As premissas (P7) a (P12) constituem o passo mais complicado do argumento, como analisamos acima. Observe atentamente o procedimento de Sócrates: i. ele apresenta a inferência em um bloco único, mediante a voz do interlocutor fictício, sem o assentimento ou mesmo a confirmação de Protágoras em cada uma das premissas que constituem o argumento como um todo; ii. Ademais, a parte da inferência que concerne à justiça

([P8], [P9] e [P12]) vem misturada à parte que concerne à piedade ([P7], [P10] e [P11]), o que aumenta o grau de dificuldade de compreensão imediata do raciocínio socrático, sobretudo se considerarmos o contexto dramático em que se dá a discussão (ou seja, Protágoras não está lendo o texto como estamos nós, tendo de compreender as sutilezas lógicas do raciocínio prontamente); iii. Depois desse passo crucial, Sócrates não dá ensejo para Protágoras refletir sobre algum ponto ou objetar a algum passo da inferência, apresentando logo em seguida qual seria a sua própria resposta diante da constrição do argumento (ou seja, [P13]), e aconselhando o sofista a fazer o mesmo. Como vimos há pouco, a admissão de (P13) junto a (P3) e (P5) implicam a rejeição de (P6), que representa a posição inicial de Protágoras sobre o problema (329d-330b); em outras palavras, Sócrates aconselha o sofista ou a se contradizer ou a abandonar a sua tese; iv. Por fim, Sócrates apresenta a conclusão final do argumento em uma disjunção (P14), que consiste a. na refutação parcial das quatro teses da posição protagoriana (Q1, Q2, Q3 e Q4), se o argumento for bem-sucedido em demonstrar a *identidade* entre justiça e piedade (ὅτι ἤτοι ταὐτόν γ᾽ ἐστιν δικαιότης ὁσιότητι, 331b4-5), ou b. na refutação de (Q2), se o resultado da demonstração for apenas uma *semelhança* em larga escala entre elas (ἢ ὅτι ὁμοιότατον, καὶ μάλιστα πάντων ἥ τε δικαιοσύνη οἷον ὁσιότης καὶ ἡ ὁσιότης οἷον δικαιοσύνη, 331b5-6)[42].

---

42 Gallop parece desconsiderar a relevância dessa disjunção na conclusão do argumento socrático, supondo que Sócrates argumenta aqui não em prol da *identidade* entre justiça e piedade, mas apenas de sua *homogeneidade* (op. cit., p. 88-89). Sua leitura fundamenta-se na assunção de que as proposições correlativas (*hoion ... toiouton* e suas variações) presentes nas premissas do argumento designam exclusivamente similaridade ("of such a class", assim como considera Vlastos, op. cit., p. 248), desconsiderando um elemento central, a meu ver, nessa prova: a ambiguidade da construção em grego, que pode designar tanto identidade quanto semelhança. Se levarmos isso em conta, então compreendemos com mais clareza tanto a disjunção na conclusão do argumento, quanto o contra-argumento de Protágoras que rejeita a demonstração de Sócrates (331b8-e4). Marco Zingano entende, por sua vez, que essa indeterminação concernente à relação entre *justiça* e *piedade* no *Protágoras* pode ser vista como uma alusão deliberada de Platão ao diálogo *Eutífron*, em que se busca uma definição apropriada de *piedade* a partir da pergunta formular "O que é *X*?" própria dos diálogos de definição (*Cármides*, *Laques* e *República I*). Ali, a *piedade* é considerada como parte ▶

Dessa forma, quando levamos em consideração os aspectos *dramáticos* do texto, percebemos que há algo a mais em jogo do que simplesmente a coerência ou a validade lógica do argumento; há, concomitantemente, uma determinada estratégia argumentativa adotada por Sócrates conforme *o tipo de interlocutor* com o qual dialoga (nesse caso, o "sofista", o pretenso sábio, o antípoda do "filósofo", como Platão delineará ao longo de sua obra) e *as circunstâncias* em que se dá o debate (nesse caso, no interior da casa de Cálias, reduto dos sofistas, diante de uma audiência heterogênea composta de jovens potencialmente abertos à via da filosofia ou da sofística). Nessa perspectiva literário-filosófica do problema, gostaria de ressaltar ainda alguns pontos:

i. Sócrates, em certo sentido, não procede adequadamente no domínio próprio da investigação filosófica, na medida em que não observa as "regras" que ele próprio estipula, aqui no *Protágoras* e em outros diálogos[43], para o exercício do "diálogo": por meio do interlocutor fictício, ele acaba desempenhando ambas as funções (a de interrogante e a de interrogado), especialmente no passo (P7) a (P14) do argumento;

ii. Protágoras não responde diretamente às perguntas relativas às premissas (P1) a (P6), restringindo-se a confirmar as respostas obtidas pelo "monólogo dialógico" de Sócrates. De (P7) a (P14), por sua vez, as premissas são dadas em bloco sem o intermédio do interlocutor, cuja função seria, a princípio, anuir a cada uma das etapas do raciocínio, conforme referido acima (i);

iii. Quando observamos o procedimento de Sócrates diante de Hipócrates no mesmo registro da *brakhulogia* (311b-312e), fica evidente que os argumentos indutivos empregados pelo filósofo

---

▷ da *justiça* ("o piedoso é parte do justo", μόριον γὰρ τοῦ δικαίου τὸ ὅσιον, 12d2-3), o que explicaria, de certa forma, o desaparecimento da *piedade* no elenco das virtudes cardinais platônicas (*sabedoria, temperança, coragem* e *justiça*): justamente porque a *piedade* é parte da *justiça*, estando subsumida nela, não seria necessário elencá-la junto às demais (Virtude e Saber em Sócrates, *Estudos de Ética Antiga*, p. 48-51).

43 Ver, em especial, *Górgias* 472b-c, 505c-506a. Sobre as condições de eficácia do *elenchos* socrático, ver R. Robinson, *Plato's Earlier Dialectic*, p. 15-17; G. Vlastos, The Socratic Elenchus, *Oxford Studies in Ancient Philosophy*, v. 1, p. 39.

tinham uma finalidade didática, visto que o escrutínio do jovem desempenhava uma função *protréptica* – a saber, alertá-lo de uma ação irrefletida que poderia prejudicar a sua alma e fazê-lo refletir criticamente sobre suas próprias ações (ver subtítulo 2.2). Todavia, essa benevolência de Sócrates, associada à relação de *philia* existente para com Hipócrates, não se verifica nesse contexto em que ele confronta seu principal adversário, o "sofista": o que vemos em prática aqui é uma estratégia argumentativa que não apenas tem como fim refutar a posição do interlocutor, mas também confundi-lo, causar-lhe dificuldades de compreensão com raciocínios sutis que exigem dele destreza e experiência em tal tipo de confronto. Voltaremos a discutir o aspecto *contencioso* da discussão entre Sócrates e Protágoras, bem como as suas implicações para a interpretação geral do diálogo, nos capítulos subsequentes;

iv. Uma das características dos *argumentos indutivos* empregados habitualmente por Sócrates nos chamados "primeiros diálogos" platônicos é seu caráter didático, como salienta Aristóteles nos *Tópicos*[44]. Na breve interlocução com Hipócrates, tais argumentos são empregados mediante o recurso ao interlocutor fictício, que contribui para que o interlocutor responda objetivamente conforme o modelo apresentado[45]. Na primeira prova/refutação de Sócrates, o mesmo artifício é utilizado, inversamente, para iludir e manipular a condução do argumento, que culmina na tentativa de refutar a posição do "sofista".

A reação de Protágoras diante da primeira tentativa de refutação de Sócrates não observa, contudo, o suposto passo falacioso do argumento (P7) a (P12) como analisado acima, mas se concentra, antes, na segunda alternativa apresentada por Sócrates em sua conclusão (P14): na possibilidade de justiça e piedade serem *semelhantes ao máximo*, mas não exatamente *idênticas* entre si (331b4-6). Vejamos a passagem:

---

44 Aristóteles, *Tópicos* I 105a10-19. Ver supra p. 53n11.

45 Sobre as funções i. explicativa e ii. paradigmática desempenhadas pela *interlocução fictícia* segundo o estudo *La tecnica della domanda e le interrogazioni fittizie in Platone*, de Angela Longo, ver supra p. 54n12 e p. 124n41.

PROTÁGORAS, DE PLATÃO: ESTUDO INTRODUTÓRIO

— Mas, de fato – disse ele –, há certa semelhança entre justiça e piedade. Com efeito, de um modo ou de outro, qualquer coisa se assemelha à outra. Pois o branco se assemelha, de algum modo, ao preto, e o duro, ao macio, e o mesmo vale para as demais coisas que parecem ser contrárias entre si. E as partes do rosto, que eu antes afirmava terem capacidades diferentes e não serem uma como a outra, de um modo ou de outro são semelhantes. Por conseguinte, você poderia dessa maneira até mesmo provar, se quisesse, que todas as coisas se assemelham umas às outras. Não é justo, porém, chamar de semelhantes as coisas que possuem certa semelhança, mesmo que seja muito pequena a semelhança entre elas, tampouco de dessemelhantes aquelas que possuem certa dessemelhança.

E eu, estupefato, disse-lhe:

— Porventura, o justo e o pio, a seu ver, relacionam-se de modo tal que, entre eles, há uma pequena semelhança?

— Não é absolutamente o caso – respondeu. – Tampouco é, contudo, como me parece presumir que seja.

— Bem – disse eu –, já que você me parece incomodado com esse assunto, deixemo-lo de lado e examinemos outro ponto do que foi dito! [...] (331d1-332a4)

O contra-argumento de Protágoras se baseia na ambiguidade semântica da formulação grega *hoion ... toiouton* (e suas variações) presente nas premissas do argumento (traduzida por "como"), que, conforme explicitado há pouco, pode exprimir tanto *identidade* (no sentido em que Sócrates parece empregá-las de fato) quanto *semelhança*. Ele busca atenuar a conclusão do argumento que contradiz sua tese, entendendo que as premissas baseadas nas orações correlativas não exprimem proposições de identidade, mas estabelecem apenas relações de semelhança (que são variáveis em grau)[46]. Protágoras se mostra

---

46 Taylor distingue quatro sentidos possíveis de *hoion*: dizer que *x* é como *y* pode significar que: i. *x* e *y* são qualitativamente idênticos (i.e., possuem todas as características em comum com exceção à sua posição espaço-temporal); ii. *x* e *y* possuem a maior parte ou parte substancial de características significantes em comum; iii. *x* e *y* possuem ao menos uma característica significativa em comum; e iv. *x* e *y* possuem ao menos uma característica em comum (C.C. W. Taylor, op. cit., p. 110-111, 120). Nesse quadro, o contra-argumento de Protágoras que visa a objetar as inferências de Sócrates estaria claramente calcado no sentido mínimo de semelhança (iii) ou (iv): o fato de justiça e piedade possuírem alguma característica em comum, não é suficiente para garantir que ambas sejam semelhantes nos sentidos (i) ou (ii), como pretende provar Sócrates.

disposto a conceder a Sócrates *certa semelhança* entre a justiça e a piedade, ainda que ela não seja precisada por ele, mas não uma identidade ou uma semelhança no sentido pleno, como quer Sócrates. Em outras palavras, Protágoras estaria pronto para lhe conceder que *justiça* e *piedade* possuem alguma(s) característica(s) em comum, de modo que *certas ações* justas seriam, em certo sentido e/ou em determinadas circunstâncias, também pias e vice-versa, resguardando, porém, a possibilidade de conflito entre elas. No entanto, isso não equivale a dizer que elas sejam idênticas ou semelhantes em larga escala, tampouco que *todas as ações* justas sejam pias e vice-versa, como assevera Sócrates na premissa (P13)[47]. Ao admitir certa semelhança entre justiça e piedade, portanto, Protágoras não anui absolutamente à (P13), mantendo assim sua posição inicial intacta, expressa por aquelas quatro proposições explicitadas acima (Q1, Q2, Q3 e Q4); pois admitir *certa semelhança* entre justiça e piedade não implica que elas sejam *homogêneas* (Q2), que a relação entre elas seja de *reciprocidade* (i.e., que todos os indivíduos justos sejam pios e vice-versa) (Q3), que elas possuam uma mesma *dunamis* (Q4), muito menos que elas sejam *idênticas* (Q1)[48].

Tal objeção de Protágoras é plausível justamente pelo fato de Sócrates não ter obtido o assentimento do interlocutor em todas as premissas do argumento, mas apresentado as premissas (P7) a (P13) em bloco, como salientado acima. Isso possibilita ao interlocutor reivindicar certa distância com relação ao resultado obtido na discussão, na medida em que ele não está efetivamente comprometido com todos os passos da demonstração. Foi o que fez Protágoras ao lhe conceder (P13) apenas *parcialmente* (331d-e),

---

47 Ao se definir no diálogo *Eutífron* que "a piedade é parte da justiça" (μόριον γὰρ τοῦ δικαίου τὸ ὅσιον, 12d2-3), decorre que todas as coisas pias são justas, mas não que todas as coisas justas são pias (apenas parte delas), pois não há aqui uma relação de *reciprocidade* entre o todo (justiça) e a sua parte (piedade). Tal posição contraria a premissa (P13) desse argumento do *Protágoras*, segundo a qual a justiça é pia e a piedade, justa, de modo que todas as coisas justas são pias e vice-versa (i.e., relação de *reciprocidade*). No entanto, do ponto de vista metodológico, não faremos valer aqui o contexto argumentativo do *Eutífron* para interpretar problemas internos ao *Protágoras*.

48 D. Gallop, op. cit., p. 93.

colocando em xeque o argumento de Sócrates como um todo: seu sucesso depende, sobretudo, da anuência de Protágoras à premissa (P13), que, junto às premissas (P3) e (P5), negaria (P6) (i.e., que cada parte da virtude não é como as outras partes da virtude), refutando assim a posição inicial do sofista[49]. A contrapartida da não anuência de Protágoras à (P13) seria a necessidade de se admitir como verdadeiras aquelas consequências "escandalosas" obtidas pelas inferências de (P7) a (P11) via (P10), e de (P8) a (P12) via (P9) – ou seja, que "a piedade é como ser injusto" e que "a justiça é como ser ímpio" (331a6-b1). Todavia, como analisamos há pouco, essas inferências são, no mínimo, problemáticas do ponto de vista lógico, na medida em que confundem a noção de "contrários" com a de "contraditórios". Sendo assim, podemos concluir que a primeira prova/refutação de Sócrates (330b-331b) não é peremptória e não coloca em xeque decisivamente a posição de Protágoras sobre a *unidade das virtudes*.

Como veremos em seguida, na condução da segunda prova/ refutação (332a-333b), Sócrates terá o cuidado de garantir de Protágoras o assentimento em todos os passos do argumento, evitando, assim, a possibilidade de uma evasiva de tal tipo (331d-e), verificada em sua primeira investida contra o sofista: se, por um lado, sua estratégia argumentativa vai se tornar mais linear e menos apta a causar dificuldades a Protágoras, ela, por outro lado, vai garantir o comprometimento indelével do interlocutor com os resultados que vão decorrer necessariamente do raciocínio silogístico.

3.3. A Segunda Refutação/Prova: Sabedoria e Sensatez/Temperança (332a-333b)

Pois bem, diante da tentativa de Protágoras de evitar a dificuldade imposta pelo argumento, Sócrates não continua a pressioná-lo insistindo no mesmo ponto, mas prefere, antes, prosseguir

---

49 C.C.W. Taylor, op. cit., p. 114-115.

na análise da relação entre duas outras virtudes: a *sabedoria* (*sophia*) e a *sensatez* (*sōphrosunē*)[50]. Analisemos brevemente, portanto, a segunda prova/refutação (332a4-333b6).

Para facilitar a compreensão de alguns aspectos peculiares do segundo argumento de Sócrates, vejamos primeiramente o esquema analítico (332a4-333b6):

(P1) Insensatez (ἀφροσύνη) é uma coisa;

(P2) A sabedoria (σοφία) é o contrário da insensatez (ἀφροσύνη);

(P3) Os que agem corretamente agem sensatamente (σωφρονεῖν), e é com sensatez (σωφροσύνη) que eles agem sensatamente, ao passo que, aqueles que não agem incorretamente agem insensatamente (ἀφρόνως), e é com insensatez (ἀφροσύνη) que eles agem insensatamente;

(P4) Agir insensatamente (τὸ ἀφρόνως πράττειν) é o contrário de agir sensatamente (τῷ σωφρόνως);

(P5) Quando se age insensatamente, age-se com insensatez, ao passo que, quando se age sensatamente, age-se com sensatez;

(P6) Se algo é feito com vigor, ele é feito vigorosamente, e se algo é feito com debilidade, ele é feito debilmente, e assim por diante;

(P7) Portanto, se algo é feito de um determinado modo (ὡσαύτως), ele é feito por uma coisa de mesma qualidade (ὑπὸ τοῦ αὐτοῦ πράττεται), e, se ele é feito de modo contrário (ἐναντίως), pela coisa contrária (ὑπὸ τοῦ ἐναντίου);

(P8) Belo é uma coisa, e o vergonhoso é seu contrário, assim como o bem é uma coisa e o mal é seu contrário;

(P9) Para cada coisa, há apenas um contrário (a partir de P8);

(P10) O que é feito de modo contrário é feito por coisas contrárias (a partir de P7);

(P11) O que é feito insensatamente (ἀφρόνως) é feito de modo contrário ao que é feito sensatamente (σωφρόνως) (a partir de P4-P7);

(P12) O que é feito sensatamente (σωφρόνως) é feito pela sensatez (ὑπὸ σωφροσύνης), ao passo que, o que é feito insensatamente (ἀφρόνως), pela insensatez (ὑπὸ ἀφροσύνης) (a partir de P4-P7);

(P13) Insensatez (ἀφροσύνη) é o contrário de sensatez (σωφροσύνη);

(P14) Insensatez (ἀφροσύνη) é o contrário de sabedoria (σοφία) (P2);

---

50 Sobre a opção de traduzir por "sensatez" e não por "temperança" ou "moderação", ver infra p. 420n90.

(p15) Portanto, se para cada coisa há apenas um contrário (p9), então sensatez (σωφροσύνη) e sabedoria (σοφία) são a mesma coisa, visto que insensatez (ἀφροσύνη) é o contrário de ambas.

A conclusão do argumento implica necessariamente a refutação da posição de Protágoras, pois Sócrates pretende ter demonstrado que *sabedoria* e *sensatez* são *uma única e mesma coisa* incondicionalmente (333b3-5), ao passo que o sofista sustentava, a princípio, que as virtudes particulares são diferentes tanto entre si quanto em relação à virtude como um todo da qual são partes (329e-330b). Como acabamos de analisar, na conclusão do primeiro argumento Sócrates aventou a possibilidade de a *justiça* e a *piedade* não serem precisamente idênticas, mas *semelhantes ao máximo*, o que permitiu a Protágoras uma tentativa de evitar a negação de sua tese, apelando para um sentido fraco de semelhança que a construção grega *hoion … toiouton* (e suas variações) lhe permitia do ponto de vista semântico. No segundo argumento, contudo, Sócrates é categórico ao propor a identidade entre *sabedoria* e *sensatez* (333b4-5), deixando Protágoras numa situação constrangedora diante de sua própria audiência. Mas, antes de tratarmos da reação de Protágoras em face da contradição de sua tese, salientemos alguns aspectos formais dessa segunda prova/refutação:

i. Em primeiro lugar, vale ressaltar que, diferentemente da primeira prova/refutação, Sócrates não recorre aqui ao artifício do interlocutor fictício, cuja função comentamos acima. O procedimento de Sócrates é simples e direto, requerendo o assentimento de Protágoras em cada uma das premissas do argumento, conforme as "regras" estipuladas pelo próprio filósofo para o correto proceder dialógico (cf. 331c; 333c)[51]. O único detalhe digno de nota aqui é que as respostas de Protágoras alternam entre o discurso direto (em que a personagem fala por si própria) e o indireto (em que Sócrates apenas reporta o assentimento de seu interlocutor). Portanto, aquelas dificuldades causadas propositalmente

51 Ver supra p. 128n43.

por Sócrates, que poderiam confundir Protágoras, como analisamos acima, não aparecem no segundo argumento.

ii. Do ponto de vista da estratégia argumentativa de Sócrates, é interessante observar que uma das virtudes em discussão, a *sabedoria* (*sophia*), aparece apenas na premissa (P2), sendo repetida no final do argumento em (P14), e na conclusão expressa pela proposição (P15). Todo o restante do argumento (de [P3] a [P13], além de [P1]) versa sobre a relação entre *sensatez* (*sōphrosunē*) e *insensatez* (*aphrosunē*). Isso não é evidentemente um problema lógico, mas revela que as escolhas de Sócrates não são aleatórias. O ponto que gostaria de sublinhar fica mais claro se tivermos em mente que as premissas cruciais do argumento são as seguintes:

(P2) A sabedoria (σοφία) é o contrário da insensatez (ἀφροσύνη);
(P9) Para cada coisa, há apenas um contrário;
(P13) Insensatez (ἀφροσύνη) é o contrário de sensatez (σωφροσύνη);
(P15) Portanto, se para cada coisa há apenas um contrário, então sensatez (σωφροσύνη) e sabedoria (σοφία) são a mesma coisa, visto que insensatez (ἀφροσύνη) é o contrário de ambas.

O fato de Sócrates conseguir obter de Protágoras um pronto assentimento na premissa (P2) está diretamente relacionado à sua posição no argumento. Quando Sócrates lhe pergunta, logo no início (332a4-5), se a *sabedoria* (*sophia*) é contrária à *insensatez* (*aphrosunē*), Protágoras lhe responde sem hesitação, pois o termo grego *aphrosunē* seria *um dos termos possíveis* para designar o contrário de *sabedoria*, embora não seja ele o único. Como vemos adiante no próprio *Protágoras*, Sócrates passa a empregar alternativamente o substantivo *amathia* (traduzido aqui por "ignorância") para designar o contrário de *sabedoria* no quinto e último argumento contra a posição de Protágoras expressa em 349d (cf. 359a-360e), ao passo que o termo-chave dessa segunda prova/refutação (a saber, *aphrosunē*[52]) não comparece. Sendo

---

52 Na segunda metade do diálogo, Platão passa a empregar *akolasia* e seus derivados (341e6, 349d7, 359b4) como o termo contrário de *sōphrosunē*, assim como *amathia* (357d1, e1, e2, e4, 358c2, c4, 359d6, 360b7, c4, c6, d1, d3, d5) e *amathēs* (337a6, 342b2, 349d7, 359b4, 360e2), como o termo contrário de *sophia*.

assim, Protágoras consente prontamente, em primeiro lugar, porque *aphrosunē* é um dos termos possíveis para se referir a uma disposição contrária à da *sabedoria*, e, em segundo lugar, porque ele não sabe de antemão a que ponto pretende chegar Sócrates com a sua nova indagação. Nesse sentido, seu assentimento na premissa (P2) é, a essa altura da discussão, previsível e razoável.

Uma vez obtida tal anuência, Sócrates introduz então o terceiro termo-chave no argumento, a *sensatez* (*sōphrosunē*), passando a considerar as ações feitas *sensatamente* como contrárias àquelas ações feitas *insensatamente* ([P3] a [P5]). Ele obtém com facilidade o assentimento de Protágoras, na medida em que o termo grego *aphrosunē* (*insensatez*) é o antônimo mais próximo de *sōphrosunē* (*sensatez*) do ponto de vista morfológico, uma vez que ambos os termos são constituídos de uma raiz comum, como a transliteração em português deixa claro. Não há motivos, portanto, para qualquer hesitação da parte de Protágoras até esse momento, pois o passo decisivo do argumento é a *indução* proposta adiante por Sócrates ([P8] a [P9]), quando estipula que para cada coisa há apenas um único contrário (332c8-9). Protágoras, por sua vez, anui a ela mais uma vez sem hesitar, mostrando-se incapaz de perceber as consequências necessárias decorrentes disso. E é justamente nesse passo do argumento que Protágoras acaba por validar a conclusão pretendida por Sócrates desde o início, explicitada por ele em seguida ([P10] a [P15]): ou seja, que *sabedoria* (*sophia*) e *sensatez* (*sōphrosunē*) são uma única e mesma coisa. Evidentemente, a conclusão expressa pela proposição (P15) implica, por necessidade lógica, a negação da posição de Protágoras sobre a *unidade das virtudes* (329e-330b).

Todavia, meu questionamento é o seguinte: Sócrates teria conseguido o assentimento de Protágoras em todas as premissas se invertêssemos (P2) e (P13) na ordem da discussão? Vejamos a reconstrução do argumento, atendo-nos às suas premissas principais:

(p13) Insensatez (ἀφροσύνη) é o contrário de sensatez (σωφροσύνη);

(p9) Para cada coisa há apenas um contrário;

(p2) A sabedoria (σοφία) é o contrário da insensatez (ἀφροσύνη);

(p15) Portanto, se para cada coisa há apenas um contrário, então sensatez (σωφροσύνη) e sabedoria (σοφία) são a mesma coisa, visto que insensatez (ἀφροσύνη) é o contrário de ambas.

Em tal situação hipotética, seria razoável que Protágoras anuísse à premissa (p2), depois de Sócrates ter-lhe apresentado a premissa crucial do argumento (i.e. [p9])? Por que motivo ele concederia a Sócrates que a *sabedoria* é também o contrário da *insensatez* (i.e. [p2]) se todo o argumento tratava até então de *sensatez* e *insensatez* como pares opostos, e se a indução expressa por (p9) contradizia claramente a sua tese sobre a *unidade das virtudes*? É plausível que Sócrates talvez não obtivesse sucesso dessa maneira, e Protágoras talvez percebesse prontamente as consequências que decorreriam caso assentisse em (p2), segundo o rearranjo do argumento sugerido acima. Em suma, a ordem em que são apresentadas as premissas desempenham um importante papel na dinâmica *dialógica*, e Sócrates, enquanto condutor da discussão e responsável por formular as perguntas, sabe muito bem como envolver seu interlocutor. Protágoras, por sua vez, embora seja apresentado como onipotente no âmbito do *logos*, revela paulatinamente pouca experiência no domínio da *brakhulogia*, à medida que é submetido ao escrutínio socrático.

iii. O terceiro ponto que gostaria de comentar brevemente concerne a uma questão interna do argumento socrático, e não a aspectos dramáticos envolvidos na sua condução. Como foi ressaltado acima, as premissas principais da segunda prova/refutação são (p2), (p9), (p13) e (p15). No entanto, nas premissas intermediárias (i.e. [p3] a [p7], e [p10] a [p12]), Sócrates faz algumas considerações sobre o âmbito prático, estabelecendo uma oposição entre ações sensatas e ações insensatas, segundo o par de contrários *sensatez* (*sōphrosunē*) e *insensatez* (*aphrosunē*). Nas premissas (p3) a (p6) (332a6-c1), Sócrates emprega a. *advérbios*, b. *formas no dativo* e c. *locuções adverbiais* para descrever o modo

138 PROTÁGORAS, DE PLATÃO: ESTUDO INTRODUTÓRIO

como as ações são realizadas pelos agentes: a. aqueles que não agem corretamente agem *insensatamente* (ἀφρόνως, 332b1-2)[53]; b. quando se age insensatamente, se age *com insensatez*, ao passo que, quando se age sensatamente, age-se *com sensatez* (ἀφροσύνῃ ... σωφροσύνῃ, 332b4-6); e c. se algo é feito *com rapidez*, ele é feito rapidamente, e se algo é feito *com lentidão*, ele é feito lentamente (μετὰ τάχους ... μετὰ βραδυτῆτος, 332b8-c1). No entanto, a conclusão dessa *indução* (P7) é formulada de maneira diferente em comparação às premissas: se algo é feito de um determinado modo (ὡσαύτως), ele é feito *por uma coisa de mesma qualidade* (ὑπὸ τοῦ αὐτοῦ πράττεται), e se ele é feito de modo contrário (ἐναντίως), *pela coisa contrária* (ὑπὸ τοῦ ἐναντίου) (332c1-2). A construção empregada aqui é mediante o *agente da passiva* (*hupo* + genitivo), que possui *uma força causal e explanatória*, diferentemente das construções das premissas anteriores (a, b e c), que simplesmente descrevem *o modo como* as ações são praticadas pelos agentes. Dessa forma, quando Sócrates recapitula o que havia sido anuído até então ([P10] a [P12]), depois de obter o assentimento de Protágoras na premissa capital do argumento (i.e. [P9]), ele passa a tratar as ações sensatas e as insensatas como oriundas de uma determinada *disposição moral* expressa pelos substantivos relativos à virtude da *sensatez* (*sōphrosunē*) e ao vício da *insensatez* (*aphrosunē*). Há uma mudança de enfoque da *ação* ([P3] a [P6]) para a *condição interna do agente* ([P7], e [P10] a [P12]), que são condições bem distintas: a. uma coisa é *descrever* a qualidade de uma determinada ação, que não se explica necessariamente pelo fato de o indivíduo possuir aquela virtude correspondente (entendendo aqui virtude como uma determinada *disposição de caráter* do agente[54]), pois é possível que certo

53 Sobre a confusão entre a noção de "contrários" e a de "contraditórios" nessa inferência (segundo o modelo analítico apresentado acima, de [P3] para [P4]), ver G. Klosko, Towards a Consistent Interpretation of the *Protagoras*, *AGPh*, v. 61, p. 134.

54 Durante a exegese do canto de Simônides, Sócrates se refere claramente à noção de certa *disposição de caráter* adquirida pelos homens, expressa pelo termo *hexis* (343c1). A suposta polêmica entre Simônides e Pítaco, segundo a reconstrução de Sócrates, é se é mais fácil tornar-se um homem bom (no sentido de adquirir a virtude), ou ser um homem bom (no sentido de conservar a virtude, uma vez a tendo adquirida). E toda essa ▶

A UNIDADE DAS VIRTUDES: AS DUAS PRIMEIRAS PROVAS/REFUTAÇÕES   139

indivíduo aja *em determinadas circunstâncias particulares* com sensatez (ou sensatamente), sem possuir uma *disposição moral* de mesma natureza (fenômeno este que poderia ser explicado pelo hábito incutido pela educação de se agir assim, ou pela constrição imposta pelas leis); e b. outra coisa é explicar a qualidade das ações de um agente como decorrentes de uma determinada *disposição de caráter* adquirida[55]. Se essa distinção é pertinente do ponto de vista filosófico, então haveria um problema de coerência interna no argumento, uma vez que a indução expressa pela premissa (P7) não decorreria das premissas (P3) a (P6). Todavia, é preciso ponderar que talvez estejamos projetando algumas preocupações no campo da teoria moral platônica que ainda não vêm ao caso no *Protágoras*, mas que certamente são relevantes para a discussão empreendida na *República*, por exemplo[56]. De qualquer modo, como o nosso enfoque é a construção literário-filosófica da figura do "sofista" no diálogo, esse ponto controverso do argumento socrático passa absolutamente despercebido à personagem.

iv. Outro ponto importante de ser observado aqui é a semântica do termo grego *sōphrosunē*, que é usado por Platão, aqui e em

---

▷ discussão, a despeito das idiossincrasias da interpretação socrática, parte do princípio de que a virtude é uma determinada *disposição de caráter* adquirida pelos indivíduos mediante esforço e dedicação, e não algo inato ou fruto do acaso.

55 C.C.W. Taylor, op. cit., p. 126-127: "Em vista de ênfase colocada nos poderes das virtudes, e em vista da inegável relação causal entre sabedoria e ação corajosa (360a-c), é provável que Platão entende sua conclusão, ao menos enquanto aplicada à sensatez e insensatez, no sentido de que é a presença desses estados internos que justificam a prática de ações correspondentes, e não simplesmente que as ações podem ser descritas como ações desempenhando aquelas características, em que a descrição é meramente classificatória, sem qualquer força explanatória. [...] É provável que Platão não esteja ciente dessa ambiguidade em seus exemplos, o que pode refletir uma falha de compreensão com suficiente clareza da distinção entre as aplicações de predicados, tais como 'sensato' ou 'justo' a pessoas e sua aplicação a ações. Na medida em que 'sensato' e 'justo' designam atributos de ações, então agir sensata ou justamente é agir com bom senso ou justiça; na medida em que designam atributos de pessoas, i.e., a posse por essas pessoas de estados de caráter que justificam suas ações, então agir sensata ou justamente não é necessariamente agir *a partir do* bom senso ou justiça, mas a conexão entre ação e estado interno precisa ser estabelecida. Em *República*, IV 444c, Platão se mostra mais claramente ciente da distinção entre a aplicação desses termos a pessoas e sua aplicação a ações." Sobre essa questão central da ética antiga, ver Aristóteles, *Ética Nicomaqueia* V.9 1.137a21-26; VI.12 1.144a13-17.

56 Ver Platão, *República* IV 443c-5e; VII 518d-9a.

outros diálogos, para designar tanto a moderação e o equilíbrio no comportamento e no juízo (sentido mais arcaico) quanto a virtude particular relativa ao controle sobre os próprios apetites e prazeres. Sócrates parece empregar aqui, na segunda prova/ refutação (332a-333b), o termo *sōphrosunē* no sentido atestado desde Homero ("sensatez", "prudência", "bom senso", "mente sã"; cf., p. ex., Homero, *Ilíada* 21, 462; *Odisseia* 4, 158)[57], e não no sentido mais específico que ele adquire na filosofia moral de Platão para designar a moderação relativa aos apetites e prazeres, em especial os referentes a comida, bebida e sexo, traduzido comumente por "temperança" (cf. Platão, *Górgias* 491d-e; *República* IV 430e, 442c-d)[58]. Isso fica mais evidente no início da terceira prova/refutação, quando Sócrates identifica *sōphronein* (ser sensato) com *eu phronein* (ter bom senso; pensar de maneira correta) (cf. 333d5)[59]. Ademais, como comentado previamente, os termos *dikaiosunē* (justiça) e *sōphrosunē* (sensatez) são introduzidos na discussão, quando Protágoras passa a comentar a sua versão do mito de Prometeu e Epimeteu (323a-b): eles consistem, em certo sentido, em uma atualização dos termos arcaicos *dikē* (justiça) e *aidōs* (pudor), que aparecem no poema *Os Trabalhos e os Dias*,

---

57 L. Goldberg, *A Commentary on Plato's* Protagoras, p. 109. Contra J. Beversluis, *Cross-Examining Socrates: a Defense of the Interlocutors in Plato's Early Dialogues*, p. 269-270. Ver também P. Chantraine, *Dictionnaire étymologique de la langue grecque*, p. 1084.

58 Nos contextos em que Platão discute *sōphrosunē* no sentido de moderação relativa aos apetites e prazeres de comida, bebida e sexo, o vício contrário a ela é geralmente designado pelo termo *akolasia* (intemperança), e não por *aphrosunē* como aqui nesse trecho do *Protágoras* (cf., p. ex., *Górgias* 492a5, c4, 493b2, d2, d7, 494a2, a5, 504e2, 505b2, b12, 507a7, 508a3; *República* IV 431b2, 444b7, X 609c1; *Fédon* 69a1).

59 Nas elegias de Teógnis (séc. VI a.C.), por exemplo, encontramos os adjetivos *aphrōn* (insensato; tolo) e *sōphrōn* (sensato; prudente) empregados como antônimos em seu sentido arcaico, como vemos nos seguintes versos:

Gerar e criar um mortal é mais fácil do que lhe incutir
propósitos nobres. Ninguém jamais inventou um meio para
tornar sensato [*sōphrona*] um tolo [*aphrona*] e melhorar um vil.
Se Deus tivesse concedido aos Asclepíades o dom
de curar a perversidade e os propósitos funestos dos homens,
eles seriam muito bem remunerados.
Se fosse possível criar e incutir no homem bom senso,
jamais um pai bom geraria um filho mau,
uma vez persuadido por conselhos prudentes. Instrução,
todavia, jamais tornará bom um homem perverso. (429-438)

de Hesíodo, em conformidade com o debate sobre questões éticas e políticas do ambiente intelectual da época (fim do séc. v e início do séc. iv a.C.). Em Homero, *aidōs* compreende tanto o senso de vergonha e de honra individuais quanto o sentimento de reverência respeitosa associado ao reconhecimento da magnanimidade de uma pessoa ou de um ato, de onde provém o sentido de "reverência", "respeito" e "senso de honra"[60]. Portanto, ao empregar o termo *sōphrosunē* como correspondente de *aidōs*, é mais plausível considerarmos que ele esteja sendo usado antes no sentido mais amplo de "bom senso" do que no mais estrito de "moderação nos prazeres e apetites". Outra forte evidência disso é que, na segunda metade do diálogo (338e-362a), quando a discussão sobre a *unidade das virtudes* é retomada, Platão passa a usar marcadamente *akolasia* (traduzida por "intemperança") e seus correlatos para designar a condição contrária à da *sōphrosunē* (cf. 341e6, 349d7, 359b4), ao passo que *amathia* (traduzido por "ignorância") e seus correlatos (cf. 337a6; 342b2; 349d7; 357d1, e1, e2, e4; 358c2, c4; 359b4, d6; 360b7, c4, c6, d1, d3, d5, e2) para designar a condição contrária à da *sophia*. Nesse caso, Platão parece empregar o termo *sōphrosunē* no sentido mais estrito de "temperança", como optei em minha tradução nesse passo do diálogo. No entanto, como acabamos de ver, a segunda prova/refutação se baseia fundamentalmente no fato de *sōphrosunē* e *sophia* terem um único e mesmo contrário, *aphrosunē* (traduzido aqui por "insensatez"), o que provaria a identidade entre elas, uma vez admitido que, para cada coisa, há apenas um contrário (P9). Em suma, todas as evidências elencadas acima sugerem que, nesse segundo argumento (332a-333b), tanto Sócrates quanto Protágoras compreendem *sōphrosunē* no sentido predominantemente "intelectual", por assim dizer, do termo (i.e., no sentido de "bom senso", "sensatez"), o que o aproxima intrinsecamente da noção de *sophia* (sabedoria). Esse aspecto semântico do argumento ajuda a compreender por que Protágoras anui às

---

60 Renault, *Platon: La médiation des émotions*, p. 36.

premissas sem hesitação, e como Sócrates sabe explorá-lo no contexto dialético.

Mas qual a relevância dessa ponderação sobre a semântica do termo *sōphrosunē*? Uma das contestações possíveis da validade lógica do argumento socrático, ainda que não seja explorada abertamente no *Protágoras*, é considerá-lo como baseado em um caso de "homonímia", segundo a definição aristotélica nos *Tópicos*[61]: ou seja, quando sucede de uma mesma palavra, no caso *aphrosunē*, ser usada em sentidos diferentes no interior de um mesmo raciocínio silogístico por quem formula as perguntas, sem que o interrogado perceba tal desvio semântico[62]. Esse procedimento configuraria assim um *paralogismo*, invalidando, por conseguinte, o argumento como um todo. A situação hipotética que tenho em mente aqui é aproximadamente a seguinte, tal como ilustrada por Aristóteles neste trecho dos *Tópicos*:

[Examinar de quantos modos se diz uma coisa] é útil, tanto para não sermos vítimas de paralogismos quanto para propormos nós mesmos paralogismos, pois, cientes de quantos modos se diz uma coisa, não seremos presas de paralogismos, mas saberemos reconhecer quando o argumento formulado pelo interrogante não tiver como referência a mesma coisa. Por outro lado, nós mesmos, na condição de interrogantes, poderemos propor paralogismos, caso o interrogado desconheça de quantos modos se diz uma coisa. Isso, contudo, não é possível em todos os casos, mas somente naqueles em que uma parte das coisas que se dizem de vários modos é verdadeira, e a outra parte, falsa. Todavia, esse procedimento não é apropriado à dialética, motivo pelo qual os dialéticos devem ter o cuidado de não estabelecer uma discussão meramente verbal, a menos que alguém não seja capaz de discutir sobre o assunto proposto de outro modo. (1.18 108a26-37)

A partir dessa caracterização aristotélica, Sócrates estaria na condição de quem propõe um paralogismo *deliberadamente* com o intuito de verificar a destreza de Protágoras nesse tipo de embate verbal, ainda que tal procedimento não seja

---

61 Aristóteles, *Tópicos* I 106a9-22.
62 G. Klosko, op. cit., p. 135.

recomendável no âmbito dialético. Protágoras, por sua vez, estaria na condição daquele que desconhece "de quantos modos se diz uma coisa" (τὸ ποσαχῶς λέγεται, 1.18 108a19), motivo pelo qual não foi capaz de apontar a Sócrates a suposta variação semântica do termo *aphrosunē* nas premissas do argumento (i.e., ora como contrário de *sophia*, ora como contrário de *sōphrosunē*), evitando assim a contradição de sua tese. Evidentemente, essa suposta atitude dolosa de Sócrates no âmbito da *brakhulogia* contradiria a sua justificativa expressa por vezes no diálogo para seu procedimento investigativo – a saber, que ele dialoga com Protágoras a fim de esclarecer os assuntos relativos à virtude, e não para refutá-lo simplesmente (cf. 348c; 353a-b; 360e-1a), como analisamos no subtítulo 3.2 e voltaremos a examinar no capítulo 6. Por conseguinte, isso colocaria em xeque a condição de Sócrates como "filósofo", na medida em que a sua figura, ao menos nesse contexto particular ilustrado no *Protágoras*, se aproximaria perigosamente de uma classe específica de "sofistas", os chamados "erísticos" (conforme a caracterização platônica no diálogo *Eutidemo*), se levássemos em conta aqui o delineamento das fronteiras entre "filosofia" e "sofística" construídas pelo próprio Platão em seus diálogos.

No entanto, nessa situação hipotética, Sócrates poderia, mesmo assumindo uma atitude "erística", justificá-la mediante um argumento referido de maneira curiosa por Aristóteles na passagem citada acima (1.18 108b34-37): ainda que não seja apropriado ao dialético uma discussão meramente verbal, esse tipo de procedimento seria *circunstancialmente* admissível, caso o seu interlocutor não estiver apto a discutir de outra maneira (ou seja, se não estiver apto a discutir *dialeticamente*)[63]. Na medida

---

63 R. Smith, *Aristotle. Topics. Books I and VIII*, p. 101: "A menção à produção de falácias, bem como à resistência a elas pode ser entendida como apoio a uma visão mais combativa da argumentação dialética em que não há barreiras. No entanto, Aristóteles já havia definido deduções dialéticas como argumentos válidos, e aqui ele acrescenta imediatamente a observação de que produzir falácias não é apropriado à dialética. Ainda assim, é curioso ele sugerir que pode ser aceitável o recurso a esse tipo de argumento sofístico quando todo o resto falha. Talvez ele queira dizer: 'se você estiver envolvido com sofistas, você pode ser forçado a recorrer a argumentos sofísticos." Sigo aqui a ▶

em que Protágoras se apresenta como "sofista", e supondo que Sócrates tenha presumido por essa razão que ele está diante de um interlocutor experiente nesse tipo de embate verbal próprio do ambiente "erístico", então ele estaria se adaptando a um tipo peculiar de interlocutor para que o próprio diálogo pudesse subsistir; caso contrário, não haveria diálogo. Nesse sentido, a deficiência seria da formação intelectual de Protágoras, e não de Sócrates. Como veremos no próximo capítulo, esse tema será central na discussão *metadialógica* empreendida pelas personagens durante a "crise" do diálogo (334c-338e).

Pois bem, voltemos ao esquema analítico do argumento e suponhamos que Sócrates esteja empregando o termo *sōphrosunē* no sentido estrito de "moderação relativa aos prazeres e apetites" (o que traduziríamos por "temperança"). Dessa forma, o suposto problema lógico referido acima fica mais claro:

(p2) A *sabedoria* (*sophia*) é o contrário da *aphrosunē*;

(p9) Para cada coisa, há apenas um contrário;

(p13) *aphrosunē* é o contrário de *temperança* (*sōphrosunē*);

(p15) Portanto, se, para cada coisa, há apenas um contrário, então *temperança* (*sōphrosunē*) e *sabedoria* (*sophia*) são a mesma coisa, visto que *aphrosunē* é o contrário de ambas.

Se Protágoras fosse representado por Platão como um interlocutor hábil no registro da *brakhulogia*, como a personagem de fato apregoa (335a), então ele poderia objetar a Sócrates distinguindo dois sentidos do termo *aphrosunē* subjacentes nas premissas do argumento: como contrário de *sabedoria* (*sophia*), *aphrosunē* significaria "ignorância", ao passo que, como contrário de *temperança* (*sōphrosunē*), *aphrosunē* significaria "intemperança"; em outras palavras, o mesmo *significante* (i.e., *aphrosunē*) possui *significados* diferentes, designando duas coisas distintas (i.e., "ignorância", como contrário de *sophia*, e "intemperança",

▷ leitura de Smith e considero que o pronome indefinido *tis* da passagem citada acima (traduzido por "alguém", cf. 108a36) se refere ao interlocutor de um dialético que não seja versado na dialética, mas experiente nesse tipo de discussão meramente verbal, como vemos representado paradigmaticamente no diálogo *Eutidemo*, de Platão.

A UNIDADE DAS VIRTUDES: AS DUAS PRIMEIRAS PROVAS/REFUTAÇÕES   145

como contrário de *sōphrosunē*)[64]. Isso reduziria a segunda prova/ refutação de Sócrates a um mero jogo verbal, semelhante aos *paralogismos* que encontramos no diálogo *Eutidemo*[65]. A invalidação do argumento, portanto, se daria da seguinte forma:

(P2) A *sabedoria* (*sophia*) é o contrário da *aphrosunē* (no sentido de "ignorância");

(P9) Para cada coisa, há apenas um contrário;

(P13) *aphrosunē* (no sentido de "intemperança") é o contrário de *temperança* (*sōphrosunē*);

(P15) Portanto, como *temperança* e *sabedoria* possuem contrários diferentes, embora expressos pelo mesmo termo *aphrosunē*, que possui significados distintos, então *temperança* (*sōphrosunē*) e *sabedoria* (*sophia*) não são a mesma coisa.

Se Protágoras apresentasse uma objeção desse tipo a Sócrates, como o filósofo poderia contra-argumentar? Encontramos uma possível resposta no próprio texto platônico. Na conclusão do argumento (333a1-b6), ao enfatizar que *aphrosunē* é "uma única coisa" (τῇ ἀφροσύνῃ ἑνὶ ὄντι, 333b2), Sócrates estaria se precavendo assim de uma possível objeção de seu interlocutor que

---

64 Esse mesmo ponto é explorado por R.B. Cain (*The Socratic Method: Plato's Use of Philosophical Drama*, p. 74-76), mas de uma maneira simplista, pois ela desconsidera o problema semântico envolvido no termo-chave *sōphrosunē*, como discutido há pouco, assumindo-o no sentido de "temperança" desde o princípio. Essa simplificação deixaria mais óbvio, de fato, o problema da *homonímia*, tal como descrito aqui.

65 Um exemplo de argumento baseado em "homonímia", no *Eutidemo*, ocorre em 277d-278e, em que o verbo *manthanein* é empregado pelo sofista ora no sentido de "aprender", ora no sentido de "compreender", passando totalmente despercebido à personagem Clínias na condição de interrogado. A passagem abaixo deixa claro como a noção de "homonímia" era clara para Platão:

SOC. Em primeiro lugar, como diz Pródico, é preciso aprender o uso correto das palavras. O que os dois estrangeiros [Eutidemo e Dionisodoro] estão lhe mostrando é que você não sabia que os homens, num primeiro momento, designam "aprender" [*manthanein*] quando alguém, não tendo a princípio conhecimento algum a respeito de certa coisa, adquire logo em seguida o conhecimento relativo a ela; e que, num segundo momento, designam também com essa mesma palavra quando alguém, já tendo o conhecimento, examina, por meio desse conhecimento, essa mesma coisa na ação ou no discurso. Nesse segundo caso, designam antes "compreender" [*sunienai*] do que "aprender" [*manthanein*], embora "aprender" [*manthanein*] também seja usado. Você, no entanto, como eles estão lhe explicando, não percebeu que o mesmo termo se aplica a homens em condições contrárias, ou seja, tanto a quem conhece quanto a quem não conhece. Foi mais ou menos isso a que se referia a segunda pergunta, quando eles lhe indagaram se os homens aprendem as coisas que conhecem ou desconhecem. (277e3-278b2)

apelasse para uma distinção semântica no emprego do termo *aphrosunē*, tal como explicitado acima. Essa proposição garante a Sócrates que esse termo-chave está sendo empregado nas premissas do argumento como um conceito semanticamente bem determinado: nesse sentido, *aphrosunē* designaria *uma única disposição*, que abarcaria as condições contrárias àquelas expressas pelos termos *sophia* e *sōphrosunē*, como se ambos designassem aspectos distintos de uma única coisa. Outro índice textual de que Sócrates emprega o termo *aphrosunē* em um único sentido em todas as premissas do argumento aparece nos exemplos utilizados por ele no argumento indutivo que culmina na premissa (P9). Vejamos a passagem:

> — Adiante, então! – disse eu. – Belo é alguma coisa?
> Concordou.
> — E há alguma outra coisa contrária a ele senão o vergonhoso?
> — Não há.
> — E então? Bom é alguma coisa?
> — É.
> — E há alguma outra coisa contrária a ele senão o mal?
> — Não há.
> — E então? Há o agudo na voz?
> Disse que sim.
> — E há alguma outra coisa contrária a ele senão o grave?
> Disse que não.
> — Assim – disse eu –, para cada um dos contrários há apenas um contrário, e não muitos, não é?
> Ele concordou. (332c3-9)

Ao precisar que a referência do adjetivo *oxu* (traduzido aqui por "agudo") é a voz, cujo contrário seria o adjetivo *baru* (traduzido aqui por "grave"), e não o ângulo, cujo contrário seria o adjetivo *amblu* (obtuso)[66], parece sugerido por extensão que, assim como no caso do "agudo", o termo-chave *aphrosunē* está sendo empregado em único sentido em todas as premissas do argumento. Essa atenção à precisão semântica dos termos consistiria

---

66 Aristóteles, *Tópicos* I.15 106a12-14.

justamente numa atitude antecipada de Sócrates para evitar uma segunda evasiva de Protágoras que buscasse invalidar o raciocínio silogístico reduzindo-o a um mero jogo verbal, como explicitado acima[67]. E esse tipo de cuidado se explicaria justamente pela expectativa de Sócrates encontrar certa resistência da parte de Protágoras uma vez levado a se contradizer, sendo ele "o homem mais sábio no discurso" (310e6-7) tanto no registro da *makrologia* quanto no da *brakhulogia* (329b, 335b-c), como reza a sua fama, e "experiente em inúmeras contendas verbais" (335a4-5), como a própria personagem vai apregoar adiante. É presumível que a expectativa de Sócrates, ao interpelar um interlocutor da grandeza de Protágoras, seja enfrentar dificuldades em levar a cabo seu escrutínio, pois, na perspectiva do sofista, o que está em jogo ali não é a busca comum pelo esclarecimento sobre a natureza da virtude, mas, sobretudo, a sua reputação junto ao público, sobre a qual repousa seu poder. Dessa forma, seria plausível esperar de Protágoras certa reação diante da contradição de sua tese pretendida pelo argumento socrático, assim como ele buscou evitar a dificuldade imposta a ela no primeiro argumento, ao conceder a Sócrates certa *semelhança* entre justiça e piedade, mas não a *identidade* entre elas, como analisamos no subtítulo 3.2.

3.4. Considerações Finais

Pois bem, tendo em vista todas essas considerações de ordem analítica e dramática, em que medida esse tipo de análise contribui para o tema específico deste estudo, ou seja, a construção da figura do "sofista" e do "filósofo" no *Protágoras*? A chave de minha

---

67 George Klosko considera que Platão não apresenta evidências textuais de que Sócrates não esteja empregando o termo *aphrosunē* em sentidos diferentes nas premissas do argumento (op. cit., p. 135). No entanto, o estudioso não leva em consideração essa precisão semântica do adjetivo *oxu* (traduzido aqui por "agudo"), que pode ser visto como indício de que a personagem esteja deixando claro ao seu interlocutor que esse tipo de jogo verbal está fora de questão aqui. De qualquer modo, trata-se de um ponto controverso do argumento socrático.

148 PROTÁGORAS, DE PLATÃO: ESTUDO INTRODUTÓRIO

interpretação, como já salientado, encontra-se na ideia do "teste" do interlocutor empreendido por Sócrates[68], sugerida pela analogia entre o "sofista" e o "comerciante" no início do diálogo (313c-314c). Protágoras é apresentado por Platão como "o homem mais sábio no discurso" (310e6-7), ao menos no nível de sua *reputação* (*doxa*). A partir da caracterização da investigação socrática na *Apologia* referida no subtítulo 1.2, podemos inferir que, se o sofista possui de fato tal qualidade, então ele deve ser competente tanto no âmbito do *discurso longo e contínuo*, como já evidenciado pela sua *epideixis* (320c-328d), quanto no registro *dialógico* (329b), uma vez sob o escrutínio socrático. Nesse sentido, o que vemos representado por Platão, no exame das duas provas/refutações (330b-1e; 332a-333b), consiste precisamente no "teste" da suposta competência de Protágoras no âmbito da *brakhulogia* (discurso breve), no âmbito próprio da investigação filosófica exercida por Sócrates. No primeiro argumento relativo à *justiça* e *piedade* (330b-331e), Protágoras busca evitar a dificuldade imposta pelo argumento socrático, calcando sua objeção na ambiguidade semântica da construção correlativa *hoion ... toiouton* (traduzida ali por "como"), como analisamos no subtítulo 3.2: enquanto Sócrates entende a proposição "a justiça é *como* a piedade", no sentido de serem idênticas entre si *ou* muitíssimo semelhantes (331b), Protágoras concede a Sócrates apenas uma *semelhança* mínima entre elas, visto que tal construção em grego pode expressar também uma relação de *semelhança* em diferentes graus[69]. Ao conceder, portanto, certa semelhança entre justiça e piedade ainda que não precisada, Protágoras não compromete a sua posição inicial sobre a unidade das virtudes segundo o modelo analógico das partes do rosto (329d-330b), embora isso já implique uma certa adequação.

No segundo argumento relativo à *sabedoria* e *sensatez* (332a-333b), contudo, a situação de Protágoras é bem mais complicada, pois a sua conclusão é categórica ("não seriam *uma única coisa* a sensatez e a sabedoria?", 333b4-5), implicando a refutação de

---

68 Ver supra p. 48n4.
69 Ver supra p. 130n46.

sua posição inicial (ao menos no que tange à relação entre *sophia* e *sōphrosunē*). Vejamos como Sócrates conclui o argumento:

— Qual proposição devemos eliminar então, Protágoras? Que há apenas um contrário para cada coisa, ou aquela segunda a qual se dizia que sabedoria é diferente de sensatez, e que cada uma delas é parte da virtude, e que, além de diferentes, são dessemelhantes, seja em si mesmas, seja em suas capacidades, assim como as partes do rosto o são? Qual delas devemos eliminar, então? Pois ambas as proposições, quando pronunciadas, não soam muito bem, uma vez que não estão afinadas nem em harmonia. Como estariam afinadas, se é necessário que haja apenas um contrário para cada coisa, e não vários, e se sabedoria e sensatez, por sua vez, são manifestamente contrárias à insensatez, que é uma única coisa? É isso, Protágoras – perguntei –, ou algo diferente disso?

Ele consentiu muito a contragosto.

— Então, não seriam uma única coisa a sensatez e a sabedoria? Há pouco nos ficou manifesto que a justiça e a piedade são quase a mesma coisa. (333a1-b6)

Quando analisamos o argumento levando em consideração os aspectos dramáticos do texto, o que está em jogo aqui não é apenas a qualidade do raciocínio socrático, mas também o desempenho dos interlocutores, segundo as circunstâncias particulares em que o diálogo se dá. Como podemos observar no trecho acima, Sócrates dá ensejo a Protágoras para que ele proponha uma objeção ao sugerir a possibilidade de se reconsiderar a premissa crucial do argumento – a saber, que, para cada coisa, há apenas um contrário (332c8-9). Se, numa situação hipotética, Protágoras conseguisse contra-argumentar de modo coerente e suficiente que, *em certos casos*, uma única coisa possui mais de um contrário, como alguns estudiosos sugerem[70], isso invalidaria o argumento

---

70 J. Beversluis, op. cit., p. 267: "Quando nos liberamos de dicotomias fortes tais como gordo/magro, alto/baixo, feliz/triste, frio/quente, úmido/seco [p. ex.: moroso, vexatório, delusório, tépido], somos surpreendidos pelo fato de a linguagem natural estar repleta de termos que não possuem um termo oposto exato – em qualquer sentido ordinário de 'oposto' –, muito menos um e apenas um." É interessante observar que Simplício, em seu comentário ao *De Caelo* de Aristóteles (vii.55.25-31), afirma que Xenarco, escolarca do Perípato no fim do séc. I a.C., oferecia como contraexemplo para o princípio de que, para cada coisa, há apenas um contrário o fato de cada virtude ter dois contrários – a saber, um vício ▶

de Sócrates e salvaria, ao menos momentaneamente, a sua tese sobre a *unidade das virtudes*, pois o mesmo poderia valer também para o caso de *aphrosunē*: *sophia* e *sōphrosunē*, embora tenham o mesmo contrário, são duas coisas distintas. O que restaria definir, por conseguinte, seria em que sentido elas são coisas diferentes, e daí o diálogo seguiria outro caminho. Todavia, mesmo diante da sugestão oferecida por Sócrates de uma possível reconsideração da premissa crucial do argumento, Protágoras se silencia e aceita, ainda que a contragosto, um argumento que coloca em xeque não apenas a sua concepção sobre a natureza da virtude, como também a sua própria reputação de "o homem mais sábio no discurso" (310e6-7), uma vez que a discussão com Sócrates se dá perante uma audiência (e uma audiência formada pelos seus próprios discípulos e aspirantes a tal, pelos discípulos dos outros sofistas, e pelos próprios sofistas)[71].

Nessa perspectiva de leitura, Platão estaria desqualificando Protágoras, mediante a representação de sua personagem, mesmo na condição de partícipe de um diálogo de orientação "erística", visto não ser capaz de objetar à premissa crucial do argumento, muito menos de apresentar um contra-argumento que acusasse Sócrates de empregar o termo *aphrosunē homonimamente* na formulação do raciocínio (i.e., ora como contrário de *sophia*, ora como contrário *sōphrosunē*; portanto, em sentidos diferentes), conforme a reconstrução hipotética sugerida há pouco no subtítulo 3.5. Como vemos no *Eutidemo*, esse tipo de falácia é apresentada por Platão como um procedimento bastante ordinário nos contextos de disputa "erística"[72], de modo

▷ por excesso e outro por carência: "afirmamos", diz Xenarco, "inclusive nos tratados sobre questões éticas, que, para cada virtude, há dois contrários, como, por exemplo, inescrupulosidade e inocência para a sabedoria, temeridade e covardia para a coragem, e assim nos demais casos" (apud A. Kenny, *The Aristotelian Ethics*, p. 19). Sullivan, por sua vez, atenta para o fato de Platão admitir a distinção entre "contrário" e "contraditório", sendo que ambos podem ser chamados de "opostos" de uma única e mesma coisa (ver *Protágoras* 346d, 351d; *Mênon* 91c; *Banquete* 201e; *República* VII 584e) (J.P. Sullivan, op. cit., p. 15).

71   Sobre a relação entre a vergonha e a presença de uma audiência, e a importância desse aspecto dramático para a interpretação do *Protágoras*, ver J.C. Shaw, *Plato's Anti-hedonism and the* Protagoras, p. 104-107.

72   Ver supra p. 143n63.

que, se Protágoras fosse de fato experiente na *brakhulogia*, seria razoável alguma reação de sua parte diante da refutação de sua posição inicial sobre o problema da *unidade das virtudes*, mesmo que ela não fosse bem-sucedida. O silêncio de Protágoras, portanto, significa *dramaticamente* aqui um atestado de sua debilidade e seu fracasso nesse tipo de debate[73].

Por outro lado, Platão estaria enfatizando, na construção da figura do "sofista" no *Protágoras*, um aspecto central da caracterização da prática filosófica de Sócrates descrita na *Apologia* (21b-23b): aqueles indivíduos que presumem ser sábios, em qualquer área do conhecimento que seja, e que parecem sábios à maioria das pessoas, quando submetidos ao escrutínio socrático, revelam-se ignorantes (ou, ao menos, não tão sábios quanto parecem sê-lo). A questão se torna ainda mais grave quando tal indivíduo é o "sofista", aquele que professa ser capaz de aprimorar os indivíduos, de lhes ensinar a ser bons cidadãos, de prepará-los para a vida política numa cidade democrática (318e-319a). Nesse sentido, o fracasso de Protágoras no âmbito da *brakhulogia* evidencia não apenas uma incompetência técnica do "sofista" nessa modalidade específica de discurso, como também uma incoerência na gama de opiniões sustentadas por ele relativamente ao próprio objeto de conhecimento de sua profissão: a *virtude*. Não é apenas a sua concepção sobre a *unidade das virtudes* que está em jogo, mas a sua própria condição de "sofista". Por fim, esse primeiro "teste" de Protágoras no registro *dialógico*, que compreende as duas primeiras provas/refutações (330b-333b), corresponde ao primeiro movimento de desvelamento de sua incompetência encoberta pela *reputação* de sabedoria, na qual repousa seu poder

---

73 Esse ponto parece importante, pois Protágoras é mencionado por Diógenes Laércio (séc. III d.C.) como o criador e organizador dos debates "erísticos" (9.52) (Ver Anexo 1). Embora o testemunho de Diógenes seja duvidoso do ponto de vista histórico, ele corrobora a ideia de que Protágoras, quem quer que ele tenha sido, tinha certa experiência nesse tipo de debate *dialógico* que vemos representado no diálogo platônico homônimo (cf. 335a). Nesse sentido, ao enfatizar a deficiência da personagem nesse campo, Platão estaria desqualificando a competência de Protágoras, inclusive no registro "erístico". Sobre a relação entre Protágoras e a erística, ver também Platão, *Eutidemo* 286c; *Sofista* 232d-e.

de encantamento sobre os jovens. Do ponto de vista *dramático*, a inquirição socrática teria a função específica de "desencantar" o fascínio de Hipócrates pelo "sofista" (e, por extensão, da audiência presente na cena como um todo), alertando-o da precariedade da condição de Protágoras, quando propriamente colocado à prova.

Do ponto de vista teórico, a segunda prova/refutação (332a-333b) dirime pelo menos a incerteza remanescente relativa à posição defendida por Sócrates sobre a *unidade das virtudes* contra Protágoras, na medida em que a conclusão do primeiro argumento apresentava duas alternativas ("justiça e piedade são a mesma coisa *ou* coisas muitíssimo semelhantes", 331b4-5) que, uma vez exploradas as suas consequências, culminariam em duas visões distintas sobre o problema em questão. No caso da segunda prova/refutação, no entanto, fica evidente que Sócrates argumenta em favor da *identidade* das virtudes no sentido forte ("a sensatez e a sabedoria seriam *uma única coisa*", 333b4-5). Mas o que ainda não está claro é em que sentido a noção de *identidade* está sendo concebida por Sócrates aqui. Como discutido nos subtítulos 3.1 e 3.2, ela pode ser compreendida em dois sentidos diferentes: b.1. as virtudes particulares são uma única coisa porque possuem o mesmo significado (conhecida também como Tese Nominalista)[74]; ou, segundo a leitura de Taylor, b.2. a virtude é uma única coisa na medida em que os cinco nomes referentes a ela designam *diferentes aspectos de uma única e mesma disposição moral*, conservando assim uma distinção semântica entre as virtudes particulares, cada qual com um *definiens* próprio[75]. Como veremos no capítulo 7, somente na quinta e última prova/refutação (351b-359e) a posição de Sócrates virá à tona não apenas com relação ao sentido de *identidade* subjacente nos argumentos anteriores (já antecipei minha posição em favor de [b.2] [ver p. 108-110]), como também no tocante à função privilegiada e assimétrica desempenhada pelo conhecimento (i.e., sabedoria), em relação às demais virtudes particulares.

---

74 B. Centrone, op. cit., p. 105.
75 C.C.W. Taylor, op. cit., p. 103.

4. A "CRISE" DO DIÁLOGO E A INVERSÃO DE PAPÉIS

4.1. A Terceira Prova/Refutação Incompleta (333b-334c)

O próximo passo da narração de Sócrates compreende o que seria a terceira prova/refutação da posição de Protágoras (333b-334c), que versaria sobre a relação entre *justiça (dikaiosunē)* e *sensatez (sōphrosunē)*. Como exposto no subtítulo 3.1, esse argumento incompleto integraria o projeto mais amplo de Platão, que teria como fim demonstrar a *unidade das virtudes,* projeto este que não encontra seu termo, contudo, no diálogo *Protágoras.* Antes de procedermos à análise da chamada "crise" do diálogo, gostaria de fazer um breve comentário sobre o início do terceiro argumento, em especial sobre a observação de Sócrates a respeito da conduta de Protágoras após a experiência negativa ante a sua inquirição. Vejamos o trecho:

— Vamos lá, Protágoras – prossegui. – Não sejamos presas do cansaço! Terminemos de examinar o restante! Porventura, parece-lhe que algum homem, quando comete injustiça, é sensato ao cometê-la?

— Seria decerto vergonhoso se eu concordasse com isso, Sócrates, ainda que a maioria dos homens assim o afirme.

PROTÁGORAS, DE PLATÃO: ESTUDO INTRODUTÓRIO

— Passarei então a discutir com eles – disse eu –, ou com você?

— Se lhe aprouver – disse ele –, estabeleça, primeiro, um diálogo com o que a maioria sustenta!

— Mas, para mim, é indiferente, contanto que seja apenas você a me responder, a despeito da sua opinião sobre o assunto; pois é a tese que eu examino, embora decorra disso, talvez, que tanto eu que formulo as perguntas, quanto quem as responde, sejamos, ambos, examinados.

No primeiro momento, Protágoras nos simulava certa modéstia, pois inculpava a tese de ser difícil de sustentar, mas logo concordou em responder. (333b7-c9)

O que vemos ressaltado aqui pela narração de Sócrates é a tentativa de Protágoras de se desvencilhar da investigação empreendida pelo seu interlocutor, depois de constatar que aquela suposta oportunidade de se exibir para a sua própria audiência e para a audiência dos demais "sofistas" (Hípias e Pródico) (317c-d) havia se transformado em um risco para a sua própria *reputação*. A sua estratégia é buscar mudar o enfoque da discussão de suas próprias opiniões para a opinião da "maioria dos homens" sobre o problema em questão (i.e., a relação entre a *justiça* e *sensatez*), ficando nas entrelinhas que a convicção pessoal de Protágoras seria diferente daquela a ser doravante examinada[1]. Este é o último recurso de Protágoras constrangido pelas circunstâncias desfavoráveis em que se encontrava: continuar dialogando com Sócrates sem se comprometer com o argumento, pois lhe seria vergonhoso simplesmente recusar o debate na condição de "sofista" e de "o homem mais sábio no discurso" (310e6-7), sobretudo porque a discussão acontece perante a sua própria audiência. Nesse momento do diálogo, percebemos claramente como Platão salienta o condicionamento do comportamento de Protágoras (e, por conseguinte, de Sócrates) conforme as circunstâncias peculiares em que se dá o debate entre eles: como o poder de Protágoras depende de sua *doxa*, ele se torna refém do olhar e do juízo públicos.

---

1 Como veremos no capítulo 7, no último argumento sobre a relação entre *sabedoria* e *coragem*, Sócrates identificará a posição de Protágoras com a da "maioria dos homens", num movimento contrário ao que vemos aqui.

A reação de Sócrates diante da tentativa de evasão de Protágoras é especialmente relevante para os propósitos deste estudo, na medida em que constitui mais uma reflexão *metadialógica*: a personagem deixa claro na primeira asserção que a finalidade precípua do exame dialético é verificar uma determinada *tese* sobre o assunto em questão, a despeito das opiniões pessoais de ambos os interlocutores ("pois é a tese que eu examino", 333c7-8)[2]. A segunda asserção, por outro lado, pode ser interpretada de duas maneiras distintas ("embora decorra disso, talvez, que tanto eu que formulo as perguntas, quanto quem as responde, sejamos, ambos, examinados", 333c7-8): i. o exame dialético pode *contingentemente* (ideia indicada pelo advérbio *isōs*, "talvez") envolver um exame dos próprios interlocutores, quando as teses defendidas e/ou refutadas envolverem as opiniões pessoais de cada um sobre o problema; ou ii. o exame dialético envolve *consequentemente* o exame dos próprios interlocutores em relação tanto às suas opiniões pessoais sobre o problema em questão quanto à competência de cada um no desempenho das funções de interrogante e interrogado. No caso específico do debate entre Sócrates e Protágoras, ambos os aspectos parecem estar envolvidos.

No tocante ao aspecto (i), a despeito da iniciativa de Protágoras de deslocar a investigação para a opinião de uma terceira parte na discussão (i.e., "a maioria dos homens"), o que está

---

2 No diálogo *Cármides*, Sócrates faz uma ponderação semelhante durante o exame da terceira tentativa de definição de *sōphrosunē* (sensatez; temperança):
    [...] Parece me, Sócrates – disse Cármides –, que isso está dito corretamente. No entanto, examine em que medida isso lhe parece concernir à sensatez (*sōphrosunē*)! Pois, há pouco, recordei-me – algo que já ouvi alguém dizer – de que a sensatez (*sōphrosunē*) consistiria em um indivíduo fazer o que lhe é próprio. Examine, então, se você considera que isso está corretamente dito por quem o professa!
    — Ó, miserável – disse eu –, você ouviu isso de Crítias, aqui presente, ou de algum outro sábio.
    — Você presumivelmente ouviu de outrem – retorquiu Crítias –, pois é certo que não foi de mim.
    — Mas que diferença faz, Sócrates – disse Cármides –, de quem ouvi isso?
    — Nenhuma – respondi. – *Pois não é absolutamente isto o que examino, quem fez tal afirmação, e sim se ela é verdadeira ou não.*
    — Agora, você está falando com correção – disse ele. (161b3-c7)

sendo examinado por Sócrates, em última instância, decorre necessariamente da posição arrogada pelo sofista sobre *a unidade das virtudes* (329d-e). Portanto, mesmo que Protágoras busque não se comprometer verbalmente com o próximo argumento concernente à relação entre *justiça* (*dikaiosunē*) e *sensatez* (*sōphrosunē*), do ponto de vista teórico é a sua tese que permanece sob investigação: se Sócrates refutá-la mais uma vez, será Protágoras a ser refutado em última instância[3]. Vale ressaltar que Protágoras não nega peremptoriamente que um indivíduo é sensato ao cometer injustiça; ele diz apenas que "seria vergonhoso" (Αἰσχυνοίμην ἄν, 333c1-2) para ele admiti-lo, ainda que a maioria dos homens concorde com isso. Portanto, mesmo que Protágoras não se comprometa verbalmente com a tese ora examinada, a manifestação do sentimento de *vergonha* indica, no fundo, que ele de fato acredita que um indivíduo possa ser injusto e sensato ao mesmo tempo (o que estaria de acordo com sua posição sobre o *problema da unidade* das virtudes), mas que, por precaução ou por medo de admitir uma tese que pode ser vista como imoral pelo público ou parte dele, ele prefere, nessa circunstância específica, não expressar sua opinião e deslocar o enfoque do debate para as convicções da "maioria dos homens"[4].

No tocante ao aspecto (ii), tanto Sócrates quanto Protágoras estão sendo examinados no que se refere à sua competência técnica, por assim dizer, no registro *dialógico*: como observado acima, embora a *epideixis* de Protágoras revele sua maestria no domínio da *makrologia* (discurso longo), quando

---

3 Ver também Platão, *Críton* 49d; *Hípias Maior* 365c-d; *Laques* 193c; *Mênon* 71d, 83d; *República* I 349a-b; *Teeteto* 154c-e. Sobre a exigência de sinceridade do interlocutor como princípio do método socrático, ver J. Beversluis, *Cross-Examining Socrates: a Defense of the Interlocutors in Plato's Early Dialogues*, p. 270; R.B. Cain, *The Socratic Method: Plato's Use of Philosophical Drama*, p. 18-23; A. Capra, *Agōn Logōn: Il "Protagora" di Platone tra Eristica e Commedia*, p. 156-157; M. McCoy, *Plato and the Rhetoric of Philosophers and Sophists*, p. 80; R. Robinson, *Plato's Earlier Dialectic*, p. 15-17; C.C.W. Taylor, *Plato. Protagoras*, p. 131-132; G. Vlastos, The Socratic Elenchus, *Oxford Studies in Ancient Philosophy*, v. 1.

4 J.C. Shaw, *Plato's Anti-hedonism and the* Protagoras, p. 86-87. Sobre a função da *vergonha* na dinâmica no diálogo, ver infra p. 307n19.

submetido ao escrutínio socrático, contudo, seu desempenho no âmbito da *brakhulogia* (discurso breve) é claudicante. Da mesma forma, também Sócrates no exercício da função de quem formula as perguntas e conduz o diálogo se encontra sob investigação, na medida em que sua inquirição é suscetível a uma apreciação crítica de uma terceira parte externa à discussão: no nível dramático, a audiência presente na cena retratada no diálogo, e no nível textual, nós, leitores. Nessa perspectiva, a análise proposta no capítulo 3 relativa à estratégia argumentativa de Sócrates nas duas primeiras provas/refutações (330b-333b) buscou contemplar justamente os elementos de caracterização do comportamento da personagem perante o seu principal adversário, o "sofista", para que assim pudéssemos avaliar de maneira mais completa a atuação do "filósofo" no registro *dialógico,* condicionada tanto pelo tipo de interlocutor com o qual dialoga quanto pelas circunstâncias particulares em que o debate se dá.

4.2. *O Impasse Sobre a Modalidade de Diálogo (334c-338e)*

Pois bem, passemos então à análise da "crise" do diálogo (334c-338e). De maneira sintética, o impasse entre os interlocutores se dá após a resposta relativamente longa de Protágoras a uma pergunta de Sócrates, que pedia esclarecimento sobre a sua declaração de que há coisas que são boas mesmo que não sejam benéficas *aos homens* (333e). A pergunta de Sócrates é formulada como um problema (*poteron .... ē*), que, a princípio, exigiria do interlocutor meramente uma resposta simples que optasse por uma das alternativas apresentadas: "você se refere, Protágoras, às coisas que são benéficas *a nenhum homem,* ou àquelas que não são benéficas *absolutamente*?" (333e5-334a2). Em vez disso, Protágoras se estende em um discurso sobre a relatividade da noção de bem, em que se verificam elementos de *elocução* similares àqueles que vemos em seu *Grande*

158 PROTÁGORAS, DE PLATÃO: ESTUDO INTRODUTÓRIO

Discurso, como *antíteses* e *isócola* (334a-c)[5], conforme a análise empreendida no subtítulo 2.6. Além disso, a reação do público após a longa resposta de Protágoras, segundo a narração de Sócrates, sugere um desvio do registro estritamente *dialógico,* em que o filósofo examina criticamente seu interlocutor, para o registro caracteristicamente "sofístico", em que o sucesso do orador é medido pelo juízo público de sua audiência: "tão logo Protágoras proferiu essas palavras, os presentes o aclamaram como se ele falasse bem" (334c7-8). Esse desvio do registro *dialógico,* somado à iniciativa anterior de Protágoras de se evadir da discussão (333b-d), é visto por Sócrates como um sinal de falência iminente da discussão, reagindo então da seguinte maneira:

— Protágoras, acontece que sou um homem de parca memória, e, se alguém me fizer longos discursos, esqueço-me do que estávamos discutindo. Por exemplo: se eu porventura fosse mouco, você teria de falar mais alto comigo do que com os demais homens, no esforço de estabelecer um diálogo. A situação presente é semelhante: já que você se deparou com um homem de memória curta, encurte suas respostas tornando-as mais breves para que eu esteja apto a acompanhá-lo!

— Como você exige, então, que eu lhe responda brevemente? Acaso devo lhe responder – perguntou – de modo mais breve que o devido?

— De forma nenhuma – disse eu.

— Mas o quanto é devido? – tornou ele.

— Sim – respondi.

— Como, pois, devo lhe responder: o quanto me parece devido responder, ou o quanto lhe parece?

— Tenho ouvido – disse eu – que, a respeito dos mesmos assuntos, você mesmo é capaz de fazer longos discursos – além de ensinar isso aos outros –, a ponto de jamais abdicar da palavra, bem como é capaz de falar brevemente, a ponto de não haver ninguém mais breve do que você no discurso. Assim, se pretende dialogar comigo, utilize o segundo modo, o discurso breve, para se dirigir a mim! (334c8-335a3)

---

5 Exemplo de *isócolon:* ταῖς μὲν ῥίζαις ἀγαθά, ταῖς δὲ βλάσταις πονηρά (334a7-8). Exemplo de *antítese:* τὰ δὲ ἀνθρώποις μὲν οὐδέτερα, ἵπποις δέ (334a5-6).

A "crise" do diálogo consiste, portanto, no impasse relativo ao modo apropriado de atuação dos interlocutores no âmbito *dialógico*, na modalidade genérica do discurso alcunhada por Platão de *brakhulogia* (discurso breve, cf. 335b8), como referido previamente. Sócrates exige de seu interlocutor certo procedimento que seria apropriado a quem se encontra na condição de interrogado, ou seja, responder *de maneira breve* às perguntas, como se tal "regra" já estivesse tacitamente pressuposta desde o momento em que passaram a dialogar no sentido estrito (ou seja, a partir de 330b6). Protágoras, por sua vez, questiona a própria possibilidade de um critério objetivo para determinar a extensão apropriada das respostas que o interrogado deveria dar a cada pergunta, reivindicando o direito de responder conforme lhe parecer conveniente, segundo as necessidades impostas pelas circunstâncias particulares do debate. Antes de procedermos à análise dessa crise, gostaria de fazer algumas observações que contribuem diretamente para a análise do tema específico deste estudo – a saber, a construção platônica da figura do "sofista" e do "filósofo" no *Protágoras*.

i. O primeiro aspecto que merece nossa atenção é a célebre *ironia* de Sócrates[6], traço peculiar da personagem nos diálogos platônicos, ao apelar para a sua suposta memória fraca a fim de constranger Protágoras a encurtar as suas respostas. Essa desculpa de Sócrates é flagrantemente enganosa, como a própria personagem Alcibíades sublinhará adiante: "quanto a Sócrates, garanto que não se esquecerá de nada; ele não faz outra coisa senão vir com *brincadeiras*, quando diz ser desmemoriado" (336d2-4). Se Sócrates tivesse de fato memória fraca, ele teria feito então semelhante protesto logo depois da *epideixis* de Protágoras (320c-328d), o mais longo discurso do diálogo; no entanto, o que vemos é uma memória impecável ao apontar a Protágoras a imprecisão no emprego do vocabulário moral, exigindo dele um esclarecimento sobre a sua concepção de *virtude* (329c).

6 Platão, *República* I 334a4.

O que me parece mais surpreendente na passagem acima, que quase culmina no fim da discussão entre as personagens, está diretamente relacionado com a própria *forma* do diálogo *Protágoras*, como discutimos no subtítulo 2.1. Não podemos desconsiderar o fato de que todo o diálogo consiste numa narração de Sócrates a um amigo anônimo do recém-encontro com Protágoras, Hípias e Pródico na casa de Cálias; ou seja, o que estamos lendo, e seu amigo ouvindo no nível dramático do texto, nada mais é do que o exercício efetivo de sua memória. Portanto, é óbvio que essa desculpa de Sócrates é irônica, sarcástica, provocativa, e tem como fim manter Protágoras sob o jugo do escrutínio dialógico. Ademais, o fato de o Sócrates "narrador" optar por registrar em seu relato esse traço irônico do Sócrates "personagem", quando poderia omiti-lo, sugere que esse elemento de caracterização da personagem é algo relevante para compreendermos o seu comportamento ante os "sofistas". Quando Alcibíades diz que ele está *brincando* (παίζει, 336d3) (e essa observação também é uma escolha de Sócrates "narrador"), isso salienta um aspecto importante que se encontra no nível *dramático* do texto: Sócrates não apenas examina as opiniões de Protágoras, colocando-as em xeque e buscando refutar a sua posição sobre o tópico filosófico estrito do diálogo (i.e., *a unidade das virtudes*); ele concomitantemente zomba de seu interlocutor, o coloca numa situação embaraçosa, o provoca, o satiriza. O viés satírico da personagem Sócrates se tornará preeminente na breve interlocução com Pródico (339e-341d), quando passará a zombar abertamente do sofista e de seu conhecimento relativo à *correção das palavras* (*orthoepeia*), como observaremos no capítulo 5. Nesse momento de "crise", portanto, fica mais claro que aquele diálogo inicial de Sócrates com Hipócrates (310a-314c) é de natureza bem distinta desse diálogo com Protágoras: de um lado, uma conversa privada, sem a presença de uma audiência, mediada por um sentimento de *philia* a regular a relação entre os interlocutores; e de outro lado, uma discussão pública, na presença de uma audiência heterogênea, que paulatinamente estabelece uma relação de confronto e hostilidade entre os interlocutores. Ao contrastar esses dois tipos de diálogo, creio que Platão esteja buscando ressaltar que o comportamento de Sócrates é condicionado pelas *circunstâncias particulares* de cada discussão em que toma parte. Isso nos remete, por conseguinte, ao próximo ponto que gostaria de comentar brevemente: o tipo de interlocutor com que Sócrates dialoga.

ii. A resistência de Protágoras à investida de Sócrates, depois de experimentar por duas vezes o *elenchos*, releva um problema que diz respeito às *condições de possibilidade* de um diálogo de orientação filosófica. E uma dessas condições consiste precisamente no tipo de interlocutor com o qual Sócrates discute. No *Górgias*, em uma passagem também de caráter *metadialógico*, Platão distingue genericamente duas modalidades de "diálogo" nos seguintes termos:

soc: Creio que também você, Górgias, é experiente em inúmeras discussões e já observou nelas o seguinte: não é fácil que os homens consigam encerrar seus encontros depois de terem definido entre si o assunto a respeito do qual intentam dialogar, aprendendo e ensinando mutuamente; pelo contrário, se houver controvérsia em algum ponto e um deles disser que o outro não diz de forma correta ou clara, eles se enfurecem e presumem que um discute com outro por malevolência, almejando antes a vitória do que investigar o que se propuseram a discutir; alguns, inclusive, se separam depois de darem cabo aos mais vergonhosos atos, e, em meio a ultrajes, falam e escutam um do outro coisas tais que até os ali presentes se enervam consigo mesmos, porque acharam digno ouvir homens como esses. Em vista de que digo isso? Porque o que você me diz agora não parece conforme nem consonante ao que você primeiramente disse sobre a retórica; temo refutá-lo de modo a supor que eu, almejando a vitória, não fale para esclarecer o assunto em questão, mas para atacá-lo. Se, então, também você é um homem do mesmo tipo que eu, terei o prazer de interpelá-lo; caso contrário, deixarei de lado. Mas que tipo de homem sou eu? Aquele que se compraz em ser refutado quando não digo a verdade, e se compraz em refutar quando alguém não diz a verdade, e deveras aquele que não menos se compraz em ser refutado do que refutar; pois considero ser refutado precisamente um bem maior, tanto quanto se livrar do maior mal é um bem maior do que livrar alguém dele. Pois não há para o homem, julgo eu, tamanho mal quanto a opinião falsa sobre o assunto de nossa discussão. (457c4-458b1)

Nesse diálogo, Sócrates também discute com um "sofista", no caso, Górgias. Há vários pontos comuns entre as reflexões *metadialógicas* que encontramos em ambas as obras, o que sugere que os confrontos entre Sócrates e os chamados "sofistas", tais como representados por Platão, impõem questões relativas à própria natureza do *diálogo*. O primeiro tipo é o que denominarei aqui de "diálogo filosófico", cujas características são: i. a cooperação de ambos os interlocutores para a discussão, ii. a finalidade comum de esclarecer e se instruir mutuamente a respeito do assunto discutido, iii. uma vez definido de modo claro o objeto sob investigação (457c-d). O segundo tipo é o que denominarei aqui de "diálogo agonístico", cujas características são contrárias às do "diálogo filosófico": i. a divergência irreconciliável entre os interlocutores; ii. a finalidade de vencer o adversário na discussão, motivado por um sentimento de inveja e rancor, e não de esclarecer mutuamente o problema em questão[7]. Nesses dois contextos distintos, o exercício da *refutação* socrática (*elenchos*) é consequentemente recebido pelo seu interlocutor de modo contrário. No primeiro caso, ele desempenha uma função positiva na busca pelo conhecimento, na medida em que revela ao interlocutor as falsas opiniões sobre as quais repousam sua visão de mundo, incitando-o à investigação em direção à verdade. No segundo caso, o *elenchos* é visto como um ataque pessoal, que visa, precipuamente, a derrotar o interlocutor (tido aqui como um adversário), sem qualquer compromisso com a busca pelo esclarecimento do assunto em discussão. Em outras palavras, poderíamos dizer que o *elenchos* no diálogo de orientação filosófica constitui um *meio* para uma investigação mais ampla que visa o conhecimento (a despeito

---

7 Outros contextos na obra platônica em que semelhante distinção entre "dialogar" (*dialegesthai*) e "disputar" (*erizein*) é feita: *Teeteto* 167e-168a; *Mênon* 75c-d; *República* V 454a, VII 539c; *Timeu* 88a; *Filebo* 17a.

do resultado positivo ou negativo que se obtém ao fim desta ou daquela discussão, pois o que importa é antes o interesse comum de ambos os interlocutores do que o sucesso propriamente dito da investigação). No diálogo de contorno agonístico, ao contrário, o *elenchos* constitui o *fim* da discussão, sem qualquer relação com a busca pelo conhecimento e a pesquisa pela verdade.

Qual a relevância, enfim, dessa reflexão *metadialógica* que encontramos no *Górgias* para compreendermos o que sucede dramaticamente no *Protágoras*? Ela mostra justamente que as *condições de possibilidade* de um diálogo de orientação filosófica não se verificam nesse contexto específico do debate entre Sócrates e Protágoras, diferentemente do que acontece entre Sócrates e Hipócrates na cena inicial do diálogo, como comentamos acima. Certamente, a motivação de Sócrates é bem diferente da de Protágoras quando discutem: Sócrates pretende "testar" Protágoras e suas convicções para verificar se ele tem competência suficiente para educar Hipócrates e os demais jovens que procuravam pela sua assistência profissional; Protágoras, por sua vez, vê no ensejo oferecido por Sócrates mais uma oportunidade para se exibir perante a sua própria audiência e a audiência dos outros "sofistas" (Pródico e Hípias) presentes na casa de Cálias. Todavia, à medida que a discussão procede, o desacordo entre eles sobre o problema da *unidade das virtudes* transforma paulatinamente o diálogo aparentemente amistoso em um debate de contorno claramente agonístico. Do ponto de vista de Sócrates, a refutação em curso da posição de Protágoras tem uma dupla função: ao mesmo tempo que revela a Hipócrates (e, por extensão, à audiência da cena) a fragilidade da condição do "sofista" quando submetido apropriadamente a um exame crítico (e um exame crítico sobre o próprio objeto que ele se propõe a ensinar aos outros mediante pagamento), ela constitui mais um passo na busca pelo conhecimento do que é a virtude (361c-d), na medida em que refutar a tese protagoriana é uma das maneiras de provar a tese contrária defendida por Sócrates[8]. Do ponto de vista de Protágoras, no entanto, o exercício do *elenchos* socrático, ao revelar a todos uma inconsistência em suas opiniões a respeito daquilo mesmo que ele arroga ser capaz de ensinar aos outros (i.e., a *virtude*), coloca em risco a sua própria *reputação* de sabedoria, sobre a qual repousa, por sua vez, o seu poder de fascínio junto ao público. A diferença de atitude para com a discussão em curso fica evidente na sequência do trecho citado acima:

— Sócrates – disse ele –, são inúmeros os homens com os quais já entrei em *contenda verbal*. Se acatasse as suas exigências – tal como se o contendor exigisse de mim o diálogo, e eu então aceitasse dialogar com ele –, não seria manifestamente melhor do que ninguém, tampouco haveria o nome de Protágoras entre os helenos. (335a4-8)

O ambiente agonístico que se institui a essa altura do drama é marcado pelo próprio vocabulário que Platão coloca na boca da personagem: Sócrates é visto como um "contendor" (*antilegōn*, 335a6) que combate e deve ser combatido, ao passo que a discussão entre eles é definida como uma "contenda verbal" (*agōna logōn*, 335a4), a única ocorrência dentro do *corpus Platonicum* em que tal expressão é empregada para se referir a um diálogo do qual participa Sócrates[9]. Não é essa a única evidência textual que sublinha o aspecto agonístico do diálogo: todas as intervenções das diferentes personagens durante a "crise" do diálogo (a saber, Sócrates, Protágoras, Cálias, Alcibíades, Crítias, Pródico e Hípias) salientam, de um modo ou de outro, o contorno hostil adquirido paulatinamente pela discussão entre Sócrates e Protágoras, culminando, enfim, no impasse que ameaçava suspendê-la.

Tal fato aponta para outro aspecto digno de menção: o que vemos representado na "crise" do diálogo é um contexto

---

8 Aristóteles, *Ética Eudêmia* I.3 1215a6-7; *De Caelo* I.10 279b5-8.
9 A. Capra, op. cit., p. 72.

polifônico excepcional dentro do *corpus Platonicum*, em que Platão atribui a cada uma das personagens um determinado juízo não apenas sobre a pertinência das razões alegadas por Sócrates e Protágoras que geraram o impasse, como também sobre a própria orientação do diálogo. Vejamos, de maneira sucinta, quais as imagens e os argumentos colocados por Platão na voz de cada uma delas que salientam precisamente o viés contencioso da discussão entre os dois protagonistas.

a. Sócrates (335e-336b): diante da insistência de Cálias pela sua permanência na casa e pela continuidade do debate, Sócrates compara a sua condição com a de um corredor medíocre que tivesse de acompanhar Críson, de Himera, numa corrida, vencedor em três Olimpíadas consecutivas (448, 444 e 440 a.C.), sendo tricampeão da prova de um *estádio* (equivalente a 185 metros)[10]. O *agón logón* ("contenda verbal", 335a4), mencionado por Protágoras, é comparado aqui a um outro tipo de *agón*, o esportivo. No *Górgias*, Platão coloca na boca da personagem que dá nome ao diálogo um discurso encomiasta sobre o poder da *retórica*, que também compara o exercício do *logos* no ambiente retórico-político com a prática do pugilato (456c-457c); trata-se, é bem provável, de uma alusão de Platão ao *Discurso Olímpico* do Górgias "histórico", cujo fragmento supérstite (DK 82 B8) sugere essa mesma analogia entre competição retórica e competição esportiva[11]. No caso do *Protágoras*, como referido há pouco, a excepcionalidade da analogia se deve ao fato de ser empregada para conotar um *diálogo* do qual participa Sócrates, sublinhando precisamente o aspecto agonístico inerente à discussão.

b. Cálias (336b): a breve intervenção de Cálias sublinhando a plausibilidade da reivindicação de Protágoras é vista por

---

10 J. Adam; A.M. Adam, *Plato. Protagoras*, p. 142.

11 Górgias, *Discurso Olímpico* (DK 82 B8):

Nossa competição, segundo Górgias, de Leontine, requer duas virtudes, coragem e sabedoria; coragem, para suportar o perigo, e sabedoria, para saber trotear. Pois o discurso, como a proclamação do arauto em Olímpia, convoca aquele que almeja, mas coroa aquele que é capaz.

Crítias, em sua fala (336d-e), como uma espécie de atuação de um "advogado" de defesa. Isso sugere uma comparação do impasse a que chegou o diálogo com o litígio de um processo judiciário, em que as razões e os argumentos das partes contendentes deveriam ser julgadas por uma terceira parte: no caso do diálogo, pelos membros da audiência (e, por extensão, pelos leitores), ao passo que no contexto forense, pelos juízes.

c. Alcibíades (336b-d): a intervenção de Alcibíades é especialmente importante, pois, como é sugerido nas primeiras linhas do diálogo (309a-b), Sócrates mantinha certa relação de natureza erótica com o rapaz. Isso explica, de certa forma, por que Alcibíades sai em defesa de Sócrates. Todavia, o diagnóstico do jovem contrasta flagrantemente com a justificativa que Sócrates apresenta, ao final do diálogo, para o procedimento refutativo, adotado no decorrer da discussão. Sócrates alega ali o seguinte: "de fato, todas as minhas perguntas não visam a outra coisa senão querer examinar as questões relativas à virtude, e o que é, precisamente, a virtude. Pois sei que, uma vez esclarecido esse ponto, ficaria muito mais evidente aquilo sobre o que tanto eu como você, cada um a sua volta, nos estendemos em longos discursos: eu, afirmando que a virtude não pode ser ensinada, enquanto você, que ela pode ser ensinada" (360e6-361a3). Em outras palavras, a finalidade do diálogo não seria simplesmente levar o adversário a se contradizer, deixando-o em situação embaraçosa diante de seu próprio público, mas buscar esclarecer o problema em questão, em vista do conhecimento, ainda que o resultado final não fosse plenamente satisfatório. Nesse caso, o *elenchos* seria um instrumento útil para a investigação filosófica; não constituiria, porém, um fim em si mesmo[12].

12 Segundo a análise de Alexander Nehamas (Eristic, Antilogic, Sophistic, Dialectic: Plato's Demarcation of Philosophy from Sophistry, em A. Nehamas (ed.), *Virtues of Authenticity*, p. 116-117), a diferença entre o *elenchos* praticado por Sócrates nos diálogos platônicos e o *elenchos* dos "erísticos" (conforme a caracterização apresentada no diálogo *Eutidemo*) consiste antes no propósito que os motiva a interpelar os indivíduos do que propriamente no método que ambos empregam. Sócrates submete à investigação aqueles indivíduos que apregoam saber alguma coisa sobre os assuntos que lhe interessam diretamente (i.e., temas de ordem ético-política) a fim de aprender alguma ▶

Esse tipo de justificativa, portanto, se coadunaria com o primeiro tipo de "diálogo", o de orientação filosófica, conforme a distinção traçada no *Gógias* analisada acima (457c-458b). Alcibíades, no entanto, não compreende da mesma forma o intuito de Sócrates ao confrontar Protágoras. Segundo ele: "se Protágoras admitir que é pior do que Sócrates no diálogo, para Sócrates será o suficiente" (336c2-4). Ou seja, a intenção de Sócrates seria simplesmente derrotar Protágoras no registro *dialógico*, de modo que refutá-lo seria a finalidade do debate entre eles, e não um meio viável para a busca do conhecimento, como justificará amiúde Sócrates (348c; 353a-b; 360e-1a). Na perspectiva de Alcibíades, portanto, a discussão entre os interlocutores se enquadraria no segundo tipo de diálogo, o de orientação *agonística*.

d. Crítias (336d-e): a fala de Crítias é uma das passagens mais irônicas do diálogo, se levarmos em conta a trajetória política da figura histórica representada aqui pela personagem homônima. Crítias (≥460-403 a.C.) foi um dos indivíduos mais violentos e sanguinários no período da história de Atenas, conhecido como o governo dos "Trinta Tiranos", instituído por Esparta logo após o fim da Guerra do Peloponeso (404-403 a.C.)[13]. Segundo a data dramática do diálogo (por volta de 433 a.C.), Crítias aparece aqui jovem (por volta de 27 anos), cujo caráter ainda estava em formação. Mas, como Platão escreve o diálogo nas primeiras décadas do séc. IV a.C., qualquer leitor associaria prontamente a personagem homônima à figura histórica de Crítias. Dessa forma, ao atribuir a voz da moderação a tal personagem, que critica a parcialidade de Cálias e Alcibíades e exige imparcialidade de todos os presentes, Platão joga propositadamente com o paradoxo entre a representação literária e a figura histórica de Crítias. O emprego do termo *philonikos* e a forma verbal *sumphilonikein* (traduzido aqui por "contencioso"; cf. 336e1, e2),

▷ coisa com eles, de modo que a refutação está a serviço da busca pelo conhecimento. Os sofistas, por sua vez, especialmente os "erísticos", submetem seus interlocutores a escrutínio com o fim de refutá-los a despeito dos meios empregados, pois o que os motiva é vencer o adversário.

13 Sobre a biografia de Crítias, ver nota 48 da tradução.

também usado por Platão no *Górgias* (457d4, e4) em sentido semelhante, são empregados aqui justamente para designar a orientação agonística da discussão entre Sócrates e Protágoras.

e. Pródico (337a-c): embora Pródico seja retratado no *Protágoras* como um "sofista" de menor estatura intelectual (desde a descrição de sua posição inferiorizada na casa de Cálias [315d-e] ao papel ridículo que desempenhará adiante ao ser induzido a um erro crasso por Sócrates [340a-341d]), Platão insere nessa fala da personagem uma distinção muito importante para compreendermos a natureza da inclinação agonística do diálogo. Ao parodiar a predileção de Pródico pela chamada *correção das palavras* (*orthotēs onomatōn*), como vemos sublinhado de modo recorrente nos diálogos e em outras fontes[14], Platão propõe uma distinção semântica entre os verbos *amphisbētein* (aqui traduzido por "discordar") e *erizein* (disputar), como vemos na seguinte passagem: "quanto a mim, Protágoras e Sócrates, creio que seja digno de vocês chegarem a um acordo e *discordar*, mas não *disputar*, sobre os argumentos – pois é por benevolência que os amigos *discordam* dos amigos, enquanto os adversários e inimigos *disputam* entre si" (337a6-b3). Essa distinção remete diretamente àquela reflexão *metadialógica* do *Górgias* referida acima (457c-458b), quando Sócrates sublinha que, nas circunstâncias de um diálogo de natureza agonística, qualquer *discórdia* (ἀμφισβητήσωσιν, 457d1-2) leva a um acirramento da discussão a ponto de culminar em impropérios e ofensas. A distinção proposta por Pródico, no entanto, acrescenta um elemento importantíssimo a essa descrição mencionada apenas implicitamente no *Górgias*: a relação de *amizade* e *inimizade* entre os interlocutores como uma das condições para o estabelecimento de um diálogo de orientação filosófica ou agonística, respectivamente. Segundo Pródico, quando a relação entre os interlocutores é mediada pelo sentimento de *philia*, uma *discórdia* entre eles

---

14 Platão, *Protágoras* 337a-c, 340a-1b; *Eutidemo* 277e; *Crátilo* 384b-c.

sobre algum ponto na discussão, não implica que um almeja derrotar o outro; pelo contrário, a discórdia é natural e está na base de qualquer investigação comum que vise a um consenso. É o que vemos ocorrer no diálogo inicial entre Sócrates e Hipócrates, por exemplo: eles discordam sobre os benefícios que uma eventual instrução junto a Protágoras poderia proporcionar ao jovem, concordando no fim que seria melhor verificar primeiro se os ensinamentos vendidos por Protágoras eram benéficos ou nocivos à alma antes de decidir qual via tomar (313a-314c). Todo o procedimento de Sócrates àquela altura tinha como fim o bem de Hipócrates, e é em vista de Hipócrates que a discussão com Protágoras se dá, como temos salientado recorrentemente. No caso de uma relação de *inimizade* entre os interlocutores, todavia, a *discórdia* se converte, de pronto, em *disputa*, cujo fim é antes derrotar o adversário, sem qualquer motivação benevolente de um para com o outro. E é precisamente esse aspecto que Pródico ressalta em sua fala, sendo crucial para compreendermos a dinâmica do diálogo e o comportamento dos interlocutores: a relação entre Sócrates e Protágoras não é mediada pelo sentimento de *philia*, o que está diretamente associado ao contorno agonístico da discussão (referido aqui pelo verbo *erizein*, cf. 337b1, b2).

f. Hípias (337c-8a): Hípias, por sua vez, propõe a eleição de uma terceira parte externa ao debate entre Sócrates e Protágoras para mediar o diálogo e determinar a medida certa da extensão das falas de cada um deles. Todos os vocábulos empregados pela personagem para designar tal "arbitragem" remetem a um contexto agonístico: i. o termo *diaitētēs* (traduzido por "árbitro", 337c4) designa uma pessoa ou instância responsável pela arbitragem de uma disputa em vista de uma reconciliação, tanto em contextos de guerra entre cidades quanto em contextos estritamente judiciários; ii. o termo *habdoukhon* (traduzido aqui por "juiz", 338a8) significa "aquele que carrega o bastão", referência ao instrumento de seu ofício carregado como sinal distintivo; quando arbitrava uma competição atlética ou dramática, ele

170 PROTÁGORAS, DE PLATÃO: ESTUDO INTRODUTÓRIO

podia usá-lo para conter os competidores indisciplinados; iii. as reuniões das assembleias atenienses eram supervisionadas por um corpo de "prítanes", sob a chefia de um *epistatēs* (traduzido aqui por "presidente", 338a8); e iv. o *epistatēs* determinava quais questões seriam colocadas em pauta[15]. Além do vocabulário empregado por Platão, o ambiente agonístico também é marcado pela função de mediador do debate a que se propõe Hípias, similar ao papel de Nestor no Livro I da *Ilíada* quando tenta resolver o conflito entre Agamêmnon e Aquiles por causa de Briseida, discernindo o que havia de errado e de certo nas razões e na atitude hostil de cada um deles[16].

Todos esses elementos, portanto, indicam que Platão está salientando, mediante a voz de outras personagens que observam e avaliam o andamento da discussão, a inclinação agonística assumida pelo diálogo, a ponto de ser sugerido pela audiência uma arbitragem externa que regulasse o comportamento dos interlocutores na discussão. Em resumo, o contexto *polifônico* peculiar da "crise" do diálogo reafirma de maneiras diferentes a percepção de Protágoras: não se trata de um diálogo qualquer, e sim de um *agōn logōn* (contenda verbal, 335a4), em que as condições ideais para um diálogo de orientação filosófica, conforme a descrição encontrada no *Górgias* (457c-458b), não se verificam, especialmente a ausência do sentimento de *philia* entre os interlocutores. Além de ressaltar o contorno

---

15 N. Denyer, *Plato. Protagoras*, p. 145-146.

16 A. Capra, Notes and Discussions: Protagoras' Achilles: Homeric Allusion as a Satirical Weapon (Pl. *Prt.* 340a), *Classical Philology*, v. 100, n. 3, p. 274-275: "Como foi recentemente apontado, o discurso de Hípias (337-338c) é modelado no de Nestor no Canto I da *Ilíada* (v. 254-284), quando o sábio rei tenta reconciliar Agamêmnon e Aquiles. Não há apenas similaridades de conteúdo, mas a própria linguagem de Hípias é indubitavelmente reminescente da passagem homérica. Hípias era um homerista devotado, e Nestor era indiscutivelmente sua personagem favorita, como é sugerido em outras passagens pelo próprio Platão (*Hípias Menor* 364c; *Hípias Maior* 286a-b; ver também Filóstrato, *Vidas dos Sofistas* 22.4). Ademais, por intermédio dos escritos de Hípias e Antístenes, Nestor logo se tornou sinônimo de boa retórica, como um herói do *genus medium*. Isso explica por que, nessa passagem, Hípias recorre ao discurso de Nestor ao tentar estabelecer um balanço entre a severa *brevitas* de Sócrates e o estilo altivo e prolixo de Protágoras."

contencioso da discussão entre os protagonistas, essa seção do *Protágoras* (334c-338b) enfatiza outro aspecto importante envolvido no exercício da investigação filosófica de Sócrates, a partir da descrição na *Apologia*[17]: a prática do diálogo acontecia geralmente perante um determinado público, de modo que o desempenho e o comportamento dos interlocutores estavam sujeitos ao juízo de terceiros. Isso implica que, a despeito dos argumentos aferidos por Sócrates para justificar positivamente a prática do *elenchos* – a saber, que ele visa ao esclarecimento do problema em questão em qualquer discussão de que toma parte (348c; 360e), e que a prática refutativa não constitui um fim, mas um meio na busca pelo conhecimento (*Górgias*, 457c-458b) – seu comportamento na discussão está sujeito a uma avaliação externa que, *circunstancialmente*, pode lhe ser negativa. Em outras palavras, a justificativa que Sócrates utiliza comumente nos "primeiros diálogos" de Platão contra a suspeita de uma motivação contenciosa de sua parte pode parecer, aos olhos de um determinado público, mero pretexto para encobrir a sua real intenção ao dialogar com alguém – ou seja, que a prática do *elenchos* tem como finalidade exclusiva levar seu adversário a se contradizer e derrotá-lo verbalmente[18]. Nesse sentido, o contexto dramático do *Protágoras* ilustra bem esse aspecto "público" do exercício filosófico de Sócrates referido na *Apologia*, e explicita um problema que Platão associa diretamente à condenação de Sócrates à morte sob a acusação de impiedade e corrupção da juventude: a incompreensão do senso comum a respeito da própria natureza idiossincrática da investigação filosófica de Sócrates.

Outro aspecto digno de nota aqui diz respeito à função desempenhada pela presença de uma *audiência* na dinâmica do diálogo. Sócrates coloca Protágoras numa situação embaraçosa,

---

17 Como analisamos no subtítulo 1.2, Sócrates argumenta na *Apologia* que o exercício do *elenchos* gerava um sentimento de ódio não apenas no indivíduo que se encontrava sob seu escrutínio, mas também nas pessoas que, por acaso, estivessem ali presentes (21d).

18 O juízo da personagem Cálicles, no diálogo *Górgias*, talvez seja a melhor expressão dessa visão negativa sobre o procedimento refutativo de Sócrates (482e-3a).

ao apelar para a sua suposta onipotência no âmbito do *logos* a fim de constrangê-lo a continuar dialogando conforme o modelo de "diálogo" estipulado por ele (335b-c). Como o poder de influência de Protágoras está calcado em sua *doxa*, ele não poderia simplesmente rejeitar de maneira explícita o confronto com Sócrates, na medida em que tal atitude colocaria em suspeita a sua reputação de "o homem mais sábio no discurso" (310e6-7). Se fosse um diálogo privado, contudo, a conduta de Protágoras poderia ter sido diferente, pois seu comportamento não estaria sendo regulado pelo juízo externo da audiência[19]. Nesse sentido, Sócrates é representado por Platão como um interlocutor extremamente arguto, que sabe usar com destreza a seu favor os elementos extrínsecos à própria discussão, não se atendo simplesmente a questões de ordem argumentativa. Tanto é que a resolução da "crise" do diálogo garante a Sócrates a possibilidade de continuar "testando" Protágoras no que concerne à sua concepção sobre a natureza da virtude. No entanto, há uma importante mudança nas condições em que se dá a continuidade do debate:

> — [...] Desejo, porém, fazer a seguinte proposta para que nosso encontro e nosso diálogo perseverem, conforme a disposição de vocês. Se Protágoras não quer responder, que ele faça então as perguntas, pois eu responderei a elas, tentando lhe mostrar, ao mesmo tempo, como deve responder às perguntas quem as responde, tal como venho salientando. Contudo, depois que eu responder a quantas perguntas quiser formular, que ele, mais uma vez, preste contas a mim de seu argumento de maneira semelhante! Se ele, então, não parecer disposto a responder ao que é precisamente indagado, tanto eu quanto vocês pediremos a ele, juntos, o que é solicitado a mim: que não arruíne nosso encontro! E, por esse motivo, não é preciso haver um presidente, mas todos vocês, em conjunto, presidirão a discussão. (338c6-e5)

O primeiro ponto a ser observado são os termos da proposta de Sócrates. Ele propõe uma inversão das funções *dialógicas*,

---

19 Cf. J.C. Shaw, op. cit., p. 104-107.

submetendo-se voluntariamente ao escrutínio de Protágoras. Porém, ele ao mesmo tempo convida o público a desempenhar a função de "árbitro", sugerida por Hípias (338a), como condição de possibilidade para a continuidade do debate. Essa atitude de Sócrates contrasta, no entanto, com a ideia de *autossuficiência* característica do diálogo de orientação filosófica, em que os dois interlocutores são a princípio suficientes para garantir a obtenção dos resultados de uma investigação comum em vista do conhecimento, ainda que tais resultados possam vir a ser negativos (ou seja, quando não respondem afirmativamente à questão inicial, como acontece nos diálogos ditos "aporéticos", como o *Laques*, o *Cármides* e o *Eutífron*). A referência mais direta à *autossuficência* do diálogo filosófico encontramos no *Górgias*, quando Sócrates observa a Cálicles (ironicamente, decerto) que ele detém os três requisitos que um interlocutor deve possuir para a condução apropriada de uma investigação filosófica (i.e., conhecimento, benevolência e franqueza): "bem sei que, se você concordar com as opiniões da minha alma, bastará para elas próprias serem verdadeiras" (486e5-6)[20]. Nesse sentido, ao atribuir à audiência externa a função de árbitro do debate com Protágoras, Sócrates está admitindo abertamente a introdução de um terceiro elemento externo que não participa ativamente da discussão. Essa atitude extraordinária revela, de um lado, a adaptabilidade de Sócrates às circunstâncias particulares de cada contexto discursivo, tanto em relação ao tipo de interlocutor com quem dialoga (como temos salientado amiúde) quanto em relação ao ambiente em que a discussão se dá; e, de outro lado, a importância que a presença de uma *audiência* desempenha no próprio desenvolvimento do diálogo.

O segundo ponto a ser ressaltado é a troca de funções proposta por Sócrates. O que veremos a seguir (338e-339d) é uma breve incursão de Protágoras no âmbito da *brakhulogia*, porém na função de quem conduz o diálogo. Trata-se de uma situação

---

20 Ver também *Górgias*, 471e472d.

174 PROTÁGORAS, DE PLATÃO: ESTUDO INTRODUTÓRIO

bastante peculiar, pois o que vemos geralmente representado nos chamados "primeiros diálogos" de Platão é Sócrates na função de interrogante e condutor da discussão, o que lhe possibilita colocar à prova seus interlocutores e as opiniões que sustentam. Situação semelhante encontramos também na segunda parte do *Górgias*, quando Sócrates oferece à personagem Polo o ensejo para conduzir o diálogo (466a-467c). Todavia, Polo é representado por Platão como uma personagem absolutamente inábil no registro *dialógico*, tendo em vista a sua dedicação exclusiva à retórica (448d; 471d). O resultado, por conseguinte, é um desempenho desastrado de Polo na tentativa de interpelar Sócrates, em que sua debilidade intelectual se torna ainda mais patente ao leitor[21]. Essa inversão de papéis no *Górgias*, portanto, tem a função específica de evidenciar a limitação de Polo no âmbito da *brakhulogia* e explicitar que a causa de sua inaptidão para a pesquisa filosófica se deve à sua formação intelectual deficiente. Como analisaremos no próximo subtítulo, o ensejo dado a Protágoras para conduzir o diálogo terá uma função semelhante àquela desempenhada no *Górgias*: o que veremos representado aqui por Platão é justamente o "teste" da competência de Protágoras no registro da *brakhulogia* na condução agora de quem formula as perguntas e conduz a discussão. E esse movimento é de certo modo necessário, uma vez que, ao menos do ponto de vista de sua reputação, Protágoras é apresentado como "o homem mais sábio no discurso" (310e6-7), do que decorre, portanto, a sua suposta onipotência no âmbito do *logos*.

4.3. A *Incursão de Protágoras na* Brakhulogia *(338e-340e)*

O desenlace da "crise" do diálogo conduz, portanto, a uma inversão de papéis: agora é Protágoras quem passará a interrogar

---

21 Sobre os elementos cômicos da personagem Polo no Górgias, ver D.R.N. Lopes, Aspectos Cômicos do Diálogo *Górgias* de Platão, em C. Werner et al. (orgs.), *Gêneros Poéticos na Grécia Antiga*.

Sócrates, podendo submetê-lo assim à mesma experiência que acabara de sofrer em suas mãos – ou seja, a experiência de ser refutado diante de seu próprio público. Todavia, tal inversão não se dá somente no registro da *brakhulogia*, mas também no da *makrologia*. Como analisaremos no capítulo 5, a segunda metade do diálogo é marcada de modo complementar pela incursão de Sócrates no modo de *exibição* atribuído por Platão aos "sofistas" como uma característica distintiva: a *epideixis*, agora na modalidade da *exegese poética* (nesse caso específico, de um canto de Simônides) (342a-347a). Sendo assim, podemos dizer que as duas metades do *Protágoras*, dividida pelo contexto *polifônico* da "crise" do diálogo (334c-338e), funcionam, *grosso modo*, como duas imagens especulares. Na primeira metade, Platão representa o "sofista" e o "filósofo" no exercício do modo de discurso peculiar a cada um deles: Protágoras, desenvolvendo uma longa *epideixis* sobre o problema da ensinabilidade da virtude, tendo como ponto de partida a apropriação e reinvenção do mito de Prometeu e Epimeteu; e Sócrates, submetendo seu interlocutor a um escrutínio *dialógico* sobre o problema da *unidade das virtudes* decorrente do discurso protagoriano, e levando-o a se contradizer pelo menos uma vez (333a-b). Na segunda metade, por seu turno, Platão representa a incursão invertida de ambos os protagonistas nos dois modos genéricos do discurso: *brakhulogia* (discurso breve) e *makrologia* (discurso longo). Por conseguinte, a partir dessa reconfiguração da cena, Protágoras passa a ter seu desempenho avaliado no registro *dialógico* na função de interrogante e condutor da discussão, ao passo que Sócrates, na modalidade de performance sofística, a *epideixis*. E essa avaliação, por sua vez, se dá em dois níveis diferentes: no nível *dramático*, pela audiência da cena na função de "árbitro", como sublinhada pelo próprio Sócrates (338d), e no nível *exegético*, por nós, leitores, postos diante de uma situação paradoxal. O resultado dessa avaliação, portanto, não concerne apenas à caracterização da figura do "sofista" no *Protágoras*, mas também à da do "filósofo", especialmente em relação ao modo de discurso apropriado a cada uma delas, como discutimos anteriormente. Vejamos, então, a incursão do "sofista" na *brakhulogia*.

O início da discussão agora conduzida por Protágoras é marcado pela transposição do debate para o registro da poesia:

> — Eu considero, Sócrates – disse ele –, que a parte principal da educação do homem é ser hábil em poesia. E isso consiste em ser capaz de compreender, entre os dizeres dos poetas, quais são compostos corretamente e quais não o são, e saber discerni-los e explicá-los quando indagado. Sendo assim, a questão agora versará sobre o mesmo assunto a respeito do qual eu e você estamos dialogando, ou seja, a virtude, transferida, porém, para o âmbito da poesia. A diferença será apenas essa. (338e6-339a6)

A estratégia de Protágoras é conduzir o diálogo para um terreno familiar na tentativa de retribuir a Sócrates a refutação que experimentara em suas mãos. A escolha de Protágoras não é fortuita, mas integra um quadro mais amplo delineado por Platão de estabelecimento de uma relação estreita entre *sofística* e *poesia*, especialmente no que concerne à continuidade de um determinado modelo de educação. Como discutimos nos subtítulos 1.2 e 2.5, Platão traça uma genealogia comum de poetas e sofistas, calcada na própria acepção genérica do termo *sophistēs* (i.e., "sábio") (316c-317c), e apresenta a sofística, em linhas gerais, como herdeira da educação tradicional baseada na *música* e na *ginástica* (325c-326e), e como proponente de uma educação complementar que tem como fim aprimorar a formação intelectual e moral do cidadão ateniense (318e-319a). Na passagem citada acima, ao atribuir um papel central da poesia na educação dos homens, Platão sugere, mediante a voz de Protágoras, que o modelo pedagógico dos sofistas incorporava, em alguma medida, o conhecimento de poesia, de modo que o desenvolvimento da capacidade prática e oratória do indivíduo voltada para a política, como Protágoras apregoava ensinar a seus discípulos (319a), envolvia de uma forma ou de outra um exercício de abordagem crítica dos poemas dos grandes poetas[22]. Sendo assim, ao mesmo tempo que Protágoras muda o foco da discussão sobre a *unidade das virtudes* para um problema de exegese poética de um canto de Simônides, supostamente relativo à mesma questão que interessava a Sócrates, ele aproveita mais uma vez a oportunidade para exibir à audiência sua erudição em questões poéticas, como seria apropriado a um indivíduo reputado como o homem mais sábio daquela época (segundo a representação platônica, óbvio).

A incursão de Protágoras na *brakhulogia*, no entanto, é brevíssima (339a-d). Para resumir o *elenchos* de Protágoras, Sócrates considera que o poema de Simônides é muito bem composto, ao passo que o sofista considera haver nele uma contradição interna, o que seria sinal de má composição. Para refutar Sócrates, ele argumenta que o primeiro verso do canto ("difícil é, sim, tornar-se deveras um homem bom", 339b1) é censurado pelo próprio Simônides, quando ele critica, mais adiante no poema, a máxima de Pítaco, segundo a qual "difícil é ser nobre" (339c4-5). Na interpretação de Protágoras, os dois versos dizem a mesma coisa, de modo que, ao censurar a si mesmo, Simônides cairia em contradição. Eis a suposta refutação do juízo de Sócrates sobre o poema.

Na sequência da narração, Sócrates faz a seguinte observação:

Tão logo ele disse isso, a maioria dos ouvintes irrompeu em clamores e elogios. E eu, a princípio, como que abatido por um bom pugilista, senti-me turvado e atordoado diante de suas palavras e do clamor dos demais presentes. Em seguida – para lhe dizer a verdade, só para ganhar tempo e examinar o que o poeta dizia –, volvi-me para Pródico e o chamei, dizendo o seguinte:

— Pródico, você é oriundo da mesma cidade de Simônides, é justo que socorra o homem. Parece-me, pois, conveniente a sua convocação. [...] (339d10-340a2)

22 A. Capra, op. cit., p. 276: "Protágoras era um renomado crítico de Homero, e sua exegese não era limitada, como tem sido frequentemente afirmado de modo equivocado, à correção (*orthoepeia*) de palavras tomadas individualmente. Pelo contrário, Protágoras é um dos poucos críticos antigos que se preocupa com problemas tanto de estrutura como de consistência interna."

A metáfora do pugilato confirma aqui a consolidação do ambiente agonístico que paulatinamente o diálogo entre Sócrates e Protágoras foi adquirindo, como discutimos há pouco. Sócrates está diante não apenas de um interlocutor qualquer, mas de um adversário a ser batido; o que antes aparecia velado, agora é admitido abertamente pelos interlocutores. Diante dessa tentativa de refutação por parte de Protágoras, Sócrates recorre então à especialidade de Pródico para dissolver a suposta contradição incorrida por Simônides no poema: a *correção das palavras* (*orthoepeia*). Platão já havia representado de modo caricatural a obsessão de Pródico pelas distinções semânticas de termos aparentemente sinônimos – tais como "equânime" e "igual", "disputar" e "discordar", "elogiar" e "estimar", "alegrar-se" e "comprazer-se" – quando de sua intervenção na "crise" do diálogo (337a-c). Em vista disso, Sócrates apela à autoridade de Pródico para saber se é procedente, na língua de Simônides, a distinção entre os verbos *genesthai* (traduzido aqui por "tornar-se") e *emmenai/einai* (ser), a que Pródico anui. Portanto, se os verbos designam coisas distintas, não haveria uma contradição interna no canto de Simônides quando ele censura o dito de Pítaco. Segundo a interpretação de Sócrates:

— [...] Talvez, Pródico e inúmeros outros dissessem, conforme Hesíodo, que difícil é, sim, tornar-se bom – pois, *perante a virtude, os deuses impuseram o suor –*, mas, quando alguém *ao cume dela alcança, fácil é então conservá-la, embora difícil tê-la obtido.* (340c8-d5)

Sócrates oferece uma leitura completamente diferente da de Protágoras, com base numa distinção semântica entre os verbos *genesthai* (tornar-se) e *emmenai/einai* (ser) e no testemunho de outros poetas, especialmente Hesíodo, que teriam supostamente a mesma visão de Simônides a respeito da virtude: difícil não é "ser" um homem bom ("ser", no sentido de conservar uma disposição de caráter já adquirida), mas "tornar-se" um homem bom ("tornar-se", no sentido de adquirir uma disposição de caráter virtuosa numa determinada extensão de tempo). Se essa distinção é válida para a compreensão do poema, então Simônides não se contradiz ao censurar Pítaco.

Todavia, a distinção entre "ser" e "tornar-se", embora estivesse bem estabelecida no vocabulário filosófico à época de Platão (séc. IV a.C.), não era procedente, contudo, na linguagem poética de Simônides (±558-468 a.C.). O próprio poema em questão evidencia esse ponto, quando o verbo *emmenai* ("ser", no sentido pretendido por Sócrates) é mencionado em outro verso do canto claramente no sentido de "tornar-se" ("É impossível, contudo, que um homem não *seja* mau, | se uma adversidade irremediável o rebaixa", 344c4). As implicações desse fato serão discutidas no capítulo 5, quando analisaremos a exegese de Sócrates propriamente dita. Por ora, consideremos apenas que tanto a leitura de Protágoras quanto a de Sócrates são controversas e constituem interpretações distintas de um mesmo enunciado poético, o que será crucial para compreendermos adiante a crítica de Sócrates a esse tipo de exegese poética (347b-348a). Vejamos, então, qual a contribuição desse trecho do diálogo para o tema geral deste estudo – ou seja, a distinção entre a figura do "filósofo" e do "sofista" no *Protágoras.*

Pois bem, a inversão de papéis nessa parte do diálogo exige que avaliemos o desempenho e o comportamento de ambas as personagens em circunstâncias distintas daquelas que vimos na primeira metade (ou seja, até a "crise" do diálogo). No caso de Protágoras, o que está em xeque é a competência do "sofista" no domínio da *brakhulogia*, já sublinhada por Sócrates (329b; 335b-c) e pressuposta no próprio título de "o homem mais sábio no discurso" (310e6-7). Na função de interrogado (329d-333b), Protágoras foi rapidamente enredado por Sócrates e levado a se contradizer ao menos uma vez, conforme analisado no capítulo 3; na condição de interrogante, por sua vez, a sua tentativa de refutação é facilmente desarmada por Sócrates, a despeito da validade do contra-argumento empregado por ele. Diante da interpretação alternativa do poema apresentada por Sócrates, Protágoras se limita a desacreditá-la, apelando para um argumento de autoridade, segundo o qual todos os homens afirmariam que a coisa mais difícil é conservar a virtude, e não adquiri-la (340d-e): em outras palavras, ele recorre a uma opinião do senso comum para refutar a leitura de Sócrates, sem apresentar qualquer argumento baseado em outras instâncias do poema de Simônides que comprovasse seu ponto. Nesse sentido, segundo a leitura proposta neste estudo, o que Platão está enfatizando nessa seção do diálogo (338e-340e) é precisamente a incompetência e a falibilidade do "sofista" no âmbito da *brakhulogia*, não apenas na condição de interrogado, mas também na de interrogante e condutor do diálogo. E essa deficiência contrasta, obviamente, com a *doxa* de um indivíduo supostamente onipotente no âmbito do *logos*. Portanto, ao atribuir a Protágoras um argumento ingênuo e facilmente objetável a respeito de um enunciado poético que a princípio seria do domínio profissional do "sofista" (338e-339a), Platão deixa claro o seu procedimento de desqualificação do saber "sofístico" na caracterização da figura do "sofista" e, em especial, de Protágoras, na construção dramática do diálogo[23].

No caso de Sócrates, por sua vez, o que vemos representado nessa seção é a sua progressiva incursão no domínio que, a princípio, Platão associa intimamente à prática intelectual e educativa dos "sofistas" – a saber, a *exegese poética* – como discutiremos no capítulo 5[24]. A objeção de Sócrates à pretensa refutação de Protágoras recorre às mesmas armas utilizadas pelos "sofistas" no diálogo:

23 É interessante observar que no manuscrito B aparece, além do título da obra *Protágoras ou Sofistas*, a classificação do tipo de diálogo conforme as categorias empregadas por Trasilo (séc. I a.C. / I d.C.) ao editar a obra platônica e organizá-la em tetralogias: *endeiktikos*. Como observam James Adam e Adela Marion Adam (op. cit., p. 75), o sentido do termo aqui seria antes de "acusação", "denúncia", do que de "prova", "comprovação". Embora os dois sentidos possam coexistir aqui na medida em que as provas apresentadas por Sócrates para refutar a posição de Protágoras funcionam concomitantemente como denúncia da condição intelectual precária do sofista, a observação dos comentadores da obra salienta esse aspecto polêmico do diálogo tão fundamental para os propósitos deste estudo.

24 O estudo mais completo a que tive acesso sobre a relação entre sofística e tradição poética em seus diferentes níveis é o de Kathryn A. Morgan (*Myth and Philosophy: From Presocratics to Plato*), como veremos adiante.

certo conhecimento linguístico relativo ao uso correto das palavras (Pródico), e o conhecimento da obra dos grandes poetas (Protágoras; Hípias, cf. 347a-b), como atestam a sua menção a Hesíodo (340d) e a sua própria confissão ao admitir a Protágoras que tinha estudado recentemente o canto de Simônides em questão (339b). Nesse sentido, embora Protágoras tivesse a expectativa de prevalecer sobre Sócrates ao transpor a discussão para o âmbito da poesia, um terreno mais confortável para o sofista, Sócrates se revela igualmente conhecedor das obras dos grandes poetas, como seria esperado de um cidadão culto da época, revelando-se um interlocutor difícil de ser enfrentado mesmo nesse tipo de debate. Não me parece fortuito, portanto, que, em sua primeira fala no diálogo, Sócrates recorra a um verso homérico em sua função proverbial para se referir à juventude de Alcibíades (cf. 309a-b), pois ela já antecipa de certo modo sua destreza também nesse campo. Dessa forma, ao aceitar o desafio de discutir com Protágoras sobre um poema controverso de Simônides, Sócrates se mostra, no mínimo, à mesma altura de Protágoras: como se trata de um *agōn logōn* ("contenda verbal", 335a4), ambas as personagens estão disputando a primazia no âmbito do *logos* como um todo, e não apenas no registro estrito da *brakhulogia*, que permite a Sócrates examinar seus interlocutores e suas convicções. Até esse ponto do diálogo (340d), o que vemos retratado por Platão é a explícita superioridade de Sócrates sobre Protágoras no registro *dialógico*, seja na condição de interrogante, seja na de interrogado.

4.4. A Sátira da Figura de Pródico (340e-342a)

No entanto, não é apenas Protágoras a vítima de Sócrates nesse embate entre "sofística" e "filosofia"; a curta participação de Pródico na sequência do diálogo (341a-d) é, talvez, uma das passagens mais cômicas do *Protágoras*, na medida em que a personagem é satirizada e ridicularizada abertamente pelo filósofo. No primeiro momento, Sócrates recorre à suposta especialidade de Pródico (i.e., *orthoepeia*) como voz de autoridade sobre questões linguísticas para objetar à interpretação de Protágoras que diagnosticava no canto de Simônides uma inconsistência interna, como exposto acima. Trata-se, portanto, de um uso positivo desse tipo de saber quando empregado pelo filósofo (a despeito da pertinência ou não da distinção entre "ser" e "tornar-se" para uma interpretação apropriada do poema, como discutiremos no próximo capítulo). Em certo sentido, é como se Pródico estivesse por extensão derrotando Protágoras, tendo em vista o ambiente competitivo entre os "sofistas" pela conquista de novos discípulos, como frisado pela narração de Sócrates (318d-e)[25]. No segundo momento, depois do protesto de Protágoras (340d-e), Sócrates passa a sugerir uma outra interpretação possível do poema, calcada não na distinção entre "ser" e "tornar-se", mas na semântica do termo grego *khalepon* (traduzido aqui por "difícil": 339b1, 339c4). Sócrates induz claramente Pródico a erro, ao sugerir que na língua de Simônides, que era oriundo da mesma ilha que o "sofista" (Ceos), *khalepon* não significaria "difícil", mas "mau" (341b-c). Por conseguinte, Simônides estaria censurando Pítaco porque ele dizia que "mau é ser bom", o que seria uma asserção absurda. De maneira surpreendente, Pródico anui a essa sugestão bizarra de Sócrates:

— Mas você supõe, Sócrates – disse ele –, que Simônides se referia a algo diferente disso? Supõe que ele reprovava Pítaco por algum outro motivo, senão por não saber distinguir corretamente os nomes, visto que era de Lesbos e fora criado em língua bárbara?

---

25 É importante ressaltar que a *orthoepeia* (correção das palavras) é referida por Platão no *Fedro* (267c) e no *Crátilo* (391c-e) como uma especialidade também de Protágoras. Segundo Harvey Yunis (*Plato. Phaedrus*, p. 203), a *orthoepeia* incluía não apenas a correção no emprego das palavras, como vemos ilustrada aqui no *Protágoras*, mas também os gêneros gramaticais (masculino, feminino, neutro), o uso correto da língua grega e o domínio sobre os diferentes tipos de sentença, como é possível recuperar a partir dos fragmentos supérstites de sua vasta produção escrita. Segundo o relato tardio de Diógenes Laércio (séc. III d.C.): "Protágoras foi o primeiro a discernir quatro formas de discurso: prece, pergunta, resposta e ordem (outros propõem sete: narração, pergunta, resposta, ordem, relato, prece e convocação), às quais se referia como fundamentos dos discursos." (9.53-54)

A "CRISE" DO DIÁLOGO E A INVERSÃO DOS PAPÉIS

— Está ouvindo, Protágoras – disse eu –, o que diz Pródico? Tem algo a acrescentar?

E Protágoras retorquiu:

— Está longe de ser esse o caso, Pródico. Estou certo de que Simônides, assim como todos nós, referia-se ao "difícil" não como "mau", mas como aquilo que não advém com facilidade, e sim mediante muito esforço.

— Mas esse é também o meu juízo, Protágoras – tornei eu –, sobre o que Simônides quer dizer; coisa que Pródico, aqui presente, sabe muito bem. Todavia, ele vem com brincadeiras e, ao que parece, está testando-o para ver se você é capaz de socorrer seu próprio argumento. [...] (341c6-d9)

A chave para a leitura desse passo do diálogo está na referência que o próprio Sócrates faz à ideia de "brincadeira", de "jogo lúdico", designada pelo verbo grego *paizein* (341d7). Evidentemente, não é Pródico a *brincar* com Protágoras a fim de "testar" seu conhecimento sobre a correção do uso das palavras aplicado à poesia, e sim o próprio Sócrates. É o filósofo quem propõe essa versão estapafúrdia do poema de Simônides, e enreda nela Pródico ao recorrer à sua autoridade em questões de *orthoepeia*, o que certamente aprazeria ao sofista. Sócrates propõe *deliberadamente* uma aplicação equivocada do suposto saber de Pródico com o intuito claro de satirizá-lo e ridicularizá-lo diante da audiência presente na cena. Se a autoridade de Pródico sobre o assunto é abonada por Sócrates no primeiro momento (339e-340d), agora ela é colocada sob suspeita ao empregar de modo errôneo esse tipo de distinção semântica apresentada por Platão, aqui e em outros contextos de sua obra, como uma predileção do sofista[26]. Como comentamos no subtítulo 2.3, Pródico é retratado por Platão como uma figura de estatura intelectual menor, como a própria disposição geográfica dos "sofistas" na casa de Cálias sugere metaforicamente (314e-316a), alojado num cômodo da casa utilizado anteriormente pelo pai de Cálias como depósito[27].

26 Além do *Protágoras* (337a-c, 340a-341b), Platão menciona a dedicação de Pródico a tal tipo de investigação no *Eutidemo* (277e) e no *Crátilo* (384b-c). Sobre a figura de Pródico nos diálogos platônicos, ver nota 22 da tradução.

27 Ver Anexo 2.

O tratamento satírico de Sócrates se coadunaria, portanto, com o tipo de personagem figurada por Platão – um *phaulos* (débil; inferior), para empregar o termo usado por Aristóteles na *Poética*[28] –, mais afim a uma personagem de uma comédia do que a um partícipe de um diálogo de orientação filosófica.

E é precisamente esse viés cômico do tratamento de Pródico por Sócrates nesse trecho do diálogo (340e-342a) que me parece relevante para interpretarmos de modo apropriado a seção seguinte do diálogo, quando Sócrates apresentará a sua própria *epideixis* sobre o canto de Simônides em questão (342a-347a). Pois bem, a. o primeiro ponto concerne justamente à atitude "zombadora" de Sócrates. Alcibíades já havia alertado para esse aspecto da figura de Sócrates na "crise" do diálogo, ao dizer que ele "estava de brincadeira" (οὐχ ὅτι παίζει καί φησιν ἐπιλήσμων εἶναι, 336d3) quando dizia ser desmemoriado, com o fim de constranger Protágoras a responder de forma breve às perguntas. Esse traço lúdico da personagem Sócrates no *Protágoras* nos ajuda a compreender, de certo modo, seu comportamento em determinados momentos da discussão, bem como a sua própria estratégia argumentativa ao enfrentar os sofistas num ambiente "sofístico", representado aqui pela casa de Cálias. A esse respeito, o estudo meticuloso de Andrea Capra sobre o *Protágoras* busca mostrar justamente como diversos elementos cômicos são apropriados e integrados por Platão na composição do diálogo, especialmente em relação a duas comédias específicas: *Os Aduladores*, de Êupolis (421 a.C.), conservada apenas fragmentariamente, e *As Nuvens*, de Aristófanes (423 a.C.)[29]. Capra observa inúmeras alusões às duas peças cômicas e busca fazer valer a relevância desses elementos para a própria interpretação do diálogo como um todo. Não nos cabe aqui um exame detido de sua análise, mas o fato de a comédia de Êupolis ter

---

28 Aristóteles, *Poética*, 1449a32-34: "A comédia é, como dissemos, imitação de pessoas *inferiores* (φαυλοτέρων), não, contudo, pelo vício como um todo; mas o ridículo é parte do que é vergonhoso."

29 *Agōn Logōn. Il "Protagora" di Platone tra Eristica e Commedia*, Milano: LED, 2001.

como cenário a casa de Cálias e como personagens Protágoras, Alcibíades e Querefonte, discípulo íntimo de Sócrates (é possível que mesmo Sócrates figurasse como personagem, embora nenhum fragmento supérstite o comprove), indica claramente que Platão reelabora certos elementos dessa peça e os introduz na tessitura dramática do *Protágoras*[30]. Não é casual, portanto, a comparação do movimento de Protágoras e seu séquito à evolução de um *coro* no teatro sugerida pela narração de Sócrates (ἐν τῷ χορῷ, 315b2; τοῦτον τὸν χορὸν, 315b2-3); trata-se, mais precisamente, de uma referência a um coro cômico.

Nesse sentido, essa breve interlocução entre Sócrates e Pródico (340e-342a) que estamos analisando representaria a instância mais cômica, por assim dizer, do diálogo, na medida em que o aspecto satírico da personagem Sócrates se manifesta aqui da maneira mais crua e direta. A consequência disso é que, se Pródico é figurado por Platão como uma personagem com características semelhantes às da comédia, Sócrates, ao se adequar ao tipo de interlocutor com que dialoga, também se converte, em certo sentido, numa personagem cômica. Embora Sócrates não se reduza simplesmente a uma personagem de comédia (pois, se assim o fosse, teríamos simplesmente uma comédia *stricto sensu*, o que não é o caso), não podemos desconsiderar, contudo, que esse traço satírico do comportamento de Sócrates constitui uma faceta importante da caracterização de sua personagem no diálogo[31]. Mas qual a relevância desse tipo de informação que se encontra no nível dramático do texto? Para ir direto ao ponto, o recurso à satirização e ridicularização integra o processo mais amplo de desqualificação do saber sofístico empreendido por Platão no *Protágoras*, que não se limita apenas ao exame crítico e à refutação das opiniões sustentadas

---

30 Cf. supra p. 94n70.

31 Em seu breve artigo, Roger Brock propõe as seguintes características gerais comuns à comédia e aos diálogos platônicos: i. linguagem coloquial; ii. jogos de palavras; iii. criação de neologismos; iv. imagens (como os cômicos, Platão costuma recorrer a imagens de animais); v. paródia estilística; vi. sátira de pessoas ilustres; vii. crítica aos políticos atenienses (Plato and Comedy, em E.M. Craik [ed.], *Owls to Athens*, p. 39-49).

pelos sofistas no registro da argumentação lógica, sobretudo a respeito de questões de natureza moral e política. Nessa perspectiva, a sátira, um aspecto crucial da comédia antiga, constitui um potente instrumento empregado por Platão para censurar seus adversários e contribuir, ao mesmo tempo, para o processo de delimitação das fronteiras entre o que é "filosofia" e o que é um falso saber, como venho salientando ao longo deste estudo[32].

b. O segundo ponto que gostaria de sublinhar está diretamente associado ao primeiro. O comportamento de Sócrates descrito acima, indicado pela ocorrência do termo *paizein* (341d7), se coaduna com o próprio contexto da discussão atual. Depois da resolução da "crise" do diálogo, o que vemos representado por Platão não é apenas a inversão de papéis entre Sócrates e Protágoras no registro da *brakhulogia*, mas também no registro da *makrologia*. Após a intervenção desastrada de Pródico na discussão, enredado por Sócrates na interpretação equivocada do poema, este último se prontifica a exibir aos presentes a sua interpretação do poema de Simônides; o filósofo se estende então num longo discurso (342a-347a) em que parodia esse tipo de exercício exegético que Platão associa intimamente ao modelo pedagógico dos "sofistas", como veremos no próximo capítulo. Nas palavras de Guthrie, trata-se de "uma cômica *epideixis* sofística" de Sócrates[33]. O que é preciso ressaltar aqui, por ora, é que toda essa seção do diálogo em que a discussão sobre a virtude é deslocada para o âmbito da poesia (338e-348b) é marcada por um tom lúdico e satírico da parte de Sócrates, como se tal conduta fosse necessária para se adequar a esse contexto discursivo bastante peculiar. Em outras palavras, ao trazer a voz dos poetas para a discussão sobre a virtude, Protágoras dá ensejo a Sócrates para se aventurar em uma modalidade de

---

32 Sobre a presença de elementos cômicos em outros diálogos, ver A. Capra, *Agōn Logōn: Il "Protagora" di Platone tra Eristica e Commedia*; D.R.N. Lopes, Aspectos Cômicos do Diálogo *Górgias* de Platão, em C. Werner et al. (orgs.), op. cit.; A.W. Nightingale, *Genres in Dialogue*, p. 172-192; J. Ranta, The Drama of Plato's Ion, *The Journal of Aesthetics and Art Criticism*, v. 26, n. 2.

33 W. Guthrie, *A History of Greek Philosophy*, v. IV, p. 227.

discurso que ele próprio considera uma forma de brincadeira, como ele próprio vai salientar posteriormente (cf. 347b-8a), mas, cujo poder de entretenimento ele, certamente, reconhecia. Isso explica, de certa forma, por que Sócrates se dispõe voluntariamente a apresentar a sua versão sobre o poema de Simônides:

— [...] Contudo, que pensamento Simônides me parece expressar nesse canto, desejo mostrá-lo a você, se quiser passar a me testar para ver em que condição me encontro, para usar a sua expressão, em relação à poesia. Mas, se preferir, serei eu a escutá-lo. (341e7-342a2)

Embora tenha sido Protágoras quem introduziu Simônides na discussão sobre a virtude, é surpreendente o fato de Sócrates pedir licença aqui para fazer uma *epideixis* sobre o poema em questão sem ter sido coagido a tal. A peculiaridade dessa atitude de Sócrates fica mais evidente, se a compararmos com situações similares em outros diálogos, especialmente no *Górgias*, em que o filósofo se vê forçado a justificar sua incursão na *makrologia*[34], uma vez que exigia de seus interlocutores (Polo e Cálicles) brevidade em suas falas. Nesse diálogo, Sócrates responsabiliza seus interlocutores por obrigarem-no a se estender em longos discursos (cf. 465e-466a; 519d), alegando que eles eram versados em retórica, mas inexperientes no *diálogo*. Portanto, seu recurso à *makrologia* se justificaria pela deficiência de seus interlocutores na *brakhulogia* e pela necessidade de adequação ao modo de discurso habitual do tipo de interlocutor com o qual dialogava, a fim de que a própria discussão pudesse subsistir. Quando retornamos ao *Protágoras*, por seu turno, verificamos que a situação é bem diferente: enquanto no *Górgias* Sócrates se dizia *constrangido* a recorrer à *makrologia* (ὡς ἀληθῶς δημηγορεῖν με ἠνάγκασας, ὦ Καλλίκλεις, 519d5-6), aqui no *Protágoras* trata-se de um *ato voluntário* da personagem (ἐθέλω σοι εἰπεῖν, 341e8). Todavia, embora a atitude de Sócrates

---

34 Ver, especialmente, 457c-458b; 464b-466a; 507a-509c; 511c-513c; 517b-519d; 523a-527e.

seja diversa nessas duas situações, há um elemento dramático comum que é fundamental para compreendermos o sentido de Sócrates recorrer à *makrologia*: em ambos os casos, o diálogo se dá perante uma *audiência* que, mesmo não tomando parte direta na discussão (com exceção à "crise" do diálogo no *Protágoras*), regula até certo ponto o comportamento dos interlocutores e incide sobre o próprio andamento da discussão. Visto que Platão associa intrinsecamente *makrologia* e *epideixis* ("exibição"), como discutimos no subtítulo 2.5, podemos dizer então que Sócrates recorre, voluntariamente ou não, a essa modalidade genérica do discurso para se exibir à audiência presente na cena. Mas com que fim o filósofo age dessa maneira é um ponto controverso, aberto a diferentes interpretações. No próximo capítulo, buscarei oferecer uma resposta a esse problema, pois isso está diretamente associado à construção platônica das figuras do "filósofo" e do "sofista".

Por ora, vale salientar, levando o contexto dramático específico do *Protágoras*, que a inversão de papéis depois da resolução da "crise" do diálogo não se restringe apenas à mudança nas funções *dialógicas* desempenhadas até então pelos protagonistas, mas também no exercício da *makrologia*. Agora, é a vez de Sócrates se apresentar publicamente para ter seu conhecimento sobre poesia "testado" pela audiência, como a ocorrência do verbo *peiran* ("testar", 342a1) indica precisamente: se até então era Protágoras que se encontrava sujeito ao crivo do escrutínio socrático, agora é Sócrates que se submeterá a uma avaliação pública sobre o seu desempenho numa modalidade de discurso, que, a princípio, Platão associa intimamente ao modelo pedagógico dos "sofistas": a *exegese poética*. Nesse sentido, Sócrates está se adequando não apenas ao tipo de interlocutor com quem discute, mas também às *circunstâncias peculiares* em que o diálogo se dá: a casa de Cálias, o reduto dos "sofistas", diante de uma audiência privilegiada, com ênfase especial em Hipócrates, em vista de quem se dá a discussão entre Protágoras e Sócrates.

Do ponto de vista estrutural, portanto, na primeira metade do diálogo, a partir da entrada de Sócrates na casa de Cálias (314e-334c), a personagem em foco a ser submetida ao "teste" socrático era Protágoras: à sua *epideixis* sobre o problema da ensinabilidade da virtude (320d-328d) se seguiu o exame crítico de Sócrates sobre o problema da *unidade das virtudes* (329d-334c); ou seja, um movimento que passa de um contexto de *makrologia* para o registro da *brakhulogia*. Na segunda metade do diálogo até o fim da *epideixis* de Sócrates (338e-347a), em contrapartida, temos a situação inversa: é a personagem Sócrates que se submete ao "teste" de Protágoras (e, por conseguinte, da audiência) na discussão sobre questões relativas à virtude no horizonte da poesia. À tentativa de refutação empreendida por Protágoras (338e-341e), segue-se a longa exegese de Sócrates sobre o poema de Simônides (342a-347a); ou seja, um movimento inverso que passa de um contexto de *brakhulogia* para o registro da *makrologia*. Essa nova configuração dramática reflete uma condição que doravante vai se confirmar ao leitor: o protagonismo absoluto de Sócrates e o movimento *dramático* de substituição do sábio aparente, o "sofista", pelo verdadeiro sábio, o "filósofo"[35].

---

35 Emprego a noção de "verdadeiro sábio" aqui em sentido fraco, ou seja, no sentido de sabedoria humana tal como delineada por Platão na *Apologia* (21c-d): ter ciência de sua própria ignorância e não arrogar conhecer aquilo que não conhece, submetendo as suas próprias convicções e as dos demais indivíduos a um exame crítico constante. Sobre a noção de "filósofo" como o intermediário entre "sábio" e "ignorante" – "sábio" no sentido forte de detentor da sabedoria perfeita, atributo apenas de deus – ver *Fedro* 278d; *Banquete* 203c-4c; *Lísis* 218a-b.

5. A INCURSÃO DE SÓCRATES NA *MAKROLOGIA*

5.1. *A Crítica de Sócrates à Exegese Poética (347b-348a)*

A longa *epideixis* de Sócrates no *Protágoras* (342a-347a) é uma das seções mais enigmáticas e controversas para os estudiosos que buscam integrá-la na compreensão do diálogo como um todo, e não simplesmente desmerecê-la como se não tivesse qualquer relevância filosófica. As qualificações que os críticos costumam dar para a interpretação de Sócrates sobre "o sentido geral e o intento" de Simônides ao compor o canto (344b3-4) são as mais variadas, tais como "uma leviandade ultrajante"[1], "uma exposição errática e comicamente equivocada"[2], "essencialmente não séria, talvez burlesca"[3], "arbitrária"[4], "irônica"[5],

---

1 W. Guthrie, *A History of Greek Philosophy*, v. IV, p. 227.
2 A. Beresford, Nobody's Perfect: A New text and Interpretation of Simonides *PMG* 542, *Classical Philology*, v. 103, n. 3, p. 237.
3 C. Rowe, Socrate e Simonide, em G. Casertano (ed.), *Il Protagora di Platone: Struttura e problematiche*, p. 460.
4 P. Friedländer, *Plato*, v. 2, p. 24.
5 J. Adam; A.M. Adam, *Plato. Protagoras*, p. 156.

192 PROTÁGORAS, DE PLATÃO: ESTUDO INTRODUTÓRIO

e assim por diante[6]. Essa impressão de um discurso burlesco de Sócrates, que interpreta o poema de modo flagrantemente paradoxal e anacrônico, não é inteiramente equivocada; pelo contrário, ela se coaduna, em certo sentido, com o juízo que a própria personagem expressa sobre esse tipo de exercício exegético praticado pelos "sofistas" (347b-348a) logo após o fim de sua *epideixis,* como veremos a seguir. Mas, antes de analisarmos a interpretação de Sócrates, vale notar que Platão estrutura o diálogo de modo a contrastar o *Grande Discurso* de Protágoras, na primeira metade do diálogo (320d-328d), com a exegese poética de Sócrates na segunda metade (342a-347a). Essa opção não é fortuita: as duas *epideixeis* funcionam como duas peças retóricas que competem pela primazia no âmbito da *makrologia,* cujo prêmio deve ser conferido, no nível *dramático,* pela audiência presente na cena (mais especificamente, por Hipócrates), e, por extensão, por nós, leitores[7].

Nessa perspectiva de leitura, o embate entre Sócrates e Protágoras não ocorre apenas no interior da *brakhulogia,* mas se

6 A. Carson, How Not to Read a Poem: Unmixing Simonides from "Protagoras", *Classical Philology,* v. 87, n. 2, p. 110: "Ouvir um filósofo analisar um poema é tal como assistir a um homem atacar um rio com a sua espada, como Sócrates sugere no *Protágoras,* de Platão (340a). Ele está se referindo a uma passagem da *Ilíada,* de Homero, em que Aquiles se lança a um ataque pessoal contra o rio Escamandro. O resultado é um impasse cósmico: Aquiles, ajudado pelo elemento do fogo, luta contra o elemento da água até uma imobilização épica, em um livro que termina com o riso de Zeus (*Ilíada* 21. 389). É possível argumentar que não menos risível é o resultado obtido quando poesia e filosofia se confrontam no *Protágoras,* de Platão: o confronto inclui um ataque combinado entre Sócrates e seu interlocutor Protágoras contra um poema do séc. v a.C. do poeta Simônides, de Ceos, o qual ambos os filósofos citam, constroem e representam de maneira tão minuciosa e equivocada que a maioria dos leitores fica perplexa com por que filósofos se preocupam afinal com ler poesia."

7 Na canônica distinção dos três gêneros retóricos, Aristóteles observa que o espectador (*akroatēs, theōros*) de um discurso *epidítico* exerce a função que um juiz desempenha nos tribunais, e um membro da assembleia, nas reuniões deliberativas:

Em número, as espécies da retórica são três, e o mesmo tanto resulta ser também os ouvintes dos discursos. O discurso se constitui de três coisas, daquele que fala, daquilo a respeito do que se fala, e daquele a quem se fala, e o fim é em vista deste (refiro-me ao ouvinte). O ouvinte é necessariamente espectador ou juiz, e juiz de eventos passados ou futuros. O juiz de eventos futuros é o membro da Assembleia, o de eventos passados, o juiz dos tribunais, e quem observa o poder de quem fala é o espectador. Por conseguinte, é necessário que haja três gêneros de discurso retórico: o deliberativo, o judiciário e o epidítico (*Retórica* I, 1358a36-1358b8).

estende também no da *makrologia*. Embora Sócrates manifeste amiúde sua preferência pelo diálogo mediante perguntas e respostas breves (334c-d; 335a-c; 338c-e; 347b-348a; 348c-e), permitindo-lhe colocar à prova as convicções de seu interlocutor e examiná-lo, ele não se exime, contudo, de se exibir à audiência presente na cena mediante um discurso contínuo. Nesse sentido, a avaliação de Alcibíades em sua intervenção na "crise" do diálogo estaria em parte equivocada, quando dizia: "Sócrates admite que não se arvora em discursos longos e concede essa primazia a Protágoras; porém, ser capaz de dialogar e saber oferecer e acolher a palavra, eu me espantaria se ele concedesse tal primazia a quem quer que fosse." (336b8-c2) Sócrates se adapta ao ambiente competitivo próprio da "sofística" e se prontifica para enfrentar um *agōn logōn* ("contenda verbal", 335a4) nas suas duas modalidades, tanto na *brakhulogia*, como analisamos no capítulo 3, quanto na *makrologia*, como discutiremos neste capítulo. Sendo assim, Sócrates busca superar Protágoras não apenas no registro *dialógico*, em que ele habitualmente exerce sua investigação filosófica nos diálogos platônicos, mas também no âmbito discursivo característico da "sofística", ou seja, no registro da *makrologia*[8]. Como referido no subtítulo 2.5, Morgan distingue três modalidades de tratamento do mito e da poesia pelos intelectuais do fim do séc. V[9]: i. exegese de textos poéticos (ex.: Platão, *Protágoras* 339a-348a; *Hípias Menor*); ii. personagens e situações mitológicas usadas como protótipos éticos por meio dos quais os sofistas anunciam o caráter moral e os benefícios de seus ensinamentos, ao mesmo tempo que exibem sua capacidade oratória (ex.: *A Escolha de Héracles*, de Pródico, em Xenofonte, *Memoráveis* 2.1.21-34, e o *Diálogo Troiano*, de Hípias, referido em Platão, *Hípias Maior* 286a-b); iii. *epideixeis* em sentido estrito (que se confundem parcialmente com ii), como as de Hípias e Pródico referidas acima, bem como as de Górgias (*Elogio de Helena* e *Defesa de Palamedes*, DK 82 B11 B11a) e Antístenes (*Ájax*,

---

8 P. Friedländer, op. cit., p. 24.
9 K.A. Morgan, *Myth and Philosophy: From Presocratics to Plato*, p. 91-92.

SSR *V.A.* 53; *Odisseu, SSR V.A.* 54; *Héracles, SSR V.A.* 92-9), em que os autores se apropriam do mito de maneira mais livre, e por meio das quais exibem sua capacidade oratória na manipulação e reinvenção do material mitológico ao discutirem questões contemporâneas (especialmente as de ordem moral). Portanto, o discurso contínuo de Sócrates (342a-347a) se enquadraria na primeira modalidade discursiva que, conforme indicado pelo próprio Platão no *Protágoras* e em *Hípias Menor*, era um tipo de exercício comum praticado pelos "sofistas", e então apropriado pelo filósofo nesse contexto particular figurado aqui[10].

Pois bem, analisemos as particularidades da *epideixis* de Sócrates (324a-347a), e verifiquemos em que medida ela contribui para a discussão sobre a *virtude* no *Protágoras*, e qual a sua função específica na dinâmica do diálogo. Como estratégia metodológica, proporei uma leitura retrospectiva a partir da reflexão crítica de Sócrates após seu longo discurso (347-348a). Ainda que um tanto quanto paradoxal, a própria personagem desqualifica o tipo de exercício exegético que ele mesmo se propôs voluntariamente a praticar em público. Vejamos as suas ponderações:

— Confio a Protágoras decidir pelo que lhe for mais agradável. Se lhe aprouver, abandonemos cantos e poesias! Todavia, sobre aquilo que antes lhe indagava, Protágoras, eu terminaria, com prazer, de examiná-lo em sua companhia. Com efeito, o diálogo sobre poesia me parece muitíssimo semelhante aos banquetes de homens medíocres e vulgares, pois eles, devido à incapacidade de se entreterem por conta própria durante a bebedeira e por meio de sua própria voz e de seus próprios discursos, fruto

---

10 G. Cerri, Il canto di Simonide nel *Protagora* di Platonehomer, em G. Casertano (ed.), *Il* Protagora *di Platone: struttura e problematiche*, p. 474: "A grande importância do *Protágoras* no horizonte da obra literária e da doutrina filosófica, de Platão, acabou por obscurecer, nas análises do diálogo desenvolvidas pelos platonistas em sentido estrito, um aspecto seu secundário: aquele de ter conservado grande parte de um canto de Simônides, a *Ode a Escopas*, que assim, graças precisamente ao *Protágoras*, de Platão, é conhecido por nós em maior escala do que outros cantos corais daquele autor. E, a partir do próprio modo com que é tratado pelos interlocutores do diálogo, é evidente que ele era então considerado, como é considerado hoje pela crítica moderna, um dos cantos mais meticulosos dentre todos aqueles compostos pelo poeta. *Relacionado a isso, há outro aspecto de máxima relevância: o diálogo contém o mais antigo ensaio de exegese textual disponível na literatura grega supérstite.*"

de sua falta de educação, valorizam as auletas e despendem grande soma de dinheiro na voz alheia desses instrumentos, entretendo-se mediante essa voz. Nos banquetes de homens excelentes e educados, contudo, você não veria nem auletas, nem dançarinas, nem harpistas; observaria que eles bastam a si próprios para se entreterem por meio de sua própria voz, alheios a essas patacoadas infantis, e que falam e escutam ordenadamente, cada um à sua volta, ainda que bebam vinho em demasia. É o que sucede a encontros como este aqui: se eles contam com a participação de homens de tal jaez como a maioria de nós afirma ser o nosso caso, não carecem de voz alheia, nem mesmo dos poetas, os quais não podem ser indagados sobre o que dizem. A maioria dos homens, durante as discussões, chama-nos em causa, e parte deles afirma que o poeta pensa tal coisa, enquanto outra parte, que ele pensa coisa diferente, dialogando a respeito de uma matéria sobre a qual são incapazes de comprovar algum ponto. A esse tipo de encontro, aqueles homens dão adeus e passam, então, a se entreter por conta própria, oferecendo e aproveitando a oportunidade durante suas discussões para testarem uns aos outros. Parece-me que devemos, você e eu, imitar a estes últimos e abdicar dos poetas, para que estabeleçamos uma discussão entre nós por nossa própria conta, aproveitando a oportunidade para testar a verdade e a nós mesmos. Se ainda quiser me interrogar, estou pronto para apresentar a você as respostas; se preferir, porém, apresente-se perante a mim para terminarmos aquilo que deixamos pela metade na discussão! (347b8-348a9)

A citação é de longa extensão e merece nossa atenção em alguns pontos.

a. O primeiro aspecto concerne à distinção entre dois tipos de "diálogo", referidos metaforicamente aqui como dois tipos de "banquete", que corresponderiam, por sua vez, a dois modelos de "educação" distintos. No primeiro tipo de "diálogo", tal como sucede nos banquetes que se lhe assemelham, tomam parte pessoas incapazes de estabelecer uma discussão por conta própria, motivo pelo qual recorrem à voz dos poetas. Esse tipo de "diálogo" seria próprio de "homens medíocres e vulgares" (τῶν φαύλων καὶ ἀγοραίων ἀνθρώπων, 347c4-5), e o recurso à poesia se daria em razão da *incapacidade* de dialogarem por conta própria, tendo em vista a sua "falta de educação" (ὑπὸ ἀπαιδευσίας, 347c7). Evidentemente, Sócrates está aludindo de modo provocativo ao tipo de "diálogo" iniciado por Protágoras após a resolução do impasse entre eles, quando transpôs a discussão sobre a virtude para o âmbito da poesia com a introdução do poema de Simônides (338e-339a). A crítica de Sócrates ataca diretamente o cerne da concepção de educação defendida pelo sofista: se para Protágoras "a parte principal da educação do homem é ser hábil em poesia" (338e7-339a1), para Sócrates um diálogo que se limita a discutir poesia é consequência de certa educação inapropriada. Nesse momento do *Protágoras*, Platão, mediante a voz da personagem Sócrates, não apenas rejeita o modelo pedagógico dos "sofistas", herdeiros e propagadores da educação tradicional fundada na poesia, como analisado nos subtítulos 2.5 e 2.6, como também sugere a possibilidade de um modelo de educação alternativo, que, ainda que não explicitado e aprofundado aqui, coincidiria com a formação intelectual e moral propiciada pela dedicação à filosofia. Esse modelo apropriado de educação, talvez o único que mereça o título de "educação" propriamente dita, corresponderia ao segundo tipo de "diálogo" referido por Sócrates, do qual participam "os homens excelentes e educados" (καλοὶ κἀγαθοὶ συμπόται καὶ πεπαιδευμένοι εἰσίν, 347d3), que são *autossuficientes* para dialogarem por conta própria (ἀλλὰ αὐτοὺς αὑτοῖς ἱκανοὺς ὄντας συνεῖναι, 347d5), sem necessitarem recorrer à voz alheia dos poetas. Evidentemente, seria esse o tipo de "diálogo" praticado habitualmente por Sócrates, como vimos em efetividade na primeira metade do diálogo (329b-334c), e pretendido por ele para a sequência da discussão (348a). Esse segundo tipo de educação referido aqui corresponderia, *grosso modo*, ao modelo "lacônico" aventado ficticiamente por Sócrates no proêmio da exegese do poema de Simônides (342a-343c), como veremos a seguir. Em resumo: o tipo de "diálogo" escolhido por Protágoras é fruto de uma educação deficiente, sendo próprio de homens rudes e medíocres, ao passo que o tipo de "diálogo" conduzido por Sócrates é fruto de uma educação apropriada, sendo próprio de homens virtuosos e bem-educados. A superioridade da filosofia sobre a sofística é declarada peremptoriamente nessa passagem do *Protágoras* em questão[11] no que diz respeito à disputa pela primazia da educação dos homens.

b. O segundo ponto concerne a uma questão *metodológica* referente à própria exegese poética, cujo exemplo paradigmático seria a *epideixis* de Sócrates sobre o canto de Simônides (342a-347a). Sócrates entende que esse tipo de exercício interpretativo de enunciados poéticos é uma tarefa inócua, na medida em que é *impossível comprovar algum ponto* (περὶ πράγματος διαλεγόμενοι ὃ ἀδυνατοῦσι ἐξελέγξαι, 347e7), motivo pelo qual coexistem diferentes interpretações de um mesmo poema. Por conseguinte, a "verdade" não se coloca como um fim nesse tipo de exercício intelectual, justamente porque não é possível inquirir o próprio poeta sobre o que ele quis dizer com tal ou tal verso; por conseguinte, "parte deles afirma que o poeta pensa tal coisa, enquanto outra parte, que ele pensa coisa diferente" (347e5-6). Ao instituir uma cisão indelével entre "verdade" e enunciado poético, a exegese poética é confinada no âmbito da opinião, da verossimilhança, admitindo, consequentemente, a coexistência de diferentes versões sobre um mesmo poema. É o que vimos retratado no início da discussão sobre o canto de Simônides: Protágoras considerava haver uma contradição interna, razão pela qual ele julgava ser má composição (339a-d); Sócrates, por sua vez, considerava-o bem composto, propondo uma leitura que dissolvia a inconsistência apontada por Protágoras a partir da distinção semântica entre os verbos *emmenai/einai* (ser) e *genesthai* (tornar-se; vir a ser) (339e-340e). Ademais, logo após a *epideixis* de Sócrates, Hípias se dispõe a apresentar a sua própria versão do poema, mas é prontamente obstado por Alcibíades (347a-b), o que sugere a possibilidade de uma interpretação alternativa, diferente das duas já apresentadas, conforme o procedimento

11 Por ora, vale ressaltar que, embora Platão não esclareça no *Protágoras* quais os princípios e os métodos desse modelo apropriado de educação (que será tema de diálogos posteriores como *República* e *Leis*), já se vislumbra aqui uma superação do modelo de educação vigente àquela época, baseado fundamentalmente na poesia tradicional e complementado pelo ofício dos "sofistas", como discutimos nos subtítulos 2.5 e 2.6.

habitual desse tipo de competição (como podemos depreender da caracterização platônica do ambiente sofístico). Sendo assim, ao considerar impossível uma interpretação do poema que poderia ser considerada "verdadeira" ou "definitiva" (impossibilidade esta em razão da ausência do próprio poeta para esclarecer os pontos controversos), Sócrates justifica não apenas a possibilidade da coexistência de diferentes leituras sobre um mesmo poema, como também nos ajuda a compreender, numa espécie de *metadiscurso*, o motivo das próprias idiossincrasias de sua interpretação oferecida durante sua *epideixis*. Portanto, esse princípio metodológico parece ser a chave para a compreensão do procedimento de Sócrates nessa seção do diálogo (342a-347a), pois é calcado nele que o seu discurso sobre o canto de Simônides é concebido.

Por outro lado, esse mesmo princípio coloca em xeque as diversas qualificações que os críticos contemporâneos costumam oferecer para a exegese de Sócrates, tais como "anacrônica", "paradoxal", "leviana", "distorcida", "perversa" etc., como referido há pouco. Na perspectiva socrática, esse tipo de juízo seria inócuo, pois ele supõe uma determinada leitura definitiva e incontroversa, que serviria de parâmetro para se julgar o grau de plausibilidade das diferentes versões sobre um mesmo enunciado poético; e é justamente a impossibilidade de se estabelecer tal parâmetro que Sócrates está afirmando peremptoriamente aqui, impossibilidade dada pela ausência insuperável do próprio poeta. Sendo assim, o ambiente em que esse tipo de exercício de exegese poética se dá é, por natureza, *agonístico*, pois compreende um *embate* (*agōn*) entre as diferentes leituras de um mesmo poema, cujo prêmio seria dado pela audiência, na condição de árbitro, àquela mais bem fundada e internamente consistente[12].

c. O terceiro ponto a ser comentado está diretamente associado aos dois primeiros. Sócrates censura esse tipo de "diálogo" sobre poesia, qualificando-o pejorativamente de "patacoadas infantis" (ἄνευ τῶν λήρων τε καὶ παιδιῶν τούτων, 347d5-6). A ideia de

---

12 Platão, *Hípias Menor* 369b-d.

"brincadeira", de "jogo verbal lúdico" referida pelo termo grego *paidia* nessa reflexão *metadialógica* remete mais uma vez ao contorno satírico que a discussão entre Sócrates e Protágoras assume abertamente depois da resolução da "crise" (338e-ss.)[13]. Como analisamos no capítulo 4, a sua breve interlocução com Pródico (340e-341d) é o exemplo mais contundente do comportamento jocoso da figura de Sócrates no *Protágoras*. Nesse sentido, ao se referir aos "diálogos" sobre poesia como "patacoadas infantis", Sócrates justifica de certa maneira a sua própria conduta depois que a discussão passa a ser conduzida pelo "sofista"; é como se a personagem se adaptasse ao tipo específico de "diálogo" que ora se apresenta, passando a se comportar conforme requereria esse ambiente caracteristicamente "sofístico" (que compreenderia esse tipo de "diálogo" sobre poesia). Em outras palavras, Sócrates estaria se rebaixando à condição dos "homens medíocres e vulgares" (τῶν φαύλων καὶ ἀγοραίων ἀνθρώπων, 347c4-5) para que a própria discussão com Protágoras pudesse subsistir.

Tais considerações nos remetem imediatamente a uma observação de Górgias no epílogo de seu discurso *Elogio de Helena*, um raro exemplo de uma obra "sofística" supérstite: "quis escrever este discurso não apenas como defesa de Helena, mas também como *diversão minha*" (ἐμὸν δὲ παίγνιον, DK 82 B11.21). Embora a natureza desse discurso de Górgias seja diferente do tipo de exercício exegético que vemos representado por Platão no *Protágoras*[14], ambos coincidem no fato de qualificar o seu próprio discurso, que se apropria da poesia em diferentes níveis,

---

13 Sobre a poesia como uma forma de *paidia* (jogo; brincadeira), ver M. Griffith, *Greek Lyric and the Place of Humans in the World*, em F. Budelmann, *The Cambridge Companion to Greek Lyric*, p. 92.

14 E. Schiappa, *The Beginnings of Rhetorical Theory in Classical Greece*, p. 124: "As contribuições práticas do *Elogio de Helena*, de Górgias, podem ser melhor resumidas quando são descritas como aprimoramento da arte da escrita em prosa em geral, e da composição argumentativa em particular. Embora o assunto seja ostensivamente mitológico, o *modus operandi* do discurso suplementa as qualidades da composição oral-poética tradicional com práticas humanístico-racionalistas, tais como o método apagógico de argumentação. Por fim, é possível que Górgias tenha ajudado a inaugurar a prática da composição do encômio em prosa."

200 PROTÁGORAS, DE PLATÃO: ESTUDO INTRODUTÓRIO

como uma forma de "brincadeira", "jogo lúdico"[15]. Ao colocar na boca de Sócrates essa reflexão crítica a respeito dos "diálogos" sobre poesia, talvez Platão esteja se referindo a alguma consideração do gênero feita pelos próprios "sofistas" sobre o exercício do *logos*, tal como a que encontramos no *Elogio de Helena*, de Górgias. No entanto, não podemos ir além de uma mera conjetura, tendo em vista a insuperável limitação material relativa à conservação do *corpus* das obras dos "sofistas".

Pos bem, levando em consideração os três aspectos comentados acima, a questão inevitável que se coloca é a seguinte: por que, então, Sócrates se prontifica *voluntariamente* a apresentar sua versão sobre o canto de Simônides, se ele acredita que esse tipo de exercício exegético pouco tem a ver com a busca pela verdade e pelo conhecimento? Uma resposta plausível só pode ser aventada de maneira apropriada, se levarmos em conta os aspectos *dramáticos* do texto. i. Em primeiro lugar, a "missão" de Sócrates no *Protágoras* é, em última instância, dissuadir Hipócrates de se tornar discípulo do sofista, no desempenho de sua função de "médico da alma" (313d-e), como analisamos no subtítulo 3.1. ii. Em segundo lugar, a casa de Cálias está repleta da fina-flor da juventude ateniense, com ênfase especial à presença de Alcibíades e Crítias, que, por um determinado momento de suas vidas, fizeram parte do círculo de amizades de Sócrates[16]; ou seja, encontravam-se ali jovens de famílias abastadas que constituíam tanto o público-alvo dos "sofistas" quanto o de Sócrates, como comentamos nos subtítulos 1.2 e 2.2. iii. Em terceiro lugar, o diálogo se passa na casa de Cálias, que é representada por Platão como o reduto dos "sofistas" em Atenas, de modo que o que vemos representado aqui é a incursão de Sócrates no ambiente

---

15 Para um resumo das diversas interpretações sobre o sentido de *paignion* no discurso gorgiano, ver ibidem, p. 130-132.

16 Sobre a relação de Sócrates com Alcibíades e Crítias, ver Xenofonte, *Memoráveis* 1.2.18-26. Sobre Sócrates como educador de Cítias na *Comédia Antiga*, ver fragmento anônimo preservado por Alcifronte (1.34.4-7) (Giannantoni 1971, p. 65). Sobre a influência negativa de Crítias sobre a reputação de Sócrates no séc. IV, ver, especialmente, a referência em Ésquines, *Contra Timarco* 173.

sofístico, incursão esta comparada à visita de Odisseu ao Hades no Canto xi da *Odisseia*, como discutimos no subtítulo 2.2. iv. Em quarto lugar, Sócrates dialoga não como um discípulo em potencial, mas com o seu principal adversário, num ambiente que é a princípio estranho ao tipo de investigação crítica habitualmente praticado por ele em outros contextos dos diálogos platônicos; não podemos deixar de considerar que o tipo de interlocutor com o qual Sócrates discute constitui uma das condições para o tipo de diálogo a ser instituído, como analisamos no subtítulo 4.2. v. Em quinto lugar, Sócrates observa em sua narração que o espetáculo da cena relativa aos movimentos de Protágoras e de seu "coro" lhe causava certo "prazer" (ἥσθην, 315b3), de modo que Sócrates se mostra ciente do poder de *sedução* que esse tipo de performance oratória (*epideixis*) exercia sobre o público, poder este figurado na comparação do sofista com Orfeu, como examinamos no subtítulo 4.2. Nesse sentido, Sócrates estaria se apropriando de um instrumento alheio à sua prática discursiva habitual (i.e., a *brakhulogia*) com o intuito de seduzir e conquistar o público dos "sofistas" para a filosofia, apresentada como modelo alternativo à proposta pedagógica sofística de formação moral e intelectual dos jovens, como veremos na análise do *Proêmio* da *epideixis* socrática (342a-343c).

Portanto, levando em consideração todos esses aspectos que depreendemos da própria tessitura dramática do *Protágoras*, podemos concluir que a incursão voluntária de Sócrates na *makrologia* representa aqui a sua incursão num registro do *logos* caracteristicamente "sofístico", denominado marcadamente por Platão pelo termo *epideixis* e seus correlatos (ver a discussão do subtítulo 2.5). Todavia, tal incursão de Sócrates não implica que ele se identifica, ao menos nesse passo do *Protágoras*, com o "sofista" de maneira estrita; isso seria uma conclusão simplista e precipitada. O que vemos representado por Platão seria antes uma *apropriação* dos "métodos" sofísticos de exibição oratória por Sócrates em vista de um determinado fim, que se justifica pelos cinco motivos mencionados acima e resumidos da seguinte forma: i. Sócrates se exibe particularmente para Hipócrates, usando o poder de fascinação que esse tipo de perfomance teria sobre a alma dos jovens como meio de dissuadi-lo de sua decisão precipitada de se tornar discípulo de Protágoras. ii. Consequentemente, como sua perfomance se dá perante uma audiência, e uma audiência formada por discípulos e admiradores dos "sofistas", o poder de influência de sua exibição sobre a escolha futura de Hipócrates se estende naturalmente aos demais membros dela, como se Sócrates atuasse aqui como um elemento estranho e perturbador da ordem hierárquica estabelecida no ambiente sofístico, conforme a descrição do narrador (314e-316a). iii. O recurso de Sócrates à exegese poética estaria de certo modo autorizado pelo próprio contexto em que ela se dá: a discussão se passa no interior do ambiente sofístico e Sócrates se adapta a ele como condição de possibilidade para o próprio diálogo. iv. Sócrates se adapta ao tipo de interlocutor com o qual dialoga, como o contraste entre a cena inicial de sua conversa com Hipócrates e toda a discussão com Protágoras evidencia. A segunda metade do *Protágoras*, depois da resolução do impasse entre os protagonistas (338e-ss.), é marcada pela mudança nas condições do diálogo impostas pelas circunstâncias particulares, sendo confiada a Protágoras a condução do debate, como analisamos no subtítulo 4.2. Essa mudança nas funções *dialógicas* implicou uma transformação na própria natureza do diálogo, uma vez transposto por Protágoras para o âmbito da poesia: Sócrates, ao invés de simplesmente negá-lo, aceita o desafio e passa a participar de uma modalidade de "diálogo" que ele, como fica claro em sua reflexão *metadiscursiva* (347b-8a), considera estranha à busca pela verdade e pelo conhecimento. Ao tomar parte nesse tipo de "diálogo" comparado aos banquetes de "homens medíocres e vulgares" (τῶν φαύλων καὶ ἀγοραίων ἀνθρώπων, 347c4-5), Sócrates se conforma às próprias condições impostas pelo seu interlocutor e pelas circunstâncias peculiares da discussão, passando a disputar com ele no interior da própria "sofística" (tal como representada por Platão em seus diálogos).

E, por fim, v. o recurso à modalidade "sofística" de performance (*epideixis*), se não está intimamente associado à investigação de orientação filosófica, pode ser empregado pelo filósofo, contudo, como um meio alternativo para atrair os jovens à filosofia em certas circunstâncias bem delineadas, como seria o caso da cena dramática do *Protágoras*. Enfim, o que vemos representado na segunda metade do diálogo é a incursão de Sócrates nas modalidades do *logos* que Platão atribui à prática intelectual e pedagógica dos "sofistas", transformando-as e empregando-as em prol de um fim que se apresenta como nobre: salvar a alma do jovem "Hipócrates" e, por extensão, dos demais ouvintes que constituem a audiência da cena.

5.2. O Proêmio da Exegese de Sócrates (342a-343c)

Pois bem, depois de tais considerações teóricas e sugestões de interpretação, vejamos as particularidades da exegese socrática do canto de Simônides (342a-347a). Do ponto de vista da estrutura do discurso, a análise do poema pode ser dividida em três partes:

1. *Refutação da leitura de Protágoras* (339e-340d): essa parte não integra a *epideixis* propriamente dita de Sócrates (324a-347a), mas constitui o primeiro passo da interpretação das duas primeiras estâncias do poema citadas por Protágoras (339a-c), interpretação que será retomada e modificada adiante (343c-344c).
2. Epideixis *de Sócrates* (342a-347a):
2.1. *Proêmio* (324a-343c): a exposição da natureza da sabedoria lacônica, que explicaria o motivo da censura de Simônides a Pítaco, considerado um dos Sete Sábios;
2.2. *Exegese* (343c-347a): interpretação do poema de Simônides, cujo mote é que "o canto, em toda a sua extensão, consiste, sobretudo, numa refutação da frase de Pítaco" (344b4-5).

Comecemos pelo *Proêmio* (342a-343c), uma vez que ele concerne não apenas à leitura de Sócrates propriamente dita do poema, como também contribui para a construção da noção de "filosofia" em oposição à de "sofística" no *Protágoras*, o tema geral deste estudo. A primeira impressão que se tem ao ler essa seção do discurso de Sócrates é a inexistência de qualquer conexão aparente com a discussão anterior sobre o problema da consistência interna do canto de Simônides (338e-340e). Sócrates aventa a ideia paradoxal da existência da "filosofia" e de "sofistas" (no sentido genérico de "sábio", como vimos no subtítulo 1.1) em Creta e na Lacedemônia, cidades renomadas, entretanto, pela tradição bélico-militar, e não pela vida cultural e produção intelectual (que seria o caso de Atenas). Ou seja, o mote do *Proêmio* é deliberadamente contraintuitivo e paradoxal, e constitui obviamente uma ideia fictícia de Sócrates. Mas qual o sentido disso? Vejamos o texto:

Filosofia é mais antiga e mais difundida, entre os helenos, em Creta e na Lacedemônia, onde há o maior número de sofistas. Eles, porém, negam o fato e dissimulam ser ignorantes, a fim de mascarar que suplantam os helenos em sabedoria, tal como faziam os sofistas a que se referia Protágoras. Eles parecem suplantá-los na luta e na coragem, e consideram que, se os demais povos tomassem conhecimento daquilo em que são suplantados, todos eles se exercitariam nisso, ou seja, em sabedoria. E, até hoje, tendo acobertado o fato, eles têm enganado os que vivem à moda lacônica nas cidades, aqueles indivíduos que destroçam suas orelhas ao imitá-los e envolvem suas juntas com panos, praticam exercícios nus e vestem mantos curtos, como se nisso consistisse a superioridade dos lacedemônios sobre os helenos. (342a7-c3)

O primeiro aspecto a ser ressaltado é o caráter *paródico* da passagem. Sócrates está respondendo aqui tanto a Protágoras (316d-317c) quanto a Hípias (337c-338a) em suas intervenções anteriores. No primeiro caso, Sócrates parodia a genealogia dos "sofistas" aventada por Protágoras no início da discussão, apropriando-se da mesma ideia de um subterfúgio utilizado por alguém para esconder uma determinada condição: segundo Protágoras, poetas, músicos, profetas e professores de ginástica se esconderiam atrás de tais denominações para não se assumirem como "sofistas", evitando assim a inveja e o ódio que o título de *sophistēs* poderia lhes proporcionar; segundo Sócrates, por sua vez, cretenses e lacedemônios se esconderiam atrás da reputação de guerreiros formidáveis, como se a *coragem* fosse a sua virtude distintiva, para não deixarem entrever aos demais povos o real motivo de sua superioridade, i.e., a *sabedoria*. A proposição de Sócrates "filosofia é mais antiga e mais difundida, entre os helenos, em Creta e na Lacedemônia" (φιλοσοφία γάρ ἐστιν παλαιοτάτη τε καὶ πλείστη τῶν Ἑλλήνων ἐν Κρήτῃ τε καὶ ἐν Λακεδαίμονι, 342a7-b1) alude à proposição de Protágoras "eu afirmo que a arte sofística é antiga" (ἐγὼ δὲ τὴν σοφιστικὴν τέχνην φημὶ μὲν εἶναι παλαιάν, 316d3-4), deixando claro o motivo *paródico* da passagem, atestado inclusive por uma remissão direta ("tal como faziam os sofistas a que se referia Protágoras", 342b3-4). Por outro lado, Sócrates responde ao mesmo tempo à declaração de Hípias em sua intervenção na "crise" do diálogo, segundo a qual Atenas seria o "pritaneu da sabedoria" na Hélade (εἰς αὐτὸ τὸ πρυτανεῖον τῆς σοφίας, 337d5-6), cidade onde se encontram os helenos mais sábios (referindo-se provavelmente aos "sofistas", no sentido estrito, presentes ali na casa de Cálias). Sócrates, portanto, reverte a proposição de Hípias, atribuindo à Lacedemônia e a Creta a primazia em *sabedoria*.

É evidente que o *Proêmio* do discurso socrático é deliberadamente paradoxal, subvertendo uma ordem de valores que àquela época estava provavelmente muito bem estabelecida. Sabemos por diversas fontes que Creta e Esparta eram célebres por serem sociedades austeramente militarizadas, onde não havia espaço para o cultivo intelectual de qualquer espécie (cf. Platão, *Leis* I 626b-c; Heródoto 1.65.4-5; Aristóteles, *Política* VII 1.324b7-9) [17]. Atenas, por outro lado, era renomada pela vida cultural e intelectual, seja pelos festivais em honra de Dioniso com os concursos de tragédias e comédias (*Dionísias Urbanas e Rurais*), seja pelo desenvolvimento das obras arquitetônicas na cidade

---

17 N. Denyer, *Plato. Protagoras*, p. 155.

206 PROTÁGORAS, DE PLATÃO: ESTUDO INTRODUTÓRIO

financiado pela política de Péricles desde a década de 460 a.C. (sendo o Pártenon a mais célebre delas)[18], seja pelo afluxo de intelectuais estrangeiros de diferentes matizes, como Heródoto, Anaxágoras e os diferentes pensadores alcunhados de "sofistas" (como vemos claramente representado aqui no *Protágoras*), seja pela própria presença de Sócrates. Talvez a mais célebre referência a esse traço da cultura ateniense seja a passagem da *Oração Fúnebre* atribuída a Péricles pelo historiador Tucídides, em sua obra *História da Guerra do Peloponeso*: "almejamos a beleza com moderação e a sabedoria sem indolência" (Φιλοκαλοῦμέν τε γὰρ μετ' εὐτελείας καὶ φιλοσοφοῦμεν ἄνευ μαλακίας, II.40.1). Mais adiante, nesse mesmo discurso, Tucídides explicita por que os atenienses, embora não tenham uma formação militar austera semelhante à de Esparta e se dediquem antes ao cultivo da sabedoria, ainda assim são superiores a eles em *coragem*:

Com efeito, também nesse aspecto nos distinguimos dos demais: nós aliamos a máxima ousadia à máxima reflexão nas empresas que intentamos, ao passo que para os demais a ignorância infunde audácia, e o raciocínio, hesitação. Seria justo considerar superiores em ânimo aqueles que, mesmo conhecendo de modo claríssimo as coisas temíveis e aprazíveis, não se evadem por esse motivo das situações de risco. (II.40.3)

διαφερόντως γὰρ δὴ καὶ τόδε ἔχομεν ὥστε τολμᾶν τε οἱ αὐτοὶ μάλιστα καὶ περὶ ὧν ἐπιχειρήσομεν ἐκλογίζεσθαι· ὃ τοῖς ἄλλοις ἀμαθία μὲν θράσος, λογισμὸς δὲ ὄκνον φέρει. κράτιστοι δ' ἂν τὴν ψυχὴν δικαίως κριθεῖεν οἵ τά τε δεινὰ καὶ ἡδέα σαφέστατα γιγνώσκοντες καὶ διὰ ταῦτα μὴ ἀποτρεπόμενοι ἐκ τῶν κινδύνων.

Embora os lacedemônios não sejam referidos nominalmente nessa passagem, é claro que são eles um dos alvos privilegiados nesse contraste, senão o principal deles[19]: a *audácia* dos demais homens (*thrasos*, II.40.3) é fruto da *ignorância*, ao passo que a *ousadia* dos atenienses (*tolman*, II.40.3) está intrinsecamente

---

18 Sobre Péricles, ver nota 25 da tradução.
19 U. Fantasia, *Tucidide: La Guerra del Peloponeso*, p. 393; A.W. Gomme, *A Historical Commentary on Thucydides, v. II, books II-III*, p. 120-121.

associada à capacidade de *raciocínio*. A superioridade dos atenienses segundo Tucídides reside, portanto, no fato de sua *coragem* estar calcada no *conhecimento* das coisas que são "temíveis e aprazíveis", o que nos remete diretamente à discussão sobre a relação intrínseca entre *coragem* e *sabedoria* no diálogo *Laques* (cf., p. ex., 193a-5a; 197a-b) e no último argumento do *Protágoras* (cf. 359a-360e), como examinaremos no capítulo 7[20]. Em outras palavras, Tucídides salienta aqui o aspecto prático envolvido na *sabedoria* cultivada pelos atenienses, em resposta a uma perspectiva crítica que, em linhas gerais, associava o cultivo do conhecimento a uma tendência de afeminamento e de morosidade covarde (cf. Heródoto IV.142; VI.12)[21].

Pois bem, essa breve digressão sobre Tucídides ajuda a ilustrar o caráter paradoxal da proposta de Sócrates no *Proêmio* de seu discurso, na medida em que subverte um lugar-comum do pensamento político ateniense do fim do séc. V e início do séc. IV a.C. a respeito da superioridade de Atenas sobre as demais cidades, em especial Esparta, no que concerne ao desenvolvimento das diversas áreas do saber. No entanto, a função que essa ideia de uma *sabedoria* cultivada em Creta e na Lacedemônia desempenha na discussão entre Sócrates e Protágoras só se esclarece no fim do *Proêmio*, quando Sócrates explicita que tipo de saber seria esse:

Não apenas entre os homens de hoje, como também entre os de outrora, houve e há quem entenda que ser lacônico consiste muito mais em filosofar do que em praticar exercícios físicos, ciente de que ser capaz de proferir frases dessa natureza é próprio de um homem perfeitamente educado. Entre eles, incluíam-se Tales, de Mileto; Pítaco, de Mitilene; Bias, de Priene, e Sólon, nosso conterrâneo, além de Cleobulo, de Lindo; e Míson, de Quene, aos quais, diziam, acrescentava-se um sétimo, Quílon, da Lacedemônia. Todos eles eram zelosos, amantes e aprendizes da educação dos lacedemônios, e qualquer um poderia observar que sua sabedoria é deste tipo: frases breves e dignas de serem recordadas, proferidas por cada um deles. Consagraram

---

20 S. Hornblower, *A Commentary on Thucydides, vol I, books I-III*, p. 306.
21 U. Fantasia, op. cit., p. 389.

208 PROTÁGORAS, DE PLATÃO: ESTUDO INTRODUTÓRIO

as primícias da sabedoria a Apolo na nave do templo de Delfos, para onde, juntos, se dirigiram; lá escreveram aquilo que todos veneram: *Conheça a si mesmo* e *Nada em excesso*. Por que digo isso? Porque era este o modo da filosofia dos antigos: um discurso breve à moda lacônica. (342e4-343b5)

Ao estabelecer uma linha contínua entre educação espartana, os chamados "Sete Sábios"[22] e o próprio Sócrates, Platão empreende, dentro de um discurso *epidítico* ficcional, uma "tradição" filosófica que se oporia diretamente à genealogia da "sofística" estabelecida por Protágoras anteriormente, cujo aspecto principal era sua conexão íntima com a "tradição" poética (316d-317c). E o elemento unificador dessa suposta "tradição" filosófica é precisamente a *brakhulogia*, o "discurso breve", termo chave na discussão *metadialógica* que perpassa o *Protágoras*, como temos salientado ao longo deste estudo. Isso ressalta ainda mais o caráter paradoxal do *Proêmio*: Platão louva a *brakhulogia* (discurso breve) como meio de expressão sapiencial (da verdadeira sabedoria, por assim dizer) mediante um discurso contínuo de Sócrates, num contexto, portanto, de *makrologia* (discurso longo). Todavia, o ponto crucial dessa passagem consiste precisamente na criação de outra linha genealógica do saber humano, oposta à da sofística, que representaria, por sua vez, outro modelo de educação alternativo àquele delineado por Protágoras em seu *Grande Discurso* (325d-326e), em que poesia e sofística aparecem estreitamente vinculadas (328a-c). Nesse sentido, aqueles "homens excelentes e educados" referidos por Sócrates em sua crítica ao "diálogo" sobre poesia (καλοὶ κἀγαθοὶ συμπόται καὶ πεπαιδευμένοι, 347d3), aptos a participar de uma

---

22 Essa passagem do *Protágoras* é a primeira referência na literatura grega supérstite aos chamados "Sete Sábios" enquanto um grupo fechado. Em Heródoto, encontramos episódios históricos atribuídos a eles isoladamente, dentre eles Tales (1.74.2; 75.3-4), Bias (ou Pítaco, 1.27.1-5), Sólon (1.29-32), Quílon (1.59.2-3), além de Periandro (1.20; 23) e Anacársis (4.76-77), que aparecem, por sua vez, nos diferentes elencos de "Sábios" reportados por Diógenes Laércio no Livro I (1.40-42) de sua obra *Vidas e Doutrinas dos Filósofos Ilustres* (séc. III d.C.). Sobre a fortuna literária dos "Sete Sábios", ver D.F. Leão, A Tradição dos Sete Sábios e a Caracterização da Figura do *Sophos*, em D. Leão et al. (coords.), *Dos Homens e Suas Ideias: Estudos Sobre as* Vidas *de Diógenes Laércio*.

discussão ordenada sem necessitarem recorrer à voz alheia dos poetas, seriam fruto desse modelo de educação alternativo sob a égide da filosofia. Em suma, Platão utiliza um contexto *paródico* de uma prática "sofística" (i.e., *epideixis*) para aventar outro modelo de educação, ainda que não discutido pormenorizadamente aqui no *Protágoras*, mostrando que a disputa com a "sofística" se dá em diversos níveis: não apenas em torno da concepção da natureza da virtude e de sua ensinabilidade, mas também em torno da definição de um modelo pedagógico apropriado para a promoção da virtude nos indivíduos.

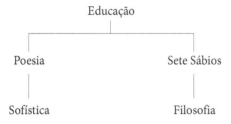

No entanto, na medida em que o termo *brakhulogia* (discurso breve) alcunhado por Platão é bastante genérico, a espécie de *brakhulogia* própria do homem espartano (342d-e) e praticada pelos Sete Sábios (343a-c), como meio de expressão sapiencial, é muito distinta da espécie de *brakhulogia* praticada por Sócrates nos diálogos platônicos. As máximas dos Sete Sábios, como os preceitos apolíneos "Conheça a si mesmo" e "Nada em excesso", não se equivalem ao procedimento *dialógico* de Sócrates, que se dá mediante perguntas e respostas e pressupõe necessariamente um interlocutor. Enquanto as máximas são expressões individuais de homens que detêm certo saber que os diferencia dos homens comuns, o saber filosófico é construído *dialogicamente* mediante a cooperação dos interlocutores, como vimos naquela descrição do *Górgias* (457c-8b) mencionada no subtítulo 4.2. A despeito dessa incongruência entre as duas espécies de *brakhulogia*, o que parece mais relevante aqui para Platão é estabelecer uma linha genealógica da "tradição" filosófica em oposição à genealogia de poetas e "sofistas" posta na boca de Protágoras (316d-317c), procedimento este que funciona como um artifício suplementar na delimitação das fronteiras entre "filosofia" e "sofística" no interior de seu pensamento.

Mas por que Sócrates apela para um discurso tão paradoxal como esse do *Proêmio*? Isso se deve apenas ao caráter *paródico* da passagem, ou trata-se antes de um procedimento convencional no âmbito da *epideixis*? Denyer observa que o *Proêmio* do discurso de Sócrates não se distingue daquela espécie de discursos "sofísticos" que glorificavam coisas tais como o esplendor do sal, das abelhas, dos seixos, das conchas ou da morte (Platão, *Banquete* 177b; Isócrates, *Elogio de Helena* 12; Cícero, *Tusculanas* 1.116), ou que defendiam, por exemplo, a inocência de Helena, como no *Elogio de Helena*, de Górgias (DK 82 B11)[23]. Segundo Morgan, "uma predileção pelo paradoxal e pelo inesperado parece ter sido uma característica de certas *epideixeis* sofísticas"[24]. No caso específico desse discurso supérstite de Górgias, segundo a análise de Morgan, a escolha por defender Helena partindo do princípio de que ela efetivamente esteve em Troia (quando havia a versão alternativa que encontramos na *Palinódia* de Estesícoro, na *Helena*, de Eurípides, e em Heródoto, segundo a qual ela teria ficado no Egito[25]) constituía uma proposta radical que funcionava como o veículo ideal para a exibição do poder do *logos*[26]. Das quatro causas arroladas para explicar a partida de Helena junto a Páris (determinação divina, violência, *logos* e amor), a argumentação referente ao *logos* (§§8-14) certamente é a seção mais discutida pela crítica contemporânea, não apenas pela sua importância histórica, mas também por refletir, enquanto *metadiscurso*, o próprio procedimento de Górgias ao compor um discurso tão peculiar como o *Elogio de Helena*. Como salienta Morgan, "quanto mais bem-sucedido é

---

23. N. Denyer, op. cit., p. 155.
24. K.A. Morgan, op. cit., p. 10.
25. Heródoto, *Histórias* II.112-120.
26. K.A. Morgan, op. cit., p. 110, 126.

Górgias ao argumentar que o poder mágico do discurso compeliu Helena a fazer o que não deveria ter feito, menos efetivo é o seu discurso, pois nós ficamos cientes de que ele está exercendo essa mesma persuasão sobre nós, induzindo-nos a acreditar naquilo que não deveríamos acreditar"[27]. Assim, na perspectiva do mito, o *logos* é glorificado pelo seu poder de encantamento sobre Helena, ao passo que, no interior do discurso de Górgias, ele é glorificado por ser empregado numa defesa improvável. Morgan salienta justamente o aspecto paradoxal da *Helena*, de Górgias, que decorre precisamente desse tipo de reflexão *metadiscursiva* no interior do próprio discurso.

A *Retórica*, de Aristóteles, também contribui para atenuar a impressão de perplexidade que temos ao ler o *Proêmio* da *epideixis* de Sócrates. Como é notório, Aristóteles foi o primeiro teórico a propor objetivamente a distinção entre os três gêneros do discurso retórico, distinção que se tornou basilar na tradição helenística e latina posteriores: o *deliberativo*, o *judiciário* e o *epidítico*[28]. Enquanto os dois primeiros gêneros são facilmente distinguíveis tanto pelos critérios usados por Aristóteles (objeto, tempo, tipo de audiência) quanto pelo contexto de *performance* específico (Assembleia e tribunais, respectivamente), o gênero *epidítico* é mais difícil de ser compreendido, tendo em vista a complexidade e a diversidade das espécies de discurso englobadas por tal alcunha (i.e., epitáfios, panegíricos, encômios)[29]. De qualquer modo, o adjetivo grego *epideiktikē,* usado por Aristóteles para definir tal gênero, provém da mesma raiz *epideik-* das formas verbais e nominais usadas por Platão em diálogos como o *Górgias*, o *Protágoras* e o *Hípias Menor* para designar a *exibição* oratória dos "sofistas", como analisamos no subtítulo 2.5[30]. Em linhas gerais, a despeito dos problemas envolvidos na noção de *epidítico* na *Retórica* de Aristóteles, ela conserva a

27. Ibidem, p. 126.
28. Ver supra p. 192n7.
29. Sobre o problema da categorização do gênero *epidítico* em Aristóteles, ver E. Schiappa, op. cit., capítulo 11.
30. Ver supra p. 75n47-48.

PROTÁGORAS, DE PLATÃO: ESTUDO INTRODUTÓRIO

ideia genérica de um discurso elaborado para ser exibido em público, em que está em jogo a habilidade técnica do orador a ser apreciada pela audiência. Pois bem, ao tratar justamente do "proêmio" dos discursos *epidíticos* no Livro III, Aristóteles faz as seguintes considerações:

> O proêmio é o início do discurso, assim como é o prólogo na poesia e o pre-lúdio numa peça de aulo, pois todos eles constituem o início, como se fossem uma preparação para quem segue um determinado caminho. O prelúdio de uma peça de aulo é semelhante ao proêmio dos discursos epidíticos. Com efeito, os auletas tocam previamente o que sabem tocar bem, e então o ligam à nota inicial da peça; da mesma forma, deve-se proceder na composição dos discursos epidíticos: depois de dizer o que quiser, deve-se introduzir o tema e ligá-lo ao restante, como todos fazem. Um exemplo é o proêmio da *Helena* de Isócrates, pois não têm nada em comum os erísticos e Helena. Ao mesmo tempo, ainda que alguém se desvie do tema, é apropriado que o discurso como um todo não seja homogêneo. (III.14 1414b19-30)

Ainda que Aristóteles esteja num contexto histórico em que a prática retórica escrita já estava bem mais consolidada do que à época da composição do *Protágoras*, suas observações sobre a natureza dos proêmios dos discursos *epidíticos* nos ajudam a compreender, de certo modo, a idiossincrasia do *Proêmio* da *epideixis* de Sócrates. O primeiro ponto a ressaltar concerne ao fato de ser próprio desse tipo de discurso não ser "homogêneo", ou seja, de ser habitual, nesse contexto discursivo específico, integrar temas que aparentemente não possuem conexão entre si, como seria o caso da "sabedoria lacônica" (342a-343c) e a exegese do poema de Simônides propriamente dita (343c-347a). Nesse sentido, se a exegese de Sócrates pode ser classificada como um discurso *epidítico* segundo a classificação aristotélica, a impressão da ausência de *unidade* no discurso socrático seria antes uma projeção nossa a partir de uma expectativa prévia de "unidade" do que um problema de consistência interna. Talvez o procedimento de Sócrates contemplasse justamente a expectativa daquela

A INCURSÃO DE SÓCRATES NA *MAKROLOGIA*   213

audiência figurada na cena do *Protágoras* e não parecesse tão paradoxal a ela quanto a nós. Nesse caso, Sócrates estaria mostrando não apenas seu conhecimento desse tipo de procedimento oratório peculiar, como também se conformando às "convenções" do registro *epidítico*, por assim dizer.

O segundo ponto diz respeito à analogia entre o discurso *epidítico* e a peça de aulo. Aristóteles afirma que o prelúdio, embora seja independente da peça musical que se segue a ele, se liga de algum modo à nota inicial do tema. Não constituem, portanto, duas partes simplesmente justapostas; há um elemento que faz a transição do prelúdio para a peça musical propriamente dita, designado pelo termo grego *endosimon* (traduzido aqui como "nota inicial da peça", 1414b24)[31]. Pois bem, o *endosimon* do discurso de Sócrates, se essa leitura do trecho da *Retórica* de Aristóteles está correta, corresponderia justamente às últimas palavras do *Proêmio*, que fazem a conexão entre o discurso sobre a "sabedoria lacônica" e o poema de Simônides:

Com efeito, esta frase de Pítaco, elogiada pelos sábios, circulava por aí privadamente: *Difícil é ser nobre*. Simônides, então, almejando ser honrado por sua sabedoria, atinou que, se ele impusesse uma derrota a essa frase, como a um atleta de renome, e prevalecesse sobre ela, ele próprio viria a ser bem reputado entre os homens daquela época. Em vista disso, então, e em resposta a essa frase, ele compôs todo o canto conspirando para desacreditá-la, como me é manifesto. (343b5-c5)

A ideia de uma "sabedoria lacônica", representada, sobretudo, pelos Sete Sábios (entre eles, Pítaco), serve para criar o pano de fundo, por assim dizer, sobre o qual Sócrates vai desenvolver a interpretação do poema de Simônides. Aquela censura do poeta a Pítaco (339c), portanto, será vista como o estabelecimento de um

---

31. E.M. Cope e J.E. Sandys definem da seguinte maneira o *endosimon*: "a abertura propriamente dita, as notas preliminares do tema que dá o tom, ou a chave, para o restante [da peça musical]". Mas adiante: "a nota-chave, além do modo e do tom, para o restante [da peça musical], funcionando então como um guia a ser seguido, ou (num sentido similar) como uma introdução, ou uma transição preparatória para alguma coisa a mais" (*Aristotle: Rhetoric, v.* 3, p. 162-163).

214   PROTÁGORAS, DE PLATÃO: ESTUDO INTRODUTÓRIO

agōn entre eles pela primazia em *sabedoria*, conformando o mote da leitura do poema ao próprio ambiente agonístico envolvido na discussão com Protágoras. Como sintetiza Sócrates: "o canto, em toda a sua extensão, consiste, sobretudo, numa refutação da frase de Pítaco" (ὅτι παντὸς μᾶλλον ἔλεγχός ἐστιν τοῦ Πιττακείου ῥήματος διὰ παντὸς τοῦ ᾄσματος, 344b4-5). Ao tratar o poema como uma espécie de *elenchos* (refutação), Sócrates deixa entrever claramente o princípio "socrático" de toda a sua interpretação.

5.3. A Exegese de Sócrates (343c-347a)

Após essas considerações sobre diferentes aspectos do *Proêmio* da *epideixis* de Sócrates (342a-343c), passemos então à análise das particularidades de sua exegese, buscando observar em que medida ela se integra ao corpo da discussão principal entre Sócrates e Protágoras sobre o problema da *unidade das virtudes*, ou, de uma forma mais ampla, sobre questões relativas à virtude em geral. Para tal fim, é preciso que tenhamos como contraponto uma determinada reconstrução do sentido geral do poema, a partir da perspectiva da crítica literária contemporânea, que tenha como parâmetro os lugares-comuns da poesia lírica dos sécs. VI e V a.C. concernentes às preocupações morais e religiosas próprias da época de Simônides. Como sublinha Taylor, os tópicos mais gerais que aparecem no canto em questão seriam os seguintes: i. a impossibilidade da perfeição humana; ii. a distância intransponível entre homens e deuses; iii. as vicissitudes inelutáveis da vida humana; iv. e a necessidade de moderação em todas as coisas[32]. Como estratégia metodológica, utilizarei a reconstrução

---

32. C.C.W. Taylor, *Plato. Protagoras*, p. 147-148. Ver também M. Griffith, Greek Lyric and the Place of Humans in the World, em F. Budelmann, *The Cambridge Companion to Greek Lyric*, p. 79-80. Sobre os tópicos comuns da poesia arcaica grega em Simônides, Píndaro, Teógnis e Baquílides, bem como as possíveis diferenças de tratamento desses mesmos tópicos pelos diferentes poetas, ver M. Dickie, The Argument and Form of Simonides 542 PMG. *Harvard Studies in Classical Philology*, v. 82.

A INCURSÃO DE SÓCRATES NA *MAKROLOGIA*   215

do sentido geral do poema proposta por Adam Beresford[33], que tem como vantagem, além de ser atualizada, o fato de considerar completo o poema tal como transmitido por Platão, rejeitando a leitura mais difundida pela crítica literária que estabelece algumas lacunas no texto (como vemos impresso, por exemplo, na edição canônica de Page do *corpus* supérstite da lírica grega, PMG 542)[34]. Vale a ressalva de que a discussão relativa à reconstrução do poema e à sua transmissão é bem mais complexa do que será apresentado aqui em linhas gerais, pois o que nos interessa não são as particularidades do texto com as quais se ocupam os especialistas em lírica grega (como questões de métrica, por exemplo), mas uma reconstrução plausível que seja alternativa à interpretação proposta pela personagem Sócrates.

Vejamos, primeiramente, como o poema é apresentado em Platão, de um lado, e como Beresford reordena, de outro, as estâncias do poema em vista de uma leitura historicamente mais factível:

PLATÃO, PROTÁGORAS (339A-347A)	BERESFORD, P. 242-243
I. [339b] Difícil é, sim, tornar-se deveras um homem bom, completo nas mãos, nos pés e na mente, criado sem vitupério.	[Estrofe 1 = I+III+IV+V+345c3] Difícil é, sim, tornar-se deveras um homem bom, completo nas mãos, nos pés e na mente, criado sem vitupério.
II. [339c] E não estimo apropriado o dito de Pítaco, ainda que de um sábio mortal: difícil, dizia, é ser nobre.	Apenas a deus caberia tal privilégio. É impossível que um homem não seja mau, se uma adversidade irremediável o rebaixa.
III. [341e] Apenas a deus caberia tal privilégio.	Pois quando é bem-sucedido, todo homem é bom, porém mau, quando malsucedido. < E são melhores, na maior parte do tempo, aqueles que forem amados pelos deuses. > [345c3]
IV. [344c] É impossível, contudo, que um homem não seja mau, se uma adversidade irremediável o rebaixa.	

---

33. A. Beresford, op. cit. Beresford acredita que o poema completo foi preservado por Platão, objetando assim à leitura de Hutchinson, que divisa quatro lacunas nele. Sobre uma reconstrução alternativa do poema, ver G.O. Hutchinson, *Greek Lyric Poetry*, p. 46-48, p. 291-306.

34. *Poetae Melici Graeci*, D.L. Page, p. 282 (PMG 542).

PROTÁGORAS, DE PLATÃO: ESTUDO INTRODUTÓRIO

v. [344e] Pois quando é bem-sucedido, todo homem é bom, porém mau, quando malsucedido.

vi. [345c] Por isso, jamais buscarei encontrar o impossível, jamais despenderei em vão o quinhão de minha vida em esperança inócua: um homem irrepreensível entre nós, que do fruto da terra imensa desfrutamos. Se eu encontrá-lo, reportar-vos-ei.

vii. [345d] A todos que nada vergonhoso fizerem voluntariamente elogio e amo; com o inevitável, nem mesmo deuses contendem.

viii. [346c] A mim basta que não seja mau nem tão desregrado; um homem são e cônscio da justiça guardiã da pólis; a ele não repreenderei,

ix. [346c] Pois infinita é a estirpe dos tolos.

x. [346c] São belas todas as coisas, que às vergonhosas não estão mescladas.

[Estrofe 2 = ii+viii+ix+x]

E não estimo apropriado o dito de Pítaco, ainda que de um sábio mortal: difícil, dizia, é ser nobre.

A mim basta que não seja tão desregrado, um homem são e cônscio da justiça guardiã da pólis; a ele não repreenderei, pois infinita é a estirpe dos tolos.

São belas todas as coisas, que às vergonhosas não estão mescladas.

[Estrofe 3 = vi+vii]

Por isso, jamais buscarei encontrar o impossível, jamais despenderei em vão o quinhão de minha vida em esperança inócua: um homem irrepreensível entre nós, que do fruto da terra imensa desfrutamos. Se eu encontrá-lo, reportar-vos-ei.

A todos que nada vergonhoso fizerem voluntariamente elogio e amo; com o inevitável, nem mesmo deuses contendem.

A leitura de Beresford depende necessariamente da reorganização das estâncias do poema, subvertendo a ordem linear das citações, tais como aparecem no *Protágoras*. Como ressaltado há pouco, os argumentos específicos usados pelo estudioso a fim de justificar, com base no texto platônico, a plausibilidade dessa reconstrução serão deixados de lado. Para ir direto ao ponto, cito aqui o resumo da leitura de Beresford proposto por Denyer em seu comentário ao *Protágoras*[35]:

Para um homem, é difícil se tornar perfeitamente bom [339b1-3]. De fato, apenas um deus poderia ser perfeitamente bom [341e3]. Isso se deve ao fato de que os homens podem ser acometidos por desastres; e quando eles o são, não podem deixar de ser maus [344c4-5]. Pois um homem

35. N. Denyer, op. cit., p. 148.

bom pode ser bom apenas quando se encontra em boas circunstâncias; e as más circunstâncias o tornarão mau [344e6-7]. Pítaco estava errado ao dizer que é difícil ser bom: diferentemente da bondade perfeita, uma mera bondade ordinária é prontamente atingível [339c4-6]. Nós devemos ficar satisfeitos se as pessoas possuírem uma mera bondade ordinária [346c2-8]. Se não quisermos ficar satisfeitos, há um incontável número de pessoas tolas para nos desagradar; e nós devemos considerar as coisas como suficientemente boas, contanto que elas não sejam positivamente falhas [346c9-13]. Então, eu não irei atrás do impossível, de um homem bom, perfeito e incólume – contudo, se eu o encontrar, comunicarei a vocês [345c6-11]. Aplaudirei todos os homens, contanto que eles atinjam uma mera bondade ordinária e não façam nenhuma coisa vergonhosa voluntariamente. E quanto ao fato de eles poderem fazer alguma coisa vergonhosa uma vez acometidos por um desastre – bem, lembrem que mesmo os deuses estão sujeitos à necessidade [345d3-6].

Será com base nessa reconstrução do poema proposta por Beresford, portanto, que desenvolverei minha interpretação sobre a exegese de Sócrates. Todavia, é importante ressaltar que, do ponto de vista metodológico, estamos contradizendo aquela ponderação de Sócrates sobre a impossibilidade de termos acesso ao pensamento do poeta, pelo simples fato de ele não estar presente para ser interrogado sobre suas intenções (cf. 347e). Como discutimos no subtítulo 5.1, é precisamente esse princípio metodológico que permite a Sócrates reconfigurar o poema como lhe apraz, conformando-o às necessidades argumentativas dadas pelas circunstâncias específicas em que o "diálogo" sobre a poesia ocorre. Sua licença ao interpretar o canto de Simônides, portanto, está justificada *a priori* por tal princípio. Nesse sentido, o procedimento que adotaremos aqui é genuinamente antissocrático, na medida em que partimos de uma versão do poema que, supostamente, se aproximaria ao máximo do "sentido geral e intento" do poeta (τὸν τύπον αὐτοῦ τὸν ὅλον … καὶ τὴν βούλησιν, 344b3-4). Vale ponderar, contudo, que a leitura de Beresford também constitui, em última instância, uma "interpretação" do poema; no entanto, trata-se de uma reconstituição calcada na perspectiva da crítica literária contemporânea, que leva em consideração não apenas a consistência interna do canto, como também a sua inserção num contexto mais amplo da produção poética (convencionalmente chamada de "lírica arcaica"), que nos ajuda a compreender certas particularidades da composição de Simônides. Desse ponto de vista, a possibilidade de entrevermos certos *lugares-comuns* na lírica arcaica, bem como certas preocupações de ordem moral e religiosa, peculiares a uma determinada época da história do pensamento grego (que transcende os limites dos gêneros de escrita), nos habilita a estabelecer uma leitura do poema que servirá de contraponto à interpretação de Sócrates. Vou me referir doravante a "Simônides" simplesmente por uma questão de economia, embora esteja ciente de que se trata, em última instância, da reconstrução proposta por Beresford.

Pois bem, em linhas gerais, o contraste pretendido por Simônides entre a Estrofe 1 e a Estrofe 2 concerne à oposição entre a ideia de "virtude perfeita", que só seria possível aos deuses, e a "virtude ordinária", que seria atingível pelos homens. Nesse sentido, a censura a Pítaco se deve ao fato de ele considerar como difícil ser ordinariamente bom, o que Simônides rejeita: difícil, se não impossível, é ser "perfeitamente bom", pois os homens estão sujeitos às vicissitudes indeléveis da vida, ao passo que os deuses não são acometidos por isso[36]; contudo, ser ordinariamente bom não é difícil, basta viver conforme as leis e os costumes e não agir mal *voluntariamente*, ainda que, em certas circunstâncias desfavoráveis, o indivíduo seja *constrangido* a agir mal. Sendo assim, tanto a leitura de Protágoras, que acusava o poeta de se autocontradizer (339a-d), quanto a objeção de Sócrates, que refutava a ideia de uma inconsistência interna no poema (339e-340e), como analisamos no subtítulo 4.3, não compreenderiam apropriadamente o motivo da censura de Simônides a Pítaco.

---

36. O tópico aqui em jogo – a saber, que nenhum homem é afortunado em todos os aspectos – aparece em outros poetas, tais como Teógnis (v. 167s.; 441s.); Baquílides (5.50s., fr. 54 Sn.); Ésquilo (*Agamêmnon*, v. 1341s.); Eurípides (frs. 45; 196.1s.; 661.1s.; 757.1s. N). Cf. M. Dickie, op. cit., p. 24.

A INCURSÃO DE SÓCRATES NA *MAKROLOGIA* 219

Para analisarmos, então, (2.2) a exegese de Sócrates propriamente dita (343c-347a), dividamo-la em partes, seguindo a ordem linear das citações das estâncias do poema:

(2.2.1) 343c6-344b5: o resumo da leitura prévia das duas primeiras estâncias (339e-40e)
(2.2.2) 344b6-e8: a impossibilidade de se ser continuamente bom
(2.2.3) 345a1-c3: o conhecimento como condição suficiente para a virtude
(2.2.4) 345c4-346b8: a impossibilidade do mal voluntário
(2.2.5) 346b8-347a5: as razões da censura de Simônides a Pítaco

A primeira parte da exegese (2.2.1) reafirma a interpretação anterior das duas primeiras citações do poema (339e-340e), calcada na distinção entre "ser" (*emmenai*) e "tornar-se" (*genesthai*), que visava a objetar a Protágoras. A leitura pretendida por Sócrates incide sobre a própria compreensão da estrutura sintática dos versos. Vejamos o trecho:

O início do canto seria, de pronto, um flagrante desvario, se ele, querendo dizer que difícil é tornar-se um homem bom, inseriu então o "sim". Pois é claro que essa inserção não faz sentido, a não ser que alguém a conceba em vista da frase de Pítaco, como se Simônides com ela disputasse. Uma vez que Pítaco afirmava que *difícil é ser nobre*, ele, em discórdia, retorquiu: "Não, *difícil é, sim, tornar-se* um homem bom, ó Pítaco, deveras" – não "deveras bom", pois não é isso a que se refere a verdade, como se houvesse certos homens deveras bons, enquanto outros, embora bons, não o fossem de verdade; é claro que isso seria ingênuo e indigno de Simônides. É preciso, no entanto, entender o "deveras" no canto como hipérbato, aludindo assim, de algum modo, à frase de Pítaco. É como se supuséssemos que o próprio Pítaco estivesse falando e Simônides respondendo, e aquele dissesse o seguinte: "Homens, *difícil é ser nobre*", e este último então replicasse: "Pítaco, você não diz a verdade, pois não é 'ser', porém 'tornar-se' um homem bom, *completo nas mãos, nos pés e na mente, criado sem vitupério, que é deveras difícil.*" É dessa forma que a inserção do "sim" parece fazer sentido e que a posição correta do "deveras" é no fim; e tudo o que se segue comprova que é isso o que ele está dizendo. (343c7-344a7)

Como o mote de sua interpretação consiste na disputa entre Simônides e Pítaco pela primazia em *sabedoria*, como anunciado no final do *Proêmio* (343c), Sócrates transformará o poema num *agōn* entre as duas figuras. Esse aspecto agonístico é marcado pelo emprego dos verbos *erizō* (traduzido aqui por "disputar", 343d3) e *amphisbēteō* ("discordar", 343d4-5), uma clara referência ao discurso de Pródico na "crise" do diálogo, quando propôs uma distinção semântica entre os dois termos (337a-c). Sócrates, no entanto, parece usá-los indiscriminadamente, desconsiderando, portanto, a observação oferecida por Pródico àquela altura; essa atitude representaria, sub-repticiamente, mais um ato de desqualificação do saber de Pródico, retratado no *Protágoras* como uma figura inferior e alvo de satirização, como examinamos no subtítulo 4.4. A evidência utilizada por Sócrates para sublinhar esse aspecto agonístico do poema está na própria construção *antitética* das sentenças, expressa em grego pela coordenação das partículas *men* (traduzida aqui por "sim", 339b1, para deixar claro em português que Sócrates se refere a uma palavra em grego) e *de* (traduzido simplesmente por um "e", 339c3)[37]. Em outras palavras, a sentença introduzida por *men* expressaria a posição de Simônides (μέν, 339b1-3), ao passo que aquela introduzida por *de* (οὐδέ, 339c3) representaria a posição divergente de Pítaco (339c3-5), a qual o poeta estaria buscando refutar[38]. O comentário sintático de Sócrates é razoável e ajuda a reforçar o seu ponto; todavia, a sua observação referente ao *hipérbato* do advérbio *alatheōs* (traduzido aqui por "deveras", formado da mesma raiz de *alētheia*, "verdade") é flagrantemente forçada, embora sirva muito bem a seus propósitos[39]: não seria "deveras bom", como sugere a leitura natural do verso, mas "deveras difícil", pois o desacordo entre Pítaco e Simônides se daria justamente sobre

---

37. A partícula *de* aparece conjugada com a negação *ou* (οὐδέ, 339c3).

38. C.C.W. Taylor, op. cit., p. 144-145; N. Denyer, op. cit., p. 161.

39. Segundo Rudolf Pfeiffer (*History of Classical Scholarship: From the Beginnings to the End of the Hellenistic Age*, p. 34), os gramáticos e retóricos posteriores (cf. Trífon, *Sobre os Modos*, 11) derivam o nome da figura de linguagem "hipérbato" dessa passagem do *Protágoras*, no sentido de uma palavra e/ou expressão deslocada de sua posição apropriada.

o que é *verdadeiramente* "árduo" (*khalepon*) – a saber, adquirir a virtude (Simônides), ou conservá-la (Pítaco) (cf. 340b-d). Essa subversão sintático-semântica operada por Sócrates fica evidente, quando levamos em consideração a reconstrução do poema proposta por Beresford: por "deveras bom", Simônides se refere à ideia de um homem "perfeitamente bom", como a sequência dos versos indica (*completo nas mãos, nos pés e na mente, criado sem vitupério*, 339b2-3; 344a2-4), de modo que não haveria razão para entender *alatheōs* (deveras) como um caso de hipérbato[40]. Além disso, o argumento a que Sócrates recorre para justificar a ocorrência do hipérbato acaba sendo inócuo: se é de fato absurdo supor que, dentre as coisas boas, somente algumas são verdadeiramente boas, da mesma forma seria absurdo supor que, dentre as coisas difíceis, somente algumas são verdadeiramente difíceis; e se, por outro lado, *alatheōs* significa não "verdadeiramente", mas funciona apenas como um intensificador (no sentido de "perfeitamente", "extremamente"), então não haveria razão para mudá-lo de lugar no verso[41].

Mas qual a razão de Sócrates propor uma leitura sintático-semântica que parece ir de encontro à naturalidade da própria língua? a. Uma resposta possível seria justamente o fato de Sócrates conformar a leitura sintática do poema ao mote de sua interpretação. Nesse sentido, a sua artificialidade aparente, como acontece no caso do hipérbato, seria decorrente do ponto de partida de sua exegese, fundado na suposta distinção entre "ser" e "tornar-se": como Sócrates concebe a disputa entre Simônides e Pítaco como uma desacordo sobre o que é de fato *difícil*, adquirir a virtude ou conservá-la, então seria razoável entender o advérbio em hipérbato modificando *khalepon* (i.e., "deveras difícil",

---

40. O advérbio *alatheōs* funciona aqui com um *intensificador*, equivalente a "perfeitamente", "extremamente", o que é distinto de sua acepção literal "verdadeiramente" (N. Denyer, op. cit., p. 161). A ideia aqui, portanto, seria de um homem *perfeitamente bom*, "completo nas mãos, nos pés e na mente, criado sem vitupério" (339b2-3), e não de um homem *verdadeiramente bom*, no sentido em que Sócrates o interpreta, em que estaria em jogo a noção de "verdade" no sentido filosófico do termo (cf. 343d7).

41. N. Denyer, op. cit., p. 161.

344a4). No entanto, o próprio poema evidencia que a distinção entre "ser" e "tornar-se" não é pertinente para a compreensão do sentido do poema, além de ser anacrônica[42]. b. Outra resposta possível, que não exclui a anterior, seria considerar que Sócrates está parodiando e exacerbando aqui os métodos de interpretação "sofísticos" no âmbito da exegese poética[43]. Nesse sentido, as subversões de ordem semântica e sintática que temos observado seriam *ações deliberadas* de Sócrates, a fim de mostrar quão inócuo e absurdo é esse tipo de exercício exegético, conforme as observações críticas da própria personagem ao fim de sua *epideixis* (347b-8a). c. Uma terceira via possível, que também não exclui as anteriores, seria entender as subversões da leitura de Sócrates como *ações deliberadas* que se justificam, por sua vez, pelas suas próprias considerações *metodológicas* (347e) comentadas anteriormente: como é impossível interrogar o poeta sobre o que ele realmente pretendia quando compôs o poema, estão legitimadas *a priori* as diferentes interpretações que coexistem e disputam entre si. Nesse sentido, a sua *epideixis* consistiria em uma leitura "socrática" de Simônides.

42. As evidências textuais estão: i. em 344c4, quando Simônides emprega o verbo *emmenai* (ser) no sentido de "tornar-se", "vir a ser", mostrando que essa distinção sobre a qual Sócrates se apoia não procede no interior do próprio poema; e ii. em 345c6, em que o verbo *genesthai* (tornar-se; vir-a-ser) é usado no sentido mais próximo de "ser" do que de "vir a ser", como é bastante recorrente na língua grega.

43. C.C.W. Taylor, op. cit., p. 145. Aristóteles, nas *Refutações Sofísticas* (173b17-22), sugere que Protágoras acusava Homero de incorrer em solecismo nos primeiros versos da *Ilíada*. De modo semelhante, na *Poética* (1456b15-9), ele afirma que Protágoras censurava Homero por empregar, no início da *Ilíada*, uma expressão de *ordem*, e não de *prece*, para se dirigir à deusa. Isso se conforma com o que diz Diógenes Laércio, quando reporta que Protágoras teria sido "o primeiro a discernir quatro formas de discurso: prece, pergunta, resposta e ordem" (D.L. 9.53-54). No *Protágoras*, por sua vez, Platão coloca na boca da personagem homônima uma observação sobre a importância da poesia na educação dos homens que aponta para a mesma direção: "Eu considero, Sócrates, que a parte principal da educação do homem é ser hábil em poesia. *E isso consiste em ser capaz de compreender, entre os dizeres dos poetas, quais são compostos corretamente e quais não são, e saber discerni-los e explicá-los quando indagado*" (338e6-339a3). Todas essas evidências, portanto, parecem indicar que o Protágoras "histórico" se envolvia com algum tipo de abordagem crítica sobre a poesia, que, de certa forma, se assemelha ao procedimento de análise sintática e semântica do poema de Simônides empreendida por Sócrates aqui no *Protágoras*. Nesse sentido, a ideia de uma paródia dos métodos "sofísticos" de interpretação sugerida por Taylor e outros estudiosos é bem plausível.

A despeito do problema das motivações de Sócrates ao se aventurar pelo terreno da *epideixis* "sofística", há um aspecto formal digno de menção: ao tratar o canto como "uma *refutação* do dito de Pítaco" (ἔλεγχός ἐστιν τοῦ Πιττακείου ῥήματος, 344b4-5) na disputa pela primazia em *sabedoria* (343c), Sócrates explicita o teor de tal contenda mediante um *diálogo fictício* entre eles, como vemos na citação acima. Já discutimos no subtítulo 2.2 que a *interlocução fictícia* é um dos recursos que Sócrates emprega habitualmente nos chamados "primeiros diálogos", de Platão, quando submete seu interlocutor a uma investigação por meio de perguntas e respostas breves[44]. Sendo assim, o que Sócrates está fazendo aqui é introduzir no registro da *makrologia* (discurso longo) um tipo de procedimento característico do registro da *brakhulogia* (discurso breve), dando uma nuança "socrática", por assim dizer, para um discurso que seria típico do ambiente "sofístico".

Pois bem, passemos para a segunda parte da exegese (2.2.2). Vejamos o trecho central:

Um pouco adiante, ele afirma, como se apresentasse um argumento, que: "tornar-se um homem bom é deveras difícil, embora possível por certo tempo. Todavia, tendo se tornado bom, perseverar nessa disposição e ser um homem bom, como você afirma, Pítaco, é humanamente impossível, e esse privilégio caberia apenas a deus:

> *É impossível, contudo, que um homem não seja mau,*
> *se uma adversidade irremediável o rebaixa".* (344b6-c5)

Sócrates muda repentinamente, pois, o enfoque de sua interpretação. No primeiro momento (340b d), conforme a análise empreendida no subtítulo 4.3, ele recorre a Hesíodo para explicar por que Simônides criticava Pítaco: o que é difícil é "tornar-se" bom (i.e., adquirir a virtude), e não "ser" bom (i.e., uma vez em posse da virtude, conservá-la), como entendia

---

44. Sobre as diferentes funções da *interlocução fictícia*, ver supra p. 54n12 e 124n41.

Pítaco, pois "*perante a virtude os deuses impuseram o suor*, mas, quando alguém *ao cume dela alcança, fácil é então conservá-la, embora difícil tê-la obtido*" (340d2-5)[45]. Agora, porém, Sócrates passa a considerar que Simônides censurava Pítaco porque "ser" bom, no sentido de "ser continuamente bom", não é apenas difícil, mas *impossível* para os homens (ἀδύνατον, 344c2), cabendo somente aos deuses tal privilégio. Isso evidentemente contradiz o argumento prévio de Sócrates apoiado em Hesíodo, que considerava *difícil* adquirir a virtude, porém *fácil* conservá-la. Ou seja, Sócrates desloca o ponto da suposta polêmica entre Simônides e Pítaco dos verbos *emmenai/genesthai* (ser/tornar-se) para o adjetivo *khalepon* (difícil): não é que seja *difícil* conservar uma determinada *disposição moral* (ἐν ταύτῃ τῇ ἕξει, 344c1), é humanamente *impossível*, na medida em que os homens estão sujeitos a infortúnios que podem privá-los da condição de "homens bons"[46]. Nessa perspectiva, só é possível que homens "venham a ser" bons *por certo período de tempo*, porém impossível que "sejam" bons *continuamente*.

Esse deslocamento temático na leitura de Sócrates transpõe o debate para uma questão central do pensamento ético-religioso antigo: em que medida acidentes externos, que não dependem das escolhas feitas pelos indivíduos e não estão em seu poder, incidem sobre a *disposição moral* do agente (indicada aqui no *Protágoras*, por exemplo, pelo termo *hexis*, 344c1)? O que depreendemos dos versos citados acima (344c4-5), a partir da reconstrução do poema proposta por Beresford, é que não poderíamos falar tampouco de certa *disposição moral* adquirida pelo indivíduo na visão de Simônides, visto que adversidades externas, que podem acometê-lo acidentalmente, são suficientes para privá-lo de sua condição enquanto "homem bom". A própria noção de *hexis* em grego implica certa *estabilidade*[47], o que

---

45. Hesíodo, *Os Trabalhos e os Dias* v. 289-292.
46. L. Goldberg, *A Commentary on Plato's* Protagoras, p. 188.
47. A palavra *hexis* é formada pela raiz verbal *ekh-* e pelo sufixo *-sis* que denota "ação", "processo". Portanto, do ponto de vista etimológico, o termo designaria "a

A INCURSÃO DE SÓCRATES NA *MAKROLOGIA*

Simônides parece considerar impossível aos homens em razão de sua própria imperfeição enquanto seres humanos, sujeitos constantemente a mudanças de fortuna. Como observa Denyer, Simônides estaria tomando uma posição dentro de uma polêmica no interior da própria tradição poética[48]. Concepção ético-religosa semelhante à que depreendemos dessa passagem do canto de Simônides também aparece, por exemplo, em Homero (séc. VIII a.C.) e Baquílides (±518/517-±451/450):

Zeus amplissonante furta a metade da virtude de um homem, quando o dia da servidão contra ele investe. (*Odisseia*, 17.322-323)

ἥμισυ γάρ τ᾽ ἀρετῆς ἀποαίνυται εὐρύοπα Ζεὺς
ἀνέρος, εὖτ᾽ ἄν μιν κατὰ δούλιον ἦμαρ ἕλησιν.

Um bom destino, obra de um deus: eis o que
é o melhor para os homens.
A fortuna arruína o homem nobre
com o seu fardo intolerável,
e torna ilustre o homem mau,
quando lhe é próspera. (*Epinícios* 14.1-6)

Εὖ μὲν εἱμάρθαι παρὰ δαίμ[ονος ἀν]θρώ-
   ποις ἄριστον·
[ς]υμφορὰ δ᾽ ἐσθλόν <τ᾽> ἀμαλδύ-
   [νει β]αρύτλ[α]τος μολοῦσα
[καὶ τ]ὸν κακ[ὸν] ὑψιφανῆ
   τεύ[χει κ]ατορθωθεῖσα·

Em Teógnis (séc. VI a.C.), porém, encontramos uma visão divergente, segundo a qual a condição de um indivíduo persevera, independentemente das circunstâncias externas que venham a afetá-lo:

Cirno, o homem bom preserva sempre incólume o pensamento,
mantendo-se resoluto quer em meio a males, quer em meio a bens.

condição atual de estar em posse de alguma coisa"; daí o sentido de "estado", "disposição" (P. Chantraine, *Dictionnaire étymologique de la langue grecque*, p. 393).
   48. N. Denyer, op. cit., p. 162.

226 PROTÁGORAS, DE PLATÃO: ESTUDO INTRODUTÓRIO

Mas se deus confere ao homem mau recurso e riqueza,
por sua estupidez ele não é capaz de conter sua maldade. (v. 319-322)

Κύρν', ἀγαθὸς μὲν ἀνὴρ γνώμην ἔχει ἔμπεδον αἰεί,
  τολμᾶι δ' ἔν τε κακοῖς κείμενος ἔν τ' ἀγαθοῖς.
εἰ δὲ θεὸς κακῶι ἀνδρὶ βίον καὶ πλοῦτον ὀπάσσηι,
  ἀφραίνων κακίην οὐ δύναται κατέχειν.

Como vemos nas três passagens citadas acima, a *fortuna* dos
homens é determinada, de uma forma ou de outra, pelos deuses, podendo incidir (Homero, Baquílides) ou não (Teógnis)
sobre a condição de um indivíduo enquanto *agathos/esthlos*
(bom; nobre) ou *kakos* (mau; miserável)[49]. Como referido
acima, são lugares-comuns do pensamento ético-religioso do
período arcaico que também aparecem no canto de Simônides
em questão, como i. a distância intransponível entre homens e
deuses, e ii. as vicissitudes inelutáveis da vida humana[50]. No caso
de Simônides, esse aspecto religioso crucial não aparece imediatamente, pois até aqui (i.e., 344c) não há no poema qualquer
menção a uma causalidade divina na mudança da fortuna dos
homens, apenas a um contraste entre a condição imperfeita dos

49. Vale ressaltar que a noção de *agathos* e *kakos* em Teógnis não coincide exatamente com o sentido pretendido por Sócrates em sua interpretação do canto de Simônides, pois ambos os termos podem designar, antes, a condição social de um indivíduo
(portanto, no sentido de "nobre" em oposição ao "plebeu") do que a qualidade de seu
caráter (no sentido de "bom" em oposição a "mau"), ainda que, no caso do poeta elegíaco, ambos os sentidos podem se encontrar justapostos. Nesse sentido, um homem
cuja prosperidade material é arruinada deixará de ser *agathos* sob tal perspectiva, mas
continuará sendo *agathos* do ponto de vista dos traços de caráter que permanecem
incólumes mesmo diante das adversidades. Sobre uma visão geral quanto à noção de
agathos e *kakos* nos poetas líricos, ver M. Dickie, op. cit., p. 25-27; M. Griffith, op. cit.,
p. 83-84. Para uma comparação mais minuciosa entre o poema de Simônides e o epiní-
cio de Baquílides citado acima, ver M. Dickie, op. cit.
50. C.C.W Taylor, op. cit., p. 147-148. Para Taylor, o problema é compreender em
que sentido tais acidentes tornam "mau" (*kakos*) o homem "bom" (*agathos*). Ele propõe
duas alternativas: i. o infortúnio torna o homem pobre, faminto, fraco fisicamente, sem
reputação, ou seja, *kakos* no sentido tradicional de "virtude" (*aretē*), cuja condição é ser
bem-sucedido em suas ações (cf. 344e7-8) (ver Teógnis, v. 53-58, 1109-1113); ii. o homem,
em situação desafortunada, é constrangido a agir de maneira vergonhosa, como, por
exemplo, mendigar ou mesmo roubar, para se manter vivo (ver Teógnis, v. 373-392, 649-
652). Segundo o estudioso, Simônides estaria inclinado para a segunda alternativa, embora
ela não seja incompatível com a primeira, se levamos em consideração a estrofe em
345d3-5, na qual ele exprime seu juízo em primeira pessoa (C.C.W. Taylor, op. cit., p. 145).

homens e a perfeição dos deuses. Todavia, mais adiante, Sócrates afirma que "são melhores, na maior parte do tempo, aqueles que forem amados pelos deuses" (345c5), sugerindo, assim, que as adversidades que os acometem em diversas circunstâncias decorrem, em última instância, da vontade dos deuses, conforme os laços de amizade e inimizade estabelecidos para com os homens. Se essa observação de Sócrates integra de fato o poema de Simônides, então encontramos aqui a mesma ideia presente nos demais poetas referidos acima.

Mas quais *adversidades* (*sumphora*, 344c5) seriam essas que incidem sobre a condição virtuosa ou viciosa de um indivíduo? Na sequência de seu discurso (344c-d), Sócrates usa o exemplo de uma tempestade que castiga um navio comandado por um bom piloto: um exemplo óbvio em que as circunstâncias externas se sobrepõem ao âmbito de sua competência técnica, colocando em risco o sucesso de sua ação (i.e., levar a salvo tripulação e bens materiais até seu destino final). Todavia, quando examinamos outros poemas de Simônides e de outros poetas do mesmo período, constatamos que tais *adversidades* não se limitam a eventos externos de tal espécie, mas compreendem também uma série de fenômenos de ordem psicológica, que, com o desenvolvimento da filosofia e da psicologia morais no período convencionalmente chamado "clássico" (sécs. v e iv a.C.), passam a ser paulatinamente entendidos como fenômenos internos à alma e, por conseguinte, pertencentes à esfera da responsabilidade moral do agente – a saber, amor, ambição, ira, frustração, medo, ressentimento etc.[51] Esse ponto fica mais evidente no fragmento do poema *PMG* 541 de Simônides, que se assemelha tematicamente ao canto examinado por Sócrates no *Protágoras*:

Mas a poucos deus concedeu a virtude
até o fim, pois não é fácil ser nobre.
A ganância inexpugnável por ganho,
o desejo arrebatador da ardilosa

---

51. A. Beresford, op. cit., p. 254-255.

Afrodite, e as ambições pujantes
forçam o homem contra o seu querer. (*PMG* 541 v. 6-11)

ἀλλ'] ὀλίγοις ἀρεταν ἔδωκεν ἔ[χειν θεός
ἐς τ]έλος, οὐ γὰρ ἐλαφρὸν ἐσθλ[ὸν ἔμμεν·
ἢ γ]ὰρ ἀέκοντά νιν βιᾶται
κέρ]δος ἀμάχητον ἢ δολοπλ[όκου
με]γασθενὴς οἶστρος Ἀφροδίτ[ας
ἀρ]τίθαλοί τε φιλονικίαι.

Mas a poucos [deus?] concedeu a virtude
incólume até o fim, pois não é fácil ser nobre.
A ganância inexpugnável por ganho,
o desejo arrebatador da ardilosa
Afrodite, e as ambições insolentes
forçam o homem contra o seu querer. (A. Beresford, op. cit., p. 255)

ἀλλ'] ὀλίγοις ἀρεταν ἔδωκεν ἔ[μπεδον
ἐς τ]έλος, οὐ γὰρ ἐλαφρὸν ἐσθλ[ὸν ἔμμεναι·
ἢ γ]ὰρ ἀέκοντά νιν βιᾶται
κέρ]δος ἀμάχητον ἢ δολοπλ[όκου
με]γασθενὴς οἶστρος Ἀφροδίτ[ας
ἀτά]σθαλοί τε φιλονικίαι.

As pequenas variações nas duas edições do fragmento não alteram o ponto essencial para os propósitos deste estudo: o âmbito das "adversidades" referido pelo termo *sumphora*, no *Protágoras* (344c5), compreende não apenas acidentes externos, mas também fenômenos de ordem psicológica, que, na concepção ético-religiosa à época de Simônides, eram compreendidos como forças de certo modo "externas" que acometem os homens e fazem com que eles ajam *involuntariamente*[52], cuja causa pode ser atribuída à ação de uma divindade (como o caso de Afrodite no poema acima). Como resume Beresford:

---

52. Observe a ocorrência do adjetivo *aekonta* no poema, traduzido como "contra o seu querer". É o antônimo de *hekōn*, que aparece no poema examinado por Sócrates no *Protágoras* (traduzido por "voluntariamente", 345d4).

O enfoque de Simônides é que os seres humanos são deficientes, e que a vida é imprevisível, e às vezes extremamente estressante, e que sempre haverá situações em que mesmo um homem bom (que tem "o senso do que é correto") faz alguma coisa de que se arrepende ou se envergonha, ainda que ele sinta ter sido constrangido a isso pelas circunstâncias, ou pela sua condição humana deficiente[53].

Tendo essas considerações em mente, fica claro que há uma distância muito grande entre a concepção de "virtude" (*aretē*): a. enquanto um "valor" atribuído ao homem circunstancialmente, como vemos em Simônides (talvez a tradução de *aretē* por "valor" seja mais adequada aqui do que por "virtude", como no poema PMG 541 de Simônides); e b. enquanto "disposição moral" interna do agente, como vemos na filosofia moral platônica e aristotélica (no caso do *Protágoras*, especialmente indicado pela ocorrência do termo *hexis*, em 343c2)[54].

A dificuldade de acompanharmos a linha de raciocínio da exegese de Sócrates, bem como a sua flagrante inconsistência, se dá justamente pela oscilação de um sentido "arcaico", por assim dizer, da noção de "virtude"[55], para um sentido mais técnico dentro do pensamento moral platônico: no primeiro momento (340b-d), ao trazer Hesíodo para a discussão, Sócrates parece ter em vista a noção de *aretē* enquanto uma determinada "disposição de caráter", a qual, uma vez adquirida, seria fácil conservar (pressupondo aqui, por conseguinte, a impossibilidade de que acidentes externos incidam sobre tal disposição); no segundo momento, ao considerar a impossibilidade de os homens serem *continuamente* bons na sequência da análise do poema (344b-e), Sócrates passa a tratar justamente da suscetibilidade dos homens às circunstâncias externas nas quais estão envolvidas as suas ações, circunstâncias estas que incidem diretamente

---

53. A. Beresford, op. cit., p. 254.

54. Sobre a noção de *aretē* nos poemas PMG 541 e 542 de Simônides, ver B. Gentili, *Poesia e Pubblico nella Grecia Antica*, p. 104-111.

55. Sobre as noções de "destino", "fortuna" e "moralidade", bem como os diferentes níveis de relação entre seres humanos e deuses na lírica arcaica, ver M. Griffith, op. cit., p. 78-83.

sobre o valor de sua própria condição enquanto agentes (*aretē* no sentido de um "valor" atribuído aos homens circunstancialmente). Tal questão será esclarecida mais adiante.

Portanto, nessa seção do poema que estamos analisando (2.2.2) (344b-e), Sócrates estaria explorando a noção "arcaica" de virtude, como a citação do próximo verso do poema de Simônides deixa claro:

Por conseguinte, quando uma adversidade irremediável rebaixa o homem bem remediado, sábio e bom, "*é impossível que ele não seja mau*. Você afirma, Pítaco, que *difícil é ser nobre,* mas difícil, embora possível, é tornar-se nobre, ao passo que sê-lo é impossível:

> *Pois quando é bem-sucedido, todo homem é bom,*
> *porém mau, quando malsucedido".* (344e2-8)

A chave para a interpretação desses versos se encontra na semântica das expressões idiomáticas *eu prattein e kakōs prattein,* que podem ser entendidas de duas maneiras diferentes: i. "ser bem-sucedido" e "malsucedido", ou ii. "agir bem" e "agir mal", respectivamente. Como o contexto argumentativo indica, a alternativa (i) traduz melhor o sentido desses versos a partir da concepção ético-religiosa de Simônides, uma vez que generalizam o que foi dito em 344c4-5. A ideia, portanto, é que os homens estão suscetíveis a circunstâncias externas das quais dependem o sucesso de suas ações, de modo que o sucesso os torna melhores, e o insucesso, piores. Todavia, à luz da segunda alternativa, os versos de Simônides seriam lidos de maneira bem diversa: se os homens agem bem, eles são bons, ao passo que, se agem mal, eles são maus. Em outras palavras, é a qualidade de suas próprias ações que determina a condição moral do agente, a despeito do fato de terem elas sido bem-sucedidas ou não. São duas concepções morais bem distintas, a depender do modo como lemos as expressões idiomáticas *eu prattein* e *kakōs prattein.* Tomemos o exemplo do piloto para clarificar esse ponto, com base na analogia entre *arte* e *virtude* referida por Sócrates

(344c-d). Segundo a alternativa (i), o piloto do navio se tornaria um mau piloto, se, em meio a uma forte tempestade, por exemplo, não conseguisse trazer a salvo toda a tripulação, ainda que empregasse corretamente todos os meios disponíveis naquele momento crítico para salvá-la, conforme exigido pelo procedimento técnico. Por não ter sido *bem-sucedido*, ele se torna então um *mau* piloto. Segundo a alternativa (ii), em contrapartida, o piloto continuaria a ser um bom piloto, ainda que ele não conseguisse trazer a salvo toda a tripulação pela ação da forte tempestade, contanto que ele tenha empregado apropriadamente todos os meios disponíveis naquele momento crítico para salvá-la. O fato de ter sido *malsucedido* nessa ação particular não incide sobre a sua condição de *bom* piloto, na medida em que o seu insucesso se deve antes a um fator externo à competência de sua arte; não fossem as más condições climáticas, todos teriam chegado a salvo. Em outras palavras, o resultado de sua ação foi determinado negativamente pelas circunstâncias externas alheias ao domínio técnico do piloto, mas, enquanto piloto, ele tomou todas as medidas corretas conforme requer o exercício apropriado da arte náutica; por esse motivo, ele permanece sendo um *bom* piloto.

Mas qual seria a pertinência da distinção entre os dois sentidos das expressões idiomáticas *eu prattein* e *kakōs prattein* para a compreensão das particularidades da exegese de Sócrates? Como referido acima, nessa parte de sua interpretação (2.2.2) (344b-e), Sócrates está explorando a noção "arcaica" de virtude, o que estaria, de certo modo, de acordo com o sentido pretendido por Simônides, conforme a reconstrução do poema proposta por Beresford. No entanto, no passo seguinte de sua exegese (2.2.3) (345a-c), Sócrates desloca paulatinamente o enfoque das *circunstâncias externas* para a *condição interna* do agente para explicar as causas das boas e das más ações humanas. E essa *condição interna* do indivíduo, por sua vez, é entendida por ele em termos de *conhecimento* e *ignorância*, transpondo a discussão, portanto, para um terreno familiar de sua concepção moral: o chamado "intelectualismo socrático", tal como vemos nos chamados "primeiros diálogos" de Platão. Vejamos o trecho:

Que ação seria boa, então, em relação às letras? E o que tornaria um homem bom nas letras? A aprendizagem dessa matéria, evidentemente. E que boa ação faz do médico um bom médico? A aprendizagem do tratamento dos doentes, evidentemente. Contudo, ele *é mau, quando malsucedido*. Que médico se tornaria mau, então? Evidentemente, aquele que já era médico, e, em acréscimo, um bom médico, pois é ele quem se tornaria mau, ao passo que nós, leigos em medicina, jamais seríamos malsucedidos quer enquanto médicos, quer enquanto carpinteiros, ou em qualquer outra atividade do gênero. E quem não se tornaria médico ao ser malsucedido, é evidente que tampouco se tornaria um mau médico. Da mesma forma, o homem bom se tornaria mau eventualmente ou pela ação do tempo, ou pela fadiga, ou pela doença, ou por qualquer outro acidente, pois ser privado de conhecimento é a única ação má. O homem mau, por seu turno, jamais se tornaria mau, pois ele o é sempre; porém, se há de se tornar mau, é preciso que antes se torne bom. (345a1-b8)

Embora seja um tanto quanto obscuro esse trecho de sua exegese, Sócrates parece reduzir toda a discussão a respeito das condições para que os homens sejam bons a uma questão de *conhecimento* e *ignorância*, a partir da analogia entre as *artes particulares* e a *virtude*. Essa mudança de enfoque é factível justamente pela ambiguidade semântica das expressões *eu prattein* e *kakōs prattein*, como explicitada acima. Ou seja, Sócrates passa sutilmente a empregá-las no sentido de "agir bem" e "agir mal", e não mais de "ser bem-sucedido" e "ser malsucedido"[56]. Ao considerar que o conhecimento é *condição suficiente* para

---

56. N. Denyer, op. cit., p. 163. Nas *Memoráveis*, de Xenofonte, encontramos uma distinção entre "boa fortuna" (*eutukhia*) e "boa ação" (*eupraxia*) que ilustra bem o problema subjacente à discussão sobre a noção de *eu prattein* nesta passagem do *Protágoras*:
Quando alguém lhe perguntou que atividade lhe parecia a melhor para o homem, Sócrates respondeu: "Agir bem [*eupraxia*]." Perguntado novamente se ele considerava também a boa fortuna uma atividade, ele disse: "Ao menos eu considero sorte e ação como duas coisas absolutamente contrárias, pois julgo que boa fortuna [*eutukhia*] é obter por sorte algo de que se precisa, sem procurar por ele, ao passo que considero agir bem [*eupraxia*] como fazer bem alguma coisa depois de ter aprendido e praticado; parece-me agir bem [*eu prattein*] quem se dedica a isso." (3.9.14).

A INCURSÃO DE SÓCRATES NA *MAKROLOGIA*   233

uma boa ação (αὕτη γὰρ μόνη ἐστὶ κακὴ πρᾶξις, ἐπιστήμης στερηθῆναι, 345b5), ele exclui consequentemente os fatores externos ao âmbito da responsabilidade moral do agente, passando a avaliar a qualidade de suas ações como resultado do *conhecimento* ou da *ignorância*, relativos ao domínio particular de cada uma delas (como os exemplos da aprendizagem das letras e da medicina indicam, cf. 345a). Essa mudança fica evidente nos exemplos escolhidos por Sócrates para ilustrar o pensamento de Simônides: os dois primeiros casos (do piloto e do agricultor, 344c-d) concernem a situações paradigmáticas de "infortúnio", em que o indivíduo é acometido por forças naturais que transcendem seu poder, sem qualquer relação com a ideia de privação de conhecimento referida nesse trecho (345a-c). No terceiro caso (do médico, 345a-b), contudo, Sócrates menciona fatores "externos" (i.e., afecções como velhice, fadiga, doença) que incidem *internamente* sobre as capacidades *intelectivas* do agente a ponto de comprometer a efetividade de seu conhecimento (pelo menos, é o que Sócrates parece sugerir), e não propriamente situações de infortúnio como a do piloto e a do agricultor[57].

Portanto, fica claro nessa passagem (345a-c) que Sócrates passa subitamente a interpretar o poema de Simônides à luz de sua própria concepção moral, o chamado "intelectualismo socrático". Ao afirmar que "ser privado de conhecimento é a única ação má"

---

57. L. Goldberg, op. cit., p. 190-191. Esse ponto da exegese de Sócrates é particularmente obscuro, pois Sócrates considera a possibilidade de certas causas (velhice, fadiga, doença) comprometerem o exercício do conhecimento, tornando-o ineficaz. Isso parece contradizer o chamado "paradoxo prudencial" socrático, que aparece expresso no *Protágoras* mais adiante, quando se discute o problema da *akrasia* (incontinência): "o conhecimento é belo e capaz de comandar o homem, e que, se alguém souber o que é bom e o que é mau, não será dominado *por nenhuma outra coisa* a ponto de praticar algo diferente do que o conhecimento prescrever, sendo a inteligência suficiente para socorrer o homem" (352c3-7). Há, portanto, duas possibilidades de resolver essa suposta inconsistência: a. Sócrates interpreta Simônides sob o viés de sua concepção intelectualista de virtude, mas não a apresenta em sua formulação categórica (352c), funcionando assim como uma preparação para a discussão mais filosófica que se seguirá ao contexto *epídico* do diálogo; ou b. as causas referidas aqui por Sócrates (velhice, fadiga, doença) não são do mesmo tipo das causas referidas por Sócrates na discussão sobre a *akrasia* (ira, prazer, dor, amor, medo), de modo que as duas passagens (345b e 352c) não seriam de todo incompatíveis.

(αὕτη γὰρ μόνη ἐστὶ κακὴ πρᾶξις, ἐπιστήμης στερηθῆναι, 345b5), decorre-se que o conhecimento é considerado *condição suficiente* para a ação virtuosa, de modo que é impossível um indivíduo agir contrariamente ao conhecimento do que é melhor para si, contanto que esteja em seu poder fazê-lo. É essa tese que a crítica contemporânea denomina de *paradoxo* socrático[58], a qual encontramos na boca da personagem Sócrates amiúde nos "primeiros diálogos" de Platão, e é atribuída por Aristóteles aparentemente ao Sócrates histórico na *Ética Nicomaqueia*[59], como voltaremos a discutir no capítulo 7. Sendo assim, essa passagem da exegese socrática antecipa, de certo modo, a conclusão do diálogo com Protágoras, quando afirmará que "todas as coisas são conhecimento, isto é, a justiça e a temperança, e a coragem" (ὡς πάντα χρήματά ἐστιν ἐπιστήμη, καὶ ἡ δικαιοσύνη καὶ σωφροσύνη καὶ ἡ ἀνδρεία, 361b1-2). No entanto, essa tese forte ainda não foi trazida à luz por Sócrates até esse ponto do diálogo (345b), pois, embora ele pareça defender *a unidade das virtudes* contra a posição assumida por Protágoras (329d-30a), os dois primeiros argumentos (329d-333b) analisados no capítulo 3 não garantem a Sócrates uma concepção de virtude fundada no *conhecimento*[60]. O que Sócrates conseguiu até então foi mostrar que "justiça e piedade são a mesma coisa ou coisas muitíssimo semelhantes" (331b4-5), e que "a sensatez e a sabedoria são uma única coisa" (333b4-5), sem levar em conta os problemas de ordem lógica discutidos previamente. A posição socrática que emerge da exegese do poema de Simônides, contudo, requer argumentos suplementares que demonstrem não apenas a *unidade das virtudes* de modo completo e suficiente (ver o projeto argumentativo apresentado no subtítulo 3.1, p. 110-111), mas também que o *conhecimento* (compreendido na noção de *sabedoria*) se encontra numa condição privilegiada em relação às demais virtudes (i.e., *temperança/sensatez, justiça, piedade* e *coragem*): como veremos na análise da

---

58. T.C. Brickhouse; N.D. Smith, *Socratic Moral Psychology*, p. 248.

59. Aristóteles, *Ética Nicomaqueia* VII.3 1.145b23-27.

60. P. Friedländer, *Plato*, v. 2., p. 25.

quinta prova/refutação (351b-60e), para Sócrates o *conhecimento* constitui o elemento unificador da virtude, "o princípio ou causa da presença das outras virtudes"[61].

Essa breve digressão que retoma parte de nossa análise anterior serve para mostrar que, embora Sócrates menospreze esse tipo de exercício exegético de poesia, como expresso em seu *metadiscurso* referido no subtítulo 5.1 (347b-8a), ele se apropria dele e o transforma em um veículo de expressão de suas próprias concepções morais que vão se desvelando paulatinamente durante o diálogo. O viés socrático da interpretação do canto de Simônides continua preeminente na sequência do discurso, quando ele passa a tratar de outro trecho do poema (2.2.4):

> *A todos que nada de vergonhoso*
> *fizerem voluntariamente*
> *elogio e amo; com o inevitável, nem mesmo deuses contendem.*

Eis outro passo também endereçado àquele mesmo dito. Pois Simônides não era tão estulto a ponto de afirmar que elogia aqueles que não praticam nenhum mal voluntariamente, como se houvesse quem voluntariamente praticasse algum mal. Pois tendo a crer que qualquer sábio considera que nenhum homem erra voluntariamente, nem realiza coisas vergonhosas e más voluntariamente, porém reconhece, de modo acertado, que todos os que fazem coisas vergonhosas e más fazem-nas involuntariamente. Com efeito, o elogio de Simônides se endereça não àqueles que não praticam nenhum mal voluntariamente; o "voluntariamente" se refere antes a si próprio. (345d3-e6)

Encontramos aqui mais uma ocorrência do chamado *paradoxo moral* socrático nos "primeiros diálogos" de Platão: ninguém age mal voluntariamente, de modo que toda ação má é fruto da ignorância do agente[62]. Para conformar o sentido do poema à sua própria concepção moral, Sócrates vai interpretar

---

61. M. Zingano, Virtude e Saber em Sócrates, *Estudos de Ética Antiga*, p. 65. Ver também D.T. Devereux, The Unity of the Virtues in Plato's *Protagoras* and *Laches*, *The Philosophical Review*, v. 101, n. 4, p. 773.

62. Sobre a distinção entre "paradoxo moral" e "paradoxo prudencial" socráticos, ver T.C. Brickhouse; N.D. Smith, *Socratic Moral Psychology*, p. 63; Idem, Os Paradoxos Socráticos, em H. Benson (ed.), *Platão*, p. 248.

essa estrofe do poema considerando literalmente o que está dito, especialmente no tocante à disposição do advérbio/adjetivo *hekōn* no verso (traduzido aqui por "voluntariamente"). Ele entende *hekōn* como modificando a oração principal ("amo e elogio a todos *voluntariamente*"), atendo-se à sua posição concreta no verso (πάντας δ' ἐπαίνημι καὶ φιλέω | ἑκὼν ὅστις ἔρδῃ | μηδὲν αἰσχρόν, 345d3-5). Todavia, embora sintaticamente possível, a posição enfática de *hekōn* no início do segundo verso é evidentemente um caso de *prolepse*: na verdade, ele modifica o verbo da oração relativa ("que não fizerem nada vergonhoso *voluntariamente*"), como seria o sentido pretendido por Simônides. Sendo assim, Sócrates lê a estrofe da seguinte maneira:

> Amo e elogio voluntariamente
> a todos que não fizerem nada
> vergonhoso; com o inevitável, nem mesmo deuses contendem.

Ao passo que Simônides pretendia comunicar algo diferente:

> Amo e elogio a todos
> que não fizerem nada vergonhoso
> voluntariamente; com o inevitável, nem mesmo deuses contendem.

Diferentemente da leitura de Sócrates, a ideia geral desses versos seria a seguinte:

é impossível encontrar algum homem perfeito, visto que, enquanto seres humanos, estamos constantemente sujeitos a adversidades que estão acima de nossas forças; em situações de infortúnio, somos, por vezes, *constrangidos* a agir vergonhosamente. Sendo assim, eu amo e elogio todos aqueles que não incorrerem em atos vergonhosos *voluntariamente*, ainda que, sob determinadas circunstâncias, possam ser *constrangidos* a agirem de maneira vergonhosa. Pois até mesmo os deuses estão sujeitos à necessidade. Assim, eu vitupero quem quer que, estando em seu poder agir de modo contrário, incorra em atos vergonhosos *voluntariamente*, e não por *constrição*.

A interpretação desse passo do poema proposta por Sócrates na citação acima, embora factível do ponto de vista sintático, é *deliberadamente* uma distorção semântica quando comparada à reconstrução do seu sentido geral proposta por Beresford. Ao conformar o canto aos princípios de sua concepção moral, Sócrates apresenta consequentemente uma leitura "anacrônica e extravagante", como julga Taylor, por exemplo[63]. A evidência de que Sócrates distorce *deliberadamente* o sentido geral do poema, a meu ver, está na sua declaração irônica de que "qualquer sábio considera que nenhum homem erra voluntariamente, nem realiza coisas vergonhosas e más voluntariamente" (345d9-e2). Pois o próprio fato de a crítica contemporânea denominar essa tese dita "socrática" de "paradoxo moral" sublinha o seu caráter idiossincrático e contraintuitivo, de modo que seria pouco plausível que nenhum sábio discordasse de Sócrates (muito pelo contrário). Quais seriam esses supostos sábios, então, que concordariam com ele? Segundo o levantamento feito por Denyer, apenas um fragmento de Epicarmo (DK 23 B7)[64] e um fragmento de um poeta trágico anônimo (fr. 75a *TrGF*) registram alguma proposição similar na boca de uma personagem; os demais "sábios" que assumiriam, de uma forma ou de outra, essa posição "socrática" seriam todos eles personagens fictícias de outros diálogos de Platão – a saber, Timeu (*Timeu* 86d-e), o Estrangeiro

63. C.C.W. Taylor, op. cit., p. 146. Gentili vê nessa distorção sintático-semântica da leitura de Sócrates relativa ao adjetivo/advérbio *hekōn* o mesmo tipo de procedimento adotado anteriormente pela personagem no confronto com Pródico em relação ao sentido do adjetivo *khalepon* (341c) (analisado no subtítulo 4.4), ou com Protágoras no início da discussão sobre o canto de Simônides, quando propunha a distinção entre "ser" (*emmenai/einai*) e "tornar-se" (*genesthai*) para dissolver a suposta inconsistência interna do poema apontada pelo sofista (340a-d). Como referido na nota supra p. 222n42, o próprio poema evidencia que essa distinção semântica, na qual se apoia o argumento socrático, não procede, uma vez que os verbos *emmenai/einai* e *genesthai* são empregados intercambiavelmente pelo poeta em outras passagens. Dessa forma, Bruno Gentili propõe a seguinte interpretação da "ironia e da não boa-fé de Platão no confronto com os poetas": "Por intermédio desse habilíssimo jogo hermenêutico fundado sobre distorções e violências à sintaxe e às palavras, Platão atinge o duplo escopo de mostrar como o seu mestre [Sócrates] tinha à sua disposição, quando queria, todos os meios dialéticos para bater em seu próprio terreno, aquele sofístico, o seu adversário, e ao mesmo tempo de deformar, em vista de um fim ideológico seu, o pensamento de um poeta que ele julgava, não desprovido de um fundamento real e sério, um pré-sofista, um predecessor de Protágoras (cf. 316d; 340a), detentor de uma sabedoria contraditória e ambígua." (*Poesia e Pubblico nella Grecia Antica*, p. 110-111).

64. "Mas eu faço tudo isso por necessidade. | Creio que ninguém é vil ou se encontra arruinado voluntariamente." (ἀλλὰ μὰν ἐγὼν ἀνάγκαι ταῦτα πάντα ποιέω· | οἴομαι δ' οὐδεὶς ἑκὼν πονηρὸς οὐδ' ἄταν ἔχων).

de Eleia (*Sofista* 228c-d) e o Estrangeiro de Atenas (*Leis* v 731c, 733e-734b)[65]. Portanto, é muito mais plausível interpretarmos essa declaração de Sócrates como uma tirada irônica do que como uma expressão veraz, o que se coaduna com a própria atitude "lúdica" e "jocosa" assumida pela personagem no registro *epideixis* "sofística", como discutimos previamente.

Mas qual a intenção de Sócrates ao distorcer de tal maneira o sentido do poema? A leitura sintática relativa à posição do adjetivo/advérbio *hekōn* ("voluntariamente", 345d4) no verso lhe dá ensejo para interpretar essa passagem do poema como uma referência "biográfica", por assim dizer, do próprio Simônides em relação ao ofício de sua arte. Vejamos o trecho:

> Com efeito, o elogio de Simônides se endereça não àqueles que não praticam nenhum mal voluntariamente; o "voluntariamente" se refere antes a si próprio. Pois ele considerava que um homem de bem é amiúde constrangido a se tornar amigo de alguém e a elogiá-lo [...]. É o que amiúde, julgo eu, Simônides considerou ser o seu próprio caso: cobriu de elogios e encômios um tirano, ou alguém do tipo, não voluntariamente, porém constrangido a fazê-lo. (345e4-346a1; 346b5-8)

Sócrates se refere aqui à relação de patronagem entre poeta e tiranos que aparece retratada em inúmeras anedotas conservadas por diferentes autores de épocas variadas[66]. As causas dessa condição mercenária de Simônides não são especificadas aqui por Sócrates, se é por necessidade de sobrevivência que ele compõe seus poemas em troca de dinheiro, ou por uma compulsão pelo acúmulo de riquezas[67]. Isso alude, de todo modo, ao próprio poema em questão, conhecido como *Ode a Escopas* (cf. 339a), supostamente encomendado pela família soberana em Crano e Fársalo, cidades da Tessália[68]. Dependendo da maneira

---

65. N. Denyer, op. cit., p. 166.

66. Sobre o recebimento de dinheiro pelas suas odes, ver Aristóteles, *Retórica* III 1405b23-27; Estobeu 3.10.38, 3.10.61; Cícero, *De Oratore* 2.86.351-353. Ver também G.O. Hutchinson, *Greek Lyric Poetry*, p. 286-287.

67. N. Denyer, op. cit., p. 166.

68. J. Adam; A.M. Adam, op. cit., p. 150.

A INCURSÃO DE SÓCRATES NA *MAKROLOGIA* 239

como entendemos o sentido do termo grego *turannos* (traduzido aqui por "tirano", 346b6), a passagem pode ser vista como uma crítica sub-reptícia de Platão à relação censurável entre poetas e o poder político nas cidades gregas: *turannos* pode ter a. tanto uma conotação neutra, no sentido de "soberano", "rei", "monarca", como aparece, por exemplo, em Heródoto[69]; b. quanto uma conotação negativa mais próximo à noção moderna de "tirano", que se desenvolve paulatinamente no pensamento político ateniense do período clássico, como em Platão e Xenofonte[70]. Sabemos que Platão tratará a tirania como a forma mais degenerada de *constituição política* (*politeia*) nos Livros VIII e IX da *República*, assim como o tirano, que se lhe assemelha em suas propriedades essenciais, será considerado o tipo de indivíduo mais perverso e infeliz, conforme a analogia entre cidade e indivíduo que rege toda a obra. Evidentemente, o desenvolvimento das teorias políticas platônicas são posteriores à composição do *Protágoras*, e todo esse arcabouço teórico não se faz presente aqui.

Todavia, se assumirmos que o termo *turannos* possui, em alguma medida, uma conotação pejorativa nessa passagem do *Protágoras*, então Platão pode estar criticando sutilmente não apenas esse aspecto profissional de poetas como Simônides, mas também atentando para o risco envolvido na função desempenhada por esse tipo de poesia na educação dos homens, como discutimos no subtítulo 2.5. Por *turannos*, Sócrates pode estar aludindo a figuras como Arquelau, da Macedônia, cuja ascensão política é narrada pela personagem Polo no diálogo *Górgias* da seguinte maneira:

---

69. Ver, por exemplo, Heródoto 3.81.
70. Xenofonte *Memoráveis* 4.6.12:
    Sócrates considerava tanto a realeza quanto a tirania duas formas de poder, mas admitia diferenças entre elas: considerava a realeza o poder aceito voluntariamente pelos homens e conforme as leis da cidade; enquanto a tirania, o poder contra a vontade dos homens e desprovido de leis, mas conforme os desejos do governante. E onde os governantes são escolhidos entre os que cumprem as leis, essa constituição política é a aristocracia; onde eles são escolhidos conforme o censo dos bens, é a plutocracia; e onde eles são escolhidos entre todos os homens, é a democracia.

240 PROTÁGORAS, DE PLATÃO: ESTUDO INTRODUTÓRIO

SOC: É como digo, Polo: o homem e a mulher que são belos e bons, eu afirmo que são felizes, e infelizes, os injustos e ignóbeis.

POL: Portanto, segundo seu argumento, aquele Arquelau é infeliz?

SOC: Contanto que ele seja injusto, meu caro.

POL: Mas como não seria ele injusto? Do poderio que hoje detém, nenhum quinhão lhe cabia, porque era filho de uma escrava de Alceto, irmão de Pérdicas. Segundo o justo, ele era escravo de Alceto, e se quisesse agir de forma justa, lhe serviria como escravo e assim seria feliz, conforme seu argumento. Mas agora, admiravelmente, ele se tornou infeliz porque cometeu as maiores injustiças. Primeiro, ordenou que lhe trouxessem seu déspota, o seu tio Alceto, sob o pretexto de restituir-lhe o poderio que Pérdicas havia lhe furtado; depois de hospedá-lo e embriagá-lo em companhia de seu filho, Alexandre, seu primo quase coetâneo, ele meteu-os em um carro e partiu com os dois noite adentro; degolou-os e desapareceu com ambos os corpos. E, uma vez cometida essa injustiça, ele próprio não notou que havia se tornado o mais infeliz dos homens, e tampouco se arrependeu disso. Pouco tempo depois, porém, não quis se tornar feliz criando de forma justa seu irmão e restituindo-lhe o poderio, o filho legítimo de Pérdicas, um menino de sete anos, que, segundo o justo, herdaria o poder; ao invés disso, atirou-o em um fosso e o asfixiou, alegando à sua mãe, Cleópatra, que ele, correndo atrás de um ganso, caiu ali dentro e morreu. Portanto, porque cometeu as maiores injustiças empreendidas na Macedônia, ele é hoje o mais infeliz, e não o mais feliz, de todos os macedônios, e talvez haja alguém dentre os atenienses, a principiar por você, que prefira ser qualquer outro macedônio a ser Arquelau. (470e9-471d2)

Esse tipo de narrativa retrata paradigmaticamente a visão genérica sobre a figura negativa do *turannos* dentro do pensamento político ateniense dos sécs. V e IV a.C.[71] Pois bem, se Sócrates tem em mente alguma figura como Arquelau ao mencionar a relação profissional de Simônides com os tiranos como esse, então se trataria de elogios a homens que são vistos

---

71. Sobre a visão negativa da "tirania", "autocrasia" e/ou "poder despótico", em Heródoto, por exemplo, ver K.A. Raaflaub, Philosophy, Science, Politics: Herodotus and the Intellectual Trends of his Time, em E.J. Bakker et al. (eds.), *Brill's Companion to Herodotus*, p. 173-174.

A INCURSÃO DE SÓCRATES NA *MAKROLOGIA*   241

por Platão como o tipo de indivíduo mais perverso e infeliz, que seria antes motivo de censura e vitupério. O problema se torna ainda mais grave do ponto de vista platônico, quando levamos em conta justamente a função pedagógica desempenhada por poetas tais como Simônides. Esse ponto é trazido à baila no *Grande Discurso* de Protágoras analisado no subtítulo 2.5, quando a personagem descreve o que seria a "educação fundamental" dos jovens gregos:

Quando, por sua vez, as crianças vão aprender as letras e estão prontas para compreenderem a escrita, como outrora se sucedeu à fala, eles as acomodam sobre os bancos para lerem os poemas dos bons poetas e as obrigam a decorarem-nos, poemas estes repletos de admoestações e relatos, além de elogios e encômios aos homens bons do passado. O intuito é que a criança, zelando por eles, imite-os e se esforce para se lhes assemelhar. (325e2-326a4)

A poesia retrata personagens que servem como modelos de virtude a serem imitados pelas crianças durante a fase de formação moral e intelectual[72]. O problema para Platão é justamente a natureza dos modelos éticos veiculados pela poesia canônica, como vemos discutido, sobretudo, nos Livros II e III da *República*. Se Simônides integra esse grupo de poetas referido por Protágoras, e se esses "homens bons do passado" (326a2-3) compreendem figuras de "tiranos" tais como Arquelau, da Macedônia, fica óbvia, portanto, a gravidade do problema a que Sócrates estaria aludindo sub-repticiamente ao se referir à profissão mercenária de Simônides (346b). Vale a pena sublinhar que o próprio Platão ressalta a autoridade desempenhada

---

72. Na passagem citada acima, Protágoras se refere provavelmente a Homero e Hesíodo, pois, logo depois, ele menciona "outros bons poetas, os líricos" (326a6-7), dentre os quais estaria Simônides, que seriam aprendidos pelas crianças em outro estágio do processo educacional, depois de terem aprendido a tocar cítara. Todavia, o elemento de distinção empregado ali concerne apenas ao aspecto musical envolvido no ensino da poesia lírica, de modo que a função ético-pedagógica dos "bons poetas" compreenderia, a meu ver, também os líricos. Sobre a função pedagógica da poesia lírica, ver M. Griffith, Greek Lyric and the Place of Humans in the World, em F. Budelmann, *The Cambridge Companion to Greek Lyric*, p. 83-88.

por Simônides na discussão ordinária sobre assuntos de ordem moral: não podemos esquecer que toda a discussão em torno da noção de "justiça" na *República* se inicia a partir do exame e da refutação da concepção atribuída pela personagem Polemarco a Simônides, segundo a qual "justo é restituir a cada qual o que lhe é devido" (i 331e3-4).

Talvez possa parecer muito especulativa essa digressão sobre o problema envolvido na relação entre poetas como Simônides e os "tiranos" (ou, de maneira mais neutra, os "soberanos"). Todavia, há algo mais sugerido aqui por Platão: a profissão mercenária é mais um elemento comum entre poetas e "sofistas", segundo a caracterização do *Protágoras*. Já examinamos no subtítulo 2.6 as implicações da genealogia dos poetas e "sofistas" (316d-7c) traçada por Protágoras: os "sofistas" são apresentados por Platão, em última instância, como herdeiros e propagadores da educação básica do homem grego fundada na *mousikē* e na ginástica. Tendo em vista esse aspecto profissional comum, a crítica sub-reptícia a Simônides, como sugerida acima, se aplicaria por extensão aos "sofistas": como a relação entre eles e seus discípulos é baseada no dinheiro, eles se propõem a educar os jovens a despeito de sua condição atual relativamente à virtude, pois o que determina a sua convivência não é uma relação de *philia*, de afinidade de valores e visões de mundo, mas uma relação de natureza mercenária. Platão salienta esse problema ético envolvido na prática profissional dos sofistas, por exemplo, no diálogo *Górgias*:

soc: [...] Os sofistas, apesar de serem sábios em outros assuntos, incorrem no seguinte absurdo: afirmam que são mestres de virtude, mas acusam frequentemente seus discípulos de cometerem injustiças contra eles quando os privam de salários e não lhes restituem outra recompensa, embora tenham obtido sucesso por causa de suas lições. E o que seria mais irracional do que esse argumento, de que homens que se tornaram bons e justos, que tiveram a injustiça arrancada pelo mestre e a justiça posta no lugar, cometerem injustiça com aquilo que não possuem mais? Isso não lhe parece absurdo, meu amigo? (519c3-d5)

Pois bem, retornemos à exegese de Sócrates. Para recapitular, a chave da leitura dessa parte do poema (2.2.4) está na função sintática atribuída por Sócrates ao advérbio/adjetivo *hekōn* (traduzido aqui por "voluntariamente", 345d4): ele entende *hekōn* como modificando a oração principal ("amo e elogio a todos *voluntariamente*"), ao passo que a leitura mais natural seria entendê-lo como modificando o verbo da oração relativa ("amo e elogio a todos que não fizerem nada vergonhoso *voluntariamente*"). Conforme a reconstrução de Beresford, o sentido do poema de Simônides é bastante claro: diante da impossibilidade da perfeição moral dos homens, tendo em vista a sua própria natureza deficiente em comparação aos deuses, uma condição virtuosa ordinária lhes seria possível e, por isso, digna de elogios da parte do poeta. E essa virtude ordinária consistiria em não cometer erros moralmente censuráveis *voluntariamente*, mesmo que, em determinadas circunstâncias desfavoráveis, o agente seja *constrangido* a agir de modo vergonhoso. É o que se confirma no passo seguinte do poema:

A mim basta que não seja mau
nem tão desregrado; um homem são e cônscio da justiça guardiã da pólis;
a ele não repreenderei. (346c3-5)

Sócrates, em contrapartida, ao ler o verso de modo diferente ("amo e elogio *voluntariamente* a todos que não fizeram nada vergonhoso"), faz o poema de Simônides se conformar à sua própria concepção moral, segundo a qual ninguém comete um erro *voluntariamente* (o chamado "paradoxo moral" socrático). Além de projetar suas preocupações de ordem ética sobre o canto de modo anacrônico, essa leitura enviesada lhe permite concluir a exegese comprovando o mote de sua interpretação – ou seja, que "o canto, em toda a sua extensão, consiste, sobretudo, numa refutação da frase de Pítaco" (344b4-5). Vejamos o trecho:

"E não procuro", dizia ele, "*um homem irrepreensível entre nós, que do fruto da terra imensa desfrutamos; se eu encontrá-lo, reportar-vos-ei. Sendo* assim, não elogiarei ninguém por esse motivo, basta-me, porém, que se encontre no meio-termo e não pratique nenhum mal, pois a todos *amo e elogio.*" E nesse ponto, ele recorre à língua dos habitantes de Mitilene, como se a Pítaco se endereçasse: "*elogio e amo a todos voluntariamente* (é no 'voluntariamente' que se deve fazer a pausa quando se enuncia), *que não fizerem nada vergonhoso,* mas, involuntariamente, no caso de certas pessoas que elogio e amo. Portanto, se suas palavras fossem cor-retas e verdadeiras ainda que pela metade, Pítaco, eu jamais o vitupera-ria. Todavia, visto que você está crassamente equivocado em assuntos de suma importância, com a aparência de quem diz a verdade, eu o vitu-pero". (346d3-347a3)

A conclusão da exegese retoma o *diálogo fictício* entre Simô-nides e Pítaco criado por Sócrates, salientando mais uma vez o ambiente agonístico instituído por ele no interior do poema. Esse aspecto espelha de certo modo a própria condição do diá-logo entre Sócrates e Protágoras: ambos os contextos (*dialó-gico* e *epidítico*) constituem modalidades diferentes de *elenchos* (refutação), e ambos tratam de "assuntos de suma importância" (347a2), ou seja, a *virtude*, ainda que sob perspectivas distintas e sobre tópicos distintos. Ademais, Protágoras e Sócrates estão disputando, no nível *dramático* do texto platônico, a prima-zia em *sabedoria*, assim como supostamente estariam Pítaco e Simônides, segundo a leitura socrática (cf. 343b-c). Esse aspecto fica claro nas palavras finais de Protágoras ao término do diá-logo, depois de ter sido refutado derradeiramente por Sócrates: "A muitos tenho dito sobre você que, dentre as pessoas com que tenho me deparado, é aquela por quem tenho o maior apreço, sobretudo quando equiparado a seus coetâneos. E confesso que não me espantaria se você viesse a se incluir entre os homens mais bem reputados em sabedoria." (361e2-5) Nesse sentido, as últimas palavras de Simônides a Pítaco poderiam, talvez, ser colocadas na boca de Sócrates e, então, endereçadas a Protágo-ras: "visto que você está crassamente equivocado em assuntos de suma importância, com a aparência de quem diz a verdade, eu o vitupero" (347a2-3).

5.4. Considerações Finais

Terminamos, assim, a análise da controversa *epideixis* de Sócrates sobre o canto de Simônides. Para fins didáticos, resumamos os pontos principais da leitura proposta neste estudo. A ideia geral que norteou toda a análise era tratar essa seção do diálogo como uma parte integrada à discussão geral sobre a *virtude* no *Protágoras*, ainda que não diretamente ligada ao tópico filosófico específico examinado nas partes estritamente *dialógicas* (329d-334d; 349a-361e) – a saber, a *unidade das virtudes*. Uma vez que nosso enfoque consiste em observar como Platão busca delimitar as fronteiras entre "filosofia" e "sofística" no *Protágoras*, essa longa seção (342a-347a) constitui uma peça-chave nesse jogo dramático, uma vez que vemos a personagem Sócrates recorrer a uma modalidade de discurso que Platão atribui a uma prática oratória característica dos "sofistas" em sua obra: a *exegese poética*. Se, do ponto de vista teórico, um dos elementos que distingue o "filósofo" do "sofista" consiste precisamente no modo de discurso priorizado por um e outro – *brakhulogia* e *makrologia*, respectivamente –, do ponto de vista dramático, contudo, ambas as figuras são representadas por Platão recorrendo a ambos os modos genéricos de discurso: ao *Grande Discurso*, de Protágoras (320d-328d), corresponde a *epideixis* de Sócrates (342a-347a); ao passo que, às duas primeiras provas/refutações de Sócrates contra a tese de Protágoras sobre a *unidade das virtudes* (329d-333b), corresponde a tentativa de Protágoras refutá-lo na breve discussão sobre a inconsistência do canto de Simônides, quando passa a interrogar Sócrates (338e-339d). Nesse sentido, quando consideramos as modalidades de discurso empregadas pelo "filósofo", na imagem de Sócrates, e pelo "sofista", na imagem de Protágoras, as fronteiras entre "filosofia" e "sofísticas" se tornam mais tênues, ainda que a competência de cada um deles em cada uma dessas modalidades varie em diferentes graus.

É evidente que Platão busca desqualificar a competência de Protágoras no âmbito da *brakhulogia*, ao construir uma personagem facilmente enredada pelo escrutínio de Sócrates, resistindo com dificuldade à refutação de sua posição sobre o problema da *unidade das virtudes*, como analisamos no capítulo 3. Da mesma forma, quando teve a oportunidade de passar a interrogar Sócrates e submetê-lo à mesma experiência do *elenchos* por que havia passado, Platão atribui à personagem um argumento pífio sobre uma suposta inconsistência no canto de Simônides, prontamente objetado por Sócrates. Como referimos no início deste estudo, o movimento *dramático* do diálogo coincide com o desvelamento gradual da fragilidade intelectual do "sofista", quando apropriadamente *testado* pelo "filósofo": por detrás da *doxa* de "o homem mais sábio no discurso" (310e6-7), sobre a qual repousa seu poder junto aos políticos de Atenas[73] e aos jovens que aspiravam aprender as suas lições, oculta-se um indivíduo cuja competência, ao menos no âmbito da *brakhulogia*, é questionável, e cujas convicções sobre questões fundamentais (i.e., sobre ética e política) revelam-se paulatinamente incoerentes.

E quanto a Sócrates? Como Platão representa seu desempenho fora do registro discursivo próprio de sua investigação filosófica, quando se prontifica *voluntariamente* a fazer uma *epideixis* sobre o poema de Simônides aos moldes "sofísticos"? O intuito de minha leitura sobre essa parte do *Protágoras* era mostrar que esse longo discurso de Sócrates não constitui meramente uma *paródia* de um procedimento oratório apresentado por Platão como tipicamente "sofístico". Justapostos aos aspectos *paródicos* de seu discurso, coexistem certos elementos "sérios" que servem a um propósito nobre: conquistar Hipócrates para a filosofia e salvar a sua alma (e, por extensão, os demais membros da audiência presentes na cena), dissuadindo-o de sua pretensão de se tornar discípulo de Protágoras. A chave de minha leitura, portanto, foi tratar a *epideixis* de Sócrates como "sério-cômica", ainda que esse tipo de "diálogo" sobre poesia tenha sido desqualificado pela personagem, naquela reflexão *metadiscursiva* (347c-348a)

---

73. Sobre a relação entre Péricles e Protágoras, ver nota 6 da tradução.

analisada no subtítulo 5.1, como um modo de discussão estranho à pesquisa pela verdade e à busca pelo conhecimento. Platão representa a figura de Sócrates como um exímio conhecedor de poesia, e, em especial, do canto de Simônides em questão (cf. 339b), a ponto de propor uma análise detida que envolvia problemas sintáticos e semânticos bastante minuciosos e intrincados. Não podemos desconsiderar que todas as citações das diferentes estâncias do poema são feitas de memória por Sócrates, o que entra em contraste obviamente com a sua jocosa alegação de ser "desmemoriado" durante a crise do diálogo (334c-d). Em suma, ao se aventurar numa modalidade de discurso – i.e., a *exegese poética* –, que Platão atribui a uma prática habitual levada a cabo pelos "sofistas", Sócrates é representado como um exímio orador não apenas no registro da *brakhulogia*, sua característica distintiva em todos os diálogos platônicos em que figura como personagem, como também no da *makrologia* em suas diferentes espécies, como vemos no *Protágoras* e em outros diálogos (*Apologia, Menêxeno, Górgias, Fédon, Fedro, Banquete, República*). Se compararmos a leitura de Protágoras sobre o poema (338e-339c) com a exegese de Sócrates (342a-347a), e se tivéssemos de atuar como árbitros de um *agōn*, conforme requerido num contexto *epidítico*, Sócrates indubitavelmente seria coroado com os louros da vitória – pelo menos na visão literário-filosófica de Platão. Se, por outro lado, compararmos o *Grande Discurso*, de Protágoras (320d-328d), com a *epideixis* de Sócrates (342a-347a), fica claro que Platão representa o "filósofo" disputando com o "sofista" no interior dessa modalidade genérica de discurso, a *makrologia*.

Os aspectos *paródicos* já foram suficientemente abordados durante a análise dessa seção do *Protágoras*, e os deixarei de lado aqui neste resumo. Gostaria apenas de elencar os elementos "sérios" da leitura do poema de Simônides por Sócrates que concernem a problemas relativos à virtude, ainda que o discurso seja "anacrônico e extravagante"[74]. i. Na análise do

---

74. C.C.W. Taylor, op. cit., p. 145-146.

Proêmio (342a-343c), vimos como a ideia paradoxal de uma "sabedoria lacônica" cumpre uma função bem precisa no diálogo, ao estabelecer, de modo inédito em Platão, uma "tradição filosófica", que congrega os Sete Sábios e Sócrates em torno da noção de *brakhulogia*, em oposição à genealogia proposta por Protágoras (316d-317c), que estabelece uma linha contínua entre poesia e sofística no horizonte da educação. Pois bem, é precisamente essa delimitação das fronteiras entre "filosofia" e "sofística" que perseguimos neste estudo. Nesse sentido, a apropriação de um discurso *epidítico* pela figura do "filósofo", ao mesmo tempo que é paradoxal por se tratar de um modo de discurso caracteristicamente "sofístico", serve, no entanto, como um instrumento para estabelecer justamente as fronteiras entre "filosofia" e "sofística". ii. Em segundo lugar, Sócrates, ao conformar o poema de Simônides às suas teses morais (os chamados *paradoxo moral* e *paradoxo prudencial*[75]), faz de sua *epideixis* um veículo de exposição e divulgação de sua concepção moral para aquela audiência presente na cena, como foi referido em trechos anteriores[76]. Ciente de que esse tipo de perfomance oratória tem um forte poder de *sedução* e *encantamento* sobre os jovens, como observado em relação a Protágoras (315a-b), Sócrates recorre *voluntariamente* a um expediente que, se não coincide com o tipo de investigação crítica que ele persegue no registro da *brakhulogia*, serve ao menos como um instrumento de persuasão em vista de um fim nobre – a saber, conquistar os jovens, e, em especial, Hipócrates, para a filosofia.

75. De maneira concisa, segundo o *paradoxo moral* socrático, ninguém comete um mal voluntariamente (345d-6b), ao passo que, segundo o *paradoxo prudencial*, ninguém age contrariamente ao conhecimento do que é melhor para si – ou, em outras palavras, o conhecimento é condição suficiente para a ação virtuosa (345b) (T.C. Brickhouse; N.D. Smith, *Socratic Moral Psychology*, p. 63; Idem, Os Paradoxos Socráticos, em H. Benson (ed.), *Platão*, p. 248).

76. J.P. Sullivan, The Hedonism of Plato's *Protagoras*, *Phronesis*, v. 6, n. 1, p. 16: "Seria errado enfatizar a separação [entre essa seção] e o restante do diálogo. Não é simplesmente que o poema trata da virtude e que toda a discussão é uma paródia dos métodos sofísticos e de sua prática; seu conteúdo expresso está firmemente ancorado ao resto da obra, uma vez que Sócrates usa o poema para argumentar em favor de suas duas grandes crenças: que o conhecimento é virtude e que ninguém erra voluntariamente."

iii. Em terceiro lugar, se a interpretação do canto de Simônides não aborda diretamente o problema da *unidade das virtudes*, que é o tópico filosófico estrito do *Protágoras*, ela tange algumas questões centrais no debate ético dos sécs. v e iv a.c., que veremos ser mencionadas em obras posteriores de Platão, como a *República* e o *Fedro*, e nos tratados éticos de Aristóteles, como a *Ética Eudêmia* e a *Ética Nicomaqueia*. a. O primeiro ponto aparece quando Sócrates recorre a Hesíodo para refutar o argumento de Protágoras sobre a inconsistência do canto de Simônides (340b-c), retomado por ele porteriormentre durante a sua *epideixis* (343c-344c): a *virtude* consiste em uma *hexis* (343c1), em uma espécie de *disposição* que se adquire no processo de formação intelectual e moral do indivíduo. É sob esse viés que Sócrates parece entender os versos do Hesíodo: difícil é adquirir a virtude, mas, uma vez em posse dela, é fácil conservá-la, pois se trata de uma condição *interna* estável conquistada com esforço pelo indivíduo. O que vemos referido aqui, ainda que de modo bastante incipiente, é como o desenvolvimento da filosofia moral *internaliza* a concepção de *aretē* (virtude), em oposição a uma visão arcaica, segundo a qual acidentes externos incidem diretamente sobre a condição de um agente enquanto um indivíduo "bom" ou "mau", como discutimos no capítulo 5.3. Esse processo de *internalização* da moral culmina na concepção platônica de *virtude* desenvolvida, sobretudo, no Livro iv da *República*, associada intrinsecamente a uma visão complexa de alma que compreende tanto o elemento racional (*to logistikon*) quanto os elementos irracionais (*to thumoeideis*, a "parte irascível", e *to epithumētikon*, a "parte apetitiva"). É claro que essa nova psicologia moral desenvolvida na *República* não pertence ao arcabouço teórico do *Protágoras*, pois a tese moral forte presente não apenas na interpretação do canto de Simônides como também na discussão sobre a *unidade das virtudes* (cf. 352c, 361b) é o chamado "intelectualismo socrático", como referido há pouco. Todavia, essa noção de uma *hexis*, de uma *disposição moral interna* do indivíduo[77], aventada aqui no *Protágoras*, será crucial para a teoria ética platônica na *República*, como vemos nesta conclusão do argumento sobre a condição psicológica do indivíduo justo e virtuoso: "A bem da verdade, a justiça é algo do gênero, como parece; todavia, *ela não concerne à ação externa referente aos afazeres de um indivíduo, e sim* à *ação interna*, ao indivíduo verdadeiramente e às coisas que lhes são próprias [...]" (IV 443c9-d1). Na *Ética Nicomaqueia*, por sua vez, Aristóteles define a virtude como *hexis proairetikē* (II.6 1106b36), ou seja, uma "disposição de escolher por deliberação"[78], que conserva essa noção básica de um estado interno, adquirido pelo agente conforme o hábito de se agir e de se comportar de uma determinada maneira e em uma determinada direção, e não do modo contrário (II.1-2): é pelo hábito de praticarmos ações justas que nos tornarmos justos, assim como é o hábito de praticarmos ações corajosas que nos tornamos corajosos (II.1 1103b14-15)[79].

A *internalização* da noção de virtude, pois, nos remete diretamente ao segundo ponto abordado por Sócrates em sua *epideixis*: b. o deslocamento da noção de "ser bem-sucedido" e "malsucedido" para "agir bem" e "agir mal", conforme a ambiguidade semântica das expressões idiomáticas *eu prattein* a *kakōs prattein* (344c-345c). Como vimos, esse ponto da exegese de Sócrates constituía uma inconsistência interna de seu argumento, pois, no primeiro momento (344c-e), ele explorava a concepção arcaica de virtude que depreendemos dos versos de Simônides, segundo a qual as *adversidades* que estão acima do poder do agente são suficientes para privá-lo de sua condição virtuosa ("quando uma adversidade irremediável rebaixa o homem bem remediado, sábio e bom, é *impossível que ele não seja mau*", 344e2-4). Em outras palavras, o fato de acidentes

---

77. Ver a ocorrência do termo nesse mesmo sentido em Platão, *República* IV 443e6.

78. Adoto aqui a tradução de Marco Zingano (*Aristóteles: Tratado de Virtude Moral* [*Ethica Nicomachea I 13 – III 8*], p. 51).

79. Ibidem, p. 129: "A ideia é clara: trata-se de uma disposição que provém de atos de certo tipo – os que envolvem escolha deliberada – e que torna o sujeito ainda mais apto a praticar atos de tal tipo."

externos impedirem que o agente seja bem-sucedido em suas ações, como os exemplos do piloto e do agricultor ilustram, determina circunstancialmente a qualidade moral do agente (i.e., "mau"). Na sequência de sua exegese, entretanto, Sócrates passa repentinamente a considerar o *sucesso* e o *insucesso* de uma ação como decorrente do *conhecimento* ou da *ignorância* do agente, passando a ler o poema segundo sua perspectiva intelectualista sobre a moral. Nesse sentido, quando se age conforme o conhecimento, se age bem, ao passo que, quando se age por ignorância, se age mal ("pois ser privado de conhecimento é a única ação má", 345b5). Sócrates, enfim, transforma o poema de Simônides num veículo de expressão de suas próprias convicções morais.

Para concluir a análise, então, essa leitura "sério-cômica", que propusemos aqui, visou, sobretudo, a integrar essa longa discussão sobre o canto de Simônides na interpretação geral do diálogo, salientando a sua contribuição não apenas para a distinção entre "sofística" e "filosofia" no *Protágoras*, o tema deste estudo, como também para a discussão sobre questões relativas à virtude, ainda que não diretamente vinculada ao tópico filosófico estrito em exame (i.e., *a unidade das virtudes*). A incursão de Sócrates nessa modalidade de discurso, apresentada por Platão como tipicamente "sofística", indica que o "filósofo" se prontifica a disputar com o "sofista" em seu próprio terreno, como se as circunstâncias peculiares em que o debate se dá o impelissem a tal[80]. No entanto, isso não implica que Sócrates seja representado por Platão simplesmente como um "sofista", pois seria uma inferência equivocada e uma resolução simplista tendo em vista a complexidade da construção de sua figura ao longo do diálogo. A solução interpretativa que propus é que Sócrates se apropria de um expediente característico da "sofística", num

---

80. G. Cerri, Il canto di Simonide nel *Protagora* di Platone, em G. Casertano (ed.), *Il* Protagora *di Platone: struttura e problematiche*, p. 479-480; P. Friedländer, *Plato, vol. 2.*, p. 24-25; G. Klosko, Towards a Consistent Interpretation of the *Protagoras*, AGPh, v. 61, p. 129.

ambiente próprio dos "sofistas" (a casa de Cálias), diante do público dos "sofistas", e faz dessa circunstância uma oportunidade para transformar o poema de Simônides num veículo de exposição de suas convicções morais (i.e., os paradoxos *moral* e *prudencial*[81]), conformando essa modalidade específica de discurso – a *exegese poética* – ao propósito último de sua ida à casa de Cálias: salvar a alma de Hipócrates.

---

81. Sobre os paradoxos *moral* e *prudencial*, ver supra p. 248n75.

6. O RETORNO À *BRAKHULOGIA*:
SÓCRATES "ERÍSTICO"?

6.1. *A Reformulação da Tese Protagoriana (348b-349d)*

O retorno da discussão para o registro *dialógico* e a retomada do tópico filosófico principal – a *unidade das virtudes* – ocorrem logo após aquele *metadiscurso* de Sócrates analisado no subtítulo 5.1, em que se critica o "diálogo" sobre poesia como um recurso típico de "homens medíocres e vulgares" (347c4-5). Essa nova mudança na forma do debate entre os protagonistas é marcada pela seguinte observação de Sócrates "narrador":

Depois que eu falei essas coisas e outras tais, Protágoras não dava indício de que via tomaria. Alcibíades, com os olhos fitos em Cálias, disse-lhe então:

— Cálias, você considera bela a atitude de Protágoras neste momento, relutante em manifestar se vai ou não se explicar? A mim não parece que seja. Pois bem, que ele continue a dialogar! Caso contrário, confesse logo que não deseja fazê-lo para que saibamos qual a sua posição! Pois, dessa maneira, Sócrates poderá dialogar com outrem, ou então será possível iniciar outro diálogo entre aqueles que, porventura, quiserem fazê-lo.

254 PROTÁGORAS, DE PLATÃO: ESTUDO INTRODUTÓRIO

E Protágoras, *envergonhado*, a meu ver, ante as palavras de Alcibíades e os pedidos de Cálias e quase todos os demais presentes, foi impelido, embora não sem resistência, ao diálogo, mandando-me formular as perguntas para que as respondesse. (348b1-c4)

A referência à *vergonha* de Protágoras (αἰσχυνθείς, 348c1) salienta precisamente a sua situação desconfortável diante de um interlocutor que não apenas colocou em xeque a sua posição sobre o problema da *unidade das virtudes* mediante o escrutínio *dialógico*, como também se prontificou a disputar com ele no terreno da "sofística" ao apresentar a sua própria *epideixis* sobre o canto de Simônides. Nesse sentido, Protágoras tinha razão ao perceber que a discussão com um interlocutor tal como Sócrates constitui, na sua perspectiva, um *agōn logōn* ("contenda verbal", 335a4), que, no contexto do *Protágoras*, compreende as duas modalidades genéricas de discurso: *brakhulogia* e *makrologia*. A sua hesitação em continuar a dialogar com Sócrates tem um motivo óbvio: o que está sob suspeita nesse momento aqui é a sua própria reputação de "o homem mais sábio no discurso" (310e6-7), e, por conseguinte, a sua competência enquanto mestre de virtude. O sentimento de vergonha de Protágoras está diretamente associado ao contexto dramático figurado no diálogo, mais especificamente à presença de uma audiência que assiste à perfomance de ambas as personagens e avalia o desempenho de cada uma[1]. Como o sucesso do "sofista" depende de sua *doxa*, ele acaba se tornando refém de seu próprio público, a ponto de ser *constrangido* a continuar dialogando com um interlocutor extremamente hábil, cuja consequência tem sido o desvelamento progressivo de uma inconsistência

---

1. A vergonha (*aiskhunē*) é um sentimento associado diretamente ao olhar público a que estão sujeitas as ações de um indivíduo, conforme a definição aristotélica na *Retórica*: "a vergonha é certa dor ou perturbação relativa a males presentes, passados ou futuros, que aparentemente acarretam ignomínia, ao passo que a falta de vergonha é um certo desprezo e impassividade relativos a essas mesmas coisas. Se está correta tal definição de vergonha, então é necessário envergonhar-se ante aqueles males que parecem ser vergonhosos ao próprio indivíduo ou àquelas pessoas pelas quais ele preza" (II.6 1383b12-18).

em suas opiniões relativas à própria matéria que ele se propõe a ensinar aos jovens mediante pagamento, ou seja, a *virtude*. Se Protágoras recusasse o debate a essa altura do diálogo, tal atitude significaria uma derrota vexaminosa para Sócrates, uma vez que, na sua própria perspectiva, trata-se de um *agōn logōn*. Ciente da situação difícil na qual se encontra Protágoras, Sócrates joga deliberadamente com a *doxa* do sofista a seu favor:

> E é por essa razão que eu, com prazer, prefiro dialogar com você a dialogar com qualquer outra pessoa: por considerar que você poderia investigar da melhor maneira os assuntos que cabem ao homem de valor examinar, especialmente a virtude. Que outra pessoa melhor haveria? Você não apenas presume ser um homem excelente (há outras pessoas que são homens de valor, porém incapazes de tornar outrem um indivíduo de tal tipo); além de ser bom, você é capaz de tornar boas outras pessoas. (348d5-e5)

A retomada da discussão sobre a *unidade das virtudes* é marcada, todavia, por uma mudança significativa na posição de Protágoras, quando comparada à sua formulação inicial (329d-330a). Vejamos o trecho:

> — Mas eu lhe afirmo, Sócrates – disse ele –, que todas elas são partes da virtude, e quatro são razoavelmente parecidas umas com as outras, enquanto a coragem se distingue em muito de todas as demais. Você saberá que eu digo a verdade da seguinte maneira: encontrará muitos homens que são extremamente injustos, ímpios, intemperantes e ignorantes, mas excepcionalmente corajosíssimos. (349d2-5)

No início do debate com Sócrates, Protágoras sustentava que as partes da virtude são tais como as partes do rosto, ou seja, a virtude consiste em um todo composto de partes diferentes entre si, cada qual com a sua *capacidade* (*dunamis*) particular, de modo tal que é possível a um indivíduo possuir uma virtude sem ter as demais (329d-330a). Na passagem acima, contudo, Protágoras reformula parcialmente a sua tese constrangido pelos dois argumentos apresentados por Sócrates que a refutavam (330b-331e; 332a-333b), como analisamos nos subtítulo 3.2

256   PROTÁGORAS, DE PLATÃO: ESTUDO INTRODUTÓRIO

e 3.3. No entanto, essa concessão parcial de Protágoras não faz jus às objeções apresentadas por Sócrates previamente, pois o que ele admite aqui é certo grau de *semelhança* (não preciso) entre quatro das cinco virtudes (sabedoria, justiça, piedade e temperança/sensatez), ao passo que Sócrates buscava mostrar, ao menos na segunda prova/refutação, a *identidade* entre elas. De qualquer modo, tal reformulação, ainda que vaga e imprecisa, conserva o corolário da primeira tese protagoriana, a *não coimplicação* das virtudes – ou seja, a possibilidade de se ter uma virtude sem se ter necessariamente as demais. E a virtude em questão, que se distinguiria em muito das demais e não dependeria de nenhuma delas, é a *coragem* (*andreia*). O argumento de Protágoras, apresentado com valor de prova, é mais uma vez de natureza empírica: homens de diferentes índoles, quando em situação de risco – como no caso da guerra, por exemplo – se comportam de modo extremamente corajoso, o que seria indício suficiente de que ela constitui uma certa disposição psicológica independentemente das demais virtudes.

Pois bem, as duas últimas provas/refutações empreendidas por Sócrates no *Protágoras* concernirá precisamente à relação entre *coragem* e *sabedoria* (349e-350c; 351b-360e). Comecemos com o primeiro argumento, que tem gerado bastante controvérsia no âmbito dos estudos platônicos desde o séc. XIX[2]. E o motivo dessa controvérsia é especialmente relevante para os propósitos deste estudo: aparentemente, Sócrates conduz um argumento *falacioso* de maneira *deliberada*, cujo lapso teria sido prontamente percebido e denunciado por Protágoras (350c-351b). O elemento *dramático* que fortalece essa leitura, a despeito dos problemas de ordem analítica que veremos a seguir, é o silêncio de Sócrates diante do protesto do "sofista": ao

---

2. Para um levantamento dos principais estudiosos que abordaram o problema, ver M.J. O'Brien, The "Fallacy" in *Protagoras* 349c-350c, *Transactions and Proceedings of the American Association*, v. 92. É curioso que Terence Irwin ignore peremptoriamente a quarta prova/refutação (349d-351b) em sua análise sobre o *Protágoras*, passando diretamente para o exame da tese hedonista que se segue (i.e., a quinta e última prova/ refutação, cf. 351c-360e) (*Plato's Ethics*, p. 81).

invés de contraargumentar, ou mesmo tentar explicar o suposto lapso no argumento, Sócrates muda repentinamente o enfoque da discussão, como se as considerações de Protágoras não fossem relevantes e tampouco merecessem qualquer observação de sua parte. Como interpretar, então, o silêncio de Sócrates perante uma acusação tão grave de seu adversário, quando pensamos na própria construção da figura do "filósofo" nos diálogos platônicos como alguém devotado à busca pelo conhecimento e pela verdade?[3] Antes de analisarmos o argumento propriamente dito, vejamos as possibilidades de interpretação para o problema:

a. Sócrates comete uma falácia *deliberadamente*: O problema decorrente dessa suposta atitude de Sócrates é que tal tipo de procedimento, especialmente no âmbito da *brakhulogia*, é atribuído por Platão à competência de uma classe específica de "sofistas", os chamados "erísticos", como vemos representado, sobretudo, no diálogo *Eutidemo*. Sendo assim, ao empregar um argumento falacioso *deliberadamente*, Sócrates estaria agindo como um "erístico", no mesmo registro discursivo de sua prática filosófica (ou seja, num diálogo mediante perguntas e respostas), o que contradiria os argumentos empregados por ele para justificar seu procedimento refutativo – a saber, a busca pelo conhecimento e pela verdade (cf. 348a; 361e)[4]. Se é isso de fato o que acontece, com que fim Sócrates empregaria um argumento falacioso na discussão, visto que ele tem como intuito não apenas refutar a posição de Protágoras, mas defender também uma determinada tese sobre a *unidade das virtudes*?

b. Sócrates comete uma falácia *involuntariamente*: Nessa perspectiva, a intenção de Sócrates não seria exatamente

---

3. Para fins metodológicos, utilizarei a definição de *elenchos* socrático proposta por Gregory Vlastos (The Socratic Elenchus, *Oxford Studies in Ancient Philosophy*, v. 1, p. 31), a qual examinaremos a seguir, como a visão *standard* sobre a natureza do procedimento investigativo de Sócrates nos "primeiros diálogos" de Platão. Sobre a função positiva do uso de falácias por Platão em oposição aos "erísticos", ver Rosamonde Kent Sprague, *Plato's Use of Fallacy: A Study of the* Euthydemus *and Some Other Dialogues*.

4. Sobre o uso positivo de argumentos falaciosos em Platão, cujo fim seria trazer à luz certos problemas fundamentais de natureza filosófica, ver R.K. Sprague, op. cit.

confundir Protágoras e refutá-lo à maneira "erística", mas o erro lógico se deveria antes a certa imperícia sua ao não construir corretamente o argumento conforme a real posição de seu interlocutor sobre o problema da *coragem*[5].

c. Sócrates não comete uma falácia, de modo que o protesto de Protágoras constitui uma saída desesperada ante mais uma refutação: Essa leitura pouparia Sócrates da imputação de má-fé no argumento e evitaria qualquer tipo de confusão entre o exercício do *elenchos* e o procedimento "erístico", que vemos paradigmaticamente representado no *Eutidemo*. A dificuldade dessa interpretação seria, do ponto de vista dramático, explicar o sentido do silêncio de Sócrates diante da reivindicação de Protágoras, e, do ponto de vista analítico, mostrar de modo satisfatório a validade lógica do argumento, na medida em que ele é, no mínimo, controverso.

6.2. A Análise do Argumento à Luz dos Elementos Dramáticos (349e-351b)

Pois bem, para ir direto ao ponto, buscarei defender aqui a interpretação (a), o que exigirá, por conseguinte, uma justificativa plausível desse suposto procedimento "erístico" de Sócrates, na medida em que entraria em conflito com a idealização da figura do "filósofo" como alguém compromissado indelevelmente com a busca pelo conhecimento e pela verdade. Uma resposta satisfatória para o problema deve levar em consideração não apenas questões de natureza estritamente lógica, mas também os elementos dramáticos do texto, pois o que está em jogo no *Protágoras* é justamente a construção da figura do "filósofo" e do "sofista", e, por conseguinte, a delimitação das fronteiras entre "filosofia" e "sofística, como tenho salientado ao longo deste estudo. Sendo assim, discutamos brevemente alguns problemas

---

5. M.J. O'Brien, op. cit., p. 413. Ver também J.C. Shaw, *Plato's Anti-hedonism and the* Protagoras, p. 45-48.

de ordem analítica que têm suscitado as diferentes e divergentes interpretações desse passo do *Protágoras* (349e-350c). Vejamos as premissas do argumento sem levar em consideração os aspectos dramáticos do texto:

(P1) os corajosos são audaciosos;

(P2) a virtude é bela, seja como um todo, seja em suas partes;

(P3) os que possuem conhecimento são mais audaciosos do que os ignorantes (como no caso dos mergulhadores, dos cavaleiros e dos peltastas), e, em relação a si próprios, são mais audaciosos depois que aprendem do que antes de terem aprendido.

(P4) há indivíduos que são ignorantes, porém audaciosos;

(P5) mas esses indivíduos não são corajosos, porque são desvairados, o que é uma condição vergonhosa (a partir de P2 e P4);

(P6) os corajosos são os audaciosos;

(P7) (7a) os mais sábios são os mais audaciosos (a partir de P3), e (7b), por conseguinte, são os mais corajosos (a partir de P6);

(P8) portanto, a sabedoria é coragem.

O problema lógico mais relevante está no conflito entre as premissas (P1) e (P6) do argumento. Em síntese, (P1) afirma que os corajosos são *audaciosos* (349e2), ao passo que (P6) afirma que os corajosos são *'os' audaciosos*. Segundo (P1), as duas classes (ou seja, *corajosos*, de um lado, e *audaciosos*, de outro) não são tratadas como *coextensivas*: embora todo indivíduo corajoso seja audacioso, nem todo indivíduo audacioso é corajoso, como seria o caso das pessoas ignorantes ou desvairadas nos exemplos referidos por Sócrates (350a-b). Segundo (P6), contudo, as duas classes são tratadas como *coextensivas*, de modo que todo indivíduo corajoso é audacioso, e vice-versa[6]. É precisamente esse ponto que Protágoras ataca em seu protesto: "você não recorda corretamente, Sócrates, o que eu disse e lhe respondi. Quando me perguntou se os corajosos são audaciosos, eu concordei, mas não fui indagado se também os audaciosos são corajosos; pois, se naquela ocasião tivesse sido essa a sua

6. J. Beversluis, *Cross-Examining Socrates: a Defense of the Interlocutors in Plato's Early Dialogues*, p. 279.

pergunta, eu teria lhe respondido que nem todos" (350c6-d1). Ou seja, Protágoras não concede a Sócrates a *coextensividade* das duas classes de indivíduos, de modo que seu assentimento na premissa (p6) teria sido, de alguma maneira, inadvertido, como se ele entendesse que Sócrates estivesse fazendo a mesma pergunta que lhe havia sido endereçada no início do argumento (p1). Se o protesto de Protágoras for pertinente, isso, a princípio, invalidaria as inferências de Sócrates expressas pelas premissas (p7) e (p8), uma vez que dependem diretamente de (p6). Esse suposto lapso de Protágoras ao anuir inadvertidamente a (p6) faz sentido, se considerarmos que a modificação na formulação das premissas (p1) e (p6) é bastante sutil, devendo-se simplesmente à introdução do artigo definido grego *tous* em (p6) ("os corajosos são *'os' audaciosos*", 350b7). Ademais, Protágoras já havia concebido a possibilidade de indivíduos audaciosos não serem corajosos (i.e., os ignorantes e/ou desvairados), de modo que não faria sentido que ele concedesse logo depois a Sócrates que apenas os indivíduos corajosos são audaciosos. E, ao final de sua objeção ao argumento socrático, ele deixa claro que considera *audácia* e *coragem* como duas disposições distintas (351a-b). É plausível, portanto, que Protágoras não tenha prestado a atenção devida ao que propunha Sócrates, concedendo-lhe uma premissa que não correspondia precisamente ao que tinha em mente quando indagado (p6). Nesse sentido, Protágoras seria corresponsável pela má condução do argumento em razão de sua postura negligente.

Como interpretar, então, esse problema de ordem lógica? O primeiro ponto a ser observado é que as premissas (p1) a (p5) do argumento já seriam suficientes para refutar a posição do sofista expressa em 349d, na medida em que Sócrates consegue estabelecer, com o consentimento de Protágoras, que *os corajosos são sábios*; isso implica, por conseguinte, que a sabedoria é *condição necessária* para a coragem. Se o objetivo de Sócrates fosse simplesmente refutar a posição de Protágoras, e não provar concomitantemente uma determinada tese (i.e., a *unidade das virtudes*), ele poderia ter concluído ali mesmo o argumento, mostrando-lhe que, uma vez que a coragem requer sabedoria, é impossível haver indivíduos corajosos que sejam ignorantes, como apregoava Protágoras (349d). Mas Sócrates não o faz, pois ele parece pretender algo a mais na discussão: provar a identidade entre *sabedoria* e *coragem* (p8).

Se Sócrates, portanto, almeja não apenas refutar Protágoras, mas apresentar argumentos que demonstrem de modo suficiente a tese da *unidade das virtudes* (e, mais especificamente aqui, a identidade entre *sabedoria* e *coragem*), não lhe basta garantir que *todos os corajosos são sábios* ([p1] a [p5]); ele precisa obter também, mediante a anuência de seu interlocutor, que *todos os sábios são corajosos,* cuja consequência seria a *coextensividade* entre as duas classes de indivíduos, como busca estabelecer (p6). Quando se defende uma tese forte da *unidade das virtudes*, a *bicondicionalidade*, expressa nos termos acima, é uma condição mínima exigida de seu proponente, ainda que a posição de Sócrates no *Protágoras* pareça pretender mais do que estabelecer uma mera relação *bicondicional* entre as virtudes particulares (como ficará claro na análise do último argumento no capítulo 7)[7]. A questão que se segue, portanto, é a seguinte: Sócrates prova de modo apropriado que *todos os sábios são corajosos* no passo final do argumento (de [p6] a [p8])? Tanto uma leitura condescendente (i) quanto uma leitura crítica a Sócrates (ii) concordariam neste ponto: as premissas (p6) e (p7) não garantem a Sócrates que *todos os sábios são corajosos*, ou, em outras palavras, que a *sabedoria* é condição *necessária e suficiente* para a *coragem*, de modo que a conclusão expressa não se segue necessariamente das premissas (p1) a (p7).

Comecemos com a leitura condescendente (i), concedendo a Sócrates a premissa (p6), a despeito do protesto ulterior de Protágoras (350c-351b). Se os corajosos são *os* audaciosos (p6), então os mais sábios são os mais audaciosos (p7a), e, sendo os

---

7. C.C.W. Taylor, *Plato. Protagoras*, p. 150 (*contra* G. Vlastos, The Unity of the Virtues, em G. Vlastos [ed.], *Platonic Studies*).

mais audaciosos, são os mais corajosos (P7b). Ao introduzir os superlativos no argumento, o máximo que Sócrates consegue obter aqui é que a quantidade de coragem que um indivíduo possui é proporcional à quantidade de sabedoria que ele detém; ou seja, quanto mais sábio, mais audaz o indivíduo é, e, por conseguinte, mais corajoso. Todavia, isso não demonstra que a sabedoria é condição *suficiente* para a coragem, apenas que ela é *necessária*, o que já fora estabelecido pelas premissas (P1) a (P5); pois Sócrates não consegue provar com (P6) e (P7) que *todos os sábios são corajosos*[8]. Poderíamos conceder a Sócrates que a coragem requer sabedoria ([P1] a [P5]), que o grau de coragem é determinado pelo grau de sabedoria que um indivíduo possui ([P6] e [P7]), e manter ao mesmo tempo a possibilidade de haver uma condição *complementar* à sabedoria, ainda que menos importante do que ela, para que um indivíduo seja corajoso: uma concepção que definisse a *coragem* como "sabedoria + x", em que x consistisse em alguma qualidade de ordem não cognitiva a ser precisada, como a noção de "resistência" ou "perseverança" (indicada pelo termo grego *karteria*) aventada no diálogo *Laques*, por exemplo[9]. Se for esse o caso, então é possível haver indivíduos que sejam sábios, porém não corajosos, quando não dotados dessa qualidade x; ou seja, embora possuam o conhecimento requerido para reconhecer i. *o que* deve e *o que não* deve ser temido, ii. *em que circunstâncias* devem ou não devem temer, e iii. *como* devem agir em ocasiões tais que envolvam risco, no momento mesmo da ação eles não são capazes de agir conforme a prescrição de tal conhecimento, na

8. *Contra* Vlastos (The Unity of the Virtues, em G. Vlastos [ed.], *Platonic Studies*, p. 243 nota 59), embora o estudioso não discuta sistematicamente os problemas envolvidos na exposição desse argumento, atendo-se apenas à sua conclusão para interpretá-la à luz da Tese da Bicondicionalidade, defendida ao longo do seu estudo como a posição sustentada por Sócrates no *Protágoras*.

9. A definição proposta pela personagem Laques, e posteriormente refutada por Sócrates com base em exemplos semelhantes aos que encontramos nessa seção do *Protágoras* (349e-350c), é que a coragem seria "a perseverança com discernimento" (ἡ μετὰ φρονήσεως καρτερία, 192c8). Sobre problema do elemento não cognitivo na definição de *coragem* no *Laques*, ver D.T. Devereux, The Unity of the Virtues in Plato's *Protagoras* and *Laches, The Philosophical Review*, v. 101, n. 4.

medida em que não são dotados dessa condição complementar de natureza não cognitiva[10].

O argumento de Sócrates não exclui absolutamente, portanto, a possibilidade de se abordar o problema da *coragem* sob este viés: certa disposição psicológica que compreenda tanto uma condição racional quanto uma não cognitiva. Quando Protágoras afirma, no final de sua objeção a Sócrates, que "a coragem provém da *natureza* e da *boa nutrição* da alma" (ἀνδρεία δὲ ἀπὸ φύσεως καὶ εὐτροφίας τῶν ψυχῶν γίγνεται, 351b1-2), em oposição à audácia que "advém aos homens tanto da arte quanto da ira e do desvario" (θάρσος μὲν γὰρ καὶ ἀπὸ τέχνης γίγνεται ἀνθρώποις καὶ ἀπὸ θυμοῦ γε καὶ ἀπὸ μανίας, 351a7-b1), ele está considerando justamente a concorrência de duas causas para a promoção da *coragem* em um indivíduo, sendo esse elemento natural não necessariamente de ordem cognitiva (como, por exemplo, a noção de *karteria*, que poderia ser atribuída à natureza do agente)[11]. Sendo assim, o argumento tal como formulado por Sócrates, mesmo lhe concedendo a premissa (P6), não garante que a sabedoria seja condição *suficiente* para a coragem, apenas que ela seja condição *necessária*, de modo que a conclusão (P8), que assevera a identidade entre *sabedoria* e *coragem*, não procede. Vale salientar, por fim, que, segundo a leitura condescendente (i), Sócrates poderia ser imputado de apresentar um argumento falho, mas não de ter agido de má-fé ao propor *deliberadamente* uma falácia.

O ponto fraco da leitura condescendente (i), por sua vez, é que ela desconsidera uma série de detalhes que contornam toda a condução do argumento, não contemplada por uma visão estritamente analítica do problema. Para que esse aspecto fique mais claro, consideremos então a perspectiva crítica (ii) sobre a conduta de Sócrates na quarta prova/refutação (349e-350c).

---

10. J. Adam e A.M. Adam, por exemplo, tratam os *corajosos* como um subgrupo do conjunto dos "indivíduos que possuem conhecimento" (*Plato. Protagoras*, p. 173).

11. T. Irwin, *Plato. Gorgias*, p. 81: "*Laques* e *Cármides* não exploram as possíveis razões para se acreditar que as virtudes devem possuir componentes não cognitivos, mas a objeção de Protágoras ressalta essa possibilidade claramente (351a3-b2)."

Vejamos detidamente como Sócrates obtém o assentimento de Protágoras até a premissa (P6) do argumento:

> — [...] (P1) Você afirma que os corajosos são audaciosos, ou algo diferente disso?
> — E impulsivos – respondeu –, perante o que a maioria teme enfrentar.
> — Adiante, então! (P2) Você afirma que a virtude é algo belo, e se apresenta como mestre de virtude porque é bela?
> — Belíssima – disse ele –, se não estou delirando.
> — E então – perguntei –, parte dela é bela e outra parte vergonhosa, ou ela é inteiramente bela?
> — Sim, inteiramente bela, no máximo grau. (349e2-8)

Como comentado acima, a premissa (P1) estabelece simplesmente que a *audácia* é um qualidade que podemos predicar de todos os indivíduos *corajosos*, o que não implica a relação inversa – ou seja, que a *coragem* é uma qualidade que predicamos de todos os indivíduos *audaciosos*. Esse é o ponto de partida do argumento, aparentemente apresentado sem controvérsia. A seguir (P2), Sócrates faz uma pergunta de natureza moral, que por si só já colocaria em dificuldade a posição defendida por Protágoras em 349d: se tanto a virtude como um todo quanto as suas partes são belas, então um indivíduo ignorante, porém corajoso, seria tanto belo quanto vergonhoso; uma condição, no mínimo, paradoxal. O próximo passo (P3) consiste num argumento *indutivo*:

> — Você sabe, então, quem são as pessoas que mergulham em cisternas audaciosamente?
> — Sim, os mergulhadores.
> — Por que possuem conhecimento, ou por algum outro motivo?
> — Porque possuem conhecimento.
> — E quem são as pessoas audaciosas em combater montadas a cavalo? São os cavaleiros, ou os que não sabem montar?
> — Os cavaleiros.
> — E em manejar a pelta? Os peltastas, ou os que não sabem manejá-la?
> — Os peltastas. E o mesmo vale para todos os demais casos – disse ele –, se é isto o que você procura: (P3) os que possuem conhecimento

são mais audaciosos do que aqueles que não o possuem, e, em relação a si próprios, são mais audaciosos depois que aprendem do que antes de terem aprendido. (349e8-350b1)

A indução, completada pelo próprio Protágoras, estabelece que os indivíduos que possuem conhecimento são *mais audaciosos* do que os que não o possuem, e que eles próprios se tornam *mais audaciosos* à medida que adquirem esse conhecimento. Ao empregar o adjetivo no grau comparativo (θαρραλεώτεροί, 350a7), a premissa (P3) admite que mesmo os indivíduos ignorantes possuem um certo grau de audácia, embora sejam eles menos audaciosos que os que possuem conhecimento. Ou seja, quanto mais conhecimento o indivíduo tem no desempenho das atividades que envolvam situações de risco – como os três exemplos sugeridos por Sócrates indicam (i.e., mergulhadores, cavaleiros e peltastas) – mais audacioso ele é. Por conseguinte, fica evidente que, no desenvolvimento do argumento, a condição designada pela noção de "audácia" não está circunscrita à classe dos indivíduos corajosos (i.e., aqueles que possuem conhecimento no desempenho dessas atividades), embora estes sejam mais audazes do que os ignorantes no desempenho de suas atividades técnicas. Na sequência do diálogo ([P4] e [P5]), esse ponto se torna ainda mais claro:

— (**P4**) Já viu pessoas – perguntei – que não possuem conhecimento de nenhuma dessas coisas, mas são audaciosas em cada uma delas?
— Já vi, sim – respondeu. – E excessivamente audaciosas.
— (**P5**) Então, essas pessoas audaciosas não são também corajosas?
— A coragem seria decerto vergonhosa se assim o fossem – disse ele –, pois são desvairadas. (350b1-6)

Sócrates sugere em (P4) a possibilidade de haver indivíduos que, mesmo sendo ignorantes naquelas atividades referidas pelos exemplos anteriores, ainda assim são audaciosos ao desempenharem-nas. E a resposta subsequente de Protágoras acrescenta que, em certos casos, tais indivíduos se comportam

266 PROTÁGORAS, DE PLATÃO: ESTUDO INTRODUTÓRIO

inclusive de maneira excessivamente audaciosa (καὶ λίαν γε θαρροῦντας, 350b3-4), o que sugere, a meu ver, a possibilidade de indivíduos ignorantes (i.e., os desvairados) agirem de maneira *mais audaciosa* do que os que possuem a competência técnica nessas atividades que envolvam situações de riscos[12]. Na *Ética Nicomaqueia* de Aristóteles essa condição corresponderia, *grosso modo*, ao que ele denomina de *temeridade* (*thrasutēs*, II.8 1108b31), ou seja, um tipo de vício por excesso relativamente à coragem, na medida em que a virtude consiste em "um meio-termo entre dois males, o mal por excesso e o mal por deficiência (μεσότης δὲ δύο κακιῶν, τῆς μὲν καθ' ὑπερβολὴν τῆς δὲ κατ' ἔλλειψιν, II.6 1107a2-3)[13]. Sendo assim, esse fenômeno particular incidiria sobre a própria proposição do argumento indutivo expresso pela premissa (P3), devendo ser reformulado nos seguintes termos: *em geral*, os indivíduos que possuem conhecimento são mais audaciosos do que os que não o possuem, *mas há certos casos em que um indivíduo ignorante pode ser mais audacioso do que quem possui conhecimento*. E tais indivíduos, embora *audaciosos*, não são *corajosos*, porque são desvairados (P5). Como a loucura é uma condição vergonhosa, e tanto a virtude como um todo quanto as suas partes são belas (P2), então jamais tais indivíduos poderiam ser *corajosos*, ainda que sejam bastante *audaciosos*.

---

12. No diálogo *Laques*, Sócrates e a personagem homônima discutem uma questão semelhante a essa discutida na quarta prova/refutação do *Protágoras* (349e-350c). Nessa passagem do *Laques*, Sócrates busca refutar a terceira definição de *coragem* proposta pelo seu interlocutor, segundo a qual coragem seria "perseverança com discernimento" (192b10-11). Na exposição do argumento (193a-e), Sócrates recorre aos mesmos exemplos usados nessa seção do *Protágoras* – ou seja, o dos mergulhadores e o dos cavaleiros (193b-c) –, mas os emprega como evidência para a tese contrária: i.e., os indivíduos ignorantes nas atividades que envolvem situações de risco são mais *corajosos* do que os que possuem competência técnica para desempenhá-las (193c2-4). Embora Platão esteja tratando aqui de *coragem*, e não de *audácia* (como é o caso desse argumento do *Protágoras* que estamos analisando), essa passagem do *Laques* contribui para entendermos *por analogia* que, quando Protágoras diz que os indivíduos ignorantes se comportam de maneira excessivamente audaciosa, ele está sugerindo que tais indivíduos se comportam de maneira mais audaciosa do que os que possuem conhecimento.

13. Noção semelhante a "temeridade" encontramos também no diálogo *Laques* de Platão (197a-b).

Portanto, fica evidente que até a premissa (P5) são consideradas por ambos os interlocutores duas formas de *audácia*: i. aquela dos indivíduos que possuem conhecimento, oriunda da própria *coragem*; ii. e aquela dos indivíduos ignorantes, que, em geral, são menos audaciosos que os primeiros, mas que, em certos casos, podem se comportar de maneira mais audaciosa do que eles (como ocorre no caso de pessoas desvairadas). Parece-me que essa reconstrução da primeira parte do argumento ([P1] a [P5]) é bastante plausível, na medida em que faz valer os detalhes da formulação das proposições. O próximo passo (P6) é precisamente o ponto de maior controvérsia entre os estudiosos do diálogo, como referimos há pouco:

— Como, então – perguntei –, você se refere aos corajosos? (**P6**) Não são os audaciosos?
— Mantenho o que digo – respondeu. (350b6-7)

Se prestarmos atenção à resposta de Protágoras, fica evidente que a personagem presume que Sócrates está fazendo a mesma pergunta que deu início à discussão sobre a coragem (P1), ou seja, *se os corajosos são audaciosos*. Todavia, o que Sócrates está perguntando aqui é algo diferente, *se os corajosos são 'os' audaciosos*, tratando as duas classes de indivíduos como *coextensivas*, como comentamos acima. O assentimento de Protágoras, portanto, é um equívoco, um lapso de sua parte, e não reflete a sua real posição sobre o problema, como ele próprio alegará adiante (350c-d). Do ponto de vista dramático, esse lapso se explicaria por certa impaciência do interlocutor ao ser submetido mais uma vez ao escrutínio socrático contra a sua vontade (348b-c), impaciência esta já evidenciada há pouco, quando ele próprio completa o raciocínio indutivo de Sócrates, buscando abreviar assim a indagação (cf. 350a5-b1)[14]. Ademais, por que motivo Protágoras concederia a Sócrates que *os corajosos são 'os' audaciosos*, se ambos acabaram de afirmar a possibilidade

14. M.J. O'Brien, op. cit., p. 413-414.

de haver indivíduos ignorantes que são excessivamente audaciosos, porém não corajosos (350b1-6)? Não faria sentido esse assentimento de Protágoras, se ele tivesse compreendido corretamente a proposição de Sócrates. De qualquer modo, é a partir desse mal-entendido que a conclusão do argumento se dá:

> — Então – disse eu –, (P5) essas pessoas que são assim audaciosas não são corajosas, mas manifestamente desvairadas, não são? (P7a) E os mais sábios, por sua vez, são os mais audaciosos, (P7b) e, sendo os mais audaciosos, são os mais corajosos, não são? (P8) E segundo esse argumento, a sabedoria seria coragem, não seria? (350c1-5)

A primeira pergunta de Sócrates, que retoma a premissa anterior (P5), reafirma justamente a distinção entre duas classes de indivíduos *audaciosos*, o que por si só já contradiria (P6)[15]. E se, por outro lado, desconsiderarmos a formulação da premissa (P6) e assumirmos a proposição de (P1), a inferência expressa por (P7a) seria inválida, pois ambos os interlocutores admitiram a possibilidade de, em certos casos, haver indivíduos ignorantes mais audaciosos que os que possuem conhecimento (i.e., os indivíduos desvairados). E mesmo se concedêssemos a Sócrates a *coextensividade* dos indivíduos corajosos e dos audaciosos pretendida por (P6), isso não seria suficiente para provar a identidade entre *sabedoria* e *coragem* expressa na conclusão do argumento (P8). Como discutimos acima, o máximo que Sócrates consegue obter aqui seria que, quanto mais sábio o indivíduo for, mais audacioso ele é, e, por conseguinte, mais corajoso; mas isso não implica que a sabedoria seja condição *suficiente* para coragem, apenas condição *necessária*. Em outras palavras, mesmo admitindo a premissa (P6), Sócrates não consegue mostrar definitivamente que *todos os sábios são corajosos*, apenas

15. Como evidência suplementar em favor dessa leitura, na última etapa da quinta prova/refutação que iremos analisar no capítulo 7, quando Sócrates retoma enfim o problema da relação entre *coragem* e *sabedoria* (359c-360e), ele se refere precisamente a duas formas de *audácia* – a do corajoso e a do covarde: o corajoso é audaz em relação àquelas coisas que não são vergonhosas, ao passo que o covarde é audaz em relação àquelas coisas que são vergonhosas (360a-b).

que *todos os corajosos são sábios* (obtido no passo [P1] a [P5]), de modo que o argumento não satisfaz a exigência mínima de *bicondicionalidade* requerida pela tese da *unidade das virtudes*. O argumento, portanto, é falho[16].

6.3. Considerações Finais

Pois bem, o problema se torna ainda mais grave se Sócrates estiver propondo *deliberadamente* um argumento falacioso tal como reconstruído acima, enredando Protágoras na discussão de maneira capciosa[17]. E é justamente essa linha interpretativa que buscarei agora explorar, tentando compreender a questão tendo em vista o contexto dramático peculiar retratado no *Protágoras*. Como tenho salientado amiúde, uma abordagem estritamente analítica não consegue responder apropriadamente a um problema que transcende questões de ordem lógica, e que se estende a uma questão mais geral tão importante para Platão no *Protágoras*: a delimitação das fronteiras entre "filosofia" e "sofística", mediante a caracterização da figura do "filósofo" em oposição à do "sofista". Se for o caso de Sócrates cometer aqui uma falácia *deliberadamente*, para se buscar compreender os motivos de tal conduta é preciso levar em conta alguns fatores de ordem dramática – a saber, i. o tipo de interlocutor com o qual Sócrates dialoga, ii. as circunstâncias particulares em que esse diálogo se dá, e iii. o propósito específico de Sócrates ao se engajar num debate *agonístico*. É óbvio que a ideia de um "filósofo"

---

16. Para uma retrospectiva das diversas interpretações sobre a quarta prova/refutação (349e-351b) por diferentes estudiosos do diálogo, bem como para uma análise distinta desta que estou propondo aqui, embora cheguemos a uma conclusão semelhante (i.e., insuficiência do argumento socrático para provar a identidade entre *sabedoria* e *coragem*), ver J.C. Shaw, op. cit., cap. 2.

17. Observe que, quando Sócrates recapitula a posição de Protágoras na preparação para a refutação final do último argumento (cf. 359b8), ele deixa claro que seu interlocutor havia concedido simplesmente que "os corajosos são audaciosos" (e não "*os* audaciosos"). Isso é mais um índice de que Sócrates propõe a premissa (P6) de modo capcioso, a fim de confundir Protágoras e refutá-lo ao modo "erístico".

PROTÁGORAS, DE PLATÃO: ESTUDO INTRODUTÓRIO

que propõe argumentos falaciosos de modo deliberado parece contradizer a própria concepção de "filósofo" e de "filosofia" que nasce justamente no interior do pensamento platônico, pois essa atitude não se coadunaria com a ideia de uma atividade investigativa que tem como fim a verdade e o conhecimento[18].

Para tratar desse problema crucial de maneira minimamente adequada, é preciso fazer algumas considerações prévias de ordem teórica, que servirão de fundamento para a análise que pretendo fazer da aparente atitude "erística" de Sócrates na quarta prova/refutação (349e-350c). Isso envolve algumas noções básicas que nortearão toda a discussão, especialmente as noções de *elenchos* (refutação) e de "erística". Talvez a tentativa de definição mais bem-sucedida para o *elenchos* socrático nos "primeiros diálogos" de Platão, no âmbito dos estudos mais recentes sobre a obra do filósofo, seja a de Gregory Vlastos, proposta em seu célebre artigo "The Socratic Elenchus". A descrição abaixo sintetiza bem o que chamarei aqui de "visão idealizada" do exercício investigativo de Sócrates:

O *elenchos* socrático é uma busca pela verdade moral mediante um argumento antagônico, em que uma tese é debatida apenas se afirmada como sendo a própria crença do interlocutor, o qual é considerado refutado se, e apenas se, a negação de sua tese é deduzida de suas próprias crenças. *Elenchos* é, em primeira e última instância, *busca*. O procedimento antagonista que é sugerido, mas não implicado, pelo termo grego – o qual *pode* ser usado para designar "refutação", mas também "teste", ou, ainda mais genericamente, "censura, reprovação" – não é um fim em si mesmo. Se assim o fosse, a dialética de Sócrates, tal como retratada nos primeiros diálogos, seria uma forma de contenda verbal – "erística" – o que ela não é, uma vez que seu objeto é sempre aquela busca positiva pela verdade que é

---

18. De acordo com George Klosko (Plato and the Morality of Fallacy, *The American Journal of Philology*, v. 108, n. 4, p. 612), são basicamente duas as razões aferidas pelos estudiosos contra a ideia de que Sócrates é representado por Platão empregando, em determinadas circunstâncias, argumentos falaciosos deliberadamente: a. considerações morais: não seria digno e próprio de Sócrates tal tipo de conduta (p. ex.: G. Vlastos, The Unity of the Virtues, *Platonic Studies*, p. 223; C.C.W. Taylor, op. cit., p. 158); b. considerações filosóficas: empregar argumentos falaciosos intencionalmente seria estranho ao procedimento de um filósofo.

expressa por termos que designam busca (ἐρευνῶ, διερευνῶ), indagação (ζητῶ, ἐρωτῶ, συνερωτῶ), investigação (σκοπῶ, διασκοπῶ, σκέπτομαι, διασκέπτομαι). Isso é o que filosofia é para Sócrates[19].

Na nota explicativa para a noção de "erística" usada para contrastar com a noção genérica de "dialética" exercida por Sócrates, Vlastos critica alguns estudiosos que, ao tratar do *elenchos* socrático, não prestaram a devida atenção a essa exigência de sinceridade do interlocutor sob o escrutínio de Sócrates, referida no início na descrição acima. Para ele, esse é um aspecto crucial que distinguiria Sócrates dos chamados "erísticos", cujo procedimento argumentativo vemos representado paradigmaticamente por Platão no diálogo *Eutidemo*:

Negligência similar dessa exigência contribui para outras confusões em relação à dialética socrática e à erística, começando com G. Grote: ele não faz menção a ela (*Plato and the Other Companions of Socrates*, 1865, p. 531) em sua discussão sobre "o real contraste" entre Sócrates e os exagerados erísticos no *Eutidemo*. É isso que lhe permite dizer que no *Protágoras* Sócrates é "decisivamente mais erístico" do que o sofista (p. 535): ele está usando "erística" com uma imputável frouxidão para designar "contencioso". Contenciosidade no argumento é certamente uma das falhas de Sócrates (motivo pelo qual Platão, em retrospectiva, o reprova gentilmente no *Teeteto*, 167d-168c). Mas a despeito de tais lapsos pessoais em relação ao seu instrumento humano, *elenchos* permanece, em princípio, um método de busca pela verdade, o que a erística não é, sendo apenas um método (ou uma série de métodos – uma sacola repleta de truques) para vencer argumentos, independentemente se você considera ou não verdadeiro aquilo que você está argumentando[20]. Para o *elenchos*, em contrapartida, o propósito de "vir a saber o que é verdadeiro e o que é falso" é supremo (*Górgias* 5050e; cf. *Cármides* 166c-d e também *Górgias* 458a).

Evidentemente, a análise de Vlastos foi um marco nos estudos platônicos sobre o *elenchos* socrático e constitui, de certa

---

19. G. Vlastos, The Socratic Elenchus, *Oxford Studies in Ancient Philosophy*, v. 1, p. 31.
20. cf. Platão, *Eutidemo* 272a-b.

forma, uma visão *standard*, por assim dizer, do procedimento investigativo de Sócrates nos "primeiros diálogos" de Platão. Todavia, ela é questionável em vários pontos, de modo que desde a sua publicação inúmeras críticas e sugestões de modificação e/ou aprimoramento vêm sendo sugeridas por outros eminentes estudiosos que também se dedicaram ao *elenchos* socrático[21]. Meu intuito aqui, no entanto, não é perseguir de modo exaustivo todos esses problemas, mas simplesmente observar alguns aspectos da abordagem da Vlastos que considero problemáticos, e que estão diretamente associados à perspectiva de leitura deste estudo. Vejamos ponto por ponto:

i. O primeiro aspecto que gostaria de salientar, motivo pelo qual o denomino aqui de "visão idealizada", é que sua descrição é *categórica*: Vlastos afirma que o objeto da *dialética* de Sócrates (eu empregaria uma formulação mais amena, tal como "procedimento *dialógico*" de Sócrates, uma vez que Platão não emprega o termo grego *dialetiktikē* nos chamados "primeiros diálogos") "é *sempre* aquela busca positiva pela verdade" no campo moral, pois esse seria o critério principal que a distinguiria da "erística". É óbvio que essa busca pela verdade é central na caracterização platônica da figura do "filósofo", e que essa finalidade é a que tende toda pesquisa de orientação filosófica. No entanto, os diálogos platônicos, por serem de natureza *mimética*[22], retratam ocasiões particulares em que Sócrates debate com diferentes tipos de interlocutores, em diferentes circunstâncias dramáticas, nas quais nem sempre se verificam as condições ideais para o estabelecimento de um diálogo de orientação filosófica. Essa questão é colocada como um problema no *Protágoras*, problema indicado pela própria percepção do "sofista" de que a discussão com

---

21. Ver R.B. Cain, *The Socratic Method: Plato's Use of Philosophical Drama*, p. 5-8; R. Kraut, Comments on Gregory Vlastos "The Socratic Elenchus", *Oxford Studies in Ancient Philosophy*, v. 1.

22. Aristóteles, *Poética* 1447b9-13.

Sócrates em torno da *unidade das virtudes* consiste, na verdade, numa "contenda verbal" (*agōn logōn*, 335a4), como discutimos no subtítulo 4.2. Se analisarmos com cuidado todas as circunstâncias particulares retratadas dramaticamente nos "primeiros diálogos" de Platão, é possível perceber que, *em ocasiões excepcionais*, essa busca pela verdade, que justifica positivamente o próprio procedimento refutativo de Sócrates, pode coexistir, ou mesmo estar subordinada *ocasionalmente*, a um propósito *contencioso* ou *agonístico,* que visa não apenas a levar o interlocutor a se contradizer, mas também a desmascarar publicamente a sua condição de indivíduo ignorante. Se essa motivação concorrente da parte de Sócrates for factível em situações excepcionais, então até mesmo um procedimento propriamente "erístico" – ou seja, uma argumentação que vise simplesmente a refutar o interlocutor, a despeito de seu vínculo com a busca pela verdade, como vemos no *Eutidemo* (cf. 272a-b) – pode servir, *circunstancialmente* (eu friso mais uma vez essa restrição), como um instrumento útil para um diálogo de contorno agonístico em que as condições ideais não se verificam. Creio que o caso da quarta prova/refutação do *Protágoras* (349e-350c) se enquadraria nessa descrição que acabei de oferecer, como buscarei argumentar a seguir.

ii. O segundo aspecto que merece nossa atenção é o juízo de valor emitido por Vlastos na nota explicativa para a noção de "erística", quando afirma que "*contenciosidade* no argumento é certamente uma das falhas de Sócrates". Minha crítica aqui se deve à má compreensão de Vlastos, a meu ver, relativamente à dimensão dramática envolvida nos diálogos platônicos, na medida em que ele desconsidera aspectos que concernem à própria constituição do gênero *dialógico*. O aspecto *agonístico* do comportamento de Sócrates em diversas ocasiões particulares, especialmente no confronto com os "sofistas" e/ou interlocutores associados diretamente a eles (como é o caso das personagens Polo e Cálicles no *Górgias*), não é propriamente uma "falha" de Sócrates, que representa a figura do "filósofo" por excelência em

274 PROTÁGORAS, DE PLATÃO: ESTUDO INTRODUTÓRIO

Platão, mas uma característica inerente da personagem. Esse traço se explica justamente pelo fato de Platão representar a figura de Sócrates dialogando, investigando, examinando, confrontando interlocutores que não buscam a mesma coisa que ele quando debatem, que possuem valores morais distintos, que baseiam suas vidas no desempenho de outras atividades que não a atividade investigativa de Sócrates. Por conseguinte, é inevitável que, nas circunstâncias em que as condições ideais para a pesquisa filosófica cooperativa não se verificam, tenhamos diálogos com orientações distintas e com resultados distintos, como discutimos no subtítulo 4.2 a partir daquela passagem do *Górgias* (457c-8b) em que Platão distingue dois tipos de diálogo (o de orientação filosófica e o agonístico). Em outras palavras: a *contenciosidade* não se trata de uma "falha" de Sócrates, mas de um aspecto integrante de sua prática filosófica, tal como retratada nos "primeiros diálogos" platônicos.

iii. O terceiro ponto que gostaria de comentar é a exigência de sinceridade do interlocutor, que Vlastos considera essencial para diferenciar o *elenchos* socrático do procedimento tipicamente "erístico". Como sua proposta é categórica, tratando-a como condição *necessária* para o *elenchos*[23], ele próprio encontra dificuldades para explicar, por exemplo, a atitude de Sócrates ante a evasiva de Protágoras no início da terceira prova/refutação (333b-c), como analisamos no subtítulo 4.1. Quando Protágoras tenta se desvencilhar de Sócrates, sugerindo que examinassem em conjunto, não a sua própria opinião sobre a relação entre *justiça* (*dikaiosunē*) e *sensatez* (*sōphrosunē*), mas a opinião da "maioria dos homens" (333c2-3), Sócrates diz o seguinte: "mas, para mim, é indiferente, contanto que seja apenas você a me responder, a despeito da sua opinião sobre o assunto; pois é a tese que eu examino, embora decorra disso,

23. G. Vlastos, op. cit., p. 36: "Na erística, em que o objetivo primeiro é vencer, o interlocutor tem a liberdade para dizer aquilo que lhe dará vantagem no debate. No *elenchos*, em que o objetivo primeiro é a busca pela verdade, ele não tem essa opção. Deve-se dizer aquilo em que se acredita – ou seja, o que se presume verdadeiro – mesmo se isso levá-lo a perder o debate."

O RETORNO À *BRAKHULOGIA*: SÓCRATES "ERÍSTICO"?

talvez, que tanto eu que formulo as perguntas, quanto quem as responde, sejamos, ambos, examinados" (333c5-9). Como essa atitude contradiz o suposto princípio de sinceridade, Vlastos não tem outra saída interpretativa a não ser considerá-la como uma *concessão* de Sócrates: "Sócrates está disposto a fazer concessões, enquanto um *pis aller* e sob protesto, para que o argumento possa prosseguir: a Protágoras é permitido salvar sua pele ao ceder sua parte a um substituto fictício, a 'massa.'"[24] Consequentemente, segundo os próprios argumentos de Vlastos, o procedimento de Sócrates se aproximaria aqui, de maneira *circunstancial*, de um procedimento "erístico", ao prescindir do comprometimento do interlocutor com a consecução da discussão[25]. E é precisamente esse aspecto "erístico" de Sócrates no *Protágoras* que me interessa diretamente aqui para a análise da quarta prova/refutação (349e-350c) relativa à identidade entre *sabedoria* e *coragem*.

Passemos, então, à minha interpretação dessa controversa seção diálogo, já antecipada previamente. Para ir direto ao ponto, assumo aqui que Sócrates propõe *deliberadamente* um argumento falacioso, uma vez que é ele quem conduz a discussão e estabelece as premissas mediante o assentimento do interlocutor, com um propósito bastante específico: ele visa a "testar" aqui os limites da incompetência de Protágoras no registro da *brakhulogia*, deficiência que já se tornara patente tanto em seu desempenho como interrogado nas duas primeiras provas/refutações (329d-31e; 332a-33b) analisadas nos subtítulos 3.2. e. 3.3, quanto em seu desempenho como interrogante na sua tentativa de refutar Sócrates na discussão sobre o canto de Simônides (338e-9d). Nesse sentido, essa seção do diálogo constituiria mais um passo nesse movimento de desvelamento

---

24. Ibidem, p. 38. Sobre o princípio da sinceridade, ver supra p. 156n3.

25. Se atenuarmos a análise de Vlastos, todavia, poderíamos admitir que Sócrates está sugerindo aqui como igualmente factível um diálogo que concirna apenas a teses consideradas em si mesmas, a despeito do comprometimento dos interlocutores para com elas: um procedimento que prescindiria do aspecto *ad hominem* envolvido, *geralmente*, na prática do *elenchos* socrático.

da ignorância do "sofista" que se esconde por detrás da *doxa* de "o homem mais sábio no discurso" (310e6-7), como temos salientado ao longo deste estudo. Vlastos observa corretamente que o próprio termo *elenchos* em grego designa não apenas a ideia estrita de "refutação", mas compreende também a noção mais geral de "teste"[26]. No caso específico do *Protágoras*, essa ideia do diálogo como um "teste" do interlocutor é sugerida logo no início da narração de Sócrates, quando ele compara o "sofista" a um "comerciante" de mercadorias para a alma (313c-4b). Como comentamos no subtítulo 3.1, a discussão subsequente com Protágoras consiste, em última instância, nesse "teste" de Sócrates para verificar não apenas a qualidade das "mercadorias" que o "sofista" vende, como também o seu grau de conhecimento sobre elas. Platão se refere em diversas ocasiões do *Protágoras* a essa ideia do "teste" do interlocutor mediante o verbo *peiraomai* e formas derivadas (cf. 311b1; 341d8; 342a1; 348a2; 348a6; 349c8), salientado precisamente esse aspecto envolvido no exercício investigativo de Sócrates. A evidência textual que, a meu ver, contribui para o viés de leitura crítica que estou propondo aqui está na fala de Sócrates que retoma o problema da *unidade das virtudes*, e que prepara justamente a exposição da quarta prova/refutação (349e-350c) que estamos analisando. Vejamos o texto:

— [...] Bem, você afirmava que [sabedoria, justiça, piedade sensatez/temperança e coragem] não são nomes que concernem a uma única coisa, mas que cada um desses nomes se aplica a uma coisa particular, e que todas elas são partes da virtude, não como as partes do ouro, que são semelhantes umas às outras e ao todo do qual são partes, porém como as partes do rosto, que são dessemelhantes entre si e do todo do qual são partes, cada qual com sua capacidade particular. Se você mantém a mesma opinião de antes, diga-me! Mas se, de algum modo, seu pensamento for diferente disso, explique o que seja! *Pois não o inculparei de nada, caso afirme agora coisa diversa; não me espantaria se, naquela ocasião, você dizia aquilo só para me testar.* (349b6-d1)

---

26. Ibidem, p. 31.

O RETORNO À *BRAKHULOGIA*: SÓCRATES "ERÍSTICO"?

Entendo que essa sugestão de Sócrates é irônica: é Sócrates quem está testando Protágoras, e não a situação inversa. Essa mesma ironia já havia se manifestado naquela passagem *cômica* que analisamos no subtítulo 4.3, quando Sócrates confunde propositalmente Pródico na discussão semântica sobre o termo grego *khalepon*, "difícil" (341a-d): àquela altura, Sócrates sugeriu que a interpretação obviamente equivocada do canto de Simônides era uma "brincadeira" de Pródico para "testar" o conhecimento de Protágoras sobre poesia (341d), mas, na verdade, foi Sócrates quem a propôs, requerendo de Pródico apenas sua aprovação. Enfim, em ambas as ocasiões é Sócrates quem está efetivamente "testando" seu interlocutor, e não o contrário. Portanto, lendo a proposição de Sócrates realçada na citação acima como irônica, ela forneceria ao leitor a chave de interpretação para o passo do diálogo que se segue (349e-350c).

Mas que tipo de "teste" seria esse? Afinal, o próprio exercício investigativo de Sócrates não se restringe apenas a um exame de proposições tomadas isoladamente, mas se estende a um exame da própria condição do interlocutor relativamente às suas convicções morais[27]. A minha hipótese de leitura é que seria precisamente um "teste" segundo o modelo que, na perspectiva do diálogo *Eutidemo*, poderia ser definido como "erístico". No trecho citado acima, Sócrates sugere a possibilidade de Protágoras ter defendido até então uma determinada posição sobre o problema da *unidade das virtudes*, que não corresponderia exatamente à sua opinião pessoal, com o intuito apenas de "testá-lo". Segundo a descrição de Vlastos do *elenchos* socrático referido acima, essa observação de Sócrates remeteria a um aspecto que seria típico da "erística", visto que o princípio da sinceridade do interlocutor constitui um dos elementos de distinção entre a "dialética" de Sócrates e o procedimento dito "erístico". Ou seja, Sócrates admite aqui, mesmo que ironicamente, a possibilidade

27. Ibidem, p. 36-37.

de estarmos diante de um diálogo "erístico" por força de Protágoras; e essa sua suspeita se deve, é claro, ao tipo de interlocutor com o qual ele discute: o "sofista". Nesse sentido, se aceitarmos a hipótese de que o argumento proposto por Sócrates a seguir (349e-350c) consiste numa falácia *deliberada*, então Platão está representando o "filósofo" a empregar, *circunstancialmente*, um tipo de argumentação que ele atribui a uma determinada classe de "sofistas" no diálogo *Eutidemo*, os chamados "erísticos". Em suma, é como se Sócrates estivesse refutando Protágoras no interior da própria "sofística", no mesmo registro da *brakhulogia* em que ele exerce a sua prática filosófica; em outras palavras, Sócrates estaria usando contra o "sofista" um instrumento que, na construção platônica, é integrado ao que denominamos genericamente de "sofística"[28].

Se essa leitura é factível, então devemos tentar justificar de algum modo essa atitude de Sócrates, levando em consideração os elementos *dramáticos* do texto. Pois classificar Sócrates simplesmente como "erístico" ou "sofista" não faz jus à complexa caracterização da personagem no *Protágoras*, sobretudo porque o diálogo constitui uma das peças em que Platão está buscando delimitar justamente as fronteiras entre "filosofia" e "sofística". O que precisamos responder aqui é por que Sócrates recorre *circunstancialmente* a um expediente "erístico", que, como lemos no *Eutidemo* (cf. 272a-b), não tem compromisso com a busca pela verdade e pelo conhecimento, constituindo antes uma forma de competição verbal cujo fim é derrotar o interlocutor a despeito dos meios empregados. Pois, se for o caso de Sócrates empregar *deliberadamente* um argumento falacioso na quarta prova/refutação (349e-350c), o aspecto *contencioso* ou *agonístico*

---

28. Vale ressaltar que, com exceção das figuras de Dionisodoro e Eutidemo no diálogo *Eutidemo*, Platão não representa as personagens rotuladas por ele de "sofistas" (Trasímaco, Górgias, Hípias, Pródico) em outros diálogos, empregando argumentos falaciosos no registro *dialógico* à maneira do *Eutidemo*. Por essa razão, tomo a precaução de salientar aqui que se trata da noção genérica de "sofística" construída por Platão ao longo de sua obra, a qual compreende essas diferentes figuras que tinham interesses distintos pelas diferentes áreas do conhecimento.

envolvido no confronto de Sócrates com os "sofistas" se estende a uma atitude "erística".

Pois bem, como analisamos no subtítulo 3.2, Sócrates já havia empregado, até certo ponto, um argumento que era *parcialmente* falacioso na primeira prova/refutação sobre a relação entre *justiça* e *piedade* (329d-331e). Segundo a leitura que propusemos, o passo problemático do argumento, que compreendia as premissas (P9) a (P12), poderia ser lido em duas chaves: a. uma condescendente com Sócrates, que compreendia a inferência problemática não como estritamente falaciosa, mas como um meio para mostrar a Protágoras que sua posição sobre a *unidade das virtudes* concedia a *possibilidade* de ações justas serem ímpias, e de ações pias serem injustas (e não que *todas as ações justas são ímpias*, e que *todas as ações pias são injustas*, como implicado no argumento, o que seria falacioso); e b. uma leitura crítica de Sócrates, que se atinha à formulação estrita das premissas do argumento (i.e., proposições de identidade), considerando, por conseguinte, a inferência das premissas (P9) a (P12) como falaciosa. Protágoras, no entanto, não foi capaz de perceber àquela altura onde residia o passo em falso do argumento; buscando evitar as consequências indesejáveis que contradiziam sua posição inicial sobre o problema em exame, ele se atém antes à ambiguidade semântica envolvida na construção *hoion ... toiouton* das premissas do argumento (e suas variações), que em grego pode designar tanto *identidade* quanto *semelhança*. Enquanto Sócrates se apoiava no sentido forte dessa construção sintática (i.e., no sentido de *identidade*), Protágoras buscava atenuá-la, concedendo a Sócrates não a *identidade* entre *justiça* e *piedade*, mas uma determinada *semelhança* (não precisada) entre elas.

Essa controvérsia entre eles quanto ao primeiro argumento fica em aberto, e Sócrates logo conduz a discussão para a relação entre *sensatez* e *sabedoria*. Como analisamos no subtítulo 3.3, essa segunda prova/refutação (332a-333b) é relativamente mais simples e direta que a primeira, quando Sócrates recorreu a uma série de artifícios que dificultava o entendimento do interlocutor. A conclusão do segundo argumento contradiz mais uma vez a posição inicial de Protágoras, conforme o procedimento-padrão do *elenchos*[29]. Sócrates lhe sugere, então, duas maneiras possíveis de se evitar a contradição (333a-b): ou i. que ele abandonasse a tese da diferença entre as partes virtudes tal como defendida por ele no início da discussão (329d-330a); ou ii. que ele contestasse a premissa que estipulava a existência de apenas um contrário para cada coisa (332c8-9). Mesmo diante da sugestão dada por Sócrates em (ii), que poderia invalidar a conclusão do argumento, se demonstrado que esse princípio não é universal (bastaria um único exemplo de um conceito com mais de um contrário), Protágoras se mostra incapaz de oferecer qualquer resistência ao *elenchos* socrático, resignando-se com a derrota ainda que a contragosto. Esse duplo fracasso contrasta, obviamente, com a *doxa* de "o homem mais sábio no discurso" (310e6-7).

Sendo assim, as duas primeiras participações de Protágoras sob o escrutínio de Sócrates revelaram certa incompetência nessa modalidade genérica do discurso, a *brakhulogia* (discurso breve). A quarta prova/refutação (349e-350c) seria, nessa perspectiva de leitura, o ponto culminante nesse processo de "teste" da capacidade do "sofista", tendo como fim verificar os limites de sua incompetência quando sujeito a um diálogo mediante perguntas e respostas breves, conduzido por um interlocutor extremamente perspicaz e hábil. E esse último "teste" se daria no interior da própria "sofística", segundo o modelo "erístico" de discussão: é como se Sócrates buscasse verificar se Protágoras, que se diz experiente em "contendas verbais" (335a4), é capaz de reconhecer quando um argumento é falacioso, segundo um procedimento que seria, a princípio, comum no âmbito das

---

29. Ibidem, p. 39: 1. o interlocutor propõe uma tese *p* que Sócrates considera falsa, tornando-a alvo de sua refutação; 2. Sócrates garante assentimento em premissas adicionais, digamos *q* e *r* (cada uma delas pode valer para um conjunto de proposições). O assentimento é *ad hoc*: Sócrates argumenta a partir delas, e não em direção a elas; 3. Sócrates então argumenta, e o interlocutor concorda, que *q* e *r* implicam *não-p*; 4. logo a seguir, Sócrates afirma que *não-p* foi provada como verdadeira e *p* como falsa.

disputas "erísticas", paradigmaticamente representadas no *Eutidemo*. E nesse caso específico, Sócrates não é bem-sucedido, seja porque a falha no argumento era excessivamente grosseira e gritante, seja porque Protágoras estava bem mais atento aos seus movimentos, depois de ter sido refutado duas vezes e estando ciente da atitude contenciosa de Sócrates na discussão.

Sabemos por Diógenes Laércio (séc. III d.C.) que Protágoras escreveu um livro denominado *Arte Erística* (9.53), e o próprio Diógenes afirma, com base numa literatura que não foi preservada até os dias de hoje, que "numa discussão, Protágoras preferiu o nome ao significado e deu origem à estirpe dos *erísticos*" (9.52). É claro que as informações de ordem histórica provenientes de fontes tardias são problemáticas, e não seria metodologicamente apropriado usá-las como argumento para decidir uma questão. Todavia, o testemunho de Diógenes Laércio contribui para a ideia de que Platão estaria representando Sócrates, nessa seção do diálogo, operando dentro de um modelo de discussão que ele próprio atribui a uma classe de "sofistas", os chamados "erísticos", como tenho comentado. No *Eutidemo*, embora as personagens que personificam a "sabedoria erística" sejam Dionisodoro e Eutidemo, Platão se refere a um grupo de indivíduos do "ciclo de Protágoras" (οἱ ἀμφὶ Πρωταγόραν, 286c2) que sustentavam que a contradição é impossível[30], associando de alguma maneira a figura de Protágoras com o tipo de especulação sobre o *logos* empreendida nesse ambiente "erístico"[31]. Em seu artigo sobre o problema moral envolvido no uso de falácias nos diálogos platônicos, Klosko cita uma série de referências encontradas em Platão e Aristóteles que sugerem que esse tipo de debate competitivo era uma prática argumentativa bem estabelecida àquela época, com certas regras bem definidas (Platão, *Mênon* 75c-d; *República* V 454a, VII 539c; *Teeteto* 164c-d; *Filebo* 17a; *Timeu* 88a; Aristóteles, *Tópicos* 159a26-32, 161a23-24;

---

30. Cf. Aristóteles, *Metafísica* IV 1.007b18-25.
31. R.S.W. Hawtrey, *Commentary on Plato's* Euthydemus, p. 109-110.

Refutações Sofísticas 182b33-35)[32]. Nesse sentido, o confronto "erístico" entre Sócrates e Protágoras retratado por Platão aqui não seria tão excepcional assim, na medida em que seria uma modalidade de debate praticada comumente nos ambientes intelectuais de Atenas.

Consideremos, então, os elementos dramáticos do texto que corroboram essa leitura a respeito da atitude "erística" de Sócrates na quarta prova/refutação (349e-50c). i. O primeiro aspecto a ressaltar é o próprio movimento dramático do *Protágoras*. Como discutimos acima, depois da resolução da "crise" do diálogo (334c-8e), há uma inversão nos papéis desempenhados pelos protagonistas: Protágoras passa a conduzir a discussão no registro da *brakhulogia*, tentando submeter Sócrates à mesma experiência da refutação, ao passo que Sócrates se dispõe a fazer uma longa *exibição* (*epideixis*) sobre o canto de Simônides. Nessa perspectiva, a incursão de Sócrates nos domínios da "sofística" não se limitaria à exegese poética no registro da *makrologia*, mas se estenderia também ao domínio da *brakhulogia* – i.e., o exercício do *elenchos* segundo o modelo "erístico". ii. O segundo elemento é o tipo de interlocutor com o qual Sócrates dialoga, o "sofista", o pretenso sábio que se propõe a educar os jovens em vista da promoção da *virtude*. Sócrates está diante de seu principal adversário, de modo que as condições ideais para o desenvolvimento de uma discussão de orientação filosófica não se verificam, como discutimos no subtítulo 4.2. Nessas circunstâncias peculiares, a busca pelo esclarecimento do assunto em questão – argumento empregado por Sócrates para justificar seu procedimento refutativo (cf. 353a-b; 360e) – é acompanhada pela tentativa de vencer seu adversário na discussão. Ou seja, a ação de Sócrates serve simultaneamente a dois propósitos distintos, e pode ser o caso de, *circunstancialmente*, a motivação *agonística* se sobrepor àquela mais nobre, que faz de Sócrates um "filósofo" e não um mero "erístico", como são Dionisodoro e Eutidemo no *Eutidemo*.

---

32. G. Klosko, op. cit., p. 616, 621-622.

O RETORNO À *BRAKHULOGIA*: SÓCRATES "ERÍSTICO"? 283

iii. Isso nos remete ao terceiro elemento que devemos levar em consideração: a presença de uma audiência na cena[33]. O exame do problema da *unidade das virtudes* conduzido por Sócrates ao longo do diálogo expõe paulatinamente o desconhecimento do "sofista" sobre a natureza daquilo que ele próprio se propõe a ensinar aos demais homens mediante pagamento – i.e., a *virtude*. E esse movimento de desvelamento da ignorância de Protágoras se dá perante a sua própria audiência. Como salientado amiúde, do ponto de vista dramático a finalidade da visita de Sócrates à casa de Cálias é salvar a alma do jovem Hipócrates, dissuadin-do-o de se tornar discípulo de Protágoras, e, por extensão, salvar a alma dos demais membros daquela audiência. Nesse sentido, os meios empregados por Sócrates ao longo do diálogo seriam jus-tificados por essa finalidade nobre, no desempenho de sua fun-ção de "médico da alma" (313e): o recurso ao modelo "erístico" de discussão não constituiria um fim em si mesmo (caso contrário, Sócrates seria um "erístico" *tout court*), mas um dos meios dis-poníveis para atingir tal fim, na medida em que contribuiria para o processo de desvelamento da incompetência de Protágoras no âmbito da *brakhulogia*.

iv. O quarto elemento é o aspecto de "brincadeira", de "jogo lúdico", que perpassa todo o *Protágoras* e se intensifica na segunda metade do diálogo, quando ocorre essa inversão de papéis dos interlocutores. Como já sublinhado, o traço irônico e sarcástico é preeminente na caracterização da personagem Sócrates nessa obra, e em diversas passagens do texto Platão sugere que ele está, de uma forma ou de outra, "brincando" com seus interlocutores: a. Alcibíades diz que a alegação de memória fraca para forçar Pro-tágoras a responder brevemente suas perguntas era "brincadeira" de Sócrates (παίζει, 336d3); b. Sócrates diz que Pródico "está brin-cando" com Protágoras (παίζειν, 341d) quando sugere que o termo grego *khalepon* nos versos iniciais do canto de Simônides signi-fica "mau", e não "difícil", sendo que, na verdade, é Sócrates quem

---

33. Sobre a relevância da presença de uma audiência nos debates de orientação "erística", ver ibidem, p. 618-620.

está zombando de Pródico, fazendo-o se confundir; c. depois da exegese do poema, Sócrates afirma que esse tipo de discussão sobre poesia, da qual ele próprio se serviu voluntariamente, é uma forma de "brincadeira" (παιδιῶν τούτων, 347d). Sendo assim, a quarta prova/refutação poderia ser entendida nessa mesma chave satírica do comportamento de Sócrates, embora Platão não indique isso textualmente como nas passagens referidas acima. Todavia, vale ressaltar que, no *Eutidemo*, Platão sublinha precisamente o aspecto lúdico envolvido nos jogos verbais praticados pelos "erísticos", como vemos neste trecho:

SOC: [...] De fato, tais ensinamentos são brincadeiras – é por isso que eu afirmo que ambos os homens [Dionisodoro e Eutidemo] estão brincando com você [Clínias] –, e digo brincadeira porque, se alguém aprendesse parte desses ensinamentos ou mesmo todos eles, isso não acrescentaria nada ao seu conhecimento de como as coisas são; tornar-se-ia, porém, apto a brincar com os homens fazendo-os tropeçar e revolver por meio da diferença de palavras, como quem ri e se deleita quando arranca o banco de quem está prestes a se sentar, vendo-o prostrado de costas. Considere, então, que tudo foi uma brincadeira deles com você! (278b2-c2)

Sendo assim, o tipo de comportamento adotado por Sócrates ao longo do *Protágoras* pode corroborar a leitura segundo a qual ele está, de fato, operando de acordo com o modelo "erístico" de discussão nesta passagem controversa que estamos analisando (349e-350c).

Para concluir, resta-nos, então, responder a uma questão que decorre necessariamente de tudo que foi exposto acima: afinal, o que distinguiria Sócrates dos "erísticos" se ele emprega um argumento falacioso deliberadamente? Não seria paradoxal Platão representar Sócrates, a figura do "filósofo" por excelência, recorrendo a um procedimento argumentativo que ele próprio atribui a uma classe de "sofistas" numa obra em que a distinção entre "filosofia" e "sofística" constitui um tema crucial? O primeiro ponto, que busquei salientar enfaticamente na exposição acima, é que essa incursão de Sócrates no modelo "erístico" de embate verbal ocorre *circunstancialmente* (limito-me aqui ao *Protágoras*[34]), de acordo com dois fatores fundamentais: i. o tipo de interlocutor com o qual ele dialoga (ou seja, o "sofista"); e ii. as circunstâncias em que esse debate se dá (ou seja, diante de uma audiência formada por discípulos dos sofistas e aspirantes a tal). Nessas condições, o contorno *agonístico* envolvido na discussão pode eventualmente se sobrepor à motivação nobre de Sócrates que justifica seu procedimento refutativo – a saber, a busca pela verdade e pelo esclarecimento do assunto sobre o qual se discute (cf. 348a; 353a-b; 360e). Como o diálogo, pela sua própria constituição, implica a participação de dois interlocutores, um ambiente cooperativo entre eles requer uma série de condições que nem sempre se verificam, como discutimos no capítulo 4.2 a partir daquela passagem paradigmática do *Górgias* (457c-458b). Todavia, a personagem Sócrates nos "primeiros diálogos" de Platão não se limita a dialogar apenas com interlocutores que buscam a mesma coisa que ele quando discutem, que estão dispostos a colocar à prova suas convicções morais, a pôr em xeque seu modo de vida, a se submeter voluntariamente a um exame crítico que pode lhes revelar um grau de ignorância do qual não estavam cientes; pelo contrário, Sócrates é geralmente representado confrontando interlocutores com propósitos diferentes quando discutem, com valores morais antagônicos, com perspectivas de vida bem distintas. Por conseguinte, o contorno *agonístico* dos diálogos que se desenvolvem nessas condições é praticamente inevitável. O uso de expedientes "erísticos", por sua vez, serviria a um propósito estritamente contencioso, mas, quando considerado à luz das circunstâncias *dramáticas* do diálogo, mesmo esse tipo de procedimento argumentativo pode ser, em certa medida, positivo.

---

34. Sobre o mesmo tipo de procedimento de Sócrates no *Hípias Menor* e no *Eutidemo*, ver ibidem. Sobre uma abordagem crítica da figura de Sócrates nos diálogos de Platão em geral, ver J. Beversluis, op. cit.

286 PROTÁGORAS, DE PLATÃO: ESTUDO INTRODUTÓRIO

No caso do *Protágoras*, especificamente, essa atitude de Sócrates se justificaria pelo fim de sua ação: dissuadir Hipócrates de se tornar discípulo do "sofista" e atraí-lo para a "filosofia" (o que se aplica, por extensão, aos demais membros da audiência figurada na cena). O modelo "erístico" de discussão serve como um instrumento *complementar* para o desvelamento da ignorância de Protágoras, como se fosse uma operação no interior da própria "sofística", colocando em xeque publicamente a *reputação* (*doxa*) de "o homem mais sábio no discurso" (310e6-7) que se propõe a educar os homens em vista da *virtude*. Portanto, se Sócrates empregasse apenas argumentos falaciosos de modo deliberado *em toda e qualquer circunstância*, então ele seria um "erístico" tal como são as personagens Dionisodoro e Eutidemo no *Eutidemo*. Todavia, como ele recorre a esse modelo de discussão apenas *ocasionalmente*, segundo as condições referidas acima, eu colocaria a questão nos seguintes termos: Sócrates é evidentemente representado por Platão como a figura do "filósofo" por excelência; como ele possui o domínio sobre o *logos*, seja lá em que modalidade for (tanto na *makrologia* quanto na *brakhulogia*, como retratado em ato no *Protágoras*), ele está apto inclusive a empregar argumentos falaciosos de modo *deliberado*, visto que ele sabe como construir argumentos coerentes e consistentes. O que vemos retratado na segunda metade do *Protágoras* (338e-51b) é uma incursão de Sócrates nos domínios da "sofística", atuando como um elemento de perturbação e dissolução da ordem e hierarquia instituída no interior do ambiente sofístico, representado aqui pela casa de Cálias[35]: à medida que o "sofista" é revelado como um sábio aparente, cujo poder se funda tão somente em sua *doxa*, Sócrates emerge como a figura do verdadeiro sábio, aquele que se apresenta efetivamente como o "homem mais sábio no discurso"[36].

No entanto, embora essa leitura justifique positivamente o recurso de Sócrates a expedientes "sofísticos", seja no registro da *makrologia*, seja no da *brakhulogia*, é preciso levar em conta um

35. Platão, *Apologia* 19d-20c.
36. Sobre a noção de "verdadeiro sábio" empregada neste estudo, ver supra p. 189n35.

fator que é bastante peculiar no *Protágoras*: a *polifonia*. Como examinamos no subtítulo 4.2, o debate entre Sócrates e Protágoras, por ocorrer diante de uma audiência, está sujeito à avaliação e ao juízo de terceiros, como revelam as intervenções das diferentes personagens durante a "crise" do diálogo (334c-338e). Nesse sentido, ainda que seja possível justificar o comportamento contencioso de Sócrates tendo em vista as circunstâncias particulares do diálogo, isso não implica que visões pejorativas sobre sua conduta não sejam igualmente plausíveis. Pelo contrário, dependendo do grau de suspeita a respeito da seriedade da conduta de Sócrates, suspeita que Platão faz questão de registrar em diversos diálogos mediante a voz de personagens hostis ao "filósofo"[37], Sócrates poderia ser visto meramente com um "sofista" ou um "erístico", na medida em que recorre às mesmas modalidades de discursos, às mesmas técnicas argumentativas que Protágoras, Hípias, Pródico etc. Ao final do diálogo, depois da quinta e última prova/refutação que analisaremos no capítulo 7, Protágoras aceita a derrota, mas não deixa de observar: "Você me parece *almejar a vitória*, Sócrates, ao insistir em que eu continue a responder às suas perguntas" (Φιλονικεῖν μοι, ἔφη, δοκεῖς, ὦ Σώκρατες, τὸ ἐμὲ εἶναι τὸν ἀποκρινόμενον, 360e3-4). O emprego do verbo *philoneikein* (traduzido aqui por "almejar a vitória") remete diretamente ao contorno *agonístico* do embate entre eles, de modo que a percepção de Protágoras é que o propósito de Sócrates não é senão derrotá-lo no debate. Na perspectiva de um interlocutor como Protágoras, ou como Cálicles no *Górgias* (482c-e), o argumento que Sócrates emprega amiúde para justificar seu procedimento refutativo – i.e., que ele discute em vista do esclarecimento do assunto em discussão (348a; 353a b; 360c) não passa de um mero pretexto para encobrir a sua real motivação quando confronta alguém no diálogo: derrotar seu oponente.

Creio que o contexto *polifônico* do *Protágoras* aponta para essa possibilidade de avaliarmos a atuação das personagens sob

37. Ver, por exemplo, Platão, *Górgias* 461b-c, 482c-3a, 494c, 515b; *República* I 336b-7a, VI 487b-c.

perspectivas distintas e complementares, de modo que incorremos novamente naquele problema implicado na fala do eunuco, quando da entrada de Sócrates e Hipócrates na casa de Cálias, referida no início deste estudo: "Ah não! Sofistas!" (314d3). O fato de Platão atribuir como uma das causas da condenação de Sócrates à morte a confusão de sua figura com a dos "sofistas" na visão do senso comum, como discutimos no subtítulo 1.2 ao tratarmos da *Apologia*, parece fazer mais sentido, quando lemos a complexa caracterização da personagem no *Protágoras*.

7. O ARGUMENTO HEDONISTA: A REFUTAÇÃO FINAL

7.1. *A Proposição do Problema: O Prazer, Enquanto Prazer, É Bom? (351b3-d11)*

O silêncio de Sócrates ante a acusação de Protágoras de que a conclusão do argumento dependia de uma premissa não assentida por ele, indica, segundo a interpretação proposta neste estudo, que a estratégia argumentativa adotada nesse passo da discussão – a saber, o modelo "erístico" de refutação – não foi bem-sucedida. Seria um exercício especulativo em vão conjeturarmos a atitude de Sócrates, caso Protágoras não tivesse percebido o suposto erro lógico do argumento: teria ele denunciado a si mesmo, revelando-lhe onde estaria o passo em falso, de modo a evidenciar à audiência os limites da inabilidade de Protágoras no âmbito da *brakhulogia*, expondo-o assim ao ridículo (como na brincadeira com Pródico concernente à semântica do termo *khalepos*, cf. 340d)? Ou teria ele terminado ali o ciclo de provas/refutações em torno do problema da *unidade das virtudes* como se o argumento fosse suficiente, correndo o risco, entretanto, de passar por trapaceiro e capcioso, caso algum membro da audiência, com certo grau de experiência nesse tipo de disputa "erística", fosse capaz de perceber o tipo de procedimento adotado por ele *nesta circunstância específica* do debate com Protágoras? Jamais poderíamos oferecer uma resposta plenamente convincente, considerando tal situação hipotética.

O que acontece, de fato, depois do protesto de Protágoras é uma mudança radical na orientação da discussão por iniciativa de Sócrates; só na última etapa (359a-360e) do complexo argumento subsequente (351b-360e), cuja estrutura veremos logo mais, o leitor estará apto a compreender que o problema da relação entre *sabedoria* e *coragem* continua sendo o motivo de toda essa discussão aparentemente de outra natureza[1]. O intuito de Sócrates nessa longa seção (351b-360e) é demostrar que *coragem* é "a *sabedoria* relativa às coisas temíveis e não temíveis" (360d4-5), refutando, enfim, a posição de Protágoras expressa em 349d – a saber, que há homens extremamente injustos, ímpios e intemperantes, mas excepcionalmente corajosos. Nesse sentido, a quinta prova/refutação (351b-360e) que analisaremos doravante consistiria, em certa medida, numa superação de sua primeira tentativa malsucedida de demonstrar a identidade entre *sabedoria* e *coragem*, como acabamos de discutir no capítulo 6. E o tema introduzido por Sócrates repentinamente no diálogo é um tópico de toda e qualquer especulação ética, ou seja, a relação entre *felicidade* e *prazer*:

— Você afirma, Protágoras – disse eu –, que certos homens vivem bem, e outros mal?

Ele disse que sim.

— Porventura, parece-lhe que um homem viveria bem, se levasse uma vida aflitiva e dolorosa?

Ele respondeu que não.

---

1. Esse ponto é sublinhado por Platão textualmente. Depois de apresentar a visão da "maioria dos homens" sobre o problema da *akrasia* (i.e., "incontinência") e propor examiná-la, como analisaremos adiante, Sócrates justifica seu procedimento a Protágoras do seguinte modo: "Suponho que isso, de algum modo, diz respeito à nossa investigação sobre a coragem, como ela se relaciona com as demais partes da virtude." (353b1-3)

O ARGUMENTO HEDONISTA: A REFUTAÇÃO FINAL

— E se chegasse ao termo da vida depois de ter vivido aprazivelmente? Não lhe parece que ele teria assim vivido bem?

— Pelo menos a mim parece – disse ele.

— Portanto, viver de modo aprazível é bom, enquanto viver de forma não aprazível é mau.

— Contanto que se viva comprazendo-se com coisas belas – redarguiu. (351b3-c2)

O primeiro passo da inquirição de Sócrates é verificar se Protágoras concorda com uma determinada visão hedonista, segundo a qual o prazer é *condição suficiente* para a felicidade. Protágoras, no entanto, estabelece uma restrição: aquele indivíduo que viveu uma vida de modo aprazível é feliz, *se, e somente se*, os prazeres desfrutados por ele forem *belos*. Ao introduzir um critério moral de distinção entre os tipos de prazeres (i.e., os prazeres *belos* e os prazeres *vergonhosos*), Protágoras aceita aparentemente uma tese hedonista de felicidade *não categórica*, na medida em que o prazer é tido como a finalidade última de todas as ações humanas, embora se admita uma distinção qualitativa entre prazeres *bons* (i.e., os belos), que devem ser perseguidos pelo agente, e prazeres *maus* (i.e., os vergonhosos), que devem ser evitados por ele[2]. Todavia, a tese que Sócrates tem em mente é um tanto mais forte, e o próximo passo da discussão é verificar se Protágoras se comprometeria com ela:

— O que, Protágoras? Por acaso você, assim como a maioria dos homens, chama de más certas coisas aprazíveis, e de boas, certas coisas

---

2. *Contra* J. Clerk Shaw (*Plato's Anti-hedonism and the* Protagoras, p. 92-93), que entende que Protágoras já adere à tese hedonista nas duas primeiras perguntas de Sócrates, mas que depois volta atrás diante da conclusão aferida por ele ("Portanto, viver de modo aprazível é bom, enquanto viver de forma não aprazível é mau", 351b7-c1). Como será argumentado adiante, o princípio no qual se baseia a posição hedonista – a saber, a identidade estrita entre prazer e bem – só é obtido de fato na discussão em 354b-c mediante o artifício do *interlocutor imaginário* (i.e., "a maioria dos homens"). Resta-nos então verificar em que ponto da discussão Sócrates faz com que Protágoras se comprometa com a tese hedonista, aparentemente rejeitada pelo sofista no primeiro momento. Minha leitura é que a vinculação de Protágoras ao hedonismo se dá precisamente mediante sua anuência em 354e2, como argumentarei no subtítulo 7.3.

dolorosas? *Eu me refiro ao seguinte: enquanto aprazíveis, elas não são, enquanto tais, boas, desconsiderando futuras consequências que lhes sejam diversas*? E inversamente, as coisas dolorosas não são, por sua vez, da mesma forma más, na medida em que são dolorosas?

— Não sei, Sócrates – respondeu ele –, se devo lhe dar uma resposta tão simples quanto é a sua pergunta, ou seja, que todas as coisas aprazíveis são boas e todas as coisas dolorosas são más. Contudo, parece-me mais seguro responder a você, não apenas no tocante a esta resposta, mas também com relação à vida que ainda me resta, que há certas coisas aprazíveis que não são boas, do mesmo modo que há certas coisas dolorosas que não são más, enquanto outras o são; e uma terceira classe que não é nem uma coisa nem outra, nem boas nem más. (351c2-d7)

A investigação subsequente (352a-354e) conduzida por Sócrates visará a verificar precisamente a validade da proposição referida por Sócrates – i.e., se o prazer, enquanto prazer, é bom – do que Protágoras, a princípio, dissente, mantendo a distinção entre prazeres bons e maus, de um lado, e entre dores boas e más, de outro, bem como a possibilidade de haver coisas intermediárias (i.e., nem boas nem más). Todavia, a proposição de Sócrates é acompanhada de uma cláusula *restritiva* ("desconsiderando futuras consequências que lhes sejam diversas", 351c5) extremamente importante para a compreensão não apenas de sua função no argumento, como também do comprometimento de Sócrates para com a tese hedonista sob exame. A formulação em grego é bastante peculiar (μὴ εἴ τι ἀπ᾽ αὐτῶν ἀποβήσεται ἄλλο, 351c5), de modo que os tradutores divergem nas soluções em vernáculo. Basicamente, poderíamos agrupar as diferentes traduções em três grupos:

a. "desconsiderando futuras consequências diversas", como proposta em minha tradução, entende que Sócrates está fazendo aqui uma apreciação *sincrônica* do prazer, ou seja, considerando o prazer tomado em si mesmo a despeito do que decorre de sua fruição. Conforme a discussão ulterior deixará claro (353c-354e), Sócrates estaria perguntando simplesmente se uma determinada coisa aprazível, enquanto aprazível, é boa, sem levar em consideração se esse prazer pode vir a causar dores ou privações de prazer no futuro que suplantem esse próprio prazer em prazer (os tradutores que optam por essa alternativa de tradução são: Griffith 2010; Taylor 1991; Hubbard & Karnofsky 1982; Capra 2004; Ildefonse 1997; Beresford 2005).

b. "a menos que não haja futuras consequências diversas" sugere, por outro lado, uma análise *diacrônica*, que compreende não só o prazer enquanto prazer, mas também as suas consequências. À luz de 353c-354e, essa versão sugere que seria preciso considerar não apenas a experiência *atual* de um determinado prazer, mas também estimar se ele pode causar dores ou privações de prazer no futuro que suplantem esse próprio prazer em prazer, para saber se ele é bom ou não. Se um determinado prazer trouxer consequências adversas que suplantem-no em prazer, então ele será mau; caso contrário, será bom (os tradutores que optam por essa alternativa de tradução são: Robin 1950; Goldberg 1983; Allen 1996; Nunes, 2002; Arieti & Barrus 2010).

c. "independentemente de futuras consequências diversas" sugere uma análise *diacrônica* como (b), porém em sentido diverso: mesmo que um determinado prazer possa causar dores ou privações de prazer no futuro que suplantem esse próprio prazer em prazer, ele, na medida em que é prazer, é bom incondicionalmente (os tradutores que optam por essa alternativa de tradução são: Denyer 2008; Chiesara 2010). Nessa versão, sugere-se que o que importa seria simplesmente a experiência *atual* do prazer, a despeito de eventuais consequências futuras, como poderia defender, por exemplo, a personagem Cálicles no *Górgias* (491e-492c): a virtude e felicidade humanas consistiriam na maximização e satisfação dos apetites *sempre que eles advierem*, sem qualquer discriminação qualitativa entre os tipos de prazer, e sem qualquer preocupação com suas consequências futuras, visto que o prazer é concomitante ao processo de satisfação dos apetites. Nessa perspectiva, quanto mais prazer um indivíduo conseguir experimentar

294 PROTÁGORAS, DE PLATÃO: ESTUDO INTRODUTÓRIO

atualmente, quanto mais tempo ele conseguir maximizar essa experiência atual, mais feliz ele será[3].

A alternativa (a) traduz melhor o que Sócrates está querendo dizer aqui, pois uma apreciação *diacrônica* do prazer ([b] e [c]) só se dará adiante (353c-354e), quando Sócrates passará a examinar detidamente a posição hedonista atribuída à "maioria dos homens" (que funcionará aqui como *interlocutor fictício*) e a Protágoras, ainda que neste primeiro momento o sofista aparentemente a rejeite (351c-d)[4]. Para tal fim, o que Sócrates precisa garantir por ora é simplesmente que *o prazer, enquanto prazer, é bom* (sem levar em consideração as consequências futuras que possam advir dessa experiência, bem como qualquer juízo de valor em termos de "belo" ou "vergonhoso", como

3. Essa perspectiva hedonista é a que Shaw denomina *present-aim hedonism* (op. cit., p. 166-167). Estou considerando aqui apenas o que é exposto por Cálicles nessa passagem do *Górgias* (491e-492c), deixando de lado a discussão subsequente com Sócrates, em que a posição de Cálicles é assimilada a um hedonismo *categórico* (494c1-3). A refutação socrática concerne especificamente a essa segunda formulação da posição caliciana, culminando com a aceitação do interlocutor de que há prazeres melhores e prazeres piores, cuja implicação é a distinção entre *prazer* e *bem*. Todavia, como observa corretamente John M. Cooper ("Socrates and Plato in Plato's *Gorgias*", *Essays on Ancient Moral Psychology and Ethical Theory*, p. 72-73), a refutação do hedonismo *categórico* não se estende à primeira tese de Cálicles (491e-2), pois ela não pressupõe uma identidade absoluta entre *prazer* e *bem*: a virtude e a felicidade humanas consistiriam na maximização e satisfação dos apetites sempre que eles advierem, mas não de todos eles, excluindo, por exemplo, os apetites referentes à coceira e aos homossexuais passivos (exemplos empregados por Sócrates na refutação do hedonismo categórico: cf. 494c-5a), os quais não seriam dignos de serem perseguidos. Mesmo admitindo a existência de prazeres bons e prazeres maus, a felicidade na perspectiva moral de Cálicles ainda consistiria na máxima obtenção de prazer dentro do escopo de prazeres dignos de serem perseguidos (que talvez compreenda a maioria dos prazeres disponíveis aos homens, mas certamente não todos eles), de modo que o prazer continua sendo a finalidade última de todas as ações.

4. Ademais, a construção em grego não abona as leituras (b) e (c), visto que todos os principais manuscritos (Β Τ W) são unânimes na transmissão do texto nesta passagem: μὴ εἴ τι, e não εἰ μή τι (que seria a emenda conjeturada por Thompson, sobre a qual se apoiam as traduções que seguem as alternativas [b] e [c]). A explicação sintática para este trecho se encontra em William Watson Goodwin (*Sintax of the Moods and the Tenses of the Greek Verb*, 476.4, p. 176-177): "μὴ não é uma versão equivocada de εἰ μή, mas ele parece implicar um particípio condicional tal como *hupologizomenos* (levando em consideração) (embora nenhuma palavra específica possa ser suprida), tanto quanto μὴ ὅτι e μὴ ὅπως implicam um verbo de declaração. O sentido é claramente este: *as coisas não são boas na medida em que são aprazíveis, se não levarmos em consideração qualquer outro elemento (i.e. não aprazível) nelas?* Esse sentido dificilmente poderia ser encontrado na leitura com a emenda εἰ μή τι."

objetara Protágoras em 351c1-2). No entanto, isso não implica ainda uma identidade absoluta entre *prazer* e *bem*: o fato de se considerar que *o prazer, enquanto prazer, é bom*[5] não nega, a princípio, a possibilidade de haver outras coisas distintas do prazer que sejam boas. Em outras palavras, a proposição de Sócrates implica que, considerando a cláusula restritiva, *todo prazer é bom*, mas não que *todo bem é aprazível*, na medida em que há a possibilidade, aventada inclusive por Protágoras (351d6-7), de haver coisas intermediárias que não sejam nem aprazíveis nem dolorosas. O que Sócrates pretende na sequência da argumentação é justamente mostrar, a partir dessa premissa inicial, que não há nenhum outro critério além de prazer e dor para se julgar se uma determinada ação é "boa" ou "má" (354b-c): quando a massa diz que um prazer é mau, isso quer dizer que certa ação aprazível, considerada agora *diacronicamente*, causa mais dores ou privação de prazer do que a quantidade de prazer que ela promove de imediato; e inversamente, quando a massa diz que uma dor é boa, isso quer dizer que uma certa ação dolorosa, considerada agora *diacronicamente*, causa mais prazer ou privação de dor do que a quantidade de dor que ela promove num primeiro momento (como é caso do tratamento médico e dos exercícios físicos, por exemplo). Ou seja, somente quando Sócrates mostrar que todo e qualquer juízo no campo moral tem como critério exclusivo *prazer* e *dor* (354b-c), então teremos a tese estritamente hedonista sobre a qual se apoiará a análise da relação entre *sabedoria* e *coragem*.

---

5. Observe que a formulação de Sócrates é precisa: "as coisas aprazíveis, enquanto aprazíveis, *são boas*" (351c4-5), e não "as coisas aprazíveis, enquanto aprazíveis, *são 'as' boas*", o que implicaria *coextensividade* entre as suas classes de coisas. A mesma formulação se repete em 351e2-3: "Pois bem, é a isto que me refiro: se, enquanto aprazíveis, elas são *boas*. Indago-lhe se o próprio prazer é *bom*." Parece-me equivocada a leitura forte proposta por Zeyl dessa proposição crucial do argumento: "as coisas são boas *apenas* em virtude de que, e na medida em que, elas são aprazíveis; e más *apenas* em virtude de que, e na medida em que, elas são dolorosas" (Socrates and Hedonism: *Protagoras* 351-358d, *Phronesis* 25, p. 265-266). Isso não tem base textual, pois o sujeito das orações não são *as coisas em geral*, como pretende Zeyl, mas apenas *as coisas aprazíveis*, de modo que ainda haveria implícita a possibilidade de outras coisas serem boas que não pelo fato de serem aprazíveis, como estou argumentando aqui.

PROTÁGORAS, DE PLATÃO: ESTUDO INTRODUTÓRIO

Essa antecipação do desenvolvimento da discussão se faz necessária porque o argumento hedonista do *Protágoras* (351b-360e) é certamente uma das passagens mais problemáticas e disputadas pela crítica contemporânea no âmbito dos chamados "primeiros diálogos", de Platão. E a maior controvérsia concerne, sobretudo, ao comprometimento ou não da personagem Sócrates para com a tese hedonista tal como elucidada ao longo do quinto argumento, que se apoia na identidade entre prazer e bem e desconsidera uma distinção *qualitativa* entre os prazeres, apenas *quantitativa*. Vejamos rapidamente as possibilidades de interpretação:

1. Se o propósito de Sócrates na quinta prova/refutação (351b-360e) fosse apenas refutar a posição de Protágoras sobre a *unidade das virtudes* expressa em 349d, então esse problema não seria pertinente, uma vez que ele estaria operando *dialeticamente* no interior das convicções do "sofista" (que seriam as mesmas que as da "massa"), a despeito de ele considerá-las falsas ou verdadeiras. O que importaria aqui, sobretudo, é mostrar que as opiniões de Protágoras, quando postas em conjunto e analisadas criticamente, implicam a negação de sua própria posição sobre o problema em questão, o que é logicamente inadmissível. O ponto fraco dessa alternativa exegética é que esse propósito negativo de Sócrates se estenderia a todo o diálogo, de modo que não poderíamos atribuir a ele uma posição particular sobre o problema da *unidade das virtudes*, ao contrário do que temos argumentado neste estudo[6]. Sendo assim, seu procedimento

---

6. É o que parece sugerir Vlastos em seu célebre artigo "The Socratic Elenchos": "[Standard Elenchos] é o principal instrumento de Sócrates para a investigação filosófica. *Com apenas uma única importante exceção* (*Protágoras* 352d-358a), é a única forma de argumento que ele emprega não apenas para expor uma contradição nas crenças de seu interlocutor, como também para estabelecer as suas próprias doutrinas substantivas, tais como (a lista não pretende ser exaustiva): que o homem justo não prejudica seus inimigos (*República* I 335); que o governante justo governa não em seu próprio interesse, mas no de seus súditos (*República* I 338c-347d); que a justiça é mais vantajosa que a injustiça (*República* I 347e-354a); que ensinar a justiça aos homens é *ipso facto* torná-los justos (*Górgias* 460a-c); que é melhor sofrer do que cometer injustiça e sofrer a punição devida do que escapar dela; que prazer e bem não são a mesma coisa e que o prazer deve ser perseguido em vista do bem, e não o contrário (*Górgias.* 494e-500a); que em questões de justiça devemos seguir não "a maioria" mas "o indivíduo que conhece" (*Críton* 47a-8a); que o poeta compõe versos e o rapsodo os recita por ▶

seria, ao longo do *Protágoras*, exclusivamente refutativo, acentuando ainda mais o aspecto *contencioso* do comportamento da personagem, conforme discutido nos capítulos anteriores. Nesse sentido, a figura de Sócrates no *Protágoras* poderia se aproximar perigosamente da caracterização da figura do "erístico" no *Eutidemo*, na medida em que a refutação do adversário constituiria um fim em si mesmo, e não um meio de investigação em vista do conhecimento e da verdade, como a própria personagem alega amiúde (cf. 348a; 353a-b; 360e).

2. Se, por outro lado, entendêssemos que o propósito de Sócrates ao discutir com Protágoras não é apenas refutá-lo, mas defender *concomitantemente* uma determinada posição sobre a *unidade das virtudes*, como temos defendido ao longo deste estudo, então temos duas opções de interpretação: ou (2.1) Sócrates assume a tese hedonista, reduzindo sua concepção intelectualista de *virtude* a um cálculo *quantitativo* de prazeres e dores, "a arte da medida" (356d4)[7]; ou (2.2) Sócrates não se compromete em absoluto com essa tese, buscando mostrar antes que, mesmo segundo uma concepção hedonista de felicidade assumida pela "maioria dos homens" e pelos "sofistas" (como ele vai generalizar em 358a), o conhecimento (em termos aqui de "arte da medida" relativa a prazeres e dores) se apresenta como condição *necessária* e *suficiente* para a virtude[8]. O problema decorrente da alternativa (2.1) é que a posição de Sócrates no *Protágoras* entraria em conflito, *no nível dramático*, com a posição que a personagem assume em outros contextos argumentativos dos "primeiros diálogos", especialmente no *Górgias* (cf. 495d-1, 499c-500a, 500d)[9],

---

▷ um tipo de loucura, e não por arte (*Íon*); que piedade e justiça, temperança e sabedoria estão mutuamente implicadas (*Protágoras* 329e-33b); que a ação pia é amada pelos deuses porque ela é pia, e não pia porque é amada pelos deuses (*Eutífron* 9d-11a)" (*Oxford Studies in Ancient Philosophy*, v. 1, p. 38-39, nota 29).

7. T. Irwin, *Plato's Ethics*., p. 82-33; C.C.W. Taylor, *Plato. Protagoras*, p. 166.

8. Estudiosos que defendem, de formas diferentes, o não comprometimento de Sócrates com a tese hedonista: J.C. Shaw, op. cit.; J.P. Sullivan, The Hedonism of Plato's *Protagoras*, *Phronesis*, v. 6, n. 1; D. Zeyl, op. cit.

9. Ver também Platão, *Fédon* 68c-69c; *República* V 505c; *Filebo* 11b-c, 21a-d, 54a-d; *Leis* II 662a, 663a-b, V 734d-e.

298 PROTÁGORAS, DE PLATÃO: ESTUDO INTRODUTÓRIO

e, *no nível teórico*, com a posição do próprio Platão ante o problema do hedonismo no desenvolvimento de sua filosofia moral, na medida em que ela é fundada, *grosso modo*, numa distinção indelével entre prazer e bem, de um lado, e na distinção *qualitativa* entre tipos de prazer e dor, de outro (cf., p. ex., *República* IX 580d-592b)[10]. Quanto à alternativa (2.2), o desafio seria justificar esse procedimento "dialético", por assim dizer, assumido por Sócrates nesse momento da discussão: por que Sócrates quer mostrar a Protágoras e aos demais "sofistas" que mesmo segundo uma visão hedonista é necessário um certo tipo de conhecimento (i.e., "a arte da medida") para se atingir a felicidade?

3. Uma terceira via, por sua vez, seria dividir o argumento em duas partes – uma parte *hedonista* fundada na identidade entre prazer e bem (351b-357e), quando Sócrates estaria operando no interior da concepção moral atribuída à "maioria dos homens" e aos "sofistas" sem se comprometer com ela; e uma parte *eudemonista* (i.e., segundo a qual o prazer decorre do bem, sendo, portanto, coisas distintas) (359a-360e), quando Sócrates passaria a operar no interior de sua própria concepção moral[11]. A dificuldade

10. Sobre a tentativa de conciliar o hedonismo do *Protágoras* com outros diálogos em que Platão desenvolve uma posição anti-hedonista, ver J.C. Shaw, op. cit., capítulo 1.

11. Segundo a análise de Walter Leszl ("Le funzioni della tesi edonistica nel *Protagora* e oltre"), a seção 358a-e teria a função de fazer essa transição da parte *hedonista* para a *eudemonista* do argumento socrático. O argumento de Leszl se baseia, sobretudo, na questão formulada por Sócrates em 360a3 ("Então, se é belo e bom, *não é também aprazível?*"): "como se pode ver [...], o prazer decorre do bem, e a explicação pode ser aquela que encontramos nas passagens de Xenofonte (*Memoráveis* 4.8.6; 1.6.8), que a percepção que se tem de que uma ação seja bela e boa suscita prazer. Isso, por outro lado, é totalmente incompatível com a posição hedonista proposta na parte precedente do diálogo, visto que, segundo ela, o bem decorre do prazer, uma vez que se resolve completamente nele, e não o prazer do bem. As duas posições são de todo modo antitéticas. Pode-se dizer, em suma, que há a seguinte diferença entre hedonismo e eudemonismo. O hedonismo consiste na admissão de que "o que é aprazível, enquanto é aprazível, é bom", ao passo que o eudemonismo consiste na admissão de que "o que é bom, enquanto é bom, é aprazível". Todavia, é necessário precisar que, enquanto o eudemonismo trata em todos os casos o aprazível como uma qualidade distinta do bem, portanto uma qualidade que não pode ser assimilada àquela de bondade, o hedonismo pode se apresentar em duas variantes: aquela radical, que assimila o bem ao prazer, e aquela menos radical, que faz o bem decorrer do prazer, tratando-o como uma qualidade distinta ainda que secundária. [...] A posição que é proposta no *Protágoras* é do primeiro tipo, ao menos se a interpretação oferecida acima tem fundamento" (W. Leszl, Le funzioni della tesi edonistica nel *Protagora* e oltre, em G. ▶

dessa leitura consistiria em justificar a coerência do argumento de Sócrates uma vez considerado como um todo (351b-360e), pois, a princípio, esse deslocamento teórico poderia invalidar os resultados obtidos por ele ao final da discussão, comprometendo assim a refutação da posição de Protágoras (349d). Ademais, quando Sócrates afirma, no início do exame sobre a *akrasia*, que "essa questão, de algum modo, diz respeito à nossa investigação sobre a coragem" (353b1-2), sugere-se que os resultados a serem obtidos na suposta parte *hedonista* do argumento serão necessários para a elucidação da natureza da *coragem*, indicando assim que a quinta prova/refutação deve ser compreendida como um argumento completo (351b-360e). Esse elemento textual colocaria em xeque, portanto, a proposta interpretativa de uma seção *eudemonista* do argumento (359a-360e), em que se verificaria a real posição socrática, em oposição a uma seção *hedonista* (351b-357e), em que a posição da "massa" e dos "sofistas" estaria sob escrutínio.

Para antecipar a minha posição em face do problema, buscarei argumentar aqui em favor da alternativa (2.2), que exigirá, por sua volta, uma atenção especial aos aspectos *dramáticos* do texto e à estratégia argumentativa de Sócrates nessa seção do diálogo, em especial à função do *interlocutor fictício* desempenhada pela "maioria dos homens" (*hoi polloi*, 351c3) a partir de 353a.

7.2. O Problema da Akrasia (352a1-353b6)

Antes de prosseguirmos na análise de algumas passagens dessa longa seção (351b-360e), vejamos a subdivisão do argumento para fins didáticos:

(A) 351b3-d11: proposição do problema: o prazer, enquanto prazer, é bom?
(B) 352a1-353b6: a questão da *akrasia* (i.e., "incontinência")

▷ Casertano (ed.), *Il* Protagora *di Platone: Struttura e Problematiche*, p. 15). Sobre a noção geral do *eudemonismo* socrático, ver T.C. Brickhouse; N.D. Smith, *Socratic Moral Psychology*, p. 49, 114-115 ; R.B. Cain, *The Socratic Method: Plato's Use of Philosophical Drama*, p. 26-28; T. Irwin, *The Development of Ethics, v. 1: From Socrates to Reformatio*, p. 22-23.

(c) 353c1-354e2: exame do hedonismo
(d) 354e2-356c3: reformulação da *akrasia* à luz do hedonismo
(e) 356c4-357e8: negação da *akrasia* à luz do hedonismo
(f) 358a2-359a1: recapitulação das conclusões anteriores e preparação para
o *elenchos*
(g) 359a1-360e5: *elenchos* da tese de Protágoras (349d)

Acredito que uma das razões, talvez a mais forte delas, que favorece a vertente que defende o comprometimento de Sócrates para com a tese hedonista (2.1) seja justamente o próximo passo do argumento (b) (352a1-353b6) após a proposição do problema (a) (351b3-d11) que acabamos de analisar. Trata-se da primeira formulação teórica na filosofia antiga do fenômeno moral habitualmente referido pela crítica como *akrasia* (que pode ser traduzido por "incontinência"), conforme a discussão empreendida por Aristóteles no Livro vii da *Ética Nicomaqueia* (que corresponde ao Livro vi da *Ética Eudêmia*), em que se distingue a *akrasia* (incontinência) da *akolasia* (intemperança). Vejamos em que termos o problema é formulado por Platão mediante a voz de Sócrates:

— [...] Ao constatar que a sua posição sobre o bem e o aprazível é aquela por você expressa, preciso lhe perguntar o seguinte: "Vamos lá, Protágoras, descubra-me também esta parte do seu pensamento: qual é a sua posição a respeito do conhecimento? Por acaso a sua opinião se assemelha à da maioria dos homens, ou se difere dela? **a.** A opinião da maioria sobre o conhecimento é mais ou menos a seguinte: que ele não é forte, nem hegemônico, nem soberano. Tampouco ela pensa que é a mesma coisa que comanda o homem, mas que, frequentemente, mesmo em posse do conhecimento, não é o conhecimento quem o comanda, mas alguma outra coisa, ora a ira, ora o prazer, ora a dor, às vezes o amor, muitas vezes o medo. Ela praticamente considera o conhecimento como se fosse um escravo, arrastado por aí por tudo o mais. Porventura, a sua opinião se coaduna com essa, ou **b.** você crê que o conhecimento é belo e capaz de comandar o homem, e que, se alguém souber o que é bom e o que é mau, não será dominado por nenhuma outra coisa a ponto de praticar algo diferente do que o conhecimento prescrever, sendo a inteligência suficiente para socorrer o homem?" (352a8-c7)

Ao tratar do mesmo fenômeno em seu tratado ético, Aristóteles faz uma referência explícita a essa passagem do *Protágoras* citada acima, sugerindo que Sócrates endossa a impossibilidade da *akrasia* expressa pela posição (b), na medida em que o conhecimento seria compreendido como condição *suficiente* para a virtude (o chamado *paradoxo prudencial* socrático, como referido no suibtítulo 5.3). Verifiquemos o que diz Aristóteles:

Alguém poderia colocar o problema: como uma pessoa, tendo uma compreensão correta, pode agir incontinentemente? Alguns dizem que isso é impossível uma vez tendo o conhecimento; pois, havendo o conhecimento, como julgava Sócrates, seria espantoso que outra coisa o dominasse e o arrancasse de seu curso, tal como a um escravo. Pois Sócrates combatia totalmente esse argumento como se não existisse a incontinência; pois ninguém, compreendendo as razões, agiria contrariamente ao que é o melhor, e sim por ignorância. (*Ética Nicomaqueia* VII, 1145b21-27)

Ἀπορήσειε δ' ἄν τις πῶς ὑπολαμβάνων ὀρθῶς ἀκρατεύεταί τις. ἐπιστάμενον μὲν οὖν οὔ φασί τινες οἷόν τε εἶναι· δεινὸν γὰρ ἐπιστήμης ἐνούσης, ὡς ᾤετο Σωκράτης, ἄλλο τι κρατεῖν καὶ περιέλκειν αὐτὴν ὥσπερ ἀνδράποδον. Σωκράτης μὲν γὰρ ὅλως ἐμάχετο πρὸς τὸν λόγον ὡς οὐκ οὔσης ἀκρασίας· οὐθένα γὰρ ὑπολαμβάνοντα πράττειν παρὰ τὸ βέλτιστον, ἀλλὰ δι' ἄγνοιαν. οὗτος μὲν οὖν ὁ λόγος ἀμφισβητεῖ τοῖς φαινομένοις ἐναργῶς, καὶ δέον ζητεῖν περὶ τὸ πάθος, εἰ δι' ἄγνοιαν, τίς ὁ τρόπος γίνεται τῆς ἀγνοίας.

A despeito de o testemunho de Aristóteles ter como referência o Sócrates "histórico" ou o Sócrates "personagem de Platão", o problema é que a rejeição da *akrasia* em (E) (356c4-357e8), e, por conseguinte, a rejeição da posição da massa expressa em (a), requer a identidade entre *prazer e bem* estabelecida em (C) (353c1-354e2), ainda que Aristóteles não faça qualquer menção ao modo como Sócrates demonstra a sua impossibilidade, mas apenas à sua posição intelectualista. Em outras palavras, a rejeição da *akrasia* no *Protágoras* depende de uma tese hedonista, o que implica aparentemente uma adesão de Sócrates a ela. Todavia, quando prestamos a devida atenção às peculiaridades de sua estratégia argumentativa nesta quinta prova/refutação (351b-360e), especialmente à função do *interlocutor fictício* na figura da "maioria dos homens" durante a discussão, é possível constatar certo distanciamento de Sócrates em relação às premissas do argumento que vão sendo estabelecidas no exame da posição da "massa" sobre o problema da *akrasia*. Em poucas palavras: não há evidências textuais suficientes de que Sócrates endossa a tese hedonista atribuída à "maioria dos homens" e aos "sofistas"[12]. Mas, se Sócrates não se compromete com ela, como interpretar então o sentido de toda essa longa discussão sobre a *akrasia*, que depende, em última instância, da identidade entre prazer e bem, e de sua relação com a discussão sobre a relação entre *sabedoria* e *coragem*?[13]

Segundo a interpretação que ora proponho, o propósito de Sócrates nesta última prova/refutação do *Protágoras* tem uma dupla função: em primeiro lugar, reduzir a concepção moral dos "sofistas" em geral (não apenas de Protágoras, mas também de Hípias e Pródico, cf. 358a) à visão hedonista do senso comum, de modo a destituir a figura do "sofista" do título de "sábio" conferido pela sua reputação; e, em segundo lugar, mostrar que, mesmo segundo uma concepção hedonista de felicidade, o conhecimento (aqui, em termos de "arte da medida" relativa a prazeres e dores) é requerido como *condição necessária* e *suficiente* para se adquirir a virtude e ser feliz. Do ponto de vista dramático, a conclusão do argumento tem um valor simbólico: *ficticiamente*, é como se Sócrates estivesse persuadindo *dialogicamente* a "massa" (que incluiria a audiência presente na cena) e os "sofistas" de que todos eles concordam, em última

---

12. Ver, em especial, D. Zeyl, op. cit.

13. Observe que Sócrates faz valer a refutação da *akrasia* obtida em (D) (356c4-357e8) como premissa (cf. especialmente 359d2-7) na última etapa desse longo argumento (G) (359a1-360e5), fazendo-a depender, por conseguinte, da identidade entre bem e prazer. Isso seria uma forte evidência contra a proposta de Leszl (op. cit.), segundo a qual haveria um deslocamento teórico ao longo da discussão, como explicitada na p. 291n2: da posição *hedonista*, atribuída à "maioria dos homens" e aos "sofistas" (351b-357e), para a posição *eudemonista* de Sócrates (359a-360e).

instância, com certa posição intelectualista sobre a virtude[14], ainda que a demonstração tenha sido feita com base em premissas que não correspondem às convicções de Sócrates, mas que representam, em contrapartida, a posição de seus interlocutores. Isso não implica, todavia, que a única maneira de demonstrar a impossibilidade da *akrasia* seja mediante a identidade entre prazer e bem; o argumento hedonista é apenas uma das vias possíveis para mostrar as consequências absurdas que decorrem da suposta posição da "maioria dos homens" sobre o poder do conhecimento. Por conseguinte, é absolutamente plausível que Sócrates negue a possibilidade do fenômeno da *akrasia* (352c-d), sem, contudo, se comprometer com o argumento hedonista mediante o qual ele provará a sua impossibilidade.

É nesse sentido que chamo a quinta prova/refutação (351b-360e) do *Protágoras* de um argumento *dialético*, na medida em que Sócrates opera no interior da concepção moral atribuída à "maioria dos homens" e aos "sofistas", ainda que eles próprios não estejam cientes dos fundamentos de suas convicções morais[15]. O que vemos representado por Platão, num primeiro momento (de [A] a [C], 351b-354e), é justamente a maneira como Sócrates elucidará ao *interlocutor fictício* e a Protágoras que, embora distingam prazeres bons de prazeres maus (351c), o critério utilizado

14. Como diz Sócrates ao final do diálogo, "todas as coisas são conhecimento, isto é, a justiça e a temperança, e a coragem" (ὡς πάντα χρήματά ἐστιν ἐπιστήμη, καὶ ἡ δικαιοσύνη καὶ σωφροσύνη καὶ ἡ ἀνδρεία, 361b1-2), em resposta paródica à célebre máxima de Protágoras "homem é a medida de todas as coisas" (πάντων χρημάτων μέτρον ἐστὶν ἄνθρωπος, DK 80 B1).

15. Essa passagem do *Cármides*, diálogo voltado para o exame da *sōphrosunē* (temperança; sensatez) evidencia como Sócrates visa a examinar, em determinados contextos, sobretudo, as opiniões de seu interlocutor, sem implicar necessariamente o envolvimento de suas próprias convicções sobre o assunto em questão:

— Portanto, não é sensato (*sōphronei*) quem faz as coisas más, mas quem faz as coisas boas, não é?

— E é essa a sua opinião, excelente homem? – perguntou Crítias.

— Espere aí! – disse eu. – *Não é o momento ainda de investigarmos o que me parece, mas o que você está afirmando agora.*

— Pois bem – disse ele –, nego que seja sensato (*sōphronein*) quem faz coisas não boas, porém más, ao passo que afirmo que seja sensato (*sōphronein*) quem faz coisas boas, porém não más. Pois eu defino a sensatez (*sōphrosunēn*) de modo claro: ela consiste na prática de coisas boas. (163e4-11)

por eles para julgarem se uma ação é boa ou má consiste exclusivamente em *prazer* e *dor* (354b-c). E nesse processo, como salientado acima, a posição do próprio Sócrates não vem ao caso: trata-se do exame das opiniões de seu interlocutor – no registro fictício, "a maioria dos homens" –, que logo passará a compreender também a posição dos "sofistas". Vejamos detidamente alguns aspectos que corroboram essa leitura que estou propondo.

Logo no início da discussão, na passagem citada anteriormente, Sócrates sugere que tanto a massa quanto Protágoras concordam em que há coisas aprazíveis que são más, e coisas dolorosas que são boas, o que implica a distinção entre prazer e bem, de um lado, e dor e mal, de outro (351c). Esse é o primeiro passo de Sócrates a fim de aproximar a visão de Protágoras à da "maioria dos homens" (ὥσπερ οἱ πολλοί, 351c3). Ao lhe perguntar, então, se *o prazer, enquanto prazer, é bom*, a proposição de Sócrates é formulada da seguinte maneira: *"Eu me refiro ao seguinte*: enquanto aprazíveis, elas não são, enquanto tais, boas, desconsiderando futuras consequências que lhes sejam diversas?"* (ἐγὼ γὰρ λέγω, καθ' ὃ ἡδέα ἐστίν, ἆρα κατὰ τοῦτο οὐκ ἀγαθά, μὴ εἴ τι ἀπ' αὐτῶν ἀποβήσεται ἄλλο; 351c4-5). E uma formulação similar se repete a seguir: "Pois bem, é a isto que me refiro: se, enquanto aprazíveis, elas são boas. Indago-lhe se o próprio prazer é bom" (Τοῦτο τοίνυν λέγω, καθ' ὅσον ἡδέα ἐστίν, εἰ οὐκ ἀγαθά, τὴν ἡδονὴν αὐτὴν ἐρωτῶν εἰ οὐκ ἀγαθόν ἐστιν, 351e1-3). Platão é muito cuidadoso na construção sintática em grego, a qual busquei relevar na tradução: Sócrates não diz *"eu afirmo que as coisas aprazíveis, enquanto aprazíveis, são boas"*[16], mas apenas elucida um ponto para verificar se Protágoras o aceita ou não (por isso, a solução de tradução "eu me refiro ao seguinte"). Isso

16. Para exprimir uma declaração com o verbo *legō* em grego seria necessária: i. uma conjunção integrante *hoti* ou *hōs* acompanhada de uma oração que exprimiria o conteúdo dessa opinião ("eu afirmo *que*…"); ou ii. o verbo *legō* na voz passiva acompanhado de uma oração completiva reduzida de infinitivo; ou iii. uma construção similar como o verbo *phēmi* acompanhado de uma oração completiva reduzida de infinitivo. Nessa construção em 351c4-5, a oração completiva é uma pergunta marcada pela partícula *ara*, de modo que não constitui uma declaração de Sócrates (cf. J. Adam; A.M. Adam, *Plato. Protagoras*, p. 177).

implica que a opinião de Sócrates sobre o assunto não está em jogo aqui, mas apenas a posição de seu interlocutor[17]. Como ressaltado por Vlastos em sua descrição do *elenchos* socrático nos "primeiros diálogos" de Platão comentada no subtíttulo 6.3[18], o que está sob exame são as crenças e/ou opiniões dos interlocutores que se submetem à investigação crítica de Sócrates, de modo que as convicções do próprio Sócrates não vêm necessariamente ao caso.

A princípio, Protágoras resiste a identificar prazer e bem, e se propõe a examinar junto a Sócrates o mérito da questão (351e). O primeiro passo da investigação ([B] 352a1-353b6) consiste, então, na explicitação do problema da *akrasia*, conforme ressaltado há pouco, cujo ponto de partida é o estabelecimento de duas posições antagônicas sobre esse fenômeno moral:

a. Posição socrática (assumida em 352d4-e2), referida pela crítica como *paradoxo prudencial*: o conhecimento é belo e capaz de comandar o homem, de modo que, se alguém souber o que é bom e o que é mau, não será dominado por nenhuma outra coisa a ponto de praticar algo diferente do que o conhecimento prescrever, sendo a inteligência (*phronēsis*) suficiente para socorrer o homem (352c).

b. Posição da maioria dos homens: os homens, mesmo sabendo o que é melhor, não desejam praticá-lo, ainda que lhes seja possível, e acabam fazendo alguma outra coisa, porque são vencidos pelo prazer ou pela dor, ou são dominados pela ira, pelo amor, pelo medo (352b).

17. Essa análise textual refuta diretamente o princípio da interpretação de Terence Irwin, que considera justamente essa proposição em 351c4-6 como expressão da crença de Sócrates no hedonismo (*Plato's Ethics*, p. 82): "Sócrates afirma sua própria crença no hedonismo antes de se voltar para o argumento da massa (351c4-6). Ele defende o hedonismo (353c1-354e2); então ele argumenta contra a incontinência (354e3-357e8); finalmente, ele argumenta diretamente em favor da Tese da Unidade, apelando ao hedonismo e à impossibilidade da incontinência." Tampouco o fato de Sócrates recorrer à substituição do "bem" pelo "prazer" e vice-versa na refutação do hedonismo (D) (354e-356c), uma vez que designariam a mesma coisa, representa "uma razão a mais" para se acreditar que Sócrates endossa o hedonismo (ibidem, p. 84), pois, como tem sido argumentado aqui, Sócrates está operando *dialeticamente* no interior da visão da massa e a reduzindo a uma concepção intelectualista da moral.

18. G. Vlastos, The Socratic Elenchus, *Oxford Studies in Ancient Philosophy*, v. 1., p. 30-31.

306 PROTÁGORAS, DE PLATÃO: ESTUDO INTRODUTÓRIO

Ao solicitar a Protágoras sua opinião sobre o assunto, a personagem responde da seguinte maneira:

— Não só o que você diz – disse ele – conforma-se com a minha opinião, Sócrates, como também seria vergonhoso para mim, mais do que para qualquer outro, afirmar que sabedoria e conhecimento não são, entre todas as coisas humanas, as que exercem maior domínio.

— É correto e verdadeiro – tornei eu – o que você está dizendo. Está ciente, portanto, de que a maioria dos homens não acredita nem em mim nem em você; pelo contrário, muitos afirmam que, mesmo sabendo o que é melhor, não desejam, contudo, praticá-lo, ainda que lhes seja possível fazê-lo, e acabam praticando alguma outra coisa. E todos aqueles a quem perguntei qual é, afinal, a causa disso, afirmam que quem age assim o faz porque é vencido pelo prazer ou pela dor, ou é dominado por alguma outra coisa dentre aquelas a que há pouco me referi.

— Pois os homens, julgo eu, Sócrates – acrescentou ele –, também dizem muitas outras coisas de modo equivocado.

— Adiante, então! Tentemos, juntos, persuadir os homens e lhes ensinar que experiência é essa, quando dizem que são vencidos pelos prazeres e, por esse motivo, não praticam o que é melhor, ainda que estejam cientes disso! Se nós lhes disséssemos: "vocês não falam corretamente, homens, mas estão enganados", eles nos indagariam, talvez: "Protágoras e Sócrates, se essa experiência não é ser vencido pelo prazer, o que seria ela então? Em que ela consiste, segundo o juízo de vocês? Digam-nos!" (352c8-353a6)

Essa passagem é extremamente importante para compreendermos a estratégia argumentativa de Sócrates na quinta prova/refutação (351b-360e), como observei há pouco. i. O primeiro ponto a ressaltar, entretanto, é teórico: o fenômeno que denominamos *akrasia* (incontinência) é reduzido aqui à ideia de "ser vencido pelo prazer" (ἡδονῆς ἡττᾶσθαι, 353a5), ainda que as causas enunciadas anteriormente que levam os indivíduos a agirem contra as prescrições do conhecimento sejam diversas (i.e., ira, prazer, dor, amor, medo; cf. 352b6-7). Como se esclarecerá adiante (354b-d), as ações motivadas pelas diferentes paixões serão entendidas como resultado de um cálculo (correto ou incorreto) de prazeres e dores numa determinada extensão de tempo (i.e., segundo uma perspectiva *diacrônica*), de modo que a operação socrática

O ARGUMENTO HEDONISTA: A REFUTAÇÃO FINAL

subsequente será reduzir todo o campo prático a um cálculo quantitativo de prazeres e dores. ii. O segundo ponto digno de nota é o juízo pejorativo de Protágoras sobre a "massa" (cf. também 317a): uma vez que o intuito de Sócrates é reduzir a concepção moral do "sofista" à visão do senso comum, esse movimento do diálogo evidenciará a real condição do "sofista" – ou seja, que ele se encontra no mesmo estado intelectual que a massa ignorante – colocando em xeque, assim, a reputação de sabedoria sobre a qual se funda seu poder. iii. O terceiro ponto a observar é que, embora Protágoras concorde com a massa, a princípio, na distinção entre prazeres bons e prazeres maus, ele aparentemente discorda dela no que tange ao fenômeno da *akrasia*[19]. Isso nos remete iv. ao quarto aspecto que gostaria de sublinhar: quando Protágoras admite a impossibilidade da *akrasia*, Sócrates se aproxima dele e estabelece, aparentemente, uma aliança com o "sofista" contra a posição da massa. É aqui que entra a função do *interlocutor fictício* nessa seção: ao instituir um diálogo

---

19. Digo "aparentemente", pois a concessão de Protágoras é acompanhada de uma referência à vergonha ("seria vergonhoso para mim, mais do que para qualquer outro, afirmar que sabedoria e conhecimento não são, entre todas as coisas humanas, as que exercem maior domínio", 352d1-3). No *Górgias*, premissas assentadas sob a constrição vergonha são vistas como um problema na consecução do *elenchos* socrático, pois elas não expressariam necessariamente as reais convicções do interlocutor de Sócrates sob exame (461b-s; 482c-e). Suponhamos que um determinado interlocutor tenha concedido a Sócrates as premissas A, B, C, D e E que levam à conclusão necessária F. Se B e C, por exemplo, foram assentadas porque o interlocutor teve vergonha de assumir o que realmente pensa sobre o assunto, então se trata de uma refutação válida logicamente, mas não corresponde a uma refutação do interlocutor (mais precisamente, das convicções reais do interlocutor). Portanto, se a *vergonha* impede em determinadas circunstâncias nos diálogos platônicos que interlocutores de Sócrates expressem verbalmente suas reais convicções, e se esse passo do *Protágoras* se enquadra nisso, então podemos afirmar que, desde o princípio da discussão sobre o hedonismo, Protágoras compartilha da posição da "maioria dos homens" no que tange à insuficiência do conhecimento para a ação virtuosa. Ou, em outras palavras, Protágoras endossa a possibilidade da *akrasia*, ainda que, por causa da *vergonha*, afirme o contrário e pareça estar ao lado de Sócrates durante a refutação da posição atribuída à massa. Isso dá apoio à tese que estou defendendo aqui neste capítulo 7: a saber, que a finalidade do exame do hedonismo é reduzir a concepção moral dos sofistas (incluindo também Pródico e Hípias) à da maioria dos homens, o que não implica necessariamente o comprometimento de Sócrates com as premissas dessa complexa argumentação. Sobre a função da *vergonha* no procedimento refutativo de Sócrates, ver C.H. Kahn, Drama and Dialectic in Plato's *Gorgias, Oxford Studies in Ancient Philosophy*, v. 1.; J.C. Shaw, op. cit., capítulo 3.

308 PROTÁGORAS, DE PLATÃO: ESTUDO INTRODUTÓRIO

imaginário com a "maioria dos homens" a partir de 353a, Sócrates consegue enredar Protágoras na discussão sobre o problema da *akrasia*, como se ambos combatessem em conjunto um terceiro adversário, como se ambos estivessem do mesmo lado no procedimento *dialógico* (i.e., na função de inquiridor), e "a maioria dos homens", por sua vez, na condição de inquirido. Esse artifício argumentativo arrefece momentaneamente o ambiente *agonístico* entre os interlocutores instaurado no diálogo, como discutimos nos capítulos anteriores, na medida em que Sócrates desvia supostamente o alvo de sua investigação para a posição da massa sobre uma questão que, a princípio, não parece ter qualquer conexão com a discussão sobre a *coragem* e a *unidade das virtudes* até então empreendida. Tanto é que Sócrates alerta Protágoras disso:

> — Mas por que, Sócrates, devemos examinar a opinião da maioria dos homens, que diz aquilo que lhe vier à cabeça?
> — Suponho que isso, de algum modo – respondi –, diz respeito à nossa investigação sobre a coragem, como ela se relaciona com as demais partes da virtude. Se você concorda em manter o que há pouco nos pareceu apropriado, ou seja, eu conduzir a discussão da maneira como julgar melhor para esclarecermos o assunto, acompanhe-me então! Porém, se não quiser e não lhe aprouver, deixemo-la de lado!
> — A sua ponderação é correta – disse ele. – Termine como você começou! (353a7-b6)

Somente na última etapa do argumento (G) (359a-360e) é que Sócrates voltará a examinar estritamente a *coragem*[20], a partir dos resultados obtidos por eles durante a discussão sobre o problema da *akrasia* (352a-358e). Até lá, Sócrates consegue manter a aparência de que sua investigação não tem como finalidade refutar a posição de Protágoras sobre a *coragem* expressa em 349d,

---

20. Mais precisamente, nas duas últimas premissas da seção (F) (358a2-359a1), em que Sócrates aplica os resultados da discussão sobre a *akrasia* no caso de ações que envolvem *medo* ou *temor*, precisamente o âmbito próprio da *coragem*. Todavia, como Sócrates inicia a última seção do argumento (G) (359a-360e) com uma espécie de preâmbulo para a refutação final, no qual repõe a tese de Protágoras sobre a coragem (349d), considero então que o exame da coragem começa efetivamente a partir desse ponto.

visto que seu principal interlocutor se torna momentaneamente a figura fictícia da "maioria dos homens". Todavia, à medida que a discussão prossegue, Sócrates vai envolvendo Protágoras no assentimento nas premissas do argumento contra a massa para demonstrar a impossibilidade da *akrasia*. Como Protágoras concorda em parte com a "maioria dos homens" ao admitir a distinção entre prazeres bons e prazeres maus (351c), e como a rejeição da *akrasia* (com o que Protágoras a princípio concorda, cf. 352c-d) depende da identidade entre *prazer* e *bem* a ser ainda demonstrada, o convencimento de Sócrates da "maioria dos homens" da identidade entre *prazer* e *bem* (c) (353c-354e) e, por conseguinte, da impossibilidade da *akrasia* (e) (356c-357e) se estende também à posição de Protágoras sobre o problema em questão (e, posteriormente, envolverá também Hípias e Pródico, na medida em que Sócrates vai requerer sua anuência aos resultados obtidos no exame da *akrasia*, cf. 358a). Em outras palavras: embora Sócrates e Protágoras pareçam estar do mesmo lado na discussão com o interlocutor fictício, o que acontece de fato é que Sócrates vai identificando paulatinamente a posição da massa à do "sofista", a despeito do juízo pejorativo de Protágoras sobre a falta de senso da "maioria dos homens" (352e-353a).

7.3. O Exame da Hedonismo (353c1-354e2)

Sendo assim, o passo seguinte do argumento (c) (353c1-354e2) depois da proposição do problema da *akrasia*, cuja conclusão antecipei há pouco, é justamente mostrar que, quando a massa diz que um certo prazer é mau, ou que uma determinada dor é boa, o critério que fundamenta esse juízo moral não é outra coisa senão *prazer* e *dor*. A estrutura analítica do argumento é a seguinte:

(p1) os homens são frequentemente dominados pela comida, pela bebida e pelo sexo, que são coisas aprazíveis, e, mesmo sabendo que são nocivas, ainda assim as colocam em prática;

(P2) essas coisas aprazíveis são más não por causa do prazer imediato que provocam, mas em razão das consequências ulteriores, tais como doenças, pobreza e coisas do gênero;

(P3) doenças e pobreza causam sofrimentos;

(P4) essas coisas são más na medida em que resultam em sofrimentos e impedem outros prazeres;

(P5) do mesmo modo, coisas dolorosas (tais como exercícios físicos, expedições militares e tratamentos médicos) são boas, na medida em que resultam em prazeres e impedem outras dores;

(P6) não há nenhum outro fim além de prazeres e dores, em vista do qual uma coisa é considerada boa ou má;

(P7) os homens perseguem o prazer como sendo bom, ao passo que evitam a dor, como sendo má;

(P8) portanto, os homens consideram que a dor é má e que o prazer é bom, de modo que o próprio deleite é mau, quando impede a fruição de prazeres maiores do que quantos ele contém, ou quando proporciona dores maiores do que os prazeres existentes nele;

(P9) do mesmo modo, o próprio sofrimento é bom, quando liberta o indivíduo de dores maiores do que quantas ele contém, ou lhe proporciona prazeres maiores do que dores.

A passagem crucial em que Sócrates obtém do interlocutor fictício, com a anuência de Protágoras, o assentimento na identidade entre prazer e bem é esta:

— "Por que razão, então, vocês chamam de boas essas coisas [i.e., exercícios físicos, expedições militares, tratamentos médicos]? Por que elas causam imediatamente as mais extremas algias e aflições, ou por que delas advêm ulteriormente saúde, boa compleição dos corpos, salvação das cidades, domínio sobre outros e riqueza?" Eles concordariam com esse segundo ponto, presumo eu.

Ele anuiu.

— "E elas são boas por algum outro motivo senão pelo fato de resultarem em prazeres e em libertação e rechaço das dores? *Podem mencionar algum outro fim além dos prazeres e das dores, em vista do qual vocês chamam de boas tais coisas*?" Não mencionariam nenhum, presumo eu.

— Também creio que não – disse Protágoras. (354a7-c3)

O trecho ressaltado acima representa o acabamento final da visão hedonista que está na base de toda a quinta prova/refutação.

Como comentamos anteriormente, a discussão em torno da relação entre *felicidade* e *prazer* se inicia com uma proposição hedonista *não categórica* (351b-c), visto que se admitia a existência de prazeres bons (i.e., os prazeres belos) e maus (i.e., os prazeres vergonhosos), ainda que uma vida vivida aprazivelmente (ou seja, desfrutando-se dos prazeres belos) fosse considerada *suficiente* para a felicidade. Todavia, a essa altura da discussão, Sócrates dá um passo a mais no argumento e busca esclarecer à "maioria dos homens" que, embora não estivesse ciente disso, o *fim* (*telos*, 345b7) em vista do qual ela julgava que certo prazer é mau ou que uma determinada dor é boa não era outra senão *prazer* e *dor*: ou seja, um prazer é mau, na medida em que causa mais dores ou privação de prazer *numa determinada extensão de tempo* do que a quantidade de prazer que ela promove de imediato; e inversamente, uma dor é boa, na medida em que causa mais prazer ou privação de dor *numa determinada extensão de tempo* do que a quantidade de dor que ela promove num primeiro momento (segundo uma perspectiva *diacrônica*)[21].

Portanto, somente aqui Sócrates consegue tornar *categórica* a visão hedonista atribuída à massa, ao estabelecer a identidade estrita entre *prazer* e *bem*, de um lado, e *dor* e *mal*, de outro. Até então, o que Sócrates havia proposto como ponto de partida para o exame do hedonismo, a que Protágoras se mostrou a princípio reticente (351c-e), era que *o prazer, enquanto prazer, é bom,* segundo uma perspectiva *sincrônica* (ou seja, sem levar em consideração as suas consequências futuras). Como comentamos acima, essa proposição não implicava uma identidade absoluta entre *prazer* e *bem*: o fato de se considerar que

---

21. Poder-se-ia argumentar que a formulação da premissa (p4) implica o comprometimento de Sócrates para com a tese hedonista ora examinada ("Então, ó homens, não lhes é manifesto, como afirmamos eu e Protágoras, que essas coisas são más por nenhuma outra razão senão pelo fato de resultarem em sofrimentos e impedirem outros prazeres?", 353e5-354a1). Todavia, "como afirmamos eu e Protágoras" se refere ao que acabou de ser dito (353d6-e4), quando Sócrates se dirigia *diretamente* a Protágoras perguntando-lhe o que a massa responderia àquela questão colocada por eles. Portanto, essa sentença marca o retorno da *interlocução fictícia* com a "maioria dos homens", e não pode ser tomada como evidência da adesão de Sócrates ao hedonismo (D. Zeyl, op. cit., p. 255)

o prazer, enquanto prazer, é bom[22] não invalida, a princípio, a possibilidade de haver outras coisas distintas do prazer que sejam boas, na medida em que é possível haver coisas boas que sejam nem aprazíveis nem dolorosas (condição intermediária aventada pelo próprio Protágoras em 351d6-7). O máximo que Sócrates tinha obtido àquela altura era que, numa perspectiva *sincrônica, todo prazer é bom*, mas não que *todo bem é aprazível*. Essa seção do argumento (C) (353c-354e), todavia, dá um passo adiante ao identificar absolutamente *prazer* e *bem*, de modo que *todo prazer é bom*, assim como *todo bem é aprazível*, conforme a proporção quantitativa de prazeres e dores envolvida em toda e qualquer ação numa perspectiva *diacrônica*. E mesmo aquele estado intermediário referido por Protágoras também é reduzido aqui a uma relação *quantitativa* de prazer e dor: uma coisa não é nem "boa" nem "má", *se, e somente se*, a quantidade de prazer se equivaler à quantidade de dor numa determinada extensão de tempo, pois, em última instância, não há outro critério além de prazer e dor para todo e qualquer juízo moral.

Dessa forma, o assentimento de Protágoras no final dessa seção ("É verdade o que você diz", 354e2) não significa simplesmente uma anuência que legitima a conclusão parcial da investigação conduzida por Sócrates sobre a concepção moral da "maioria dos homens"; ela implica concomitantemente seu comprometimento com os resultados que vão sendo obtidos durante a discussão, pois, assim como a massa, também Protágoras admitia a princípio a distinção entre prazeres bons (i.e., os prazeres belos) e prazeres maus (i.e., os prazeres vergonhosos) (351b-c). Todavia, o que Sócrates está fazendo aqui é justamente esclarecer à "maioria dos homens" e, por conseguinte, a Protágoras que, embora não estejam cientes disso, o único critério que empregam habitualmente para julgar se uma ação

---

22. Observe que a formulação de Sócrates é precisa: "as coisas aprazíveis, enquanto aprazíveis, *são boas*" (351c4-5), e não "as coisas aprazíveis, enquanto aprazíveis, *'as' são boas*", o que implicaria *coextensividade* entre as suas classes de coisas. A mesma formulação se repete em 351e2-3: "Pois bem, é a isto que me refiro: se, enquanto aprazíveis, elas são *boas*. Indago-lhe se o próprio prazer é *bom*."

é boa ou má consiste em *prazer* e *dor*. Nesse sentido, a estratégia argumentativa de Sócrates é bastante arguta e eficiente, visto que consegue criar a impressão de que o alvo de toda a investigação sobre o problema da *akrasia* é uma terceira parte na discussão, i.e., o *interlocutor fictício* na figura da "maioria dos homens", criando assim um certo grau de empatia entre eles e apaziguando momentaneamente a resistência de Protágoras às investidas de Sócrates. Somente na última parte do argumento (G) (359a-360e), como já salientado, Protágoras descobrirá que o propósito maior de Sócrates é refutar a sua posição expressa em 349d, ao buscar provar a identidade entre *sabedoria* e *coragem*.

7.4. A Reformulação da Akrasia à Luz do Hedonismo (354e2-356c3)

O próximo passo do argumento (D) (354e-356c) consiste em reconsiderar o problema da *akrasia*, reduzida à fórmula "ser vencido pelo prazer" (ἡδονῆς ἡττᾶσθαι, 353a5), a partir da identidade entre prazer e bem, obtida na seção anterior (C) (353c-4e). A estrutura analítica dessa seção é a seguinte:

(P1) prazer e bem, de um lado, e dor e mal, de outro, consistem em dois nomes para designar uma mesma coisa;

(P2) substituindo o prazer pelo bem, "ser vencido pelos prazeres" equivale a dizer que o homem faz coisas que ele sabe que são más porque é vencido pelas coisas boas, de modo que as últimas não estão à altura das primeiras a ponto de sobrepujá-las; (*reductio ad absurdum*)

(P3) as coisas boas não estão à altura das más, e vice-versa, quando umas são em maior número relativamente às outras, de modo que "ser vencido" consiste em contrair maiores males em troca de bens menores;

(P4) da mesma forma, substituindo o bem pelo prazer, "ser vencido pelos prazeres" equivale a dizer que o homem faz coisas que ele sabe que são dolorosas porque é vencido pelas coisas aprazíveis, de modo que as últimas não estão à altura das primeiras a ponto de sobrepujá-las; (*reductio ad absurdum*)

314 PROTÁGORAS, DE PLATÃO: ESTUDO INTRODUTÓRIO

(P5) as coisas aprazíveis não estão à altura das dolorosas, e vice-versa, em virtude da relação de excesso e falta entre elas, i.e, quando umas são em maior número do que as outras, ou maiores, ou em maior intensidade (acresce-se aqui a proximidade e distância no tempo, 356a-b);

(P6) portanto, deve-se praticar as ações em que: i. os prazeres predominam sobre as dores, sejam eles mais próximos sejam mais distantes no tempo; ii. em que os maiores prazeres prevalecem sobre os menores prazeres; iii. em que as menores dores prevalecem sobre as maiores dores.

Ao substituir "prazer" por "bem" na fórmula "ser vencido pelo prazer" (ἡδονῆς ἡττᾶσθαι, 353a5), uma vez que prazer e bem são idênticos, Sócrates busca reduzir a *akrasia* a uma condição absurda (argumento por *reductio ad absurdum*, marcado pela referência reiterada ao "ridículo": *geloion*, 355a6; *geloia*, b4; *geloion*, d1): pois como seria possível que um indivíduo praticasse um mal se ele é vencido pelo bem? Se ele pratica um mal, mesmo vencido pelo bem, isso só pode fazer algum sentido se o bem *não estiver à altura* desse mal a ponto de sobrepujá-lo; pois, se o tivesse sobrepujado, o indivíduo teria agido bem. Substituindo os termos do raciocínio: se ele pratica uma ação que resulta em dor, mesmo vencido pelo prazer, isso só pode fazer algum sentido se o prazer *não estiver à altura* dessa dor a ponto de sobrepujá-la; pois, se o prazer a tivesse sobrepujado, a ação do indivíduo teria sido aprazível. E é justamente essa condição paradoxal resultante da identidade entre *prazer* e *bem* que Sócrates buscará elucidar para demonstrar a impossibilidade do fenômeno da *akrasia*. O que está em jogo aqui, portanto, é uma determinada relação entre prazer e dor envolvida em toda e qualquer ação designada pela expressão "não estar à altura de" (οὐκ ἀξίων ὄντων, 355d3): ou seja, as coisas aprazíveis *não estão à altura* das dolorosas, e vice-versa, em virtude da relação de excesso e falta entre elas, i.e, quando umas são em maior número do que as outras, ou maiores, ou em maior intensidade (além da proximidade e distância no tempo, 356a-b). *Quantidade, grandeza, intensidade* e *temporalidade*: são esses os critérios relativos

O ARGUMENTO HEDONISTA: A REFUTAÇÃO FINAL

a prazeres e dores a serem utilizados pelo agente nas escolhas pelo melhor curso de ação em toda e qualquer circunstância em que se requer agir. A inclusão da *proximidade* e *distância* no tempo como critério suplementar para a apreciação quantitativa de prazeres e dores envolvidos em toda e qualquer instância será crucial, como veremos adiante, para rejeitar a *akrasia* e oferecer uma explicação alternativa para esse suposto fenômeno moral à luz da teoria da "arte da medida" (356d4), que será explicitada no próximo passo do argumento (E) (356c-357e)[23]. A conclusão dessa seção (D) (354e-356c), portanto, é a seguinte:

— [...] " 'Assim como um homem hábil em pesagem, junte as coisas aprazíveis de um lado, e as dolorosas de outro! Coloque na balança tanto as mais próximas quanto as mais longínquas, e diga-nos quais delas são mais numerosas! Se você pesar coisas aprazíveis com coisas aprazíveis, deverá optar sempre pelas maiores e mais numerosas; porém, se pesar coisas dolorosas com coisas dolorosas, deverá optar sempre pelas menos numerosas e menores. Se pesar coisas aprazíveis com coisas dolorosas, caso as dolorosas forem suplantadas pelas aprazíveis, quer as mais próximas pelas mais longínquas, quer as mais longínquas pelas mais próximas, você deverá empreender a ação em que as aprazíveis predominarem. Contudo, caso as aprazíveis forem suplantadas pelas dolorosas, não deverá empreendê-la'. Há como ser de outro modo, homens?", indagaria eu. Estou certo de que não teriam outra coisa a dizer.

Também ele anuiu. (356a8-c3)

Do ponto de vista da estratégia argumentativa, toda a seção (D) (354e-356c) constitui, na prática, um *monólogo dialógico*

---

23. C.C.W. Taylor sugere duas interpretações alternativas para a noção temporal introduzida aqui na discussão sobre a *akrasia*: i. Sócrates estaria supondo que os prazeres mais próximos têm maior valor do que os remotos, presumivelmente porque há menos chances de que algo intervenha e impeça que os primeiros se realizem, ao passo que os segundos são incertos; ii. ele estaria sublinhando um aspecto psicológico importante, a saber, que os homens estão frequentemente mais preocupados e influenciados pelo que está mais próximo, tanto no tempo quanto no espaço, ainda que estejam cientes de que o que está mais distante tem um efeito maior sobre sua felicidade e/ou infelicidade numa perspectiva de longo prazo (op. cit., p. 187-9). Sobre duas posições distintas a respeito dessa formulação do hedonismo atribuído à massa, (hedonismo avaliativo *vs.* hedonismo psicológico), ver T.C. Brickhouse; N.D. Smith, Os Paradoxos Socráticos, em H. Benson (ed.), *Platão*, p. 252-253.

de Sócrates, na medida em que é introduzida uma segunda *personagem fictícia* (referida por um *tis* em 355c3) que passa a indagar Sócrates e a "maioria dos homens" sobre a condição absurda a que é reduzida a *akrasia*, uma vez estabelecida a identidade entre prazer e bem. Nessa situação imaginária, Sócrates passa subitamente para a condição de inquirido, respondendo em nome da "maioria dos homens" (observe o uso da 1ª pessoa do plural por Sócrates a partir de 355c) às perguntas colocadas pela segunda personagem fictícia (observe o uso da 2ª pessoa do plural em suas intervenções para se referir a Sócrates e à "maioria dos homens"). A única manifestação de Protágoras se dá apenas no final da seção, quando Sócrates, na voz do "narrador", simplesmente registra seu assentimento nos resultados obtidos nesse passo do argumento (356c3). É importante levar em conta esse novo registro imaginário por duas razões: i. em primeiro lugar, ele pode dar a impressão ao leitor de que Sócrates, nesse exato momento, está endossando a tese hedonista em discussão, na medida em que se coloca na mesma posição que a "maioria dos homens" no diálogo fictício, como indicaria o uso da 1ª e da 2ª pessoas do plural referidas acima; ou seja, esse fato linguístico poderia ser entendido como evidência de que Sócrates se compromete com a concepção hedonista de felicidade sob análise ao se identificar com a massa. Todavia, essa suposição não se sustenta, visto que toda essa seção (D) (354e-356c) consiste num *monólogo dialógico* de Sócrates, como referido há pouco: em última instância, Sócrates representa o conjunto de todas as "personagens" a quem Platão dá voz – i.e., ele próprio e as duas personagens fictícias ("a maioria dos homens" e o interlocutor imaginário anônimo introduzido em 355c3) – de modo que isso lhe confere independência, enquanto condutor do argumento e manipulador das personagens fictícias, relativamente às premissas que vão sendo estabelecidas. É de Protágoras, em última instância, que ele requer assentimento para enredá-lo assim à perspectiva hedonista da moral, como salientado acima.

Nesse sentido, essa suposta evidência linguística perde força, pois a pretensa identificação de Sócrates com a posição da "maioria dos homens" é apenas uma identificação momentânea no registro da função *dialógica* desempenhada pela personagem fictícia até então: é como se Sócrates ajudasse a "maioria dos homens" a responder corretamente às perguntas, quando submetida ao escrutínio de uma terceira parte na discussão (i.e., o segundo interlocutor fictício anônimo). Assim como Sócrates criava uma falsa impressão de que examinava a posição da "maioria dos homens" junto a Protágoras, como se ambos estivessem do mesmo lado na discussão (cf. 353c), da mesma forma ele passa momentaneamente a responder junto à massa as perguntas de uma terceira parte na discussão, como se ele estivesse na mesma posição que ela na discussão. Em suma: o fato de se constituir um *monólogo dialógico* implica que Sócrates desempenha ambas as funções *dialógicas* aqui, a de inquiridor e a de inquirido, cujo fim é examinar uma determinada concepção moral fundada na identidade entre prazer e bem, que não corresponde necessariamente à sua própria visão sobre o assunto. Como foi dito acima, esse procedimento é absolutamente factível do ponto de vista "dialético": um exame das opiniões sustentadas por um determinado interlocutor para verificar se, uma vez postas em conjunto, elas são consistentes ou não, o que não envolve, necessariamente, as próprias convicções de Sócrates na função de quem conduz esse exame crítico.

ii. O segundo ponto a ressaltar é a alienação de Protágoras durante essa seção (D) (354e-356c): na prática, sua participação aqui é a de um mero espectador ante uma *epideixis dialógica*, por assim dizer, empreendida por Sócrates e seus interlocutores imaginários. Esse aspecto da estratégia argumentativa de Sócrates se torna proeminente quando a comparamos, por exemplo, ao modo pelo qual a segunda prova/refutação (332a-333b) foi conduzida por ele: naquelas circunstâncias, Sócrates confrontou diretamente Protágoras no exame de sua posição sobre a *unidade das virtudes* expressa em 329d-330a, culminando com a sua refutação, conforme o modelo de *elenchos* descrito por Vlastos[24]. Aquela atitude de confronto direto entre os interlocutores instituiu, por sua vez, um ambiente *agonístico* entre Sócrates e Protágoras, resultando na "crise" do diálogo, como analisamos no subtítulo 4.2. Sendo assim, como o propósito de Sócrates na quinta prova/refutação (351b-360e) é, de um lado, mostrar a inconsistência da visão de Protágoras sobre a *coragem* expressa em 349d, e, de outro, provar a identidade entre *coragem* e *sabedoria*; e como o confronto direto com Protágoras criou anteriormente algumas dificuldades de consecução do diálogo por parte de Sócrates, o recurso ao *interlocutor fictício* na figura da "maioria dos homens" e, praticamente, a alienação de Protágoras na discussão possibilitam a Sócrates a condução de um argumento que aparentemente não diz respeito à posição do "sofista", mas que se revelará adiante como o golpe final contra ela (360e). Sócrates, mediante esse artifício, consegue evitar, então, aquela atmosfera contenciosa denunciada pelas diferentes vozes que se manifestaram no contexto *polifônico* da crise do diálogo (334c-338e), que comprometia a própria possibilidade do diálogo.

No entanto, essa estratégia argumentativa de Sócrates tem um preço, quando levamos em consideração as suas próprias exigências para o correto procedimento no âmbito *dialógico*: ao desempenhar ambas as funções, a de inquiridor e a de inquirido, Sócrates quebra o princípio básico do diálogo de orientação filosófica, a presença de um interlocutor. Como vimos no subtítulo 4.1, diante da tentativa de Protágoras de evitar uma terceira investida contra a sua posição sobre a *unidade das virtudes*, Sócrates lhe disse: "Mas, para mim, é indiferente, *contanto que seja apenas você a me responder, a despeito da sua opinião sobre o assunto*; pois é a tese que eu examino, embora decorra disso, talvez, que tanto eu que formulo as perguntas, quanto quem as responde, sejamos, ambos, examinados" (333c5-9). Se naquele

---

24. G. Vlastos, op. cit., p. 38-39.

momento Sócrates prescindia da exigência de sinceridade do interlocutor, tão importante para a caracterização do *elenchos* proposta por Vlastos referida no subtítulo 6.3, Sócrates estaria prescindindo aqui, nessa seção (D) (354e-356c) da quinta prova/refutação, da própria presença de um interlocutor efetivo. Por conseguinte, Platão representa Sócrates envolvido numa situação bastante paradoxal, a de um *monólogo dialógico*, que, em última instância, implica a própria negação do diálogo. Nessa perspectiva, essa seção (D) (354e-356c) constituiria mais uma incursão de Sócrates na *makrologia*, porém na forma peculiar de um diálogo fictício, de maneira similar ao seu procedimento na exegese do poema de Simônides, quando criava eventualmente, no corpo de um discurso contínuo, um diálogo fictício entre o poeta e Pítaco (cf., p. ex., 343d-344a), como analisamos no subtítulo 5.3. Em outras palavras, trata-se de um diálogo bastante particular entre Sócrates e Protágoras a essa altura da discussão, que por vezes se torna na prática uma *epideixis* de Sócrates no registro da *brakhulogia*, voltada não apenas para o seu interlocutor, mas também para a audiência presente na cena. Segundo o mote de interpretação proposto neste estudo, do ponto de vista *dramático*, a quinta prova/refutação é o último passo no movimento geral de substituição da figura do pretenso sábio, Protágoras, pela figura do "filósofo", Sócrates, substituição esta representada na própria forma pela qual se dá o diálogo entre as personagens: o "sofista" é progressivamente reduzido ao silêncio ao longo da discussão (cf. 360c7-e5).

7.5. A Negação da Akrasia à Luz do Hedonismo (356c4 357e8)

A próxima seção do argumento (E) (356c-357e) mantém essa forma atual de discussão, em que Sócrates dialoga *ficticiamente* com a "maioria dos homens", com esparsas manifestações de anuência de Protágoras. Antes de prosseguirmos na análise do texto, vejamos a estrutura analítica do argumento para fins didáticos:

(p1) as mesmas grandezas aparecem ora maiores, quando vistas de perto, ora menores, quando vistas de longe, e assim por diante;

(p2) se agir bem consiste em praticar e adquirir as coisas mais extensas e evitar e não praticar as menos extensas, a arte da medida, e não o poder da aparência, seria a salvação de nossas vidas;

(p3) o poder da aparência faz com que vacilemos, troquemos recorrentemente de lugar as mesmas coisas, e nos arrependamos de nossas ações e escolhas referentes a coisas grandes e pequenas, ao passo que a arte da medida destitui a autoridade dessa aparência, e, ao lhe mostrar o que é verdadeiro, tranquiliza a alma que passa a se calcar nele, e salva-lhe a vida;

(p4) se a salvação de nossas vidas depende da escolha referente ao prazer e à dor, ao mais e ao menos numeroso, ao maior e ao menor, ao mais longínquo e ao mais próximo, é claro que ela diz respeito à medida, visto que consiste no exame do excesso, da falta e da equivalência de um em relação ao outro;

(p5) e se concerne à medida, é necessariamente arte e conhecimento;

(p6) portanto, "ser vencido pelo prazer" é ignorância, visto que é por falta de conhecimento que incorrem em erro os que erram na escolha de prazeres e dores (que são as coisas boas e más), conhecimento este que concerne à medida.

Do ponto de vista teórico, Sócrates busca oferecer nessa seção uma nova explicação para o suposto fenômeno da *akrasia*, tendo como princípio a identidade entre prazer e bem. Se a ideia de "ser vencido pelo prazer" (ἡδονῆς ἡττᾶσθαι, 353a5) à luz da tese hedonista leva a uma condição absurda, segundo a qual um indivíduo pratica o mal (i.e., a dor) porque é vencido pelo bem (i.e., o prazer), como explicar então esse fenômeno? O que vemos a seguir é justamente a redução da concepção moral hedonista atribuída à massa, e, por extensão, a Protágoras, ao chamado "intelectualismo socrático": toda ação é resultado, em última instância, do conhecimento ou da ignorância do agente (357d-e). Mas que tipo de conhecimento seria esse, afinal? Vejamos como Sócrates o caracteriza:

— "Bem, na medida em que isso é o que se sucede, respondam-me ao seguinte!", prosseguirei. – "As mesmas grandezas aparecem a vocês ora maiores, quando vistas de perto, ora menores, quando vistas de longe, ou não?" Eles dirão que sim. "E o mesmo não sucede às coisas espessas e a tudo mais? Sons iguais não dão a impressão de que são ora mais intensos quando de perto, ora menos intensos quando de longe?" Eles diriam que sim. "Se agir bem consistisse para nós, então, em praticar e adquirir as coisas mais extensas e evitar e não praticar as menos extensas, qual seria manifestamente a salvação de nossas vidas?[25] Seria, porventura, a arte da medida, ou o poder da aparência? Ou este último não fazia com que vacilássemos, trocássemos recorrentemente de lugar as mesmas coisas, e nos arrependêssemos de nossas ações e escolhas referentes a coisas grandes e pequenas? A arte da medida, por seu turno, não destituiria a autoridade dessa aparência, e, ao lhe mostrar o que é verdadeiro, não tranquilizaria a alma que passaria a se calcar nele, salvando-lhe a vida?" Por acaso os homens concordariam que, nessas circunstâncias, seria a arte da medida a nos salvar? Ou seria outra coisa?

— A arte da medida – concordou ele. (356c4-e4)

A escolha do agente por um curso de ação que resulte em mais dores do que prazeres numa determinada extensão de tempo (perspectiva *diacrônica*) não se deve ao fato de ter sido "vencido pelo prazer" (pois essa proposição é absurda, como demonstrado na seção [D] [354e-356c]), e sim ao fato de ter sido ludibriado pelo "poder da aparência" (356d4) ante a expectativa de obtenção de certa quantidade de prazer imediatamente, uma vez que tal agente não possui conhecimento

---

25. "A salvação de nossas vidas" (τίς ἂν ἡμῖν σωτηρία ἐφάνη τοῦ βίου, 346e5-6) não constitui por si só um indício do comprometimento de Sócrates para com a tese hedonista em exame, pois o que a personagem está fazendo aqui é tão somente explorar as consequências internas à análise da concepção da "maioria dos homens" sobre a felicidade (D. Zeyl, op. cit., p. 255). Em outras palavras, trata-se de uma argumentação hipotética, e não assertiva, com pretensão universalizante: se a felicidade humana dependesse da escolha correta entre prazeres e dores, então *a salvação para qualquer indivíduo* (é esse o valor aqui de "nossas vidas") consistiria na arte da medida. Evidência disso é o fato de Platão empregar aqui, em toda a seção (E) (356c-357e), orações condicionais *irreais* (que podem ser entendidas também com *potenciais do passado*), marcadas pelas sentenças com indicativo imperfeito e/ou aoristo, acompanhadas da partícula grega *an*, o que enfatiza sobremaneira o aspecto meramente hipotético e especulativo de toda essa seção relativa à "arte da medida". O mesmo argumento vale para a segunda ocorrência de "salvação de nossas vias" na sequência do texto (ἡμῖν ἡ σωτηρία τοῦ βίου, 357a5-7).

da "arte da medida" (356d4)[26]. O argumento de Sócrates é baseado na comparação com a percepção sensorial (visão e audição, 356c): assim como um objeto pode parecer grande quando visto de perto, mas pequeno quando observado a distância, da mesma forma um prazer pode parecer imediatamente maior e/ou mais intenso do que realmente é, quando comparado a prazeres e dores num futuro distante, revelando-se com o tempo, porém, menor e/ou menos intenso do que parecia no momento de sua fruição[27]. Por conseguinte, o erro moral se deve exclusivamente a um equívoco de apreciação racional na relação quantitativa de prazeres e dores envolvida em cada escolha numa perspectiva *diacrônica*: ao optar por um determinado curso de ação, sendo-lhe possível fazer a escolha contrária, o agente estima equivocadamente a *quantidade* e/ou *intensidade* de prazer que ele pode obter imediatamente – pois ele é enganado pelo "poder da aparência", causado pela

26. Essa formulação "o poder da aparência" (356d4) pode ser vista aqui como uma referência ao pensamento do Protágoras histórico (referido comumente pela crítica contemporânea como "subjetivismo e/ou relativismo protagoriano") expresso em um dos poucos fragmentos supérstites de sua obra escrita: "homem é a medida de todas as coisas, das que são enquanto são, e das que não são enquanto não são" (πάντων χρημάτων μέτρον ἐστὶν ἄνθρωπος, τῶν μὲν ὄντων ὡς ἔστιν, τῶν δὲ οὐκ ὄντων ὡς οὐκ ἔστιν, DK 80 B1). No diálogo *Teeteto*, essa proposição é entendida por Sócrates como "cada coisa *é* para mim tal como *aparece* a mim, ao passo que cada coisa *é* para você tal como *aparece* a você" (ὡς οἷα μὲν ἕκαστα ἐμοὶ φαίνεται τοιαῦτα μὲν ἔστιν ἐμοί, οἷα δὲ σοί, τοιαῦτα δὲ αὖ σοί, 152a6-8). A posição de Protágoras implica, por conseguinte, a negação de um *critério objetivo* suficiente para determinar, entre dois juízos contrários relativos a uma mesma coisa numa determinada ocasião, o que é verdadeiro e o que é falso. Nessa seção do *Protágoras*, em contrapartida, Sócrates admite que, em diferentes condições (i.e., dependendo da distância relativa entre dois objetos *A* e *B*, por exemplo), *A* aparece ora maior do que *B* ora menor do que *B*. Para determinar a verdadeira relação entre *A* e *B* relativamente ao tamanho, é necessário recorrer então à "arte da medida" para resolver essa contradição causada pela percepção sensorial. O que o "subjetivismo" de Protágoras rejeita é precisamente esse *critério objetivo* dado pela "arte da medida": como uma coisa *aparece* a certo indivíduo é o que ela *é* para esse mesmo indivíduo. Assim, não há nada o que se possa dizer além de constatar que, numa determinada relação de distância, *A* aparece maior do que *B* para certo indivíduo, ao passo que, em outra relação de distância, *A* aparece menor do que *B* para esse mesmo indivíduo; se *A* é de fato maior do que *B*, ou vice-versa, é uma questão que não pode ser respondida, segundo a perspectiva protagoriana (C.C.W. Taylor, op. cit., p. 191; N. Denyer, *Plato. Protagoras*, p. 192).

27. H. Lorenz, The Analysis of the Soul in Plato's *Republic*, G.X. Santas (ed.), *The Blackwell Guide to Plato's* Republic, p. 106.

expectativa de obtenção imediata desse prazer – em comparação à *quantidade* e/ou *intensidade* de prazer e dor que decorrem futuramente; no final das contas, ele acaba por contrair mais dores do que prazeres, ao contrário de sua estimativa no momento mesmo da escolha. Não se trata, portanto, de uma deficiência do poder do conhecimento na determinação do curso das ações humanas, como aventado inicialmente pela "maioria dos homens" (352b), mas de *ignorância* do agente, que é enganado por uma falsa estimativa de prazeres e dores quando considerados em longo prazo, diante da expectativa de se obter uma quantidade de prazer imediatamente[28]. A redução final da posição atribuída à massa ao "intelectualismo socrático" se dá nos seguintes termos:

— [...] Vocês [i.e., "a maioria dos homens"], inclusive, estão de acordo que é por falta de conhecimento que incorrem em erro os que erram na escolha de prazeres e dores – que são as coisas boas e más – e não apenas por falta de conhecimento, mas por falta daquilo que, mais adiante, concordaram que era conhecimento referente à medida. E, decerto, vocês mesmos sabem que a ação incorrida em erro sem conhecimento é praticada por ignorância. Por conseguinte, "ser vencido pelo prazer" é ignorância, a suprema ignorância, da qual Protágoras, aqui presente, afirma ser médico, assim como Pródico e Hípias. (357d3-e8)

---

28. J. Moss, Plato's Division of the Soul, *Oxford Studies in Ancient Philosophy*, v. 34, p. 51: "As aparências que nos levam ao erro no campo das ações são aparências dotadas de valor: aparências de coisas boas e más, que merecem ser perseguidas ou evitadas. Virtude consiste em superar 'o poder da aparência' mediante a 'arte da medida' – avaliando racionalmente diferentes alternativas, discernir qual é verdadeiramente a melhor. Por intermédio de escrutínio, comparação, crítica e por vezes rejeição das aparências, alcançamos a verdade relativa a esse valor, e os desejos e as emoções que resultam dessas medições nos levam em direção ao caminho certo: o indivíduo corajoso está seguro em lidar com os seus medos, pois o medo é baseado em conhecimento do que é realmente ruim (360a-d). As paixões que motivam a ação incorreta, no entanto, são (ou incluem) uma aceitação irrefletida de falsas aparências dotadas de valor. O indivíduo intemperante que almeja prazeres sensuais excessivos age assim porque tais prazeres lhe parecem melhores do que realmente são; o covarde que não consegue manter seu posto no campo de batalha e teme a morte porque ela lhe parece pior do que realmente é." Sobre a relação entre prazer/dor, antecipação, memória e sensação, ver Platão, *Filebo* 38e-40c.

Todavia, ainda resta uma dificuldade oriunda daquela redução do fenômeno da *akrasia* a "ser vencido pelo prazer" (ἡδονῆς ἡττᾶσθαι, 353a5), uma vez que na formulação original Sócrates se referia a outras afecções que se sobreporiam igualmente ao conhecimento além de prazer e dor (i.e., ira, prazer, dor, amor, medo, 352b). Embora Platão não explore explicitamente a influência de tais afecções no campo prático segundo o ponto de vista hedonista, o fato de Sócrates reduzir o fenômeno da *akrasia* à ignorância do agente nos termos explicitados acima não implica que elas não tenham influência alguma sobre suas motivações e seu comportamento. De acordo com a posição intelectualista exposta por Sócrates no *Protágoras*, seria admissível supor que: a. um indivíduo, motivado por um impulso erótico, por exemplo, tenha sua capacidade de raciocínio comprometida; diante do objeto desejado e motivado por esse desejo, sua avaliação racional sobre o valor da ação que está prestes a tomar (valor determinado pela relação quantitativa de prazer e dor) pode ser influenciada pela força psicológica exercida pela expectativa de se obter um prazer imediato, induzindo-o a superestimar a quantidade de prazer e a subestimar a de dor nessa ocasião em particular. Em outras palavras, "um desejo não racional por um objeto pode nos advir e nos fazer crer que o objeto que julgávamos previamente como não sendo bom para nós é realmente bom para nós"[29]. E o mesmo valeria para o caso do *medo*, que interessa diretamente a discussão subsequente sobre a *coragem*: b. diante de uma situação de risco e acometido por essa afecção, a avaliação racional do indivíduo sobre o valor da ação que está prestes a tomar pode ser influenciada pela força psicológica exercida pela expectativa de uma experiência dolorosa iminente, induzindo-o a superestimar a quantidade de dor e a subestimar a de prazer nessa ocasião em particular. É aproximadamente nesses termos que poderíamos compreender o que Sócrates denominou de "poder da

29. T.C. Brickhouse; N.D. Smith, Os Paradoxos Socráticos, em H. Benson (ed.), *Platão*, p. 256. Ver também idem, *Socratic Moral Psychology*, p. 70-72.

O ARGUMENTO HEDONISTA: A REFUTAÇÃO FINAL   325

aparência" (ή τοῦ φαινομένου δύναμις, 356d4) dos objetos que nos fazem vacilar e agir erroneamente com base em estimativas falsas, integrando assim as *afecções* nesse quadro psicológico mais complexo delineado acima[30].

No entanto, o que essa visão intelectualista não admite é que, no caso (a), esse mesmo indivíduo, chegando à avaliação de que a *quantidade* de dor suplanta a de prazer nessa ação em particular, ainda assim ele persiga o objeto desejado em contraposição ao resultado oriundo desse cálculo; ou que, no caso (b), chegando à avaliação de que a *quantidade* de prazer suplanta a de dor nessa ação em particular, ainda assim ele evite o objeto desejado. Pois, segundo a conclusão obtida na discussão entre Sócrates e Protágoras, é impossível que qualquer afecção leve o indivíduo a agir contrariamente ao seu conhecimento sobre o melhor curso de ação a ser seguido, de modo que a *akrasia* é um fenômeno inexistente.

7.6. A Recapitulação dos Argumentos e a Preparação Para o Elenchos Final (358a2-359a1)

Uma vez reconsiderado o fenômeno da *akrasia* nesses termos, a próxima etapa do argumento (F) (358a-359a) consiste na recapitulação das conclusões das seções anteriores e na preparação para a refutação final da tese de Protágoras enunciada em 349d. Somente agora o problema da *coragem* voltará a ser investigado diretamente por Sócrates. Como referido anteriormente, ele

---

30. Sobre a *visão tradicional* do "intelectualismo socrático", segundo a qual todos os desejos se ajustam automaticamente as crenças do agente sobre o que é melhor para si, de modo a haver apenas desejos racionais, ver T. Penner, Socrates and the Early Dialogues, em R. Kraut (ed.), *The Cambridge Companion to Plato*, p. 128. Sobre a relação entre razão e afecções (i.e., apetites e emoções) conforme a *interpretação alternativa* do "intelectualismo socrático", segundo a qual os desejos *não racionais* desempenham uma determinada função *causal* na formação das crenças sobre o que é bom para o agente, ver T.C. Brickhouse; N.D. Smith, *Socratic Moral Psychology*, p. 78-81, 104-105; idem, Os Paradoxos Socráticos, em H. Benson (ed.), *Platão*; G.R. Carone, Calculating Machines or Leaky Jars? The Moral Psychology of Plato's *Gorgias, Oxford Studies in Ancient Philosophy*, v. 26.

não se limita apenas a identificar a posição de Protágoras com a da "maioria dos homens", mas faz com que também Hípias e Pródico tomem parte na discussão e se comprometam indiretamente com os resultados obtidos até então. Vejamos o trecho:

— […] Eis a resposta que teríamos dado à maioria dos homens. E pergunto a vocês, Hípias e Pródico, junto a Protágoras – participem da nossa discussão! – se o que foi dito lhes parece verdadeiro ou falso.
A todos parecia excepcionalmente verdadeiro o que fora dito.
— Concordam, portanto – disse eu –, que o aprazível é bom e o doloroso, mau. À divisão dos nomes de Pródico, contudo, peço licença. Pois a despeito de você chamá-lo de aprazível, prazeroso ou deleitoso, excelentíssimo Pródico, a despeito dos motivos e do modo que lhe apraz denominá-los, responda-me em vista daquilo que quero saber!
Pródico sorriu e concordou, bem como os demais. (358a1-b3)

O movimento de Sócrates é unificar aqui a concepção moral dos três "sofistas" (Protágoras, Hípias e Pródico) em torno da posição hedonista, reduzindo-a à visão do senso comum representada pela personagem fictícia da "maioria dos homens"[31]. Antes de prosseguirmos na análise, vejamos rapidamente a estrutura analítica da seção (F) (358a-359a):

(P1) O que é aprazível é bom, e o que é doloroso é mau;
(P2) Todas as ações em vista de uma vida indolor e aprazível são belas, e, sendo belas, são boas e benéficas;
(P3) Portanto, se o aprazível é bom, ninguém, sabendo ou presumindo que há outras coisas a seu alcance melhores do que aquelas que põe em prática, realiza-as mesmo assim, quando lhe é possível realizar as que são melhores, de modo que "ser vencido por si mesmo" é ignorância, e "ser superior a si mesmo", sabedoria;
(P4) Ignorância é ter opinião falsa e estar enganado a respeito de assuntos de grande valia;
(P5) Ninguém se dirige voluntariamente às coisas más ou àquelas que presume serem más, tampouco pertence à natureza humana desejar se dirigir às coisas consideradas como más, preterindo as boas;
(P6) O medo (ou temor) consiste em certa expectativa de algum mal;

31. J.P. Sullivan, The Hedonism of Plato's *Protagoras*, *Phronesis*, v. 6, n. 1, p. 23.

(p7) Portanto, nenhum homem desejará se dirigir às coisas que teme, se lhe é possível se dirigir às que não teme, na medida em que são más as coisas que se teme; ninguém se dirige às coisas que são consideradas más, tampouco as adquire voluntariamente (a partir de p3 e p5).

Sócrates salienta que os três "sofistas" assentiram conjuntamente em todas as premissas da seção (F) (358a-359a), com exceção de (p6) em razão de uma divergência entre eles sobre a semântica dos termos relativos a *medo* e/ou *temor* (*phobos* e *deos*, cf. 356d5-e1): (p1) "Pródico sorriu e concordou, bem como os demais" (358b2-3); (p2) "Eles anuíram" (b6); (p3) "Todos anuíram" (c3); (p4) "Todos também assentiram nesse ponto" (c5-6); (p5) "O assentimento de *todos nós* foi absoluto" (d4); (p7) "Também nesse ponto todos estavam de acordo" (358e6-359a1). É interessante observar que a única referência explícita à posição do próprio Sócrates em relação aos resultados obtidos até então se dá apenas na premissa (p5), justamente aquela em que ele reafirma o chamado *paradoxo prudencial* "socrático" formulado em termos de "bem" e "mal"[32]. Ainda que tal premissa (p5) integre a estrutura de um argumento complexo que se funda na identidade entre *prazer* e *bem* expressa em (p1), o que poderia implicar à primeira vista o comprometimento de Sócrates com a tese hedonista, há uma nuança bastante significativa no texto, a meu ver: quando ele apresenta a premissa (p3) que exprime basicamente a mesma ideia de (p5), mas que traz em sua própria formulação a proposição de identidade entre prazer e bem ("se o aprazível é bom", 358b6-7), Sócrates se refere apenas ao assentimento dos três sofistas, sem referir a si mesmo. Esse detalhe pode ser interpretado como uma sugestão sub-reptícia de Platão de que a personagem Sócrates não está endossando de fato o argumento hedonista em questão, mas buscando simplesmente mostrar tanto à "maioria dos homens" (na figura do interlocutor fictício) quanto aos "sofistas" que, em última instância, o único critério que eles empregam para julgar o valor moral de uma ação consiste em prazer e dor,

---

32. Sobre os paradoxos *moral* e *prudencial*, ver supra p. 248n75.

ainda que não estejam cientes disso. Se retirássemos hipoteticamente as duas premissas (P3) e (P5) do contexto argumentativo do *Protágoras* e as inseríssemos em outro diálogo, como no *Górgias*, por exemplo, Sócrates certamente assentiria em (P5), na medida em que é formulada simplesmente em termos de "bem" e "mal", mas rejeitaria (P3) por estar baseada na identidade entre *prazer* e *bem* (o que Sócrates rejeita explicitamente no *Górgias*, cf. 499c-500a). Portanto, segundo a leitura que temos proposto neste ensaio, esse índice textual ("o assentimento de *todos nós* foi absoluto", 358d4) não é suficiente para provar a adesão de Sócrates à tese hedonista sob exame na quinta e última prova (351b-360e).

Além desse ponto extremamente importante para a compreensão do que está em jogo nessa parte do *Protágoras*, há ainda duas observações a serem feitas aqui: uma de ordem *dramática*, e a outra de ordem *teórica*. A primeira diz respeito à forma do "diálogo" nessa seção (F) (358a-359a): Sócrates passa a interrogar diretamente os três sofistas *conjuntamente*, uma circunstância bastante inusitada, se levarmos em consideração outros contextos nos diálogos platônicos em que a própria personagem reflete sobre as "regras" do procedimento *dialógico*. No *Górgias*, em especial, Sócrates, ao discutir com Polo, distingue duas formas de *elenchos* (refutação): a empregada nos tribunais de Atenas, da qual seu interlocutor buscava se servir contra Sócrates (ou seja, apelando para a opinião partilhada pela maioria dos homens), e aquela praticada pelo filósofo ao dialogar com alguém sobre algum tema. Nessa reflexão *metadialógica*, Sócrates diz o seguinte:

POL: Você presume não ser refutado, Sócrates, quando diz coisas tais que nenhum homem diria? Pergunte, pois, a qualquer um dos aqui presentes?

SOC: Polo, não sou um político. Tendo sido sorteado ano passado para o Conselho, quando meu grupo exercia a pritania e devia eu dar a pauta da votação, tornei-me motivo de riso por ignorar como fazê-lo. Assim, tampouco agora ordene que eu dê a pauta da votação aos aqui presentes, mas, se você não tem uma refutação melhor do que essa, passe-me a vez, como há pouco eu dizia, e tente me refutar como

O ARGUMENTO HEDONISTA: A REFUTAÇÃO FINAL

julgo que deva ser! *Eu sei como apresentar uma única testemunha do que digo, aquela com a qual eu discuto, mas dispenso a maioria, e sei como dar a pauta da votação a uma única pessoa, mas não dialogo com muitos.* Veja, então, se desejará me passar a vez de refutar e responder às perguntas! Pois julgo deveras que eu, você e os demais homens consideramos pior cometer injustiça do que sofrê-la, e não pagar a justa pena pior do que pagá-la. (473e4-474b5)

Sócrates sublinha que, na *refutação* filosófica, o embate se dá *exclusivamente* entre dois interlocutores que serão, por si só, suficientes para julgar a questão sob exame, prescindindo das opiniões do senso comum; no contexto *dialógico*, elas não possuem a autoridade que desempenham no ambiente político das instituições democráticas (Conselho, Assembleia e tribunais). Se considerarmos que a proposição de Sócrates, expressa aqui metaforicamente ("sei como dar a pauta da votação a uma única pessoa, mas não dialogo com muitos", 474a7-b1), estabelece uma "regra" geral para o procedimento *dialógico*, então a atitude de Sócrates nesta seção do *Protágoras* (F) (358a-359a) a contradiria, visto que ele passa a dialogar com os três sofistas ao mesmo tempo. Além disso, a própria situação fictícia do diálogo com o interlocutor imaginário, na figura da "maioria dos homens", seria em si mesma absurda, pois um diálogo com muitas pessoas ao mesmo tempo é impossível pela sua própria constituição: o diálogo se faz entre dois interlocutores.

A observação de ordem *teórica* a ser feita, por sua vez, concerne à reformulação do chamado *paradoxo prudencial* nessa recapitulação dos resultados obtidos até então durante a discussão – mais especificamente, nas premissas (P3) e (P5) conforme a estrutura analítica apresentada acima. Na proposição inicial do problema da *akrasia* em 352b-d, Sócrates apresenta o que seria a sua própria posição sobre o poder do conhecimento nos seguintes termos:

— […] Porventura, a sua opinião se coaduna com essa, ou você crê que o *conhecimento* é belo e capaz de comandar o homem, e que, se alguém souber o que é bom e o que é mau, não será dominado por nenhuma outra coisa a ponto de praticar algo diferente do que o *conhecimento* prescrever, sendo a *inteligência* suficiente para socorrer o homem?

— Não só o que você diz – disse ele – conforma-se com a minha opinião, Sócrates, como também seria vergonhoso para mim, mais do que para qualquer outro, afirmar que *sabedoria* e *conhecimento* não são, entre todas as coisas humanas, as que exercem maior domínio.

— É correto e verdadeiro – tornei eu – o que você está dizendo. Está ciente, portanto, de que a maioria dos homens não acredita nem em mim nem em você; pelo contrário, muitos afirmam que, mesmo sabendo o que é melhor, não desejam, contudo, praticá-lo, ainda que lhes seja possível fazê-lo, e acabam praticando alguma outra coisa. E todos aqueles a quem perguntei qual é, afinal, a causa disso, afirmam que quem age assim o faz porque é vencido pelo prazer ou pela dor, ou é dominado por alguma outra coisa dentre aquelas a que há pouco me referi. (352c2-e2)

Como fica evidente pelo próprio uso do vocabulário, o que Sócrates está perguntando a Protágoras concerne apenas ao *conhecimento* (expresso pelos substantivos *epistēmē,* cf. 352c3, c6, d1; *phronēsis*, cf. 352c7; e *sophia*, cf. 352d1) e à condição do indivíduo em posse dele (expressa pelo verbo *gignōskō*, cf. 352c4, d6). Ao se reportar à posição de Sócrates na passagem do Livro VII da *Ética Nicomaqueia* que citamos previamente (1145b21-27), Aristóteles deixa claro que a proposição do problema da *akrasia* diz respeito exclusivamente ao *conhecimento*. Nessa primeira formulação, portanto, o que está sendo questionado é se o *conhecimento* é condição *suficiente* para determinar todo e qualquer curso da ação, contanto que esteja em poder do agente agir de tal maneira, não havendo qualquer outro impulso (como a ira, o prazer, a dor, o amor e o medo, cf. 352b7-8) capaz de desviá-lo daquilo que o conhecimento prescrever. Isso não implica, contudo, a impossibilidade de um indivíduo que aja com base em *opiniões* sobre o que é bom ou mau para si ser desviado por alguma outra motivação interna que vá em direção contrária às suas crenças, numa espécie de conflito interno à alma. Em outras palavras, a primeira formulação do *paradoxo prudencial* socrático (352c-e) ainda admitiria a possibilidade do fenômeno moral da *akrasia*, desde que circunscrito aos casos de indivíduos que agem com base em *opiniões*, as quais, diferentemente do *conhecimento*, não teriam o poder suficiente para garantir que toda e qualquer ação proceda conforme as suas determinações.

Todavia, ao recapitular o problema nessa etapa do argumento que estamos analisando (F) (358a-359a), Sócrates estende, de modo abrupto e surpreendente, o escopo do *paradoxo prudencial* ao domínio das *opiniões* e/ou *crenças* do agente. Vejamos a passagem:

> — Portanto – disse eu –, se o aprazível é bom, ninguém, sabendo ou presumindo que há outras coisas a seu alcance melhores do que aquelas que põe em prática, realiza-as mesmo assim, quando lhe é possível realizar as que são melhores. Tampouco "ser vencido por si mesmo" é outra coisa senão ignorância, e "ser superior a si mesmo", sabedoria.
>
> Todos anuíram. (358b6-c3)

Embora não haja uma teoria epistemológica propriamente dita no *Protágoras*, Platão parece sugerir uma distinção entre *conhecimento* e *opinião* ao tratar como alternativas as duas condições expressas pelos particípios *eidōs* e *oiomenos* ("sabendo *ou* presumindo", 358b7). Nesse sentido, o que Sócrates está propondo aqui é uma tese intelectualista bem mais forte do que aquela apresentada num primeiro momento (352c-e): é impossível que um indivíduo aja contrariamente ao que ele *considera* melhor para si, contanto que esteja em seu poder agir de tal maneira, a despeito de o juízo moral ser fruto do *conhecimento* ou das *opiniões* que ele acredita serem verdadeiras. Em outras palavras, tanto o *conhecimento* quanto as *opiniões* seriam condição *suficiente* para determinar todo e qualquer curso da ação, não havendo qualquer outro impulso interno (como a ira, o prazer, a dor, o amor e o medo, cf. 352b7-8) capaz de desviar o agente das decisões tomadas racionalmente. No entanto, essa ampliação suscita um problema teórico quando consideramos o argumento como um todo, na medida em que a discussão anterior girava em torno da função específica do *conhecimento* em vista da felicidade: Sócrates afirma reiteradamente que é o "conhecimento da medida" (357a1, b4, b5, d6, e1) que salva nossas vidas (356d-7b), sem qualquer menção à condição das *opiniões* e/ou *crenças* nesse processo[33]. Portanto, Sócrates não estaria autorizado do ponto de vista *teórico*, tendo em vista os resultados obtidos até então, a inferir o que é expresso pelas premissas (p3) e (p5) dessa etapa do argumento (f) (358a-359a).

De todo modo, no nível *dramático* do texto, a ampliação do escopo do chamado *paradoxo prudencial* não é contestada pelos interlocutores, passando-lhes inadvertidamente. Isso se justifica pelo procedimento adotado por Platão ao longo do diá-logo, como temos salientado amiúde, de construir a figura do "sofista" como um pretenso sábio que se revela, paulatinamente, incompetente no registro da *brakhulogia*, quando submetido ao escrutínio de Sócrates. E isso se aplica não apenas a Protágoras, mas também a Pródico e Hípias, na medida em que eles partici-pam como interlocutores secundários dessa etapa da discussão (f) (358a-359a), quando passam a assentir nas premissas que constituem a recapitulação dos resultados obtidos até então. Esse movimento do diálogo sugere, portanto, certa unificação das três personagens em torno da posição hedonista trazida à

---

33. Thomas C. Brickhouse e Nicholas D. Smith buscam resolver o problema, ainda que não seja discutido diretamente por Platão no *Protágoras*, propondo duas maneiras de compreender as consequências dessa ampliação do escopo do *paradoxo prudencial* socrático. a. Numa perspectiva *sincrônica*, tanto a *opinião* quanto o *conhecimento* são suficientes para determinar todo e qualquer curso da ação, se está no poder do agente empreendê-lo, observando o que é melhor para ele naquela determinada circunstân-cia. b. Numa perspectiva *diacrônica*, contudo, é possível a um homem que não possua conhecimento, mas aja com base em opiniões, considerar que *x* lhe é prejudicial em determinada circunstância (t1), mas em circunstância diferente (t2) considerar equi-vocadamente que esse mesmo *x* lhe é benéfico, uma vez ludibriado pelo "poder da aparência" (356d) (i.e., ao presumir erroneamente que uma determinada ação promove mais prazeres ou privação de dores do que ela efetivamente promove). Ao homem de conhecimento, inversamente, é impossível que esse fenômeno aconteça, visto que o conhecimento é "forte, hegemônico e soberano" (352b4). Nesse sentido, a afirmação de Sócrates segundo a qual "ninguém, *sabendo* ou *presumindo* que há outras coisas a seu alcance melhores do que aquelas que põe em prática, realiza-as mesmo assim, quando lhe é possível realizar as que são melhores" (358b6-c1) deve ser entendida à luz da perspectiva *sincrônica* (a), mas não da *diacrônica* (b). Cf. T.C. Brickhouse; N.D. Smith, Os Paradoxos Socráticos, em H. Benson (ed.), *Platão*, p. 254-255.

luz ao longo da discussão sobre o problema da *akrasia*, que em nada se diferiria da visão do senso comum representado aqui pela personagem fictícia da "maioria dos homens".

Sendo assim, depois dessa longa digressão sobre o problema da *akrasia* e de sua rejeição final à luz do chamado "intelectualismo socrático" (352b-358d), a preparação para o retorno à discussão sobre a *coragem*, como havia prometido Sócrates (353b), se dá nas últimas premissas do argumento, quando ele introduz a questão do *medo* (ou *temor*) no âmbito prático:

(P5) Ninguém se dirige voluntariamente às coisas más ou àquelas que presume serem más, tampouco pertence à natureza humana desejar se dirigir às coisas consideradas como más, preterindo as boas;

(P6) O medo (ou temor) consiste em certa expectativa de algum mal;

(P7) Portanto, nenhum homem desejará se dirigir às coisas que teme, se lhe é possível se dirigir às que não teme, na medida em que são más as coisas que se teme; ninguém se dirige às coisas que são consideradas más, tampouco as adquire voluntariamente (a partir de P3 e P5).

Se a coragem diz respeito a ações que envolvem medo, e se nenhum indivíduo se dirige voluntariamente às coisas de infundem medo, qual seria então a diferença entre o indivíduo corajoso e o covarde? É justamente a resposta a esse problema que encontramos na última etapa do quinto argumento (G) (359a-360e), quando Sócrates refuta finalmente a posição de Protágoras expressa em 349d.

7.7. O Elenchos *da Tese de Protágoras (359a1-360e5)*

A retomada da discussão específica sobre a *coragem* se dá nos seguintes termos:

— Uma vez estabelecidos esses pontos, Pródico e Hípias – disse eu –, que Protágoras defenda, perante nós, a correção de sua resposta inicial, mas não exatamente de sua primeira resposta: naquela ocasião, ele afirmava que, na medida em que são cinco as partes da virtude, nenhuma delas era como a outra, cada qual dotada de uma capacidade particular. Não é isso, contudo, a que me refiro, e sim ao que ele disse posteriormente. Pois ele afirmou mais adiante que quatro delas são razoavelmente parecidas umas com as outras, ao passo que uma, a coragem, distingue-se em muito de todas as demais, dizendo que eu compreenderia essa diferença mediante a seguinte evidência: "Encontrará, Sócrates, homens que são extremamente ímpios, injustos, intemperantes e ignorantes, mas corajosíssimos. Com isso, você compreenderá que a coragem se distingue em muito das demais partes da virtude." [...] (359a2-b6)

O primeiro ponto que vale ressaltar diz respeito à estratégia argumentativa adotada por Sócrates na consumação do *elenchos*: se na etapa anterior ele passou a dialogar com os três sofistas ao mesmo tempo, fazendo com que Hípias e Pródico também se comprometessem com a tese hedonista exposta até então, ao retomar o exame da coragem, seu alvo principal volta a ser exclusivamente Protágoras. Esse movimento de separação, em oposição ao movimento de aproximação anterior entre os "sofistas", é marcado por uma metáfora de cunho forense ("que Protágoras defenda, perante nós, a correção de sua resposta inicial", 359a3-4), como se Protágoras estivesse apresentando uma defesa ante um tribunal, cujo corpo de juízes seria formado por Sócrates, Hípias, Pródico e a sua própria audiência. Essa alusão ao âmbito judiciário, além de salientar mais uma vez o ambiente *agonístico* envolvido na discussão, nos remete de certo modo àquela cena inicial do diálogo, que se passa no interior da casa de Sócrates. Ao ser informado por Hipócrates que a razão que o levava até ali era a presença de Protágoras em Atenas, Sócrates lhe replicou jocosamente: "Porventura, Protágoras *cometeu alguma injustiça* contra você?" (μῶν τί σε ἀδικεῖ Πρωταγόρας; 310d4). Se àquela altura a provocação de Sócrates soava a Hipócrates como uma brincadeira entre amigos, nesse momento do diálogo, no entanto, a acusação que pesa sobre Protágoras seria, ao menos na perspectiva socrática, a pior forma de injustiça: a *ignorância*, e ignorância relativa àquela matéria que ele próprio professa ensinar aos demais em troca de dinheiro (i.e., a *virtude*).

Esse retorno ao exame estrito da posição defendida por Protágoras é acompanhado de uma mudança bastante significativa na *forma* do diálogo: o desaparecimento do interlocutor fictício na imagem da "maioria dos homens". Como foi comentado há pouco, esse artifício empregado por Sócrates a partir de 353c lhe permitiu criar a impressão de que ambos examinavam em conjunto uma terceira parte na discussão, amenizando, ao menos momentaneamente, o ambiente *contencioso* instituído entre eles. Além disso, toda a investigação sobre o problema da *akrasia* (352a-358e) parecia orientar a discussão para outro fim que não o exame específico da posição de Protágoras, expressa em 349d, na medida em que o tema da *coragem* é deixado de lado. Somente na última etapa da quinta prova/refutação (G) (359a-360e) é que Sócrates retoma, enfim, a análise da tese de Protágoras à luz dos resultados obtidos até então, passando a questioná-lo diretamente, sem artifícios ou vozes de terceiros, como se deu na segunda (332a-333b) e na quarta provas/refutações (349e-350c).

Para fins didáticos, vejamos a estrutura analítica da refutação final, tal como procedemos nas etapas anteriores do argumento:

(P1) os covardes se dirigem às coisas que infundem audácia, ao passo que os corajosos, às que infundem temor;

(P2) Todavia, é impossível que os corajosos se dirijam às coisas que infundem temor, cientes de que elas são temíveis, pois ninguém se dirige às coisas que considera temíveis, uma vez que "ser vencido por si mesmo" é ignorância;

(P3) Portanto, todos se dirigem às coisas que infundem audácia, tantos os covardes quanto os corajosos, de modo que ambos se dirigem às mesmas coisas;

(P4) Todavia, são absolutamente contrárias as coisas às quais se dirigem os covardes e os corajosos (por exemplo: os primeiros desejam ir para a guerra, ao passo que os segundos não o desejam);

(P5) Ir à guerra é belo;

(P6) e se é belo, também é bom, visto que todas as ações belas são boas;

(P7) os covardes não desejam ir para a guerra, mesmo sendo uma coisa bela e boa;

(P8) se é belo e bom, é também aprazível;

336 PROTÁGORAS, DE PLATÃO: ESTUDO INTRODUTÓRIO

(P9) por conseguinte, os covardes não desejam se dirigir ao que é mais belo, melhor e mais aprazível por ignorância, ao passo que os corajosos se dirigem ao que é mais belo, melhor e mais aprazível;

(P10) como um todo, não é vergonhoso o medo que os corajosos sentem quando temerosos, tampouco é vergonhosa a sua audácia;

(P11) e se não são vergonhosos, são belos, e se são belos, são bons;

(P12) por conseguinte, o medo e a audácia dos covardes, dos temerários e dos desvairados são, ao contrário, vergonhosos;

(P13) e a audácia desses indivíduos é vergonhosa e má devido à estupidez e à ignorância;

(P14) aquilo por causa de que os covardes são covardes é covardia;

(P15) e eles são covardes mediante a ignorância das coisas temíveis;

(P16) a ignorância das coisas temíveis e não temíveis é covardia;

(P17) coragem é contrária à covardia;

(P18) a sabedoria relativa às coisas temíveis e não temíveis é contrária à ignorância delas;

(P19) a ignorância das coisas temíveis e não temíveis é covardia;

(P20) portanto, a sabedoria relativa às coisas temíveis e não temíveis é coragem, que é contrária à ignorância delas;

(P21) por conseguinte, é impossível que existam homens extremamente ignorantes, porém corajosos.

A conclusão do argumento expressa em (P20) implica impossibilidade da existência de indivíduos corajosos e ao mesmo tempo ignorantes (P21), contradizendo enfim a posição de Protágoras (349d). Visto que o sofista anuiu diretamente a todos os passos do argumento, ainda que a partir da premissa (P17) mediante apenas um aceno com a cabeça, sua posição foi suficientemente refutada por Sócrates, ao menos de acordo com as "regras" implícitas do procedimento *dialógico*. Para finalizarmos o exame da quinta prova/refutação (351c-360e), façamos primeiramente algumas considerações de ordem *teórica*, para então salientarmos alguns aspectos *dramáticos* que merecem nossa atenção nesta última etapa do argumento (G) (359a-360e) para a interpretação literário-filosófica do *Protágoras* empreendida por nós neste estudo. Do ponto de vista *teórico*, são duas questões a serem sublinhadas aqui: i. a primeira diz respeito à conexão da parte (G) (359a-360e) com o restante do argumento; e ii. a segunda concerne à própria concepção de *unidade das virtudes* que decorre da definição de *coragem* enquanto "a sabedoria relativa às coisas temíveis e não temíveis" (360d4-5).

O problema da conexão desta última parte com o argumento hedonista exposto anteriormente decorre do fato de Sócrates voltar a empregar os termos "bom/mau" e "belo/vergonhoso" na qualificação das ações corajosas e covardes, quando a discussão anterior havia estabelecido que, segundo a concepção hedonista de felicidade, não há nenhum outro critério além de *prazer* e *dor* para se julgar se uma determinada ação é "boa" ou "má" (354b-c), e, por conseguinte, "bela" ou "vergonhosa" (359e5-7). Nesse sentido, esperaríamos apenas predicações com "aprazível ou doloroso", uma vez que os demais valores se reduziriam a eles. Alguns estudiosos, como Leszl (Le Funzioni della tesi edonistica nel *Protagora* e oltre), por exemplo, defendem a ideia de que há uma ruptura no interior da quinta prova/refutação de Sócrates, de modo que toda a seção hedonista (351c-358e) representaria a visão da "massa" e dos "sofistas" sobre a moral, ao passo que esta última parte do argumento (359a-360e) representaria a visão *eudemonista* que seria propriamente aquela defendida pela personagem Sócrates no *Protágoras* e em outros diálogos platônicos, assim como em Xenofonte[34]. Embora esse viés interpretativo evite o problema relativo ao comprometimento de Sócrates com a tese hedonista, ele causa uma dificuldade ulterior: afinal, qual seria a função do longo exame da *akrasia* à luz do hedonismo na economia geral do diálogo, se a prova propriamente dita que invalidaria a posição de Protágoras (G) (359a-360e) é independente de toda a discussão anterior? Essa leitura de Leszl parece contrariar o que a própria personagem Sócrates havia alertado, no início, no exame da posição da "maioria dos homens" sobre o poder do *conhecimento*, quando alegava que essa *digressão*, de algum modo, "diz respeito à nossa investigação sobre a coragem, como ela se relaciona com as demais partes da virtude" (353b1-3).

---

34. Sobre a diferença entre *eudemonismo* e *hedonismo*, ver supra p. 298n11.

Esse índice textual sugere que, em última instância, todo o exame sobre a *akrasia*, que depende da proposição da identidade entre *prazer* e *bem*, tem como fim esclarecer o problema da *coragem* introduzido pela declaração de Protágoras em 349d. Nesse sentido, parece-me que Platão está sugerindo aqui que a quinta prova/refutação deve ser tratada como um argumento completo, cujas partes estão integradas entre si de um modo ou de outro.

Embora a questão seja mais complexa do que a explicação simplista oferecida acima, assumamos para os propósitos deste estudo que a última etapa do argumento (G) (359a-360e) está suficientemente integrada ao argumento como um todo, de modo que Sócrates ainda está operando no interior da concepção hedonista da moral vigente na quinta e última prova/refutação do diálogo (351c-360e). Há duas evidências textuais de que os resultados obtidos a partir do exame da *akrasia* se fazem valer aqui. Vejamos o trecho em questão:

— Então, não concordamos previamente que, se é belo, também é bom? (**P6**) Pois concordamos que todas as ações belas são boas.

— Você diz a verdade, e sempre creio que seja assim.

— Correto – disse eu. (**P7**) – Mas, segundo a sua posição, quem é que não deseja ir para a guerra, ainda que isso seja belo e bom?

— Os covardes – disse ele.

— Então – tornei eu –, (**P8**) se é belo e bom, não é também aprazível?

— Ao menos foi o que assentimos – respondeu.

— (**P9**) Será que os covardes não desejam se dirigir ao que é mais belo, melhor e mais aprazível, mesmo cientes disso?

— Mas se concordarmos com isso – disse ele –, arruinaremos o que foi consentido previamente.

— (**P9**) E quanto ao corajoso? Ele não se dirige ao que é mais belo, melhor e mais aprazível?

— É necessário admiti-lo – disse ele. (359e5-360b2)

Como podemos observar na passagem acima, a referência explícita ao *prazer* acontece apenas nas premissas (P8) e (P9) do argumento, e, dependendo do modo como lemos a concatenação entre os atributos *bom*, *belo* e *aprazível* (e o mesmo vale

O ARGUMENTO HEDONISTA: A REFUTAÇÃO FINAL

para os seus contrários), a interpretação muda: a. se entendermos *kai hēdu* (traduzido por "também aprazível", 360a3) e *kai hēdion* (traduzido por "também mais aprazível", 360a5 e a8), como uma adição aos predicados "belo" e "bom", então a identidade entre *prazer* e *bem* em que se baseia toda a argumentação anterior em torno do problema da *akrasia* não procede aqui, na medida em que o que é "aprazível" decorreria do que é "bom" e "belo", o que implica a distinção entre *prazer* e *bem*[35]. b. Se, por outro lado, entendermos *kai hēdu* e *kai hēdion* no sentido expletivo – i.e., "belo e bom, ou seja, aprazível" –, então, Sócrates reafirma aqui a identidade entre *prazer* e *bem* estabelecida previamente, de modo que todas as outras ocorrências dos predicados "belo" e "bom" (assim como de seus contrários) nas demais premissas do argumento, em que não se verifica textualmente "aprazível" e/ou "doloroso", devem ser entendidas como equivalentes a "aprazível". Em outras palavras, o que é "bom", e, por conseguinte, "belo" (cf. 359e5-7), é o mesmo que "aprazível", conforme os termos estabelecidos pela tese hedonista: uma determinada ação é bela e boa, na medida em que causa mais prazer ou privação de dor numa determinada extensão de tempo do que a quantidade de dor que ela promove num primeiro momento; da mesma forma, uma determinada ação é vergonhosa e má, na medida em que causa mais dores ou privação de prazer numa determinada extensão de tempo do que a quantidade de prazer que ela promove de imediato (segundo uma perspectiva *diacrônica*) (cf. 354c-d). Do ponto de vista da formulação em grego, ambas as leituras, (a) e (b), são factíveis, embora a alternativa (b) pareça mais apropriada, uma vez que garante a unidade da quinta prova/refutação, evitando assim um problema de coerência interna do argumento conduzido por Sócrates (*contra* Leszl).

A dificuldade decorrente da leitura (b), todavia, é uma dificuldade que diz respeito à própria concepção moral hedonista: em que sentido ir para a guerra (para se referir ao exemplo

35. W. Leszl, op. cit., p. 615.

PROTÁGORAS, DE PLATÃO: ESTUDO INTRODUTÓRIO

empregado por Sócrates, cf. 360a) seria "aprazível", uma vez que tal ação é considerada "bela" e "boa" pelos homens? À luz da tese hedonista, esse juízo seria explicado da seguinte forma: embora ir para a guerra implique *imediatamente* mais dores do que prazeres (o enfrentamento de situações de risco, a suscetibilidade a calamidades, as privações de prazer e a exposição a dores etc.), *a longo prazo*, contudo, tal ação contribui de algum modo para uma vida em que o prazer predomina sobre a dor, conforme a formulação estabelecida na discussão prévia (cf. 354c-d)[36]. Dessa forma, o covarde evita situações de risco, quando não se deve evitá-las (como é o caso de ir para a guerra), porque comete um erro de cálculo: enganado pelo "poder da aparência" (356d4) que superdimensiona a quantidade e/ou intensidade das dores e/ou das privação de prazeres *ante a ação iminente*, o indivíduo crê equivocadamente que tal ação comporta, em última instância, mais dores do que prazeres; como ninguém se dirige voluntariamente às coisas que considera "más" (i.e., "dolorosas"), então ele age de modo vergonhoso por *ignorância*, por não ser capaz de estimar corretamente a relação quantitativa de prazeres e dores envolvidas em tal ou tal ação numa perspectiva *diacrônica*.

O mesmo raciocínio vale para o corajoso, que enfrenta justamente as situações de risco que o covarde tende a evitar, quando se deve enfrentá-las: não ludibriado pelo "poder da aparência" (356d4) que superdimensiona a quantidade e/ou intensidade das dores e/ou da privação de prazeres *diante da ação iminente*, o indivíduo calcula corretamente que tal ação comporta, *a longo prazo*, mais prazeres do que dores; nesse sentido, se a coragem é definida como "a *sabedoria* relativa às coisas temíveis e não temíveis" (360d4-5), isso significa que o indivíduo corajoso *conhece* aquela "arte da medida" (356e4) que lhe proporciona estimar apropriadamente a quantidade de prazer e dor envolvida em cada situação pertencente ao âmbito prático da coragem, de modo a temer e

---

36. C.C.W. Taylor, op. cit., p. 208-209.

evitar aquelas que comportam, *a longo prazo*, mais dores do que prazeres, e a não temer e enfrentar aquelas que, inversamente, comportam, *a longo prazo*, mais prazeres do que dores. Portanto, a conclusão (P20) da última etapa do argumento (G) (359a-360e) implica, necessariamente, (P21) a impossibilidade da haver indivíduos que sejam ao mesmo tempo corajosos e ignorantes, refutando enfim a posição de Protágoras expressa em 349d.

Essa definição de *coragem* proposta por Sócrates (P20) nos remete diretamente ao segundo aspecto *teórico* a ser comentado aqui, que concerne ao esclarecimento da própria concepção de *unidade das virtudes* defendida por Sócrates ao longo do diálogo, que só se dá no desfecho do diálogo. Como foi discutido nos capítulos anteriores, as conclusões das provas/refutações anteriores, a despeito dos problemas de ordem analítica que discutimos brevemente, apontavam para uma relação simétrica de identidade entre as virtudes particulares, na forma *X é Y*, em que *X* e *Y* poderiam ser substituídos por quaisquer virtudes particulares dentre aquelas elencadas no diálogo (ou seja, *sabedoria, justiça, temperança/ sensatez, piedade* e *coragem*, cf. 330b, 349b, 359a-b), em qualquer combinação possível entre elas. No primeiro argumento, concluiu-se que "justiça (*dikaiosunē*) e piedade (*hosiotēs*) são a mesma coisa ou coisas muitíssimo semelhantes" (331b4-5); no segundo argumento, que "a sensatez (*sōphrosunē*) a sabedoria (*sophia*) são uma única coisa" (333b4-5); e no quarto argumento, que "a sabedoria (*sophia*) seria coragem (*andreia*)" (350c4-5)[37]. Durante a exegese do poema de Simônides (ver subtítulo 5.3), por sua vez, vimos que Sócrates o interpreta de modo anacrônico, projetando sobre ele uma perspectiva moral fundamentalmente *intelectualista*, ao considerar que o conhecimento é *condição suficiente* para uma boa ação. Excluindo, dessa forma, os fatores externos do âmbito da responsabilidade moral, Sócrates sugeria ali que as ações morais resultavam, em última instância, do *conhecimento* ou da *ignorância* do agente, visto que "ser

---

37. Como discutido anteriormente, o terceiro argumento se encontra incompleto (333b-334c), interrompido pela chamada "crise do diálogo".

privado de conhecimento é a única ação má" (αὕτη γὰρ μόνη ἐστὶ κακὴ πρᾶξις, ἐπιστήμης στερηθῆναι, 345b5). Como discutimos brevemente àquela altura, essa proposição de Sócrates, ainda que no contexto de uma exegese poética com forte nuança paródica e jocosa, apontava para certa concepção de *unidade das virtudes* que não se encontrava explicitada nas conclusões dos argumentos *dialógicos* anteriores (i.e., a primeira e a segunda prova/refutação). O chamado *paradoxo prudencial socrático*, introduzido por Sócrates na interpretação do canto de Simônides, indicava que, se nos era possível atribuir à personagem uma determinada posição sobre o problema da *unidade das virtudes* em oposição à visão de Protágoras, ela não asseverava exatamente uma identidade simétrica entre as virtudes particulares, mas atribuía ao *conhecimento* (compreendido na noção de *sabedoria*) uma condição privilegiada em relação às demais virtudes (i.e., *temperança/sensatez, justiça, piedade* e *coragem*): ele constitui o elemento unificador da virtude, "o princípio ou causa da presença das outras virtudes"[38]. Por conseguinte, haveria uma relação assimétrica entres elas.

Pois bem, é precisamente essa concepção de *unidade das virtudes* mais complexa, que já entrevíamos no exame do poema de Simônides, que se confirma na definição de *coragem* proposta por Sócrates na conclusão do argumento (P20): *coragem* é "a *sabedoria* relativa às coisas temíveis e não temíveis" (360d4-5). Depreende-se daqui que a posição atribuída por Platão à personagem Sócrates não se reduz a estabelecer mera relação de *bicondicionalidade* entre as virtudes particulares, como defendeu Vlastos em seu célebre artigo sobre o *Protágoras*[39], mas

38. M. Zingano, Virtude e Saber em Sócrates, *Estudos de Ética Antiga*, p. 65. D.T. Devereux, The Unity of the Virtues in Plato's *Protagoras* and *Laches*, *The Philosophical Review*, v. 101, n. 4, p. 773: "Cada uma das outras virtudes implica diretamente sabedoria, e uma vez que a posse da sabedoria garante a posse de todas as demais virtudes, é por meio da sabedoria que as outras virtudes implicam umas às outras. Sabedoria é então a chave para a compreensão da unidade das virtudes."

39. G. Vlastos, The Unity of the Virtues, em G. Vlastos (ed.), *Platonic Studies*, p. 233-234. O argumento de Vlastos contra a Tese da Unidade se baseia na compreensão de que a proposição de Sócrates (*se a virtude é uma única coisa* e são partes dela a justiça, a sensatez e a piedade; ou se essas coisas [...] *são todas elas nomes de uma única e mesma coisa* [...], 329c6-d1) quer dizer que a virtude é uma porque os cinco nomes referentes ▶

O ARGUMENTO HEDONISTA: A REFUTAÇÃO FINAL   343

reivindica antes uma concepção mais forte de *unidade das virtudes* que se encontra subsumida na noção de *sabedoria* (*sophia*). Como afirma Sócrates no epílogo do diálogo, dando ficticiamente voz ao próprio argumento: "todas as coisas são conhecimento, isto é, a justiça e temperança, e a coragem" (ὡς πάντα χρήματά ἐστιν ἐπιστήμη, καὶ ἡ δικαιοσύνη καὶ σωφροσύνη καὶ ἡ ἀνδρεία, 361b1-2). Se for esse o caso, podemos inferir então que o mesmo raciocínio se aplicaria às demais virtudes, ainda que Platão não desenvolva explicitamente tal argumento no *Protágoras*: para cada virtude particular, haveria uma definição nos termos "*x* é a *sabedoria* relativa a *Y*", em que *x* representa a virtude a ser definida, e *Y* o seu âmbito prático específico que a diferenciaria das demais virtudes, sendo a *sabedoria* o elemento unificador da virtude e a causa da presença das demais virtudes.

Se for esse o viés teórico para o qual aponta a discussão sobre a *unidade das virtudes* no *Protágoras*, então podemos responder com maior segurança ao problema proposto por Sócrates no início da discussão com o sofista: em que sentido as virtudes particulares são "uma única e mesma coisa" (τοῦ αὐτοῦ ἑνὸς ὄντος, 329d1)? Como foi exposto no subtítulo 3.1 a partir do comentário de Taylor[40], há duas maneiras de compreendermos a noção de *unidade*: a. as virtudes são idênticas porque possuem *um único e mesmo significado,* de modo que os nomes das virtudes particulares poderiam ser usados intercambiavelmente na medida em que possuiriam um mesmo *definiens*, ou então ser substituídos por um único termo, i.e., *virtude* (referida comumente pela crítica

> às virtudes particulares são sinônimos, o que não corresponderia exatamente à sua posição defendida ao longo do diálogo (segundo sua leitura, a tese da bicondicionalidade). Todavia, como observa corretamente Taylor (op. cit., p. 104-106), os argumentos de Vlastos contra a tese da unidade dependem totalmente da assunção de que *unidade das virtudes* implica uma relação de sinonímia entre elas, desconsiderando a possibilidade de entender as virtudes particulares não como simplesmente sinônimas, mas como aspectos distintos de uma única e mesma disposição moral. Nesse sentido, estou de acordo com a crítica de Taylor a Vlastos em seu comentário ao *Protágoras*: "Vlastos não apresenta argumentos contra a compreensão da tese da unidade das *virtudes* no sentido de que os nomes das virtudes, enquanto não necessariamente sinônimos, todos eles designam o mesmo estado de caráter" (ibidem, p. 106).

40. C.C.W. Taylor, op. cit., p. 103.

344 PROTÁGORAS, DE PLATÃO: ESTUDO INTRODUTÓRIO

como a Tese Nominalista[41]); ou b. embora possuam significados diferentes (e, por conseguinte, definições diferentes), elas designam *um único e mesmo estado de caráter,* o que, por sua vez, pode ser entendido de duas maneiras distintas: b.1. todas as virtudes particulares se relacionam entre si e para com o todo *simetricamente,* de modo que se distinguiriam pelo âmbito específico da ação (p. ex.: em situações de risco, a virtude, que consiste em *um único e mesmo estado de caráter,* se efetiva como *coragem*; ou em ações relativas à moderação nos apetites e prazeres, ela se efetiva como *temperança*); ou b.2. embora todas as virtudes particulares pertençam a *um único e mesmo estado de caráter,* uma virtude em especial – no caso, a *sabedoria* – se encontra numa condição privilegiada, na medida em que todas as demais (i.e., *temperança/ sensatez, coragem, justiça* e *piedade*) estariam subsumidas nela. *Grosso modo*, poderíamos aproximar as três alternativas explicitadas acima a três posições distintas sobre o problema da *unidade das virtudes* no debate posterior entre pensadores e escolas do período convencionalmente chamado de "helenístico", segundo o testemunho de Plutarco no tratado *Sobre a Virtude Moral*[42]:

É conveniente percorrer brevemente também as opiniões dos outros pensadores, não tanto em vista da investigação, mas a fim de que minha posição se torne mais clara e mais bem fundamentada, quando apresentadas previamente tais opiniões. **a.** Menedemo, de Erétria [dialético, 345/4-261/0 a.C.], suprimiu a multiplicidade e as diferenças entre as virtudes, como se ela fosse única mas referida por vários nomes; pois dizemos que temperança, coragem e justiça são a mesma coisa, assim como dizemos que homem e mortal são o mesmo. **b.1.** Aríston, de Quios [estoico, ±260 a.C.], também considerava a virtude única em essência e a denominava saúde, mas de certo modo múltipla e variada relativamente a uma coisa ou outra [...]. De fato a virtude, quando concerne ao exame do que se deve fazer e do que não se deve fazer, é chamada sabedoria [*phronēsis*]; quando se

41. B. Centrone, A Virtude Platônica Como *Holon* das *Leis* ao *Protágoras*, em M. Migliori; L.M.N. Valditara, *Plato Ethicus*, p. 104.
42. Sobre a importância do *Protágoras* de Platão para o debate sobre a *unidade das virtudes* no período helenístico, ver J.M. Cooper, The Unity of Virtue, *Essays on Ancient Moral Psychology and Ethical Theory*.

O ARGUMENTO HEDONISTA: A REFUTAÇÃO FINAL

refere ao controle dos apetites e à determinação do que é moderado e conveniente em relação aos prazeres, é chamada temperança; e quando diz respeito às associações e aos contratos entre os indivíduos, é chamada justiça. [...] **b.2.** Parece que também Zenão, de Cício [estoico, 333-263 a.C.], inclinava-se, de certo modo, para essa posição, definindo a sabedoria [*phronēsis*] relativa às distribuições do que cabe a cada indivíduo como justiça; a relativa ao que se deve ou não escolher, como temperança; e a relativa ao que se deve ou não resistir, como coragem. E seus defensores consideram que, nessas definições, Zenão chama o conhecimento de sabedoria [*phronēsis*]. (440e4-441a11)

Βέλτιον δὲ βραχέως ἐπιδραμεῖν καὶ τὰ τῶν ἑτέρων, οὐχ ἱστορίας ἕνεκα μᾶλλον ἢ τοῦ σαφέστερα γενέσθαι τὰ οἰκεῖα καὶ βεβαιότερα προεκτεθέντων ἐκείνων. Μενέδημος μὲν ὁ ἐξ Ἐρετρίας ἀνήρει τῶν ἀρετῶν καὶ τὸ πλῆθος καὶ τὰς διαφοράς, ὡς μιᾶς οὔσης καὶ χρωμένης πολλοῖς ὀνόμασι· τὸ γὰρ αὐτὸ σωφροσύνην καὶ ἀνδρείαν καὶ δικαιοσύνην λέγεσθαι, καθάπερ βροτὸν καὶ ἄνθρωπον. Ἀρίστων δ᾽ ὁ Χῖος (fr. 375) τῇ μὲν οὐσίᾳ μίαν καὶ αὐτὸς ἀρετὴν ἐποίει καὶ ὑγίειαν ὠνόμαζε· τῷ δὲ πρός τί πως διαφόρους καὶ πλείονας, [...] καὶ γὰρ ἡ ἀρετὴ ποιητέα μὲν ἐπισκοποῦσα καὶ μὴ ποιητέα κέκληται φρόνησις, ἐπιθυμίαν δὲ κοσμοῦσα | καὶ τὸ μέτριον καὶ τὸ εὔκαιρον ἐν ἡδοναῖς ὁρίζουσα σωφροσύνη, κοινωνήμασι δὲ καὶ συμβολαίοις ὁμιλοῦσα τοῖς πρὸς ἑτέρους δικαιοσύνη· [...] ἔοικε δὲ καὶ Ζήνων εἰς τοῦτό πως ὑποφέρεσθαι ὁ Κιτιεύς (fr. 201), ὁριζόμενος τὴν φρόνησιν ἐν μὲν ἀπονεμητέοις δικαιοσύνην ἐν δ᾽ αἱρετέοις σωφροσύνην ἐν δ᾽ ὑπομενετέοις ἀνδρείαν· ἀπολογούμενοι δ᾽ ἀξιοῦσιν ἐν τούτοις τὴν ἐπιστήμην φρόνησιν ὑπὸ τοῦ Ζήνωνος ὠνομάσθαι.

Se podemos assumir razoavelmente que a posição atribuída a Sócrates por Platão no *Protágoras* é melhor representada pelo resultado obtido na quinta e última prova/refutação (351b-60e), então a alternativa (b.2) parece compreendê-la mais adequadamente, estipulando uma noção forte de *unidade das virtudes* centrada no *conhecimento* (i.e., *sabedoria*), mas ao mesmo tempo conservando a distinção entre as virtudes particulares conforme o âmbito prático específico de cada uma delas, segundo a formulação referida há pouco: "*x* é a *sabedoria* relativa a *Y*". De qualquer modo, as três alternativas teóricas apresentadas acima concordam em um ponto, na *coimplicação* das virtudes: ou seja, se o indivíduo possui uma virtude particular, ele possui necessariamente todas as demais (contra a posição atribuída a Protágoras por Platão no diálogo: cf. 329e, 349d).

Pois bem, depois de tais considerações teóricas sobre o tópico filosófico estrito do *Protágoras*, voltemos nossa atenção agora para alguns aspectos de ordem *dramática* envolvidos nessa última etapa do quinto argumento (G) (359a-360e) que concernem ao tema geral deste estudo – a saber, a distinção entre a figura do "filósofo" e a do "sofista". Como foi referido anteriormente, a partir da premissa (P16) do argumento – i.e., "a ignorância das coisas temíveis e não temíveis é covardia" (360c6-7) – Protágoras passa a dar seu assentimento apenas acenando com a cabeça. Seu silêncio revela justamente a compreensão de que essa definição de *covardia* já implicava uma definição de *coragem* a ser expressa verbalmente em (P20) – i.e., "a sabedoria relativa às coisas temíveis e não temíveis é coragem" (360d4-5) – que refutava absolutamente a sua posição sobre a *coragem* estabelecida em 349d. O silêncio de Protágoras, portanto, representa dramaticamente sua "derrota" final ante o escrutínio insistente de Sócrates, uma vez que ele próprio concebia a discussão como uma espécie de *agṓn logṓn* ("contenda verbal", 335a4). Sua última reação diante da consumação do *elenchos* se dá da seguinte forma:

— Você me parece almejar a vitória, Sócrates – disse ele –, ao insistir que eu continue a responder às suas perguntas. Concederei, pois, esse favor a você. Eu afirmo que, a partir do que foi previamente consentido, parece-me impossível [haver homens extremamente ignorantes, porém corajosíssimos].

— De fato – disse eu –, todas as minhas perguntas não visam a outra coisa senão querer examinar as questões relativas à virtude, e o que é, precisamente, a virtude. [...] (360e3-8).

A atitude de Protágoras revela a sua resignação diante da refutação de sua tese sobre a *coragem*, porém não implica necessariamente que ele tenha sido persuadido por Sócrates da inconsistência real de sua posição sobre a *unidade das virtudes*. Pois, se Protágoras presume que a discussão com Sócrates constitui um *agōn logōn* ("contenda verbal", 335a4), como temos salientado ao longo deste estudo, a finalidade do diálogo, ao menos em sua perspectiva, seria antes derrotar o adversário do que buscar o esclarecimento do assunto em questão em cooperação com seu interlocutor. Isso fica evidente na fala de Protágoras citada acima, que reforça a mesma ideia de que Sócrates, quando dialoga com alguém colocando à prova as suas opiniões, almeja em última instância derrotá-lo verbalmente. Ainda que Sócrates justifique seu procedimento refutativo como um instrumento útil para a busca do conhecimento, suas razões não são suficientes para dirimir as suspeitas que certos tipos de interlocutores têm, como é o caso da figura do "sofista" nos diálogos platônicos, em relação às reais motivações do "filósofo" quando submete alguém a seu escrutínio[43]. Sendo assim, quando Protágoras condiciona sua derrota à circunstância específica da discussão com Sócrates ("*a partir do que foi previamente consentido*, parece-me impossível", 360e4-5), isso pode sugerir que, embora Sócrates tenha sido bem-sucedido na condução dessa argumentação em específico que culmina com a refutação da tese protagoriana, ele lhe concede apenas a *vitória* no debate, o que não implica necessariamente que o argumento socrático constitua uma prova cabal da inconsistência de sua posição sobre a *unidade das virtudes* (e, mais especificamente, sobre a *coragem*). Pois ainda lhe resta a possibilidade de, mediante outros argumentos constituídos de outras premissas, demonstrar que sua tese é de certo modo consistente, resistindo à refutação de Sócrates e retornando assim ao impasse inicial sobre o problema da *unidade das virtudes* (329c-e). Mas aqui entramos num terreno meramente especulativo...

Seja como for, a resolução do debate entre Sócrates e Protágoras ressalta mais uma vez um problema de ordem *metodológica* que perpassa todo o diálogo: o limite tênue entre uma discussão de orientação filosófica e um embate de natureza

---

43. Ver, por exemplo, Polo (*Górgias*, 461b-c), Cálicles (*Górgias*, 482c-483a), Trasímaco (*República* I, 336b-d).

agonística, que, como ressaltamos insistentemente, está associado diretamente ao tipo de interlocutor com o qual Sócrates dialoga e às circunstâncias particulares em que esse diálogo se dá. E o término do *Protágoras*, portanto, parece apontar para um desacordo irreconciliável entre os interlocutores quanto à finalidade do próprio diálogo: Protágoras entende que o que está em jogo é uma disputa pela vitória na discussão em vista de uma boa reputação aos olhos do público, enquanto Sócrates alega que sua investigação crítica visa, precipuamente, a examinar o que é a virtude e os demais assuntos relacionados a ela (como os problemas da *unidade* e de sua *ensinabilidade*). Tendo em vista a própria natureza do gênero dialógico, as duas visões antagônicas expressas pelas duas personagens coexistem e se encontram justapostas, cabendo aos membros daquela audiência figurada na cena, no nível *dramático*, e a nós, enquanto leitores, ponderar sobre a pertinência das razões e dos motivos alegados por elas. O contexto *polifônico* da "crise do diálogo" (334c-8e), como discutimos no subtítulo 4.2, sugere que as circunstâncias do debate entre Sócrates e Protágoras determinam o diálogo como uma discussão de certo modo *pública*. Dessa forma, os diversos juízos expressos pelas diferentes personagens naquela ocasião sublinhavam precisamente a suscetibilidade do diálogo a diferentes apreciações, sob perspectivas distintas, que podem ser complementares e não necessariamente excludentes. Nesse sentido, este estudo buscou mostrar que, em última instância, tanto Sócrates quanto Protágoras têm motivos suficientes para reivindicar a sua própria visão a respeito do direcionamento da discussão: o fato de Sócrates alegar que discute em vista do esclarecimento do problema em questão não é incompatível com uma atitude contenciosa de sua parte; pelo contrário, se Sócrates aparentemente defende uma determinada posição sobre a unidade das virtudes, o sucesso da refutação da tese contrária sustentada por Protágoras constitui mais um passo para comprovar a veracidade de suas convicções morais.

Todavia, o problema é que Protágoras não representa um interlocutor qualquer de Sócrates; ele é figurado por Platão como o principal adversário do "filósofo" – o "sofista" – na disputa pelo melhor modelo de educação para os homens. Como salientado amiúde neste estudo, o intuito de Sócrates no *Protágoras* é, em última instância, salvar a alma do jovem Hipócrates, no exercício de sua função enquanto "médico da alma" (313e). Sendo assim, o contorno *agonístico* que assume a discussão com Protágoras acaba sendo uma consequência necessária do próprio diálogo, em que as condições ideais para uma discussão de orientação filosófica, a partir daquela reflexão que encontramos na passagem do *Górgias* analisada no subtítulo 4.2, não se verificam. No entanto, nem por isso Sócrates se furta ao debate, adaptando-se antes ao tipo especial de interlocutor com o qual discute e às circunstâncias peculiares do diálogo. Por conseguinte, o exercício filosófico de investigação de um determinado problema (inicialmente a *ensinabilidade da virtude*, e, a partir disso, a *unidade das virtudes*) coexiste, nessas condições particulares representadas por Platão no *Protágoras*, com uma atitude contenciosa por parte de Sócrates no enfrentamento do "sofista". Nesse sentido, Sócrates tem razão em justificar seu procedimento refutativo como um instrumento útil para o exame das questões relativas à *virtude*, visto que o seu intuito não é apenas refutar a posição de Protágoras a qualquer preço, mas defender concomitantemente uma determinada posição sobre a questão em debate – em síntese, "que todas as coisas são conhecimento, isto é, a justiça e temperança, e a coragem" (361b1-2). Da mesma forma, também Protágoras tem motivos suficientes para julgar que Sócrates "almeja a vitória" na discussão (360e3), na medida em que os meios empregados por ele na condução dos cinco argumentos analisados ao longo deste estudo incluem certos procedimentos que, como analisamos nos capítulos 3 e 6, podem ser classificados como "erísticos". São, portanto, duas perspectivas até certo ponto legítimas sobre a orientação geral do diálogo, cuja plausibilidade varia de acordo com o peso dado aos diferentes critérios para o juízo de valor que conferimos, enquanto leitores, às atitudes de cada um dos protagonistas ao longo do diálogo.

7.8. Considerações Finais

Para concluir esta seção, gostaria de recapitular as teses principais que nortearam a análise e a interpretação da quinta e última prova/refutação de Sócrates (351b-360e). De modo geral, ela representa a superação da primeira tentativa malsucedida de Sócrates de demonstrar a identidade entre *sabedoria* e *coragem*, como discutimos no capítulo 6 referente à quarta prova/refutação (349e-351b). Com a conclusão de que *coragem* é "a sabedoria relativa às coisas temíveis e não temíveis" (360d4-5), Sócrates consegue enfim mostrar, mediante a anuência de Protágoras, que o conhecimento é condição necessária e *suficiente* para a coragem, de modo a superar aquela dificuldade que o quarto argumento não conseguira evitar: i.e., a possibilidade de haver um fator não cognitivo complementar à sabedoria como condição necessária para a coragem (como poderia ser o caso da *karteria*, "resistência", discutida no *Laques*). O problema principal decorrente da resolução da quinta e última prova/refutação é que o argumento conduzido por Sócrates, que culmina com a refutação da posição de Protágoras e com a subsunção da coragem à sabedoria, é que ele depende da negação do fenômeno da *akrasia* ("incontinência", cf. 352b-e), que, por sua vez, depende, ao menos nessa argumentação específica do *Protágoras*, de uma premissa hedonista – a saber, a identidade estrita entre prazer e bem (cf. 354b-c).

Busquei argumentar, então, que Sócrates não se compromete em absoluto com o hedonismo, na medida em que não há evidências textuais suficientes que comprovem cabalmente esse ponto. E para tal fim, foi necessário enfatizar a importância da função desempenhada pela personagem fictícia da "maioria dos homens", que propicia a Sócrates certo distanciamento das premissas que vão constituindo o argumento contra a posição de Protágoras. É como se Sócrates operasse no interior das convicções que dão base a certa concepção de felicidade supostamente adotada pela massa, ainda que ela mesma não esteja ciente de certos pressupostos que a fundamentam (como, por exemplo, a identidade estrita entre prazer e bem). Sendo assim, a interpretação que propus, antecipada no subtítulo 7.2, é que o intuito de Sócrates nesta última prova/refutação do *Protágoras* tem uma dupla função: a. reduzir a concepção moral dos "sofistas" em geral (não apenas de Protágoras, mas também de Hípias e Pródico, cf. 358a) à visão hedonista do senso comum, de modo a destituir a figura do "sofista" do título de "sábio" conferido pela sua reputação; e b. mostrar que, mesmo segundo uma concepção hedonista de felicidade, o conhecimento (aqui, em termos de "arte da medida" relativa a prazeres e dores) é requerido como *condição necessária* e *suficiente* para se adquirir a virtude e ser feliz. Por conseguinte, a conclusão do argumento representaria a redução da posição da "maioria dos homens" (que incluiria a audiência presente na cena) e, por conseguinte, dos "sofistas" a uma posição intelectualista sobre a virtude, ainda que a demonstração conduzida por Sócrates tenha sido feita com base em premissas que não correspondem às suas próprias convicções, mas que representam, em contrapartida, a posição de seus interlocutores.

Quanto à negação da *akrasia*, argumentei que, embora Sócrates recorra à identidade entre prazer e bem para mostrar a impossibilidade do fenômeno denominado genericamente pela massa de "ser vencido pelos prazeres" (352e6 353a1), isso não implica necessariamente que seja essa a única maneira de se demonstrar a sua impossibilidade. Em outras palavras, o argumento hedonista é *apenas uma das vias possíveis* para se desvelar as consequências absurdas que decorrem da suposta posição da "maioria dos homens" sobre o poder falível do conhecimento. Por conseguinte, é absolutamente plausível que Sócrates possa

352   PROTÁGORAS, DE PLATÃO: ESTUDO INTRODUTÓRIO

defender a impossibilidade do fenômeno da *akrasia* (352c-d), sendo ela uma tese basilar de sua concepção moral intelectualista, sem, contudo, se comprometer com o argumento hedonista mediante o qual ele prova a sua impossibilidade *neste contexto argumentativo específico* do *Protágoras*[44].

Foi nesse sentido que chamei a quinta prova/refutação (351b-360e) do *Protágoras* de um argumento *dialético*, justamente porque Sócrates opera no interior da concepção moral atribuída à "maioria dos homens" e, por extensão, aos "sofistas", ainda que eles próprios não estejam cientes dos pressupostos de suas próprias convicções morais. Esse movimento paulatino de explicitação do fundamento hedonista da visão de felicidade sustentada pela massa e da redução da posição dos sofistas a ela se dá claramente, por exemplo, nas seções de (A) a (C) (351b-354e), quando Sócrates elucida ao *interlocutor fictício* e a Protágoras que, embora distingam prazeres bons de prazeres maus (351c), o critério utilizado por eles para julgarem se uma ação é boa ou má consiste exclusivamente em *prazer* e *dor* (354b-c). E nesse procedimento argumentativo, como tentei mostrar, a posição do próprio Sócrates não vem ao caso: trata-se antes do exame das opiniões de seu interlocutor – no registro fictício, "a maioria dos homens" – que logo é identificada à posição dos "sofistas".

Por fim, em relação ao tópico filosófico estrito do diálogo, defendi que é apenas na quinta prova/refutação que a posição de Sócrates sobre a *unidade das virtudes* no *Protágoras* se esclarece de fato. Tomando como modelo a definição de *coragem* ("coragem é a sabedoria relativa às coisas temíveis e não temíveis", 360d4-5), sugeri que o mesmo raciocínio se aplicaria igualmente às demais virtudes: para cada virtude particular, haveria uma definição nos termos "x é a *sabedoria* relativa a y", em que x representa a virtude a ser definida, e y o seu âmbito prático específico que a diferenciaria das demais virtudes, sendo

---

44. Ver, especialmente, D. Zeyl, op. cit., p. 260.

a *sabedoria* o elemento unificador da virtude e a causa da presença das demais virtudes. É nesse sentido que deve ser entendido o que Sócrates diz no epílogo do diálogo: "todas as coisas são conhecimento, ou seja, a justiça e a temperança, e a coragem" (361b1-2). Se essa leitura for plausível, então a posição de Sócrates ao longo do diálogo, ainda que seja difícil de recuperá-la integralmente tendo em vista os problemas de ordem lógica analisados nos capítulos anteriores, é melhor representada pela *Tese da Identidade*: ou seja, as virtudes particulares, embora possuam significados diferentes (e, por conseguinte, definições diferentes) (*contra* a Tese Nominalista), designam *um único e mesmo estado de caráter*, sendo elas aspectos distintos de uma mesma disposição moral. No entanto, elas não se encontram numa relação simétrica: a *sabedoria* consiste, como dito acima, no princípio unificador e na causa da presença das demais virtudes, de modo que *temperança/sensatez, coragem, justiça* e *piedade* se encontram, em última instância, subsumidas nela.

8. EPÍLOGO:
UM DIÁLOGO APORÉTICO?

O término do diálogo aponta para uma questão central que incide sobre a própria interpretação geral da discussão: afinal, o *Protágoras* é um diálogo *aporético*? Se levarmos em consideração o que é dito expressamente por Sócrates mediante a personificação do próprio *logos*, a resposta será positiva. No entanto, se a interpretação perseguida ao longo deste estudo for consistente, então será negativa. Vejamos o trecho:

— [...] Parece-me que a recente conclusão de nossa discussão está nos acusando e rindo da nossa cara, como se fosse ela um indivíduo. Se adquirisse voz, poderia alegar: "Vocês são muito estranhos, Sócrates e Protágoras! Você, de um lado, afirmando que a virtude não pode ser ensinada na discussão inicial, agora se apressa em se contradizer, ao tentar demonstrar que todas as coisas são conhecimento, isto é, a justiça e a temperança, e a coragem. Esse seria o melhor modo para mostrar que a virtude pode ser ensinada, pois, se a virtude fosse alguma outra coisa que não conhecimento, como Protágoras tentava argumentar, ela obviamente não poderia ser ensinada. Todavia, se é manifesto que ela é conhecimento como um todo, como você se apressa em dizer, Sócrates, será espantoso se ela não puder ser ensinada. Protágoras, por sua vez, supondo a princípio

356   PROTÁGORAS, DE PLATÃO: ESTUDO INTRODUTÓRIO

que ela podia ser ensinada, parece agora se apressar em mostrar o contrário, que a virtude é quase tudo, menos conhecimento; dessa maneira, ela dificilmente poderia ser ensinada." Eu então, Protágoras, quando observo todas essas coisas em terrível e completa confusão, disponho-me totalmente para esclarecê-las. (361a3-c4)

O que a personificação da "discussão" (*logos*) na voz de Sócrates está sugerindo é que a conclusão do diálogo implica a reversão da posição inicial assumida por ambos os interlocutores: a. no caso de Sócrates, porque, se ele acreditava que a virtude não podia ser ensinada (319a-320c), sua posição já pressupunha àquela altura que ela não poderia ser conhecimento, pois, se fosse conhecimento, como o quinto argumento busca demonstrar, então seria necessariamente ensinável; b. no caso de Protágoras, porque, se ele acreditava que a virtude podia ser ensinada, sua posição já implicava àquela altura que ela deveria consistir de algum modo em conhecimento, ainda que no decorrer da discussão suas opiniões sustentassem uma dissociação entre conhecimento e virtude (329e, 349d). O diagnóstico de Sócrates, então, estaria correto? Ou se trataria antes de mais uma tirada irônica da personagem? Para responder a essa questão, é preciso rever as duas declarações anteriores de Sócrates que dariam suporte ao que ele está afirmando na passagem citada acima. i. A primeira aparece no início de sua primeira objeção a Protágoras, logo após o sofista professar ensinar a seus discípulos "arte política" (319a4); ii. a segunda ocorre após a longa *epideixis* de Protágoras, a partir do que Sócrates desvia a discussão sobre a *ensinabilidade* para o problema da *unidade das virtudes*:

i. —[…] Bem, vou lhe dizer sem rodeios o que penso, pois eu não considerava, Protágoras, que isso pudesse ser ensinado; se você, porém, afirma que é possível, não há como eu desconfiar de suas palavras. E a razão de *eu considerar que isso não pode ser ensinado nem provido aos homens pelos homens*, é justo que eu a exponha. (319a9-b3)

ii. — Filho de Apolodoro, quão grato sou a você, por ter me impelido a vir até aqui. É muito importante para mim ter ouvido o que acabei de ouvir de Protágoras, pois, até então, *eu considerava que não era humano*

EPÍLOGO: UM DIÁLOGO APORÉTICO?

o empenho por meio do qual os homens bons se tornam bons. Mas agora estou persuadido disso. (328d8-e3)

Pois bem, se essas duas declarações exprimissem a real posição de Sócrates sobre a natureza da virtude, então isso implicaria que os homens se tornam virtuosos ou *por natureza* (nesse caso, eles *seriam* virtuosos, e não exatamente *se tornariam* virtuosos), ou *por determinação divina*, ou *por acaso*; qual fosse a causa da virtude humana, ela não dependeria do *esforço* e da *dedicação* dos próprios homens, das *escolhas* feitas por eles ao longo da vida que contribuem para a constituição da *disposição moral* de cada um[1], como aponta a própria delimitação do campo da responsabilidade moral presente no *Grande Discurso* de Protágoras (323c-324c). Por conseguinte, todo o zelo pela educação das crianças, como descrito por Protágoras (325c-326d), seria em vão, pois a virtude moral não seria algo possível de ser transmitido aos homens pelos homens. Essa tese não apenas eliminaria a função da educação, como tornaria inócuo o próprio exercício da filosofia "socrática", que buscava justamente revelar aos indivíduos sob escrutínio que seu modo de vida, suas ações e escolhas, tanto no âmbito privado quanto no público, estavam calcados em convicções inconsistentes, motivo pelo qual incorriam em erro. A própria preocupação de Sócrates em relação aos riscos que corria a alma do jovem Hipócrates ao buscar se tornar discípulo de Protágoras (313a-c), sem saber ao menos o que é o sofista e o que ele ensina, não teria razão de ser, pois a aquisição da virtude não dependeria das escolhas humanas, mas de alguma outra causa que as transcendesse (i.e., *natureza, determinação divina* ou *acaso*).

---

1. Na primeira fala do diálogo *Mênon* (70a1-4), Platão elenca as possíveis outras causas para explicar como alguém pode se tornar virtuoso: i. ensino (διδακτὸν); ii. exercício (διδακτὸν, μαθητόν), iii. natureza (φύσει); ou iv. algum outro modo indeterminado, que poderia ser, como aventado no *Protágoras*: a. o acaso (τύχῃ, 323d1) ou a *espontaneidade* (αὐτόματοι, 320a3; ἀπὸ τοῦ αὐτομάτου, 323c5-6), ou b. uma *concessão divina*, como referido no final do *Mênon* (θείᾳ μοίρᾳ, 99e6), numa perspectiva religiosa, como vimos paradigmaticamente representada naquelas passagens de Homero (*Odisseia*, 17.322-323) e de Baquílides (*Epinícios* 14.1-6), comentadas no subtítulo 5.3.

358 PROTÁGORAS, DE PLATÃO: ESTUDO INTRODUTÓRIO

Portanto, parece-me pouco plausível que as duas declarações de Sócrates acima sejam expressão de suas convicções pessoais (digo, no nível *dramático* do texto), consistindo antes numa forma de provocação e de estímulo para que Protágoras justificasse a sua profissão diante de sua própria audiência, dando início assim ao diálogo propriamente dito entre eles. E essa atitude de Sócrates se conforma tanto à caracterização de sua personagem no *Protágoras*, especialmente no que concerne à sua ironia mordaz durante todo o confronto com o sofista, quanto à insistência de Platão em frisar a função de "teste" do interlocutor desempenhado pela investigação socrática, como salientado recorrentemente neste estudo[2].

Por conseguinte, se a posição de Sócrates, ainda que não explicitamente assumida, é desde o princípio do diálogo o que é sintetizado em sua fala final – a saber, "que todas as coisas são conhecimento, isto é, a justiça e temperança, e a coragem" (361b1-2) – então o *Protágoras* não constitui um diálogo *aporético*[3]. Isso está de acordo com a linha interpretativa adotada ao longo deste estudo, segundo a qual a personagem Sócrates visa não apenas a refutar a posição de Protágoras sobre a *unidade das virtudes*, como também defender uma determinada tese moral, que a crítica contemporânea denomina genericamente de "intelectualismo socrático". E essa posição de Sócrates só se esclarece na última etapa da quinta prova/refutação (G) (359a-360e), quando a definição de *coragem* (360d4-5) aponta para uma concepção de virtude em que o *conhecimento* é apresentado como *princípio* ou *causa* das virtudes

2. Sobre a noção de "teste" associada ao escrutínio socrático, ver 311b1; 341d8; 342a1; 348a2; 348a6; 349c8.

3. Nesse sentido, não concordo com a leitura de Terence Irwin, segundo a qual "Sócrates abandonou suas dúvidas iniciais sobre se a virtude pode ser ensinada, pois ele 'se propôs a demonstrar' que todas as virtudes são conhecimento, o que implica que a virtude é ensinável (361a6-b7)" (*Plato's Ethics*, p. 78). Como foi argumentado acima, não se trata de "abandonar as dúvidas", mas de uma dissimulação de Sócrates quanto à sua verdadeira posição sobre o problema, que só se revela paulatinamente à medida que a discussão com o sofista avança. Portanto, a *aporia* final do diálogo é falsa. Como Irwin não observa qualquer elemento de ordem literária em sua análise limitada do *Protágoras*, ele não leva em conta aspectos concernentes à estratégia argumentativa de Sócrates que, a meu ver, são fundamentais para a compreensão do diálogo. A proposta de uma leitura literário-filosófica do *Protágoras*, tal como empreendida neste estudo, visa, justamente, a superar interpretações estritamente analíticas do diálogo, como é o caso de Irwin.

EPÍLOGO: UM DIÁLOGO APORÉTICO?

particulares e da própria virtude como um todo. Essa perspectiva exegética, por outro lado, evita um tipo de abordagem que reduziria o escopo da investigação socrática à simples refutação da tese de Protágoras, o que acentuaria ainda mais o aspecto *contencioso* da motivação de Sócrates ao dialogar com o sofista[4]. Pois, num diálogo em que o próprio Sócrates parece recorrer *deliberadamente* a argumentos (ou parte de argumentos, como no caso da primeira prova/refutação) que são, no mínimo, questionáveis do ponto de vista de sua consistência lógica, como analisamos nos capítulos 3 e 6, a distinção da figura do "filósofo", na imagem de Sócrates, da figura do "erístico", retratada por Platão no *Eutidemo*, seria ainda mais tênue, caso a motivação do filósofo se limitasse à refutação de seu adversário independentemente dos meios empregados para tal fim. No entanto, ainda que essa atitude contenciosa de Sócrates seja uma motivação *concorrente* no confronto com Protágoras, Sócrates busca efetivamente defender uma determinada tese sobre a *unidade das virtudes* contrária à do sofista, justificando seu procedimento refutativo como um instrumento útil para a elucidação dos problemas sob investigação (cf. 348c; 353a-b; 360e-361a). Nesse caso, o *elenchos* não constituiria um fim em si mesmo[5].

---

4. Ver, por exemplo, J. Beversluis, *Cross-Examining Socrates: a Defense of the Interlocutors in Plato's Early Dialogues*, capítulo 13.

5. Alexander Nehamas argumenta que a diferença entre o procedimento *dialógico* de Sócrates e o dos sofistas, e, em especial, o dos "erísticos" representados no *Eutidemo*, é mais de *propósito* do que de *método*, o que está associado diretamente ao modo de vida que cada um deles persegue (Eristic, Antilogic, Sophistic, Dialectic: Plato's Demarcation of Philosophy from Sophistry, em A. Nehamas (ed.), *Virtues of Authenticity*, p. 116-117). Na conclusão de seu artigo, o estudioso afirma que, embora Sócrates alegue não ser *didaskalos* em oposição aos sofistas, o método refutativo (*elenchos*), contudo, não é suficiente para distinguir claramente entre a investigação socrática e a sofística (ibidem, p. 119), assim como os efeitos do *elenchos* são por vezes difíceis de serem distinguidos dos efeitos da educação sofística (Nehamas considera especialmente aqui o problema decorrente da caracterização do *elenchos* socrático como uma espécie de "nobre sofística" no diálogo *Sofista*, cf. 230d, 231b). Segundo ele, "a influência sofística só pode ser evitada com segurança, como Platão argumenta no *Fédon*, na *República* e no *Sofista*, ao suplementar o *elenchos* com o estudo da natureza imutável do mundo, que demonstra tanto como os argumentos deveriam idealmente proceder quanto como a vida deveria ser vivida apropriadamente. Mas distinguir a filosofia da sofística dessa maneira não é mais ▶ ▷ uma distinção neutra. Isso pressupõe aceitar uma específica e profundamente controversa teoria filosófica e, ainda mais radicalmente, uma série de distinções entre aparência

PROTÁGORAS, DE PLATÃO: ESTUDO INTRODUTÓRIO

Sendo assim, estamos aptos agora para retornar à proposição do problema explicitado por Sócrates no início da discussão com Protágoras, e verificar em que alternativa se enquadraria a tese de que a virtude consiste, em última instância, em *conhecimento*. Revisitemos a passagem crucial:

— [...] Explique-me então este ponto com um argumento preciso: **a.** se a virtude é uma única coisa e são partes dela a justiça, a sensatez e a piedade; ou **b.** se essas coisas, às quais há pouco me referia, são todas elas nomes de uma única e mesma coisa. Eis o que ainda desejo.

— Mas é fácil, Sócrates – disse ele –, responder a essa questão: as coisas referidas em sua pergunta são partes da virtude que é única.

— São partes **a.1.** tais como as partes do rosto, boca, nariz, olhos e orelhas – indaguei –, ou, **a.2.** tais como as partes do ouro, em nada se diferem umas das outras, seja reciprocamente, seja em relação ao todo, senão em grandeza ou em pequenez?

— A mim é manifesto, Sócrates, que é daquele modo: tais como as partes do rosto se relacionam com o rosto como um todo. (329c6-e2)

Como apresentado no subtítulo 3.1, são três alternativas apresentadas aqui por Sócrates: a. a primeira estipula o modelo *partes/todo*, subdivida em duas modalidades: a.1. a relação entre as partes da virtude, seja entre si, seja para com o todo, seria tal como as partes do rosto, que se diferem pelas suas propriedades e capacidades tanto entre si quanto em relação ao rosto como um todo; ou a.2. tal como as partes do ouro, que teriam as mesmas propriedades que o todo do qual são partes, e que se difeririam apenas pela sua grandeza ou pequenez (não fica claro em que sentido essa diferença se daria). Nesse modelo *partes/todo*, a unidade das virtudes é entendida então como *inseparabilidade*[6]. b. A segunda perspectiva, por sua vez,

---

e realidade que é em si mesma partidária. A distinção entre filosofia e sofística deixa de ser neutra; ela é delineada no interior do ponto de vista da própria filosofia" (ibidem).

6. Defensores de que Sócrates adere à alternativa (a.1) são, dentre outros, P. Friedländer (*Plato, v. 2.*, p. 18-19) e B. Centrone (A Virtude Platônica Como *Holon* das *Leis* ao *Protágoras*, em M. Migliori; L.M.N. Valditara, *Plato Ethicus*, p. 105, 107). Defensores de que Sócrates adere à alternativa (a.2) são T.C. Brickhouse; N.D. Smith (*The Philosophy of Socrates*, p. 165, 168) e M.J. O'Brien, Socrate e Protagora sulla virtù, em G. Casertano (ed.), *Il* Protagora *di Platone: Struttura e Problematiche*.

EPÍLOGO: UM DIÁLOGO APORÉTICO?   361

entende unidade, aparentemente, como a *identidade estrita entre as virtudes particulares*, no sentido de que todas elas possuem *um único e mesmo significado,* de modo que os nomes das virtudes particulares poderiam ser usados intercambiavelmente na medida em que possuiriam um mesmo *definiens*, ou então ser substituídos por um único termo, i.e., *virtude*[7]. Pois bem, se o que expusemos no capítulo 7 representa a posição mais bem acabada de Sócrates sobre o problema da *unidade das virtudes*, se para cada virtude particular há uma definição nos termos "*x* é a *sabedoria* relativa a *Y*" (em que *x* representa a virtude a ser definida, e *Y* o seu âmbito prático específico que a diferenciaria das demais virtudes), então nenhuma das alternativas apresentadas acima a compreenderia apropriadamente[8].

No entanto, se a sugestão de Taylor for plausível e estivermos aptos a compreender a alternativa (b) em dois sentidos distintos[9] – ou seja, (b.1) a virtude é uma única coisa na medida em que os cinco nomes referentes a ela têm o mesmo significado, ou (b.2) a virtude é uma única coisa na medida em que os cinco nomes referentes a ela designam *diferentes aspectos de uma única e mesma disposição moral,* de modo a conservar uma distinção semântica entre as virtudes particulares, cada qual com um *definiens* específico – então podemos afirmar que a posição defendida pela personagem Sócrates no *Protágoras* é melhor

---

7. Também referida pela crítica como a Tese Nominalista (cf. B. Centrone, op. cit., p. 105). É nesse sentido que Vlastos entende a Tese da Unidade apresentada por Sócrates (The Unity of the Virtues, em G. Vlastos (ed.), *Platonic Studies*, p. 233-234), desconsiderando a possibilidade de entendê-la no sentido aventado por C.C.W. Taylor (op. cit., p. 103), segundo o qual os cinco nomes referentes às virtudes particulares designariam *aspectos distintos de uma única e mesma disposição de caráter,* de modo a preservar a distinção semântica entre elas, cada qual com sua definição própria. Defensores de que Sócrates defende a Tese Nominalista nos diálogos são, dentre outros, Terence Irwin (*Plato's Ethics*, p. 90), T. Penner (The Unity of Virtue, *The Philosophical Review*, v. 82, n. 1, p. 41-42) e J. Clerk Shaw (*Plato's Anti-hedonism and the Protagoras*, p. 50). D.T. Devereux opta por uma interpretação "mista" da Tese da Unidade: "certo número de proposições e argumentos de Sócrates apontam para a versão forte segundo a qual as virtudes são idênticas umas às outras, mas, em algumas poucas passagens, ele parece endossar a visão mais fraca de que as virtudes são *definicionalmente* partes distintas de um todo" (The Unity of the Virtues in Plato's *Protagoras* and *Laches*, *The Philosophical Review*, v. 101, n. 4, p. 788).

8. D.T. Devereux, op. cit., p. 787.

9. C.C.W. Taylor, op. cit., p. 103.

compreendida à luz de (b.2). Todavia, ainda seria preciso uma qualificação suplementar concernente à relação interna entre as virtudes particulares, visto que (b.2) pode ser entendida de duas formas diferentes, como analisamos no capítulo 7: i. todas elas se relacionam entre si e para com o todo *simetricamente*, de modo que se distinguiriam apenas pelo campo prático específico de cada uma (p. ex.: em situações de risco, a virtude, que consiste em *um único e mesmo estado de caráter*, se efetiva como *coragem*; ou em ações relativas à moderação nos apetites e prazeres, ela se efetiva como *temperança*); ou ii. embora todas as virtudes particulares pertençam a *um único e mesmo estado de caráter*, uma virtude em especial – i.e., a *sabedoria* – se encontra numa condição privilegiada, na medida em que todas as demais (i.e., *temperança/sensatez, coragem, justiça* e *piedade*) estariam subsumidas nela, sendo a sabedoria a causa ou princípio da presença das demais virtudes[10].

O modelo *partes/todo* segundo a alternativa (a.1), por sua vez, não é adequado à concepção socrática de *unidade das virtudes* porque, além de estabelecer uma diferença entre elas no tocante à *dunamis* de cada uma (o que a posição socrática parece negar) e de propiciar a Protágoras a defesa da não *coimplicação* das virtudes, não capta metaforicamente a relação *assimétrica* descrita acima. Da mesma forma, a alternativa (a.2), embora garanta que as virtudes particulares tenham as mesmas propriedades e capacidade (o que poderia sugerir metaforicamente que todas elas são constituídas de *conhecimento*, representado aqui pelo ouro), também não exprime adequadamente essa relação assimétrica referida acima (a não ser que essa diferença de magnitude entre elas captasse essa ideia, mas isso não fica claro)[11].

---

10. M. Zingano, Virtude e Saber em Sócrates, *Estudos de Ética Antiga*, p. 65.

11 Como observa adequadamente B. Centrone (op. cit., p. 111), a comparação com as partes do ouro implica uma distinção apenas *quantitativa* entre as virtudes particulares, ao passo que a definição de *coragem* apresentada no último argumento (360d4-5) indica claramente uma distinção entre elas, i.e., conforme o âmbito prático próprio de cada virtude. Esse ponto fica claro no modelo de definição defendido aqui neste estudo para cada virtude: "*x* é a *sabedoria* relativa a *Y*", em que *Y* designaria os objetos próprios de seu âmbito prático.

EPÍLOGO: UM DIÁLOGO APORÉTICO? 363

Portanto, a posição final de Sócrates não seria uma concepção de *unidade das virtudes* segundo o modelo *partes/todo*, mas uma noção mais forte de virtude centrada no *conhecimento*, que é concebida como causa ou princípio das demais virtudes, as quais são distinguidas, por sua vez, segundo o âmbito prático específico próprio de cada uma delas, conforme o modelo de definição "*x* é a *sabedoria* relativa a *Y*"[12].

12 *Contra* B. Centrone, op. cit., p. 103: "A tese que pretendo propor é a de que Platão pensou a unidade da virtude em termos de um *holon*, ou melhor, de *hen-holon*, i.e., de uma totalidade orgânica e unitária, articulada em partes e diferente da simples soma ou justaposição de tais partes." Para o estudioso (ibidem, p. 105, 107), a posição socrática seria melhor representada pela alternativa (a.1), aquela em que se compara as partes da virtude com as partes do rosto, retomando a interpretação de Friedländer: "A analogia com as partes do rosto parece eficaz porque o rosto representa um exemplo significativo de totalidade orgânica composta por várias partes, cada uma das quais tem uma função específica, mas que só pode ser concebida como parte do todo: em decorrência disso cada uma das virtudes é uma parte da virtude unitária (a ciência do bem e do mal) como partes de um *holon*. Cada uma delas é diferente das outras, mas todas são identificadas pela referência ao todo, como as partes do rosto; um nariz é sempre um nariz de um rosto e não pode existir isoladamente; cada uma contém em sua definição o ser parte do rosto" (op. cit., p. 113). No entanto, a análise que apresentamos acima busca mostrar que toda interpretação baseada no modelo *partes/todo* não compreende adequadamente as consequências da real posição de Sócrates sobre o problema da unidade das virtudes que só se esclarece na última etapa (G) (359a2-360e5) da quinta prova/refutação, especialmente porque não dá conta da relação assimétrica entre elas e da função unificadora desempenhada pela *sabedoria*, enquanto causa ou princípio da presença das demais virtudes. A saída de Centrone para essa dificuldade é que a *sophia* é uma inserção de Protágoras no elenco inicial das partes da virtude (329e-330a), mas que deve ser compreendida, na perspectiva socrática, como representando o todo da virtude (op. cit., p. 114). Para adequar a analogia com as partes do rosto, ele sugere que a visão seria o contraponto da sabedoria, na medida em que, no grego, a visão é tomada por vezes, por sinédoque, como equivalente ao rosto do qual é parte por ser a parte mais importante (ibidem, p. 114-115). Mas me parece que esse argumento é pouco convincente, uma vez que a compreensão das virtudes particulares como aspectos distintos de uma única e mesma disposição moral, sendo a sabedoria a causa ou princípio da presença das demais virtudes, capta melhor a complexidade da posição socrática no diálogo. E como já fora referido anteriormente, essa leitura decorre de uma reinterpretação da Tese da Unidade como alternativa à Tese Nominalista, a partir da sugestão de Taylor (op. cit., p. 103), rejeitando, por conseguinte, o modelo *todo/ partes* defendido por Centrone. Giovanni Casertano, por sua vez, opta por uma solução aporética referente à posição de Sócrates no diálogo, visto que a assimilação da virtude à sabedoria, como aponta a conclusão do quinto argumento, entraria em conflito com a noção de "partes" da virtude; segundo ele, Sócrates, em nenhum momento do diálogo, retira a ideia da sabedoria como uma das partes da virtude (cf. 330a, 349c) (As Virtudes e a Virtude: Os Nomes e o Discurso, em M. Migliori; L.M.N. Valditara, *Plato Ethicus*, p. 91-92). Todavia, o que Casertano parece desconsiderar é que a proposição das "partes" da virtude concerne à clarificação da posição de Protágoras em face do problema sob exame, o que não implica necessariamente seu comprometimento com ela.

Por fim, as últimas considerações de ordem *dramática*. Como discutimos no subtítulo 2.2, o que leva Sócrates à casa de Cálias é o pedido insistente do jovem Hipócrates para que ele fosse introduzido a Protágoras, no intuito de se tornar seu discípulo. A função de Sócrates, enquanto "médico da alma" (313e), consistia precisamente àquela altura em "salvar" Hipócrates do risco iminente a que ele exporia sua alma, buscando dissuadi-lo dessa decisão precipitada e irrefletida. Para tal fim, Sócrates não apenas mostrou ao jovem, naquela conversa privada, que ele agia por ignorância ao questioná-lo sobre o que era o sofista e o que ele ensinava (311b-312e), como também lhe revelou com a visita à casa de Cálias que aquele "vendedor de mercadorias" para alma não sabia ao certo nem mesmo a natureza daquilo que apregoava vender (i.e., *virtude*), tampouco se tal "produto" lhe era benéfico ou nocivo. A exposição de Hipócrates aos encantamentos do sofista, exemplificado pelo seu *Grande Discurso* (322c-328d), embora fosse um risco inevitável, deu-se, contudo, sob a proteção de Sócrates e do exercício da investigação crítica, que servia em certo sentido como *pharmakon* para combater o ímpeto irrefletido do jovem[13]. Sendo assim, resta-nos ainda a última questão: Sócrates, afinal, conseguiu dissuadir Hipócrates? Foi ele um "médico" bem-sucedido nessa empreitada, ou a alma do doente se encontrava em estado tal que não era mais possível curá-la? Platão não deixa claro no epílogo do diálogo qual a decisão de Hipócrates; o único índice textual que temos é o emprego da 1ª pessoa do plural na última frase da narração de Sócrates: "Depois de trocarmos essas palavras, fomos embora."(362a4) Isso pode sugerir que Sócrates parte de fato acompanhado de Hipócrates uma vez que ambos se dirigiram juntos à casa de Cálias[14], de modo que, ao menos momentaneamente,

---

13 Sobre o problema da exposição de Hipócrates ao encantamento de Protágoras e a função de Sócrates como "médico da alma", ver L. Palumbo, Socrate, Ippocrate e il vestibolo dell'anima, em G. Casertano (ed.), *Il Protagora di Platone: Struttura e Problematiche*.

14 N. Denyer, *Plato. Protagoras*, p. 204; H. Segvic, Homer in Plato's *Protagoras*, *Classical Philology*, v. 101, n. 3, p. 255.

o filósofo teria sido bem-sucedido em manter o jovem distante do ambiente sofístico. Todavia, do ponto de vista da cronologia interna do diálogo, o *Protágoras* começa logo após a visita de Sócrates à casa de Cálias (309a-310a), formando assim uma espécie de *ring composition*; e nessa cena inicial, ele aparece sozinho. Dessa forma, a dúvida permanece: quando Sócrates encontra seu amigo anônimo (309a), Hipócrates já teria tomado seu caminho e se separado dele? Ou o emprego da 1ª pessoa do plural teria o mesmo valor que a 1ª pessoa do singular, recurso bastante comum na língua grega, de modo que Sócrates teria partido sozinho?[15]

Creio que Platão deixa em aberto tal questão com um propósito bem preciso. E nesse sentido, a presença de Alcibíades no *Protágoras* é crucial para interpretarmos o problema, uma vez que o diálogo se abre com uma menção a ele. Como referido no subtítulo 2.1, Alcibíades representa o exemplo modelar no *corpus Platonicum* do fracasso de Sócrates em persuadir alguém a devotar sua vida à filosofia. A tentativa de Sócrates de dissuadi-lo da vida política e de incitá-lo a buscar o conhecimento de si mesmo é o tema do diálogo *Alcibíades Primeiro*[16]. Sócrates consegue aparentemente convencer Alcibíades ao longo do diálogo de que não estava ainda preparado para ingressar na carreia política em Atenas, visto que presumia ter conhecimento e experiência requeridos para o exercício político que efetivamente não possuía. Todavia, a certo ponto da conversa com o jovem, Sócrates expressa seu receio quanto à condição atual de Alcibíades, numa espécie de "visão profética" do que viria a acontecer no futuro próximo (fortuna que o leitor de Platão já conhecia de antemão)[17]. Vejamos novamente o trecho em questão:

---

15 Esse uso do singular pelo plural aparece nas gramáticas como "Plural de Modéstia" (ver H.W. Smyth, *Greek Grammar* §1008).

16 Não me interessa aqui as especulações em torno da autenticidade do diálogo, pois a questão é ainda tratada como controversa pela crítica contemporânea. Sobre um panorama geral do problema, ver N. Denyer, *Plato. Alcibiades*, p. 14-26.

17 Sobre a fortuna desastrosa de Alcibíades na política ateniense durante a Guerra do Peloponeso, ver supra p. 46n1.

SOC: Pois bem, eis a razão: somente eu sou seu amante, ao passo que os demais o são de suas coisas, e enquanto elas perdem seu frescor, você começa a florescer. E daqui em diante, se o povo de Atenas não corrompê-lo e você não vier a ser motivo de vergonha, espero não abandoná-lo. Este é decerto o meu maior medo: que você se torne amante do nosso povo e seja, assim, corrompido. Pois inúmeros atenienses, que eram homens bons, tiveram tal sorte. De fato, "o povo do magnânimo Erecteu" possui um belo vulto, mas é preciso contemplá-lo desnudado. Então, tome essa precaução a que me refiro! (131e10-132a5)

Essa confissão de Sócrates sugere que jovens como Alcibíades (o que valeria também para o caso de Hipócrates ilustrado no *Protágoras*), embora fizessem parte do círculo de amizades do filósofo, estavam sujeitos à influência e à sedução de outros modos de vida que não o filosófico, sendo a vida política obviamente uma alternativa muito atraente para quem buscava adquirir boa reputação junto a seus concidadãos. Seria justamente esse o caso de Hipócrates, como o próprio Sócrates salienta a Protágoras no início da conversa (316b-c). Nesse conflito de valores, nem sempre Sócrates é bem-sucedido em fazer valer a força de seus argumentos pela necessidade da filosofia para se viver conforme a virtude e ser feliz. O caso de Alcibíades, como referido há pouco, é o mais emblemático do fracasso de Sócrates como "médico da alma", incapaz de *curar* e *corrigir* a propensão manifesta do jovem à carreira política em Atenas.

Hipócrates, diferentemente de Alcibíades, é uma figura sobre cuja fortuna nada sabemos[18]; nesse sentido, informações de cunho histórico não contribuem para sabermos quais teriam sido as consequências de sua experiência junto a Sócrates na casa de Cálias. Entretanto, como argumentado no subtítulo 3.1, o exercício do *elenchos* socrático no caso de Hipócrates pode ser entendido como *preventivo* e *dissuasivo*, uma vez aplicado a

---

18 Não sabemos nada a respeito de Hipócrates, filho de Apolodoro, além do que Platão reporta no *Protágoras*. Trata-se, talvez, de uma personagem fictícia. Ver supra p. 52n10.

um interlocutor cuja alma não se encontraria ainda gravemente "doente"[19]. O fato de Hipócrates jamais ter visto Protágoras e nutrir por Sócrates um sentimento de amizade pode indicar que seja esse o caso. Sendo assim, nós, leitores, nos encontramos numa situação em que, seja lá qual tenha sido a fortuna de Hipócrates (seja do ponto de vista dramático, seja do histórico), nada podemos afirmar a não ser enveredarmos por conjeturas. No entanto, talvez possamos presumir que Platão tenha escolhido Hipócrates como personagem precisamente com este intuito: para que ele representasse um caso de um discípulo *em potencial* de Sócrates, sujeito, todavia, a influências externas advindas de seu convívio na cidade com diferentes homens de diferentes orientações intelectuais, políticas e morais. Se Sócrates foi de fato um "médico da alma" bem-sucedido no caso de Hipócrates, permanecemos em dúvida; mas, certamente, ele o foi no caso do próprio Platão, seu mais célebre discípulo.

---

19 Sobre a função *preventiva* e *dissuasiva* do *elenchos* socrático, ver D.N. Sedley, Myth, Punishment and Politics in the *Gorgias*, em C.P. Partenie. (ed.), *Plato's Myths*, p. 65.

ΠΡΩΤΑΓΟΡΑΣ
ΠΥΑΤΩΝΟΣ

PROTÁGORAS[*]
PLATÃO

---

[*] O texto grego utilizado nesta tradução é o da edição de John Burnet (*Platonis Opera. T. III*. Oxford: Clarendon, 1968 [1. ed. 1903]).

St. 1
p. 309

ΕΤΑΙΡΟΣ ΣΩΚΡΑΤΗΣ

a ΕΤ. Πόθεν, ὦ Σώκρατες, φαίνῃ; ἢ δῆλα δὴ ὅτι ἀπὸ κυνηγεσίου τοῦ περὶ τὴν Ἀλκιβιάδου ὥραν; καὶ μήν μοι καὶ πρῴην ἰδόντι καλὸς μὲν ἐφαίνετο ἀνὴρ ἔτι, ἀνὴρ μέντοι,

1. A referência à juventude de Alcibíades (451-404 a.C.) é uma das evidências textuais da data dramática do diálogo, em torno de 433-432 a.C., como estipulado pela maioria dos estudiosos (Comentários de R.E. Allen em Plato, *Ion, Hippias Minor, Laches, Protagoras: The Dialogues of Plato*, v. 3, p. 89; N. Denyer, *Plato. Protagoras*, p. 66; L. Goldberg, *A Commentary on Plato's* Protagoras, p. 11; D. Nails, *The People of Plato: A Prosopography of Plato and other Socratics*, p. 170). A cena se passa, portanto, há poucos anos antes do início da Guerra do Peloponeso entre Atenas e Esparta, e seus respectivos aliados, embora a referência à comédia *Os Selvagens*, de Ferécrates, mais adiante no diálogo (327d), encenada em 420 a.C., constitua um anacronismo interno à obra (M. Dorati, Platone ed Eupoli ("Protagora" 314c-316a), *Quaderni Urbinati di Cultura Classica*, New Series, v. 50, n. 2, p. 96) (ver infra p. 432n100). Alcibíades aparece como personagem em alguns diálogos de Platão (*Protágoras, Banquete, Alcibíades Primeiro* e *Segundo*), referido comumente como amante de Sócrates. Na *História da Guerra do Peloponeso*, Tucídides salienta sua importante e conturbada participação como general militar, junto a Nícias e Lâmaco, na campanha de Atenas contra a Sicília em 415 a.C. (6.8). Alcibíades, segundo Tucídides, foi acusado de ter participado da ação sacrílega que mutilou as hermas de mármore em Atenas (6.28-29), pouco antes da partida da esquadra naval. Como ele já se encontrava na Sicília, foi expedida uma nau para buscá-lo e trazê-lo de volta a Atenas de modo que ele pudesse se defender de tal acusação (6.53). Mas ele conseguiu fugir durante a viagem

St. 1
p. 309

AMIGO SÓCRATES

AMIGO: Está vindo de onde, Sócrates? Já sei. Da caça à beleza [a] primaveril de Alcibíades[1], não é? Quando o vi dias atrás, tive a impressão de que ainda era um belo homem, contudo, um

---

(6.61) e acabou se exilando em Esparta, passando a colaborar com os que outrora eram seus inimigos (6.88). Posteriormente, em 411 a.C., foi chamado de volta do exílio pelos atenienses para comandar as tropas na ilha de Samos (8.81-82) e, em seguida, aceito novamente em Atenas (8.97). Sua morte, todavia, não é referida por Tucídides, na medida em que sua narração da guerra entre Atenas e Esparta é interrompida nos eventos do ano de 411 a.C., embora seu projeto inicial fosse narrá-la em sua completude, até a derrota de Atenas em 404 a.C. A referência à sua morte em 404 é feita por Plutarco (séc. I d.C.) na obra dedicada a Alcibíades: ele teria sido assassinado na Frígia, onde se encontrava sob a proteção do sátrapa Farnábazo, por ordem do lacedemônio Lisandro, que havia instituído em Atenas, depois de sua derrota frente a Esparta, o governo conhecido como os "Trinta Tiranos" (Alcibíades, 38-39). Essa íntima relação entre Sócrates e Alcibíades, ilustrada por Platão nos diálogos, é vista como um problema moral por Xenofonte nas Memoráveis, tendo em vista o contraste entre o exemplo de virtude representado pela figura de Sócrates e as ações imorais e politicamente nocivas a Atenas imputadas a Alcibíades. Xenofonte, na tentativa de justificar a relação de Sócrates com Alcibíades e Crítias (um dos integrantes do governo dos "Trinta Tiranos"; ver infra p. 399n48), argumenta que, enquanto eles conviviam com ele, ambos se comportavam virtuosamente (Memoráveis, 1.2.18; 1.2.24-26), mas, depois de se afastarem do filósofo, passaram a se comportar, tanto na vida pública como na privada, de maneira insolente e desmedida.

372 ΠΡΩΤΑΓΟΡΑΣ

ὦ Σώκρατες, ὥς γ᾽ ἐν αὐτοῖς ἡμῖν εἰρῆσθαι, καὶ πώγωνος
5 ἤδη ὑποπιμπλάμενος.

ΣΩ. Εἶτα τί τοῦτο; οὐ σὺ μέντοι Ὁμήρου ἐπαινέτης εἶ,
b ὃς ἔφη χαριεστάτην ἥβην εἶναι τοῦ ⟨πρῶτον⟩ ὑπηνήτου, ἣν
νῦν Ἀλκιβιάδης ἔχει;

ΕΤ. Τί οὖν τὰ νῦν; ἢ παρ᾽ ἐκείνου φαίνῃ; καὶ πῶς
πρός σε ὁ νεανίας διάκειται;

5 ΣΩ. Εὖ, ἔμοιγε ἔδοξεν, οὐχ ἥκιστα δὲ καὶ τῇ νῦν ἡμέρᾳ·
καὶ γὰρ πολλὰ ὑπὲρ ἐμοῦ εἶπε βοηθῶν ἐμοί, καὶ οὖν καὶ
ἄρτι ἀπ᾽ ἐκείνου ἔρχομαι. ἄτοπον μέντοι τί σοι ἐθέλω
εἰπεῖν· παρόντος γὰρ ἐκείνου, οὔτε προσεῖχον τὸν νοῦν,
ἐπελανθανόμην τε αὐτοῦ θαμά.

c ΕΤ. Καὶ τί ἂν γεγονὸς εἴη περὶ σὲ κἀκεῖνον τοσοῦτον
πρᾶγμα; οὐ γὰρ δήπου τινὶ καλλίονι ἐνέτυχες ἄλλῳ ἔν γε
τῇδε τῇ πόλει.

ΣΩ. Καὶ πολύ γε.

5 ΕΤ. Τί φῄς; ἀστῷ ἢ ξένῳ;

ΣΩ. Ξένῳ.

ΕΤ. Ποδαπῷ;

ΣΩ. Ἀβδηρίτῃ.

ΕΤ. Καὶ οὕτω καλός τις ὁ ξένος ἔδοξέν σοι εἶναι, ὥστε
10 τοῦ Κλεινίου υἱέος καλλίων σοι φανῆναι;

ΣΩ. Πῶς δ᾽ οὐ μέλλει, ὦ μακάριε, τὸ σοφώτατον κάλλιον
φαίνεσθαι;

ΕΤ. Ἀλλ᾽ ἦ σοφῷ τινι ἡμῖν, ὦ Σώκρατες, ἐντυχὼν πάρει;

2. A hesitação da personagem anônima ao se referir à beleza de Alcibíades se
explica tendo em vista um costume da cultura grega concernente à homossexualidade: a relação moralmente aceita se dava entre um homem mais velho e um
adolescente, que se interrompia com a maturidade. Assim, o elogio à beleza de
Alcibíades é feita com certa deferência, na medida em que o nascimento de sua
barba já indicava que ele não era mais um adolescente, e sim um homem (pela
data dramática aproximada do diálogo, Alcibíades tinha por volta de dezoito anos).
Nessas condições, uma atração erótica de um homem por outro homem seria algo
moralmente censurável. Sobre os costumes e o comportamento homossexuais na
Grécia antiga, ver K.J. Dover, *Homossexualidade na Grécia Antiga*.

3. Homero, *Odisseia* 10.279; *Ilíada* 24.248. Homero (séc. VIII a.C.), a quem se
atribui a composição da *Ilíada* e da *Odisseia*, é, para Platão, o mais importante
poeta canônico, seja pela sua antiguidade, seja pela função educativa que exerciam

[309a-c]   PROTÁGORAS   373

homem, Sócrates (que essas palavras fiquem entre nós): já lhe
desponta a barba[2].

SÓCRATES: E então? Você não louva Homero[3], o qual diz que
a fase mais graciosa da juventude é quando viceja o buço, como   b
Alcibíades hoje?

AMIGO: E aí? Está vindo da companhia dele? E como o jovem
tem se comportado com você?

SOC: Bem, a meu ver. E não foi diferente hoje. Aliás, disse
inúmeras coisas em minha defesa e em meu socorro. Sim, acabei
de deixá-lo há pouco. Todavia, desejo lhe confessar algo estranho: ainda que ele estivesse presente, não lhe prestava atenção;
quase não o notava.

AMIGO: E que acontecimento magnífico teria sido esse entre   c
vocês dois? Pois, decerto, você não encontrou alguém mais belo
do que ele aqui na cidade.

SOC: Muito mais belo.

AMIGO: O que você está dizendo!? Cidadão ou estrangeiro?

SOC: Estrangeiro.

AMIGO: De onde?

SOC: De Abdera[4].

AMIGO: E um estrangeiro lhe pareceu ser assim tão belo a
ponto de ofuscar a beleza do filho de Clínias?[5]

SOC: Mas como o sumo da sabedoria, homem afortunado,
não a ofuscaria?

AMIGO: Como é que é? E está parado aqui, Sócrates, depois
de encontrar um sábio entre nós?

---

seus poemas no período clássico (sécs. V e IV a.C.). A Homero, Platão atribui o
título de "o primeiro mestre e guia de todos esses belos poetas trágicos" (*República* X 595c1-2), de modo que toda a sua polêmica contra a poesia, especialmente
em relação ao seu caráter ético-político, está dirigida, em última instância, a ele.

4. Cidade grega situada na região da Trácia (nordeste da Grécia, na geografia atual).

5. Clínias (±480-446 a.C.), pai de Alcibíades e Clínias (referido por Sócrates
em 320a), nasceu no seio de uma família rica e poderosa da ilha de Salamina,
e se casou em 450 a.C. com uma filha de Mégacles, descendente da família dos
Alcmeônidas. Era partidário de Péricles, primo de primeiro grau de sua esposa.
Morreu na Batalha de Coroneia, em 446 a.C., aos 34 anos (D. Nails, op. cit., p. 99).

ΠΡΩΤΑΓΟΡΑΣ

d ΣΩ. Σοφωτάτῳ μὲν οὖν δήπου τῶν γε νῦν, εἴ σοι δοκεῖ σοφώτατος εἶναι Πρωταγόρας.

ΕΤ. ˚Ω τί λέγεις; Πρωταγόρας ἐπιδεδήμηκεν;

ΣΩ. Τρίτην γε ἤδη ἡμέραν.

5 ΕΤ. Καὶ ἄρτι ἄρα ἐκείνῳ συγγεγονὼς ἥκεις;

310 ΣΩ. Πάνυ γε, πολλὰ καὶ εἰπὼν καὶ ἀκούσας.

ΕΤ. Τί οὖν οὐ διηγήσω ἡμῖν τὴν συνουσίαν, εἰ μή σέ τι κωλύει, καθεζόμενος ἐνταυθί, ἐξαναστήσας τὸν παῖδα τουτονί;

5 ΣΩ. Πάνυ μὲν οὖν· καὶ χάριν γε εἴσομαι, ἐὰν ἀκούητε.

ΕΤ. Καὶ μὴν καὶ ἡμεῖς σοί, ἐὰν λέγῃς.

ΣΩ. Διπλῆ ἂν εἴη ἡ χάρις. ἀλλ' οὖν ἀκούετε.

Τῆς γὰρ παρελθούσης νυκτὸς ταυτησί, ἔτι βαθέος ὄρθρου, Ἱπποκράτης, ὁ Ἀπολλοδώρου ὑὸς Φάσωνος δὲ ἀδελφός, τὴν

b θύραν τῇ βακτηρίᾳ πάνυ σφόδρα ἔκρουε, καὶ ἐπειδὴ αὐτῷ ἀνέῳξέ τις, εὐθὺς εἴσω ᾔει ἐπειγόμενος, καὶ τῇ φωνῇ μέγα λέγων, "˚Ω Σώκρατες," ἔφη, " ἐγρήγορας ἢ καθεύδεις; " Καὶ ἐγὼ τὴν φωνὴν γνοὺς αὐτοῦ, "Ἱπποκράτης," ἔφην,

---

6. Protágoras de Abdera (±490-420), cidade da região da Trácia, viveu em Atenas por cerca de quarenta anos. Embora praticamente toda a sua obra escrita não tenha se conservado até nós, Diógenes Laércio se refere a doze títulos: *Arte Erística, Sobre a Luta, Sobre os Ensinamentos, Sobre a Constituição Política, Sobre a Ambição, Sobre as Virtudes, Sobre a Condição Originária, Sobre os Habitantes do Hades, Sobre as Ações Incorretas dos Homens, Imperativo, Antilogias I e II* e *Processo Judiciário Sobre Salário*. Dois episódios históricos conservados por fontes tardias são ditos sobre ele: i. que Péricles lhe pediu que redigisse uma constituição para a colônia pan-helênica de Turi (Diógenes Laércio 9.50 = DK 80 A1); e ii. que ele foi acusado de impiedade em Atenas (Diógenes Laércio 9.51-52 = DK 80 A1; Filóstrato, *Vida dos Sofistas* 1.10.3 = DK 80 A2). Todavia, tais episódios não podem ser corroborados por fontes contemporâneas. Além desse diálogo homônimo, Protágoras é referido por Platão em outras obras (*Crátilo* 386a; *Eutidemo* 286c; *Mênon* 91d; *República* X 600c; *Sofista* 232e; *Leis* IV 716c), e, em especial, no *Teeteto*, em que Sócrates cria um discurso fictício de Protágoras em defesa de sua concepção de verdade, respondendo às objeções postas por ele anteriormente na discussão com Teeteto (166a-168c). É nesse diálogo também que se conserva sua máxima mais célebre: "o homem é a medida de todas as coisas: das que são, que elas são, e das que não são, que elas não são" (πάντων χρημάτων μέτρον ἄνθρωπον εἶναι, τῶν μὲν ὄντων ὡς ἔστι, τῶν δὲ μὴ ὄντων ὡς οὐκ ἔστιν, 152a2-4; DK 80 B1). Protágoras também aparece como personagem na comédia *Os Aduladores* (*Kolakes*), de Êupolis, encenada em 421 a.C., como se verifica neste fragmento (Fr. 157 Storey), cujo primeiro verso é conservado por Diógenes Laércio (9.50):

[309d-310b] PROTÁGORAS 375

SOC: E, decerto, o mais sábio entre os homens de hoje. Ou   d
você não acha que Protágoras[6] é o homem mais sábio?

AMIGO: O quê!? O que você está dizendo? Protágoras está na cidade?

SOC: É seu terceiro dia aqui.

AMIGO: Ah! Então, você vem de um encontro recente com ele, não vem?

SOC: Sem dúvida. E muitas coisas falei; outras tantas ouvi.   310

AMIGO: Por que, então, você não nos relata esse encontro, se nada lhe impede de fazê-lo? Tire este escravo daqui e sente-se em seu lugar!

SOC: Certamente. Ficarei agradecido, se me escutarem.

AMIGO: E igualmente nós, se nos contar.

SOC: Reciprocamente agradecidos, pois. Escutem então!

No decurso da noite passada, no lusco-fusco do alvorecer, Hipócrates, filho de Apolodoro e irmão de Fáson[7], bateu com seu cajado em minha porta de maneira estrepitosa. Assim que   b alguém a abriu, ele, afoito, entrou de supetão e aos brados:

— Sócrates – perguntou ele –, você já está acordado ou ainda dorme?

Eu o reconheci pela voz e lhe respondi:

> Lá dentro está Protágoras, de Teos,
> o criminoso que se alardeia de assuntos
> celestes, enquanto devora coisas terrestres.

> ἔνδον μέν ἐστι Πρωταγόρας ὁ Τήιος
> ὃς ἀλαζονεύεται μὲν ἀλιτήριος
> περὶ τῶν μετεώρων, τὰ δὲ χαμᾶθεν ἐσθίει.

7. Não sabemos nada a respeito de Hipócrates, filho de Apolodoro, além do que Platão reporta no *Protágoras*. O nome composto com a raiz *hipp-* (cavalo) indica sua origem aristocrática, sendo o próprio nome "Hipócrates" semelhante ao do avô e do sobrinho de Péricles (N. Denyer, op. cit., p. 68). Debra Nails conjetura que a personagem do *Protágoras* seja precisamente o sobrinho de Péricles, tendo em vista a presença dos filhos do ilustre político ateniense na cena do diálogo, Páralo e Xantipo (314e-315a), e a menção reiterada a Péricles ao longo do diálogo (315a, 319e-320b, 329a). Segundo essa genealogia, Apolodoro, pai de Hipócrates, teria casado com a irmã de Péricles, vítima da peste de 429 a.C., a qual nomeara o filho com o nome do seu avô por parte de mãe (D. Nails, op. cit., p. 169-170). Todavia, ainda que plausível, não há um único indício no próprio diálogo suficiente para atestar tal identificação.

376 ΠΡΩΤΑΓΟΡΑΣ

5 " οὗτος· μή τι νεώτερον ἀγγέλλεις; " " Οὐδέν γ'," ἦ δ' ὅς,
" εἰ μὴ ἀγαθά γε." " Εὖ ἂν λέγοις," ἦν δ' ἐγώ· " ἔστι δὲ
τί, καὶ τοῦ ἕνεκα τηνικάδε ἀφίκου; " " Πρωταγόρας," ἔφη,
" ἥκει." στὰς παρ' ἐμοί. " Ποῶπν." ἔφην ἐνώ· " σὺ δὲ
ἄρτι πέπυσαι; " " Νὴ τοὺς θεούς," ἔφη, " ἑσπέρας γε."

c Καὶ ἅμα ἐπιψηλαφήσας τοῦ σκίμποδος ἐκαθέζετο παρὰ τοὺς
πόδας μου, καὶ εἶπεν· " Ἑσπέρας δῆτα, μάλα γε ὀψὲ ἀφικόμενος ἐξ Οἰνόης. ὁ γάρ τοι παῖς με ὁ Σάτυρος ἀπέδρα·
καὶ δῆτα μέλλων σοι φράζειν ὅτι διωξοίμην αὐτόν, ὑπό τινος̅
5 ἄλλου ἐπελαθόμην. ἐπειδὴ δὲ ἦλθον καὶ δεδειπνηκότες ἦμεν
καὶ ἐμέλλομεν ἀναπαύεσθαι, τότε μοι ἀδελφὸς λέγει ὅτι
ἥκει Πρωταγόρας. καὶ ἔτι μὲν ἐνεχείρησα εὐθὺς παρὰ σὲ
ἰέναι, ἔπειτά μοι λίαν πόρρω ἔδοξε τῶν νυκτῶν εἶναι· ἐπειδὴ

d δὲ τάχιστά με ἐκ τοῦ κόπου ὁ ὕπνος ἀνῆκεν, εὐθὺς ἀναστὰς
οὕτω δεῦρο ἐπορευόμην." Καὶ ἐγὼ γιγνώσκων αὐτοῦ τὴν
ἀνδρείαν καὶ τὴν πτοίησιν, " Τί οὖν σοι," ἦν δ' ἐγώ,
" τοῦτο; μῶν τί σε ἀδικεῖ Πρωταγόρας; " Καὶ ὃς γελάσας,
5 " Νὴ τοὺς θεούς," ἔφη, " ὦ Σώκρατες, ὅτι γε μόνος ἐστὶ
σοφός, ἐμὲ δὲ οὐ ποιεῖ." " Ἀλλὰ ναὶ μὰ Δία," ἔφην ἐγώ,
" ἂν αὐτῷ διδῷς ἀργύριον καὶ πείθῃς ἐκεῖνον, ποιήσει καὶ
σὲ σοφόν." " Εἰ γάρ," ἦ δ' ὅς, " ὦ Ζεῦ καὶ θεοί, ἐν

e τούτῳ εἴη· ὡς οὔτ' ἂν τῶν ἐμῶν ἐπιλίποιμι οὐδὲν οὔτε τῶν
φίλων· ἀλλ' αὐτὰ ταῦτα καὶ νῦν ἥκω παρὰ σέ, ἵνα ὑπὲρ
ἐμοῦ διαλεχθῇς αὐτῷ. ἐγὼ γὰρ ἅμα μὲν καὶ νεώτερός εἰμι,
ἅμα δὲ οὐδὲ ἑώρακα Πρωταγόραν πώποτε οὐδ' ἀκήκοα οὐδέν·
5 ἔτι γὰρ παῖς ἦ ὅτε τὸ πρότερον ἐπεδήμησε. ἀλλὰ γάρ, ὦ
Σώκρατες, πάντες τὸν ἄνδρα ἐπαινοῦσιν καί φασιν σοφώ-

---

8. Enoé era um "distrito" (em grego, *dēmos*) da Ática, região de Atenas, loca-
lizado na estrada que levava a Tebas.

9. Sobre o pagamento exigido pelos sofistas, ver Platão, *Apologia* 19e-20c.

10. A primeira visita de Protágoras a Atenas teria acontecido em 444-443 a.C.
a convite de Péricles, que o encarregou de redigir a constituição da nova colônia
pan-helênica de Turi, no sul da Itália (Diógenes Láercio 9.50).

[310b-e]   PROTÁGORAS   377

— Ei, Hipócrates! Não é uma boa-nova o que traz você aqui!
E ele retorquiu:

— Pelo contrário, é uma boa notícia.

— Ótimo – disse eu. – Mas o que está acontecendo? Qual é
a razão de você vir aqui a esta hora?

— Protágoras está aqui – respondeu ele, estancado ao meu
lado.

— Desde anteontem – tornei eu. – E só agora você soube?

— Sim. Pelos deuses! – disse ele. – Ontem à noite.

Enquanto isso, ele tateava o colchão e sentava-se próximo a   c
meus pés. Então, continuou:

— Sim, à noite, tarde da noite, depois que cheguei de Enoé[8],
pois meu escravo, Sátiro, havia fugido. De fato, estava para lhe
comunicar que iria a seu encalço, quando algo acabou por me
distrair. Depois que voltei de lá, jantamos e estávamos prontos
para repousar, quando meu irmão me avisou que Protágoras
estava aqui. Eu ainda tentei vir atrás de você imediatamente;
pareceu-me, porém, muito tarde. E assim que o sono, moroso
como nunca, extirpou-me a fadiga, pus-me logo de pé e então   d
segui para cá.

E eu, como conhecia sua coragem e avidez, perguntei-lhe:

— Por quê? Porventura, Protágoras cometeu alguma injustiça contra você?

E ele, rindo, respondeu:

— Sim, pelos deuses, Sócrates! Porque somente ele é sábio,
e não me torna tal.

— Mas, por Zeus! – disse eu. – Se você lhe ofertar dinheiro
e o persuadir, ele fará de você um sábio também[9].

Quem me dera, ó Zeus, ó deuses – disse ele –, fosse esse o
problema! Pois não pouparia nenhum dos meus pertences, tam-   e
pouco os dos meus amigos. E é justamente em vista disso que
agora recorro a você, a fim de que dialogue com ele em meu
interesse. Pois, além de ser muito jovem, jamais vi Protágoras,
tampouco já o ouvi falar; eu era ainda criança, quando nos visitou pela primeira vez[10]. Porém, todos, Sócrates, elogiam-no e

ΠΡΩΤΑΓΟΡΑΣ

τατον εἶναι λέγειν· ἀλλὰ τί οὐ βαδίζομεν παρ' αὐτόν, ἵνα
311 ἔνδον καταλάβωμεν; καταλύει δ', ὡς ἐγὼ ἤκουσα, παρὰ
Καλλίᾳ τῷ Ἱππονίκου· ἀλλ' ἴωμεν." Καὶ ἐγὼ εἶπον·
" Μήπω, ἀγαθέ, ἐκεῖσε ἴωμεν—πρῲ γάρ ἐστιν—ἀλλὰ δεῦρο
ἐξαναστῶμεν εἰς τὴν αὐλήν, καὶ περιιόντες αὐτοῦ διατρί-
5 ψωμεν ἕως ἂν φῶς γένηται· εἶτα ἴωμεν. καὶ γὰρ τὰ πολλὰ
Πρωταγόρας ἔνδον διατρίβει, ὥστε, θάρρει, καταληψόμεθα
αὐτόν, ὡς τὸ εἰκός, ἔνδον."

Μετὰ ταῦτα ἀναστάντες εἰς τὴν αὐλὴν περιῇμεν· καὶ ἐγὼ
b ἀποπειρώμενος τοῦ Ἱπποκράτους τῆς ῥώμης διεσκόπουν αὐτὸν
καὶ ἠρώτων,. Εἰπέ μοι, ἔφην ἐγώ, ὦ Ἱππόκρατες, παρὰ
Πρωταγόραν νῦν ἐπιχειρεῖς ἰέναι, ἀργύριον τελῶν ἐκείνῳ
μισθὸν ὑπὲρ σεαυτοῦ, ὡς παρὰ τίνα ἀφιξόμενος καὶ τίς
5 γενησόμενος; ὥσπερ ἂν εἰ ἐπενόεις παρὰ τὸν σαυτοῦ ὁμώ-
νυμον ἐλθὼν Ἱπποκράτη τὸν Κῷον, τὸν τῶν Ἀσκληπιαδῶν,
ἀργύριον τελεῖν ὑπὲρ σαυτοῦ μισθὸν ἐκείνῳ, εἴ τίς σε ἤρετο·
" Εἰπέ μοι, μέλλεις τελεῖν, ὦ Ἱππόκρατες, Ἱπποκράτει
c μισθὸν ὡς τίνι ὄντι; " τί ἂν ἀπεκρίνω;—Εἶπον ἄν, ἔφη,
ὅτι ὡς ἰατρῷ.—" Ὡς τίς γενησόμενος; "—Ὡς ἰατρός, ἔφη.—

---

11. Hipônico (±485-422/421 a.c.) era o homem mais rico de sua época, como
referem Andócides (*Sobre os Mistérios*, 130) e Isócrates (*Sobre a Parelha*, 31), tendo
herdado uma fortuna estimada em duzentos talentos (Lísias, *Sobre os Bens de
Aristófanes Contra o Fisco*, 48). Após a sua morte em 424 a.c., Cálias herdou
todas as suas posses (Andócides, *Contra Alcibíades*, 13); em 387 a.c., porém, ele
já as havia reduzido a menos de dois talentos (Lísias, *Sobre os Bens de Aristófanes
Contra o Fisco*, 48). Morreu por volta de 371 a.C. (Xenfonte, *Helênicas* 6.3.2) em
meio à penúria, possuindo apenas uma velha escrava de origem bárbara (Ateneu,
Deipnosophistae 12.537c) (N. Denyer, op. cit., p. 71). Mais informações sobre Cálias,
ver *Comentário* 311a1-2.

12. Hipócrates de Cós (±469-399) foi contemporâneo de Sócrates e considerado por Aristóteles (*Política* VII 1326a15) como o paradigma do grande médico (N.
Denyer, op. cit., p. 72). No *Fedro*, Platão se refere ao método utilizado por Hipócrates, segundo o qual não é possível conhecer a natureza do corpo sem conhecer a natureza da alma, a fim de justificar a necessidade de o orador conhecer a
alma para praticar a arte retórica (270c). Essa é a única referência contemporânea

[310e-311c] PROTÁGORAS 379

dizem ser ele o homem mais sábio no discurso. Mas por que não caminhamos ao seu encontro e o surpreendemos em casa? Ele é hóspede, ouvi dizer, de Cálias, filho de Hipônico[11]. Vamos lá!

E eu redargui:

— Ainda não é hora, bom homem, de irmos até lá, pois é muito cedo. Mas levantemo-nos e vamos até o pátio! Passeando por ali, ocupemos nosso tempo até que raie a manhã! Depois, nós vamos. Ademais, Protágoras passa a maior parte de seu tempo em casa, de modo que – confiança, homem! – é provável que o surpreendamos lá.

Em seguida, levantamo-nos e fomos passear pelo pátio. E eu, testando o ímpeto de Hipócrates, comecei a examiná-lo e a indagar-lhe:

— Diga-me, Hipócrates – tornei eu –, você pretende ir ao encontro de Protágoras com o intuito de lhe oferecer uma remuneração em dinheiro em seu próprio interesse. Com que tipo de homem entrará em contato e que tipo de homem você se tornará? Por exemplo: se você tivesse cogitado ir ao encontro do seu homônimo, Hipócrates de Cós, um dos Asclepíades[12], a fim de lhe oferecer uma remuneração em dinheiro em seu próprio interesse, e alguém o tivesse inquirido: "Diga-me, Hipócrates, que tipo de homem é Hipócrates, visto que pretende lhe oferecer um salário?" O que você teria lhe respondido?

— Médico – disse ele –, teria sido minha resposta.

— A fim de se tornar o quê?

— Médico – respondeu.

---

ao método hipocrático fora do *corpus Hippocraticum* (D. Nails, op. cit., p. 172). Embora não haja traços de evidência em nenhuma fonte contemporânea de que Hipócrates visitou Atenas e, muito menos, de que ele morou ali, não é incomum encontrarmos na literatura posterior a referência de que ele residia em Atenas. De fato, há muita controvérsia sobre a vida de Hipócrates, e as informações que hoje possuímos não são suficientes para resolver as inconsistências das fontes. Os Asclepíades, por sua vez, mais do que sacerdotes de Asclépio, deus da medicina, eram uma família de médicos que transmitiam a profissão de pai para filho, assim como os Homéridas supostamente transmitiam por sucessão hereditária a profissão de aedo (R. Velardi, *Platone. Fedro*, p. 282).

380 ΠΡΩΤΑΓΟΡΑΣ

Εἰ δὲ παρὰ Πολύκλειτον τὸν Ἀργεῖον ἢ Φειδίαν τὸν Ἀθη-
ναῖον ἐπενόεις ἀφικόμενος μισθὸν ὑπὲρ σαυτοῦ τελεῖν ἐκεί-
5 νοις, εἴ τίς σε ἤρετο· "Τελεῖν τοῦτο τὸ ἀργύριον ὡς τίνι
ὄντι ἐν νῷ ἔχεις Πολυκλείτῳ τε καὶ Φειδίᾳ;" τί ἂν ἀπεκρίνω;—Εἶπον ἂν ὡς ἀγαλματοποιοῖς.—"Ὡς τίς δὲ γενησόμενος αὐτός;"—Δῆλον ὅτι ἀγαλματοποιός.—Εἶεν, ἦν δ' ἐγώ·
d παρὰ δὲ δὴ Πρωταγόραν νῦν ἀφικόμενοι ἐγώ τε καὶ σὺ
ἀργύριον ἐκείνῳ μισθὸν ἕτοιμοι ἐσόμεθα τελεῖν ὑπὲρ σοῦ,
ἂν μὲν ἐξικνῆται τὰ ἡμέτερα χρήματα καὶ τούτοις πείθωμεν
αὐτόν, εἰ δὲ μή, καὶ τὰ τῶν φίλων προσαναλίσκοντες. εἰ
5 οὖν τις ἡμᾶς περὶ ταῦτα οὕτω σφόδρα σπουδάζοντας ἔροιτο·
"Εἰπέ μοι, ὦ Σώκρατές τε καὶ Ἱππόκρατες, ὡς τίνι ὄντι
τῷ Πρωταγόρᾳ ἐν νῷ ἔχετε χρήματα τελεῖν;" τί ἂν αὐτῷ
e ἀποκριναίμεθα; τί ὄνομα ἄλλο γε λεγόμενον περὶ Πρωταγόρου ἀκούομεν; ὥσπερ περὶ Φειδίου ἀγαλματοποιὸν καὶ
περὶ Ὁμήρου ποιητήν, τί τοιοῦτον περὶ Πρωταγόρου ἀκούομεν;—Σοφιστὴν δή τοι ὀνομάζουσί γε, ὦ Σώκρατες, τὸν
5 ἄνδρα εἶναι, ἔφη.—Ὡς σοφιστῇ ἄρα ἐρχόμεθα τελοῦντες τὰ
χρήματα;—Μάλιστα.—Εἰ οὖν καὶ τοῦτό τίς σε προσέροιτο·

13. Policleto viveu por volta de 460 a 410 a.C. Uma personagem das *Memo-ráveis*, de Xenofonte (1.4.3), diz que Policleto estava para a escultura assim como Homero para a épica e Zêuxis para a pintura. Há também alguns fragmentos supérstites de um livro escrito por ele sobre as proporções do corpo humano (DK 40 A3, B1-2) (N. Denyer, op. cit., p. 72). Segundo Plínio (*História Natural* XXXIV 55), ele era oriundo de Sícion, embora sua escola tenha se constituído em Argos (J. Adam, A. Adam, *Plato. Protagoras*, p. 82).

14. Fídias (±490-†?, ativo nos anos 465-425 a.C.) é o paradigma da excelência na arte da escultura para Platão. Ele pertencia ao ciclo de amizade de Péricles, que confiou a ele o projeto de construção e embelezamento dos edifícios na acrópole de Atenas de 447 a 438 a.C. (Plutarco, *Péricles* 13.6-15, 31.2-5). Fídias foi acusado de impiedade e corrupção em 438 a.C. por desafetos de Péricles. Na versão de Plutarco, Péricles anteviu a possibilidade de Fídias ser acusado e o advertiu com bastante antecedência a usar ouro forjado nas esculturas de modo que ele pudesse ser retirado e então pesado. E foi justamente a pesagem do ouro durante o processo judiciário que acabou inocentando Fídias da acusação de corrupção. Quanto à acusação de impiedade, supõe-se ser a causa o argumento de que Fídias usou Péricles e a ele mesmo como modelos para duas figuras no escudo da deusa Atena, que retratava a batalha contra as amazonas. Num fragmento supérstite de Filocoro (fr. 121 *FGH*), reporta-se o que teria acontecido após esses acontecimentos: Fídias deixou Atenas e foi para Olímpia, onde terminou a estátua colossal de Zeus, considerada uma das sete maravilhas da Antiguidade (D. Nails, op. cit., p. 237).

[311c-e]　　　　　　　　　PROTÁGORAS　　　　　　　　　381

— E se você tivesse cogitado entrar em contato com Policleto, o argivo[13], ou Fídias, o ateniense[14], a fim de lhes oferecer um salário em seu próprio interesse, e alguém o tivesse inquirido: "Que tipo de homem você considera que Policleto e Fídias sejam para lhes pagar esse montante de dinheiro?" O que você teria lhe respondido?

— Escultores, teria sido a minha resposta.

— A fim de se tornar o quê?

— Escultor, obviamente.

— Pois bem! – disse eu. – Depois de entrarmos em contato   d com Protágoras, você e eu estaremos prontos a lhe oferecer uma remuneração em dinheiro em seu próprio interesse, se nosso montante for suficiente e conseguirmos persuadi-lo com isso; caso contrário, despenderemos o dinheiro de nossos amigos em acréscimo. E se alguém então nos indagasse, uma vez que nos encontramos assim tão resolutos quanto a essa empresa: "Digam-me, Sócrates e Hipócrates, que tipo de homem vocês consideram ser Protágoras, para lhe pagar esse montante de dinheiro?" O que lhe responderíamos? Que outro nome ouvi-   e mos referente a Protágoras? Assim como a Fídias, escultor, e a Homero, poeta[15], o que ouvimos referente a Protágoras?

— Sofista[16], eis como denominam o que esse homem é – disse ele.

— Portanto, a um sofista nos dirigimos para lhe ofertar dinheiro.

— Sem dúvida.

15. Sobre Homero, ver supra nota 3 e *Comentário* 316d7.

16. O termo grego *sophistēs* (sofista), da mesma raiz de *sophia* (sabedoria) e *sophos* (sábio) era correntemente empregado no séc. V a.C. para se referir aos diversos tipos de homens reputados como sábios: os poetas (Píndaro, *Ístmicas* 5.28), os adivinhos (Heródoto, *Histórias* 2.49), os músicos (Ésquilo, Fr. 314), os chamados Sete Sábios (Heródoto, *Histórias* 1.29) e os filósofos da natureza (Hipócrates, *De Prisca Medicina* 20.1-6). O uso do termo nesses casos tem uma conotação positiva, implicando o domínio sobre certo campo do saber que o distingue dos homens leigos. Assim, esse primeiro sentido de *sophistēs* conserva a afinidade semântica dos termos correlatos *sophia* e *sophos* (cf. também Diógenes Laércio 1.12). Talvez a primeira ocorrência negativa do termo, pelo menos na literatura supérstite, tenha ocorrido na comédia *As Nuvens*, de Aristófanes (423 a.C.), quando *sophistēs* é usado para qualificar Fidípides e Estrepsíades depois de terem

382 ΠΡΩΤΑΓΟΡΑΣ

312 "Αὐτὸς δὲ δὴ ὡς τίς γενησόμενος ἔρχῃ παρὰ τὸν Πρωταγόραν; "—Καὶ ὃς εἶπεν ἐρυθριάσας—ἤδη γὰρ ὑπέφαινέν τι
ἡμέρας, ὥστε καταφανῆ αὐτὸν γενέσθαι—Εἰ μέν τι τοῖς
ἔμπροσθεν ἔοικεν, δῆλον ὅτι σοφιστὴς γενησόμενος.—Σὺ δέ,
5 ἦν δ' ἐγώ, πρὸς θεῶν, οὐκ ἂν αἰσχύνοιο εἰς τοὺς "Ελληνας
σαυτὸν σοφιστὴν παρέχων;—Νὴ τὸν Δία, ὦ Σώκρατες, εἴπερ
γε ἃ διανοοῦμαι χρὴ λέγειν.—'Αλλ' ἄρα, ὦ 'Ιππόκρατες, μὴ
οὐ τοιαύτην ὑπολαμβάνεις σου τὴν παρὰ Πρωταγόρου μά-
b θησιν ἔσεσθαι, ἀλλ' οἷάπερ ἡ παρὰ τοῦ γραμματιστοῦ ἐγένετο
καὶ κιθαριστοῦ καὶ παιδοτρίβου; τούτων γὰρ σὺ ἑκάστην
οὐκ ἐπὶ τέχνῃ ἔμαθες, ὡς δημιουργὸς ἐσόμενος, ἀλλ' ἐπὶ
παιδείᾳ, ὡς τὸν ἰδιώτην καὶ τὸν ἐλεύθερον πρέπει.—Πάνυ
5 μὲν οὖν μοι δοκεῖ, ἔφη, τοιαύτη μᾶλλον εἶναι ἡ παρὰ
Πρωταγόρου μάθησις.

Οἶσθα οὖν ὃ μέλλεις νῦν πράττειν, ἤ σε λανθάνει; ἦν δ'
ἐγώ.—Τοῦ πέρι;—"Οτι μέλλεις τὴν ψυχὴν τὴν σαυτοῦ παρα-
c σχεῖν θεραπεῦσαι ἀνδρί, ὡς φής, σοφιστῇ· ὅτι δέ ποτε ὁ σοφιστής ἐστιν, θαυμάζοιμ' ἂν εἰ οἶσθα. καίτοι εἰ τοῦτ' ἀγνοεῖς,
οὐδὲ ὅτῳ παραδίδως τὴν ψυχὴν οἶσθα, οὔτ' εἰ ἀγαθῷ οὔτ' εἰ
κακῷ πράγματι.—Οἶμαί γ', ἔφη, εἰδέναι.—Λέγε δή, τί ἡγῇ

aprendido as artimanhas retóricas junto ao Discurso Injusto para não terem de
pagar suas dívidas (v. 1111, 1309). Todavia, é sobretudo com Platão que o termo
passou a designar um tipo específico de profissional, sentido este que se consagrou
posteriormente: mestres itinerantes de *virtude* (*aretē*), que a ensinavam aos jovens
em troca de dinheiro, a despeito do que cada um deles entendia por *aretē* (*Protágoras* 318e-319a, 349a; *Hípias Maior* 283c; *Apologia* 19d-20c; *Mênon* 95b-c; *Eutidemo*
273d). A condição do sofista em Atenas, contudo, era paradoxal: se atraíam um
público jovem que aspirava uma ascensão na vida política, como vemos representado no *Protágoras*, eles eram motivo de suspeita por parte daquela sociedade
que via com maus olhos a sua influência sobre a juventude. A vergonha que sente
Hipócrates ao reconhecer que, segundo o argumento indutivo de Sócrates, seu
objetivo seria se tornar um sofista como Protágoras (312a), só pode ser entendida
à luz desse aspecto sociológico envolvido no problema (ver, por exemplo, Platão,
Mênon 91b-c). As figuras dos "sofistas" que aparecem como personagens dos diálogos platônicos são: Hípias, Protágoras, Górgias, Trasímaco, Pródico, Eutidemo e
Dionisodoro, embora Trasímaco, no Livro I da *República*, não seja nomeado como
tal. Outras figuras são apenas referidas como sofistas, como o caso de Eveno de
Paros (cf. *Apologia* 20b-c; *Fédon* 60c-61c; *Fedro* 267a). Antifonte, de Ramnunte, por
sua vez, é referido por Platão como "mestre de retórica" de Péricles, no *Menêxeno*
(236a), mas não como *sophistēs*. A obra de Filóstrato, *A Vida dos Sofistas* (séc. III

PROTÁGORAS 383

— Se alguém, pois, continuasse a lhe perguntar: "E você mesmo vai ao encontro de Protágoras para se tornar o quê?"

E ele, ao me responder, enrubesceu, pois a luz do alvorecer já era suficiente para divisá-lo:

— Se o caso se assemelha aos anteriores, é evidente que para me tornar sofista.

— Mas, pelos deuses! – perguntei: – Não sentiria vergonha de se apresentar aos helenos como sofista?

— Sim, por Zeus, Sócrates! Se devo dizer o que penso.

— Bem, talvez, Hipócrates, não seja esse tipo de ensinamento que você pretende ter com Protágoras, mas um tipo de ensinamento semelhante ao do alfabetizador, do professor de cítara e do treinador[17]. Pois você não aprende cada uma dessas coisas em vista da arte, a fim de se tornar artífice delas, mas em vista da educação, como convém a um homem leigo e livre.

— Absolutamente – disse ele. – Parece-me que o ensinamento de Protágoras é mais afim a esse segundo tipo.

— Você está ciente, então, do que está prestes a fazer agora, ou não percebe? – perguntei.

— A respeito do quê?

— De que está prestes a entregar a sua própria alma aos cuidados de um homem, de um sofista, como você mesmo diz; contudo, o que é o sofista, eu me admiraria se você soubesse. E se de fato o ignora, você não sabe a quem está ofertando a sua alma, tampouco se vem a ser alguma coisa boa ou má.

— Eu acho que sei, sim – redarguiu ele.

— Diga-me, então! O que você considera ser o sofista?

d.C.), pertencente à chamada Segunda Sofística, congrega Górgias, Protágoras, Pródico, Trasímaco, Antifonte, Crítias e Polo (que aparece como personagem no *Górgias*, de Platão). Sobre a semântica do termo *sophistēs* e a associação de Sócrates com a figura do "sofista", ver *Estudo Introdutório*, Cap. 1. Sobre a condição do sofista em Atenas, ver C.H. Kahn, Drama and Dialectic in Plato's *Gorgias*, *Oxford Studies in Ancient Philosophy*, v. 1; G.B. Kerferd, *The Sophistic Movement*; C.C.W. Taylor, *Plato. Protagoras*, p. 66.

17. A aprendizagem das letras, a ginástica e a música são os três princípios elementares da educação grega, como veremos adiante no grande discurso de Protágoras (cf. 325d-326b).

ΠΡΩΤΑΓΟΡΑΣ

5 εἶναι τὸν σοφιστήν;—Ἐγὼ μέν, ἦ δ' ὅς, ὥσπερ τοὔνομα λέγει,
τοῦτον εἶναι τὸν τῶν σοφῶν ἐπιστήμονα.—Οὐκοῦν, ἦν δ'
ἐγώ, τοῦτο μὲν ἔξεστι λέγειν καὶ περὶ ζωγράφων καὶ περὶ
τεκτόνων, ὅτι οὗτοί εἰσιν οἱ τῶν σοφῶν ἐπιστήμονες· ἀλλ'
d εἴ τις ἔροιτο ἡμᾶς, "Τῶν τί σοφῶν εἰσιν οἱ ζωγράφοι ἐπιστήμονες," εἴποιμεν ἄν που αὐτῷ ὅτι τῶν πρὸς τὴν ἀπεργα-
σίαν τὴν τῶν εἰκόνων, καὶ τἆλλα οὕτως. εἰ δέ τις ἐκεῖνο
ἔροιτο, "Ὁ δὲ σοφιστὴς τῶν τί σοφῶν ἐστιν;" τί ἂν
5 ἀποκρινοίμεθα αὐτῷ; ποίας ἐργασίας ἐπιστάτης;—Τί ἂν
εἴποιμεν αὐτὸν εἶναι, ὦ Σώκρατες, ἢ ἐπιστάτην τοῦ ποιῆσαι
δεινὸν λέγειν;—Ἴσως ἄν, ἦν δ' ἐγώ, ἀληθῆ λέγοιμεν, οὐ
μέντοι ἱκανῶς γε· ἐρωτήσεως γὰρ ἔτι ἡ ἀπόκρισις ἡμῖν δεῖται,
περὶ ὅτου ὁ σοφιστὴς δεινὸν ποιεῖ λέγειν· ὥσπερ ὁ κιθα-
e ριστὴς δεινὸν δήπου ποιεῖ λέγειν περὶ οὗπερ καὶ ἐπιστήμονα,
περὶ κιθαρίσεως· ἦ γάρ;—Ναί.—Εἶεν· ὁ δὲ δὴ σοφιστὴς
περὶ τίνος δεινὸν ποιεῖ λέγειν;—Δῆλον ὅτι περὶ οὗπερ καὶ
ἐπίστασθαι;—Εἰκός γε. τί δή ἐστιν τοῦτο περὶ οὗ αὐτός τε
5 ἐπιστήμων ἐστὶν ὁ σοφιστὴς καὶ τὸν μαθητὴν ποιεῖ;—Μὰ
Δί', ἔφη, οὐκέτι ἔχω σοι λέγειν.

313 Καὶ ἐγὼ εἶπον μετὰ τοῦτο· Τί οὖν; οἶσθα εἰς οἷόν τινα
κίνδυνον ἔρχῃ ὑποθήσων τὴν ψυχήν; ἢ εἰ μὲν τὸ σῶμα
ἐπιτρέπειν σε ἔδει τῳ διακινδυνεύοντα ἢ χρηστὸν αὐτὸ
γενέσθαι ἢ πονηρόν, πολλὰ ἂν περιεσκέψω εἴτ' ἐπιτρεπτέον
5 εἴτε οὔ, καὶ εἰς συμβουλὴν τούς τε φίλους ἂν παρεκάλεις
καὶ τοὺς οἰκείους σκοπούμενος ἡμέρας συχνάς· ὃ δὲ περὶ
πλείονος τοῦ σώματος ἡγῇ, τὴν ψυχήν, καὶ ἐν ᾧ πάντ' ἐστὶν

18. A expressão grega *deinos legein* (traduzida aqui como "terrivelmente hábil no discurso") se aplica geralmente ao orador hábil em persuadir a audiência, como vemos por vezes referido em Platão (*Mênon* 95c; *Apologia* 17a-c) e em outros autores dos sécs. v e iv a.C. (Aristófanes, *Os Acarnenses* v. 429; Ésquines, *Contra Ctesifonte* 173; idem, *Contra Timarco* 20; Xenofonte, *Anábase* 2.5.15). Nesse sentido, Hipócrates acredita que Protágoras é capaz de tornar seus discípulos competentes oradores, o que implica, portanto, certo treinamento em retórica. Embora essa associação entre sofística e retórica seja bastante comum, o próprio *Protágoras* deixa claro que o interesse pelo conhecimento dos chamados "sofistas" não se restringia apenas à retórica, como vemos em diversas passagens do diálogo (cf. 315b-c, 318d-319a, 341a-d).

19. Sobre a superioridade da alma sobre o corpo, ver Platão *Críton* 47e-48a; *Hípias Menor* 373a; *Górgias* 512a; *Banquete* 210b; *República* iv 445a; *Leis* v 727d.

— Eu considero que ele é – respondeu –, como o próprio nome indica, o conhecedor das coisas sábias.

— Não é possível, pois – tornei eu –, dizer isto também dos pintores e dos carpinteiros, que eles são aqueles que conhecem as coisas sábias? Porém, se alguém nos indagasse: "Que coisas sábias os pintores conhecem?", decerto lhe responderíamos que eles conhecem as coisas relativas à produção de imagens, e o mesmo vale para os demais casos. E se alguém nos colocasse aquela pergunta: "Mas que coisas sábias concernem ao sofista?", o que lhe responderíamos? De que ofício ele é mestre?

— Que outra resposta daríamos nós, Sócrates, senão que ele é mestre em tornar alguém terrivelmente hábil no discurso?[18]

— Talvez – tornei eu –, seja verdade o que dissemos, embora insuficiente. Pois nossa resposta ainda requer outra pergunta: a respeito de que o sofista torna alguém terrivelmente hábil no discurso? Por exemplo: o professor de cítara, decerto, torna seu aluno terrivelmente hábil no discurso concernente à matéria da qual ele também o faz conhecedor, ou seja, tocar cítara. Ou não?

— Sim.

— Pois bem! E o sofista, a respeito de que ele torna alguém terrivelmente hábil no discurso?

— É evidente que a respeito daquilo que ele também conhece.

— Provavelmente. Que matéria é essa, pois, da qual o próprio sofista é conhecedor e faz de seu discípulo um conhecedor?

— Por Zeus! – respondeu ele. – Não sei mais o que dizer.

E eu continuei:

— E então? Você sabe a que tipo de risco vai submeter a sua alma? Se você tivesse de confiar seu corpo a alguém correndo o risco de melhorá-lo ou piorá-lo, você investigaria a questão sob vários ângulos para saber se deveria confiá-lo a essa pessoa ou não, e convocaria um conselho de amigos e parentes, examinando o problema dias a fio. Contudo, a respeito daquilo que você considera mais valioso que o corpo, ou seja, a alma[19], da qual depende o êxito ou não de tudo o que lhe concerne à

τὰ σὰ ἢ εὖ ἢ κακῶς πράττειν, χρηστοῦ ἢ πονηροῦ αὐτοῦ
γενομένου, περὶ δὲ τούτου οὔτε τῷ πατρὶ οὔτε τῷ ἀδελφῷ
ἐπεκοινώσω οὔτε ἡμῶν τῶν ἑταίρων οὐδενί, εἴτ' ἐπιτρεπτέον
εἴτε καὶ οὐ τῷ ἀφικομένῳ τούτῳ ξένῳ τὴν σὴν ψυχήν, ἀλλ'
ἑσπέρας ἀκούσας, ὡς φῄς, ὄρθριος ἥκων περὶ μὲν τούτου
οὐδένα λόγον οὐδὲ συμβουλὴν ποιῇ, εἴτε χρὴ ἐπιτρέπειν
σαυτὸν αὐτῷ εἴτε μή, ἕτοιμος δ' εἶ ἀναλίσκειν τά τε σαυτοῦ
καὶ τὰ τῶν φίλων χρήματα, ὡς ἤδη διεγνωκὼς ὅτι πάντως
συνεστέον Πρωταγόρᾳ, ὃν οὔτε γιγνώσκεις, ὡς φῄς, οὔτε
διείλεξαι οὐδεπώποτε, σοφιστὴν δ' ὀνομάζεις, τὸν δὲ σοφιστὴν ὅτι ποτ' ἔστιν φαίνῃ ἀγνοῶν, ᾧ μέλλεις σαυτὸν ἐπιτρέπειν;—Καὶ ὃς ἀκούσας, Ἔοικεν, ἔφη, ὦ Σώκρατες, ἐξ ὧν
σὺ λέγεις.—Ἀρ' οὖν, ὦ Ἱππόκρατες, ὁ σοφιστὴς τυγχάνει
ὢν ἔμπορός τις ἢ κάπηλος τῶν ἀγωγίμων, ἀφ' ὧν ψυχὴ
τρέφεται; φαίνεται γὰρ ἔμοιγε τοιοῦτός τις.—Τρέφεται δέ,
ὦ Σώκρατες, ψυχὴ τίνι;—Μαθήμασιν δήπου, ἦν δ' ἐγώ. καὶ
ὅπως γε μή, ὦ ἑταῖρε, ὁ σοφιστὴς ἐπαινῶν ἃ πωλεῖ ἐξα-
πατήσῃ ἡμᾶς, ὥσπερ οἱ περὶ τὴν τοῦ σώματος τροφήν, ὁ
ἔμπορός τε καὶ κάπηλος. καὶ γὰρ οὗτοί πού ὧν ἄγουσιν
ἀγωγίμων οὔτε αὐτοὶ ἴσασιν ὅτι χρηστὸν ἢ πονηρὸν περὶ τὸ
σῶμα, ἐπαινοῦσιν δὲ πάντα πωλοῦντες, οὔτε οἱ ὠνούμενοι
παρ' αὐτῶν, ἐὰν μή τις τύχῃ γυμναστικὸς ἢ ἰατρὸς ὤν.
οὕτω δὲ καὶ οἱ τὰ μαθήματα περιάγοντες κατὰ τὰς πόλεις
καὶ πωλοῦντες καὶ καπηλεύοντες τῷ ἀεὶ ἐπιθυμοῦντι ἐπαινοῦσιν μὲν πάντα ἃ πωλοῦσιν, τάχα δ' ἄν τινες, ὦ ἄριστε,
καὶ τούτων ἀγνοοῖεν ὧν πωλοῦσιν ὅτι χρηστὸν ἢ πονηρὸν
πρὸς τὴν ψυχήν· ὡς δ' αὔτως καὶ οἱ ὠνούμενοι παρ' αὐτῶν,
ἐὰν μή τις τύχῃ περὶ τὴν ψυχὴν αὖ ἰατρικὸς ὤν. εἰ
μὲν οὖν σὺ τυγχάνεις ἐπιστήμων τούτων τί χρηστὸν καὶ
πονηρόν, ἀσφαλές σοι ὠνεῖσθαι μαθήματα καὶ παρὰ Πρω-

medida que ela melhore ou piore, você não consultou nem seu pai, nem seu irmão, nem qualquer um de nossos amigos, para saber se deveria ou não confiar sua alma a esse estrangeiro recém-chegado aqui. Tendo ouvido falar sobre ele à noite, conforme seu relato, você me procura antes mesmo do alvorecer, negligenciando qualquer argumento ou conselho para saber se deve ou não confiar a si mesmo a ele; pelo contrário, você está resoluto a despender nessa empresa o seu próprio dinheiro e o dos seus amigos, como se já tivesse decidido que deveria, por todos os meios, passar a conviver com Protágoras, o qual você não conhece, confissão sua, e com quem jamais dialogou. Você o denomina sofista, mas ignora flagrantemente o que é um sofista, a quem pretende confiar a si mesmo.

E ele, depois de ouvir minhas palavras, disse:

— Parece que seja esse o caso, pelo que você está dizendo.

— Porventura, Hipócrates, o sofista não seria certo negociante e vendedor de mercadorias, com as quais a alma se nutre? Pois, para mim, é claro que ele é alguém desse tipo.

— Mas a alma, Sócrates, nutre-se de quê?

— De ensinamentos, decerto – respondi. – E cuidado, meu amigo, para que o sofista, ao elogiar o que vende, não nos engane, assim como fazem as pessoas envolvidas com a nutrição do corpo, o negociante e o vendedor. Com efeito, das mercadorias que portam, eles próprios não sabem o que é útil ou nocivo para o corpo, mas elogiam todas elas quando estão à venda; tampouco sabem disso seus clientes, a não ser que seja ele casualmente um professor de ginástica ou um médico. Da mesma forma, aqueles que rondam pelas cidades negociando e vendendo ensinamentos a todos que almejam por eles, elogiam tudo quanto vendem, mas, talvez, haja também em meio a eles, excelente homem, quem ignore, dentre as coisas que vende, o que é útil ou nocivo para a alma; e o mesmo sucede aos seus clientes, a não ser que seja ele eventualmente um médico da alma. Se você, por acaso, conhece o que é útil ou nocivo dentre os ensinamentos à venda, então é seguro que os

388 ΠΡΩΤΑΓΟΡΑΣ

5 ταγόρου καὶ παρ' ἄλλου ὁτουοῦν· εἰ δὲ μή, ὅρα, ὦ μακάριε,
314 μὴ περὶ τοῖς φιλτάτοις κυβεύῃς τε καὶ κινδυνεύῃς. καὶ γὰρ
δὴ καὶ πολὺ μείζων κίνδυνος ἐν τῇ τῶν μαθημάτων ὠνῇ ἢ
ἐν τῇ τῶν σιτίων. σιτία μὲν γὰρ καὶ ποτὰ πριάμενον παρὰ
τοῦ καπήλου καὶ ἐμπόρου ἔξεστιν ἐν ἄλλοις ἀγγείοις ἀπο-
5 φέρειν, καὶ πρὶν δέξασθαι αὐτὰ εἰς τὸ σῶμα πιόντα ἢ
φαγόντα, καταθέμενον οἴκαδε ἔξεστιν συμβουλεύσασθαι,
παρακαλέσαντα τὸν ἐπαΐοντα, ὅτι τε ἐδεστέον ἢ ποτέον καὶ
ὅτι μή, καὶ ὁπόσον καὶ ὁπότε· ὥστε ἐν τῇ ὠνῇ οὐ μέγας ὁ
b κίνδυνος. μαθήματα δὲ οὐκ ἔστιν ἐν ἄλλῳ ἀγγείῳ ἀπενεγ-
κεῖν, ἀλλ' ἀνάγκη καταθέντα τὴν τιμὴν τὸ μάθημα ἐν αὐτῇ
τῇ ψυχῇ λαβόντα καὶ μαθόντα ἀπιέναι ἢ βεβλαμμένον ἢ
ὠφελημένον. ταῦτα οὖν σκοπώμεθα καὶ μετὰ τῶν πρεσβυ-
5 τέρων ἡμῶν· ἡμεῖς γὰρ ἔτι νέοι ὥστε τοσοῦτον πρᾶγμα
διελέσθαι. νῦν μέντοι, ὥσπερ ὡρμήσαμεν, ἴωμεν καὶ ἀκού-
σωμεν τοῦ ἀνδρός, ἔπειτα ἀκούσαντες καὶ ἄλλοις ἀνακοι-
νωσώμεθα· καὶ γὰρ οὐ μόνος Πρωταγόρας αὐτόθι ἐστίν,
c ἀλλὰ καὶ Ἱππίας ὁ Ἠλεῖος—οἶμαι δὲ καὶ Πρόδικον τὸν
Κεῖον—καὶ ἄλλοι πολλοὶ καὶ σοφοί.

20. Pela data aproximada do diálogo (±433 a.C.), Hipócrates seria ainda um adolescente, e Sócrates (469-399 a.C.) estaria com 36 anos. Assim, essa aproximação das idades sugerida por Sócrates aqui tem uma função persuasiva e protetora, criando um vínculo estreito de amizade com seu interlocutor. Sobre a maior gravidade dos riscos da alma em comparação aos riscos do corpo, ver Platão, *Críton* 47d-48a; *Górgias* 478c-e, 511c-512b; *República* I 353d-354a.

21. Hípias de Élide (±470s->399 a.C.) é uma das figuras históricas chamada de "sofista" por Platão a quem o filósofo dedicou dois diálogos homônimos (*Hípias Maior* e *Hípias Menor*), embora o primeiro seja considerado espúrio por parte da crítica contemporânea. Platão é a maior "fonte" sobre a vida de Hípias, inclusive sobre sua data de nascimento, pois no *Protágoras* (317c) e no *Hípias Maior* (282d-e) é dito que Protágoras era tão mais velho do que ele que podia ser seu pai. Se essa informação é pertinente, então Hípias tinha uma idade aproximada da de Sócrates. Serviu muitas vezes como embaixador de Élide na Lacedemônia (*Hípias Maior* 281a-b) e ensinava a seus discípulos "cálculo, astronomia, geometria e música" (*Protágoras* 317d-e), além de se interessar por exegese poética (*Protágoras* 347a-b; *Hípias Menor* 363a-c). Confeccionava suas próprias roupas, joias e adornos (*Hípias Menor* 368b-d), e arrogava ser capaz de memorizar cinquenta nomes depois de ouvi-los uma só vez (*Hípias Maior* 285e). Xenofonte também reporta um diálogo entre Sócrates e Hípias nas *Memoráveis* (4.4.6-25), mas não nos oferece nenhum dado biográfico adicional. No *Banquete*, Xenofonte atribui um sistema de memorização a Hípias que Cálias lhe teria pago para aprender (4.62) (D. Nails, op. cit, p. 168).

compre de Protágoras ou de quem quer que seja; caso contrário, homem afortunado, veja se não está lançando à sorte e pondo em risco o que lhe há de mais caro! Com efeito, há um risco muito maior na compra de ensinamentos do que na de alimentos. Pois, quando se compra comidas e bebidas do vendedor ou negociante, é possível transportá-las em diferentes recipientes; antes de comer ou beber e então acomodá-las no corpo, pode-se estocá-las em casa e, convidando quem conhece o assunto, aconselhar-se com ele sobre o que se deve ou não comer e beber, em que quantidade e em que ocasião. Por conseguinte, não há grande risco nessa compra. Todavia, no caso dos ensinamentos, não é possível transportá-los em outro recipiente, mas é necessário, uma vez pago o preço, que se carregue na alma o que se aprende e se saia daí ou prejudicado ou beneficiado. Compartilhemos, pois, o exame desse assunto com pessoas mais velhas do que nós, pois somos ainda jovens para decidirmos sobre algo tão importante![20] Agora, contudo, chegou o momento de irmos ouvir o homem, como havíamos nos inclinado a fazer. Depois de escutá-lo, consultemos também outras pessoas! Na verdade, Protágoras não está sozinho; Hípias, de Élide[21], creio que Pródico, de Ceos[22], inclusive, e muitos outros homens igualmente sábios também estão por lá.

22. Assim como Hípias, de Élide, Pródico, de Ceos, é uma das figuras chamada de "sofista" por Platão, embora não tenha lhe dedicado um diálogo homônimo. Também, nesse caso, Platão é a "fonte" mais importante de informações, pois, se há alguma plausibilidade no que diz o filósofo, sabemos que ele tinha uma voz grave e ressonante (*Protágoras* 315d), que escreveu sobre Héracles e outros heróis (*Banquete* 177b), que desempenhou funções diplomáticas em nome de Ceos, visitando cidades onde podia encontrar jovens que pudessem pagar pelas suas lições (*Hípias Maior* 282c). Todavia, o que parece mais relevante na construção literária da figura de Pródico em Platão é seu interesse pela *correção das palavras* (*orthotēs onomatōn*), pelas distinções semânticas de palavras sinônimas (*Protágoras* 337a-c, 340a-341b; *Eutidemo* 277e; *Crátilo* 384b-c). A personagem Sócrates por vezes alega ter sido discípulo de Pródico (*Mênon* 96d), mas que não fora capaz de pagar pela lição de cinquenta dracmas, mas tão somente pela de um dracma (*Crátilo* 384b). Ateneu diz que no diálogo *Cálias* Ésquines critica Pródico por ter sido mestre de Terâmenes, um dos Trinta Tiranos (*Deipnosophistae* 5.62.15 Kaibel). Outras referências a Pródico nos diálogos platônicos, além das já citadas acima: *Fedro* 267b-c; *Laques* 197d; *Apologia* 19e; *Teeteto* 151b; *Mênon* 75e; *Cármides* 163d; *República* X 600c. Outras referências a Pródico em Aristófanes: *As Aves* 685-692; *As*

390 ΠΡΩΤΑΓΟΡΑΣ

Δόξαν ἡμῖν ταῦτα ἐπορευόμεθα· ἐπειδὴ δὲ ἐν τῷ προθύρῳ
ἐγενόμεθα, ἐπιστάντες περί τινος λόγου διελεγόμεθα, ὃς ἡμῖν
5 κατὰ τὴν ὁδὸν ἐνέπεσεν· ἵν' οὖν μὴ ἀτελὴς γένοιτο, ἀλλὰ
διαπερανάμενοι οὕτως ἐσίοιμεν, στάντες ἐν τῷ προθύρῳ
διελεγόμεθα ἕως συνωμολογήσαμεν ἀλλήλοις.   δοκεῖ οὖν
μοι, ὁ θυρωρός, εὐνοῦχός τις, κατήκουεν ἡμῶν, κινδυνεύει δὲ
d διὰ τὸ πλῆθος τῶν σοφιστῶν ἄχθεσθαι τοῖς φοιτῶσιν εἰς τὴν
οἰκίαν· ἐπειδὴ γοῦν ἐκρούσαμεν τὴν θύραν, ἀνοίξας καὶ ἰδὼν
ἡμᾶς, "Ἔα," ἔφη, "σοφισταί τινες· οὐ σχολὴ αὐτῷ·" καὶ ἅμα
ἀμφοῖν τοῖν χεροῖν τὴν θύραν πάνυ προθύμως ὡς οἷός τ' ἦν ἐπή-
5 ραξεν.   καὶ ἡμεῖς πάλιν ἐκρούομεν, καὶ ὃς ἐγκεκλημένης τῆς
θύρας ἀποκρινόμενος εἶπεν, "Ὦ ἄνθρωποι," ἔφη, "οὐκ ἀκη-
κόατε ὅτι οὐ σχολὴ αὐτῷ;" "Ἀλλ' ὠγαθέ," ἔφην ἐγώ, "οὔτε
παρὰ Καλλίαν ἥκομεν οὔτε σοφισταί ἐσμεν.   ἀλλὰ θάρρει·
e Πρωταγόραν γάρ τοι δεόμενοι ἰδεῖν ἤλθομεν· εἰσάγγειλον
οὖν."   μόγις οὖν ποτε ἡμῖν ἄνθρωπος ἀνέῳξεν τὴν θύραν.

Ἐπειδὴ δὲ εἰσήλθομεν, κατελάβομεν Πρωταγόραν ἐν τῷ
προστῴῳ περιπατοῦντα, ἐξῆς δ' αὐτῷ συμπεριεπάτουν ἐκ μὲν
5 τοῦ ἐπὶ θάτερα Καλλίας ὁ Ἱππονίκου καὶ ὁ ἀδελφὸς αὐτοῦ
315 ὁ ὁμομήτριος, Πάραλος ὁ Περικλέους, καὶ Χαρμίδης ὁ Γλαύ-

Nuvens 358-363 (escólio v. 361); fr. 490K (D. Nails, op. cit., p. 255). No *Banquete*,
de Xenofonte, o narrador reporta que o contato de Cálias com Pródico e Hípias
foi intermediado por Antístenes, discípulo e amigo de Sócrates (4.62). Trata-se
provavelmente de uma alusão ao *Protágoras* de Platão, supondo-se que o *Banquete*
de Xenofonte tenha sido composto após o diálogo platônico (a despeito de toda a
dificuldade de precisão das datas de composição das obras de ambos os autores).

23. Essa breve descrição de Sócrates da conversa com Hipócrates, que chega
a uma conclusão consentida por ambos os interlocutores, remete-nos a uma distinção entre dois tipos de diálogo que Platão apresenta no *Górgias*: o "filosófico",
cuja finalidade seria o *consenso* entre ambas as partes (referido comumente pelo
termo *homologia* e seus correlatos), como acontece aqui nesta cena do *Protágoras*,
e o "erístico", cujo escopo último seria a *vitória* de uma parte sobre a outra (referido no *Górgias* pelo termo *philonikia* e seus correlatos, 457d4). Sobre o tema, ver
Estudo Introdutório, subtítulo 4.2.

24. Ver a planta da casa de Cálias (Anexo 2).

25. Péricles (±495-429 a.C.), ilustre general militar e político, passou a ser a
principal figura da democracia ateniense depois do exílio de Címon II e da morte
de Efialtes no fim dos anos 460 a.C., os dois rivais políticos de maior influência
naquela época. Até a sua morte em 429 a.C., no começo da Guerra do Peloponeso,

[314c-315a] PROTÁGORAS 391

Uma vez acatada a sugestão, seguimos caminho. Quando nos aproximamos do portão, detivemo-nos ali e continuamos a dialogar sobre um assunto que nos surgiu durante o percurso. A fim de que a discussão não ficasse inconclusa e só entrásse-mos depois de tê-la terminado, paramos diante do portão e persistimos no diálogo até que chegássemos a um consenso[23]. Parece-me, pois, que o porteiro, um eunuco, estava nos ouvindo, e é provável que, devido ao grande afluxo de sofistas, estivesse d irritado com os visitantes da casa. Assim, tão logo batemos à porta, ele a abriu e, mirando-nos, falou o seguinte:

— Ah, não! Sofistas! Ele está ocupado.

E ao mesmo tempo, com ambas as mãos, fechou a porta na nossa cara com todas as suas forças. Nós tornamos a bater, e ele, atrás da porta trancafiada, disse-nos em resposta:

— Homens, vocês não acabaram de ouvir que ele está ocupado?

— Mas, bom homem – tornei eu –, nem viemos à procura de Cálias, nem somos sofistas. Tenha confiança! É a Protágoras que solicitamos e desejamos ver. Anuncie-nos! e

A duras penas, então, o homem nos abriu a porta.

Ao adentrarmos a casa, surpreendemos Protágoras a caminhar pelo pórtico[24], acompanhado, de um lado, por Cálias, filho de Hipô-nico, por seu irmão por parte de mãe, Páralo, filho de Péricles[25], e 315

Péricles foi eleito como general anualmente e manteve sua preeminência na con-dução das ações políticas de Atenas (D. Nails, op. cit., p. 227-228). O elogio de Tucídides à sua figura é uma das imagens mais notórias que temos de Péricles na literatura grega:

> A causa disso era que Péricles, poderoso por seu prestígio e inteligência, homem notoriamente incorruptível, continha a multidão livremente, e ao invés de ser conduzido por ela, era ele quem a conduzia, porque não obtivera seu poder por meios escusos e não discursava em vista do prazer, mas se apoiava em seu prestígio para contradizê-la deixando-a colérica. Quando percebia nas pessoas uma confiança inoportuna e insolente, ele as acometia com palavras e lhes infundia medo, e, inversamente, quando as via temerosas sem razão, restituía-lhes novamente a confiança. No nome, era democracia; mas, na prática, o poder nas mãos do primeiro dos homens. (2.65.8-9)

> αἴτιον δ' ἦν ὅτι ἐκεῖνος μὲν δυνατὸς ὢν τῷ τε ἀξιώματι καὶ τῇ γνώμῃ χρημάτων τε διαφανῶς ἀδωρότατος γενόμενος κατεῖχε τὸ πλῆθος ἐλευθέρως, καὶ οὐκ ἤγετο μᾶλλον ὑπ' αὐτοῦ ἢ αὐτὸς ἦγε, διὰ τὸ μὴ

392 ΠΡΩΤΑΓΟΡΑΣ

κωνος, ἐκ δὲ τοῦ ἐπὶ θάτερα ὁ ἔτερος τῶν Περικλέους
Ξάνθιππος, καὶ Φιλιππίδης ὁ Φιλομήλου καὶ Ἀντίμοιρος ὁ
Μενδαῖος, ὅσπερ εὐδοκιμεῖ μάλιστα τῶν Πρωταγόρου μαθη-
5 τῶν καὶ ἐπὶ τέχνῃ μανθάνει, ὡς σοφιστὴς ἐσόμενος. τούτων
δὲ οἱ ὄπισθεν ἠκολούθουν ἐπακούοντες τῶν λεγομένων τὸ
μὲν πολὺ ξένοι ἐφαίνοντο—οὓς ἄγει ἐξ ἑκάστων τῶν πόλεων
ὁ Πρωταγόρας, δι' ὧν διεξέρχεται, κηλῶν τῇ φωνῇ ὥσπερ
b Ὀρφεύς, οἱ δὲ κατὰ τὴν φωνὴν ἕπονται κεκηλημένοι—

κτώμενος ἐξ οὐ προσηκόντων τὴν δύναμιν πρὸς ἡδονήν τι λέγειν, ἀλλ'
ἔχων ἐπ' ἀξιώσει καὶ πρὸς ὀργήν τι ἀντειπεῖν. ὁπότε γοῦν αἴσθοιτό τι
αὐτοὺς παρὰ καιρὸν ὕβρει θαρσοῦντας, λέγων κατέπληξσεν ἐπὶ τὸ
φοβεῖσθαι, καὶ δεδιότας αὖ ἀλόγως ἀντικαθίστη πάλιν ἐπὶ τὸ θαρσεῖν.
ἐγίγνετό τε λόγῳ μὲν δημοκρατία, ἔργῳ δὲ ὑπὸ τοῦ πρώτου ἀνδρὸς ἀρχή.

26. Cármides (±446-403 a.C.) era irmão da mãe de Platão (Diógenes Laércio 3.1) e primo de Crítias. Perto do fim de sua vida, Cármides foi um dos dez
selecionados pelo governo dos Trinta Tiranos para governar o Pireu. De fato, ele
não aparece na lista dos Trinta reportada por Xenofonte nas *Helênicas* (2.3.2-3),
embora tenha morrido em 403 a.C., nas proximidades do Pireu, lutando contra
as forças democráticas na chamada Batalha de Muníquia (2.4.19). É bem provável
que ele tenha sido o Cármides, junto com Alcibíades, Adimanto e Axíoco, que
fora exilado em 415 a.C. depois das acusações de blasfêmia por ridicularizarem
os mistérios eleusinos na casa de Cármides (Andócides, *Sobre os Mistérios* 16).
(N. Denyer, op. cit., p. 80-81; D. Nails, op. cit., p. 91-92). Platão dedicou um diálogo homônimo a ele, em que se discute a definição de *sensatez* e/ou *temperança*
(*sōphrosunē*), terminando em aporia. Cármides também figura como personagem
no *Banquete*, de Xenofonte, representado como um homem pobre que vivia às
expensas da cidade e que dormia melhor do que quando era rico, pois não tinha
mais que se preocupar com os assaltantes assediando os muros de sua casa (4.31).

27. Tanto Páralo (455-429 a.C.) quanto Xantipo (460/457-429a.C.) morreram
vitimados pela peste que assolou Atenas em 430 a.C. Pouco sabemos deles por
fontes contemporâneas. Plutarco, contudo, reporta que Xantipo tinha um caráter
perdulário em contraste com o caráter parcimonioso do pai (*Péricles* 36). Conta
também que Xantipo certa vez pedira dinheiro emprestado a um amigo como se
fosse a pedido do pai, e quando este foi cobrar seu dinheiro, Péricles o proces-
sou ao invés de pagá-lo. Xantipo então passou a vilipendiar o pai, zombando das
conversas que ele mantinha em casa, especialmente com os sofistas (*Péricles* 36).

28. Filípides (±450-†? a.C.) aparece nas *Inscriptiones Graecae* (II 1740.43) como
um conselheiro, embora sem data definida (D. Nails, op. cit., p. 238). Seu filho,
Filomelo (mesmo nome do avô), foi discípulo de Isócrates, rival de Platão (Isócrates, *Antídose* 93).

29. Nada sabemos de Antímero além dessa referência do *Protágoras*. Se a
data dramática do diálogo pode ser determinada por volta de 433/432 a.C., então
a cidade de Mende, de onde era proveniente, ainda se encontrava sob o domínio

por Cármides, filho de Glauco[26]; e, de outro lado, por Xantipo, o outro filho de Péricles[27], por Filípides, filho de Filomelo[28], e por Antímero, de Mende[29], que é o mais bem reputado discípulo de Protágoras e está aprendendo a sua arte para ser sofista[30]. Dos que vinham atrás dele a ouvir o que era proferido, a maioria parecia ser de estrangeiros, os quais Protágoras traz consigo de cada cidade por que passa[31], encantando-os com sua voz à guisa de Orfeu[32]; e eles, encantados, passam a segui-la. Também integravam b

de Atenas. Mende se rebelou logo após a breve trégua geral de abril de 423 a.C. (D. Nails, op. cit., p. 30).

30. Diferentemente de Hipócrates, que busca instrução junto a Protágoras em vista da *educação* (*paideia*), Antímero está aprendendo com ele o ofício de sofistas (cf. 312a-b).

31. Sobre a caracterização da figura do "sofista" nos diálogos platônicos, ver *Estudo Introdutório*, capítulo 1.

32. Orfeu é de origem trácia e, como as Musas, habita perto do monte Olimpo. Toca lira e "cítara", instrumento este cuja invenção é atribuída a ele (P. Grimal, *Dicionário da Mitologia Grega e Romana*, p. 340-341). Dentre as diferentes histórias conservadas sobre Orfeu, Platão faz referência aqui ao notório poder de encantamento de sua música, capaz de seduzir animais, árvores e plantas, como vemos neste trecho do coro de *As Bacantes*, de Eurípides:

> Talvez, [te encontres] nos recantos frondosos
> do Olimpo, onde Orfeu, dedilhando sua cítara,
> congregava árvores com sua música,
> congregava bestas agrestes. (v. 560-564)

> τάχα δ' ἐν ταῖς πολυδένδροισιν Ὀλύμπου
> θαλάμαις, ἔνθα ποτ' Ὀρφεὺς κιθαρίζων
> σύναγεν δένδρεα μούσαις,
> σύναγεν θῆρας ἀγρώστας.

Também neste fragmento de Simônides (fr. 567 PMG) é retratado o poder de encantamento da música de Orfeu, provavelmente em referência à sua viagem junto aos argonautas (D. Campbell, *Greek Lyric, v. 3*, p. 453):

> Sobre sua cabeça, pairava
> uma nuvem de pássaros,
> e peixes do mar ciano
> emergiam aos saltos,
> ao som de belas canções.

> τοῦ καὶ ἀπειρέσιοι
> πωτῶντ' ὄρνιθες ὑπὲρ κεφαλᾶς,
> ἀνὰ δ' ἰχθύες ὀρθοὶ
> κυανέου 'ξ ὕδατος ἅλ-
> λοντο καλᾶι σὺν ἀοιδᾶι.

394 ΠΡΩΤΑΓΟΡΑΣ

ἦσαν δέ τινες καὶ τῶν ἐπιχωρίων ἐν τῷ χορῷ. τοῦτον τὸν
χορὸν μάλιστα ἔγωγε ἰδὼν ἤσθην, ὡς καλῶς ηὐλαβοῦντο
μηδέποτε ἐμποδὼν ἐν τῷ πρόσθεν εἶναι Πρωταγόρου, ἀλλ'
5 ἐπειδὴ αὐτὸς ἀναστρέφοι καὶ οἱ μετ' ἐκείνου, εὖ πως καὶ ἐν
κόσμῳ περιεσχίζοντο οὗτοι οἱ ἐπήκοοι ἔνθεν καὶ ἔνθεν,
καὶ ἐν κύκλῳ περιιόντες ἀεὶ εἰς τὸ ὄπισθεν καθίσταντο
κάλλιστα.

Τὸν δὲ μετ' εἰσενόησα, ἔφη "Ομηρος, 'Ιππίαν τὸν
c 'Ηλεῖον, καθήμενον ἐν τῷ κατ' ἀντικρὺ προστῴῳ ἐν θρόνῳ·
περὶ αὐτὸν δ' ἐκάθηντο ἐπὶ βάθρων 'Ερυξίμαχός τε ὁ
'Ακουμενοῦ καὶ Φαῖδρος ὁ Μυρρινούσιος καὶ "Ανδρων ὁ
'Ανδροτίωνος καὶ τῶν ξένων πολῖταί τε αὐτοῦ καὶ ἄλλοι

33. Homero, *Odisseia* 11.601. A citação de Sócrates concerne ao relato de Odisseu de sua visita aos confins do mundo, onde convocou as almas fantasmagóricas do mundo subterrâneo de Hades para interpelá-las. Nesse sentido, a visita de Sócrates à casa de Cálias seria comparável à *Nekuia*, da *Odisseia*. O verso mencionado marca a passagem do relato das penas de Sísifo, que estaria representado por Protágoras, para o de Héracles, que estaria representado por Hípias.

34. A cena de Hípias sentado sobre o trono pode ser uma alusão à cerimônia de iniciação dos coribantes, denominada *thronēsis* (entronamento), mencionada por Platão, no *Eutidemo* (277d-e). Nesse diálogo, a introdução da personagem Clínias nos ensinamentos dos sofistas Eutidemo e Dionisodoro é comparada jocosamente por Sócrates com a iniciação do jovem nos "mistérios sofísticos" (A. Capra, *Agōn Logōn: Il "Protagora" di Platone tra Eristica e Commedia*, p. 69).

35. Erixímaco (≤448-≥415 a.C.) é a mesma personagem do *Banquete*, de Platão, tendo sido um médico filho de médico (214b). Em 415 a.C., um certo Erixímaco foi um dos acusados de mutilar as hermas (Andócides, *Sobre os Mistérios* 35) e um certo Alcumeno foi (como Fedro e Alcibíades) um dos acusados de profanar os mistérios eleusinos (Andócides, *Sobre os Mistérios* 17-18). É provável que sejam as mesmas pessoas referidas por Platão no *Protágoras*. No processo judiciário de 400 a.C., movido por Teucro, concernente à mutilação das hermas, Andócides afirma que:

> Assim que foram denunciados, parte deles partiu para o exílio, enquanto a outra parte foi presa e condenada à morte conforme a delação de Teucro. Leia-me a lista dos nomes! [Nomes] Teucro indiciou as seguintes pessoas com relação ao caso das ermas: Euctêmon, Glaucipo, Eurímaco, Polieucto, Platão, Antidoro, Xaripo, Teodoro, Alcístenes, Menêstrato, Erixímaco, Eufileto, Euridamante, Ferecleu, Meleto, Timantes, Arxídamo e Telênico. Pois bem, desse grupo, uns retornaram e estão aqui agora, enquanto os que morreram deixaram inúmeros parentes aqui. (*Sobre os Mistérios* 35-36)

> Ἐπειδὴ δὲ οὗτοι ἀπεγράφησαν, οἱ μὲν αὐτῶν φεύγοντες ᾤχοντο, οἱ δὲ συλληφθέντες ἀπέθανον κατὰ τὴν Τεύκρου μήνυσιν. Καί μοι ἀνάγνωθι αὐτῶν τὰ ὀνόματα. Ὀνόματα. Τεῦκρος ἐπὶ τοῖς Ἑρμαῖς ἐμήνυσεν

o coro alguns de nossos concidadãos. Era especialmente esse coro o que me aprazia observar, como seus membros se precaviam caprichosamente para não se anteciparem a Protágoras e estorvarem-no; assim que ele se virava acompanhado de seu séquito, os ouvintes, em perfeita ordem, dividiam-se em dois grupos, e, compondo um círculo, dispunham-se invariavelmente atrás de Protágoras num belíssimo movimento.

Depois dele, entrevi, como dizia Homero[33], Hípias de Élide, sentado sobre o trono[34] no pórtico oposto. À sua volta, estavam sentados sobre bancos Erixímaco, filho de Acumeno[35], Fedro, de Mirrine[36], Ândron, filho de Androtíon[37], e, entre os

c

Εὐκτήμονα, Γλαύκιππον, Εὐρύμαχον, Πολύευκτον, Πλάτωνα, Ἀντίδωρον, Χάριππον, Θεόδωρον, Ἀλκισθένη, Μενέστρατον, Ἐρυξίμαχον, Εὐφίλητον, Εὐρυδάμαντα, Φερεκλέα, Μέλητον, Τιμάνθη, Ἀρχίδαμον, Τελένικον. Τούτων τοίνυν τῶν ἀνδρῶν οἱ μὲν ἥκουσι καὶ εἰσὶν ἐνθάδε, τῶν δὲ ἀποθανόντων εἰσὶ πολλοὶ προσήκοντες· [...]

Todavia, não fica claro se Erixímaco foi um dos exilados ou um dos condenados à morte por Teucro, tampouco se ele retornou a Atenas, caso estivesse no exílio.

36. Fedro, de Mirrine (≤444-393 a.C.), era amigo íntimo de Erixímaco (Platão, *Fedro* 268a), a quem Platão dedica um diálogo homônimo. Aparece também como importante personagem no *Banquete*. Fedro foi um dos acusados de profanação dos Mistérios Eleusinos em 415a.C., como reporta Andócides (*Sobre os Mistérios*, 15). Fugiu de Atenas exilado e teve seus bens confiscados e posteriormente vendidos. Mirrine é um dos distritos na Ática (D. Nails, op. cit., p. 232-234; N. Denyer, op. cit., p. 83).

37. Ândron (≤445-410 a.C.), filho de Androtíon, é mencionado por Platão no *Górgias* como um dos associados à personagem Cálicles na discussão sobre o valor do conhecimento para a vida política (487c-d). Segundo Platão, esse grupo de pessoas, que incluía também Tisandro, de Afidna, e Nausícides, de Colarges, defendia a ideia de que não se deve cultivar excessivamente a sabedoria, pois a vida intelectual seria um entrave para o sucesso na vida política, como argumenta Cálicles em seu discurso grandiloquente no diálogo (484c-486d). A importância de Ândron, do ponto de vista político, deve-se ao fato de ele ter integrado o governo oligárquico de 411 a.C., conhecido como os Quatrocentos, episódio narrado por Tucídides na *História da Guerra do Peloponeso* (8.63-71). Segundo Pseudo-Plutarco (*A Vidas dos Dez Oradores*, 833d-f), com o colapso do governo oligárquico, Ândron impetrou um processo contra Antifonte, de Ramnunte, pessoa a ele associada, e, talvez, contra Arqueptôlemo e Onômacles (D. Nails, op. cit., p. 29). É plausível que o intuito de Ândron com tais processos era salvar a própria vida (E.R. Dodds, *Plato: Gorgias – A Revised Text*, p. 295). Seu filho, Androtíon (mesmo nome do avô), foi educado pelo grande rival de Platão, Isócrates, e inimigo de Demóstenes (N. Denyer, op. cit., p. 83).

396 ΠΡΩΤΑΓΟΡΑΣ

5 τινές. ἐφαίνοντο δὲ περὶ φύσεώς τε καὶ τῶν μετεώρων
ἀστρονομικὰ ἄττα διερωτᾶν τὸν Ἱππίαν, ὁ δ' ἐν θρόνῳ καθή-
μενος ἑκάστοις αὐτῶν διέκρινεν καὶ διεξῄει τὰ ἐρωτώμενα.

Καὶ μὲν δὴ καὶ Τάνταλόν γε εἰσεῖδον—ἐπεδήμει
d γὰρ ἄρα καὶ Πρόδικος ὁ Κεῖος—ἦν δὲ ἐν οἰκήματί τινι, ᾧ
πρὸ τοῦ μὲν ὡς ταμιείῳ ἐχρῆτο Ἱππόνικος, νῦν δὲ ὑπὸ τοῦ
πλήθους τῶν καταλυόντων ὁ Καλλίας καὶ τοῦτο ἐκκενώσας
ξένοις κατάλυσιν πεποίηκεν. ὁ μὲν οὖν Πρόδικος ἔτι κατέ-
5 κειτο, ἐγκεκαλυμμένος ἐν κῳδίοις τισὶν καὶ στρώμασιν καὶ
μάλα πολλοῖς, ὡς ἐφαίνετο· παρεκάθηντο δὲ αὐτῷ ἐπὶ ταῖς
πλησίον κλίναις Παυσανίας τε ὁ ἐκ Κεραμέων καὶ μετὰ
Παυσανίου νέον τι ἔτι μειράκιον, ὡς μὲν ἐγῷμαι καλόν τε
e κἀγαθὸν τὴν φύσιν, τὴν δ' οὖν ἰδέαν πάνυ καλός. ἔδοξα

38. Os estudos *sobre a natureza* (*peri phuseōs*, 315c5) são definidos no *Fédon* como a investigação em vista do conhecimento das causas de cada coisa, das razões da geração e do perecimento, das razões da existência de cada coisa (96a). *Sobre a Natureza* é o título genérico atribuído às obras perdidas de vários autores que denominamos genericamente de "pré-socráticos", tais como Heráclito, Anaxágoras e Empédocles (J. Adam; A. Adam, op. cit., p. 95). Estudos sobre *corpos celestes* (*tōn meteōrōn*, 315c5) aparece como motivo de sátira na comédia antiga do interesse por fenômenos astronômicos no séc. V a.C., como vemos atribuído a Protágoras em *Os Aduladores*, de Êupolis (fr. 157), a Pródico, em *As Aves* (vv.690-692), e a Sócrates, em *As Nuvens* de Aristófanes (v. 228, 490), embora não seja possível precisar se há algum embasamento histórico nessa assunção (N. Denyer, op. cit., p. 83; M. Dorati, op. cit., p. 91-94).

39. Platão, *Hípias Menor* 363c4-d4:

ÊUDICO: É evidente que Hípias não recusará a responder, se alguém lhe fizer perguntas. Não é verdade, Hípias, que responderá às perguntas formuladas por Sócrates?

HÍPIAS: Êudico, eu costumo deixar minha casa em Élide e me dirigir a Olímpia para participar do festival helênico da Olimpíada. Chegando lá, apresento-me no templo onde faço minhas exibições preparadas previamente, conforme o desejo de quem quer que seja, além de responder às perguntas de quem quiser. Então, seria decerto estranho se agora eu me recusasse a responder às perguntas de Sócrates.

{ΕΥ.} Ἀλλὰ δῆλον ὅτι οὐ φθονήσει Ἱππίας, ἐάν τι αὐτὸν ἐρωτᾷς, ἀποκρίνεσθαι. ἢ γάρ, ὦ Ἱππία, ἐάν τι ἐρωτᾷ σε Σωκράτης, ἀποκρινῇ; ἢ πῶς ποιήσεις;

{ΙΠ.} Καὶ γὰρ ἂν δεινὰ ποιοίην, ὦ Εὔδικε, εἰ Ὀλυμπίαζε μὲν εἰς τὴν τῶν Ἑλλήνων πανήγυριν, ὅταν τὰ Ὀλύμπια ᾖ, ἀεὶ ἐπανιὼν οἴκοθεν ἐξ Ἤλιδος εἰς τὸ ἱερὸν παρέχω ἐμαυτὸν καὶ λέγοντα ὅτι ἄν τις βούληται ὧν ἄν μοι εἰς ἐπίδειξιν παρεσκευασμένον ᾖ, καὶ ἀποκρινόμενον τῷ βουλομένῳ ὅτι ἄν τις ἐρωτᾷ, νῦν δὲ τὴν Σωκράτους ἐρώτησιν φύγοιμι.

estrangeiros, concidadãos de Hípias e outros mais. Eles pareciam questionar Hípias a respeito da natureza e de certos fenômenos astronômicos relativos aos corpos celestes[38], e ele, sentado sobre o trono, dava seu veredito e respondia em detalhes a cada pergunta que lhe era endereçada[39].

E então, *avistei Tântalo*[40], pois também Pródico de Ceos estava na cidade. Ele se encontrava num cômodo que, antes, Hipônico utilizava de depósito, mas que, agora, devido ao grande contingente de hóspedes, Cálias esvaziara para acomodar os estrangeiros[41]. Pródico permanecia deitado, envolto num monte de velos e cobertas; foi a impressão que tive[42]. Sentados ao lado dele, sobre leitos contíguos, estavam Pausânias, de Cerames[43], e, junto a ele, um jovem ainda novo, o qual, presumo eu, tinha uma ótima natureza e um belíssimo aspecto físico. Ouvi,

40. Homero, *Odisseia* 11.582. A punição de Tântalo descrita por Odisseu no mesmo episódio referido acima (ver supra nota 33) era ficar cercado de comidas e bebidas que lhe escapavam toda vez que tentava consumi-las (*Odisseia* 583-592). Denyer entende que "a sugestão aqui é que o conhecimento, a nutrição da alma (313c-8-9), vai nos escapar se tentarmos adquiri-lo pelos métodos intelectuais de Pródico que são parodiados em 337a1-c4" (op. cit., p. 84). Nesse sentido, embora o conhecimento linguístico atribuído a Pródico (ou seja, a "correção das palavras", *orthotēs onomatōn*) seja útil, por exemplo, para reconhecer casos de *homonímia* e dissipar ambiguidades em disputas erísticas, como vemos representadas no *Eutidemo* (277d-278e), ele não é suficiente para se conhecer as próprias coisas (*ta onta*), das quais os nomes são imagens imperfeitas, como discutido por Platão, no *Crátilo* (439a-b).

41. O *depósito* era o cômodo da casa onde se estocava o dinheiro e os bens. O fato de ele estar vazio para hospedar Pródico pode ser uma alusão à comédia *Os Aduladores*, de Êupolis, pois os fragmentos supérstites sugerem que a casa de Cálias passava por uma reforma, tamanho o afluxo de pessoas ("Pega esta vassoura e varre o pátio", fr. 167), e que o depósito se encontra vazio justamente porque os sofistas usurpavam tudo o que ali estava ("Eles levam embora, roubam o ouro / da casa, saqueiam a prata", fr. 162). A prodigalidade de Cálias é referida também por Platão (*Apologia,* 20a) e por Andócides (*Sobre os Mistérios* 130-131) (A. Capra, op. cit., p. 54).

42. A pompa de Pródico contrasta flagrantemente com a simplicidade de Sócrates (cf. 310b-c).

43. Pausânias de Cerames aparece como uma importante personagem do *Banquete* de Platão, proferindo um dos discursos sobre *erōs* (180c-185c). Também figura como uma das personagens do *Banquete*, de Xenofonte, em que é referido como amante de Agatão (8.32), assim como no *Protágoras*. Nada mais sabemos sobre ele. Cerames era um distrito (*dēmos*) de Atenas.

398 ΠΡΩΤΑΓΟΡΑΣ

ἀκοῦσαι ὄνομα αὐτῷ εἶναι ᾿Αγάθωνα, καὶ οὐκ ἂν θαυμάζοιμι
εἰ παιδικὰ Παυσανίου τυγχάνει ὤν. τοῦτό τ᾽ ἦν τὸ μειράκιον, καὶ τὼ ᾿Αδειμάντω ἀμφοτέρω, ὅ τε Κήπιδος καὶ ὁ
5 Λευκολοφίδου, καὶ ἄλλοι τινὲς ἐφαίνοντο· περὶ δὲ ὧν διελέγοντο οὐκ ἐδυνάμην ἔγωγε μαθεῖν ἔξωθεν, καίπερ λιπαρῶς
ἔχων ἀκούειν τοῦ Προδίκου—πάσσοφος γάρ μοι δοκεῖ ἀνὴρ
316 εἶναι καὶ θεῖος—ἀλλὰ διὰ τὴν βαρύτητα τῆς φωνῆς βόμβος
τις ἐν τῷ οἰκήματι γιγνόμενος ἀσαφῆ ἐποίει τὰ λεγόμενα.

Καὶ ἡμεῖς μὲν ἄρτι εἰσεληλύθεμεν, κατόπιν δὲ ἡμῶν
ἐπεισῆλθον ᾿Αλκιβιάδης τε ὁ καλός, ὡς φῂς σὺ καὶ ἐγὼ
5 πείθομαι, καὶ Κριτίας ὁ Καλλαίσχρου.

῾Ημεῖς οὖν ὡς εἰσήλθομεν, ἔτι σμίκρ᾽ ἄττα διατρίψαντες
καὶ ταῦτα διαθεασάμενοι προσῆμεν πρὸς τὸν Πρωταγόραν,
b καὶ ἐγὼ εἶπον· ᾿Ω Πρωταγόρα, πρὸς σέ τοι ἤλθομεν ἐγώ τε
καὶ ῾Ιπποκράτης οὗτος.

44. Agatão (>447-±401 a.C.) foi um tragediógrafo bem-sucedido. A cena que
ambienta o *Banquete*, de Platão, representa justamente a celebração de sua primeira
vitória no festival das Leneias de 416 a.C. De suas tragédias, contudo, apenas poucos
fragmentos remanesceram. Na *Ética Eudêmia*, Aristóteles diz que Agatão elogiou o
discurso de defesa de Antifonte, de Ramnunte, na ocasião em que fora condenado
(1232b5-7) por ter liderado a conspiração que culminou com o governo oligárquico
dos Quatrocentos em 411 a.C. (ver Tucídides 8.68). Esse elogio poderia sugerir que
Agatão tinha uma inclinação antidemocrática, o que se coadunaria com o ambiente
da casa de Cálias no *Protágoras*, tendo em vista a presença de figuras como Alcibíades
e Crítias, que tiveram uma fortuna desastrosa na vida política ateniense. Todavia, o
testemunho de Aristóteles não é decisivo, uma vez que o elogio pode ter se dirigido
não ao conteúdo e ao viés político do discurso, mas, sim, à sua brilhante forma (D.
Nails, op. cit., p. 9). Como o discurso não foi conservado, qualquer suposição dessa
natureza consiste em mera conjetura. Em relação a suas tragédias, Agatão é satirizado por Aristófanes na comédia *As Tesmoforiantes*, de 411 a.C. (v. 88-265), em que
ele e suas composições são representados como efeminados.

45. Sobre Adimanto, filho de Cépide, nada sabemos além dessa referência no
Protágoras. Adimanto (450s/440s-†>405 a.C.), filho de Leucolófides, por sua vez,
foi um dos acusados de profanar os Mistérios Eleusinos (Andócides, *Sobre os Mistérios* 1.16). Ele foi eleito general (*stratēgos*) por três anos consecutivos (Xenofonte,
Helênicas 1.4.21, 1.7.1, 2.1.30). No seu último ano como oficial, foi derrotado pelos
espartanos na Batalha de Egospotamos e feito prisioneiro. Apenas a ele foi concedido viver e todos os demais atenienses foram mortos pelos espartanos, porque,
segundo Xenofonte, somente ele havia se oposto, no passado, à decisão dos atenienses de mutilar todos os prisioneiros espartanos (*Helênicas* 2.1.32). No entanto,
havia outra explicação para o fato, segundo a qual ele teria traído a esquadra ateniense em favor dos espartanos e por isso foi poupado (Lísias, *Contra Alcibíades
I* 38). (N. Denyer, op. cit., p. 85; D. Nails, op. cit., p. 4-5).

creio eu, que seu nome era Agatão[44], e não me espantaria se ele, porventura, fosse amante de Pausânias. Havia esse jovem, e estavam lá os dois Adimantos, o filho de Cépide e o de Leucolôfides[45], além de outros mais que ali compareciam. Contudo, sobre o que dialogavam[46] não fui capaz de compreender do lado de fora, embora me empenhasse em escutar Pródico – pois ele me parece um homem absolutamente sábio e divino – mas, por causa do tom grave de sua voz, um murmúrio ressoava no cômodo, confundindo suas palavras.

E, nem bem havíamos entrado, atrás de nós vieram Alcibíades, o belo[47] (como você afirma, e eu estou convicto disso), e Crítias, filho de Calescro[48].

Depois que entramos, ainda gastamos certo tempo, não muito, aliás, a contemplar a cena, e então nos aproximamos de Protágoras. Disse-lhe eu:

— Protágoras, eu e Hipócrates, aqui presente, viemos por sua causa.

---

46. O fato de Pródico *estar dialogando* (διελέγοντο, 315e5-6) o aproxima mais de Sócrates do que Hípias e Protágoras, que são, por sua vez, figurados numa condição de superioridade em relação a seus discípulos: o primeiro, por estar sentado sobre o trono respondendo às perguntas (315c), e o segundo, por trazer consigo um séquito de pessoas encantadas pelas suas palavras sem lhe oferecer qualquer resistência (314e-325b).

47. Sobre Alcibíades, ver supra nota 1.

48. Crítias (≥460-403 a.C.) era um dos primos da mãe de Platão (seu pai, Calescro, era irmão do avô materno de Platão), e figura também como personagem no diálogo *Cármides*, de Platão. Uma das injúrias contra Atenas atribuídas a Crítias foi ter articulado o retorno de Alcibíades de um de seus exílios (DK 88 B5). Como líder dos Trinta Tiranos que comandaram Atenas em 404-403 a.C., ele levou à morte 1,5 mil cidadãos sem julgamento (Isócrates, *Areopagítico* 67), além de Terâmenes, um membro dos Trinta, que não pactuava com suas atitudes extremas. Foi morto pelas forças democráticas do Pireu (Xenofonte, *Helênicas* 2.4.19) (N. Denyer, op. cit., p. 85-86). A relação pessoal de Sócrates com Crítias e Alcibíades foi objeto de reprovação ao filósofo e um dos motivos, segundo Xenofonte, nas *Memoráveis*, que deram ensejo à acusação de corrupção da juventude, a qual acabou vitimando Sócrates em 399 a.C. Ver também *Comentário* 316a5.

ΠΡΩΤΑΓΟΡΑΣ

Πότερον, ἔφη, μόνῳ βουλόμενοι διαλεχθῆναι ἢ καὶ μετὰ τῶν ἄλλων;

5 Ἡμῖν μέν, ἦν δ' ἐγώ, οὐδὲν διαφέρει· ἀκούσας δὲ οὗ ἕνεκα ἤλθομεν, αὐτὸς σκέψαι.

Τί οὖν δή ἐστιν, ἔφη, οὗ ἕνεκα ἥκετε;

Ἱπποκράτης ὅδε ἐστὶν μὲν τῶν ἐπιχωρίων, Ἀπολλοδώρου ὑός, οἰκίας μεγάλης τε καὶ εὐδαίμονος, αὐτὸς δὲ τὴν φύσιν 10 δοκεῖ ἐνάμιλλος εἶναι τοῖς ἡλικιώταις. ἐπιθυμεῖν δέ μοι c δοκεῖ ἐλλόγιμος γενέσθαι ἐν τῇ πόλει, τοῦτο δὲ οἴεταί οἱ μάλιστ' ἂ⟨ν⟩ γενέσθαι, εἰ σοὶ συγγένοιτο· ταῦτ' οὖν ἤδη σὺ σκόπει, πότερον περὶ αὐτῶν μόνος οἴει δεῖν διαλέγεσθαι πρὸς μόνους, ἢ μετ' ἄλλων.

5 Ὀρθῶς, ἔφη, προμηθῇ, ὦ Σώκρατες, ὑπὲρ ἐμοῦ. ξένον γὰρ ἄνδρα καὶ ἰόντα εἰς πόλεις μεγάλας, καὶ ἐν ταύταις πείθοντα τῶν νέων τοὺς βελτίστους ἀπολείποντας τὰς τῶν ἄλλων συνουσίας, καὶ οἰκείων καὶ ὀθνείων, καὶ πρεσβυτέρων καὶ νεωτέρων, ἑαυτῷ συνεῖναι ὡς βελτίους ἐσομένους διὰ d τὴν ἑαυτοῦ συνουσίαν, χρὴ εὐλαβεῖσθαι τὸν ταῦτα πράττοντα· οὐ γὰρ σμικροὶ περὶ αὐτὰ φθόνοι τε γίγνονται καὶ ἄλλαι δυσμένειαί τε καὶ ἐπιβουλαί. ἐγὼ δὲ τὴν σοφιστικὴν τέχνην φημὶ μὲν εἶναι παλαιάν, τοὺς δὲ μεταχειριζομένους 5 αὐτὴν τῶν παλαιῶν ἀνδρῶν, φοβουμένους τὸ ἐπαχθὲς αὐτῆς, πρόσχημα ποιεῖσθαι καὶ προκαλύπτεσθαι, τοὺς μὲν ποίησιν, οἷον Ὅμηρόν τε καὶ Ἡσίοδον καὶ Σιμωνίδην, τοὺς δὲ αὖ

49. Platão salienta aqui um aspecto fundamental da sofística em seus diálogos: os jovens que buscavam algum tipo de instrução complementar junto aos sofistas tinham geralmente como intuito adquirir "boa reputação na cidade" (316c1), o que no contexto da segunda metade do séc. V a.C. significava, em última instância, obter sucesso na carreira política.

50. Platão, *Apologia* 18d8-20a2.

51. Sobre a semântica de *sophistēs*, ver supra nota 16 e *Estudo Introdutório*, capítulo 1.

52. Sobre Homero, ver supra nota 3 e *Comentário* 316d7.

53. Hesíodo (sécs. VIII-VII a.C.), autor da *Teogonia* e de *Os Trabalhos e os Dias*, é, junto a Homero, um dos cânones da poesia grega.

54. Simônides de Ceos (±558-468 a.C.) foi um poeta lírico cuja obra se conservou apenas em fragmentos. Um de seus poemas, conhecido como *Ode a Escopas*,

[316b-d] PROTÁGORAS 401

— Vocês querem dialogar comigo à parte – perguntou ele – ou perante os demais?

— Para nós é indiferente – respondi. – Escute o motivo de nossa vinda, e avalie você mesmo!

— Qual é então – tornou ele – o motivo de estarem aqui?

— Este Hipócrates é nativo daqui, filho de Apolodoro, membro de uma família influente e próspera; quanto à sua natureza, ele parece se equivaler aos seus coetâneos. Mas suponho que ele almeja adquirir boa reputação na cidade, presumindo que alcançaria esse intento, sobretudo, se convivesse com você[49]. Examine agora, pois, se você julga que devemos dialogar a sós sobre esse assunto ou junto aos demais!

c

— É correta a sua preocupação para comigo, Sócrates – disse ele. – Para um estrangeiro que percorre as grandes cidades e nelas persuade seus melhores jovens a abandonar o convívio com os outros homens, sejam eles parentes, sejam forasteiros, mais velhos ou mais jovens, para então conviverem consigo e se tornarem melhores mediante tal convívio[50], é preciso, para quem age assim, tomar certas precauções. Pois não são pequenas as invejas, as indisposições e as conspirações que surgem quando nessa condição. Eu, porém, afirmo que a arte sofística é antiga[51], e que os antigos homens que a colocavam em prática, por medo do ódio inerente a ela, produziram um disfarce e encobriram-na com ele, uns usando a poesia, como Homero[52], Hesíodo[53] e Simônides[54], outros, os mistérios e as profecias,

d

será minuciosamente analisado por Sócrates adiante, depois de Protágoras conduzir a discussão sobre virtude para o âmbito da poesia (339a-347a). Nesse sentido, a escolha de Simônides para compor a tríade de poetas junto a Homero e Hesíodo não é fortuita, mas antecipa, de certo modo, o que vai se suceder adiante na discussão. Por outro lado, Simônides aparece no Livro I da *República* como voz de autoridade sobre questões éticas, quando Polemarco recorre a um suposto poema seu para definir a justiça como "restituir o que é devido a cada um", interpretado posteriormente como "fazer bem aos amigos e mal aos inimigos" (331d-332a). Assim, quando Protágoras afirma que o poeta usa da poesia como disfarce para encobrir sua condição de sofista, sugere-se sub-repticiamente que a sofística, em certo sentido, é herdeira da função educativa e moralizante que cabia à poesia, função esta descrita pela personagem em seu grande discurso adiante (325d-326c).

402   ΠΡΩΤΑΓΟΡΑΣ

τελετάς τε καὶ χρησμῳδίας, τοὺς ἀμφί τε Ὀρφέα καὶ Μου-
σαῖον· ἐνίους δέ τινας ᾔσθημαι καὶ γυμναστικήν, οἷον Ἴκκος
10   τε ὁ Ταραντῖνος καὶ ὁ νῦν ἔτι ὢν οὐδενὸς ἥττων σοφιστὴς
e   Ἡρόδικος ὁ Σηλυμβριανός, τὸ δὲ ἀρχαῖον Μεγαρεύς· μουσικὴν δὲ Ἀγαθοκλῆς τε ὁ ὑμέτερος πρόσχημα ἐποιήσατο,
μέγας ὢν σοφιστής, καὶ Πυθοκλείδης ὁ Κεῖος καὶ ἄλλοι πολλοί. οὗτοι πάντες, ὥσπερ λέγω, φοβηθέντες τὸν φθόνον ταῖς
5   τέχναις ταύταις παραπετάσμασιν ἐχρήσαντο. ἐγὼ δὲ τούτοις
317 ἅπασιν κατὰ τοῦτο εἶναι οὐ συμφέρομαι· ἡγοῦμαι γὰρ αὐτοὺς
οὔ τι διαπράξασθαι ὃ ἐβουλήθησαν—οὐ γὰρ λαθεῖν τῶν
ἀνθρώπων τοὺς δυναμένους ἐν ταῖς πόλεσι πράττειν, ὧνπερ
ἕνεκα ταῦτ' ἐστὶν τὰ προσχήματα· ἐπεὶ οἵ γε πολλοὶ ὡς
5   ἔπος εἰπεῖν οὐδὲν αἰσθάνονται, ἀλλ' ἅττ' ἂν οὗτοι διαγγέλ-
λωσι, ταῦτα ὑμνοῦσιν—τὸ οὖν ἀποδιδράσκοντα μὴ δύνασθαι
ἀποδρᾶναι, ἀλλὰ καταφανῆ εἶναι, πολλὴ μωρία καὶ τοῦ ἐπι-

---

55. Ver supra nota 32 sobre Orfeu e nota 3 sobre Homero.

56. Nos escólios de *As Rãs*, de Aristófanes (v. 1030-1036), encontramos a seguinte referência a Museu:

> Filócoro afirma que Museu era filho de Selene e Eumolpo. Ele criou os ritos secretos de iniciação e purificação. Sófocles o chama de adivinho.

> Τὸν Μουσαῖον παῖδα Σελήνης καὶ Εὐμόλπου Φιλόχορός φησιν. οὗτος δὲ παραλύσεις καὶ τελετὰς καὶ καθαρμοὺς συνέθηκεν. ὁ δὲ Σοφοκλῆς χρησμολόγον αὐτόν φησι.

A figura de Museu, por vezes, confunde-se com a de Orfeu. É considerado um grande músico capaz de curar os doentes com a sua música. Atribui-se-lhe por vezes a introdução dos Mistérios Eleusinos na Ática (P. Grimal, op. cit., p. 320).

57. Ico de Tarento é mencionado por Platão nas *Leis* (VIII 839e-840a) como modelo de temperança, a ponto de jamais ter tocado numa mulher ou num rapaz durante o período de treinamento. Pausânias (*Descrição da Grécia* 6.10.5) diz que ele venceu a prova do pentatlo nos Jogos Olímpicos e depois se tornou um treinador (J. Adam; A. Adam, op. cit. p. 99). A reputação de sua austeridade e o fato de ser natural de Tarento, cidade do sul da Itália, região onde o pitagorismo se difundiu, fizeram com que os filósofos pitagóricos da antiguidade tardia reivindicassem Ico como seu predecessor (ver Iâmblico, *De Vita Pitagorica* 267.25) (N. Denyer, op. cit., p. 89).

58. Heródico, de Selímbria, cidade da Trácia, foi supostamente um dos mestres de Hipócrates de Cós, como mencionado no *Suda* (s.v. Ἱπποκράτης). Segundo sua teoria, a doença ocorre quando o corpo não se encontra em seu estado natural, e o corpo recupera e mantém seu estado natural submetendo-se a penas e dores em doses apropriadas (*Anonymus Londinensis* 9.20-33).

como os seguidores de Orfeu[55] e Museu[56]; há alguns, como tenho constatado, que se serviram também da ginástica, como Ico, de Tarento[57], e o não menos sofista, ainda vivo, Heródico, de Selímbria, antigamente de Mégara[58]; Agátocles, conterrâneo de vocês[59], fez da música seu disfarce, embora fosse um grande sofista, assim como Pitoclides, de Ceos[60], e outros mais[61]. Todos eles, como estou dizendo, por medo da inveja, serviram-se dessas artes como anteparo contra ela. Eu, contudo, discordo de todos eles quanto a isso, pois considero que não chegaram a realizar aquilo que queriam – pois, aos homens poderosos envolvidos com as ações da cidade, aos quais visam tais disfarces, eles não passam despercebidos, ainda que a maioria dos homens, por assim dizer, nada perceba e venere aquilo que aqueles proclamarem[62]. Assim, quando um fugitivo não consegue escapar, mas é pego em flagrante, a própria tentativa é de

Ele então submetia a si mesmo e a seus pacientes a um duro e penoso regime, como se fossem atletas em treinamento. Por essa razão, Platão se refere a ele na *República* como um misto de *treinador* e *médico* (III 406a) (N. Denyer, op. cit., p. 90; J. Adam; A. Adam, op. cit., p. 99).

59. Agátocles, de Atenas (480s/470s-†<433/432 a.C.), é mencionado no diálogo *Laques*, de Platão (180d), como mestre de Damon, e, talvez, de Lâmprocles (Escólio *Alcibíades Primeiro* 118c) (D. Nails, op. cit., p. 8).

60. Pitoclides, de Ceos, é mencionado no diálogo *Alcibíades Primeiro* (118c) como mestre de Péricles. Nos escólios do *Alcibíades Primeiro* (118c), é dito que:

Pitoclides era músico, mestre de música refinada, e pitagórico, cujo discípulo foi Agátocles, que foi, por sua vez, mestre de Lâmprocles, cujo discípulo foi Damon.

Πυθοκλείδης μουσικὸς ἦν τῆς σεμνῆς μουσικῆς διδάσκαλος καὶ Πυθαγόρειος, οὗ μαθητὴς Ἀγαθοκλῆς, οὗ Λαμπροκλῆς, οὗ Δάμων.

Plutarco diz que alguns atribuem a ele a invenção da harmonia mixolídia (*Sobre a Música* 1136d), a qual, por ter um caráter lúgubre, é rejeitada por Platão na *República* como parte da educação dos Guardiães da cidade ideal. Pois, segundo Sócrates, "se ela é inútil até mesmo para as mulheres que devem ser decentes, jamais seria útil para os homens" (ἄχρηστοι γὰρ καὶ γυναιξὶν ἃς δεῖ ἐπιεικεῖς εἶναι, μὴ ὅτι ἀνδράσι, III 398e3-4) (N. Denyer, op. cit., p. 90).

61. A verossimilhança do argumento de Protágoras advém da própria semântica do termo *sophistēs* (ver supra nota 16) cujo sentido primeiro é equivalente a *sophos*, ou seja, sábio em algum campo do conhecimento. Esse sentido lato do termo aparece claramente em As Nuvens, de Aristófanes (v. 330-334).

62. Sobre o desprezo pela "maioria dos homens", ver adiante 353a-b.

404 ΠΡΩΤΑΓΟΡΑΣ

b χειρήματος, καὶ πολὺ δυσμενεστέρους παρέχεσθαι ἀνάγκη
τοὺς ἀνθρώπους· ἡγοῦνται γὰρ τὸν τοιοῦτον πρὸς τοῖς ἄλλοις
καὶ πανοῦργον εἶναι. ἐγὼ οὖν τούτων τὴν ἐναντίαν ἅπασαν
ὁδὸν ἐλήλυθα, καὶ ὁμολογῶ τε σοφιστὴς εἶναι καὶ παιδεύειν
5 ἀνθρώπους, καὶ εὐλάβειαν ταύτην οἶμαι βελτίω ἐκείνης εἶναι,
τὸ ὁμολογεῖν μᾶλλον ἢ ἔξαρνον εἶναι· καὶ ἄλλας πρὸς ταύτῃ
ἔσκεμμαι, ὥστε, σὺν θεῷ εἰπεῖν, μηδὲν δεινὸν πάσχειν διὰ
c τὸ ὁμολογεῖν σοφιστὴς εἶναι. καίτοι πολλά γε ἔτη ἤδη εἰμὶ
ἐν τῇ τέχνῃ· καὶ γὰρ καὶ τὰ σύμπαντα πολλά μοί ἐστιν—
οὐδενὸς ὅτου οὐ πάντων ἂν ὑμῶν καθ᾽ ἡλικίαν πατὴρ εἴην
—ὥστε πολύ μοι ἥδιστόν ἐστιν, εἴ τι βούλεσθε, περὶ τούτων
5 ἁπάντων ἐναντίον τῶν ἔνδον ὄντων τὸν λόγον ποιεῖσθαι.

Καὶ ἐγώ—ὑπώπτευσα γὰρ βούλεσθαι αὐτὸν τῷ τε Προδίκῳ
καὶ τῷ Ἱππίᾳ ἐνδείξασθαι καὶ καλλωπίσασθαι ὅτι ἐρασταὶ
d αὐτοῦ ἀφιγμένοι εἶμεν—Τί οὖν, ἔφην ἐγώ, οὐ καὶ Πρόδικον καὶ Ἱππίαν ἐκαλέσαμεν καὶ τοὺς μετ᾽ αὐτῶν, ἵνα
ἐπακούσωσιν ἡμῶν;

Πάνυ μὲν οὖν, ἔφη ὁ Πρωταγόρας.

5 Βούλεσθε οὖν, ὁ Καλλίας ἔφη, συνέδριον κατασκευάσωμεν,
ἵνα καθεζόμενοι διαλέγησθε;

Ἐδόκει χρῆναι· ἄσμενοι δὲ πάντες ἡμεῖς, ὡς ἀκουσόμενοι
ἀνδρῶν σοφῶν, καὶ αὐτοί τε ἀντιλαβόμενοι τῶν βάθρων
καὶ τῶν κλινῶν κατεσκευάζομεν παρὰ τῷ Ἱππίᾳ—ἐκεῖ γὰρ
προϋπῆρχε τὰ βάθρα—ἐν δὲ τούτῳ Καλλίας τε καὶ Ἀλκι-
e βιάδης ἡκέτην ἄγοντε τὸν Πρόδικον, ἀναστήσαντες ἐκ τῆς
κλίνης, καὶ τοὺς μετὰ τοῦ Προδίκου.

Ἐπεὶ δὲ πάντες συνεκαθεζόμεθα, ὁ Πρωταγόρας, Νῦν δὴ
ἄν, ἔφη, λέγοις, ὦ Σώκρατες, ἐπειδὴ καὶ οἵδε πάρεισιν, περὶ
5 ὧν ὀλίγον πρότερον μνείαν ἐποιοῦ πρὸς ἐμὲ ὑπὲρ τοῦ
νεανίσκου.

318 Καὶ ἐγὼ εἶπον ὅτι Ἡ αὐτή μοι ἀρχή ἐστιν, ὦ Πρωταγόρα,

---

63. Sobre a educação sofística, ver *Estudo Introdutório*, capítulo 1. Cf. também
Platão, *Teeteto* 167c-d.

grande estultícia; os homens se tornam forçosamente muito b
mais indispostos para com ele, pois consideram que um homem
de tal tipo é, entre outras coisas, inescrupuloso. Eu, de minha
parte, tenho seguido o caminho totalmente contrário ao deles,
e assumo que sou sofista e educador dos homens[63], pois julgo
que assumir ao invés de negar é uma precaução melhor do que
aquela. Além dessa, outras precauções tenho observado para
me resguardar, rogo a deus!, de qualquer ação terrível por me
assumir sofista. A propósito, já são vários anos dedicados à arte, c
e a soma final de todos eles é decerto alta – de todos vocês, não
há alguém cuja idade me impediria de ser pai[64] –, de modo que
seria para mim muito mais aprazível discutir esses assuntos, se
quiserem, perante todos aqui presentes.

E eu, suspeitando de que ele queria se exibir a Pródico e a
Hípias e se vangloriar de que viéramos até ali enamorados por
ele, lhe sugeri o seguinte:

— Por que então não chamamos Pródico e Hípias e seus d
acompanhantes para que nos ouçam?

— De pleno acordo – disse Protágoras.

— Vocês querem então – perguntou Cálias – que nos acomodemos em círculo, a fim de que dialoguem sentados?

Pareceu-nos que devíamos proceder assim. Todos nós estávamos contentes porque iríamos ouvir homens sábios; nós mesmos
pegávamos os bancos e os leitos e arranjávamo-nos próximo a
Hípias, pois os bancos já estavam ali. Nesse ínterim, Cálias e
Alcibíades chegaram escoltando Pródico, depois de tê-lo feito e
levantar do leito, junto com os acompanhantes de Pródico.

Quando todos estavam reunidos e sentados, Protágoras disse:

— Poderia nos dizer agora, Sócrates, o que acabou de repor
tar a mim em nome do jovem, uma vez que os demais estão
aqui presentes?

E eu lhes disse: 318

---

64. Se a data dramática aproximada do diálogo é 433 a.C. e Protágoras nasceu por volta de 490 a.C., então a personagem estaria com 57 anos, ao passo que
Sócrates com 36. Sobre a datação do diálogo, ver supra nota 1.

406 ΠΡΩΤΑΓΟΡΑΣ

ἥπερ ἄρτι, περὶ ὧν ἀφικόμην. Ἱπποκράτης γὰρ ὅδε τυγχάνει
ἐν ἐπιθυμίᾳ ὢν τῆς σῆς συνουσίας· ὅτι οὖν αὐτῷ ἀποβήσεται,
ἐάν σοι συνῇ, ἡδέως ἄν φησι πυθέσθαι. τοσοῦτος ὅ γε
5 ἡμέτερος λόγος.

Ὑπολαβὼν οὖν ὁ Πρωταγόρας εἶπεν· Ὦ νεανίσκε, ἔσται
τοίνυν σοι, ἐὰν ἐμοὶ συνῇς, ἧ ἂν ἡμέρᾳ ἐμοὶ συγγένῃ, ἀπιέναι
οἴκαδε βελτίονι γεγονότι, καὶ ἐν τῇ ὑστεραίᾳ ταὐτὰ ταῦτα·
καὶ ἑκάστης ἡμέρας ἀεὶ ἐπὶ τὸ βέλτιον ἐπιδιδόναι.

b   Καὶ ἐγὼ ἀκούσας εἶπον· Ὦ Πρωταγόρα, τοῦτο μὲν οὐδὲν
θαυμαστὸν λέγεις, ἀλλὰ εἰκός, ἐπεὶ κἂν σύ, καίπερ τηλι-
κοῦτος ὢν καὶ οὕτως σοφός, εἴ τίς σε διδάξειεν ὃ μὴ τυγ-
χάνοις ἐπιστάμενος, βελτίων ἂν γένοιο. ἀλλὰ μὴ οὕτως,
5 ἀλλ᾽ ὥσπερ ἂν εἰ αὐτίκα μάλα μεταβαλὼν τὴν ἐπιθυμίαν
Ἱπποκράτης ὅδε ἐπιθυμήσειεν τῆς συνουσίας τούτου τοῦ
νεανίσκου τοῦ νῦν νεωστὶ ἐπιδημοῦντος, Ζευξίππου τοῦ
Ἡρακλεώτου, καὶ ἀφικόμενος παρ᾽ αὐτόν, ὥσπερ παρὰ σὲ
c   νῦν, ἀκούσειεν αὐτοῦ ταὐτὰ ταῦτα ἅπερ σοῦ, ὅτι ἑκάστης
ἡμέρας συνὼν αὐτῷ βελτίων ἔσται καὶ ἐπιδώσει, εἰ αὐτὸν
ἐπανέροιτο· "Τί δὴ φὴς βελτίω ἔσεσθαι καὶ εἰς τί ἐπιδώ-
σειν;" εἴποι ἂν αὐτῷ ὁ Ζεύξιππος ὅτι πρὸς γραφικήν· κἂν
5 εἰ Ὀρθαγόρᾳ τῷ Θηβαίῳ συγγενόμενος, ἀκούσας ἐκείνου
ταὐτὰ ταῦτα ἅπερ σοῦ, ἐπανέροιτο αὐτὸν εἰς ὅτι βελτίων
καθ᾽ ἡμέραν ἔσται συγγιγνόμενος ἐκείνῳ, εἴποι ἂν ὅτι εἰς
αὔλησιν· οὕτω δὴ καὶ σὺ εἰπὲ τῷ νεανίσκῳ καὶ ἐμοὶ ὑπὲρ
d   τούτου ἐρωτῶντι, Ἱπποκράτης ὅδε Πρωταγόρᾳ συγγενόμενος,
ᾗ ἂν αὐτῷ ἡμέρᾳ συγγένηται, βελτίων ἄπεισι γενόμενος
καὶ τῶν ἄλλων ἡμερῶν ἑκάστης οὕτως ἐπιδώσει εἰς τί, ὦ
Πρωταγόρα, καὶ περὶ τοῦ;

65. O mesmo que Zêuxis, um famoso pintor do séc. v a.C., cuja pintura de Eros
teria sido referida por Aristófanes na comédia *Os Acarnenses* (v. 992), segundo
o escoliasta da peça:

> O pintor Zêuxis havia pintado, na nave do templo de Afrodite em Atenas,
> Eros no primor da juventude, coroado de rosas.

> Ζεῦξις ὁ ζωγράφος ἐν τῷ ναῷ τῆς Ἀφροδίτης ἐν ταῖς Ἀθήναις ἔγραψε τὸν
> Ἔρωτα ὡραιότατον, ἐστεμμένον ῥόδοις.

[318a-d] PROTÁGORAS 407

— Começarei a falar sobre os motivos de nossa vinda, assim como há pouco os expunha. Acontece que Hipócrates, aqui presente, almeja conviver com você. Ele diz que lhe aprazeria saber o que lhe sucederá, a partir desse eventual convívio. Eis, pois, até onde foi a nossa conversa.

Protágoras, então, tomou a palavra e disse:

— Meu jovem, se você conviver comigo, voltará para casa, no mesmo dia que passar em minha companhia, melhor do que era antes, e assim sucederá no dia seguinte. E, a cada dia, continuará a progredir e a melhorar.

E eu, depois de ouvi-lo, retorqui: b

— Protágoras, não há nada admirável em suas palavras; o que você está dizendo é apenas razoável, pois, mesmo você, embora com tal idade e tão sábio, se aprimoraria, se alguém lhe ensinasse algo que, porventura, desconhecesse. Não é essa, porém, a minha pergunta, mas algo do gênero: suponhamos que Hipócrates, aqui presente, passasse a almejar de repente outra coisa e almejasse, então, conviver com esse jovem recém-chegado à cidade, Zêuxipo, de Heracleia[65]; suponhamos que ele, indo ao seu encontro como agora faz com você, escutasse desse jovem as mesmas coisas que c acabou de ouvir – ou seja, que a cada dia de convívio ele se tornaria melhor e progrediria. Se, diante disso, Hipócrates lhe indagasse: "em que, pois, você afirma que me tornarei melhor e progredirei?", Zêuxipo lhe responderia que em pintura. E se, no convívio com Ortágoras, de Tebas[66], ele escutasse dele as mesmas coisas que acabou de ouvir, e então lhe perguntasse em que ele se tornaria melhor dia após dia mediante o seu convívio, Ortágoras lhe responderia que em tocar aulo. De maneira similar, então, responda você a este jovem e a mim, visto que o interpelo em nome dele: Hipócrates, aqui presente, uma vez em convívio com Protágoras, no mesmo dia d que passar em sua companhia irá embora melhor, e a cada dia subsequente progredirá, em que e a respeito de que, Protágoras?

---

66. Ateneu, baseando-se em Aristóxeno, afirma que Ortágoras ensinou Epaminondas, um preeminente general tebano, a tocar *aulo* (IV 184e). Nada mais sabemos além disso (J. Adam; A. Adam, op. cit., p. 103; N. Denyer, op. cit., p. 92).

408   ΠΡΩΤΑΓΟΡΑΣ

5 Καὶ ὁ Πρωταγόρας ἐμοῦ ταῦτα ἀκούσας, Σύ τε καλῶς
ἐρωτᾷς, ἔφη, ὦ Σώκρατες, καὶ ἐγὼ τοῖς καλῶς ἐρωτῶσι
χαίρω ἀποκρινόμενος. Ἱπποκράτης γὰρ παρ' ἐμὲ ἀφικόμενος οὐ πείσεται ἅπερ ἂν ἔπαθεν ἄλλῳ τῳ συγγενόμενος
τῶν σοφιστῶν. οἱ μὲν γὰρ ἄλλοι λωβῶνται τοὺς νέους·
e τὰς γὰρ τέχνας αὐτοὺς πεφευγότας ἄκοντας πάλιν αὖ ἄγοντες
ἐμβάλλουσιν εἰς τέχνας, λογισμούς τε καὶ ἀστρονομίαν καὶ
γεωμετρίαν καὶ μουσικὴν διδάσκοντες—καὶ ἅμα εἰς τὸν
Ἱππίαν ἀπέβλεψεν—παρὰ δ' ἐμὲ ἀφικόμενος μαθήσεται οὐ
5 περὶ ἄλλου του ἢ περὶ οὗ ἥκει. τὸ δὲ μάθημά ἐστιν εὐβουλία
περὶ τῶν οἰκείων, ὅπως ἂν ἄριστα τὴν αὑτοῦ οἰκίαν διοικοῖ,
319 καὶ περὶ τῶν τῆς πόλεως, ὅπως τὰ τῆς πόλεως δυνατώτατος
ἂν εἴη καὶ πράττειν καὶ λέγειν.

Ἆρα, ἔφην ἐγώ, ἕπομαί σου τῷ λόγῳ; δοκεῖς γάρ μοι
λέγειν τὴν πολιτικὴν τέχνην καὶ ὑπισχνεῖσθαι ποιεῖν ἄνδρας
5 ἀγαθοὺς πολίτας.

Αὐτὸ μὲν οὖν τοῦτό ἐστιν, ἔφη, ὦ Σώκρατες, τὸ ἐπάγγελμα
ὃ ἐπαγγέλλομαι.

Ἦ καλόν, ἦν δ' ἐγώ, τέχνημα ἄρα κέκτησαι, εἴπερ
κέκτησαι· οὐ γάρ τι ἄλλο πρός γε σὲ εἰρήσεται ἢ ἅπερ
10 νοῶ. ἐγὼ γὰρ τοῦτο, ὦ Πρωταγόρα, οὐκ ᾤμην διδακτὸν
b εἶναι, σοὶ δὲ λέγοντι οὐκ ἔχω ὅπως [ἂν] ἀπιστῶ. ὅθεν δὲ
αὐτὸ ἡγοῦμαι οὐ διδακτὸν εἶναι μηδ' ὑπ' ἀνθρώπων παρα-

---

67. O próprio Protágoras reconhece aqui que a educação sofística (pelo menos
parte dela) pode ser nociva aos jovens. A suspeita quanto ao ofício dos sofistas é
manifestada, por exemplo, pela personagem Mênon no diálogo homônimo em
termos semelhantes:

> SÓCRATES: Suponho que inclusive você está ciente de que são eles os cha-
> mados sofistas pelos homens.
> ANITO: Por Hércules! Cale-se, Sócrates! Que tamanho desvario não se
> apodere de nenhum parente ou amigo meu, seja ele cidadão, seja estran-
> geiro, a ponto de levá-lo a procurar esses sofistas e de ser desonrado por
> eles, uma vez que tais homens são obviamente a desonra e a ruína para
> quem convive com eles. (91b7-c4)

> {ΣΩ.} Οἶσθα δήπου καὶ σὺ ὅτι οὗτοί εἰσιν οὓς οἱ ἄνθρωποι καλοῦσι
> σοφιστάς.
> {ΑΝ.} Ἡράκλεις, εὐφήμει, ὦ Σώκρατες. μηδένα τῶν γ' ἐμῶν μήτε οἰκείων
> μήτε φίλων, μήτε ἀστὸν μήτε ξένον, τοιαύτη μανία λάβοι, ὥστε παρὰ

Depois de ter ouvido minhas palavras, Protágoras disse:

— Você, Sócrates, formula bem as perguntas, e eu gosto de responder a quem as formula bem. Hipócrates, quando for ao meu encontro, não sofrerá aquilo que sofreria se convivesse com outro sofista. Pois os demais sofistas ultrajam os jovens[67], quando os conduzem e os submetem novamente, contra a vontade deles, àquelas artes das quais já haviam se livrado, ensinando-lhes cálculo, astronomia, geometria e música[68] – enquanto falava isso, dirigiu o olhar a Hípias. – Comigo, todavia, quando ele vier ao meu encontro, não aprenderá outra coisa senão aquilo que veio aprender. E o que eu ensino é tomar boas decisões tanto a respeito dos afazeres domésticos, a fim de que se administre a própria casa da melhor maneira possível, quanto a respeito dos afazeres da cidade, para que esteja apto ao máximo a agir e discursar.

— Será – perguntei eu – que compreendo suas palavras, Protágoras? Creio que você se refere à arte política e promete tornar os homens bons cidadãos[69].

— É exatamente isso o que eu professo, Sócrates – respondeu.

— Que belo artifício – tornei eu – você possui então, se de fato o possui. Bem, vou lhe dizer sem rodeios o que penso, pois eu não considerava, Protágoras, que isso pudesse ser ensinado; se você, porém, afirma que é possível, não há como eu desconfiar de suas palavras. E a razão de eu considerar que isso não pode ser ensinado nem provido aos homens pelos homens, é

> τούτους ἐλθόντα λωβηθῆναι, ἐπεὶ οὗτοί γε φανερά ἐστι λώβη τε καὶ διαφθορὰ τῶν συγγιγνομένων.

Sobre a suspeita relativa à função educativa dos sofistas, ver Platão, *Górgias*, 519e-520b. Sobre o sentido pejorativo do termo *sophistes*, ver supra nota 16 e *Estudo Introdutório*, capítulo 1.

68. Essas quatro disciplinas são as mesmas recomendadas por Sócrates na *República* para constituírem o currículo da educação dos governantes da cidade ideal, além da *estereometria* (VII 521c-528c). Elas constituem a formação propedêutica à dialética. Sobre a utilidade da educação em geometria e astronomia, ver Isócrates, *Antídose* 264-265.

69. Sobre a crítica de Aristóteles aos sofistas, enquanto mestres de *arte política*, ver *Ética Nicomaqueia* X 1180b28-1181a6.

410 ΠΡΩΤΑΓΟΡΑΣ

σκευαστὸν ἀνθρώποις, δίκαιός εἰμι εἰπεῖν. ἐγὼ γὰρ Ἀθη-
ναίους, ὥσπερ καὶ οἱ ἄλλοι Ἕλληνες, φημὶ σοφοὺς εἶναι.
5 ὁρῶ οὖν, ὅταν συλλεγῶμεν εἰς τὴν ἐκκλησίαν, ἐπειδὰν μὲν
περὶ οἰκοδομίας τι δέῃ πρᾶξαι τὴν πόλιν, τοὺς οἰκοδόμους
μεταπεμπομένους συμβούλους περὶ τῶν οἰκοδομημάτων, ὅταν
δὲ περὶ ναυπηγίας, τοὺς ναυπηγούς, καὶ τἆλλα πάντα οὕτως,
c ὅσα ἡγοῦνται μαθητά τε καὶ διδακτὰ εἶναι· ἐὰν δέ τις ἄλλος
ἐπιχειρῇ αὐτοῖς συμβουλεύειν ὃν ἐκεῖνοι μὴ οἴονται δημιουργὸν εἶναι, κἂν πάνυ καλὸς ᾖ καὶ πλούσιος καὶ τῶν
γενναίων, οὐδέν τι μᾶλλον ἀποδέχονται, ἀλλὰ καταγελῶσι
5 καὶ θορυβοῦσιν, ἕως ἂν ἢ αὐτὸς ἀποστῇ ὁ ἐπιχειρῶν λέγειν
καταθορυβηθείς, ἢ οἱ τοξόται αὐτὸν ἀφελκύσωσιν ἢ ἐξάρωνται
κελευόντων τῶν πρυτάνεων. περὶ μὲν οὖν ὧν οἴονται ἐν
τέχνῃ εἶναι, οὕτω διαπράττονται· ἐπειδὰν δέ τι περὶ τῶν τῆς
d πόλεως διοικήσεως δέῃ βουλεύσασθαι, συμβουλεύει αὐτοῖς
ἀνιστάμενος περὶ τούτων ὁμοίως μὲν τέκτων, ὁμοίως δὲ
χαλκεὺς σκυτοτόμος, ἔμπορος ναύκληρος, πλούσιος πένης,
γενναῖος ἀγεννής, καὶ τούτοις οὐδεὶς τοῦτο ἐπιπλήττει ὥσπερ
5 τοῖς πρότερον, ὅτι οὐδαμόθεν μαθών, οὐδὲ ὄντος διδασκάλου
οὐδενὸς αὐτῷ, ἔπειτα συμβουλεύειν ἐπιχειρεῖ· δῆλον γὰρ ὅτι
οὐχ ἡγοῦνται διδακτὸν εἶναι. μὴ τοίνυν ὅτι τὸ κοινὸν τῆς
e πόλεως οὕτως ἔχει, ἀλλὰ ἰδίᾳ ἡμῖν οἱ σοφώτατοι καὶ ἄριστοι

70. A reputação de que os atenienses são os helenos mais sábios aparece, por
exemplo, em Heródoto ("em meio aos atenienses, que são considerados os primeiros em sabedoria dentre os helenos", 1.60.3).

71. O *Conselho*, a *Assembleia* e os *Tribunais* constituíam as três instituições
basilares da democracia ateniense. O Conselho era formado por quinhentos cidadãos, cinquenta de cada uma das dez "tribos" [*phulai*] que compunham a cidade
de Atenas. Como o ano era dividido em dez meses, cabia a cada uma das tribos
exercer a *pritania* (i.e., a comissão que organizava e presidia as ações do Conselho) por um mês, e assim sucessivamente. Era sorteado diariamente, entre os
cinquenta cidadãos daquela tribo responsáveis pela *pritania*, um *prítane* (cuja
denominação era *epistatês*) que tinha o encargo de presidir o Conselho e coordenar
os encontros e as votações da Assembleia, da qual poderiam participar todos os
cidadãos livres (E.R. Dodds, op. cit., p. 247; Platone, *Gorgia*, tradução, introdução
e comentários de Stefania Nonvel Pieri, p. 394). Na *Apologia*, Sócrates narra sua
experiência como *prítane* (cf. 32a-c). Os arqueiros, por sua vez, constituíam um
grupo de escravos a serviço da cidade cuja função era manter a ordem pública
(N. Denyer, op. cit., p. 97).

justo que eu a exponha. Eu afirmo que os atenienses, assim como os demais helenos, são sábios[70]. Observo, pois, que quando nos congregamos em assembleia e a cidade precisa realizar alguma obra arquitetônica, é aos arquitetos que se encarrega a construção dessas edificações; e, quando se trata da construção de naus, recorre-se aos engenheiros navais, e o mesmo vale para todas as demais coisas que são consideradas possíveis de se aprender e ensinar. Entretanto, se alguma outra pessoa, que eles não julgam ser artífice dessa matéria, tenta lhes dar conselhos, ainda que seja muito bela, rica ou de nobre estirpe, eles não permitem que ela o faça; pelo contrário, acabam por irromper em risos e clamores, até que a própria pessoa, na tentativa de discursar, retire-se assolada pelo alvoroço, ou seja arrastada e levada para fora pelos arqueiros a mando dos prítanes[71]. Portanto, em relação às coisas para as quais eles presumem haver uma arte, eis a maneira como se comportam. Todavia, quando é preciso deliberar sobre assuntos concernentes à administração da cidade, levantam-se e aconselham, em pé de igualdade, tanto o carpinteiro quanto o ferreiro e o curtidor, o negociante e o navegante, o rico e o pobre, o nobre e o ordinário. Ninguém os reprova, como sucedia no caso anterior, por buscarem dar conselhos sobre tais assuntos, mesmo não tendo aprendido essa matéria de alguma fonte, tampouco tendo sido instruídos por algum mestre. Isso evidencia, então, que eles não consideram que isso pode ser ensinado. Pois bem, não é só no âmbito do interesse comum da cidade que isso acontece; também no âmbito particular, os mais sábios e melhores dentre

412 ΠΡΩΤΑΓΟΡΑΣ

τῶν πολιτῶν ταύτην τὴν ἀρετὴν ἣν ἔχουσιν οὐχ οἷοί τε ἄλλοις
παραδιδόναι· ἐπεὶ Περικλῆς, ὁ τουτωνὶ τῶν νεανίσκων πατήρ,
τούτους ἃ μὲν διδασκάλων εἴχετο καλῶς καὶ εὖ ἐπαίδευσεν,
320 ἃ δὲ αὐτὸς σοφός ἐστιν οὔτε αὐτὸς παιδεύει οὔτε τῳ ἄλλῳ
παραδίδωσιν, ἀλλ᾽ αὐτοὶ περιιόντες νέμονται ὥσπερ ἄφετοι,
ἐάν που αὐτόματοι περιτύχωσιν τῇ ἀρετῇ. εἰ δὲ βούλει,
Κλεινίαν, τὸν Ἀλκιβιάδου τουτουὶ νεώτερον ἀδελφόν, ἐπιτρο-
5 πεύων ὁ αὐτὸς οὗτος ἀνὴρ Περικλῆς, δεδιὼς περὶ αὐτοῦ μὴ
διαφθαρῇ δὴ ὑπὸ Ἀλκιβιάδου, ἀποσπάσας ἀπὸ τούτου, κατα-
θέμενος ἐν Ἀρίφρονος ἐπαίδευε· καὶ πρὶν ἐξ μῆνας γεγονέναι,
b ἀπέδωκε τούτῳ οὐκ ἔχων ὅτι χρήσαιτο αὐτῷ. καὶ ἄλλους σοι
παμπόλλους ἔχω λέγειν, οἳ αὐτοὶ ἀγαθοὶ ὄντες οὐδένα πώποτε
βελτίω ἐποίησαν οὔτε τῶν οἰκείων οὔτε τῶν ἀλλοτρίων.
ἐγὼ οὖν, ὦ Πρωταγόρα, εἰς ταῦτα ἀποβλέπων οὐχ ἡγοῦμαι
5 διδακτὸν εἶναι ἀρετήν· ἐπειδὴ δέ σου ἀκούω ταῦτα λέγοντος,
κάμπτομαι καὶ οἶμαί τί σε λέγειν διὰ τὸ ἡγεῖσθαί σε πολλῶν
μὲν ἔμπειρον γεγονέναι, πολλὰ δὲ μεμαθηκέναι, τὰ δὲ αὐτὸν
ἐξηυρηκέναι. εἰ οὖν ἔχεις ἐναργέστερον ἡμῖν ἐπιδεῖξαι ὡς
c διδακτόν ἐστιν ἡ ἀρετή, μὴ φθονήσῃς ἀλλ᾽ ἐπίδειξον.

Ἀλλ᾽, ὦ Σώκρατες, ἔφη, οὐ φθονήσω· ἀλλὰ πότερον ὑμῖν,
ὡς πρεσβύτερος νεωτέροις, μῦθον λέγων ἐπιδείξω ἢ λόγῳ
διεξελθών;

72. Sobre a incapacidade de Péricles em transmitir sua própria virtude aos
filhos, ver Platão, *Alcibíades Primeiro* 118d-e; *Mênon* 94b.

73. Clínias teve ancestrais ilustres e riqueza de ambos os lados de sua família.
Seu pai foi morto na Batalha de Coroneia, em 446 a.C., motivo pelo qual ficou
sob tutela de Péricles e Arífron, primos de primeiro grau de sua mãe (D. Nails,
op. cit., p. 101). No diálogo *Alcibíades Primeiro*, a personagem homônima chama
o irmão de um "homem tresloucado" (118e4).

74. Arífron foi irmão de Péricles. Embora não fique evidente nesta passagem
do *Protágoras* que Arífron era corresponsável pela educação de Alcibíades, Lísias
se refere aos tutores de Alcibíades no plural (*Sobre os Bens de Aristófanes Contra
o Fisco*, 52): "[Alcibíades] legou aos seus filhos uma fortuna menor do que a que
herdara *de seus tutores*" (ἐλάττω γὰρ οὐσίαν κατέλιπε τοῖς παισὶν ἢ αὐτὸς παρὰ
τῶν ἐπιτροπευσάντων παρέλαβεν). Plutarco, por sua vez, disse isso expressamente
(*Alcibíades*, 1.2): "Foram tutores de Alcibíades Péricles e Arífron, filhos de Xantipo,
por serem parentes consanguíneos." (τοῦ δ᾽ Ἀλκιβιάδου Περικλῆς καὶ Ἀρίφρων
οἱ Ξανθίππου, προσήκοντες κατὰ γένος, ἐπετρόπευον.)

nossos concidadãos não são capazes de transmitir a virtude que possuem. Por exemplo: Péricles, o pai destes jovens aqui presentes, ofereceu-lhes uma educação excelente nas matérias ensinadas por outros mestres; naquilo em que é sábio, porém, nem ele próprio os educa nem encarrega outra pessoa de fazê-lo[72]. Eles rondam e pastam por aí como ovelhas desgarradas, a fim de que, por conta própria, deparem casualmente com a virtude. Outro exemplo, se lhe aprouver: Clínias[73], o irmão mais novo de Alcibíades, aqui presente, cuja tutoria cabia ao mesmo Péricles, foi afastado do irmão e alojado na casa de Arífron[74] para ser educado, pois Péricles temia que ele fosse corrompido por Alcibíades. Todavia, nem seis meses haviam decorrido, Arífron o devolveu a Péricles sem saber o que fazer com ele[75]. Eu posso enumerar a você muitos outros homens que, embora fossem eles próprios bons, jamais tornaram melhor outrem, seja ele parente, seja não. Dessa forma, Protágoras, quando tenho em vista essas coisas, não considero que a virtude possa ser ensinada. Quando, porém, ouço você afirmar coisa diferente sobre o assunto, acato e presumo fazer sentido as suas palavras, uma vez que o considero bastante experiente, além de ter aprendido muitas coisas e descoberto outras tantas por sua própria conta. Se puder, então, mostrar-nos de modo mais claro como a virtude pode ser ensinada, não relute! Faça-nos uma exibição sobre o tema![76]

— Mas eu, Sócrates – disse ele –, não relutarei em fazê-la. Devo, contudo, assim como um homem mais velho perante os mais novos, fazer-lhes tal exibição contando um mito, ou empreendendo uma exposição por meio de argumentos?

---

75. Cf. Platão, *Alcibíades Primeiro* 118d-e.

76. Os dois argumentos apresentados por Sócrates demonstram, no máximo, que a virtude não é *efetivamente* ensinada, mas não que ela não *pode* ser ensinada. Essa dificuldade reside no fato de que o adjetivo verbal grego *didaktos* pode significar tanto algo que é *ensinado* quanto algo que é *ensinável*, ainda que não seja atualmente ensinado (A.W.H. Adkins, *Aretê, Tekhnê*, Democracy, an Sophists: *Protagoras* 316-328b, *The Journal of Hellenic Studies*, v. 93, p. 4).

414   ΠΡΩΤΑΓΟΡΑΣ

5   Πολλοὶ οὖν αὐτῷ ὑπέλαβον τῶν παρακαθημένων ὁποτέρως
βούλοιτο οὕτως διεξιέναι.   Δοκεῖ τοίνυν μοι, ἔφη, χαριέ-
στερον εἶναι μῦθον ὑμῖν λέγειν.

'Ην γάρ ποτε χρόνος ὅτε θεοὶ μὲν ἦσαν, θνητὰ δὲ γένη
d   οὐκ ἦν.   ἐπειδὴ δὲ καὶ τούτοις χρόνος ἦλθεν εἱμαρμένος
γενέσεως, τυποῦσιν αὐτὰ θεοὶ γῆς ἔνδον ἐκ γῆς καὶ πυρὸς
μείξαντες καὶ τῶν ὅσα πυρὶ καὶ γῇ κεράννυται.   ἐπειδὴ δ'
ἄγειν αὐτὰ πρὸς φῶς ἔμελλον, προσέταξαν Προμηθεῖ καὶ
5   'Επιμηθεῖ κοσμῆσαί τε καὶ νεῖμαι δυνάμεις ἑκάστοις ὡς
πρέπει.   Προμηθέα δὲ παραιτεῖται 'Επιμηθεὺς αὐτὸς νεῖμαι,
" Νείμαντος δέ μου," ἔφη, " ἐπίσκεψαι·" καὶ οὕτω πείσας
νέμει.   νέμων δὲ τοῖς μὲν ἰσχὺν ἄνευ τάχους προσῆπτεν,
e   τοὺς δ' ἀσθενεστέρους τάχει ἐκόσμει· τοὺς δὲ ὥπλιζε, τοῖς
δ' ἄοπλον διδοὺς φύσιν ἄλλην τιν' αὐτοῖς ἐμηχανᾶτο δύναμιν
εἰς σωτηρίαν.   ἃ μὲν γὰρ αὐτῶν σμικρότητι ἤμπισχεν, πτηνὸν
φυγὴν ἢ κατάγειον οἴκησιν ἔνεμεν· ἃ δὲ ηὖξε μεγέθει, τῷδε
321 αὐτῷ αὐτὰ ἔσῳζεν· καὶ τἆλλα οὕτως ἐπανισῶν ἔνεμεν.   ταῦτα
δὲ ἐμηχανᾶτο εὐλάβειαν ἔχων μή τι γένος ἀϊστωθείη· ἐπειδὴ
δὲ αὐτοῖς ἀλληλοφθοριῶν διαφυγὰς ἐπήρκεσε, πρὸς τὰς ἐκ
Διὸς ὥρας εὐμάρειαν ἐμηχανᾶτο ἀμφιεννὺς αὐτὰ πυκναῖς
5   τε θριξὶν καὶ στερεοῖς δέρμασιν, ἱκανοῖς μὲν ἀμῦναι χειμῶνα,
δυνατοῖς δὲ καὶ καύματα, καὶ εἰς εὐνὰς ἰοῦσιν ὅπως ὑπάρχοι
τὰ αὐτὰ ταῦτα στρωμνὴ οἰκεία τε καὶ αὐτοφυὴς ἑκάστῳ· καὶ
b   ὑποδῶν τὰ μὲν ὁπλαῖς, τὰ δὲ [θριξὶν καὶ] δέρμασιν στερεοῖς
καὶ ἀναίμοις.   τοὐντεῦθεν τροφὰς ἄλλοις ἄλλας ἐξεπόριζεν,

---

77. Prometeu e Epimeteu são figuras da mitologia grega, filhos do titã Jápeto,
cujas histórias aparecem em Hesíodo (*Teogonia*, v. 507-616; *Os Trabalhos e os Dias*,
v. 42-105). A punição de Prometeu pelo roubo do fogo de Hefesto também é tema
da tragédia *Prometeu Acorrentado*, de Ésquilo. Sobre as diferenças entre o mito
do *Protágoras* e a peça de Ésquilo, ver C. Callame, The Pragmatics of "Myth" in
Plato's Dialogues: The Story of Prometheus in the *Protagoras*, em C. Collobert;
P. Destrée; F.J. Gonzalez (eds.), *Plato and Myth: Studies on the Use and Status of*

[320c-321b]   PROTÁGORAS   415

A maioria das pessoas que estavam ali sentadas sugeriu-lhe que fizesse a exposição da maneira que lhe aprouvesse.

— Pois bem – disse ele –, parece-me mais agradável que eu lhes conte um mito. Houve, outrora, um tempo em que os deuses existiam, mas não as espécies mortais. E quando chegou o momento destinado à sua geração, os deuses as moldaram no seio da terra, a partir da mistura de terra e fogo, e de tudo quanto é composto de fogo e terra. Na iminência de trazê-las à luz, ordenaram a Prometeu e a Epimeteu[77] que as aparelhassem e distribuíssem as capacidades para cada uma delas conforme conviesse. Epimeteu pediu a Prometeu que ele próprio ficasse incumbido da distribuição, e lhe sugeriu: 'Depois de eu tê-las distribuído, confira você!' Assim o persuadiu e passou então a distribuí-las. No procedimento de distribuição, conferiu a umas espécies força sem velocidade, enquanto as mais fracas, dotou-as de velocidade. A umas concedeu armas, ao passo que a outras, cuja natureza era desprovida delas, providenciou-lhes uma capacidade diversa, tendo em vista sua salvação. Às dotadas de pequeno porte, distribuiu-lhes asas para fuga ou moradia subterrânea; mas às que se impunham pela grandeza, garantiu-lhes a salvação precisamente por tal característica. E Epimeteu fazia assim com equilíbrio a distribuição, arranjando as coisas com a precaução para que nenhuma espécie se extinguisse. Tendo lhes propiciado os meios de escaparem da destruição mútua, tratou de providenciar-lhes um modo de enfrentar comodamente as estações de Zeus, revestindo-as de pelugens densas e epidermes robustas, suficientes para resistir ao frio e capazes de suportar o calor; assim, quando fossem deitar, elas próprias constituiriam uma coberta própria e natural para cada uma dessas espécies. A umas aferrou cascos nos pés, enquanto a outras, pelugens e epidermes robustas desprovidas de sangue.

Platonic Myths. Sobre a relação ambivalente de Platão para com Hesíodo, e a diferença de tratamento da *Teogonia* e de *Os Trabalhos e os Dias* nos diálogos, ver G.W. Most, Plato's Hesiod: An Acquired Tates?, em G.R. Boys-Stones; J.H. Haubold (eds.), *Plato and Hesiod*.

416 ΠΡΩΤΑΓΟΡΑΣ

τοῖς μὲν ἐκ γῆς βοτάνην, ἄλλοις δὲ δένδρων καρπούς, τοῖς δὲ
ῥίζας· ἔστι δ' οἷς ἔδωκεν εἶναι τροφὴν ζῴων ἄλλων βοράν·
5 καὶ τοῖς μὲν ὀλιγογονίαν προσῆψε, τοῖς δ' ἀναλισκομένοις
ὑπὸ τούτων πολυγονίαν, σωτηρίαν τῷ γένει πορίζων. ἅτε
δὴ οὖν οὐ πάνυ τι σοφὸς ᾽ὢν ὁ Ἐπιμηθεὺς ἔλαθεν αὑτὸν
c καταναλώσας τὰς δυνάμεις εἰς τὰ ἄλογα· λοιπὸν δὴ ἀκό-
σμητον ἔτι αὐτῷ ἦν τὸ ἀνθρώπων γένος, καὶ ἠπόρει ὅτι
χρήσαιτο. ἀποροῦντι δὲ αὐτῷ ἔρχεται Προμηθεὺς ἐπισκεψό-
μενος τὴν νομήν, καὶ ὁρᾷ τὰ μὲν ἄλλα ζῷα ἐμμελῶς πάντων
5 ἔχοντα, τὸν δὲ ἄνθρωπον γυμνόν τε καὶ ἀνυπόδητον καὶ
ἄστρωτον καὶ ἄοπλον· ἤδη δὲ καὶ ἡ εἱμαρμένη ἡμέρα παρῆν,
ἐν ᾗ ἔδει καὶ ἄνθρωπον ἐξιέναι ἐκ γῆς εἰς φῶς. ἀπορίᾳ οὖν
σχόμενος ὁ Προμηθεὺς ἥντινα σωτηρίαν τῷ ἀνθρώπῳ εὕροι,
d κλέπτει Ἡφαίστου καὶ Ἀθηνᾶς τὴν ἔντεχνον σοφίαν σὺν
πυρί—ἀμήχανον γὰρ ἦν ἄνευ πυρὸς αὐτὴν κτητήν τῳ ἢ
χρησίμην γενέσθαι—καὶ οὕτω δὴ δωρεῖται ἀνθρώπῳ. τὴν
μὲν οὖν περὶ τὸν βίον σοφίαν ἄνθρωπος ταύτῃ ἔσχεν, τὴν δὲ
5 πολιτικὴν οὐκ εἶχεν· ἦν γὰρ παρὰ τῷ Διί. τῷ δὲ Προμηθεῖ
εἰς μὲν τὴν ἀκρόπολιν τὴν τοῦ Διὸς οἴκησιν οὐκέτι ἐνεχώρει
εἰσελθεῖν—πρὸς δὲ καὶ αἱ Διὸς φυλακαὶ φοβεραὶ ἦσαν—εἰς
δὲ τὸ τῆς Ἀθηνᾶς καὶ Ἡφαίστου οἴκημα τὸ κοινόν, ἐν ᾧ
e ἐφιλοτεχνείτην, λαθὼν εἰσέρχεται, καὶ κλέψας τήν τε ἔμπυρον
τέχνην τὴν τοῦ Ἡφαίστου καὶ τὴν ἄλλην τὴν τῆς Ἀθηνᾶς
δίδωσιν ἀνθρώπῳ, καὶ ἐκ τούτου εὐπορία μὲν ἀνθρώπῳ τοῦ

78. Sobre a diferença das capacidades dos animais e do homem, ver Aristóteles, Partes dos Animais 687a8-b5.

79. Atena era filha de Zeus e Métis. Quando estava grávida, Zeus, por conselho de Urano e Gaia, engoliu Métis, pois fora informado que, se ela parisse uma
filha, esta geraria posteriormente um filho que o destronaria. No momento do
parto, Zeus pediu a Hefesto que fendesse a sua cabeça com um machado, de onde
surgiu Atena (Teogonia, v. 886-900, 924-927). Palas Atena é associada à tecela-
gem, à cerâmica e ao cultivo de oliveiras, sendo talvez essas as artes particulares
subentendidas aqui (C.C.W. Taylor, op. cit., p. 84). Hefesto, por sua vez, era filho
de Zeus e de Hera, embora Hesíodo relate que Hera concebera Hefesto sozinha,
em resposta ao nascimento de Atena, que fora gerada sozinha por Zeus (Teogonia, v. 927-929). Hefesto é um deus coxo; segundo Homero na Ilíada (1.586-594),
quando ele intercedeu em favor de sua mãe Hera que discutia com Zeus sobre
Héracles, Zeus o pegou pelo pé e o atirou do monte Olimpo, rolando por um dia
inteiro até bater na ilha de Lemnos no mar Egeu, ficando assim coxo. No diálogo

[321b-e]   PROTÁGORAS   417

A partir de então, forneceu a espécies diferentes diferentes formas de nutrição: a umas, ervas que brotam da terra, a outras, frutos que pendem das árvores, a outras ainda, raízes; e havia aquelas cuja nutrição concedida era baseada no consumo de outros seres vivos. Reduziu, pois, a fecundidade destas últimas e aumentou a fecundidade de suas presas, garantindo, assim, a preservação da espécie. Como Epimeteu não era decerto muito sábio, não percebeu que havia despendido todas as capacidades c aos seres irracionais, enquanto a espécie humana ainda lhe restava desaparelhada. Ficou sem saber o que fazer. Foi nesse momento de impasse que Prometeu chegou para conferir a distribuição, e constatou que os demais animais tinham tudo de modo apropriado, enquanto o homem se encontrava nu, desprovido de calçados, cobertas e armas[78]. E premia o momento fixado pelo destino, no qual também o homem devia sair da terra e vir à luz. Sem saber, então, que tipo de salvação pudesse encontrar para o homem, Prometeu roubou de Hefesto e Atena[79] d a sabedoria técnica junto com o fogo – pois era impossível sem o fogo que ela fosse adquirida por alguém ou lhe fosse útil – e assim presenteou o homem. Dessa forma, o homem adquiriu a sabedoria para a sobrevivência, carecendo, contudo, da sabedoria política, que estava com Zeus. A Prometeu não era mais permitido adentrar a acrópole, estância de Zeus, além do mais, eram temíveis também as sentinelas de Zeus[80]. Todavia, na morada compartilhada por Atena e Hefesto, onde eles se dedicavam às artes, conseguiu entrar sem ser flagrado. Depois de e roubar a arte do fogo de Hefesto e a arte de Atena, ele as ofertou ao homem, e, desde então, o homem possui recurso de vida[81];

Político (274c), Platão, todavia, atribui o fogo a Prometeu, e as artes (*tekhnai*) a Hefesto e Atena (J. Adam; A. Adam, op. cit., p. 111).

80.   As sentinelas de Zeus são *Força* (*Kratos*) e *Violência* (*Bia*), como referido por Hesíodo (*Teogonia* v. 383-388). No início da tragédia *Prometeu Acorrentado* de Ésquilo, ambos aparecem aprisionando Prometeu no rochedo como punição pelo roubo do fogo.

81.   Há aqui uma reversão no relato de Protágoras: primeiro, ele diz que roubou o fogo de Hefesto e a sabedoria técnica de Atena, mas em seguida não conseguiu

ΠΡΩΤΑΓΟΡΑΣ

322 βίου γίγνεται, Προμηθέα δὲ δι' Ἐπιμηθέα ὕστερον, ἧπερ λέγεται, κλοπῆς δίκη μετῆλθεν.

Ἐπειδὴ δὲ ὁ ἄνθρωπος θείας μετέσχε μοίρας, πρῶτον μὲν διὰ τὴν τοῦ θεοῦ συγγένειαν ζῴων μόνον θεοὺς ἐνόμισεν, καὶ
5 ἐπεχείρει βωμούς τε ἱδρύεσθαι καὶ ἀγάλματα θεῶν· ἔπειτα φωνὴν καὶ ὀνόματα ταχὺ διηρθρώσατο τῇ τέχνῃ, καὶ οἰκήσεις καὶ ἐσθῆτας καὶ ὑποδέσεις καὶ στρωμνὰς καὶ τὰς ἐκ γῆς τροφὰς ηὕρετο. οὕτω δὴ παρεσκευασμένοι κατ' ἀρχὰς
b ἄνθρωποι ᾤκουν σποράδην, πόλεις δὲ οὐκ ἦσαν· ἀπώλλυντο οὖν ὑπὸ τῶν θηρίων διὰ τὸ πανταχῇ αὐτῶν ἀσθενέστεροι εἶναι, καὶ ἡ δημιουργικὴ τέχνη αὐτοῖς πρὸς μὲν τροφὴν ἱκανὴ βοηθὸς ἦν, πρὸς δὲ τὸν τῶν θηρίων πόλεμον ἐνδεής
5 —πολιτικὴν γὰρ τέχνην οὔπω εἶχον, ἧς μέρος πολεμική— ἐζήτουν δὴ ἀθροίζεσθαι καὶ σῴζεσθαι κτίζοντες πόλεις· ὅτ' οὖν ἀθροισθεῖεν, ἠδίκουν ἀλλήλους ἅτε οὐκ ἔχοντες τὴν πολιτικὴν τέχνην, ὥστε πάλιν σκεδαννύμενοι διεφθείροντο.
c Ζεὺς οὖν δείσας περὶ τῷ γένει ἡμῶν μὴ ἀπόλοιτο πᾶν,

adentrar a morada de Zeus por causa de suas sentinelas para roubar a sabedoria política; depois, ele conta que, não conseguindo entrar na morada de Zeus, ele roubou o fogo de Hefesto e a arte de Atena e presenteou-os aos homens.

82. Hesíodo, *Teogonia* v. 521-525.

83. Cf. Ésquilo, *Prometeu Acorrentado* v. 442-471; Sófocles, *Antígona* v. 334-375.

84. Sobre as diferentes formas de organização social (família, comunidade, cidade), ver Aristóteles, *Política* I 1252b10-1253a39.

85. Cf. Platão, *Político* 274b-c.

86. cf. Platão, *República* II 373d-e.

87. Enquanto o mito de Protágoras trata da gênese da justiça como uma *dádiva* de Zeus aos homens em vista da preservação da existência humana em sociedade, a personagem Glauco na *República*, desenvolvendo a posição assumida por Trasímaco no Livro I, apresenta argumentos que corroboram a tese *contratualista* sobre a origem da justiça:

> Dizem que cometer injustiça é por natureza um bem, ao passo que sofrê-la, um mal, e que sofrer injustiça supera em males os bens em cometê-la. Por conseguinte, quando os homens cometem e sofrem injustiças reciprocamente e provam de ambas as condições, àqueles que são incapazes de evitar uma e fazer valer a outra parece vantajoso estabelecer um acordo entre si para que não cometam nem sofram injustiças. A partir disso, então, começam a instituir leis e acordos entre si, e denominam legítimo e justo a prescrição da lei. Essa é a origem e a essência da justiça, estando no meio-termo entre o que é o melhor (não pagar a justa pena, depois de

Prometeu, no entanto, por causa de Epimeteu, como se conta, foi punido ulteriormente pelo furto[82].

Por compartir assim do quinhão divino, o homem foi, em primeiro lugar, o único animal a crer em deuses em virtude de sua congeneridade com o deus, passando a lhes erigir altares e estátuas. Em seguida, logo articulou tecnicamente a voz e as palavras, e descobriu estâncias, vestes, calçados, cobertas e dietas oriundas da terra[83]. Assim providos, os homens viviam inicialmente dispersos, e inexistiam cidades[84]; as bestas, então, os dizimavam porque eram em tudo inferiores a elas[85]. A arte demiúrgica voltada para a dieta era suficiente para socorrê-los, mas insuficiente para a guerra contra as bestas, pois não possuíam ainda a arte política, da qual faz parte a arte da guerra[86]. Procuravam, então, reunir-se para se preservar, fundando cidades; mas, quando se reuniam, injustiçavam-se mutuamente, uma vez desprovidos da arte política. Por conseguinte, dispersavam-se novamente e eram aniquilados[87]. Zeus, pois, temeroso

cometer injustiça) e o que é o pior (ser incapaz de se vingar, uma vez vítima de injustiça). E o justo, estando no meio-termo de ambos, é adorado não porque é bom, mas porque é valoroso em vista da inépcia de se cometer injustiça. Pois quem é capaz de cometê-la, quem é verdadeiramente homem, jamais estabeleceria um acordo com quem quer que seja, para não cometer nem sofrer injustiças; caso contrário, seria um louco. É desse tipo então, Sócrates, a natureza da justiça, e são essas as circunstâncias de onde ela se origina, segundo o argumento. (II 358e3-359b5)

Πεφυκέναι γὰρ δή φασιν τὸ μὲν ἀδικεῖν ἀγαθόν, τὸ δὲ ἀδικεῖσθαι κακόν, πλέονι δὲ κακῷ ὑπερβάλλειν τὸ ἀδικεῖσθαι ἢ ἀγαθῷ τὸ ἀδικεῖν, ὥστ᾽ ἐπειδὰν ἀλλήλους ἀδικῶσί τε καὶ ἀδικῶνται καὶ ἀμφοτέρων γεύωνται, τοῖς μὴ δυναμένοις τὸ μὲν ἐκφεύγειν τὸ δὲ αἱρεῖν δοκεῖ λυσιτελεῖν συνθέσθαι ἀλλήλοις μήτ᾽ ἀδικεῖν μήτ᾽ ἀδικεῖσθαι· καὶ ἐντεῦθεν δὴ ἄρξασθαι νόμους τίθεσθαι καὶ συνθήκας αὑτῶν, καὶ ὀνομάσαι τὸ ὑπὸ τοῦ νόμου ἐπίταγμα νόμιμόν τε καὶ δίκαιον· καὶ εἶναι δὴ ταύτην γένεσίν τε καὶ οὐσίαν δικαιοσύνης, μεταξὺ οὖσαν τοῦ μὲν ἀρίστου ὄντος, ἐὰν ἀδικῶν μὴ διδῷ δίκην, τοῦ δὲ κακίστου, ἐὰν ἀδικούμενος τιμωρεῖσθαι ἀδύνατος ᾖ· τὸ δὲ δίκαιον ἐν μέσῳ ὂν τούτων ἀμφοτέρων ἀγαπᾶσθαι οὐχ ὡς ἀγαθόν, ἀλλ᾽ ὡς ἀρρωστίᾳ τοῦ ἀδικεῖν τιμώμενον· ἐπεὶ τὸν δυνάμενον αὐτὸ ποιεῖν καὶ ὡς ἀληθῶς ἄνδρα οὐδ᾽ ἂν ἑνί ποτε συνθέσθαι τὸ μήτε ἀδικεῖν μήτε ἀδικεῖσθαι· μαίνεσθαι γὰρ ἄν. ἡ μὲν οὖν δὴ φύσις δικαιοσύνης, ὦ Σώκρατες, αὕτη τε καὶ τοιαύτη, καὶ ἐξ ὧν πέφυκε τοιαῦτα, ὡς ὁ λόγος.

Tese semelhante à expressada por Glauco encontra-se na boca da personagem Cálicles no *Górgias* (483b-484c). Ver também os fragmentos de Antifonte e do

420 ΠΡΩΤΑΓΟΡΑΣ

Ἑρμῆν πέμπει ἄγοντα εἰς ἀνθρώπους αἰδῶ τε καὶ δίκην, ἵν᾽ εἶεν πόλεων κόσμοι τε καὶ δεσμοὶ φιλίας συναγωγοί. ἐρωτᾷ οὖν Ἑρμῆς Δία τίνα οὖν τρόπον δοίη δίκην καὶ αἰδῶ ἀνθρώ-
5 ποις· " Πότερον ὡς αἱ τέχναι νενέμηνται, οὕτω καὶ ταύτας νείμω; νενέμηνται δὲ ὧδε· εἷς ἔχων ἰατρικὴν πολλοῖς ἱκανὸς ἰδιώταις, καὶ οἱ ἄλλοι δημιουργοί· καὶ δίκην δὴ καὶ αἰδῶ
d οὕτω θῶ ἐν τοῖς ἀνθρώποις, ἢ ἐπὶ πάντας νείμω; " " Ἐπὶ πάντας," ἔφη ὁ Ζεύς, " καὶ πάντες μετεχόντων· οὐ γὰρ ἂν γένοιντο πόλεις, εἰ ὀλίγοι αὐτῶν μετέχοιεν ὥσπερ ἄλλων τεχνῶν· καὶ νόμον γε θὲς παρ᾽ ἐμοῦ τὸν μὴ δυνάμενον
5 αἰδοῦς καὶ δίκης μετέχειν κτείνειν ὡς νόσον πόλεως." οὕτω δή, ὦ Σώκρατες, καὶ διὰ ταῦτα οἵ τε ἄλλοι καὶ Ἀθηναῖοι, ὅταν μὲν περὶ ἀρετῆς τεκτονικῆς ᾖ λόγος ἢ ἄλλης τινὸς δημιουργικῆς, ὀλίγοις οἴονται μετεῖναι συμβουλῆς, καὶ ἐάν
e τις ἐκτὸς ὢν τῶν ὀλίγων συμβουλεύῃ, οὐκ ἀνέχονται, ὡς σὺ φῇς—εἰκότως, ὡς ἐγώ φημι—ὅταν δὲ εἰς συμβουλὴν πολι-
323 τικῆς ἀρετῆς ἴωσιν, ἣν δεῖ διὰ δικαιοσύνης πᾶσαν ἰέναι καὶ σωφροσύνης, εἰκότως ἅπαντος ἀνδρὸς ἀνέχονται, ὡς παντὶ

Anônimo Jâmblico nos quais encontramos teses conflitantes sobre a origem e o valor da justiça para os homens (D.R.N. Lopes, Górgias *de Platão*, p. 470-475). Sobre a justiça como condição de possibilidade da vida em sociedade, ver também Isócrates (*Antídose*, 253-256).

88. Hermes era filho de Zeus e de Maia, a mais jovem das Plêiades, e cujo epíteto era "arauto dos imortais" (Hesíodo, *Teogonia* v. 938-939). Nasceu numa caverna, no cimo do monte Cilene, no sul da Arcádia. Geralmente Hermes aparece como figura secundária nos mitos, como agente da divindade, protetor dos heróis, intérprete da vontade divina. Hermes era considerado o deus do comércio e também do roubo. Era encarregado particularmente de conduzir as almas dos mortos ao Hades (P. Grimal, op. cit., p. 223-224).

89. Cf. 319b-d.

90. O termo grego *sōphrosunē*, traduzido aqui por "sensatez" (323a2) é empregado amiúde por Platão para designar: a. tanto a moderação e o equilíbrio no comportamento e no juízo (portanto, "sensatez"), b. quanto a virtude relativa ao controle sobre os próprios apetites e prazeres (traduzido comumente por "temperança"; cf., por exemplo, *Fédon* 68c; *República* IV 430e). No caso específico do diálogo *Protágoras*, Platão parece empregá-lo na primeira metade do diálogo no sentido (a), mais próximo do sentido "homérico" do termo ("sensatez", "prudência", "bom senso", "mente sã"; cf., por exemplo, Homero, *Ilíada* 21.462; *Odisseia* 4.158) (L. Goldberg, op. cit., p. 109; D.T. Devereux, The Unity of the Virtues in Plato's *Protagoras* and *Laches*, *The Philosophical Review*, v. 101, n. 4, p. 785). Há duas evidências disso: i. no início da

do total perecimento de nossa geração, enviou Hermes[88] aos homens portando justiça e pudor, para que houvesse ordem nas cidades e vínculos estreitos de amizade. Hermes perguntou a Zeus, então, de que modo devia ele conceder justiça e pudor aos homens: 'devo distribuí-los assim como estão distribuídas as artes? Eis como as artes estão distribuídas: um único médico é suficiente para muitos homens leigos, e o mesmo vale para os demais artífices. É assim que devo instituir justiça e pudor entre os homens, ou devo distribuí-los a todos?' 'A todos', disse Zeus, 'e que todos compartilhem de ambos, pois não existiriam cidades, se apenas poucos homens compartissem disso, tal como sucede às demais artes. E, em meu nome, institua a lei segundo a qual se deve condenar à morte quem for incapaz de compartir da justiça e do pudor, como se fosse ele uma doença da cidade!'" É desse modo, Sócrates, e por tais motivos, que tanto os atenienses quanto os demais homens, quando há uma discussão sobre a virtude relativa à carpintaria ou a qualquer outra atividade técnica, admitem que poucos tomem parte no conselho. Mas se alguém que não pertence a esse grupo exíguo tenta aconselhar sobre algum ponto, eles não o aceitam, como você mesmo alega[89], e isso é razoável, como afirmo eu. No entanto, quando se voltam para um conselho relativo à virtude política, ocasião na qual se deve proceder absolutamente com justiça e sensatez[90],

d

e

323

---

terceira prova/refutação (333b-334c), Sócrates identifica *sōphronein* (ser sensato) com *eu phronein* (ter bom senso; pensar de maneira correta) (cf. 333d5); e ii. na segunda prova/refutação (330b-332a), o termo empregado por Sócrates para designar o contrário comum a *sophia* (sabedoria) e a *sōphrosunē* (sensatez) é *aphrosunē* (insensatez). Todavia, na segunda metade do *Protágoras*, quando a discussão sobre a *unidade das virtudes* é retomada (349a-b), optei por traduzir o mesmo termo *sōphrosunē* por "temperança", conforme o sentido (b), e não mais por "sensatez". Essa opção se deve a um fato linguístico: Platão passa a se referir ao contrário de *sōphrosunē* pelo termo *akolasia* (intemperança), e não mais pelo termo *aphrosunē* (insensatez) (cf. 341e6, 349d7, 359b4), ao passo que *amathia* (ignorância) e seus correlatos (cf. 337a6; 342b2; 349d7; 357d1, e1, e2, e4; 358c2, c4; 359b4, d6; 360b7, c4, c6, d1, d3, d5, e2) passam a ser usados para designar a condição contrária à da *sophia* (sabedoria). Em outros diálogos, nos contextos em que Platão discute *sōphrosunē* no sentido (b) de moderação relativa aos apetites e prazeres da comida, bebida e sexo, o vício contrário a ela é geralmente designado pelo termo *akolasia* (intemperança) (cf., por ex., *Górgias* 492a5, c4, 493b2, d2, d7, 494a2, a5, 504e2, 505b2, b12, 507a7, 508a3; *República* IV 431b2,

422 ΠΡΩΤΑΓΟΡΑΣ

προσῆκον ταύτης γε μετέχειν τῆς ἀρετῆς ἢ μὴ εἶναι πόλεις.
αὕτη, ὦ Σώκρατες, τούτου αἰτία.

5   Ἵνα δὲ μὴ οἴῃ ἀπατᾶσθαι ὡς τῷ ὄντι ἡγοῦνται πάντες
ἄνθρωποι πάντα ἄνδρα μετέχειν δικαιοσύνης τε καὶ τῆς ἄλλης
πολιτικῆς ἀρετῆς, τόδε αὖ λαβὲ τεκμήριον. ἐν γὰρ ταῖς
ἄλλαις ἀρεταῖς, ὥσπερ σὺ λέγεις, ἐάν τις φῇ ἀγαθὸς αὐλητὴς
εἶναι, ἢ ἄλλην ἡντινοῦν τέχνην ἣν μή ἐστιν, ἢ καταγελῶσιν
b   ἢ χαλεπαίνουσιν, καὶ οἱ οἰκεῖοι προσιόντες νουθετοῦσιν ὡς
μαινόμενον· ἐν δὲ δικαιοσύνῃ καὶ ἐν τῇ ἄλλῃ πολιτικῇ ἀρετῇ,
ἐάν τινα καὶ εἰδῶσιν ὅτι ἄδικός ἐστιν, ἐὰν οὗτος αὐτὸς καθ᾽
αὑτοῦ τἀληθῆ λέγῃ ἐναντίον πολλῶν, ὃ ἐκεῖ σωφροσύνην
5   ἡγοῦντο εἶναι, τἀληθῆ λέγειν, ἐνταῦθα μανίαν, καί φασιν
πάντας δεῖν φάναι εἶναι δικαίους, ἐάντε ὦσιν ἐάντε μή, ἢ
μαίνεσθαι τὸν μὴ προσποιούμενον [δικαιοσύνην]· ὡς ἀναγ-
c   καῖον οὐδένα ὄντιν᾽ οὐχὶ ἀμῶς γέ πως μετέχειν αὐτῆς, ἢ μὴ
εἶναι ἐν ἀνθρώποις.

Ὅτι μὲν οὖν πάντ᾽ ἄνδρα εἰκότως ἀποδέχονται περὶ ταύτης
τῆς ἀρετῆς σύμβουλον διὰ τὸ ἡγεῖσθαι παντὶ μετεῖναι αὐτῆς,
5   ταῦτα λέγω· ὅτι δὲ αὐτὴν οὐ φύσει ἡγοῦνται εἶναι οὐδ᾽ ἀπὸ
τοῦ αὐτομάτου, ἀλλὰ διδακτόν τε καὶ ἐξ ἐπιμελείας παραγί-
γνεσθαι ᾧ ἂν παραγίγνηται, τοῦτό σοι μετὰ τοῦτο πειράσομαι
ἀποδεῖξαι. ὅσα γὰρ ἡγοῦνται ἀλλήλους κακὰ ἔχειν ἄνθρωποι
d   φύσει ἢ τύχῃ, οὐδεὶς θυμοῦται οὐδὲ νουθετεῖ οὐδὲ διδάσκει
οὐδὲ κολάζει τοὺς ταῦτα ἔχοντας, ἵνα μὴ τοιοῦτοι ὦσιν, ἀλλ᾽
ἐλεοῦσιν· οἷον τοὺς αἰσχροὺς ἢ σμικροὺς ἢ ἀσθενεῖς τίς οὕτως
ἀνόητος ὥστε τι τούτων ἐπιχειρεῖν ποιεῖν; ταῦτα μὲν γὰρ
5   οἶμαι ἴσασιν ὅτι φύσει τε καὶ τύχῃ τοῖς ἀνθρώποις γίγνεται,
τὰ καλὰ καὶ τἀναντία τούτοις· ὅσα δὲ ἐξ ἐπιμελείας καὶ
ἀσκήσεως καὶ διδαχῆς οἴονται γίγνεσθαι ἀγαθὰ ἀνθρώποις,
e   ἐάν τις ταῦτα μὴ ἔχῃ, ἀλλὰ τἀναντία τούτων κακά, ἐπὶ

444b7, x 609c1; *Fédon* 69a1), de modo que essa mudança no interior do *Protágoras*
do termo contrário de *sōphrosunē* parece indicar precisamente esse deslocamento
semântico de (a) para (b). Por essas razões, optei pela variação na tradução do termo
sōphrosunē ao longo do diálogo, conforme o sentido (a) (i.e., "sensatez") ou (b) (i.e.,
"temperança") sugerido pelo contexto argumentativo em questão.

é razoável que eles admitam todo e qualquer homem, pois convém a todos compartir da virtude; caso contrário, não existiriam cidades. É essa, Sócrates, a causa disso.

A fim de que você não julgue ser equívoco meu quando afirmo que todos os homens realmente consideram que todos compartem da justiça e do restante da virtude política, eis então outra prova. Nas demais virtudes, como você mesmo relata, se alguém afirmar que é bom tocador de aulo, ou bom em qualquer outra arte em que ele não o é, as pessoas riem dele ou se agastam com ele, ao passo que seus parentes vêm admoestá-lo como se estivesse desvairado. Na justiça e no restante da virtude política, contudo, mesmo que as pessoas saibam que alguém é injusto, se ele próprio disser a verdade sobre si mesmo ante os demais, elas passam a achar desvario aquilo que antes consideravam sensatez, ou seja, dizer a verdade. E apregoam que todos devem dizer que são justos, a despeito de sê-lo ou não, e que é desvairado quem não o dissimula. Pois é necessário que cada um, de uma forma ou de outra, comparta da justiça; caso contrário, não há lugar para ele entre os homens.

Que é razoável, então, admitirem que todo homem dê conselhos sobre tal virtude porque consideram que todos participam dela, eis os meus argumentos. No entanto, que eles presumem que ela não é dada por natureza nem surge espontaneamente, mas pode ser ensinada e advém em quem advier pelo empenho, é o que doravante tentarei demonstrar a você. Bem, em relação aos males que os homens consideram existir por natureza ou por acaso, ninguém se exaspera, admoesta, ensina ou pune a pessoa que os possui, a fim de que ela não seja como ela é; pelo contrário, isso vem a ser motivo de piedade. Por exemplo: os homens feios, pequenos ou débeis, quem seria tão insensato a ponto de intentar lhes fazer uma coisa dessas? Pois estão cientes, julgo eu, de que é por natureza e acaso que elas advêm aos homens, tanto as qualidades belas quanto os seus contrários. Todavia, em relação aos bens que eles presumem advir aos homens pelo empenho, exercício e ensino, se alguém possuir os males que lhes são contrários,

424 ΠΡΩΤΑΓΟΡΑΣ

τούτοις που οἵ τε θυμοὶ γίγνονται καὶ αἱ κολάσεις καὶ αἱ
νουθετήσεις. ὧν ἐστιν ἓν καὶ ἡ ἀδικία καὶ ἡ ἀσέβεια καὶ
324 συλλήβδην πᾶν τὸ ἐναντίον τῆς πολιτικῆς ἀρετῆς· ἔνθα δὴ
πᾶς παντὶ θυμοῦται καὶ νουθετεῖ, δῆλον ὅτι ὡς ἐξ ἐπιμελείας
καὶ μαθήσεως κτητῆς οὔσης. εἰ γὰρ ἐθέλεις ἐννοῆσαι τὸ
κολάζειν, ὦ Σώκρατες, τοὺς ἀδικοῦντας τί ποτε δύναται,
5 αὐτό σε διδάξει ὅτι οἵ γε ἄνθρωποι ἡγοῦνται παρασκευαστὸν
εἶναι ἀρετήν. οὐδεὶς γὰρ κολάζει τοὺς ἀδικοῦντας πρὸς
τούτῳ τὸν νοῦν ἔχων καὶ τούτου ἕνεκα, ὅτι ἠδίκησεν, ὅστις
b μὴ ὥσπερ θηρίον ἀλογίστως τιμωρεῖται· ὁ δὲ μετὰ λόγου
ἐπιχειρῶν κολάζειν οὐ τοῦ παρεληλυθότος ἕνεκα ἀδικήματος
τιμωρεῖται—οὐ γὰρ ἂν τό γε πραχθὲν ἀγένητον θείη—ἀλλὰ
τοῦ μέλλοντος χάριν, ἵνα μὴ αὖθις ἀδικήσῃ μήτε αὐτὸς οὗτος
5 μήτε ἄλλος ὁ τοῦτον ἰδὼν κολασθέντα. καὶ τοιαύτην διάνοιαν
ἔχων διανοεῖται παιδευτὴν εἶναι ἀρετήν· ἀποτροπῆς γοῦν
ἕνεκα κολάζει. ταύτην οὖν τὴν δόξαν πάντες ἔχουσιν ὅσοιπερ
c τιμωροῦνται καὶ ἰδίᾳ καὶ δημοσίᾳ. τιμωροῦνται δὲ καὶ κολά-
ζονται οἵ τε ἄλλοι ἄνθρωποι οὓς ἂν οἴωνται ἀδικεῖν, καὶ οὐχ
ἥκιστα Ἀθηναῖοι οἱ σοὶ πολῖται· ὥστε κατὰ τοῦτον τὸν
λόγον καὶ Ἀθηναῖοί εἰσι τῶν ἡγουμένων παρασκευαστὸν
5 εἶναι καὶ διδακτὸν ἀρετήν. ὡς μὲν οὖν εἰκότως ἀποδέχονται
οἱ σοὶ πολῖται καὶ χαλκέως καὶ σκυτοτόμου συμβουλεύοντος
τὰ πολιτικά, καὶ ὅτι διδακτὸν καὶ παρασκευαστὸν ἡγοῦνται
d ἀρετήν, ἀποδέδεικταί σοι, ὦ Σώκρατες, ἱκανῶς, ὥς γέ μοι
φαίνεται.

Ἔτι δὴ λοιπὴ ἀπορία ἐστίν, ἣν ἀπορεῖς περὶ τῶν ἀνδρῶν
τῶν ἀγαθῶν, τί δήποτε οἱ ἄνδρες οἱ ἀγαθοὶ τὰ μὲν ἄλλα
τοὺς αὑτῶν ὑεῖς διδάσκουσιν ἃ διδασκάλων ἔχεται καὶ
5 σοφοὺς ποιοῦσιν, ἣν δὲ αὐτοὶ ἀρετὴν ἀγαθοὶ οὐδενὸς βελτίους ποιοῦσιν. τούτου δὴ πέρι, ὦ Σώκρατες, οὐκέτι μῦθόν
σοι ἐρῶ ἀλλὰ λόγον. ὧδε γὰρ ἐννόησον· πότερον ἔστιν τι

---

91. Sobre a distinção entre *muthos* e *logos*, ver *Comentário* 320c2-4.

é nessas circunstâncias que ocorrem as exasperações, as punições e as admoestações. Dentre esses males, um é a injustiça e a impiedade, e, em suma, tudo quanto é contrário à virtude política. Nesse âmbito, todos se exasperam e admoestam a todos, evidenciando que ela pode ser adquirida pelo empenho e pela aprendizagem. Se você preferir refletir sobre a punição, Sócrates, sobre o que ela é capaz de fazer a quem cometeu injustiça, ela mesma lhe ensinará que os homens consideram que a virtude pode lhes ser provida. Pois ninguém, cujo desagravo não seja irracional como o de um animal, pune quem cometeu injustiça com a mente fixa nisto e em vista disto, ou seja, na injustiça cometida. Quem procura punir de forma racional pune não em vista do ato injusto já consumado – pois o que foi feito está feito –, mas visando ao futuro, a fim de que ninguém torne a cometer injustiça, seja a pessoa punida, seja quem a viu ser punida. Com tal pensamento, ele pensa que a virtude pode ser instruída: pune-se, sim, em vista da dissuasão. Essa opinião, pois, sustentam todos aqueles que buscam o desagravo, tanto no âmbito particular quanto no público. Todos os homens, inclusive os atenienses, seus concidadãos, desagravam-se e punem quem eles presumem ter cometido alguma injustiça. Conforme esse argumento, por conseguinte, também os atenienses se incluem entre aqueles que consideram que a virtude pode ser provida e ensinada. Que, portanto, é razoável que seus concidadãos admitam os conselhos de um ferreiro e de um sapateiro sobre questões políticas, e que eles considerem que a virtude pode ser ensinada e provida, essa demonstração é suficiente para você, Sócrates, como me é manifesto.

Resta ainda um impasse a respeito dos homens bons, o qual é motivo do seu embaraço: por que, enfim, os homens bons ensinam aos filhos aquelas matérias ensinadas por mestres, tornando-os sábios nelas, mas, em relação à virtude em que eles próprios são bons, não os tornam melhores do que ninguém? Sobre esse assunto, Sócrates, não recorrerei mais a um mito, porém a um argumento[91]. Reflita da seguinte maneira! Há ou não há uma única coisa da qual é necessário que todos os

426 ΠΡΩΤΑΓΟΡΑΣ

ἐν ᾗ οὐκ ἔστιν οὗ ἀναγκαῖον πάντας τοὺς πολίτας μετέχειν,

e εἴπερ μέλλει πόλις εἶναι; ἐν τούτῳ γὰρ αὕτη λύεται ἡ ἀπορία
ἣν σὺ ἀπορεῖς ἢ ἄλλοθι οὐδαμοῦ. εἰ μὲν γὰρ ἔστιν, καὶ
τοῦτό ἐστιν τὸ ἓν οὐ τεκτονικὴ οὐδὲ χαλκεία οὐδὲ κεραμεία

325 ἀλλὰ δικαιοσύνη καὶ σωφροσύνη καὶ τὸ ὅσιον εἶναι, καὶ
συλλήβδην ἓν αὐτὸ προσαγορεύω εἶναι ἀνδρὸς ἀρετήν—εἰ
τοῦτ' ἐστὶν οὗ δεῖ πάντας μετέχειν καὶ μετὰ τούτου πάντ'
ἄνδρα, ἐάν τι καὶ ἄλλο βούληται μανθάνειν ἢ πράττειν, οὕτω

5 πράττειν, ἄνευ δὲ τούτου μή, ἢ τὸν μὴ μετέχοντα καὶ διδάσκειν καὶ κολάζειν καὶ παῖδα καὶ ἄνδρα καὶ γυναῖκα,
ἔωσπερ ἂν κολαζόμενος βελτίων γένηται, ὃς δ' ἂν μὴ ὑπα-
κούῃ κολαζόμενος καὶ διδασκόμενος, ὡς ἀνίατον ὄντα τοῦτον

b ἐκβάλλειν ἐκ τῶν πόλεων ἢ ἀποκτείνειν—εἰ οὕτω μὲν ἔχει,
οὕτω δ' αὐτοῦ πεφυκότος οἱ ἀγαθοὶ ἄνδρες εἰ τὰ μὲν ἄλλα
διδάσκονται τοὺς ὑεῖς, τοῦτο δὲ μή, σκέψαι ὡς θαυμασίως
γίγνονται οἱ ἀγαθοί. ὅτι μὲν γὰρ διδακτὸν αὐτὸ ἡγοῦνται

5 καὶ ἰδίᾳ καὶ δημοσίᾳ, ἀπεδείξαμεν· διδακτοῦ δὲ ὄντος καὶ
θεραπευτοῦ τὰ μὲν ἄλλα ἄρα τοὺς ὑεῖς διδάσκονται, ἐφ' οἷς
οὐκ ἔστι θάνατος ἡ ζημία ἐὰν μὴ ἐπίστωνται, ἐφ' ᾧ δὲ ἥ
τε ζημία θάνατος αὐτῶν τοῖς παισὶ καὶ φυγαὶ μὴ μαθοῦσι

c μηδὲ θεραπευθεῖσιν εἰς ἀρετήν, καὶ πρὸς τῷ θανάτῳ χρημάτων τε δημεύσεις καὶ ὡς ἔπος εἰπεῖν συλλήβδην τῶν
οἴκων ἀνατροπαί, ταῦτα δ' ἄρα οὐ διδάσκονται οὐδ' ἐπιμελοῦνται πᾶσαν ἐπιμέλειαν; οἴεσθαί γε χρή, ὦ Σώκρατες.

5 ἐκ παίδων σμικρῶν ἀρξάμενοι, μέχρι οὗπερ ἂν ζῶσι, καὶ
διδάσκουσι καὶ νουθετοῦσιν. ἐπειδὰν θᾶττον συνιῇ τις τὰ
λεγόμενα, καὶ τροφὸς καὶ μήτηρ καὶ παιδαγωγὸς καὶ αὐτὸς

d ὁ πατὴρ περὶ τούτου διαμάχονται, ὅπως ⟨ὡς⟩ βέλτιστος ἔσται
ὁ παῖς, παρ' ἕκαστον καὶ ἔργον καὶ λόγον διδάσκοντες καὶ
ἐνδεικνύμενοι ὅτι τὸ μὲν δίκαιον, τὸ δὲ ἄδικον, καὶ τόδε μὲν
καλόν, τόδε δὲ αἰσχρόν, καὶ τόδε μὲν ὅσιον, τόδε δὲ ἀνόσιον,

5 καὶ τὰ μὲν ποίει, τὰ δὲ μὴ ποίει. καὶ ἐὰν μὲν ἑκὼν πείθη-

---

92. Cf. Platão, *República* III 409e-410a.

93. O *preceptor* (literalmente, "aquele que conduz a criança") era um escravo que tinha a função de acompanhar a criança até a escola e trazê-la de volta.

cidadãos compartam para que uma cidade subsista? A resolução desse impasse que tanto o embaraça consiste exclusivamente na resposta a essa questão. Pois, se há essa única coisa e ela não é a arte do carpinteiro, do ferreiro ou do ceramista, mas justiça, sensatez e ser pio – em suma, uma única coisa que eu chamo precisamente de virtude do homem; se é dela que todos devem compartir e que toda ação humana deve imprescindivelmente estar acompanhada, quando se quer aprender ou fazer alguma outra coisa; se todos devem ensinar e punir quem dela não compartir, seja criança, seja homem, seja mulher, até que se torne melhor mediante a punição, ao passo que devem banir da cidade ou matar, como se fosse um caso incurável[92], quem não lhes prestar obediência mesmo depois de punido e instruído; se é isso o que sucede então, e assim o é por natureza, observe quão admiráveis são os homens bons, se eles ensinam aos filhos tudo o mais, exceto isso! Que eles consideram que isso pode ser ensinado tanto no âmbito particular quanto no público, já demonstramos. E se pode ser ensinado e aperfeiçoado, será que eles ensinam aos filhos as demais matérias cujo desconhecimento não implica a pena de morte, mas não lhes ensinam nem se empenham ao máximo naquilo cuja penalidade para seus filhos é a morte e o exílio, caso não aprendam e não se aperfeiçoem em virtude, e, além da pena de morte, o confisco de bens e, por assim dizer, a completa ruína da casa? Deve-se presumir que não, Sócrates.

Durante toda a vida, desde a tenra infância, eles não apenas ensinam os filhos, como também os admoestam. Tão logo passe a compreender as palavras, a nutriz, a mãe, o preceptor[93] e até mesmo o pai lutam para que a criança se torne melhor ao máximo, tomando como ensejo cada ato ou palavra para lhe ensinar e mostrar que isto é justo e aquilo injusto, que isto é belo e aquilo vergonhoso, que isto é pio e aquilo ímpio, "faça isto!" e "não faça aquilo!" Se ela obedecer voluntariamente,

428   ΠΡΩΤΑΓΟΡΑΣ

ται· εἰ δὲ μή, ὥσπερ ξύλον διαστρεφόμενον καὶ καμπτόμενον
εὐθύνουσιν ἀπειλαῖς καὶ πληγαῖς. μετὰ δὲ ταῦτα εἰς διδασκάλων πέμποντες πολὺ μᾶλλον ἐντέλλονται ἐπιμελεῖσθαι
e εὐκοσμίας τῶν παίδων ἢ γραμμάτων τε καὶ κιθαρίσεως· οἱ
δὲ διδάσκαλοι τούτων τε ἐπιμελοῦνται, καὶ ἐπειδὰν αὖ
γράμματα μάθωσιν καὶ μέλλωσιν συνήσειν τὰ γεγραμμένα
ὥσπερ τότε τὴν φωνήν, παρατιθέασιν αὐτοῖς ἐπὶ τῶν βάθρων
5 ἀναγιγνώσκειν ποιητῶν ἀγαθῶν ποιήματα καὶ ἐκμανθάνειν
326 ἀναγκάζουσιν, ἐν οἷς πολλαὶ μὲν νουθετήσεις ἔνεισιν, πολλαὶ δὲ διέξοδοι καὶ ἔπαινοι καὶ ἐγκώμια παλαιῶν ἀνδρῶν
ἀγαθῶν, ἵνα ὁ παῖς ζηλῶν μιμῆται καὶ ὀρέγηται τοιοῦτος
γενέσθαι. οἵ τ’ αὖ κιθαρισταί, ἕτερα τοιαῦτα, σωφροσύνης
5 τε ἐπιμελοῦνται καὶ ὅπως ἂν οἱ νέοι μηδὲν κακουργῶσιν·
πρὸς δὲ τούτοις, ἐπειδὰν κιθαρίζειν μάθωσιν, ἄλλων αὖ
ποιητῶν ἀγαθῶν ποιήματα διδάσκουσι μελοποιῶν, εἰς τὰ
b κιθαρίσματα ἐντείνοντες, καὶ τοὺς ῥυθμούς τε καὶ τὰς ἁρ-
μονίας ἀναγκάζουσιν οἰκειοῦσθαι ταῖς ψυχαῖς τῶν παίδων,
ἵνα ἡμερώτεροί τε ὦσιν, καὶ εὐρυθμότεροι καὶ εὐαρμοστότεροι
γιγνόμενοι χρήσιμοι ὦσιν εἰς τὸ λέγειν τε καὶ πράττειν·
5 πᾶς γὰρ ὁ βίος τοῦ ἀνθρώπου εὐρυθμίας τε καὶ εὐαρμοστίας
δεῖται. ἔτι τοίνυν πρὸς τούτοις εἰς παιδοτρίβου πέμπουσιν,
ἵνα τὰ σώματα βελτίω ἔχοντες ὑπηρετῶσι τῇ διανοίᾳ χρηστῇ
c οὔσῃ, καὶ μὴ ἀναγκάζωνται ἀποδειλιᾶν διὰ τὴν πονηρίαν
τῶν σωμάτων καὶ ἐν τοῖς πολέμοις καὶ ἐν ταῖς ἄλλαις
πράξεσιν. καὶ ταῦτα ποιοῦσιν οἱ μάλιστα δυνάμενοι ⟨μά-
λιστα⟩—μάλιστα δὲ δύνανται οἱ πλουσιώτατοι—καὶ οἱ
5 τούτων ὑεῖς, πρῳαίτατα εἰς διδασκάλων τῆς ἡλικίας ἀρξάμενοι φοιτᾶν, ὀψιαίτατα ἀπαλλάττονται. ἐπειδὰν δὲ ἐκ
διδασκάλων ἀπαλλαγῶσιν, ἡ πόλις αὖ τούς τε νόμους ἀναγκάζει μανθάνειν καὶ κατὰ τούτους ζῆν κατὰ παράδειγμα,
d ἵνα μὴ αὐτοὶ ἐφ’ αὑτῶν εἰκῇ πράττωσιν, ἀλλ’ ἀτεχνῶς
ὥσπερ οἱ γραμματισταὶ τοῖς μήπω δεινοῖς γράφειν τῶν

94. Segundo Ésquines, o orador, foi Sólon, no séc. VI a.C., o primeiro a tornar compulsório o ensino da leitura e da escrita (Contra Timarco 9-12). Por volta
da metade do séc. V a.C., e provavelmente um pouco antes, já havia um sistema

ótimo; caso contrário, como a uma árvore torta e recurva, eles a corrigem com ameaças e açoites. Depois, quando a encaminham aos mestres, ordenam-lhes que se empenhem muito mais na disciplina das crianças do que no ensino das letras e da cítara. E, dessa maneira, os mestres se dedicam a elas. Quando, por sua vez, as crianças vão aprender as letras e estão prontas para compreenderem a escrita, como outrora sucedeu à fala, eles as acomodam sobre os bancos para lerem os poemas dos bons poetas e as obrigam a decorarem-nos[94], poemas estes repletos de admoestações e relatos, além de elogios e encômios aos homens bons do passado. O intuito é que a criança, zelando por eles, imite-os e se esforce para se lhes assemelhar. Da mesma forma, os mestres de cítara se empenham em promover a sensatez nos jovens para que não sejam malévolos em nada; e, depois de aprenderem a tocar cítara, é o momento de lhes ensinar os poemas dos outros bons poetas, os líricos, sincronizando-os com os sons do instrumento. Eles obrigam as almas das crianças a se habituarem aos ritmos e às harmonias, a fim de que elas sejam mais dóceis e, uma vez bem ritmadas e harmonizadas, sejam benéficas em suas palavras e ações; pois a vida do homem, como um todo, carece de bom ritmo e boa harmonia. Pois bem, além de tudo isso, eles as confiam aos treinadores para que seus corpos adquiram melhor compleição e elas possam, assim, servir aos propósitos profícuos do pensamento, e não sejam forçadas a se acovardarem em decorrência da debilidade física, seja na guerra, seja em qualquer outra ação. E quem toma essa iniciativa são, sobretudo, os mais poderosos, e os mais poderosos são os mais ricos, de modo que seus filhos começam a frequentar os mestres o quanto mais cedo, e o quanto mais tarde se despedem deles. E depois de se despedirem dos mestres, a cidade, por sua vez, os obriga a aprenderem as leis e a viverem tomando-as como paradigma, a fim de que não ajam ao léu por conta própria. Assim como os alfabetizadores traçam

bem estabelecido de escolas primárias em Atenas (G.B. Kerferd, *The Sophistic Movement*, p. 37).

430 ΠΡΩΤΑΓΟΡΑΣ

παίδων ὑπογράψαντες γραμμὰς τῇ γραφίδι οὕτω τὸ γραμ-
ματεῖον διδόασιν καὶ ἀναγκάζουσι γράφειν κατὰ τὴν ὑφή-
γησιν τῶν γραμμῶν, ὡς δὲ καὶ ἡ πόλις νόμους ὑπογράψασα,
ἀγαθῶν καὶ παλαιῶν νομοθετῶν εὑρήματα, κατὰ τούτους
ἀναγκάζει καὶ ἄρχειν καὶ ἄρχεσθαι, ὃς δ' ἂν ἐκτὸς βαίνῃ
τούτων, κολάζει· καὶ ὄνομα τῇ κολάσει ταύτῃ καὶ παρ' ὑμῖν
καὶ ἄλλοθι πολλαχοῦ, ὡς εὐθυνούσης τῆς δίκης, εὔθυναι.
τοσαύτης οὖν τῆς ἐπιμελείας οὔσης περὶ ἀρετῆς ἰδίᾳ καὶ
δημοσίᾳ, θαυμάζεις, ὦ Σώκρατες, καὶ ἀπορεῖς εἰ διδακτόν
ἐστιν ἀρετή; ἀλλ' οὐ χρὴ θαυμάζειν, ἀλλὰ πολὺ μᾶλλον
εἰ μὴ διδακτόν.

Διὰ τί οὖν τῶν ἀγαθῶν πατέρων πολλοὶ ὑεῖς φαῦλοι
γίγνονται; τοῦτο αὖ μάθε· οὐδὲν γὰρ θαυμαστόν, εἴπερ
ἀληθῆ ἐγὼ ἐν τοῖς ἔμπροσθεν ἔλεγον, ὅτι τούτου τοῦ πράγματος, τῆς ἀρετῆς, εἰ μέλλει πόλις εἶναι, οὐδένα δεῖ ἰδιω-
τεύειν. εἰ γὰρ δὴ ὃ λέγω οὕτως ἔχει—ἔχει δὲ μάλιστα
πάντων οὕτως—ἐνθυμήθητι ἄλλο τῶν ἐπιτηδευμάτων ὁτιοῦν
καὶ μαθημάτων προελόμενος. εἰ μὴ οἷόν τ' ἦν πόλιν εἶναι
εἰ μὴ πάντες αὐληταὶ ἦμεν ὁποῖός τις ἐδύνατο ἕκαστος, καὶ
τοῦτο καὶ ἰδίᾳ καὶ δημοσίᾳ πᾶς πάντα καὶ ἐδίδασκε καὶ
ἐπέπληττε τὸν μὴ καλῶς αὐλοῦντα, καὶ μὴ ἐφθόνει τούτου,
ὥσπερ νῦν τῶν δικαίων καὶ τῶν νομίμων οὐδεὶς φθονεῖ οὐδ'
ἀποκρύπτεται ὥσπερ τῶν ἄλλων τεχνημάτων—λυσιτελεῖ
γὰρ οἶμαι ἡμῖν ἡ ἀλλήλων δικαιοσύνη καὶ ἀρετή· διὰ ταῦτα
πᾶς παντὶ προθύμως λέγει καὶ διδάσκει καὶ τὰ δίκαια καὶ

95. Protágoras passa a argumentar contra a segunda objeção de Sócrates apresentada em 319e-320b.

96. Cf. 324e.

97. O *aulo* é um instrumento de sopro mais semelhante ao clarinete do que à
flauta, à qual é geralmente equiparado. Era usado como acompanhamento musical
no teatro, mas estava especialmente associado às festas noturnas e aos banquetes
(Platão, *Teeteto* 173d; *Banquete* 176e), e às danças frenéticas nos rituais dionisíacos
e em cultos similares (Aristóteles, *Política* 1342b1-6) (E.R. Dodds, op. cit., p. 322).

98. Protágoras tem em mente aqui o ambiente competitivo que cerca as demais
tekhnai, especialmente aquelas que integravam os festivais religiosos, nos quais se
premiava os melhores (como acontece no caso da música). Em situações como essas,
as pessoas escondem suas habilidades e não se dispõem a ensiná-las aos outros de
bom grado, pois não obteriam qualquer benefício da parte de quem aprende com

as letras com um estilete e dão a tábua às crianças que ainda não são hábeis na escrita, forçando-as a escreverem conforme o esboço feito, também a cidade traça as leis, invento dos bons e antigos nomotetas, e obriga as crianças a comandarem e a serem comandadas em conformidade às leis, punindo, em contrapartida, quem caminhar à margem delas. E tanto aqui, entre vocês, quanto em qualquer outro lugar, o nome desta punição, na medida em que a justiça corrige, é *correção*. Portanto, se tanto é o empenho na virtude, seja no âmbito particular seja na esfera pública, será que é motivo de espanto e embaraço, Sócrates, que a virtude possa ser ensinada? Você não deve se espantar, contudo; pelo contrário, maior espanto haveria se ela não pudesse ser ensinada.

Por que há, então, inúmeros filhos medíocres provenientes de pais bons?[95] Mais uma lição! Tal fato não é assombroso, se é verdade o que eu dizia anteriormente[96]: que ninguém deve ser leigo nesta matéria, ou seja, na virtude, se uma cidade há de subsistir. Pois se o que eu digo é o que acontece, e é o que indubitavelmente acontece, escolha qualquer outra ocupação ou ensinamento e pondere sobre ela! Suponhamos que só pudesse existir uma cidade, se todos fossem auletas[97] à medida da capacidade de cada um, e que todos ensinassem a todos tal ofício, tanto em particular quanto publicamente, e castigassem quem não tocasse bem o instrumento sem ter inveja disso, assim como ninguém inveja ou guarda só para si o que é justo e lícito, ao contrário do que sucede às demais atividades técnicas (pois são vantajosas a nós, julgo eu, a justiça e a virtude de uns para com os outros, motivo pelo qual todos se dispõem a falar e ensinar a todos o que é justo e lícito)[98];

elas. Em relação à justiça, todavia, as pessoas ensinam umas às outras de bom grado o que é justo e lícito porque ambas as partes se beneficiariam com isso; viver sob a égide da justiça e da legalidade seria a princípio do interesse de todos os cidadãos. Essa perspectiva otimista é, contudo, colocada em xeque por uma visão crítica sobre a justiça, como aquela apresentada por Glauco no Livro II da *República* (358e-359b), desenvolvendo a posição de Trasímaco no Livro I, ou por Cálicles no *Górgias* (483a-484c, 491e-492c). Segundo essa concepção alternativa, a justiça é, *grosso modo*, fruto de um contrato entre as pessoas mais débeis e inferiores por natureza, para evitarem que sejam sobrepujadas pelos homens mais fortes e superiores, uma vez que são incapazes de se impor e fazer valer seus interesses. Sobre a diferença em relação à gênese da justiça segundo Protágoras e segundo Glauco, ver supra p. 418n87.

432 ΠΡΩΤΑΓΟΡΑΣ

τὰ νόμιμα—εἰ οὖν οὕτω καὶ ἐν αὐλήσει πᾶσαν προθυμίαν
5 καὶ ἀφθονίαν εἴχομεν ἀλλήλους διδάσκειν, οἴει ἄν τι, ἔφη,
μᾶλλον, ὦ Σώκρατες, τῶν ἀγαθῶν αὐλητῶν ἀγαθοὺς αὐλητὰς
τοὺς ὑεῖς γίγνεσθαι ἢ τῶν φαύλων; οἶμαι μὲν οὔ, ἀλλὰ
ὅτου ἔτυχεν ὁ ὑὸς εὐφυέστατος γενόμενος εἰς αὔλησιν, οὗτος
c ἂν ἐλλόγιμος ηὐξήθη, ὅτου δὲ ἀφυής, ἀκλεής· καὶ πολλάκις
μὲν ἀγαθοῦ αὐλητοῦ φαῦλος ἂν ἀπέβη, πολλάκις δ’ ἂν
φαύλου ἀγαθός· ἀλλ’ οὖν αὐληταί γ’ ἂν πάντες ἦσαν ἱκανοὶ
ὡς πρὸς τοὺς ἰδιώτας καὶ μηδὲν αὐλήσεως ἐπαΐοντας. οὕτως
5 οἴου καὶ νῦν, ὅστις σοι ἀδικώτατος φαίνεται ἄνθρωπος τῶν
ἐν νόμοις καὶ ἀνθρώποις τεθραμμένων, δίκαιον αὐτὸν εἶναι
καὶ δημιουργὸν τούτου τοῦ πράγματος, εἰ δέοι αὐτὸν κρίνεσθαι
d πρὸς ἀνθρώπους οἷς μήτε παιδεία ἐστὶν μήτε δικαστήρια μήτε
νόμοι μηδὲ ἀνάγκη μηδεμία διὰ παντὸς ἀναγκάζουσα ἀρετῆς
ἐπιμελεῖσθαι, ἀλλ’ εἶεν ἄγριοί τινες οἷοίπερ οὓς πέρυσιν
Φερεκράτης ὁ ποιητὴς ἐδίδαξεν ἐπὶ Ληναίῳ. ἢ σφόδρα ἐν
5 τοῖς τοιούτοις ἀνθρώποις γενόμενος, ὥσπερ οἱ ἐν ἐκείνῳ τῷ
χορῷ μισάνθρωποι, ἀγαπήσαις ἂν εἰ ἐντύχοις Εὐρυβάτῳ καὶ
Φρυνώνδᾳ, καὶ ἀνολοφύραι’ ἂν ποθῶν τὴν τῶν ἐνθάδε ἀνθρώ-
e πων πονηρίαν. νῦν δὲ τρυφᾷς, ὦ Σώκρατες, διότι πάντες
διδάσκαλοί εἰσιν ἀρετῆς καθ’ ὅσον δύνανται ἕκαστος, καὶ
οὐδείς σοι φαίνεται· εἶθ’, ὥσπερ ἂν εἰ ζητοῖς τίς διδάσκαλος

99. Cf. Platão, *República* III 414c-415d; *Alcibíades Primeiro* 120d-e.

100. O poeta cômico Ferécrates obteve sua primeira vitória num festival dramático em 438 a.C. (J. Adam; A. Adam, op. cit., p. 125). A peça aludida aqui, *Os
Selvagens* (*Agrioi*), foi encenada em 421/420 a.C., segundo a referência de Ateneu
ao arcontado de Arístion (*Deipnosophistae*, 5.59.26). Sendo assim, tratar-se-ia de
um flagrante anacronismo de Platão (como acontece em outros diálogos), uma
vez que a referência à juventude de Alcibíades e à presença dos filhos de Péricles,
Páralo e Xantipo, na casa de Cálias, mortos em decorrência da peste de 429 a.C.,
situam a data dramática do diálogo por volta de 433/432 a.C. (ver supra nota 1).
Sobre a peça de Ferécrates, os testemunhos de Platão e Ateneu mostram que o
coro era formado por homens selvagens cujo país é visitado por dois misantropos,
lugar onde não havia traços de civilização. Os fragmentos supérstites sugerem um
confronto entre os visitantes e os homens sábios (fr. 5), e a temática da vida simples (frs. 8-10, 13-14). Todavia, não fica claro se os visitantes se arrependem de seu
desejo de ter uma vida menos complicada, quando confrontam a realidade dos
homens selvagens (I.C. Storey, *Fragments of Old Comedy*, p. 421). O festival das
Leneias acontecia nos meses de janeiro e fevereiro – portanto, no inverno – de

suponhamos que nos dispuséssemos integralmente, sem qualquer inveja, a ensinar uns aos outros da mesma forma a tocar aulo; pois bem, Sócrates, você presume – disse Protágoras – que haveria bons instrumentistas filhos de bons auletas em maior número do que filhos de auletas medíocres? Creio que não. Se o filho nascesse, porém, com a melhor natureza para tocar o instrumento, ele seria bem reputado nessa prática quando crescesse; caso contrário, não seria afamado. E não raras vezes, um tocador medíocre proviria de um bom auleta; não raras vezes, um bom auleta proviria de um medíocre[99]. Todavia, todos seriam competentes auletas, quando comparados aos leigos e aos que não sabem manusear o instrumento. É o que você deve supor no presente caso: seria justo e artífice dessa matéria quem quer que fosse, na sua opinião, o homem mais injusto dentre os que foram criados em meio a leis e homens, se devêssemos julgá-lo em comparação a homens para os quais não há educação, nem tribunais, nem leis, tampouco qualquer constrição que os obrigue a se empenharem na virtude em toda e qualquer ocasião, homens selvagens tais como aqueles apresentados pelo poeta Ferécrates ano passado nas Leneias[100]. Com certeza, se você vivesse em meio a homens desse tipo, como os misantropos em meio àquele coro, ficaria maravilhado quando deparasse com Euríbato e Frinondas[101], e lamentaria a sua sorte, saudoso da perversidade dos homens daqui. Você, porém, Sócrates, é muito mimado, haja vista que todos são mestres de virtude à medida da capacidade de cada um, mas ninguém o é a seu ver. Em segundo lugar, se você procurasse um mestre que ensinasse a

modo que a presença de estrangeiros era menor, como alude a personagem Diceópolis, na peça Os Acarnenses, de Aristófanes (v. 502-506).

101. Euríbato e Frinondas aparecem na comédia ática como paradigmas de uma vida imoral e inescrupulosa (sobre Euríbato, ver Aristófanes, Dédalo fr. 184; sobre Frinondas, ver Aristófanes, As Tesmoforiantes v. 861), e se tornaram motivo frequente na oratória ática (ver Ésquines, Contra Ctesifonte 137; Demóstenes, Sobre a Coroa 24; Isócrates, Contra Calímaco 57). Não sabemos de episódios da vida de Frinondas reportados por fontes posteriores. Sobre a vida de Euríbato, contudo, conservam-se duas histórias. Um delas provém do historiador Éforo, do séc. IV a.C. (FGH 70 fr. 58):

ΠΡΩΤΑΓΟΡΑΣ

328 τοῦ ἑλληνίζειν, οὐδ' ἂν εἷς φανείη, οὐδέ γ' ἂν οἶμαι εἰ
ζητοῖς τίς ἂν ἡμῖν διδάξειεν τοὺς τῶν χειροτεχνῶν υἱεῖς
αὐτὴν ταύτην τὴν τέχνην ἣν δὴ παρὰ τοῦ πατρὸς μεμαθή-
κασιν, καθ' ὅσον οἷός τ' ἦν ὁ πατὴρ καὶ οἱ τοῦ πατρὸς φίλοι
5 ὄντες ὁμότεχνοι, τούτους ἔτι τίς ἂν διδάξειεν, οὐ ῥᾴδιον
οἶμαι εἶναι, ὦ Σώκρατες, τούτων διδάσκαλον φανῆναι, τῶν
δὲ ἀπείρων παντάπασι ῥᾴδιον, οὕτω δὲ ἀρετῆς καὶ τῶν
ἄλλων πάντων· ἀλλὰ κἂν εἰ ὀλίγον ἔστιν τις ὅστις διαφέρει
b ·ἡμῶν προβιβάσαι εἰς ἀρετήν, ἀγαπητόν. ὧν δὴ ἐγὼ οἶμαι
εἷς εἶναι, καὶ διαφερόντως ἂν τῶν ἄλλων ἀνθρώπων ὀνῆσαί
τινα πρὸς τὸ καλὸν καὶ ἀγαθὸν γενέσθαι, καὶ ἀξίως τοῦ
μισθοῦ ὃν πράττομαι καὶ ἔτι πλείονος, ὥστε καὶ αὐτῷ δοκεῖν
5 τῷ μαθόντι. διὰ ταῦτα καὶ τὸν τρόπον τῆς πράξεως τοῦ
μισθοῦ τοιοῦτον πεποίημαι· ἐπειδὰν γάρ τις παρ' ἐμοῦ μάθῃ,
ἐὰν μὲν βούληται, ἀποδέδωκεν ὃ ἐγὼ πράττομαι ἀργύριον·
c ἐὰν δὲ μή, ἐλθὼν εἰς ἱερόν, ὀμόσας ὅσου ἂν φῇ ἄξια εἶναι
τὰ μαθήματα, τοσοῦτον κατέθηκε.

Τοιοῦτόν σοι, ἔφη, ὦ Σώκρατες, ἐγὼ καὶ μῦθον καὶ λόγον
εἴρηκα, ὡς διδακτὸν ἀρετὴ καὶ ᾿Αθηναῖοι οὕτως ἡγοῦνται,
5 καὶ ὅτι οὐδὲν θαυμαστὸν τῶν ἀγαθῶν πατέρων φαύλους υἱεῖς
γίγνεσθαι καὶ τῶν φαύλων ἀγαθούς, ἐπεὶ καὶ οἱ Πολυκλείτου
υἱεῖς, Παράλου καὶ Ξανθίππου τοῦδε ἡλικιῶται, οὐδὲν πρὸς
τὸν πατέρα εἰσίν, καὶ ἄλλοι ἄλλων δημιουργῶν. τῶνδε δὲ
d οὔπω ἄξιον τοῦτο κατηγορεῖν· ἔτι γὰρ ἐν αὐτοῖς εἰσιν
ἐλπίδες· νέοι γάρ.

Πρωταγόρας μὲν τοσαῦτα καὶ τοιαῦτα ἐπιδειξάμενος ἀπε-
παύσατο τοῦ λόγου. καὶ ἐγὼ ἐπὶ μὲν πολὺν χρόνον κεκηλη-

Éforo em [?] afirma que Euríbato, oriundo de Éfeso, tomou dinheiro
emprestado de Creso para reunir um exército em vista da guerra contra
os Persas. Logo depois o traiu e empregou o dinheiro recebido de Creso
em favor de Ciro. Daí advém a expressão "os pérfidos Euríbatos".

HARPOKR. (SUID.) s. Εὐρύβατον ... Ἔφορος ἐν τῆι <η> Εὐρύβατόν
φησιν ἄνδρα Ἐφέσιον λαβόντα χρήματα παρὰ Κροίσου ὥστε στρατιὰν
συναγαγεῖν εἰς τὸν πόλεμον τὸν εἰς τοὺς Πέρσας, εἶτα προδότην
γενόμενον ἐγχειρίσαι τὰ δοθέντα χρήματα τῶι Κύρωι· καὶ ἐντεῦθεν τοὺς
πονηροὺς Εὐρυβάτους καλεῖσθαι.

102. Cf. Platão, *Alcibíades Primeiro* 111a.

[328a-d]　　　　　　　　PROTÁGORAS　　　　　　　　435

falar grego, não apareceria um[102]; da mesma forma, se procu- 328
rasse alguém entre nós que pudesse ensinar aos filhos de artesãos
aquela arte que aprenderam junto ao pai, à medida da capacidade
do pai e dos amigos dele versados na mesma arte, se procurasse
alguém que ainda pudesse ensiná-los, seria difícil, julgo eu, Sócrates, aparecer-lhes um mestre! Para quem é inexperto nela, todavia, seria absolutamente fácil encontrá-lo, e o mesmo vale para
a virtude e tudo o mais. Mas se há alguém entre nós que se distinga, um pouco que seja, em nos conduzir à virtude, seria ado- b
rável. Eu, com efeito, considero-me à altura dessa tarefa, e creio
que, diferentemente dos demais, poderia ajudar alguém a se tornar uma pessoa excelente, e que mereço o salário por mim requerido e que mereceria um ainda maior, como sugerem, inclusive,
meus discípulos[103]. É por isso que tenho estipulado a seguinte
forma de pagamento: quando alguém vier aprender comigo, se
lhe aprouver, ele me paga o montante que cobro; se assim não
quiser, ele vai a um templo, declara sob juramento a quantia equi- c
valente a meus ensinamentos e, então, deposita tal valor.

Eis, Sócrates, o mito e o argumento proferidos por mim a você
para mostrar que a virtude pode ser ensinada e que os atenienses
assim a consideram; e que não é espantoso que filhos medíocres
provenham de pais bons, e filhos bons, de pais medíocres, visto
que até mesmo os filhos de Policleto[104], coetâneos de Páralo e
Xantipo[105] aqui presentes, não valem nada quando comparados
ao pai, tal como sucede a filhos de outros artífices. Contudo, esses
dois ainda não merecem imputações, pois ainda há esperança d
para eles: são jovens.

Protágoras, depois dessa tremenda exibição, interrompeu o
discurso[106]. E eu, ainda encantado, fiquei por muito tempo a

103. Trata-se aqui daquele "elogio à mercadoria" a que Sócrates se referia,
quando alertava Hipócrates dos riscos que ele corria se entregasse sua alma aos
sofistas, desconhecendo a natureza de seus ensinamentos (cf. 313c).

104. Sobre Policleto, ver supra nota 13.

105. Sobre Páralo e Xantipo, ver supra nota 27.

106. Sobre o sentido específico de termos derivados da raiz *epideik-*, traduzido
aqui como "exibição" (328d3), ver *Comentário* 320c1.

436   ΠΡΩΤΑΓΟΡΑΣ

5 μένος ἔτι πρὸς αὐτὸν ἔβλεπον ὡς ἐροῦντά τι, ἐπιθυμῶν
ἀκούειν· ἐπεὶ δὲ δὴ ᾐσθόμην ὅτι τῷ ὄντι πεπαυμένος εἴη,
μόγις πως ἐμαυτὸν ὡσπερεὶ συναγείρας εἶπον, βλέψας πρὸς
τὸν Ἱπποκράτη· Ὦ παῖ Ἀπολλοδώρου, ὡς χάριν σοι ἔχω
ὅτι προύτρεψάς με ὧδε ἀφικέσθαι· πολλοῦ γὰρ ποιοῦμαι
e ἀκηκοέναι ἃ ἀκήκοα Πρωταγόρου. ἐγὼ γὰρ ἐν μὲν τῷ ἔμπροσθεν χρόνῳ ἡγούμην οὐκ εἶναι ἀνθρωπίνην ἐπιμέλειαν
ᾗ ἀγαθοὶ οἱ ἀγαθοὶ γίγνονται· νῦν δὲ πέπεισμαι. πλὴν
σμικρόν τί μοι ἐμποδών, ὃ δῆλον ὅτι Πρωταγόρας ῥᾳδίως
5 ἐπεκδιδάξει, ἐπειδὴ καὶ τὰ πολλὰ ταῦτα ἐξεδίδαξεν. καὶ
γὰρ εἰ μέν τις περὶ αὐτῶν τούτων συγγένοιτο ὁτῳοῦν τῶν
329 δημηγόρων, τάχ’ ἂν καὶ τοιούτους λόγους ἀκούσειεν ἢ Περικλέους ἢ ἄλλου τινὸς τῶν ἱκανῶν εἰπεῖν· εἰ δὲ ἐπανέροιτό
τινά τι, ὥσπερ βιβλία οὐδὲν ἔχουσιν οὔτε ἀποκρίνασθαι οὔτε
αὐτοὶ ἐρέσθαι, ἀλλ’ ἐάν τις καὶ σμικρὸν ἐπερωτήσῃ τι τῶν
5 ῥηθέντων, ὥσπερ τὰ χαλκία πληγέντα μακρὸν ἠχεῖ καὶ ἀπο-
τείνει ἐὰν μὴ ἐπιλάβηταί τις, καὶ οἱ ῥήτορες οὕτω, σμικρὰ
b ἐρωτηθέντες δόλιχον κατατείνουσι τοῦ λόγου. Πρωταγόρας
δὲ ὅδε ἱκανὸς μὲν μακροὺς λόγους καὶ καλοὺς εἰπεῖν, ὡς
αὐτὰ δηλοῖ, ἱκανὸς δὲ καὶ ἐρωτηθεὶς ἀποκρίνασθαι κατὰ
βραχὺ καὶ ἐρόμενος περιμεῖναί τε καὶ ἀποδέξασθαι τὴν
5 ἀπόκρισιν, ἃ ὀλίγοις ἐστὶ παρεσκευασμένα. νῦν οὖν, ὦ
Πρωταγόρα, σμικροῦ τινος ἐνδεής εἰμι πάντ’ ἔχειν, εἴ
μοι ἀποκρίναιο τόδε. τὴν ἀρετὴν φῂς διδακτὸν εἶναι, καὶ
ἐγὼ εἴπερ ἄλλῳ τῳ ἀνθρώπων πειθοίμην ἄν, καὶ σοὶ πείθο-
c μαι· ὃ δ’ ἐθαύμασά σου λέγοντος, τοῦτό μοι ἐν τῇ ψυχῇ
ἀποπλήρωσον. ἔλεγες γὰρ ὅτι ὁ Ζεὺς τὴν δικαιοσύνην
καὶ τὴν αἰδῶ πέμψειε τοῖς ἀνθρώποις, καὶ αὖ πολλαχοῦ ἐν
τοῖς λόγοις ἐλέγετο ὑπὸ σοῦ ἡ δικαιοσύνη καὶ σωφροσύνη

---

107. Sobre o *encantamento* de Protágoras, ver supra nota 32.

108. Cf. Platão, *Mênon* 99e.

109. Sobre a crítica à escrita, ver Platão, *Fedro* 275d-e.

110. Cf. Platão, *Górgias* 457c4-e1. Sobre as condições ideais para o desenvolvimento de um diálogo de orientação filosófica, ver *Estudo Introdutório*, subtítulo 4.2.

[328d-329c] PROTÁGORAS 437

contemplá-lo como se ele fosse prosseguir, almejando por ouvi-
-lo[107]. Quando percebi, porém, que ele havia de fato terminado,
com certo apuro me recompus, por assim dizer, e falei com os
olhos fitos em Hipócrates:

— Filho de Apolodoro, quão grato sou a você, por ter me
impelido a vir até aqui. É muito importante para mim ter ouvido
o que acabei de ouvir de Protágoras, pois, até então, eu considerava   e
que não era humano o empenho pelo qual os homens bons se
tornam bons[108]. Mas agora estou persuadido disso. Há, no
entanto, uma pequena dificuldade que Protágoras evidentemente resolverá com facilidade, visto que nos ensinou inúmeras
outras coisas. Com efeito, se alguém consultasse qualquer um
dos oradores a respeito desses mesmos assuntos, ouviria, talvez,   329
discursos do mesmo gênero, seja de Péricles, seja de qualquer
outra pessoa apta a discursar. Mas, se esse indivíduo insistir em
lhes perguntar sobre alguma questão, eles, como livros, não
sabem responder nem interrogar[109]: se alguém lhes fizer uma
pergunta, por mais trivial que seja, sobre algum ponto do discurso, os rétores, assim como o bronze forjado que ressoa continuamente até que alguém o toque, estendem o discurso numa
longa tirada, mesmo quando indagados sobre questões triviais.   b
Protágoras, aqui presente, contudo, está apto a proferir longos
e belos discursos, como é evidente, assim como a dar respostas
breves quando indagado, e, quando é ele quem indaga, em aguardar e acolher a resposta; são poucos os que estão preparados
para isso[110]. Assim, Protágoras, é pequena a parte de que careço
para ter tudo, contanto que me responda ao seguinte. Foi dito
que a virtude pode ser ensinada, e, se há algum homem em quem
eu acreditaria, seria você. Sacie então a minha alma em relação   c
ao que me surpreendeu quando discursava! Você dizia que Zeus
havia enviado aos homens a justiça e o pudor, e, em vários
momentos de sua fala, por sua vez, você se referia à justiça, sensatez, piedade e todas elas como se fossem, em suma, uma única

438 ΠΡΩΤΑΓΟΡΑΣ

καὶ ὁσιότης· καὶ πάντα ταῦτα ὡς ἕν τι εἴη συλλήβδην,
ἀρετή· ταῦτ' οὖν αὐτὰ δίελθέ μοι ἀκριβῶς τῷ λόγῳ, πότερον
ἓν μέν τί ἐστιν ἡ ἀρετή, μόρια δὲ αὐτῆς ἐστιν ἡ δικαιοσύνη
καὶ σωφροσύνη καὶ ὁσιότης, ἢ ταῦτ' ἐστὶν ἃ νυνδὴ ἐγὼ
ἔλεγον πάντα ὀνόματα τοῦ αὐτοῦ ἑνὸς ὄντος. τοῦτ' ἐστὶν ὃ
ἔτι ἐπιποθῶ.

Ἀλλὰ ῥᾴδιον τοῦτό γ', ἔφη, ὦ Σώκρατες, ἀποκρίνασθαι,
ὅτι ἑνὸς ὄντος τῆς ἀρετῆς μόριά ἐστιν ἃ ἐρωτᾷς.—Πότερον,
ἔφην, ὥσπερ προσώπου τὰ μόρια μόριά ἐστιν, στόμα τε
καὶ ῥὶς καὶ ὀφθαλμοὶ καὶ ὦτα, ἢ ὥσπερ τὰ τοῦ χρυσοῦ μόρια
οὐδὲν διαφέρει τὰ ἕτερα τῶν ἑτέρων, ἀλλήλων καὶ τοῦ ὅλου,
ἀλλ' ἢ μεγέθει καὶ σμικρότητι;—Ἐκείνως μοι φαίνεται, ὦ
Σώκρατες, ὥσπερ τὰ τοῦ προσώπου μόρια ἔχει πρὸς τὸ ὅλον
πρόσωπον.—Πότερον οὖν, ἦν δ' ἐγώ, καὶ μεταλαμβάνουσιν
οἱ ἄνθρωποι τούτων τῶν τῆς ἀρετῆς μορίων οἱ μὲν ἄλλο, οἱ
δὲ ἄλλο, ἢ ἀνάγκη, ἐάνπερ τις ἓν λάβῃ, ἅπαντα ἔχειν;—
Οὐδαμῶς, ἔφη, ἐπεὶ πολλοὶ ἀνδρεῖοί εἰσιν, ἄδικοι δέ, καὶ
δίκαιοι αὖ, σοφοὶ δὲ οὔ.—Ἔστιν γὰρ οὖν καὶ ταῦτα μόρια
τῆς ἀρετῆς, ἔφην ἐγώ, σοφία τε καὶ ἀνδρεία;—Πάντων
μάλιστα δήπου, ἔφη· καὶ μέγιστόν γε ἡ σοφία τῶν μορίων.
—Ἕκαστον δὲ αὐτῶν ἐστιν, ἦν δ' ἐγώ, ἄλλο, τὸ δὲ ἄλλο;—
Ναί.—Ἦ καὶ δύναμιν αὐτῶν ἕκαστον ἰδίαν ἔχει; ὥσπερ τὰ
τοῦ προσώπου, οὐκ ἔστιν ὀφθαλμὸς οἷον τὰ ὦτα, οὐδ' ἡ
δύναμις αὐτοῦ ἡ αὐτή· οὐδὲ τῶν ἄλλων οὐδέν ἐστιν οἷον τὸ
ἕτερον οὔτε κατὰ τὴν δύναμιν οὔτε κατὰ τὰ ἄλλα· ἆρ' οὖν
οὕτω καὶ τὰ τῆς ἀρετῆς μόρια οὐκ ἔστιν τὸ ἕτερον οἷον τὸ
ἕτερον, οὔτε αὐτὸ οὔτε ἡ δύναμις αὐτοῦ; ἢ δῆλα δὴ ὅτι
οὕτως ἔχει, εἴπερ τῷ παραδείγματί γε ἔοικε;—Ἀλλ' οὕτως,

---

111. Os diferentes termos usados por Protágoras para se referir à ideia geral de "virtude" ou a virtudes particulares são: "sabedoria política" (τὴν πολιτικὴν [σοφίαν], 321d5); "arte política" (πολιτικὴν τέχνην, 322b5, b8); "virtude política" (τῆς πολιτικῆς ἀρετῆς, 324a1); "justiça" (δίκην, 322c4, d5; δικαιοσύνης, 323a1, a6, b2, 325a1); "pudor" (αἰδῶ, 322c4, d5); "sensatez" (σωφροσύνης, 323a2, b4, 325a1); "piedade" (τὸ ὅσιον εἶναι, 325a1).

[329c-330b] PROTÁGORAS 439

coisa: virtude[111]. Explique-me então este ponto com um argumento preciso: se a virtude é uma única coisa e são partes dela a justiça, a sensatez e a piedade; ou se essas coisas, às quais há pouco me referia, são todas elas nomes de uma única e mesma coisa. Eis o que ainda desejo. d

— Mas é fácil, Sócrates – disse ele –, responder a essa questão: as coisas referidas em sua pergunta são partes da virtude que é única.

— São partes tais como as do rosto, boca, nariz, olhos e orelhas – indaguei –, ou, tais como as partes do ouro, em nada se diferem umas das outras, seja reciprocamente, seja em relação ao todo, senão em grandeza ou em pequenez?

— A mim é manifesto, Sócrates, que é daquele modo: tais como as partes do rosto se relacionam com o rosto como um todo. e

— Há homens, então – disse eu –, que participam de certas partes da virtude, enquanto outros participam de outras, ou é necessário que, se alguém vier a adquirir uma, ele possua todas elas?

— De forma alguma – respondeu ele –, visto que há inúmeros homens corajosos que são injustos, e homens justos, por sua vez, que não são sábios.

— Então, também são partes da virtude sabedoria e coragem? 330 – perguntei.

— Sim, absolutamente – disse ele. – E a sabedoria é a parte principal.

— E cada uma delas – disse eu – se difere da outra?

— Sim.

— Porventura, cada uma delas possui uma capacidade particular? Em relação às partes do rosto, por exemplo, os olhos não são como as orelhas, tampouco possuem a mesma capacidade; nenhuma delas é como a outra, nem quanto à capacidade, nem quanto ao restante. Da mesma forma, também as partes da virtude não são uma como a outra, nem em si mesmas nem quanto à sua capacidade, não é? Evidentemente esse é o caso, b se a similitude com o exemplo procede.

440 ΠΡΩΤΑΓΟΡΑΣ

ἔφη, ἔχει, ὦ Σώκρατες.—Καὶ ἐγὼ εἶπον· Οὐδὲν ἄρα ἐστὶν
τῶν τῆς ἀρετῆς μορίων ἄλλο οἷον ἐπιστήμη, οὐδ' οἷον
5 δικαιοσύνη, οὐδ' οἷον ἀνδρεία, οὐδ' οἷον σωφροσύνη, οὐδ'
οἷον ὁσιότης.—Οὐκ ἔφη.—Φέρε δή, ἔφην ἐγώ, κοινῇ σκεψώ-
μεθα ποῖόν τι αὐτῶν ἐστιν ἕκαστον. πρῶτον μὲν τὸ τοιόνδε·
c ἡ δικαιοσύνη πρᾶγμά τί ἐστιν ἢ οὐδὲν πρᾶγμα; ἐμοὶ μὲν
γὰρ δοκεῖ· τί δὲ σοί;—Κἀμοί, ἔφη.—Τί οὖν; εἴ τις ἔροιτο
ἐμέ τε καὶ σέ· "Ὦ Πρωταγόρα τε καὶ Σώκρατες, εἴπετον δή
μοι, τοῦτο τὸ πρᾶγμα ὃ ὠνομάσατε ἄρτι, ἡ δικαιοσύνη, αὐτὸ
5 τοῦτο δίκαιόν ἐστιν ἢ ἄδικον;" ἐγὼ μὲν ἂν αὐτῷ ἀποκριναί-
μην ὅτι δίκαιον· σὺ δὲ τίν' ἂν ψῆφον θεῖο; τὴν αὐτὴν ἐμοὶ
ἢ ἄλλην;—Τὴν αὐτήν, ἔφη.—Ἔστιν ἄρα τοιοῦτον ἡ δικαιοσύνη οἷον δίκαιον εἶναι, φαίην ἂν ἔγωγε ἀποκρινόμενος τῷ
d ἐρωτῶντι· οὐκοῦν καὶ σύ;—Ναί, ἔφη.—Εἰ οὖν μετὰ τοῦτο
ἡμᾶς ἔροιτο· "Οὐκοῦν καὶ ὁσιότητά τινά φατε εἶναι;"
φαῖμεν ἄν, ὡς ἐγῷμαι.—Ναί, ἦ δ' ὅς.—"Οὐκοῦν φατε καὶ
τοῦτο πρᾶγμά τι εἶναι;" φαῖμεν ἄν· ἢ οὔ;—Καὶ τοῦτο
5 συνέφη.—"Πότερον δὲ τοῦτο αὐτὸ τὸ πρᾶγμά φατε τοιοῦτον
πεφυκέναι οἷον ἀνόσιον εἶναι ἢ οἷον ὅσιον;" ἀγανακτήσαιμ'
ἂν ἔγωγ', ἔφην, τῷ ἐρωτήματι, καὶ εἴποιμ' ἄν· Εὐφήμει,
ὦ ἄνθρωπε· σχολῇ μεντἂν τι ἄλλο ὅσιον εἴη, εἰ μὴ αὐτή
e γε ἡ ὁσιότης ὅσιον ἔσται. τί δὲ σύ; οὐχ οὕτως ἂν
ἀποκρίναιο;—Πάνυ μὲν οὖν, ἔφη.

Εἰ οὖν μετὰ τοῦτο εἴποι ἐρωτῶν ἡμᾶς· "Πῶς οὖν ὀλίγον
πρότερον ἐλέγετε; ἆρ' οὐκ ὀρθῶς ὑμῶν κατήκουσα; ἐδόξατέ
5 μοι φάναι ⟨τὰ⟩ τῆς ἀρετῆς μόρια εἶναι οὕτως ἔχοντα πρὸς

112. Resumindo, então, Protágoras defende quatro teses distintas, porém intimamente relacionadas:

Q1. Justiça, piedade e as demais virtudes são distintas umas das outras (330a3);

Q2. Nenhuma das virtudes é do mesmo tipo que a outra (330a4-b6);

Q3. Um indivíduo pode possuir uma virtude, sem contudo possuir todas elas
(329e5-6);

Q4. As virtudes possuem "capacidades" que são qualitativamente diferentes,
tais como são diferentes as próprias virtudes (330a3-b2). (D. Gallop, Justice
and Holiness in "Protagoras" 330-331., Phronesis, v. 6, n. 2).

113. Sobre a função do recurso ao interlocutor fictício, ver Estudo Introdutório,
subtítulo 2.2 (nota 42) e subtítulo 3.2 (nota 139).

[330b-e]   PROTÁGORAS   441

— Mas é esse o caso, Sócrates – disse ele.

E eu lhe falei:

— Portanto, nenhuma outra parte da virtude é como o conhecimento, nem como a justiça, nem como a coragem, nem como a sensatez, nem como a piedade.

— Não – disse ele[112].

— Adiante, então – tornei eu –, examinemos juntos o que é cada uma delas! Vamos à primeira: a justiça é uma coisa ou   c
coisa nenhuma? A mim parece que seja. E a você?

— A mim também – respondeu.

— E então? Se alguém indagasse a você e a mim[113]: "Protágoras e Sócrates, respondam-me ambos ao seguinte: aquela coisa que vocês denominaram há pouco, a justiça, ela própria é justa ou injusta?" Eu lhe responderia que ela é justa. Qual seria o seu voto? O mesmo que o meu, ou seria diferente?

— O mesmo – disse ele.

— "Portanto, a justiça é como ser justo", diria eu em resposta a quem perguntou. Você confirmaria?

— Sim – disse ele.   d

— Se ele, pois, indagasse-nos em seguida: "Então, vocês não afirmam que também existe certa piedade?" Nós confirmaríamos, presumo eu.

— Sim – disse ele.

— "Então, vocês não afirmam que também ela é alguma coisa?" Concordaríamos, ou não?

Assentiu nisso também.

— "E quanto a essa coisa, vocês afirmam que ela própria é por natureza como ser ímpio ou como ser pio?" Pelo menos eu me exasperaria com a pergunta – continuei – e lhe retorquiria: "Cale--se, homem! Dificilmente alguma outra coisa seria pia, se a própria piedade não fosse pia." E você? Não lhe responderia desse modo?   e

— Absolutamente – disse ele.

— E se, em seguida, ele nos questionasse: "Como diziam há pouco? Porventura não os escutei corretamente? Ao que me pareceu, vocês afirmaram que as partes da virtude se relacionam entre

442   ΠΡΩΤΑΓΟΡΑΣ

ἄλληλα, ὡς οὐκ εἶναι τὸ ἕτερον αὐτῶν οἷον τὸ ἕτερον·"
εἴποιμ᾽ ἂν ἔγωγε ὅτι Τὰ μὲν ἄλλα ὀρθῶς ἤκουσας, ὅτι δὲ
καὶ ἐμὲ οἴει εἰπεῖν τοῦτο, παρήκουσας· Πρωταγόρας γὰρ
331 ὅδε ταῦτα ἀπεκρίνατο, ἐγὼ δὲ ἠρώτων. εἰ οὖν εἴποι·
"Ἀληθῆ ὅδε λέγει, ὦ Πρωταγόρα; σὺ φῂς οὐκ εἶναι τὸ
ἕτερον μόριον οἷον τὸ ἕτερον τῶν τῆς ἀρετῆς; σὸς οὗτος
ὁ λόγος ἐστίν;" τί ἂν αὐτῷ ἀποκρίναιο;—Ἀνάγκη, ἔφη,
5 ὦ Σώκρατες, ὁμολογεῖν.

Τί οὖν, ὦ Πρωταγόρα, ἀποκρινούμεθα αὐτῷ, ταῦτα ὁμο-
λογήσαντες, ἐὰν ἡμᾶς ἐπανέρηται· "Οὐκ ἄρα ἐστὶν ὁσιότης
οἷον δίκαιον εἶναι πρᾶγμα, οὐδὲ δικαιοσύνη οἷον ὅσιον ἀλλ᾽
οἷον μὴ ὅσιον· ἡ δ᾽ ὁσιότης οἷον μὴ δίκαιον, ἀλλ᾽ ἄδικον
b ἄρα, τὸ δὲ ἀνόσιον;" τί αὐτῷ ἀποκρινούμεθα; ἐγὼ μὲν γὰρ
αὐτὸς ὑπέρ γε ἐμαυτοῦ φαίην ἂν καὶ τὴν δικαιοσύνην ὅσιον
εἶναι καὶ τὴν ὁσιότητα δίκαιον· καὶ ὑπὲρ σοῦ δέ, εἴ με ἐῴης,
ταὐτὰ ἂν ταῦτα ἀποκρινοίμην, ὅτι ἤτοι ταὐτόν γ᾽ ἐστιν δι-
5 καιότης ὁσιότητι ἢ ὅτι ὁμοιότατον, καὶ μάλιστα πάντων
ἥ τε δικαιοσύνη οἷον ὁσιότης καὶ ἡ ὁσιότης οἷον δικαιοσύνη.
ἀλλ᾽ ὅρα εἰ διακωλύεις ἀποκρίνεσθαι, ἢ καὶ σοὶ συνδοκεῖ
οὕτως.—Οὐ πάνυ μοι δοκεῖ, ἔφη, ὦ Σώκρατες, οὕτως ἁπλοῦν
c εἶναι, ὥστε συγχωρῆσαι τήν τε δικαιοσύνην ὅσιον εἶναι καὶ
τὴν ὁσιότητα δίκαιον, ἀλλά τί μοι δοκεῖ ἐν αὐτῷ διάφορον
εἶναι. ἀλλὰ τί τοῦτο διαφέρει; ἔφη· εἰ γὰρ βούλει, ἔστω
ἡμῖν καὶ δικαιοσύνη ὅσιον καὶ ὁσιότης δίκαιον.—Μή μοι, ἦν
5 δ᾽ ἐγώ· οὐδὲν γὰρ δέομαι τὸ "εἰ βούλει" τοῦτο καὶ "εἰ
σοι δοκεῖ" ἐλέγχεσθαι, ἀλλ᾽ ἐμέ τε καὶ σέ· τὸ δ᾽ "ἐμέ
τε καὶ σέ" τοῦτο λέγω, οἰόμενος οὕτω τὸν λόγον βέλτιστ᾽
d ἂν ἐλέγχεσθαι, εἴ τις τὸ "εἰ" ἀφέλοι αὐτοῦ.—Ἀλλὰ μέντοι, ἦ δ᾽ ὅς, προσέοικέν τι δικαιοσύνη ὁσιότητι· καὶ γὰρ

---

114. Essa observação deixa claro que a função de quem formula as questões
é, sobretudo, examinar a consistência das proposições aferidas pelo interlocutor,
o que não implica que ele, o inquiridor, deva concordar com todas elas. Isso é
sugerido no *Prólogo* do diálogo (313c-314c), quando Sócrates, na conversa com
Hipócrates, refere-se metaforicamente à sua tarefa de testar não só a "mercadoria"
vendida pelo sofista (i.e., a virtude), mas também em que medida o "comerciante"
conhece a natureza da "mercadoria" que ele vende aos jovens tais como Hipócrates.

[330e-331d] PROTÁGORAS 443

si de tal modo que uma não é como a outra." De minha parte, eu lhe responderia: "você ouviu corretamente a quase tudo, porém, ao supor que eu compactuo dessa afirmação, não entendeu muito bem. Pois essa foi a resposta de Protágoras, ao passo que eu apenas o interrogava"[114]. Se ele dissesse, então: "Ele diz a verdade, Protágoras? Você afirma que uma parte da virtude não é como a outra? É essa a sua posição?" O que você lhe responderia?

— É necessário, Sócrates – disse ele –, que eu admita isso.

— Uma vez que concordamos nesse ponto, o que lhe responderemos, Protágoras, se ele nos tornar a perguntar: "Portanto, a piedade não é como ser uma coisa justa, nem a justiça como ser uma coisa pia, mas como não ser pia; e se a piedade é como não ser justo, então ela é como ser injusto, ao passo que a justiça é como ser ímpio; não é isso?" O que lhe responderemos? Eu próprio diria, em minha defesa, que tanto a justiça é pia quanto a piedade é justa; e, em sua defesa, se você me permite, eu daria a mesma resposta, que justiça e piedade são a mesma coisa ou coisas muitíssimo semelhantes, e, sobretudo, que a justiça é como a piedade e a piedade, como a justiça. Contudo, veja se vai me proibir de lhe responder, ou se compartilhará dessa opinião![115]

— Não me parece absolutamente, Sócrates – redarguiu ele –, que a questão seja tão simples assim, a ponto de lhe conceder que a justiça é pia e a piedade, justa; parece-me, todavia, haver alguma diferença nisso. Mas que diferença faz? – disse ele. – Se você quiser, concedamos que a justiça seja pia, e a piedade, justa!

— Não – respondi. – Pois não é esse "se você quiser" ou "se lhe parece" que quero verificar, mas a você e a mim. Refiro-me a esse "a você e a mim", presumindo que seja esta a melhor maneira de verificar o argumento: quando se abandona o "se".

— Mas, de fato – disse ele –, há certa semelhança entre justiça e piedade. Com efeito, de um modo ou de outro, qualquer coisa se assemelha à outra. Pois o branco se assemelha de algum modo ao

---

115. Sobre a primeira prova/refutação (330b-332a), ver a análise específica desenvolvida no *Estudo Introdutório*, subtítulo 3.2.

ΠΡΩΤΑΓΟΡΑΣ

ὁτιοῦν ὁτῳοῦν ἀμῇ γέ πῃ προσέοικεν. τὸ γὰρ λευκὸν τῷ
μέλανι ἔστιν ὅπῃ προσέοικεν, καὶ τὸ σκληρὸν τῷ μαλακῷ,
5 καὶ τἆλλα ἃ δοκεῖ ἐναντιώτατα εἶναι ἀλλήλοις· καὶ ἃ τότε
ἔφαμεν ἄλλην δύναμιν ἔχειν καὶ οὐκ εἶναι τὸ ἕτερον οἷον
τὸ ἕτερον, τὰ τοῦ προσώπου μόρια, ἀμῇ γέ πῃ προσέοικεν
καὶ ἔστιν τὸ ἕτερον οἷον τὸ ἕτερον. ὥστε τούτῳ γε τῷ τρόπῳ
e κἂν ταῦτα ἐλέγχοις, εἰ βούλοιο, ὡς ἅπαντά ἐστιν ὅμοια
ἀλλήλοις. ἀλλ' οὐχὶ τὰ ὅμοιόν τι ἔχοντα ὅμοια δίκαιον
καλεῖν, οὐδὲ τὰ ἀνόμοιόν τι ἔχοντα ἀνόμοια, κἂν πάνυ
σμικρὸν ἔχῃ τὸ ὅμοιον.—Καὶ ἐγὼ θαυμάσας εἶπον πρὸς
5 αὐτόν· Ἡ γὰρ οὕτω σοι τὸ δίκαιον καὶ τὸ ὅσιον πρὸς ἄλληλα
ἔχει, ὥστε ὅμοιόν τι σμικρὸν ἔχειν ἀλλήλοις;—Οὐ πάνυ,
332 ἔφη, οὕτως, οὐ μέντοι οὐδὲ αὖ ὡς σύ μοι δοκεῖς οἴεσθαι.—
Ἀλλὰ μήν, ἔφην ἐγώ, ἐπειδὴ δυσχερῶς δοκεῖς μοι ἔχειν
πρὸς τοῦτο, τοῦτο μὲν ἐάσωμεν, τόδε δὲ ἄλλο ὧν ἔλεγες
ἐπισκεψώμεθα. ἀφροσύνην τι καλεῖς;—Ἔφη.—Τούτῳ τῷ
5 πράγματι οὐ πᾶν τοὐναντίον ἐστὶν ἡ σοφία;—Ἔμοιγε δοκεῖ,
ἔφη.—Πότερον δὲ ὅταν πράττωσιν ἄνθρωποι ὀρθῶς τε καὶ
ὠφελίμως, τότε σωφρονεῖν σοι δοκοῦσιν οὕτω πράττοντες,
ἢ [εἰ] τοὐναντίον [ἔπραττον];—Σωφρονεῖν, ἔφη.—Οὐκοῦν
b σωφροσύνῃ σωφρονοῦσιν;—Ἀνάγκη.—Οὐκοῦν οἱ μὴ ὀρθῶς
πράττοντες ἀφρόνως πράττουσιν καὶ οὐ σωφρονοῦσιν οὕτω
πράττοντες;—Συνδοκεῖ μοι, ἔφη.—Τοὐναντίον ἄρα ἐστὶν
τὸ ἀφρόνως πράττειν τῷ σωφρόνως;—Ἔφη.—Οὐκοῦν τὰ μὲν
5 ἀφρόνως πραττόμενα ἀφροσύνῃ πράττεται, τὰ δὲ σωφρόνως
σωφροσύνῃ;—Ὡμολόγει.—Οὐκοῦν εἴ τι ἰσχύϊ πράττεται,

116. Ou seja, os contrários se assemelham na medida em que são espécies de
um mesmo gênero, como no caso do branco e do preto: embora sejam qualidades contrárias, ambos podem ser subsumidos numa coisa única que chamamos
de "cor" (G. Casertano, As Virtudes e a Virtude: Os Nomes e o Discurso, em M.
Migliori; L.M.N. Valditara, Plato Ethicus, p. 91).

[331d-332b]   PROTÁGORAS   445

preto, e o duro, ao macio, e o mesmo vale para as demais coisas que parecem ser contrárias entre si[116]. E as partes do rosto, que eu antes afirmava terem capacidades diferentes e não serem uma como a outra, de um modo ou de outro são semelhantes. Por conseguinte, você poderia dessa maneira até mesmo provar, se quisesse, que   e todas as coisas se assemelham umas às outras. Não é justo, porém, chamar de semelhantes as coisas que possuem certa semelhança, mesmo que seja muito pequena a semelhança entre elas, tampouco de dessemelhantes aquelas que possuem certa dessemelhança.

E eu, estupefato, disse-lhe:

— Porventura, o justo e o pio, a seu ver, relacionam-se de modo tal que, entre eles, há uma pequena semelhança?

— Não é absolutamente o caso – respondeu. – Tampouco é,   332 contudo, como me parece presumir que seja.

— Bem – disse eu –, já que você me parece incomodado com esse assunto, deixemo-lo de lado e examinemos outro ponto do que foi dito! Há algo que você chama insensatez?

Afirmou que sim.

— E a sabedoria não é absolutamente contrária a tal coisa?

— É o que me parece – respondeu.

— Quando os homens agem de maneira correta e benéfica, eles lhe parecem sensatos agindo assim nessas circunstâncias, ou o contrário disso?

— Parecem sensatos – disse ele.

— E não é com sensatez que eles agem sensatamente?

— Necessariamente.   b

— E aqueles que não agem corretamente agem insensatamente e não são sensatos quando agem, não é mesmo?

É o que eu acho   disse ele.

— Portanto, agir insensatamente é o contrário de agir sensatamente?

Afirmou que sim.

— Então, quando se age insensatamente, age-se com insensatez; ao passo que, quando se age sensatamente, age-se com sensatez, não é?

446 ΠΡΩΤΑΓΟΡΑΣ

ἰσχυρῶς πράττεται, καὶ εἴ τι ἀσθενείᾳ, ἀσθενῶς;—Ἐδόκει.
—Καὶ εἴ τι μετὰ τάχους, ταχέως, καὶ εἴ τι μετὰ βραδυτῆτος,

c βραδέως;—Ἔφη.—Καὶ εἴ τι δὴ ὡσαύτως πράττεται, ὑπὸ
τοῦ αὐτοῦ πράττεται, καὶ εἴ τι ἐναντίως, ὑπὸ τοῦ ἐναντίου;—
Συνέφη.—Φέρε δή, ἦν δ' ἐγώ, ἔστιν τι καλόν;—Συνεχώρει.
—Τούτῳ ἔστιν τι ἐναντίον πλὴν τὸ αἰσχρόν;—Οὐκ ἔστιν.

5 —Τί δέ; ἔστιν τι ἀγαθόν;—Ἐστιν.—Τούτῳ ἔστιν τι ἐναντίον πλὴν τὸ κακόν;—Οὐκ ἔστιν.—Τί δέ; ἔστιν τι ὀξὺ ἐν
φωνῇ;—Ἔφη.—Τούτῳ μὴ ἔστιν τι ἐναντίον ἄλλο πλὴν τὸ
βαρύ;—Οὐκ ἔφη.—Οὐκοῦν, ἦν δ' ἐγώ, ἐνὶ ἑκάστῳ τῶν ἐναντίων ἓν μόνον ἐστὶν ἐναντίον καὶ οὐ πολλά;—Συνωμολόγει.

d Ἴθι δή, ἦν δ' ἐγώ, ἀναλογισώμεθα τὰ ὡμολογημένα
ἡμῖν. ὡμολογήκαμεν ἓν ἑνὶ μόνον ἐναντίον εἶναι, πλείω
δὲ μή;—Ὡμολογήκαμεν.—Τὸ δὲ ἐναντίως πραττόμενον
ὑπὸ ἐναντίων πράττεσθαι; —Ἔφη. —Ὡμολογήκαμεν δὲ

5 ἐναντίως πράττεσθαι ὃ ἂν ἀφρόνως πράττηται τῷ σωφρόνως πραττομένῳ;—Ἔφη.—Τὸ δὲ σωφρόνως πραττόμενον

Ele assentiu.

— Então, se algo é feito com vigor, ele não é feito vigorosamente, e se algo é feito com debilidade, debilmente?

Pareceu-lhe que sim.

— Se algo é feito com rapidez, ele é feito rapidamente, e se é feito com lentidão, lentamente, não é?

Afirmou que sim.

— E se algo é feito de um determinado modo, é feito por uma coisa de mesma qualidade, e se ele é feito de modo contrário, pela coisa contrária, não é?

Ele assentiu.

— Adiante, então! – disse eu. – Belo é alguma coisa?

Concordou.

— E há alguma outra coisa contrária a ele senão o vergonhoso?

— Não há.

— E então? Bom é alguma coisa?

— É.

— E há alguma outra coisa contrária a ele senão o mal?

— Não há.

— E então? Há o agudo na voz?

Disse que sim.

— E há alguma outra coisa contrária a ele senão o grave?

Disse que não.

— Assim – disse eu –, para cada um dos contrários há apenas um contrário, e não muitos, não é?

Ele concordou.

— Vamos lá! – tornei eu –, recapitulemos o que foi consentido por nós. Assentimos em que há apenas um contrário para cada coisa, e não vários.

— Assentimos.

— E o que é feito de modo contrário é feito por coisas contrárias?

Disse que sim.

— E concordamos que o que é feito insensatamente é feito de modo contrário ao que é feito sensatamente?

Disse que sim.

448 ΠΡΩΤΑΓΟΡΑΣ

ὑπὸ σωφροσύνης πράττεσθαι, τὸ δὲ ἀφρόνως ὑπὸ ἀφρο-
e σύνης;—Συνεχώρει.—Οὐκοῦν εἴπερ ἐναντίως πράττεται, ὑπὸ
ἐναντίου πράττοιτ' ἄν;—Ναί.—Πράττεται δὲ τὸ μὲν ὑπὸ
σωφροσύνης, τὸ δὲ ὑπὸ ἀφροσύνης;—Ναί.—'Εναντίως;—
Πάνυ γε.—Οὐκοῦν ὑπὸ ἐναντίων ὄντων;—Ναί.—'Εναντίον
5 ἄρ' ἐστὶν ἀφροσύνη σωφροσύνης;—Φαίνεται.—Μέμνησαι
οὖν ὅτι ἐν τοῖς ἔμπροσθεν ὡμολόγηται ἡμῖν ἀφροσύνη σοφίᾳ
ἐναντίον εἶναι;—Συνωμολόγει.—Ἓν δὲ ἑνὶ μόνον ἐναντίον
333 εἶναι;—Φημί.—Πότερον οὖν, ὦ Πρωταγόρα, λύσωμεν τῶν
λόγων; τὸ ἓν ἑνὶ μόνον ἐναντίον εἶναι, ἢ ἐκεῖνον ἐν ᾧ ἐλέγετο ἕτερον εἶναι σωφροσύνης σοφία, μόριον δὲ ἑκάτερον
ἀρετῆς, καὶ πρὸς τῷ ἕτερον εἶναι καὶ ἀνόμοια καὶ αὐτὰ καὶ
5 αἱ δυνάμεις αὐτῶν, ὥσπερ τὰ τοῦ προσώπου μόρια; πότερον
οὖν δὴ λύσωμεν; οὗτοι γὰρ οἱ λόγοι ἀμφότεροι οὐ πάνυ
μουσικῶς λέγονται· οὐ γὰρ συνᾴδουσιν οὐδὲ συναρμόττουσιν
ἀλλήλοις. πῶς γὰρ ἂν συνᾴδοιεν, εἴπερ γε ἀνάγκη ἑνὶ
b μὲν ἓν μόνον ἐναντίον εἶναι, πλείοσιν δὲ μή, τῇ δὲ ἀφροσύνῃ
ἑνὶ ὄντι σοφία ἐναντία καὶ σωφροσύνη αὖ φαίνεται· ἢ γάρ,
ὦ Πρωταγόρα, ἔφην ἐγώ, ἢ ἄλλως πως;—'Ωμολόγησεν
καὶ μάλ' ἀκόντως.—Οὐκοῦν ἓν ἂν εἴη ἡ σωφροσύνη καὶ ἡ
5 σοφία; τὸ δὲ πρότερον αὖ ἐφάνη ἡμῖν ἡ δικαιοσύνη καὶ
ἡ ὁσιότης σχεδόν τι ταὐτὸν ὄν.

117. Metáforas relativas à ideia de "harmonia" são usadas recorrentemente por
Platão para conotar relações lógicas, tais como: i. consistência entre proposições
(*Fédon* 92c; *Górgias* 457e); ii. consistência entre opiniões e emoções (*Leis* 689a-b);
iii. confirmação mútua de proposições (*Fédon* 100a); iv. coerência entre palavra
e ação (*Laques* 188d); v. concatenação de várias palavras numa única proposição
(*Sofista* 261d) (N. Denyer, op. cit., p. 131-132).

118. Sobre a segunda prova/refutação (332a-333b), ver a análise específica
desenvolvida no *Estudo Introdutório*, subtítulo 3.3.

119. Cf. 330c1-332a1.

[332d-333b]   PROTÁGORAS   449

— E o que é feito sensatamente é feito pela sensatez; ao passo que, o que é feito insensatamente, pela insensatez?

Ele concordou.

— Então, se é feito de modo contrário, não seria feito por algo contrário?

— Sim.

— Uma coisa é feita pela sensatez; enquanto outra, pela insensatez?

— Sim.

— De modo contrário?

— Absolutamente.

— Então, não são feitas por coisas que são contrárias?

— Sim.

— Portanto, a insensatez é contrária à sensatez, não é?

— É claro.

— Está lembrado de que concordamos previamente que a insensatez é contrária à sabedoria?

Concordou.

— E há apenas um contrário para cada coisa?

Disse que sim.

— Qual proposição devemos eliminar então, Protágoras? Que há apenas um contrário para cada coisa, ou aquela segundo a qual se dizia que sabedoria é diferente de sensatez, e que cada uma delas é parte da virtude, e que, além de diferentes, são dessemelhantes, seja em si mesmas, seja em suas capacidades, assim como as partes do rosto o são? Qual delas devemos eliminar, então? Pois ambas as proposições, quando pronunciadas, não soam muito bem, uma vez que não estão afinadas nem em harmonia[117]. Como estariam afinadas, se é necessário que haja apenas um contrário para cada coisa, e não vários, e se sabedoria e sensatez, por sua vez, são manifestamente contrárias à insensatez, que é uma única coisa? É isso, Protágoras – perguntei –, ou algo diferente disso?

Ele consentiu muito a contragosto.

— Então, não seriam uma única coisa a sensatez e a sabedoria?[118] Há pouco nos ficou manifesto que a justiça e a piedade são quase a mesma coisa[119].

450   ΠΡΩΤΑΓΟΡΑΣ

Ἴθι δή, ἦν δ' ἐγώ, ὦ Πρωταγόρα, μὴ ἀποκάμωμεν ἀλλὰ
καὶ τὰ λοιπὰ διασκεψώμεθα. ἆρά τίς σοι δοκεῖ ἀδικῶν
c ἄνθρωπος σωφρονεῖν, ὅτι ἀδικεῖ;—Αἰσχυνοίμην ἂν ἔγωγ',
ἔφη, ὦ Σώκρατες, τοῦτο ὁμολογεῖν, ἐπεὶ πολλοί γέ φασιν
τῶν ἀνθρώπων.—Πότερον οὖν πρὸς ἐκείνους τὸν λόγον ποιή-
σομαι, ἔφην, ἢ πρὸς σέ;—Εἰ βούλει, ἔφη, πρὸς τοῦτον
5 πρῶτον τὸν λόγον διαλέχθητι τὸν τῶν πολλῶν.—Ἀλλ'
οὐδέν μοι διαφέρει, ἐὰν μόνον σύ γε ἀποκρίνῃ, εἴτ' οὖν
δοκεῖ σοι ταῦτα εἴτε μή· τὸν γὰρ λόγον ἔγωγε μάλιστα
ἐξετάζω, συμβαίνει μέντοι ἴσως καὶ ἐμὲ τὸν ἐρωτῶντα καὶ
τὸν ἀποκρινόμενον ἐξετάζεσθαι.

d   Τὸ μὲν οὖν πρῶτον ἐκαλλωπίζετο ἡμῖν ὁ Πρωταγόρας—τὸν
γὰρ λόγον ᾐτιᾶτο δυσχερῆ εἶναι—ἔπειτα μέντοι συνεχώρησεν
ἀποκρίνεσθαι.—Ἴθι δή, ἔφην ἐγώ, ἐξ ἀρχῆς μοι ἀπόκριναι.
δοκοῦσί τινές σοι σωφρονεῖν ἀδικοῦντες;—Ἔστω, ἔφη.—
5 Τὸ δὲ σωφρονεῖν λέγεις εὖ φρονεῖν;—Ἔφη.—Τὸ δ' εὖ
φρονεῖν εὖ βουλεύεσθαι, ὅτι ἀδικοῦσιν;—Ἔστω, ἔφη.—
Πότερον, ἦν δ' ἐγώ, εἰ εὖ πράττουσιν ἀδικοῦντες ἢ εἰ κακῶς;
—Εἰ εὖ.—Λέγεις οὖν ἀγαθὰ ἄττα εἶναι;—Λέγω.—Ἆρ' οὖν,
ἦν δ' ἐγώ, ταῦτ' ἐστὶν ἀγαθὰ ἅ ἐστιν ὠφέλιμα τοῖς ἀνθρώ-
e ποις;—Καὶ ναὶ μὰ Δί', ἔφη, κἂν μὴ τοῖς ἀνθρώποις
ὠφέλιμα ᾖ, ἔγωγε καλῶ ἀγαθά.—Καί μοι ἐδόκει ὁ Πρωταγόρας ἤδη τετραχύνθαι τε καὶ ἀγωνιᾶν καὶ παρατετάχθαι

120. O terceiro argumento de Sócrates (333b7-334c6), que remanescerá incon-
cluso, visaria supostamente a demonstrar a identidade entre *sensatez* (*sōphrosunē*)
e *justiça* (*dikaiosunē*) contra a tese sustentada por Protágoras.

121. Sobre o sentido de *sōphronein* (ser sensato; agir com sensatez), ver supra
nota 90.

PROTÁGORAS

— Vamos lá, Protágoras – prossegui. – Não sejamos presas do cansaço! Terminemos de examinar o restante! Porventura, parece-lhe que algum homem, quando comete injustiça, é sensato ao cometê-la?[120]

— Seria decerto vergonhoso se eu concordasse com isso, Sócrates, ainda que a maioria dos homens assim o afirme.

— Passarei então a discutir com eles – disse eu –, ou com você?

— Se lhe aprouver – disse ele –, estabeleça, primeiro, um diálogo com o que a maioria sustenta!

— Mas, para mim, é indiferente, contanto que seja apenas você a me responder, a despeito da sua opinião sobre o assunto; pois é a tese que eu examino, embora decorra disso, talvez, que tanto eu que formulo as perguntas, quanto quem as responde, sejamos, ambos, examinados.

No primeiro momento, Protágoras nos simulava certa modéstia, pois inculpava a tese de ser difícil de sustentar, mas logo concordou em responder.

— Adiante, então! – disse eu. – Responda-me desde o princípio! Parece-lhe que alguém seja sensato ao cometer injustiça?

— Que seja! – respondeu.

— Você afirma que ser sensato é ter bom senso?[121]

Disse que sim.

— E ter bom senso é deliberar bem ao cometer injustiça?

— Que seja! – respondeu.

— Se ele for bem-sucedido, ao cometer injustiça – perguntei –, ou malsucedido?

— Bem-sucedido.

— Você afirma, então, que certas coisas são boas?

— Afirmo, sim.

— Por acaso – perguntei – são boas as coisas que são benéficas aos homens?

— Sim, por Zeus! – disse ele. – E mesmo que não sejam benéficas aos homens, pelo menos eu as chamo de boas.

Parecia-me que Protágoras já estava exasperado e agoniado, armando-se para disparar suas respostas contra mim. Quando

452   ΠΡΩΤΑΓΟΡΑΣ

πρὸς τὸ ἀποκρίνεσθαι· ἐπειδὴ οὖν ἑώρων αὐτὸν οὕτως ἔχοντα,
εὐλαβούμενος ἠρέμα ἠρόμην. Πότερον, ἦν δ᾽ ἐγώ, λέγεις, ὦ

334 Πρωταγόρα, ἃ μηδενὶ ἀνθρώπων ὠφέλιμά ἐστιν, ἢ ἃ μηδὲ
τὸ παράπαν ὠφέλιμα; καὶ τὰ τοιαῦτα σὺ ἀγαθὰ καλεῖς;—
Οὐδαμῶς, ἔφη· ἀλλ᾽ ἔγωγε πολλὰ οἶδ᾽ ἃ ἀνθρώποις μὲν
ἀνωφελῆ ἐστι, καὶ σιτία καὶ ποτὰ καὶ φάρμακα καὶ ἄλλα

5 μυρία, τὰ δέ γε ὠφέλιμα· τὰ δὲ ἀνθρώποις μὲν οὐδέτερα,
ἵπποις δέ· τὰ δὲ βουσὶν μόνον, τὰ δὲ κυσίν· τὰ δέ γε τούτων
μὲν οὐδενί, δένδροις δέ· τὰ δὲ τοῦ δένδρου ταῖς μὲν ῥίζαις
ἀγαθά, ταῖς δὲ βλάσταις πονηρά, οἷον καὶ ἡ κόπρος πάντων

b τῶν φυτῶν ταῖς μὲν ῥίζαις ἀγαθὸν παραβαλλομένη, εἰ δ᾽
ἐθέλοις ἐπὶ τοὺς πτόρθους καὶ τοὺς νέους κλῶνας ἐπιβάλλειν,
πάντα ἀπόλλυσιν· ἐπεὶ καὶ τὸ ἔλαιον τοῖς μὲν φυτοῖς ἅπασίν
ἐστιν πάγκακον καὶ ταῖς θριξὶν πολεμιώτατον ταῖς τῶν ἄλλων

5 ζῴων πλὴν ταῖς τοῦ ἀνθρώπου, ταῖς δὲ τοῦ ἀνθρώπου ἀρωγὸν
καὶ τῷ ἄλλῳ σώματι. οὕτω δὲ ποικίλον τί ἐστιν τὸ ἀγαθὸν
καὶ παντοδαπόν, ὥστε καὶ ἐνταῦθα τοῖς μὲν ἔξωθεν τοῦ

c σώματος ἀγαθόν ἐστιν τῷ ἀνθρώπῳ, τοῖς δ᾽ ἐντὸς ταὐτὸν
τοῦτο κάκιστον· καὶ διὰ τοῦτο οἱ ἰατροὶ πάντες ἀπαγορεύουσιν
τοῖς ἀσθενοῦσιν μὴ χρῆσθαι ἐλαίῳ ἀλλ᾽ ἢ ὅτι σμικροτάτῳ
ἐν τούτοις οἷς μέλλει ἔδεσθαι, ὅσον μόνον τὴν δυσχέρειαν

5 κατασβέσαι τὴν ἐπὶ ταῖς αἰσθήσεσι ταῖς διὰ τῶν ῥινῶν
γιγνομένην ἐν τοῖς σιτίοις τε καὶ ὄψοις.

Εἰπόντος οὖν ταῦτα αὐτοῦ οἱ παρόντες ἀνεθορύβησαν ὡς
εὖ λέγοι, καὶ ἐγὼ εἶπον· Ὦ Πρωταγόρα, ἐγὼ τυγχάνω ἐπιλήσμων τις ὢν ἄνθρωπος, καὶ ἐάν τίς μοι μακρὰ λέγῃ,

d ἐπιλανθάνομαι περὶ οὗ ἂν ᾖ ὁ λόγος. ὥσπερ οὖν εἰ ἐτύγχανον
ὑπόκωφος ὤν, ᾤου ἂν χρῆναι, εἴπερ ἔμελλές μοι διαλέξεσθαι,
μεῖζον φθέγγεσθαι ἢ πρὸς τοὺς ἄλλους, οὕτω καὶ νῦν, ἐπειδὴ
ἐπιλήσμονι ἐνέτυχες, σύντεμνέ μοι τὰς ἀποκρίσεις καὶ

5 βραχυτέρας ποίει, εἰ μέλλω σοι ἕπεσθαι.

[333e-334d]   PROTÁGORAS   453

o vi nesse estado, passei a me precaver e a lhe perguntar com brandura.

— Você se refere, Protágoras – tornei eu –, às coisas que são benéficas a nenhum homem, ou àquelas que não são benéficas absolutamente? São coisas desse tipo que você chama de boas?

— De forma nenhuma – redarguiu. – Todavia, conheço muitas coisas, como comidas, bebidas, remédios e outras coisas mais, que não são benéficas aos homens; outras tantas, porém, que lhes são. Umas não beneficiam em nada os homens, mas os cavalos; outras beneficiam apenas os bois; outras, ainda, os cães; umas não são benéficas a nenhum deles, mas às árvores; outras são boas para as raízes das árvores, porém nocivas aos rebentos: por exemplo, o esterco, quando espalhado sobre as raízes de todas as plantas, é bom, mas, se quiser jogá-lo sobre os ramos e os brotos novos, ele os destruirá, a todos. O óleo também é absolutamente nocivo para todas as plantas e extremamente agressivo aos pelos dos outros animais, exceto aos do homem, sendo propício não apenas para os cabelos humanos, como também para o resto do corpo. O bem é algo tão variegado e diversificado, que esse mesmo óleo é bom para as partes externas do corpo do homem; extremamente prejudicial, porém, para as internas. É por esse motivo que todos os médicos proíbem as pessoas debilitadas de usarem óleo, a não ser em pequeníssima quantidade na ingestão da comida, apenas o suficiente para mitigar a náusea provocada pelo cheiro dos alimentos e dos cozidos.

Tão logo Protágoras proferiu essas palavras, os presentes o aclamaram como se ele falasse bem. E eu lhe disse:

— Protágoras, acontece que eu sou um homem de parca memória, e, se alguém me fizer longos discursos, esqueço me do que estávamos discutindo. Por exemplo: se eu porventura fosse mouco, você teria de falar mais alto comigo do que com os demais homens, no esforço de estabelecer um diálogo. A situação presente é semelhante: já que você deparou com um homem de memória curta, encurte suas respostas tornando-as mais breves para que eu esteja apto a acompanhá-lo!

454 ΠΡΩΤΑΓΟΡΑΣ

Πῶς οὖν κελεύεις με βραχέα ἀποκρίνεσθαι; ἢ βραχύτερά
σοι, ἔφη, ἀποκρίνωμαι ἢ δεῖ;

Μηδαμῶς, ἦν δ' ἐγώ.

Ἀλλ' ὅσα δεῖ; ἔφη.

e Ναί, ἦν δ' ἐγώ.

Πότερα οὖν ὅσα ἐμοὶ δοκεῖ δεῖν ἀποκρίνεσθαι, τοσαῦτά
σοι ἀποκρίνωμαι, ἢ ὅσα σοί;

Ἀκήκοα γοῦν, ἦν δ' ἐγώ, ὅτι σὺ οἷός τ' εἶ καὶ αὐτὸς καὶ
5 ἄλλον διδάξαι περὶ τῶν αὐτῶν καὶ μακρὰ λέγειν, ἐὰν βούλῃ,
οὕτως ὥστε τὸν λόγον μηδέποτε ἐπιλιπεῖν, καὶ αὖ βραχέα
335 οὕτως ὥστε μηδένα σοῦ ἐν βραχυτέροις εἰπεῖν· εἰ οὖν
μέλλεις ἐμοὶ διαλέξεσθαι, τῷ ἑτέρῳ χρῶ τρόπῳ πρός με,
τῇ βραχυλογίᾳ.

Ὦ Σώκρατες, ἔφη, ἐγὼ πολλοῖς ἤδη εἰς ἀγῶνα λόγων
5 ἀφικόμην ἀνθρώποις, καὶ εἰ τοῦτο ἐποίουν ὃ σὺ κελεύεις,
ὡς ὁ ἀντιλέγων ἐκέλευέν με διαλέγεσθαι, οὕτω διελεγόμην,
οὐδενὸς ἂν βελτίων ἐφαινόμην οὐδ' ἂν ἐγένετο Πρωταγόρου
ὄνομα ἐν τοῖς Ἕλλησιν.

Καὶ ἐγώ—ἔγνων γὰρ ὅτι οὐκ ἤρεσεν αὐτὸς αὑτῷ ταῖς
b ἀποκρίσεσιν ταῖς ἔμπροσθεν, καὶ ὅτι οὐκ ἐθελήσοι ἑκὼν εἶναι
ἀποκρινόμενος διαλέγεσθαι—ἡγησάμενος οὐκέτι ἐμὸν ἔργον
εἶναι παρεῖναι ἐν ταῖς συνουσίαις, Ἀλλά τοι, ἔφην, ὦ
Πρωταγόρα, οὐδ' ἐγὼ λιπαρῶς ἔχω παρὰ τὰ σοὶ δοκοῦντα
5 τὴν συνουσίαν ἡμῖν γίγνεσθαι, ἀλλ' ἐπειδὰν σὺ βούλῃ
διαλέγεσθαι ὡς ἐγὼ δύναμαι ἕπεσθαι, τότε σοι διαλέξομαι.
σὺ μὲν γάρ, ὡς λέγεται περὶ σοῦ, φὴς δὲ καὶ αὐτός, καὶ ἐν
μακρολογίᾳ καὶ ἐν βραχυλογίᾳ οἷός τ' εἶ συνουσίας ποιεῖσθαι
c —σοφὸς γὰρ εἶ—ἐγὼ δὲ τὰ μακρὰ ταῦτα ἀδύνατος, ἐπεὶ
ἐβουλόμην ἂν οἷός τ' εἶναι. ἀλλὰ σὲ ἐχρῆν ἡμῖν συγχωρεῖν
τὸν ἀμφότερα δυνάμενον, ἵνα ἡ συνουσία ἐγίγνετο· νῦν δὲ

---

122. Denyer observa que é um *topos* da poesia épica um herói referir a si
mesmo em terceira pessoa para salientar sua reputação: ver Homero, *Ilíada* 2.259-
261; 11.761; 19.151. (N. Denyer, op. cit., p. 136)

— Como você exige, então, que eu lhe responda brevemente? Acaso devo lhe responder – perguntou – de modo mais breve que o devido?

— De forma nenhuma – disse eu.

— Mas o quanto é devido? – tornou ele.

— Sim – respondi.

— Como, pois, devo lhe responder: o quanto me parece devido responder, ou o quanto lhe parece?

— Tenho ouvido – disse eu – que, a respeito dos mesmos assuntos, você mesmo é capaz de fazer longos discursos – além de ensinar isso aos outros –, a ponto de jamais abdicar da palavra, bem como é capaz de falar brevemente, a ponto de não haver ninguém mais breve do que você no discurso. Assim, se pretende dialogar comigo, utilize o segundo modo, o discurso breve, para se dirigir a mim!

— Sócrates – disse ele –, são inúmeros os homens com os quais já entrei em contenda verbal. Se eu acatasse as suas exigências – tal como se o contendor exigisse de mim o diálogo, e eu então aceitasse dialogar com ele –, não seria manifestamente melhor do que ninguém, tampouco haveria o nome de Protágoras entre os helenos[122].

E eu, ciente de que ele estava descontente consigo próprio por conta de suas respostas anteriores, e que não desejaria dialogar voluntariamente respondendo às perguntas, ponderei que não tinha mais função a minha presença ali naquele encontro e lhe disse:

De fato, Protágoras, não pretendo insistir com que nosso encontro perdure contra a sua aprovação; quando quiser dialogar comigo de modo que eu consiga acompanhá-lo, então dialogarei com você. Pois, como reza a sua fama, e você mesmo o professa, é capaz de entreter um encontro por meio tanto do discurso longo quanto do discurso breve, já que você é sábio, ao passo que eu sou inapto para essas coisas extensas, embora não almejasse sê-lo. Você, porém, por ser capaz de ambas as coisas, devia nos fazer essa concessão, a fim de que nosso

456 ΠΡΩΤΑΓΟΡΑΣ

ἐπειδὴ οὐκ ἐθέλεις καὶ ἐμοί τις ἀσχολία ἐστὶν καὶ οὐκ ἂν οἷός
5 τ' εἴην σοι παραμεῖναι ἀποτείνοντι μακροὺς λόγους—ἐλθεῖν
γάρ ποί με δεῖ—εἶμι· ἐπεὶ καὶ ταῦτ' ἂν ἴσως οὐκ ἀηδῶς σου
ἤκουον.

Καὶ ἅμα ταῦτ' εἰπὼν ἀνιστάμην ὡς ἀπιών· καί μου
ἀνισταμένου ἐπιλαμβάνεται ὁ Καλλίας τῆς χειρὸς τῇ δεξιᾷ,
d τῇ δ' ἀριστερᾷ ἀντελάβετο τοῦ τρίβωνος τουτουί, καὶ εἶπεν·
Οὐκ ἀφήσομέν σε, ὦ Σώκρατες· ἐὰν γὰρ σὺ ἐξέλθῃς, οὐχ
ὁμοίως ἡμῖν ἔσονται οἱ διάλογοι. δέομαι οὖν σου παραμεῖναι ἡμῖν· ὡς ἐγὼ οὐδ' ἂν ἑνὸς ἥδιον ἀκούσαιμι ἢ σοῦ τε
5 καὶ Πρωταγόρου διαλεγομένων. ἀλλὰ χάρισαι ἡμῖν πᾶσιν.

Καὶ ἐγὼ εἶπον—ἤδη δὲ ἀνειστήκη ὡς ἐξιών—Ὦ παῖ
Ἱππονίκου, ἀεὶ μὲν ἔγωγέ σου τὴν φιλοσοφίαν ἄγαμαι, ἀτὰρ
e καὶ νῦν ἐπαινῶ καὶ φιλῶ, ὥστε βουλοίμην ἂν χαρίζεσθαί
σοι, εἴ μου δυνατὰ δέοιο· νῦν δ' ἐστὶν ὥσπερ ἂν εἰ δέοιό
μου Κρίσωνι τῷ Ἱμεραίῳ δρομεῖ ἀκμάζοντι ἔπεσθαι, ἢ τῶν
δολιχοδρόμων τῳ ἢ τῶν ἡμεροδρόμων διαθεῖν τε καὶ ἔπεσθαι,
336 εἴποιμι ἄν. σοι ὅτι πολὺ σοῦ μᾶλλον ἐγὼ ἐμαυτοῦ δέομαι
θέουσιν τούτοις ἀκολουθεῖν, ἀλλ' οὐ γὰρ δύναμαι, ἀλλ' εἴ τι
δέῃ θεάσασθαι ἐν τῷ αὐτῷ ἐμέ τε καὶ Κρίσωνα θέοντας,
τούτου δέου συγκαθεῖναι· ἐγὼ μὲν γὰρ οὐ δύναμαι ταχὺ θεῖν,
5 οὗτος δὲ δύναται βραδέως. εἰ οὖν ἐπιθυμεῖς ἐμοῦ καὶ Πρωταγόρου ἀκούειν, τούτου δέου, ὥσπερ τὸ πρῶτόν μοι ἀπεκρίνατο
διὰ βραχέων τε καὶ αὐτὰ τὰ ἐρωτώμενα, οὕτω καὶ νῦν ἀποκρί-
b νεσθαι· εἰ δὲ μή, τίς ὁ τρόπος ἔσται τῶν διαλόγων; χωρὶς
γὰρ ἔγωγ' ᾤμην εἶναι τὸ συνεῖναί τε ἀλλήλοις διαλεγομένους
καὶ τὸ δημηγορεῖν.

Ἀλλ'—ὁρᾷς;—ἔφη, ὦ Σώκρατες, δίκαια δοκεῖ λέγειв
5 Πρωταγόρας ἀξιῶν αὐτῷ τε ἐξεῖναι διαλέγεσθαι ὅπως βού-

---

123. Críson de Himera venceu em três Olimpíadas consecutivas (448, 444
e 440 a.C.) a prova de um *estádio* (equivalente a aproximadamente 185 metros).
Seu regime austero e sua castidade são referidos por Platão nas *Leis* (VIII 840a),
comparando-o a Ico (J. Adam; A. Adam, op. cit., p. 142).

124. O mais célebre corredor "de um dia inteiro" é Filípides, que correu de Atenas a Esparta de um dia para outro, para avisar os lacedemônios do desembarque
dos persas em Maratona (Heródoto, *Histórias* 6.105-106), perfazendo um total de
aproximadamente 217 quilômetros (N. Denyer, op. cit., p. 139).

[335c-336b] PROTÁGORAS 457

encontro prosseguisse. Todavia, uma vez que não deseja fazê-lo, e eu tenho um compromisso que não pode esperar suas estiradas em longos discursos, devo seguir o meu caminho; estou de partida, embora não me fosse desagradável, talvez, ouvi-los de você.

Depois de fazer essas ponderações, levantei-me para partir. E, enquanto me levantava, Cálias segurou-me pelo braço com a mão direita e, com a esquerda, agarrou este manto aqui, dizendo: d

— Não permitiremos, Sócrates! Pois, se você for embora, o diálogo entre nós não será o mesmo. Peço, portanto, que permaneça aqui conosco, porque nada me daria mais prazer em ouvir do que você e Protágoras dialogando. Faça esse favor a todos nós!

E eu, que já estava de pé para partir, disse-lhe:

— Filho de Hipônico, eu sempre admirei o seu apreço pela sabedoria, e reitero agora meus elogios e minha estima por ele, de modo e
que lhe concederia de bom grado esse favor, se você me pedisse algo que estivesse ao meu alcance. Na situação presente, porém, é como se me pedisse para acompanhar Críson[123], o corredor de Himera, no auge de sua forma, ou para correr e acompanhar algum outro atleta de corrida de longa distância ou de um dia inteiro[124]. Eu lhe diria que, mais do que você, rogo a mim mesmo que eu 336
possa vir a segui-los na corrida, contudo não sou capaz disso. Todavia, se você ainda persiste em ver de algum modo eu e Críson disputando o mesmo páreo, solicite a ele condescendência! Pois eu não sou capaz de correr com velocidade, ao passo que ele é capaz de correr devagar. Se, então, você almeja ouvir a mim e a Protágoras, peça a ele que continue a responder às perguntas como fazia no início, quando respondia com brevidade precisamente àquilo que era perguntado! Caso contrário, que modalidade de diálogo b
há de ser essa? Pois, ao menos eu julgava como coisas distintas o encontro entre pessoas mediado pelo diálogo e a oração pública[125].

— Mas você não percebe, Sócrates? – retrucou ele. – Protágoras parece requerer, de maneira justa, que lhe seja permitido

125. Cf. 328e-329b.

458 ΠΡΩΤΑΓΟΡΑΣ

λεται, καὶ σὺ ὅπως ἂν αὖ σὺ βούλῃ.

Ὑπολαβὼν οὖν ὁ Ἀλκιβιάδης, Οὐ καλῶς λέγεις, ἔφη, ὦ Καλλία· Σωκράτης μὲν γὰρ ὅδε ὁμολογεῖ μὴ μετεῖναί οἱ μακρολογίας καὶ παραχωρεῖ Πρωταγόρᾳ, τοῦ δὲ διαλέγεσθαι
c οἷός τ' εἶναι καὶ ἐπίστασθαι λόγον τε δοῦναι καὶ δέξασθαι θαυμάζοιμ' ἂν εἴ τῳ ἀνθρώπων παραχωρεῖ. εἰ μὲν οὖν καὶ Πρωταγόρας ὁμολογεῖ φαυλότερος εἶναι Σωκράτους διαλεχθῆναι, ἐξαρκεῖ Σωκράτει· εἰ δὲ ἀντιποιεῖται, διαλεγέσθω
5 ἐρωτῶν τε καὶ ἀποκρινόμενος, μὴ ἐφ' ἑκάστῃ ἐρωτήσει μακρὸν λόγον ἀποτείνων, ἐκκρούων τοὺς λόγους καὶ οὐκ ἐθέ-
d λων διδόναι λόγον, ἀλλ' ἀπομηκύνων ἕως ἂν ἐπιλάθωνται περὶ ὅτου τὸ ἐρώτημα ἦν οἱ πολλοὶ τῶν ἀκουόντων· ἐπεὶ Σωκράτη γε ἐγὼ ἐγγυῶμαι μὴ ἐπιλήσεσθαι, οὐχ ὅτι παίζει καί φησιν ἐπιλήσμων εἶναι. ἐμοὶ μὲν οὖν δοκεῖ ἐπιεικέστερα Σωκράτης
5 λέγειν· χρὴ γὰρ ἕκαστον τὴν ἑαυτοῦ γνώμην ἀποφαίνεσθαι.

Μετὰ δὲ τὸν Ἀλκιβιάδην, ὡς ἐγῷμαι, Κριτίας ἦν ὁ εἰπών· Ὦ Πρόδικε καὶ Ἱππία, Καλλίας μὲν δοκεῖ μοι μάλα πρὸς
e Πρωταγόρου εἶναι, Ἀλκιβιάδης δὲ ἀεὶ φιλόνικός ἐστι πρὸς ὃ ἂν ὁρμήσῃ· ἡμᾶς δὲ οὐδὲν δεῖ συμφιλονικεῖν οὔτε Σωκράτει οὔτε Πρωταγόρᾳ, ἀλλὰ κοινῇ ἀμφοτέρων δεῖσθαι μὴ μεταξὺ διαλῦσαι τὴν συνουσίαν.

337 Εἰπόντος δὲ αὐτοῦ ταῦτα, ὁ Πρόδικος, Καλῶς μοι, ἔφη, δοκεῖς λέγειν, ὦ Κριτία· χρὴ γὰρ τοὺς ἐν τοιοῖσδε λόγοις παραγιγνομένους κοινοὺς μὲν εἶναι ἀμφοῖν τοῖν διαλεγομένοιν ἀκροατάς, ἴσους δὲ μή—ἔστιν γὰρ οὐ ταὐτόν· κοινῇ μὲν γὰρ
5 ἀκοῦσαι δεῖ ἀμφοτέρων, μὴ ἴσον δὲ νεῖμαι ἑκατέρῳ, ἀλλὰ τῷ μὲν σοφωτέρῳ πλέον, τῷ δὲ ἀμαθεστέρῳ ἔλαττον. ἐγὼ

126. Esse seria o discurso em defesa de Sócrates proferido por Alcibíades, referido por Sócrates no início do diálogo com seu amigo anônimo (ver 309b).

127. O termo *philonikos* (traduzido aqui por "contencioso") costuma designar, nos diálogos de Platão, um comportamento agonístico na discussão. No *Górgias*, por exemplo, Cálicles acusa expressamente Sócrates de agir como *philonikos* (515b5), uma vez que a personagem despreza veementemente a filosofia praticada por Sócrates (484c-486d) e desacredita dos argumentos aferidos pelo filósofo que

[336b-337a] PROTÁGORAS 459

dialogar como quiser, e você, por outro lado, do modo que lhe apraz.

Alcibíades, então, tomou a palavra e disse:

— Você não fala com acerto, Cálias, pois Sócrates, aqui presente, admite que não se arvora em discursos longos e concede essa primazia a Protágoras; porém, ser capaz de dialogar e saber oferecer e acolher a palavra, eu me espantaria se ele concedesse tal primazia a quem quer que fosse. Assim, se Protágoras admitir que é pior do que Sócrates no diálogo, para Sócrates será o suficiente. Mas, se ele se eximir disso, que dialogue por meio de perguntas e respostas, que não se estenda em longos discursos a cada pergunta que lhe é endereçada, esquivando-se da discussão e evitando passar a palavra, alongando-se até que a maior parte da audiência acabe por esquecer sobre o que versava a questão. Quanto a Sócrates, garanto que não se esquecerá de nada; ele não faz outra coisa senão vir com brincadeiras, quando diz ser desmemoriado. A meu ver, a reivindicação de Sócrates parece ser mais razoável, uma vez que é preciso a cada um revelar o seu juízo[126].

Depois de Alcibíades, suponho eu, foi Crítias a interceder:

— Pródico e Hípias, Cálias me parece mais inclinado a Protágoras, ao passo que Alcibíades é sempre contencioso em suas inclinações[127]. Nós, todavia, não devemos ser contenciosos nem a favor de Sócrates, nem a favor de Protágoras, mas nos unir e solicitar a ambos que não dirimam o encontro pela metade.

Tão logo ele terminou, Pródico disse:

— Suas palavras me parecem acertadas, Crítias, pois os que presenciam discussões desse gênero devem ouvir as duas partes que dialogam de modo equânime, mas não igualmente – pois não são a mesma coisa. Deve se ouvir a ambas as partes de modo equânime, mas não distribuir o que cabe a cada uma delas igualmente: ao mais sábio, o maior quinhão; ao mais

justificaria seu procedimento refutatório na discussão; na perspectiva de Cálicles, o esclarecimento do problema em questão e a busca pela verdade alegados por Sócrates são mero pretexto para encobrir sua motivação contenciosa ao dialogar com outras pessoas (457e-458b; 482e; 515b).

460 ΠΡΩΤΑΓΟΡΑΣ

μὲν καὶ αὐτός, ὦ Πρωταγόρα τε καὶ Σώκρατες, ἀξιῶ ὑμᾶς
συγχωρεῖν καὶ ἀλλήλοις περὶ τῶν λόγων ἀμφισβητεῖν μέν,
b ἐρίζειν δὲ μή—ἀμφισβητοῦσι μὲν γὰρ καὶ δι᾽ εὔνοιαν οἱ
φίλοι τοῖς φίλοις, ἐρίζουσιν δὲ οἱ διάφοροί τε καὶ ἐχθροὶ
ἀλλήλοις—καὶ οὕτως ἂν καλλίστη ἡμῖν ἡ συνουσία γίγνοιτο·
ὑμεῖς τε γὰρ οἱ λέγοντες μάλιστ᾽ ἂν οὕτως ἐν ἡμῖν τοῖς
5 ἀκούουσιν εὐδοκιμοῖτε καὶ οὐκ ἐπαινοῖσθε—εὐδοκιμεῖν μὲν
γὰρ ἔστιν παρὰ ταῖς ψυχαῖς τῶν ἀκουόντων ἄνευ ἀπάτης,
ἐπαινεῖσθαι δὲ ἐν λόγῳ πολλάκις παρὰ δόξαν ψευδομένων—
c ἡμεῖς τ᾽ αὖ οἱ ἀκούοντες μάλιστ᾽ ἂν οὕτως εὐφραινοίμεθα,
οὐχ ἡδοίμεσθα—εὐφραίνεσθαι μὲν γὰρ ἔστιν μανθάνοντά τι
καὶ φρονήσεως μεταλαμβάνοντα αὐτῇ τῇ διανοίᾳ, ἥδεσθαι δὲ
ἐσθίοντά τι ἢ ἄλλο ἡδὺ πάσχοντα αὐτῷ τῷ σώματι.

5 Ταῦτα οὖν εἰπόντος τοῦ Προδίκου πολλοὶ πάνυ τῶν
παρόντων ἀπεδέξαντο· μετὰ δὲ τὸν Πρόδικον Ἱππίας ὁ
σοφὸς εἶπεν, Ὦ ἄνδρες, ἔφη, οἱ παρόντες, ἡγοῦμαι ἐγὼ
ὑμᾶς συγγενεῖς τε καὶ οἰκείους καὶ πολίτας ἅπαντας εἶναι—
d φύσει, οὐ νόμῳ· τὸ γὰρ ὅμοιον τῷ ὁμοίῳ φύσει συγγενές
ἐστιν, ὁ δὲ νόμος, τύραννος ὢν τῶν ἀνθρώπων, πολλὰ παρὰ
τὴν φύσιν βιάζεται—ἡμᾶς οὖν αἰσχρὸν τὴν μὲν φύσιν τῶν
πραγμάτων εἰδέναι, σοφωτάτους δὲ ὄντας τῶν Ἑλλήνων, καὶ

128. Assim como Alcibíades (336b-d), Pródico também salienta a orientação
agonística que assumiu o diálogo entre Sócrates e Protágoras, utilizando o verbo
erizō (traduzido aqui por "disputar") para designar a discussão em que não é
mediada por uma relação de amizade entre os interlocutores, como seria precisamente o caso aqui. No *Mênon*, a personagem Sócrates propõe uma distinção
entre "diálogo erístico e agonístico" e "dialética" em termos semelhantes (cf. 75c-
d). Sobre a noção de "erística", Ver *Comentário* 335a4-5.

129. Esse discurso é a paródia mais extensa nos diálogos platônicos do interesse pela "correção das palavras", (*orthoepeia*) atribuída amiúde por Platão a
Pródico (*Crátilo* 384b-c; *Eutidemo* 277e-278a; *Laques* 197d), cujas obras não se
conservaram senão em poucos fragmentos conservados em escritos de autores
posteriores, como Xenofonte (referência à obra *Sobre Héracles* nas *Memoráveis*,
2.1.21-34), Galeno (referência à obra *Sobre a Natureza* em *De Virt. Physic.* 2.9), e

ignorante, o menor. Quanto a mim, Protágoras e Sócrates, creio que seja digno de vocês chegarem a um acordo e discordar, mas não disputar, sobre os argumentos – pois é por benevolência que os amigos discordam dos amigos, enquanto os adversários e inimigos disputam entre si[128]. Essa seria a mais bela forma de conduzir o nosso encontro. Seria dessa maneira, sobretudo, que vocês, os interlocutores, seriam por nós, os ouvintes, estimados, mas não elogiados – pois ser estimado é estar presente na alma dos ouvintes sem engano, enquanto ser elogiado é estar presente amiúde no discurso de quem falseia sua opinião. Por outro lado, seria dessa maneira, sobretudo, que nós, os ouvintes, nos alegraríamos, mas não nos comprazeríamos – pois alegrar-se é quando se aprende algo ou se comparte da inteligência pelo próprio pensamento, enquanto comprazer-se é quando se come algo ou se experimenta algo aprazível pelo próprio corpo[129].

Assim que Pródico proferiu essas palavras, a grande maioria dos presentes o saudou. E Hípias, o sábio, sucedendo a Pródico, falou o seguinte:

— Homens aqui presentes – disse ele –, eu considero que todos vocês são congêneres, parentes e cidadãos por natureza, não pela lei. Pois o semelhante é, por natureza, congênere ao semelhante[130], mas a lei, tirana que é dos homens, violenta de várias maneiras a natureza. É vergonhoso, então, que conheçamos a natureza das coisas, que sejamos nós os homens mais

---

os escólios de Aristófanes (referência à obra *Estações*, em *As Nuvens* v. 361). Platão estaria parodiando aqui as distinções semânticas perseguidas por Pródico entre termos aparentemente sinônimos. Nesse trecho, são quatro distinções propostas: i. entre *koinos* (traduzido aqui por "equânime") e *isos* (igual); ii. entre *amphisbēteō* (discordar) e *erizō* (disputar); iii. entre *eudokimeō* (estimar) e *epaineō* (elogiar); e iv. entre *euphrainomai* (alegrar-se) e *hēdomai* (comprazer-se). Especialmente em relação à distinção (iv), em que se propõe uma distinção entre *prazeres intelectuais* e *prazeres corporais*, Aristóteles reporta que Pródico dividia os *prazeres* (*hēdonai*) em três espécies: *khara*, *terpsis* e *euphrosunē* (*Tópicos* II.6 112b22). Sobre as referências de Platão ao conhecimento linguístico de Pródico, ver *Mênon* 75e, 96d; *Laques* 197b-d; *Cármides* 163d; *Crátilo* 384b.

130. Ver também Homero, *Odisseia* 17.218; Empédocles (DK 31 A 20a); Platão, *Lísis* 214a-216b; *Górgias* 510b; *Leis* IV 716c.

ΠΡΩΤΑΓΟΡΑΣ

κατ' αὐτὸ τοῦτο νῦν συνεληλυθότας τῆς τε Ἑλλάδος εἰς αὐτὸ
τὸ πρυτανεῖον τῆς σοφίας καὶ αὐτῆς τῆς πόλεως εἰς τὸν
μέγιστον καὶ ὀλβιώτατον οἶκον τόνδε, μηδὲν τούτου τοῦ
ἀξιώματος ἄξιον ἀποφήνασθαι, ἀλλ' ὥσπερ τοὺς φαυλο-
τάτους τῶν ἀνθρώπων διαφέρεσθαι ἀλλήλοις. ἐγὼ μὲν οὖν
καὶ δέομαι καὶ συμβουλεύω, ὦ Πρωταγόρα τε καὶ Σώκρατες,
συμβῆναι ὑμᾶς ὥσπερ ὑπὸ διαιτητῶν ἡμῶν συμβιβαζόντων
εἰς τὸ μέσον, καὶ μήτε σὲ τὸ ἀκριβὲς τοῦτο εἶδος τῶν
διαλόγων ζητεῖν τὸ κατὰ βραχὺ λίαν, εἰ μὴ ἡδὺ Πρωταγόρᾳ,
ἀλλ' ἐφεῖναι καὶ χαλάσαι τὰς ἡνίας τοῖς λόγοις, ἵνα μεγα-
λοπρεπέστεροι καὶ εὐσχημονέστεροι ἡμῖν φαίνωνται, μήτ' αὖ
Πρωταγόραν πάντα κάλων ἐκτείναντα, οὐρίᾳ ἐφέντα, φεύγειν
εἰς τὸ πέλαγος τῶν λόγων ἀποκρύψαντα γῆν, ἀλλὰ μέσον
τι ἀμφοτέρους τεμεῖν. ὡς οὖν ποιήσετε, καὶ πείθεσθέ μοι
ῥαβδοῦχον καὶ ἐπιστάτην καὶ πρύτανιν ἑλέσθαι ὃς ὑμῖν
φυλάξει τὸ μέτριον μῆκος τῶν λόγων ἑκατέρου.

Ταῦτά ἤρεσε τοῖς παροῦσι, καὶ πάντες ἐπήνεσαν, καὶ ἐμέ
τε ὁ Καλλίας οὐκ ἔφη ἀφήσειν καὶ ἑλέσθαι ἐδέοντο ἐπιστάτην.
εἶπον οὖν ἐγὼ ὅτι αἰσχρὸν εἴη βραβευτὴν ἑλέσθαι τῶν λόγων.
εἴτε γὰρ χείρων ἔσται ἡμῶν ὁ αἱρεθείς, οὐκ ὀρθῶς ἂν ἔχοι
τὸν χείρω τῶν βελτιόνων ἐπιστατεῖν, εἴτε ὅμο ος, οὐδ'
οὕτως ὀρθῶς· ὁ γὰρ ὅμοιος ἡμῖν ὅμοια καὶ ποιήσει, ὥστε ἐκ

---

131. O "pritaneu" era o centro religioso das cidades gregas, consagrado à deusa
Héstia, em cuja honra uma fogueira era mantida constantemente acesa (J. Adam;
A. Adam, op. cit., p. 146). Ateneu, *Deipnosophistae* 5.12.30-35:

> Isso é próprio de quem satirizou a cidade de Atenas, o templo das Musas
> da Hélade, o qual Píndaro chamou de "bastião da Hélade"; Tucídides, de
> "Hélade da Hélade" em um epigrama a Eurípides; e o deus de Delfos, de
> "*héstia* e pritaneu dos Helenos".

> τοῦτο δὲ κωμῳδοῦντός ἐστι τὴν Ἀθηναίων πόλιν, τὸ τῆς Ἑλλάδος
> μουσεῖον, ἣν ὁ μὲν Πίνδαρος Ἑλλάδος ἔρεισμα' (fr. 76 B) ἔφη, Θουκυδίδης
> δ' ἐν τῷ εἰς Εὐριπίδην ἐπιγράμματι (AP VII 45) Ἑλλάδος Ἑλλάδα,' ὁ δὲ
> Πύθιος ἑστίαν καὶ πρυτανεῖον τῶν Ἑλλήνων.

132. Hípias se refere aqui à ornamentação característica do discurso retórico,
como vemos sublinhado por Platão no proêmio da *Apologia de Sócrates*:

[337d-338b]   PROTÁGORAS   463

sábios dentre os helenos, reunidos agora aqui, neste lugar, na Hélade, no próprio pritaneu da sabedoria[131] e na casa mais próspera e suntuosa da cidade, mas não revelemos um comportamento à altura desse mérito, entregando-nos a querelas particulares, tais como os homens mais ordinários. Eu, pois, peço-lhes, e os aconselho, Protágoras e Sócrates, que encontrem um meio-termo como que guiados por nós, na condição de árbitros. E você, Sócrates, não persiga essa forma precisa de diálogo extremamente breve, se não aprouver a Protágoras! Solte e afrouxe as rédeas dos discursos, a fim de que nos impressionem com sua magnificência e elegância![132] Tampouco você, Protágoras, uma vez içado todo o cordame e à mercê do vento propício, fuja para o alto-mar dos discursos a perder de vista a terra! Talhem ambos a coisa ao meio! Façam isso, pois, e acolham a minha proposta, escolhendo um juiz, presidente e prítane[133] para lhes vigiar a medida da extensão dos discursos de cada um!

Essa sugestão agradou aos presentes, e todos a elogiaram. Cálias insistiu para que eu não desistisse e pediram que fosse escolhido um presidente. Aleguei, então, que era vergonhoso que fosse escolhido um mediador para a discussão:

— Pois, se a pessoa escolhida fosse pior do que nós, não seria correto que um pior presidisse os melhores; e, se ela estivesse em condição semelhante à nossa, tampouco seria correto, pois o semelhante faria o que nós mesmos poderíamos fazer por nossa conta, de modo que seria inócuo escolhê-la. Escolham,

---

[...] Os meus acusadores, como alego eu, não têm dito praticamente nenhuma verdade, se é que dizem alguma; de mim, contudo, ouvireis toda a verdade – por Zeus, não ouvireis, todavia, ó atenienses, discursos tais como os deles, ornamentados com belas sentenças e belas palavras, mas discursos fortuitos com palavras fortuitas – pois acredito que seja justo o que estou dizendo. (17b6-c3)

οὗτοι μὲν οὖν, ὥσπερ ἐγὼ λέγω, ἤ τι ἢ οὐδὲν ἀληθὲς εἰρήκασιν, ὑμεῖς δέ μου ἀκούσεσθε πᾶσαν τὴν ἀλήθειαν – οὐ μέντοι μὰ Δία, ὦ ἄνδρες Ἀθηναῖοι, κεκαλλιεπημένους γε λόγους, ὥσπερ οἱ τούτων, ῥήμασί τε καὶ ὀνόμασιν οὐδὲ κεκοσμημένους, ἀλλ' ἀκούσεσθε εἰκῇ λεγόμενα τοῖς ἐπιτυχοῦσιν ὀνόμασιν – πιστεύω γὰρ δίκαια εἶναι ἃ λέγω [...].

133. Sobre a função do "prítane", ver supra nota 71.

464 ΠΡΩΤΑΓΟΡΑΣ

c περιττοῦ ἡρήσεται. ἀλλὰ δὴ βελτίονα ἡμῶν αἱρήσεσθε. τῇ μὲν ἀληθείᾳ, ὡς ἐγῷμαι, ἀδύνατον ὑμῖν ὥστε Πρωταγόρου τοῦδε σοφώτερόν τινα ἑλέσθαι· εἰ δὲ αἱρήσεσθε μὲν μηδὲν βελτίω, φήσετε δέ, αἰσχρὸν καὶ τοῦτο τῷδε γίγνεται, ὥσπερ 5 φαύλῳ ἀνθρώπῳ ἐπιστάτην αἱρεῖσθαι, ἐπεὶ τό γ᾽ ἐμὸν οὐδέν μοι διαφέρει. ἀλλ᾽ οὑτωσὶ ἐθέλω ποιῆσαι, ἵν᾽ ὃ προθυμεῖσθε συνουσία τε καὶ διάλογοι ἡμῖν γίγνωνται· εἰ μὴ βούλεται
d Πρωταγόρας ἀποκρίνεσθαι, οὗτος μὲν ἐρωτάτω, ἐγὼ δὲ ἀποκρινοῦμαι, καὶ ἅμα πειράσομαι αὐτῷ δεῖξαι ὡς ἐγώ φημι χρῆναι τὸν ἀποκρινόμενον ἀποκρίνεσθαι· ἐπειδὰν δὲ ἐγὼ ἀποκρίνωμαι ὁπόσ᾽ ἂν οὗτος βούληται ἐρωτᾶν, πάλιν οὗτος 5 ἐμοὶ λόγον ὑποσχέτω ὁμοίως. ἐὰν οὖν μὴ δοκῇ πρόθυμος εἶναι πρὸς αὐτὸ τὸ ἐρωτώμενον ἀποκρίνεσθαι, καὶ ἐγὼ καὶ ὑμεῖς κοινῇ δεησόμεθα αὐτοῦ ἅπερ ὑμεῖς ἐμοῦ, μὴ διαφθείρειν τὴν συν-
e ουσίαν· καὶ οὐδὲν δεῖ τούτου ἕνεκα ἕνα ἐπιστάτην γενέσθαι, ἀλλὰ πάντες κοινῇ ἐπιστατήσετε. Ἐδόκει πᾶσιν οὕτω ποιητέον εἶναι· καὶ ὁ Πρωταγόρας πάνυ μὲν οὐκ ἤθελεν, ὅμως δὲ ἠναγκάσθη ὁμολογῆσαι ἐρωτήσειν, καὶ ἐπειδὰν ἱκανῶς 5 ἐρωτήσῃ, πάλιν δώσειν λόγον κατὰ σμικρὸν ἀποκρινόμενος.

Ἤρξατο οὖν ἐρωτᾶν οὑτωσί πως· Ἡγοῦμαι, ἔφη, ὦ Σώκρατες, ἐγὼ ἀνδρὶ παιδείας μέγιστον μέρος εἶναι περὶ ἐπῶν
339 δεινὸν εἶναι· ἔστιν δὲ τοῦτο τὰ ὑπὸ τῶν ποιητῶν λεγόμενα οἷόν τ᾽ εἶναι συνιέναι ἅ τε ὀρθῶς πεποίηται καὶ ἃ μή, καὶ ἐπίστασθαι διελεῖν τε καὶ ἐρωτώμενον λόγον δοῦναι. καὶ δὴ καὶ νῦν ἔσται τὸ ἐρώτημα περὶ τοῦ αὐτοῦ μὲν περὶ οὗπερ ἐγώ 5 τε καὶ σὺ νῦν διαλεγόμεθα, περὶ ἀρετῆς, μετενηνεγμένον δ᾽ εἰς ποίησιν· τοσοῦτον μόνον διοίσει. λέγει γάρ που Σιμωνίδης πρὸς Σκόπαν τὸν Κρέοντος ὑὸν τοῦ Θετταλοῦ ὅτι—

134. Sobre a educação poética, ver Comentário 316d7.

135. Sobre a relação entre Simônides e Escopas, a anedota mais célebre se encontra em Cícero (De Oratore, 2.86.351-3). Diógenes Laércio (2.25) reporta que um homônimo Escopas, descendente da mesma dinastia deste Escopas, ofereceu uma patronagem a Sócrates, que a rejeitou (N. Denyer, op. cit., p. 149). A estreita relação entre poetas e tiranos no período arcaico da história da Grécia aparece em outros autores como Heródoto, que se refere, por exemplo, à presença de Anacreonte na corte de Polícrates (Histórias 3.121).

[338c-339a]   PROTÁGORAS   465

pois, alguém melhor do que nós! Mas, na verdade, é impossível,   c
julgo eu, escolher alguém mais sábio do que Protágoras, aqui
presente. E se escolherem alguém em nada melhor do que ele,
ainda que afirmem o contrário, também lhe será vexatória tal
situação, como se escolhessem um presidente para um homem
ordinário; para mim, todavia, é indiferente. Desejo, porém, fazer
a seguinte proposta para que nosso encontro e nosso diálogo
perseverem, conforme a disposição de vocês. Se Protágoras não   d
quer responder, que ele faça então as perguntas, pois eu as res-
ponderei, tentando lhe mostrar, ao mesmo tempo, como deve
responder às perguntas quem as responde, tal como venho
salientando. Contudo, depois que eu responder a quantas perguntas quiser formular, que ele, mais uma vez, preste contas a
mim de seu argumento de maneira semelhante! Se ele, então,
não parecer disposto a responder ao que é precisamente indagado, tanto eu quanto vocês pediremos a ele, juntos, o que é
solicitado a mim: que não arruíne nosso encontro! E, por esse
motivo, não é preciso haver um presidente, mas todos vocês,   e
em conjunto, presidirão a discussão.

Pareceu a todos que o procedimento devia ser esse. Protágoras
não estava muito propenso a isso, mas foi constrangido a concordar em formular as perguntas e, quando lhe fosse suficiente a
inquirição, em explicar seu argumento mediante respostas curtas.

Ele começou, pois, a me interrogar mais ou menos assim:

— Eu considero, Sócrates – disse ele –, que a parte principal
da educação do homem é ser hábil em poesia. E isso consiste em   339
ser capaz de compreender, entre os dizeres dos poetas, quais são
compostos corretamente e quais não o são, e saber discerni-los e
explicá-los quando indagado[134]. Sendo assim, a questão agora ver
sará sobre o mesmo assunto a respeito do qual eu e você estamos
a dialogar, ou seja, a virtude, transferida, porém, para o âmbito
da poesia. A diferença será apenas essa. Simônides, em algum
momento, diz a Escopas, filho de Creonte da Tessália, que[135]:

ΠΡΩΤΑΓΟΡΑΣ

b ἄνδρ' ἀγαθὸν μὲν ἀλαθέως γενέσθαι χαλεπόν,
χερσίν τε καὶ ποσὶ καὶ νόῳ τετράγωνον, ἄνευ ψόγου
τετυγμένον.

τοῦτο ἐπίστασαι τὸ ᾆσμα, ἢ πᾶν σοι διεξέλθω;

5 Καὶ ἐγὼ εἶπον ὅτι Οὐδὲν δεῖ· ἐπίσταμαί τε γάρ, καὶ πάνυ
μοι τυγχάνει μεμεληκὸς τοῦ ᾄσματος.
Εὖ, ἔφη, λέγεις. πότερον οὖν καλῶς σοι δοκεῖ πεποιῆσθαι
καὶ ὀρθῶς, ἢ οὔ;—Πάνυ, ἔφην ἐγώ, ⟨καλῶς⟩ τε καὶ ὀρθῶς.
—Δοκεῖ δέ σοι καλῶς πεποιῆσθαι, εἰ ἐναντία λέγει αὐτὸς

10 αὐτῷ ὁ ποιητής;—Οὐ καλῶς, ἦν δ' ἐγώ.—Ὅρα δή, ἔφη,

c βέλτιον.—Ἀλλ', ὠγαθέ, ἔσκεμμαι ἱκανῶς.—Οἶσθα οὖν, ἔφη,
ὅτι προϊόντος τοῦ ᾄσματος λέγει που—
οὐδέ μοι ἐμμελέως τὸ Πιττάκειον νέμεται,
καίτοι σοφοῦ παρὰ φωτὸς εἰρημένον· χαλεπὸν φάτ' ἐσθλὸν

5 ἔμμεναι.

ἐννοεῖς ὅτι ὁ αὐτὸς οὗτος καὶ τάδε λέγει κἀκεῖνα τὰ ἔμπροσθεν;
—Οἶδα, ἦν δ' ἐγώ.—Δοκεῖ οὖν σοι, ἔφη, ταῦτα ἐκείνοις ὁμολο-
γεῖσθαι;—Φαίνεται ἔμοιγε (καὶ ἅμα μέντοι ἐφοβούμην μὴ
τὶ λέγοι) ἀτάρ, ἔφην ἐγώ, σοὶ οὐ φαίνεται;—Πῶς γὰρ ἂν

d φαίνοιτο ὁμολογεῖν αὐτὸς ἑαυτῷ ὁ ταῦτα ἀμφότερα λέγων,
ὅς γε τὸ μὲν πρῶτον αὐτὸς ὑπέθετο χαλεπὸν εἶναι ἄνδρα

---

136. Esse poema de Simônides que será discutido por Sócrates e Protágoras
doravante (a propósito, o *Protágoras* é a principal fonte para a sua reconstituição)
aparece na edição canônica de Page como fr. 542 (*Poeti Melici Graeci*).

137. Pítaco (±650-570) foi governante de Mitilene, cidade da ilha de Lesbos.
É considerado um dos Sete Sábios, como referido por Sócrates adiante no *Protágoras* (343a) (ver também Heródoto, 1.27). Diógenes Laércio diz que, embora os
gregos reconhecessem uma lista de sábios, havia variações nela tanto em relação
aos nomes quanto em relação à quantidade (1.13; 1.40-42).

138. Nos escólios da *República* de Platão (IV 435c), consta a seguinte versão
para a história do dito de Pítaco:

Periandro, soberano de Corinto, era um governante popular no começo,
mas com o passar do tempo transformou-se num tirano. Ao ouvir essa
história, Pítaco, então soberano de Mitilene, temendo por sua própria condição, sentou-se sobre o trono como suplicante e pediu que fosse afastado
do poder. Quando os habitantes de Mitilene quiseram saber qual o motivo
de sua renúncia, Pítaco lhes respondeu: "é difícil ser nobre".

[339b-d]   PROTÁGORAS   467

> *Difícil é, sim, tornar-se deveras um homem bom,*   b
> *completo nas mãos, nos pés e na mente, criado*
> *sem vitupério*[136].

Conhece esse canto, ou devo expô-lo a você por completo? E eu lhe respondi:

— Não é preciso, pois o conheço; tenho, por acaso, dedicado-me bastante ao estudo desse canto.

— Ótimo – falou. – E então, você acha que ele foi composto com beleza e correção? Ou não?

— Certamente – disse eu –, com beleza e correção.

— E acha que ele foi composto com beleza se o próprio poeta contradiz a si mesmo?

— Não – respondi.

— Observe-o melhor! – disse ele.

— Mas, bom homem, já o examinei suficientemente.   c

— Você sabe, pois – tornou ele –, que, mais adiante no canto, ele diz:

> *E não estimo apropriado o dito de Pítaco*[137],
> *ainda que de um sábio mortal: difícil, dizia,*
> *é ser nobre.*[138]

Percebe que é a mesma pessoa que afirma tanto estas últimas quanto aquelas coisas referidas há pouco?

— Sim. Eu sei disso – respondi.

— Parece-lhe, então – perguntou –, que estas concordam com aquelas?

— Para mim, é claro que sim – e enquanto eu respondia, temia que fizesse sentido o que ele dizia. – Mas, para você indaguei –, não é claro?

— Como poderia ele, afirmando ambas as coisas, ser coerente   d consigo mesmo? No primeiro momento, ele assevera que *difícil*

Περίανδρος ὁ Κορινθίων δυνάστης κατ' ἀρχὰς δημοτικὸς ὢν ὕστερον εἰς τὸ τυραννικὸς εἶναι μετῆλθεν, καὶ τοῦτο Πίττακον ἀκούσαντα, τότε Μιτυληναίων δυναστεύοντα, καὶ δείσαντα περὶ τῆς ἑαυτοῦ γνώμης, καθῖσαι τε ἐπὶ τὸν βωμὸν ἱκέτην καὶ ἀπολυθῆναι τῆς ἀρχῆς ἀξιοῦν· τῶν δὲ Μιτυληναίων πυνθανομένων τὴν αἰτίαν, εἰπεῖν τὸν Πίττακονῶς Χαλεπὸν ἐσθλὸν ἔμμεναι.

468   ΠΡΩΤΑΓΟΡΑΣ

ἀγαθὸν γενέσθαι ἀλαθείᾳ, ὀλίγον δὲ τοῦ ποιήματος εἰς τὸ
πρόσθεν προελθὼν ἐπελάθετο, καὶ Πιττακὸν τὸν ταὐτὰ
5 λέγοντα ἑαυτῷ, ὅτι χαλεπὸν ἐσθλὸν ἔμμεναι, τοῦτον
μέμφεταί τε καὶ οὔ φησιν ἀποδέχεσθαι αὐτοῦ τὰ αὐτὰ ἑαυτῷ
λέγοντος; καίτοι ὁπότε τὸν ταὐτὰ λέγοντα αὐτῷ μέμφεται,
δῆλον ὅτι καὶ ἑαυτὸν μέμφεται, ὥστε ἤτοι τὸ πρότερον ἢ
ὕστερον οὐκ ὀρθῶς λέγει.

10   Εἰπὼν οὖν ταῦτα πολλοῖς θόρυβον παρέσχεν καὶ ἔπαινον
e   τῶν ἀκουόντων· καὶ ἐγὼ τὸ μὲν πρῶτον, ὡσπερεὶ ὑπὸ ἀγαθοῦ
πύκτου πληγείς, ἐσκοτώθην τε καὶ ἰλιγγίασα εἰπόντος αὐτοῦ
ταῦτα καὶ τῶν ἄλλων ἐπιθορυβησάντων· ἔπειτα—ὥς γε πρὸς
σὲ εἰρῆσθαι τἀληθῆ, ἵνα μοι χρόνος ἐγγένηται τῇ σκέψει τί
5 λέγοι ὁ ποιητής—τρέπομαι πρὸς τὸν Πρόδικον, καὶ καλέσας
αὐτόν, Ὦ Πρόδικε, ἔφην ἐγώ, σὸς μέντοι Σιμωνίδης πολίτης·
340 δίκαιος εἶ βοηθεῖν τῷ ἀνδρί. δοκῶ οὖν μοι ἐγὼ παρακαλεῖν
σέ· ὥσπερ ἔφη Ὅμηρος τὸν Σκάμανδρον πολιορκούμενον ὑπὸ
τοῦ Ἀχιλλέως τὸν Σιμόεντα παρακαλεῖν, εἰπόντα—

φίλε κασίγνητε, σθένος ἀνέρος ἀμφότεροί περ
5 σχῶμεν,

ἀτὰρ καὶ ἐγὼ σὲ παρακαλῶ, μὴ ἡμῖν ὁ Πρωταγόρας τὸν
Σιμωνίδην ἐκπέρσῃ. καὶ γὰρ οὖν καὶ δεῖται τὸ ὑπὲρ Σιμωνίδου ἐπανόρθωμα τῆς σῆς μουσικῆς, ᾗ τό τε βούλεσθαι καὶ
b ἐπιθυμεῖν διαιρεῖς ὡς οὐ ταὐτὸν ὄν, καὶ ἃ νυνδὴ εἶπες πολλά
τε καὶ καλά. καὶ νῦν σκόπει εἴ σοι συνδοκεῖ ὅπερ ἐμοί.
οὐ γὰρ φαίνεται ἐναντία λέγειν αὐτὸς αὑτῷ Σιμωνίδης. σὺ

139. Protágoras imita aqui o procedimento da refutação socrática, ecoando a
fala de Sócrates na conclusão do argumento que buscava demonstrar a identidade
entre *sōphrosunē* (sensatez) e *sophia* (sabedoria): cf. 333a-b.

140. Sobre as metáforas de teor agonístico, ver *Comentário* 338a8 e 338b3, e
Estudo Introdutório, subtítulo 4.2. Outras ocorrências dessa comparação entre
esporte competitivo e ambiente intelectual em Platão: ver *Eutidemo* 303a; *Banquete* 218a; *Filebo* 22e.

141. Escamandro e Simeonte são os rios de Troia. Os versos são da *Ilíada*
(21.308-309). Se Sócrates se identifica com Odisseu na descrição da cena ao entrar
na casa de Cálias (315c-316a), Protágoras é identificado aqui com Aquiles: mais
um jogo de oposição entre as personagens sub-repticiamente sugerido por Platão.

é tornar-se deveras um homem bom; um pouco mais adiante no poema, no entanto, esquece-se disso e, a Pítaco, que diz as mesmas coisas que ele – ou seja, que *difícil é ser nobre* – ele censura e desaprova, embora ambos afirmem as mesmas coisas. De fato, quando censura alguém que diz as mesmas coisas que ele, é óbvio que censura também a si mesmo. De duas uma, então: ou a sua primeira afirmação é incorreta, ou a segunda[139].

Tão logo ele disse isso, a maioria dos ouvintes irrompeu em clamores e elogios. E eu, a princípio, como que abatido por um bom pugilista, senti-me turvado e atordoado diante de suas palavras e do clamor dos demais presentes[140]. Em seguida – para lhe dizer a verdade, só para ganhar tempo e examinar o que o poeta dizia –, volvi-me para Pródico e o chamei, dizendo o seguinte:

— Pródico, você é oriundo da mesma cidade de Simônides; é justo que socorra o homem. Parece-me, pois, conveniente a sua convocação. Homero dizia que o Escamandro, assediado por Aquiles, convocou o Simeonte, dizendo-lhe:

> *Caro irmão, detenhamos, ambos,*
> *o ímpeto do homem.*[141]

Da mesma forma, eu agora o convoco, para que Protágoras não arrase o Simônides[142]. Com efeito, a correção em socorro de Simônides requer a sua erudição, por meio da qual você distingue o querer do desejar presumindo que não sejam a mesma coisa, bem como aquela profusão de coisas belas elucidadas há pouco[143]. Examine a questão agora, e veja se compartilha da minha opinião, pois não está claro que Simônides se contradiz.

---

142. Sócrates joga com a semelhança sonora (i.e., *paronomásia*) dos nomes "Simônides" e "Simeonte". A incursão de Sócrates na exegese poética, como veremos adiante, é marcada por uma série de ironias e tiradas jocosas do filósofo.

143. cf. 337a-c.

144. Embora essa distinção entre *genesthai* (tornar-se) e *einai* (ser) seja amplamente reconhecida pelos filósofos antigos (p. ex., Empédocles DK 31 B17.11-13), na linguagem ordinária ela nem sempre se verifica com precisão (J. Adam; A. Adam, op. cit., p. 153). Nesse sentido, o argumento de Protágoras se basearia nessa indistinção semântica da linguagem cotidiana. Quando *einai* (ser) e *genesthai* (tornar-se) são contrastados, o primeiro designa basicamente permanência e estabilidade, ao passo que o segundo, modificação e instabilidade (N. Denyer, op. cit., p. 151-152).

ΠΡΩΤΑΓΟΡΑΣ

γάρ, ὦ Πρόδικε, προαπόφηναι τὴν σὴν γνώμην· ταὐτόν σοι
δοκεῖ εἶναι τὸ γενέσθαι καὶ τὸ εἶναι, ἢ ἄλλο;—Ἄλλο νὴ Δί',
ἔφη ὁ Πρόδικος.—Οὐκοῦν, ἔφην ἐγώ, ἐν μὲν τοῖς πρώτοις
αὐτὸς ὁ Σιμωνίδης τὴν ἑαυτοῦ γνώμην ἀπεφήνατο, ὅτι ἄνδρα
ἀγαθὸν ἀληθείᾳ γενέσθαι χαλεπὸν εἴη;—Ἀληθῆ λέγεις, ἔφη
ὁ Πρόδικος.—Τὸν δέ γε Πιττακόν, ἦν δ' ἐγώ, μέμφεται, οὐχ
ὡς οἴεται Πρωταγόρας, ταὐτὸν ἑαυτῷ λέγοντα, ἀλλ' ἄλλο.
οὐ γὰρ τοῦτο ὁ Πιττακὸς ἔλεγεν τὸ χαλεπόν, γενέσθαι
ἐσθλόν, ὥσπερ ὁ Σιμωνίδης, ἀλλὰ τὸ ἔμμεναι· ἔστιν δὲ οὐ
ταὐτόν, ὦ Πρωταγόρα, ὥς φησιν Πρόδικος ὅδε, τὸ εἶναι καὶ
τὸ γενέσθαι. εἰ δὲ μὴ τὸ αὐτό ἐστιν τὸ εἶναι τῷ γενέσθαι,
οὐκ ἐναντία λέγει ὁ Σιμωνίδης αὐτὸς αὑτῷ. καὶ ἴσως ἂν
φαίη Πρόδικος ὅδε καὶ ἄλλοι πολλοὶ καθ' Ἡσίοδον γενέσθαι μὲν ἀγαθὸν χαλεπὸν εἶναι—τῆς γὰρ ἀρετῆς ἔμπροσθεν τοὺς θεοὺς ἱδρῶτα θεῖναι—ὅταν δέ τις αὐτῆς εἰς
ἄκρον ἵκηται, ῥηϊδίην δήπειτα πέλειν, χαλεπήν
περ ἐοῦσαν, ἐκτῆσθαι.

Ὁ μὲν οὖν Πρόδικος ἀκούσας ταῦτα ἐπῄνεσέν με· ὁ δὲ
Πρωταγόρας, Τὸ ἐπανόρθωμά σοι, ἔφη, ὦ Σώκρατες, μεῖζον
ἁμάρτημα ἔχει ἢ ὃ ἐπανορθοῖς.

Καὶ ἐγὼ εἶπον· Κακὸν ἄρα μοι εἴργασται, ὡς ἔοικεν, ὦ
Πρωταγόρα, καὶ εἰμί τις γελοῖος ἰατρός· ἰώμενος μεῖζον τὸ
νόσημα ποιῶ.

Ἀλλ' οὕτως ἔχει, ἔφη.

Πῶς δή; ἦν δ' ἐγώ.

Πολλὴ ἄν, ἔφη, ἀμαθία εἴη τοῦ ποιητοῦ, εἰ οὕτω φαῦλόν
τί φησιν εἶναι τὴν ἀρετὴν ἐκτῆσθαι, ὅ ἐστιν πάντων χαλε-
πώτατον, ὡς ἅπασιν δοκεῖ ἀνθρώποις.

Καὶ ἐγὼ εἶπον· Νὴ τὸν Δία, εἰς καιρόν γε παρατετύχηκεν
ἡμῖν ἐν τοῖς λόγοις Πρόδικος ὅδε. κινδυνεύει γάρ τοι, ὦ
Πρωταγόρα, ἡ Προδίκου σοφία θεία τις εἶναι πάλαι, ἤτοι

---

145. Ver Xenofonte, *Memoráveis* 2.1.21-34 (*A Escolha de Héracles*) (= Pródico
DK 84 B2); Epicarmo DK 23 B36, 37.

Revele-nos, Pródico, seu pensamento! Você acha que o *ser* e o *tornar-se* sejam a mesma coisa ou coisas diferentes?

— Diferentes, por Zeus![144] – respondeu Pródico.

— Então – tornei eu –, no primeiro momento, o próprio Simônides não expressa seu pensamento, a saber, que difícil é tornar-se deveras um homem bom?

— Você diz a verdade – falou Pródico.

— Simônides censura Pítaco – disse eu – não porque este diz as mesmas coisas que ele, como presume Protágoras, e, sim, porque diz coisas diferentes. Pois o que Pítaco afirmava não era que é difícil *tornar-se* nobre, como dizia Simônides, mas *ser*. No entanto, o *ser* e o *tornar-se*, Protágoras, não são a mesma coisa, como assevera Pródico aqui presente. E se não são a mesma coisa o *ser* e o *tornar-se*, então Simônides não se contradiz. Talvez Pródico e inúmeros outros dissessem[145], conforme Hesíodo, que difícil é, sim, tornar-se bom – pois, *perante a virtude, os deuses impuseram o suor* –, mas, quando alguém *ao cume dela alcança, fácil é então conservá-la, embora difícil tê-la obtido*[146].

Depois de ouvir minhas palavras, Pródico elogiou-me. Protágoras, entretanto, retrucou:

— A sua correção, Sócrates, contém um erro maior do que aquilo que busca corrigir.

Eu lhe respondi:

— Portanto, parece que desempenhei mal a minha função, Protágoras, sendo eu um médico ridículo: na tentativa de curá-la, agravo a doença[147].

— Mas é esse o caso – disse ele.

— Como assim? – perguntei.

— Seria enorme estultícia do poeta – respondeu –, se ele afirma que é tão ordinário assim conservar a virtude, o que, entre todas as coisas, é a mais difícil, como acreditam todos os homens.

E eu lhe disse:

— Por Zeus! É muito oportuno que Pródico esteja aqui presente à nossa discussão. Pois é provável, Protágoras, que a sabedoria de Pródico seja divina e antiga, que remonte à época de

ΠΡΩΤΑΓΟΡΑΣ

ἀπὸ Σιμωνίδου ἀρξαμένη, ἢ καὶ ἔτι παλαιοτέρα. σὺ δὲ
ἄλλων πολλῶν ἔμπειρος ὢν ταύτης ἄπειρος εἶναι φαίνῃ, οὐχ
ὥσπερ ἐγὼ ἔμπειρος διὰ τὸ μαθητὴς εἶναι Προδίκου τουτουί·
5 καὶ νῦν μοι δοκεῖς οὐ μανθάνειν ὅτι καὶ τὸ "χαλεπὸν" τοῦτο
ἴσως οὐχ οὕτως Σιμωνίδης ὑπελάμβανεν ὥσπερ σὺ ὑπολαμβάνεις, ἀλλ' ὥσπερ περὶ τοῦ "δεινοῦ" Πρόδικός με οὑτοσὶ
νουθετεῖ ἑκάστοτε, ὅταν ἐπαινῶν ἐγὼ ἢ σὲ ἢ ἄλλον τινὰ
λέγω ὅτι Πρωταγόρας σοφὸς καὶ δεινός ἐστιν ἀνήρ, ἐρωτᾷ
b εἰ οὐκ αἰσχύνομαι τἀγαθὰ δεινὰ καλῶν. τὸ γὰρ δεινόν,
φησίν, κακόν ἐστιν· οὐδεὶς γοῦν λέγει ἑκάστοτε "δεινοῦ
πλούτου" οὐδὲ "δεινῆς εἰρήνης" οὐδὲ "δεινῆς ὑγιείας," ἀλλὰ
"δεινῆς νόσου" καὶ "δεινοῦ πολέμου" καὶ "δεινῆς πενίας,"
5 ὡς τοῦ δεινοῦ κακοῦ ὄντος. ἴσως οὖν καὶ τὸ "χαλεπὸν" αὖ οἱ
Κεῖοι καὶ ὁ Σιμωνίδης ἢ κακὸν ὑπολαμβάνουσι ἢ ἄλλο τι
ὃ σὺ οὐ μανθάνεις· ἐρώμεθα οὖν Πρόδικον—δίκαιον γὰρ τὴν
Σιμωνίδου φωνὴν τοῦτον ἐρωτᾶν—τί ἔλεγεν, ὦ Πρόδικε, τὸ
c "χαλεπὸν" Σιμωνίδης;

Κακόν, ἔφη.

Διὰ ταῦτ' ἄρα καὶ μέμφεται, ἦν δ' ἐγώ, ὦ Πρόδικε, τὸν
Πιττακὸν λέγοντα χαλεπὸν ἐσθλὸν ἔμμεναι, ὥσπερ ἂν
5 εἰ ἤκουεν αὐτοῦ λέγοντος ὅτι ἐστὶν κακὸν ἐσθλὸν ἔμμεναι.

Ἀλλὰ τί οἴει, ἔφη, λέγειν, ὦ Σώκρατες, Σιμωνίδην ἄλλο
ἢ τοῦτο, καὶ ὀνειδίζειν τῷ Πιττακῷ ὅτι τὰ ὀνόματα οὐκ ἠπί-
στατο ὀρθῶς διαιρεῖν ἄτε Λέσβιος ὢν καὶ ἐν φωνῇ βαρβάρῳ
τεθραμμένος;

10 Ἀκούεις δή, ἔφην ἐγώ, ὦ Πρωταγόρα, Προδίκου τοῖδε.
d ἔχεις τι πρὸς ταῦτα λέγειν;

146. Hesíodo, *Os Trabalhos e os Dias* v. 289-292.

147. Sobre Sócrates como "médico da alma", cf. 313e.

148. cf. 312d-e.

149. Assim como Simônides, Pródico era oriundo de Ceos.

150. O adjetivo *khalepos* (traduzido aqui por "difícil") pode ter uma conotação
negativa próximo à do adjetivo *kakos* (mau), quando aplicado a certas situações
específicas, como a ventos não propícios para a navegação (cf. Homero, *Odisseia*
12.286). Em casos como esse, poder-se-ia dizer que o vento é "mau", "ruim", na
medida em que ele torna "difícil" o ato de navegar. Todavia, aplicado ao contexto
moral, é evidente que esse sentido negativo não procede. Como fica claro pelo

Simônides, ou talvez até mais antiga. Você, porém, embora experiente em inúmeras outras matérias, revela-se inexperto nesta, diferentemente de mim, cuja experiência se deve ao fato de ser discípulo de Pródico. Desconsidera, creio eu, que talvez Simônides não conceba esse "difícil" da mesma maneira que você o concebe, assim como Pródico, a respeito do "terrível", frequentemente me admoesta quando digo, para elogiar a você, ou a alguma outra pessoa, que Protágoras é um homem sábio e "terrível"[148]. Ele me pergunta se não me envergonho de chamar coisas boas de terríveis, pois o "terrível", segundo ele, é mau. Com efeito, ninguém, em ocasião alguma, diz "terrível riqueza" tampouco "terrível paz" ou "terrível saúde", mas "terrível doença", "terrível guerra" ou "terrível pobreza", visto que o "terrível" é mau. Talvez seja o caso de os habitantes de Ceos e Simônides conceberem também o "difícil" como "mau", ou em algum outro sentido que você não compreenda. Perguntemos a Pródico, então, pois é justo lhe indagar sobre a língua de Simônides[149]: o que pretendia dizer Simônides com "difícil", Pródico?

— Mau – respondeu ele.

— Portanto, é por este motivo, Pródico, que ele censura Pítaco quando diz que *difícil é ser nobre*: como se ele o ouvisse dizendo que é mau ser nobre[150].

— Mas você supõe, Sócrates – disse ele –, que Simônides se referia a algo diferente disso? Supõe que ele reprovava Pítaco por algum outro motivo, senão por não saber distinguir corretamente os nomes, visto que era de Lesbos e fora criado em língua bárbara?[151]

— Está ouvindo, Protágoras – disse eu –, o que diz Pródico? Tem algo a acrescentar?

---

contexto dramático do diálogo, Sócrates está induzindo jocosamente Pródico ao erro, como ele próprio revelará adiante (341d).

151. Ou seja, falante do dialeto grego eólico. O pai de Pítaco é proveniente da Trácia, e o próprio nome "Pítaco" é de origem trácia, o que explicaria aqui a qualificação de "bárbaro". Mas talvez Pródico esteja indo além e considerando o próprio dialeto como "bárbaro", tendo em vista a dificuldade de se compreendê-lo (N. Denyer, op. cit., p. 153).

474 ΠΡΩΤΑΓΟΡΑΣ

Καὶ ὁ Πρωταγόρας, Πολλοῦ γε δεῖ, ἔφη, οὕτως ἔχειν, ὦ
Πρόδικε· ἀλλ' ἐγὼ εὖ οἶδ' ὅτι καὶ Σιμωνίδης τὸ " χαλεπὸν "
ἔλεγεν ὅπερ ἡμεῖς οἱ ἄλλοι, οὐ τὸ κακόν, ἀλλ' ὃ ἂν μὴ
5 ῥᾴδιον ᾖ ἀλλὰ διὰ πολλῶν πραγμάτων γίγνηται.

Ἀλλὰ καὶ ἐγὼ οἶμαι, ἔφην, ὦ Πρωταγόρα, τοῦτο λέγειν
Σιμωνίδην, καὶ Πρόδικόν γε τόνδε εἰδέναι, ἀλλὰ παίζειν καὶ
σοῦ δοκεῖν ἀποπειρᾶσθαι εἰ οἷός τ' ἔσῃ τῷ σαυτοῦ λόγῳ
βοηθεῖν. ἐπεὶ ὅτι γε Σιμωνίδης οὐ λέγει τὸ χαλεπὸν
e κακόν, μέγα τεκμήριόν ἐστιν εὐθὺς τὸ μετὰ τοῦτο ῥῆμα·
λέγει γὰρ ὅτι—

θεὸς ἂν μόνος τοῦτ' ἔχοι γέρας,

οὐ δήπου τοῦτό γε λέγων, κακὸν ἐσθλὸν ἔμμεναι, εἶτα
5 τὸν θεόν φησιν μόνον τοῦτο ἂν ἔχειν καὶ τῷ θεῷ τοῦτο
γέρας ἀπένειμε μόνῳ· ἀκόλαστον γὰρ ἄν τινα λέγοι Σιμωνίδην ὁ Πρόδικος καὶ οὐδαμῶς Κεῖον. ἀλλ' ἅ μοι δοκεῖ
διανοεῖσθαι Σιμωνίδης ἐν τούτῳ τῷ ᾄσματι, ἐθέλω σοι εἰπεῖν,
342 εἰ βούλει λαβεῖν μου πεῖραν ὅπως ἔχω, ὃ σὺ λέγεις τοῦτο,
περὶ ἐπῶν· ἐὰν δὲ βούλῃ, σοῦ ἀκούσομαι.

Ὁ μὲν οὖν Πρωταγόρας ἀκούσας μου ταῦτα λέγοντος, Εἰ
σὺ βούλει, ἔφη, ὦ Σώκρατες· ὁ δὲ Πρόδικός τε καὶ ὁ Ἱππίας
5 ἐκελευέτην πάνυ, καὶ οἱ ἄλλοι.

Ἐγὼ τοίνυν, ἦν δ' ἐγώ, ἅ γέ μοι δοκεῖ περὶ τοῦ ᾄσματος
τούτου, πειράσομαι ὑμῖν διεξελθεῖν. φιλοσοφία γάρ ἐστιν
παλαιοτάτη τε καὶ πλείστη τῶν Ἑλλήνων ἐν Κρήτῃ τε καὶ
b ἐν Λακεδαίμονι, καὶ σοφισταὶ πλεῖστοι γῆς ἐκεῖ εἰσιν· ἀλλ'
ἐξαρνοῦνται καὶ σχηματίζονται ἀμαθεῖς εἶναι, ἵνα μὴ κατά-
δηλοι ὦσιν ὅτι σοφίᾳ τῶν Ἑλλήνων περίεισιν, ὥσπερ οὓς
Πρωταγόρας ἔλεγε τοὺς σοφιστάς, ἀλλὰ δοκῶσιν τῷ μάχε-

---

152. cf. 338e7-339a1.

153. Sobre as afinidades entre a constituição política de Esparta e a de Creta,
ver Heródoto 1.65.4; Aristóteles, *Política* II 1269a29-1272b23. Sobre a admiração de
vários gregos pelas instituições e pelo sistema educacional de Esparta e Creta, ver
Platão *República* VII 544c; *Hípias Maior* 283e-284b; *Leis* I 631b, 636e; Aristóteles,
Ética Nicomaqueia I 1102a7-11.

154. cf. 316c-317c.

E Protágoras retorquiu:

— Está longe de ser esse o caso, Pródico. Estou certo de que Simônides, assim como todos nós, referia-se ao "difícil" não como "mau", mas como aquilo que não advém com facilidade, e sim mediante muito esforço.

— Mas esse é também o meu juízo, Protágoras – tornei eu –, sobre o que Simônides quer dizer; coisa que Pródico, aqui presente, sabe muito bem. Todavia, ele vem com brincadeiras e, ao que parece, está testando-o para ver se você é capaz de socorrer seu próprio argumento. Que Simônides não designa o difícil como mau, a frase imediatamente subsequente é prova cabal disso, pois ele diz que:

> Apenas a deus caberia tal privilégio.

Ele, decerto, não está afirmando que é mau *ser nobre,* pois logo em seguida ele diz que apenas a deus caberia esse título, atribuindo somente a ele tal privilégio; caso contrário, Pródico estaria se referindo antes a certo Simônides destemperado; jamais, porém, àquele de Ceos. Contudo, que pensamento Simônides me parece expressar nesse canto, desejo mostrá-lo a você, se quiser passar a me testar para ver em que condição me encontro, para usar a sua expressão, em relação à poesia[152]. Mas, se preferir, serei eu a escutá-lo.

Depois de ouvir minhas ponderações, Protágoras falou então:

— Se você quer assim, Sócrates...

Pródico e Hípias, bem como os demais presentes, instaram-me com ardor a fazê-lo.

— Pois bem – disse eu. – Qual seja minha opinião sobre esse canto, tentarei expô-la a vocês. Filosofia é mais antiga e mais difundida, entre os helenos, em Creta e na Lacedemônia[153], onde há o maior número de sofistas. Eles, porém, negam o fato e dissimulam ser ignorantes, a fim de mascarar que suplantam os helenos em sabedoria, tal como faziam os sofistas a que se referia Protágoras[154]. Eles parecem suplantá-los na luta e na coragem, e consideram que, se os demais povos tomassem

476 ΠΡΩΤΑΓΟΡΑΣ

5 σθαι καὶ ἀνδρείᾳ περιεῖναι, ἡγούμενοι, εἰ γνωσθεῖεν ᾧ
περίεισιν, πάντας τοῦτο ἀσκήσειν, τὴν σοφίαν. νῦν δὲ
ἀποκρυψάμενοι ἐκεῖνο ἐξηπατήκασιν τοὺς ἐν ταῖς πόλεσι
λακωνίζοντας, καὶ οἱ μὲν ὦτά τε κατάγνυνται μιμούμενοι
c αὐτούς, καὶ ἱμάντας περιειλίττονται καὶ φιλογυμναστοῦσιν
καὶ βραχείας ἀναβολὰς φοροῦσιν, ὡς δὴ τούτοις κρατοῦντας
τῶν Ἑλλήνων τοὺς Λακεδαιμονίους· οἱ δὲ Λακεδαιμόνιοι,
ἐπειδὰν βούλωνται ἀνέδην τοῖς παρ᾽ αὐτοῖς συγγενέσθαι
5 σοφισταῖς καὶ ἤδη ἄχθωνται λάθρᾳ συγγιγνόμενοι, ξενη-
λασίας ποιούμενοι τῶν τε λακωνιζόντων τούτων καὶ ἐάν τις
ἄλλος ξένος ὢν ἐπιδημήσῃ, συγγίγνονται τοῖς σοφισταῖς
λανθάνοντες τοὺς ξένους, καὶ αὐτοὶ οὐδένα ἐῶσιν τῶν νέων
d εἰς τὰς ἄλλας πόλεις ἐξιέναι, ὥσπερ οὐδὲ Κρῆτες, ἵνα μὴ
ἀπομανθάνωσιν ἃ αὐτοὶ διδάσκουσιν. εἰσὶν δὲ ἐν ταύταις
ταῖς πόλεσιν οὐ μόνον ἄνδρες ἐπὶ παιδεύσει μέγα φρονοῦν
τες, ἀλλὰ καὶ γυναῖκες. γνοῖτε δ᾽ ἂν ὅτι ἐγὼ ταῦτα ἀληθῆ
5 λέγω καὶ Λακεδαιμόνιοι πρὸς φιλοσοφίαν καὶ λόγους ἄριστα
πεπαίδευνται, ὧδε· εἰ γὰρ ἐθέλει τις Λακεδαιμονίων τῷ
φαυλοτάτῳ συγγενέσθαι, τὰ μὲν πολλὰ ἐν τοῖς λόγοις εὑρή-
e σει αὐτὸν φαῦλόν τινα φαινόμενον, ἔπειτα, ὅπου ἂν τύχῃ

155. Creta e Esparta eram renomadas por serem sociedades austeramente militarizadas, cujos esforços estavam voltados precipuamente para exercícios bélicos,
onde não havia espaço para o cultivo intelectual de qualquer espécie (cf. Platão,
Leis I 626b-c; Heródoto 1.65.4-5; Aristóteles, *Política* VII 1324b7-9). Por essa razão,
o discurso de Sócrates sobre a *philosohia* dessas sociedades (342a-343c) se enquadraria naquela espécie de discursos sofísticos que glorificavam coisas tais como o
esplendor do sal, das abelhas, dos seixos, das conchas ou da morte (Platão, *Banquete* 177b; Isócrates, *Elogio de Helena* 12, Cícero, *Tusculanas* 1.116), que defendiam
a inocência de Helena de Troia (Górgias DK 82 B11), que encorajavam paradoxal-
mente os jovens a manter relações sexuais com quem não os amasse (Platão, *Fedro*
230e-234c), e assim por diante (N. Denyer, op. cit., p. 155).

156. Sócrates é satirizado por Aristófanes como um homem *filoespartano*,
como vemos nestes versos da comédia *As Aves*, de 414 a.C.:

Antes de tu teres fundado esta cidade,
Todos os homens de então eram loucos pelos modos lacônicos:
De longas cabeleiras, passavam fome, eram sujos, tipo Sócrates,
E portavam cajadinhos [...] (v. 1280-1283)

Πρὶν μὲν γὰρ οἰκίσαι σε τήνδε τὴν πόλιν,
ἐλακωνομάνουν ἅπαντες ἄνθρωποι τότε,

conhecimento daquilo em que são suplantados, todos eles se exercitariam nisso, ou seja, em sabedoria[155]. E, até hoje, tendo acobertado o fato, eles têm enganado os que vivem à moda lacônica nas cidades[156], aqueles indivíduos que destroçam suas orelhas ao imitá-los[157] e envolvem suas juntas com panos, praticam exercícios nus e vestem mantos curtos, como se nisso consistisse a superioridade dos lacedemônios sobre os helenos. Os lacedemônios, por seu turno, quando almejam um convívio livre com seus próprios sofistas e já se sentem agastados por fazer isso em segredo, promovem uma expatriação dos estrangeiros que vivem à moda lacônica e de quem quer que esteja visitando a cidade, passando a conviver com os sofistas sem que os estrangeiros se apercebam do fato[158]. E eles próprios, assim como os cretenses, não permitem que jovem algum dentre os seus viaje para outras cidades, a fim de que não desaprenda o que lhe é ensinado[159]. Nessas cidades, não apenas os homens se vangloriam de sua educação, como também as mulheres[160]. Que eu digo a verdade e que os lacedemônios possuem a melhor educação em filosofia e nos discursos, vocês poderiam se certificar da seguinte maneira. Se alguém desejar conviver com o mais medíocre lacedemônio, terá logo a impressão de que ele é na maior parte do tempo um homem ordinário no emprego das palavras. Mas, em determinado momento da conversa, ele

> ἐκόμων, ἐπείνων, ἐρρύπων, ἐσωκράτων,
> σκυτάλι᾽ ἐφόρουν· [...]

157. As "orelhas destroçadas" aludem aos efeitos da prática do boxe nos atletas espartanos. No diálogo *Górgias*, Cálicles se refere aos críticos de Péricles e do regime democrático como "os de orelhas rachadas" (τῶν τὰ ὦτα κατεαγότων, 515e8), uma provável referência aos oligarcas, que tinham simpatia pelas instituições espartanas (E.R. Dodds, op. cit., p. 357).

158. Sobre a expatriação de estrangeiros em Esparta e os motivos de tal prática política, ver Aristófanes, *As Aves* v. 1012-1013; Tucídides 1.144.2; Xenofonte, *Constituição dos Lacedemônios* 14.4; Plutarco, *Licurgo* 27.6.

159. Sobre as restrições a viagens ao exterior, ver Xenofonte, *A Constituição dos Lacedemônios* 14.4; Plutarco, *Licurgo* 27.5. Ver também Platão, *Leis* XII 950c (J. Adam; A. Adam, op. cit., p. 158).

160. Sobre a educação das mulheres em Esparta, ver Xenofonte, *A Constituição dos Lacedemônios* 1.4; Aristóteles, *Política* II 1269b29-39.

478 ΠΡΩΤΑΓΟΡΑΣ

τῶν λεγομένων, ἐνέβαλεν ῥῆμα ἄξιον λόγου βραχὺ καὶ
συνεστραμμένον ὥσπερ δεινὸς ἀκοντιστής, ὥστε φαίνεσθαι
τὸν προσδιαλεγόμενον παιδὸς μηδὲν βελτίω. τοῦτο οὖν
5 αὐτὸ καὶ τῶν νῦν εἰσὶν οἳ κατανενοήκασι καὶ τῶν πάλαι, ὅτι
τὸ λακωνίζειν πολὺ μᾶλλόν ἐστιν φιλοσοφεῖν ἢ φιλογυμνα-
στεῖν, εἰδότες ὅτι τοιαῦτα οἷόν τ’ εἶναι ῥήματα φθέγγεσθαι
343 τελέως πεπαιδευμένου ἐστὶν ἀνθρώπου. τούτων ἦν καὶ
Θαλῆς ὁ Μιλήσιος καὶ Πιττακὸς ὁ Μυτιληναῖος καὶ Βίας ὁ
Πριηνεὺς καὶ Σόλων ὁ ἡμέτερος καὶ Κλεόβουλος ὁ Λίνδιος
καὶ Μύσων ὁ Χηνεύς, καὶ ἕβδομος ἐν τούτοις ἐλέγετο Λακε-

161. Diferentemente das outras figuras da lista de Sócrates, que foram homens
políticos, Tales de Mileto (±625/4 – 548/6 a.C.) é geralmente visto como um
homem apartado do mundo cotidiano, tanto nas relações públicas quanto nas
privadas, como atesta paradigmaticamente a anedota sobre ele a que se referem
Platão no *Teeteto* (174a) e Diógenes Laércio em sua obra:

> Dizem que [Tales], sendo levado para fora de casa por uma velha para
> contemplar os astros, caiu num buraco, e a velha, estando ele a se queixar,
> perguntou-lhe o seguinte: "Você, Tales, não sendo capaz de ver as coisas
> a seus pés, presume conhecer as coisas celestes?" (1.34)
>
> λέγεται δ’ ἀγόμενος ὑπὸ γραὸς ἐκ τῆς οἰκίας, ἵνα τὰ ἄστρα κατανοήσῃ,
> εἰς βόθρον ἐμπεσεῖν καὶ αὐτῷ ἀνοιμώξαντι φάναι τὴν γραῦν· "σὺ γάρ, ὦ
> Θαλῆ, τὰ ἐν ποσὶν οὐ δυνάμενος ἰδεῖν τὰ ἐπὶ τοῦ οὐρανοῦ οἴει γνώσεσθαι;"

Diógenes Laércio (séc. III d.C.), herdeiro de uma tradição biográfica que remonta
ao período helenístico, reporta, entre várias outras anedotas, que Tales chegou a
participar da política antes de se voltar para o estudo dos fenômenos celestes e
da natureza (1.23), como ao desaconselhar sua cidade natal (Mileto) a fazer uma
aliança com o rei Lídio Creso. Segundo as fontes usadas pelo autor (1.25), o excelente conselho de Tales veio a ser depois a salvação de Mileto, quando Ciro subju-
gou a Lídia durante a expansão do Império Persa: caso tivesse prevalecido a aliança,
provavelmente Mileto teria sofrido represálias nas mãos dos persas. O historiador
Heródoto (séc. V a.C.) também relata em suas *Histórias* que Tales aconselhou a
criação de uma federação que unisse os povos jônicos com sede em Teos (1.170).

162. Sobre Pítaco, ver supra notas 137 e 138.

163. Bias, de Priene (±570 a.C.), interveio como árbitro na querela entre sua cidade
e Samos, cujo acordo foi constantemente renovado entre os séculos VI e II a.C. (W.W.
How; J. Wells, *A Commentary on Herodotus*, v. 1, p. 66). Diógenes Laércio reporta
que ele compôs um poema de dois mil versos no qual ensinava como a Jônia poderia
prosperar (1.85). Heródoto, por sua vez, diz que Bias aconselhou os jônios a imigrar
em conjunto para a Sardínia e a viver numa única cidade (1.170.1-2). É elogiado por
Heráclito, que dificilmente se agrada com outrem, da seguinte forma (DK 22 B39):
"Em Priene, viveu Bias, filho de Têutames, digno de maior mérito do que os demais
homens." (ἐν Πριήνῃ Βίας ἐγένετο ὁ Τευτάμεω, οὗ πλέων λόγος ἢ τῶν ἄλλων.)

164. Sólon (±630/625-559) foi arconte de Atenas em 594-593 a.C. Foi legislador
e reformador a quem os atenienses no período clássico atribuíam a fundação de

[342e-343a]   PROTÁGORAS   479

vem e desfere uma frase digna de mérito, breve e concisa, como um terrível arqueiro, de modo que seu interlocutor se mostra à altura de uma criança. Não apenas entre os homens de hoje, como também entre os de outrora, houve e há quem entenda que ser lacônico consiste muito mais em filosofar do que em praticar exercícios físicos, ciente de que ser capaz de proferir frases dessa natureza é próprio de um homem perfeitamente educado. Entre eles, incluíam-se Tales, de Mileto[161]; Pítaco, de Mitilene[162]; Bias, de Priene[163]; e Sólon, nosso conterrâneo[164]; além de Cleobulo, de Lindo[165]; e Míson, de Quene[166], aos quais,

343

sua constituição ancestral. Diferentemente dos demais sábios referidos por Sócrates aqui, conservaram-se vários fragmentos substanciosos de seus poemas. Nas *Histórias* (1.29-34), Heródoto narra o suposto encontro entre Sólon e Creso, então rei da Lídia, em Sárdis, depois que ele deixou Atenas após a instituição das leis por ele reformadas. A conversa entre eles versa sobre a noção de felicidade, em que se contrastam duas concepções morais decorrentes de dois modos de vida distintos (a austeridade ateniense em oposição à opulência lídia): enquanto Creso identifica a felicidade com riqueza e poder, Sólon a entende como uma combinação de excelência moral, bens externos (como ter uma família bem constituída) e boa fortuna. Sobre a vida e as reformas de Sólon, ver Aristóteles, *Constituição de Atenas* I-XIII; Diógenes Laércio, *Vidas e Doutrinas dos Filósofos Ilustres* (1.45-67); Plutarco, *Sólon*.

165. Cleobulo (±600 a.C.) foi tirano de Lindo, o qual, segundo Diógenes Laércio, teria escrito canções e enigmas num total de três mil linhas (1.89), e cujo célebre aforismo seria "moderação é o melhor" (*metron ariston*).

166. Míson de Quene (±600 a.C.) é referido por Hipônax como aquele "que Apolo proclamou o mais sábio dentre todos os homens" (ὃν Ὠπόλλων ἀνεῖπεν ἀνδρῶν σωφρονέστατον πάντων, Diógenes Laércio 1.107). Diógenes Laércio diz o seguinte sobre o fato de ser ele o menos conhecido dos Sete Sábios:

> Aristóxeno diz que Míson não era renomado porque provinha não de uma cidade, e sim de um vilarejo obscuro. E é justamente por sua falta de renome e por sua origem obscura que alguns inseriram na lista o nome de Pisístrato, o tirano, com exceção a Platão, o filósofo, que o menciona no *Protágoras* no lugar de Periandro.(1.108)

> φησὶ δ᾽ Ἀριστόξενος ὅτι ἔνθεν καὶ ἄδοξος ἦν, ὅτι μηδὲ πόλεως, ἀλλὰ κώμης, καὶ ταῦτα ἀφανοῦς. ὅθεν διὰ τὴν ἀδοξίαν αὐτοῦ καὶ τὰ αὐτοῦ τινας Πεισιστράτῳ περιθεῖναι τῷ τυράννῳ, χωρὶς Πλάτωνος τοῦ φιλοσόφου. μέμνηται γὰρ αὐτοῦ καὶ οὗτος ἐν τῷ Πρωταγόρᾳ (343a), ἀντὶ Περιάνδρου θεὶς αὐτόν.

J. Adam e A. Adam salientam que a ausência de Periandro, tirano de Corinto, na lista dos Sete Sábios oferecida por Sócrates não é fortuita, mas se coadunaria com a crítica recorrente de Platão à tirania como a constituição política mais degenerada, como vemos, sobretudo, no Livro IX da *República* (J. Adam; A. Adam, op. cit., p. 159). Periandro aparece, contudo, na lista reportada por Diógenes Laércio (1.13, 1.41).

480 ΠΡΩΤΑΓΟΡΑΣ

5 δαιμόνιος Χίλων. οὗτοι πάντες ζηλωταὶ καὶ ἐρασταὶ καὶ
μαθηταὶ ἦσαν τῆς Λακεδαιμονίων παιδείας, καὶ καταμάθοι
ἄν τις αὐτῶν τὴν σοφίαν τοιαύτην οὖσαν, ῥήματα βραχέα
ἀξιομνημόνευτα ἑκάστῳ εἰρημένα· οὗτοι καὶ κοινῇ συνελ-
b θόντες ἀπαρχὴν τῆς σοφίας ἀνέθεσαν τῷ Ἀπόλλωνι εἰς τὸν
νεὼν τὸν ἐν Δελφοῖς, ⸢γράψαντες ταῦτα ἃ δὴ πάντες
ὑμνοῦσιν, Γνῶθι σαυτόν καὶ Μηδὲν ἄγαν. τοῦ δὴ ἕνεκα
ταῦτα λέγω; ὅτι οὗτος ὁ τρόπος ἦν τῶν παλαιῶν τῆς φιλο-
5 σοφίας, βραχυλογία τις Λακωνική· καὶ δὴ καὶ τοῦ Πιττακοῦ
ἰδίᾳ περιεφέρετο τοῦτο τὸ ῥῆμα ἐγκωμιαζόμενον ὑπὸ τῶν
σοφῶν, τὸ Χαλεπὸν ἐσθλὸν ἔμμεναι. ὁ οὖν Σιμωνίδης,
c ἅτε φιλότιμος ὢν ἐπὶ σοφίᾳ, ἔγνω ὅτι εἰ καθέλοι τοῦτο τὸ
ῥῆμα ὥσπερ εὐδοκιμοῦντα ἀθλητὴν καὶ περιγένοιτο αὐτοῦ,
αὐτὸς εὐδοκιμήσει ἐν τοῖς τότε ἀνθρώποις. εἰς τοῦτο οὖν τὸ
ῥῆμα καὶ τούτου ἕνεκα τούτῳ ἐπιβουλεύων κολοῦσαι αὐτὸ
5 ἅπαν τὸ ᾆσμα πεποίηκεν, ὥς μοι φαίνεται.

Ἐπισκεψώμεθα δὴ αὐτὸ κοινῇ ἅπαντες, εἰ ἄρα ἐγὼ ἀληθῆ
λέγω. εὐθὺς γὰρ τὸ πρῶτον τοῦ ᾄσματος μανικὸν ἂν φανείη,
εἰ βουλόμενος λέγειν ὅτι ἄνδρα ἀγαθὸν γενέσθαι χαλεπόν,
d ἔπειτα ἐνέβαλε τὸ μέν. τοῦτο γὰρ οὐδὲ πρὸς ἕνα λόγον
φαίνεται ἐμβεβλῆσθαι, ἐὰν μή τις ὑπολάβῃ πρὸς τὸ τοῦ
Πιττακοῦ ῥῆμα ὥσπερ ἐρίζοντα λέγειν τὸν Σιμωνίδην· λέγον-

---

167. Quílon foi éforo de Esparta em 550 a.C. Segundo Diógenes Láercio, ele
escreveu um poema elegíaco de duzentos versos e afirmava que "a virtude humana
é prever o futuro na medida da capacidade da razão" (1.68). A ele se atribui uma
série de máximas, tais como "controle a sua língua, especialmente num banquete";
"não ameace alguém", pois isso é próprio das mulheres; "não ultraje uma pessoa
morta"; "respeite a velhice"; "vigie a si mesmo"; "uma punição é preferível a uma
vantagem vergonhosa", pois a primeira é dolorosa uma única vez, ao passo que a
segunda o é pelo resto da vida; "não escarneça do infortúnio alheio"; "aprenda a
administrar bem a sua própria casa"; "não deixe que a língua suplante o pensamento"; "domine a ira", dentre outras (Diógenes Laércio 1.70). Do ponto de vista
político-militar, sua admoestação sobre o perigo que oferecia a ilha de Citera,
situada na costa da Lacônia, à segurança da Lacedemônia foi considerada uma
sábia observação, pois Xerxes tivesse ancorado ali a sua esquadra, como aconse-
lhava Demarato, talvez tivesse conquistado a Hélade continental (Diógenes Láercio
1.71-72). O que Sócrates salienta nesse trecho do *Protágoras* também é observado
por Diógenes Laércio (1.72): "Era um homem de poucas palavras [*brakhulogos*],
a ponto de Aristógoras, de Mileto, denominar de *quiloniano* esse modo de falar"

[343a-d] PROTÁGORAS 481

diziam, acrescentava-se um sétimo, Quílon, da Lacedemônia[167]. Todos eles eram zelosos, amantes e aprendizes da educação dos lacedemônios, e qualquer um poderia observar que sua sabedoria é deste tipo: frases breves e dignas de serem recordadas, proferidas por cada um deles.[168] Consagraram as primícias da sabedoria a Apolo na nave do templo de Delfos, para onde, b juntos, dirigiram-se; lá, escreveram aquilo que todos veneram: *Conheça a si mesmo* e *Nada em excesso*[169]. Por que digo isso? Porque era este o modo da filosofia dos antigos: um discurso breve à moda lacônica. Com efeito, esta frase de Pítaco, elogiada pelos sábios, circulava por aí privadamente: *Difícil é ser nobre.* Simônides, então, almejando ser honrado por sua sabedoria, c atinou que, se ele impusesse uma derrota a essa frase, como a um atleta de renome, e prevalecesse sobre ela, ele próprio viria a ser bem reputado entre os homens daquela época[170]. Em vista disso, então, e em resposta a essa frase, ele compôs todo o canto conspirando para desacreditá-la, como me é manifesto[171].

Investiguemos esse ponto todos juntos, para ver se eu digo a verdade! O início do canto seria, de pronto, um flagrante desvario, se ele, querendo dizer que difícil é tornar-se um homem bom, inseriu então o "sim". Pois é claro que essa inserção não faz sen- d tido, a não ser que alguém a conceba em vista da frase de Pítaco, como se Simônides com ela disputasse. Uma vez que Pítaco

(Βραχυλόγος τε ἦν· ὅθεν καὶ Ἀρισταγόρας ὁ Μιλήσιος (FGrH 608 F 11) τοῦτον τὸν τρόπον Χιλώνειον καλεῖ).

168. Essas máximas dos Sete Sábios foram compiladas por Demétrio, de Falero (±350/280 a.C.), (*Septem Sapientes*, DK 10.3) Contudo, em sua lista, diferente da de Sócrates, Periandro, de Corinto, substitui Míson, de Quene. Ver também os diferentes elencos referidos por Diógenes Laércio (1.13; 1.41).

169. A máxima "conheça a si mesmo" (Γνῶθι σαυτόν) é atribuída a Quílon por Demétrio, de Falero (*Septem Sapientes*, DK 10.3.3). Diógenes Laércio a atribui a Sólon, embora reporte que Antístenes, em sua obra *Sucessões dos Filósofos*, considere Femonoé o autor do dito que teria sido apropriado por Quílon (1.40).

170. Sobre as metáforas e analogias agonísticas no *Protágoras*, ver *Comentário* 338a8 e 338b3, e *Estudo Introdutório*, subtítulo 4.2.

171. Sócrates recorre à mesma expressão ("como me é manifesto", ὥς μοι φαίνεται: 343c5) usada por Protágoras em seu grande discurso (324d1), o que é mais um índice da natureza paródica do discurso de Sócrates.

482 ΠΡΩΤΑΓΟΡΑΣ

τος τοῦ Πιττακοῦ ὅτι χαλεπὸν ἐσθλὸν ἔμμεναι, ἀμφισβητοῦντα εἰπεῖν ὅτι Οὔκ, ἀλλὰ γενέσθαι μὲν χαλεπὸν
ἄνδρα ἀγαθόν ἐστιν, ὦ Πιττακέ, ὡς ἀληθῶς—οὐκ ἀληθείᾳ
ἀγαθόν, οὐκ ἐπὶ τούτῳ λέγει τὴν ἀλήθειαν, ὡς ἄρα ὄντων τινῶν
τῶν μὲν ὡς ἀληθῶς ἀγαθῶν, τῶν δὲ ἀγαθῶν μέν, οὐ μέντοι
ἀληθῶς—εὔηθες γὰρ τοῦτό γε φανείη ἂν καὶ οὐ Σιμωνίδου
—ἀλλ' ὑπερβατὸν δεῖ θεῖναι ἐν τῷ ᾄσματι τὸ ἀλαθέως,
οὑτωσί πως ὑπειπόντα τὸ τοῦ Πιττακοῦ, ὥσπερ ἂν εἰ θεῖμεν
αὐτὸν λέγοντα τὸν Πιττακὸν καὶ Σιμωνίδην ἀποκρινόμενον
εἰπόντα· Ὦ ἄνθρωποι, χαλεπὸν ἐσθλὸν ἔμμεναι, τὸν δὲ
ἀποκρινόμενον ὅτι Ὦ Πιττακέ, οὐκ ἀληθῆ λέγεις· οὐ γὰρ
εἶναι ἀλλὰ γενέσθαι μέν ἐστιν ἄνδρα ἀγαθὸν χερσί τε
καὶ ποσὶ καὶ νόῳ τετράγωνον, ἄνευ ψόγου τετυγμένον, χαλεπὸν ἀλαθέως. οὕτω φαίνεται [τὸ] πρὸς
λόγον τὸ μέν ἐμβεβλημένον καὶ τὸ ἀλαθέως ὀρθῶς ἐπ'
ἐσχάτῳ κείμενον· καὶ τὰ ἐπιόντα πάντα τούτῳ μαρτυρεῖ, ὅτι
οὕτως εἴρηται. πολλὰ μὲν γὰρ ἔστι καὶ περὶ ἑκάστου τῶν
ἐν τῷ ᾄσματι εἰρημένων ἀποδεῖξαι ὡς εὖ πεποίηται—πάνυ
γὰρ χαριέντως καὶ μεμελημένως ἔχει—ἀλλὰ μακρὸν ἂν εἴη
αὐτὸ οὕτω διελθεῖν· ἀλλὰ τὸν τύπον αὐτοῦ τὸν ὅλον διεξέλ-
θωμεν καὶ τὴν βούλησιν, ὅτι παντὸς μᾶλλον ἔλεγχός ἐστιν
τοῦ Πιττακείου ῥήματος διὰ παντὸς τοῦ ᾄσματος.

Λέγει γὰρ μετὰ τοῦτο ὀλίγα διελθών, ὡς ἂν εἰ λέγοι
λόγον, ὅτι γενέσθαι μὲν ἄνδρα ἀγαθὸν χαλεπὸν ἀλαθέως,
οἷόν τε μέντοι ἐπί γε χρόνον τινά· γενόμενον δὲ διαμένειν
ἐν ταύτῃ τῇ ἕξει καὶ εἶναι ἄνδρα ἀγαθόν, ὡς σὺ λέγεις, ὦ
Πιττακέ, ἀδύνατον καὶ οὐκ ἀνθρώπειον, ἀλλὰ θεὸς ἂν μόνος
τοῦτο ἔχοι τὸ γέρας,

ἄνδρα δ' οὐκ ἔστι μὴ οὐ κακὸν ἔμμεναι,
ὃν [ἂν] ἀμήχανος συμφορὰ καθέλῃ.

τίνα οὖν ἀμήχανος συμφορὰ καθαιρεῖ ἐν πλοίου ἀρχῇ; δῆλον
ὅτι οὐ τὸν ἰδιώτην· ὁ μὲν γὰρ ἰδιώτης ἀεὶ καθῄρηται. ὥσπερ

---

172. Os gramáticos e retóricos posteriores derivam o nome da figura de linguagem "hipérbato" dessa passagem do *Protágoras*, no sentido de uma palavra e/

[343d-344c]   PROTÁGORAS   483

afirmava que *difícil é ser nobre,* ele, em discórdia, retorquiu: "Não, *difícil é, sim, tornar-se* um homem bom, ó Pítaco, deveras" – não "deveras bom", pois não é isso a que se refere a verdade, como se houvesse certos homens deveras bons, enquanto outros, embora ~~e~~ bons, não o fossem de verdade; é claro que isso seria ingênuo e indigno de Simônides. É preciso, no entanto, entender o "deveras", no canto, como hipérbato[172], aludindo assim, de algum modo, à frase de Pítaco. É como se supuséssemos que o próprio Pítaco estivesse falando e Simônides respondendo, e aquele dissesse o seguinte: "Homens, *difícil é ser nobre*", e este último então replicasse: "Pítaco, você não diz a verdade, pois não é 'ser', porém ~~344~~ 'tornar-se' um homem bom, *completo nas mãos, nos pés e na mente, criado sem vitupério,* que é deveras difícil." É dessa forma que a inserção do "sim" parece fazer sentido e que a posição correta do "deveras" é no fim; e tudo o que se segue comprova que é isso o que ele está dizendo. É possível demonstrar de várias maneiras, em relação a cada uma de suas partes, que o canto foi ~~b~~ bem composto, pois é absolutamente gracioso e meticuloso, mas seria uma longa exposição. Todavia, discorramos sobre seu sentido geral e seu intento: que o canto, em toda a sua extensão, consiste, sobretudo, numa refutação da frase de Pítaco.

Um pouco adiante, ele afirma, como se apresentasse um argumento, que: "tornar-se um homem bom é deveras difícil, embora possível por certo tempo. Todavia, tendo se tornado bom, perseverar nessa disposição e ser um homem bom, como ~~c~~ você afirma, Pítaco, é humanamente impossível, e esse privilégio caberia apenas a deus:

> *É impossível, contudo, que um homem não seja mau,*
> *se uma adversidade irremediável o rebaixa."*

A quem, então, uma adversidade irremediável rebaixa no comando de um barco? É evidente que não é o passageiro, pois o passageiro está sempre embaixo. Assim como alguém não

---

ou expressão deslocada de sua posição apropriada (R. Pfeiffer, *History of Classical Scholarship: From the Beginnings to the End of the Hellenistic Age,* p. 34).

484 ΠΡΩΤΑΓΟΡΑΣ

οὖν οὐ τὸν κείμενόν τις ἂν καταβάλοι, ἀλλὰ τὸν μὲν ἑστῶτά
ποτε καταβάλοι ἄν τις ὥστε κείμενον ποιῆσαι, τὸν δὲ κεί-

d μενον οὔ, οὕτω καὶ τὸν εὐμήχανον ὄντα ποτὲ ἀμήχανος ἂν
συμφορὰ καθέλοι, τὸν δὲ ἀεὶ ἀμήχανον ὄντα οὔ, καὶ τὸν
κυβερνήτην μέγας χειμὼν ἐπιπεσὼν ἀμήχανον ἂν ποιήσειεν,
καὶ γεωργὸν χαλεπὴ ὥρα ἐπελθοῦσα ἀμήχανον ἂν θείη, καὶ

5 ἰατρὸν ταὐτὰ ταῦτα. τῷ μὲν γὰρ ἐσθλῷ ἐγχωρεῖ κακῷ
γενέσθαι, ὥσπερ καὶ παρ' ἄλλου ποιητοῦ μαρτυρεῖται τοῦ
εἰπόντος—

αὐτὰρ ἀνὴρ ἀγαθὸς τοτὲ μὲν κακός, ἄλλοτε δ' ἐσθλός·

e τῷ δὲ κακῷ οὐκ ἐγχωρεῖ γενέσθαι, ἀλλ' ἀεὶ εἶναι ἀνάγκη.
ὥστε τὸν μὲν εὐμήχανον καὶ σοφὸν καὶ ἀγαθὸν ἐπειδὰν
ἀμήχανος συμφορὰ καθέλῃ, οὐκ ἔστι μὴ οὐ κακὸν ἔμμε-
ναι· σὺ δὲ φής, ὦ Πιττακέ, χαλεπὸν ἐσθλὸν ἔμμεναι·

5 τὸ δ' ἐστὶ γενέσθαι μὲν χαλεπόν, δυνατὸν δέ, ἐσθλόν,
ἔμμεναι δὲ ἀδύνατον·

πράξας μὲν γὰρ εὖ πᾶς ἀνὴρ ἀγαθός,
κακὸς δ' εἰ κακῶς.

345 τίς οὖν εἰς γράμματα ἀγαθὴ πρᾶξίς ἐστιν, καὶ τίς ἄνδρα
ἀγαθὸν ποιεῖ εἰς γράμματα; δῆλον ὅτι ἡ τούτων μάθησις.
τίς δὲ εὐπραγία ἀγαθὸν ἰατρὸν ποιεῖ; δῆλον ὅτι ἡ τῶν
καμνόντων τῆς θεραπείας μάθησις. κακὸς δὲ κακῶς· τίς

5 οὖν ἂν κακὸς ἰατρὸς γένοιτο; δῆλον ὅτι ᾧ πρῶτον μὲν
ὑπάρχει ἰατρῷ εἶναι, ἔπειτα ἀγαθῷ ἰατρῷ—οὗτος γὰρ ἂν καὶ
κακὸς γένοιτο—ἡμεῖς δὲ οἱ ἰατρικῆς ἰδιῶται οὐκ ἂν ποτε

---

173. Esse verso hexâmetro é de autoria desconhecida, mas é citado também
por Xenofonte nesta passagem das *Memoráveis*, em que se justifica o fato de Alcibíades e Crítias terem se tornado homens perversos depois de se separarem de
Sócrates, embora tivessem sido moderados enquanto mantinham um vínculo
estreito com o filósofo:

Por esse motivo, os pais mantêm os filhos, ainda que estes sejam sensatos, afas-
tados dos homens vis, pois o convívio com homens bons é exercício da virtude,
ao passo que com os vis, a sua ruína. Prova disso é o que diz o poeta:

De nobres homens aprenderás coisas nobres; mas, se em meio
aos vis conviveres, hás de perder mesmo a inteligência que tens.

E aquele outro:

Mas um homem bom ora é mau, ora é nobre. (1.2.20)

derrubaria quem está deitado, mas poderia eventualmente derrubar e fazer deitar quem está de pé, porém não quem está deitado, da mesma forma uma adversidade irremediável poderia eventualmente derrubar quem é bem remediado, mas não quem é definitivamente irremediado; uma forte tempestade tornaria o capitão irremediado ao fustigá-lo, uma dura estação deixaria o agricultor irremediado ao acometê-lo, e o mesmo vale para o médico. Pois é o nobre quem pode se tornar mau, como comprova também outro poeta, quando diz:

> *Mas um homem bom ora é mau, ora é nobre.*[173]

Ao mau não é possível vir a ser mau, porém é necessário que ele o seja sempre. Por conseguinte, quando uma adversidade irremediável rebaixa o homem bem remediado, sábio e bom, "*é impossível que ele não seja mau.* Você afirma, Pítaco, que *difícil é ser nobre,* mas difícil, embora possível, é tornar-se nobre, ao passo que sê-lo é impossível:

> *Pois quando é bem-sucedido, todo homem é bom,*
> *porém mau, quando malsucedido.*[174]"

Que ação seria boa, então, em relação às letras? E o que tornaria um homem bom nas letras? A aprendizagem dessa matéria, evidentemente. E que boa ação faz do médico um bom médico? A aprendizagem do tratamento dos doentes, evidentemente. Contudo, ele *é mau, quando malsucedido.* Que médico se tornaria mau, então? Evidentemente, aquele que já era médico, e, em acréscimo, um bom médico, pois é ele quem se

---

δι' ὃ καὶ τοὺς υἱεῖς οἱ πατέρες, κἂν ὦσι σώφρονες, ὅμως ἀπὸ τῶν πονηρῶν ἀνθρώπων εἴργουσιν, ὡς τὴν μὲν τῶν χρηστῶν ὁμιλίαν ἄσκησιν οὖσαν τῆς ἀρετῆς, τὴν δὲ τῶν πονηρῶν κατάλυσιν. μαρτυρεῖ δὲ καὶ τῶν ποιητῶν ὅ τε λέγων·

Ἐσθλῶν μὲν γὰρ ἄπ' ἐσθλὰ διδάξεαι· ἢν δὲ κακοῖσι
συμμίσγῃς, ἀπολεῖς καὶ τὸν ἐόντα νόον,

καὶ ὁ λέγων·

Αὐτὰρ ἀνὴρ ἀγαθὸς τοτὲ μὲν κακός, ἄλλοτε δ' ἐσθλός.

174. Sobre o problema semântico das expressões gregas *eu prattein* e *kakōs prattein,* traduzidas aqui por "ser bem-sucedido" e "malsucedido", respectivamente, ver *Estudo Introdutório,* subtítulo 5.3, p. 134-135.

486 ΠΡΩΤΑΓΟΡΑΣ

b γενοίμεθα κακῶς πράξαντες οὔτε ἰατροὶ οὔτε τέκτονες οὔτε
ἄλλο οὐδὲν τῶν τοιούτων· ὅστις δὲ μὴ ἰατρὸς ἂν γένοιτο
κακῶς πράξας, δῆλον ὅτι οὐδὲ κακὸς ἰατρός. οὕτω καὶ ὁ
μὲν ἀγαθὸς ἀνὴρ γένοιτ' ἄν ποτε καὶ κακὸς ἢ ὑπὸ χρόνου ἢ
ὑπὸ πόνου ἢ ὑπὸ νόσου ἢ ὑπὸ ἄλλου τινὸς περιπτώματος —
5 αὕτη γὰρ μόνη ἐστὶ κακὴ πρᾶξις, ἐπιστήμης στερηθῆναι—ὁ
δὲ κακὸς ἀνὴρ οὐκ ἄν ποτε γένοιτο κακός—ἔστιν γὰρ ἀεί—
ἀλλ' εἰ μέλλει κακὸς γενέσθαι, δεῖ αὐτὸν πρότερον ἀγαθὸν
γενέσθαι. ὥστε καὶ τοῦτο τοῦ ᾄσματος πρὸς τοῦτο τείνει,
c ὅτι εἶναι μὲν ἄνδρα ἀγαθὸν οὐχ οἷόν τε, διατελοῦντα ἀγαθόν,
γενέσθαι δὲ ἀγαθὸν οἷόν τε, καὶ κακόν γε τὸν αὐτὸν τοῦτον·
ἐπὶ πλεῖστον δὲ καὶ ἄριστοί εἰσιν οὓς ἂν οἱ θεοὶ φιλῶσιν.

Ταῦτά τε οὖν πάντα πρὸς τὸν Πιττακὸν εἴρηται, καὶ τὰ
5 ἐπιόντα γε τοῦ ᾄσματος ἔτι μᾶλλον δηλοῖ. φησὶ γάρ—

    τοὔνεκεν οὔ ποτ' ἐγὼ τὸ μὴ γενέσθαι δυνατὸν
    διζήμενος κενεὰν ἐς ἄπρακτον ἐλπίδα μοῖραν αἰῶνος
    βαλέω,
    πανάμωμον ἄνθρωπον, εὐρυεδοῦς ὅσοι καρπὸν αἰνύμεθα
10   χθονός·
    ἐπί θ' ὑμῖν εὑρὼν ἀπαγγελέω,
d φησίν—οὕτω σφόδρα καὶ δι' ὅλου τοῦ ᾄσματος ἐπεξέρχεται
τῷ τοῦ Πιττακοῦ ῥήματι—

    πάντας δ' ἐπαίνημι καὶ φιλέω
    ἑκὼν ὅστις ἔρδῃ
5   μηδὲν αἰσχρόν· ἀνάγκῃ δ' οὐδὲ θεοὶ μάχονται·

καὶ τοῦτ' ἐστὶ πρὸς τὸ αὐτὸ τοῦτο εἰρημένον. οὐ γὰρ οὕτως
ἀπαίδευτος ἦν Σιμωνίδης, ὥστε τούτους φάναι ἐπαινεῖν, ὃς
ἂν ἑκὼν μηδὲν κακὸν ποιῇ, ὡς ὄντων τινῶν οἳ ἑκόντες κακὰ
ποιοῦσιν. ἐγὼ γὰρ σχεδόν τι οἶμαι τοῦτο, ὅτι οὐδεὶς τῶν
e σοφῶν ἀνδρῶν ἡγεῖται οὐδένα ἀνθρώπων ἑκόντα ἐξαμαρτάνειν οὐδὲ αἰσχρά τε καὶ κακὰ ἑκόντα ἐργάζεσθαι, ἀλλ' εὖ

---

175. Sobre a sujeição dos próprios deuses à *necessidade* ou, em outras palavras, àquilo que está predeterminado a acontecer (o que na religiosidade grega
é comumente referido como *moira*, como o "destino" do qual não se pode escapar), ver Homero, *Ilíada* 16.431-461; 19.86; Ésquilo, *Prometeu Prisioneiro* v. 515-
518; Heródoto, 1.91.

PROTÁGORAS

tornaria mau, ao passo que nós, leigos em medicina, jamais seríamos malsucedidos quer enquanto médicos, quer enquanto carpinteiros, ou em qualquer outra atividade do gênero. E quem não se tornaria médico ao ser malsucedido, é evidente que tampouco se tornaria um mau médico. Da mesma forma, o homem bom se tornaria mau eventualmente ou pela ação do tempo, ou pela fadiga, ou pela doença, ou por qualquer outro acidente, pois ser privado de conhecimento é a única ação má. O homem mau, por seu turno, jamais se tornaria mau, pois ele o é sempre; porém, se há de se tornar mau, é preciso que antes se torne bom. Por conseguinte, também essa parte do canto ressalta isto: que ser um homem bom, continuamente bom, é impossível, embora seja possível ao mesmo homem ora vir a ser bom, ora vir a ser mau. E são melhores, na maior parte do tempo, aqueles que forem amados pelos deuses.

Todas essas coisas, então, são ditas contra Pítaco, e os versos subsequentes do canto salientam ainda mais esse ponto. Pois ele diz:

> *Por isso, jamais buscarei encontrar o impossível,*
> *jamais despenderei em vão o quinhão de minha vida*
> > *em esperança inócua:*
> *um homem irrepreensível entre nós, que do fruto*
> > *da terra imensa desfrutamos.*
> *Se eu encontrá-lo, reportar-vos-ei.*

Assim ele assevera – tão veemente é, durante todo o canto, seu ataque contra a frase de Pítaco:

> *A todos que nada de vergonhoso*
> *fizerem voluntariamente*
> *elogio e amo; com o inevitável, nem mesmo deuses contendem.*[175]

Eis outro passo também endereçado àquele mesmo dito. Pois Simônides não era tão estulto a ponto de afirmar que elogia aqueles que não praticam nenhum mal voluntariamente, como se houvesse quem voluntariamente praticasse algum mal. Pois tendo a crer que qualquer sábio considera que nenhum homem erra voluntariamente, nem realiza coisas vergonhosas e más voluntariamente, porém reconhece, de modo acertado, que

488 ΠΡΩΤΑΓΟΡΑΣ

ἴσασιν ὅτι πάντες οἱ τὰ αἰσχρὰ καὶ τὰ κακὰ ποιοῦντες ἄκοντες ποιοῦσιν· καὶ δὴ καὶ ὁ Σιμωνίδης οὐχ ὃς ἂν μὴ κακὰ
5 ποιῇ ἑκών, τούτων φησὶν ἐπαινέτης εἶναι, ἀλλὰ περὶ ἑαυτοῦ
λέγει τοῦτο τὸ ἑκών. ἡγεῖτο γὰρ ἄνδρα καλὸν κἀγαθὸν
πολλάκις αὑτὸν ἐπαναγκάζειν φίλον τινὶ γίγνεσθαι καὶ ἐπαι-
346 νέτην [φιλεῖν καὶ ἐπαινεῖν], οἷον ἀνδρὶ πολλάκις συμβῆναι
μητέρα ἢ πατέρα ἀλλόκοτον ἢ πατρίδα ἢ ἄλλο τι τῶν τοιούτων. τοὺς μὲν οὖν πονηρούς, ὅταν τοιοῦτόν τι αὐτοῖς
συμβῇ, ὥσπερ ἀσμένους ὁρᾶν καὶ ψέγοντας ἐπιδεικνύναι καὶ
5 κατηγορεῖν τὴν πονηρίαν τῶν γονέων ἢ πατρίδος, ἵνα αὐτοῖς
ἀμελοῦσιν αὐτῶν μὴ ἐγκαλῶσιν οἱ ἄνθρωποι μηδ' ὀνειδίζωσιν
ὅτι ἀμελοῦσιν, ὥστε ἔτι μᾶλλον ψέγειν τε αὐτοὺς καὶ ἔχθρας
b ἑκουσίους πρὸς ταῖς ἀναγκαίαις προστίθεσθαι· τοὺς δ' ἀγαθοὺς ἐπικρύπτεσθαί τε καὶ ἐπαινεῖν ἀναγκάζεσθαι, καὶ ἄν τι
ὀργισθῶσιν τοῖς γονεῦσιν ἢ πατρίδι ἀδικηθέντες, αὐτοὺς ἑαυτοὺς παραμυθεῖσθαι καὶ διαλλάττεσθαι προσαναγκάζοντας
5 ἑαυτοὺς φιλεῖν τοὺς ἑαυτῶν καὶ ἐπαινεῖν. πολλάκις δὲ
οἶμαι καὶ Σιμωνίδης ἡγήσατο καὶ αὐτὸς ἢ τύραννον ἢ ἄλλον
τινὰ τῶν τοιούτων ἐπαινέσαι καὶ ἐγκωμιάσαι οὐχ ἑκών, ἀλλ'
ἀναγκαζόμενος. ταῦτα δὴ καὶ τῷ Πιττακῷ λέγει ὅτι Ἐγώ,
c ὦ Πιττακέ, οὐ διὰ ταῦτά σε ψέγω, ὅτι εἰμὶ φιλόψογος,
ἐπεί—

ἔμοιγ' ἐξαρκεῖ ὃς ἂν μὴ κακὸς ᾖ
μηδ' ἄγαν ἀπάλαμνος, εἰδώς τ' ὀνησίπολιν δίκαν ὑγιὴς
5 ἀνήρ·

οὔ μιν ἐγὼ μωμήσομαι—
οὐ γάρ εἰμι φιλόμωμος—
τῶν γὰρ ἠλιθίων ἀπείρων γενέθλα,
ὥστ' εἴ τις χαίρει ψέγων, ἐμπλησθείη ἂν ἐκείνους μεμ-
10 φόμενος—
πάντα τοι καλά, τοῖσί τ' αἰσχρὰ μὴ μέμεικται.
d οὐ τοῦτο λέγει, ὥσπερ ἂν εἰ ἔλεγε πάντα τοι λευκά, οἷς
μέλανα μὴ μέμεικται—γελοῖον γὰρ ἂν εἴη πολλαχῇ—ἀλλ'

176. Sobre o recebimento de dinheiro pelas suas odes, ver Aristóteles, *Retórica*
III 1405b23-27; Estobeu 3.10.38, 3.10.61; Cícero, *De Oratore* 2.86.351-3.

[345e-346d] PROTÁGORAS 489

todos os que fazem coisas vergonhosas e más fazem-nas involuntariamente. Com efeito, o elogio de Simônides se endereça não àqueles que não praticam nenhum mal voluntariamente; o "voluntariamente" se refere antes a si próprio. Pois ele considerava que um homem excelente é amiúde constrangido a se tornar amigo de alguém e a elogiá-lo; é o que ocorre muitas vezes a certos homens, quando a mãe ou o pai, a pátria ou algo do gênero, lhes são adversos. Os homens vis, de um lado, quando alguma coisa dessas lhes acontece, observam como que contentes a situação; mediante vitupérios, exibem e acusam a vilania de seus genitores e de sua pátria, a fim de que os homens não os inculpem e os reprovem por negligência, se vierem a descurar deles no futuro. Assim, passam a vituperá-los ainda mais e ultrapassam voluntariamente os limites das hostilidades que já eram inevitáveis. Os homens bons, de outro lado, dissimulam e são constrangidos a elogiá-los; se eles se sentem injuriados porque foram injustiçados por seus genitores ou por sua pátria, buscam apaziguamento e reconciliação, compelindo a si mesmos a amar e a elogiar os seus. É o que amiúde, julgo eu, Simônides considerou ser o seu próprio caso: cobriu de elogios e encômios um tirano, ou alguém do tipo, não voluntariamente, porém constrangido a fazê-lo[176]. Eis o que ele diz a Pítaco: "não é porque eu gosto de vitupérios, Pítaco, que o vitupero, pois:

> A mim basta que não seja mau
> nem tão desregrado; um homem são e cônscio da justiça guardiã
>   da pólis;
> a ele não repreenderei

Pois não sou amante de represálias:

> Pois infinita é a estirpe dos tolos,

de modo que, se alguém se deleita com vitupérios, ficaria satisfeito com repreendê-los:

> São belas todas as coisas, que às vergonhosas não estão mescladas."

Ele não faz tal afirmação como se dissesse que são brancas todas as coisas que não estão mescladas às pretas, pois seria

490   ΠΡΩΤΑΓΟΡΑΣ

ὅτι αὐτὸς καὶ τὰ μέσα ἀποδέχεται ὥστε μὴ ψέγειν. καὶ οὐ
ζητῶ, ἔφη, πανάμωμον ἄνθρωπον, εὐρυεδοῦς ὅσοι
5   καρπὸν αἰνύμεθα χθονός, ἐπί θ᾽ ὑμῖν εὐρὼν ἀπαγ-
γελέω· ὥστε τούτου γ᾽ ἕνεκα οὐδένα ἐπαινέσομαι, ἀλλά
μοι ἐξαρκεῖ ἂν ᾖ μέσος καὶ μηδὲν κακὸν ποιῇ, ὡς ἐγὼ πάντας
φιλέω καὶ ἐπαίνημι—καὶ τῇ φωνῇ ἐνταῦθα κέχρηται τῇ
e   τῶν Μυτιληναίων, ὡς πρὸς Πιττακὸν λέγων τὸ πάντας δὲ
ἐπαίνημι καὶ φιλέω ἑκών—ἐνταῦθα δεῖ ἐν τῷ ἑκών δια-
λαβεῖν λέγοντα—ὅστις ἔρδῃ μηδὲν αἰσχρόν, ἄκων δ᾽
ἔστιν οὓς ἐγὼ ἐπαινῶ καὶ φιλῶ. σὲ οὖν, καὶ εἰ μέσως
347   ἔλεγες ἐπιεικῆ καὶ ἀληθῆ, ὦ Πιττακέ, οὐκ ἄν ποτε ἔψεγον·
νῦν δὲ σφόδρα γὰρ καὶ περὶ τῶν μεγίστων ψευδόμενος δοκεῖς
ἀληθῆ λέγειν, διὰ ταῦτά σε ἐγὼ ψέγω. ταῦτά μοι δοκεῖ, ὦ
Πρόδικε καὶ Πρωταγόρα, ἦν δ᾽ ἐγώ, Σιμωνίδης διανοούμενος
5   πεποιηκέναι τοῦτο τὸ ᾆσμα.

Καὶ ὁ Ἱππίας, Εὖ μέν μοι δοκεῖς, ἔφη, ὦ Σώκρατες, καὶ
σὺ περὶ τοῦ ᾄσματος διεληλυθέναι· ἔστιν μέντοι, ἔφη, καὶ
b   ἐμοὶ λόγος περὶ αὐτοῦ εὖ ἔχων, ὃν ὑμῖν ἐπιδείξω, ἂν
βούλησθε.

Καὶ ὁ Ἀλκιβιάδης, Ναί, ἔφη, ὦ Ἱππία, εἰς αὖθίς γε· νῦν
δὲ δίκαιόν ἐστιν ἃ ὡμολογησάτην πρὸς ἀλλήλω Πρωταγόρας
5   καὶ Σωκράτης, Πρωταγόρας μὲν εἰ ἔτι βούλεται ἐρωτᾶν,
ἀποκρίνεσθαι Σωκράτη, εἰ δὲ δὴ βούλεται Σωκράτει ἀποκρίνεσθαι, ἐρωτᾶν τὸν ἕτερον.

Καὶ ἐγὼ εἶπον· Ἐπιτρέπω μὲν ἔγωγε Πρωταγόρᾳ ὁπότερον
αὐτῷ ἥδιον· εἰ δὲ βούλεται, περὶ μὲν ᾀσμάτων τε καὶ ἐπῶν
c   ἐάσωμεν, περὶ δὲ ὧν τὸ πρῶτον ἐγώ σε ἠρώτησα, ὦ Πρωταγόρα, ἡδέως ἂν ἐπὶ τέλος ἔλθοιμι μετὰ σοῦ σκοπούμενος.
καὶ γὰρ δοκεῖ μοι τὸ περὶ ποιήσεως διαλέγεσθαι ὁμοιότατον
εἶναι τοῖς συμποσίοις τοῖς τῶν φαύλων καὶ ἀγοραίων ἀν-

---

177. Cf. 345c9-11.

178. Cf. 345d3-5. Sobre a disposição do advérbio *hekōn* (voluntariamente) no
verso e a leitura sintática de Sócrates, ver *Estudo Introdutório*, subtítulo 5.3, p. 139-
140. Sobre a posição ambígua de um advérbio que possibilita duas interpretações
diferentes de uma mesma proposição, ver Aristóteles, *Retórica* III 1407b11-18.

[346d-347c] PROTÁGORAS 491

ridículo por vários motivos, mas porque ele próprio aquiesce também às intermediárias, poupando-as de vitupérios. "E não procuro", dizia ele, "*um homem irrepreensível entre nós, que do fruto da terra imensa desfrutamos; se eu encontrá-lo, reportar-vos--ei*[177]. Sendo assim, não elogiarei ninguém por esse motivo, basta-me, porém, que se encontre no meio-termo e não pratique nenhum mal, pois a todos *amo e elogio*." E nesse ponto, ele recorre à língua dos habitantes de Mitilene, como se a Pítaco se endereçasse: "*elogio e amo a todos voluntariamente* (é no 'voluntariamente' que se deve fazer a pausa quando se enuncia), *que não fizerem nada vergonhoso,* mas, involuntariamente, no caso de certas pessoas que elogio e amo[178]. Portanto, se suas palavras fossem corretas e verdadeiras ainda que pela metade, Pítaco, eu jamais o vituperaria. Todavia, visto que você está crassamente equivocado em assuntos de suma importância, com a aparência de quem diz a verdade, eu o vitupero". Eis o que, na minha opinião, Pródico e Protágoras, Simônides pensava, quando compôs esse canto.

E Hípias falou:

— A sua exposição sobre o canto, Sócrates, parece-me boa. No entanto – acrescentou –, eu também tenho um bom argumento sobre ele, o qual posso lhes exibir, se quiserem.

E Alcibíades lhe retorquiu:

— Ótimo, Hípias, mas em outra oportunidade. Agora é justo que prevaleça o acordo entre Protágoras e Sócrates: se Protágoras quiser interrogá-lo, será Sócrates a responder; mas, se preferir responder a ele, será Sócrates a interrogá-lo[179].

E eu disse:

— Confio a Protágoras decidir pelo que lhe for mais agradável. Se lhe aprouver, abandonemos cantos e poesias! Todavia, sobre aquilo que antes lhe indagava, Protágoras, eu terminaria, com prazer, de examiná-lo em sua companhia. Com efeito, o diálogo sobre poesia me parece muitíssimo semelhante aos banquetes de

179. Cf. 341e-342a.

492 ΠΡΩΤΑΓΟΡΑΣ

5 θρώπων. καὶ γὰρ οὗτοι, διὰ τὸ μὴ δύνασθαι ἀλλήλοις δι'
ἑαυτῶν συνεῖναι ἐν τῷ πότῳ μηδὲ διὰ τῆς ἑαυτῶν φωνῆς
καὶ τῶν λόγων τῶν ἑαυτῶν ὑπὸ ἀπαιδευσίας, τιμίας ποιοῦσι
d τὰς αὐλητρίδας, πολλοῦ μισθούμενοι ἀλλοτρίαν φωνὴν τὴν
τῶν αὐλῶν, καὶ διὰ τῆς ἐκείνων φωνῆς ἀλλήλοις σύνεισιν·
ὅπου δὲ καλοὶ κἀγαθοὶ συμπόται καὶ πεπαιδευμένοι εἰσίν,
οὐκ ἂν ἴδοις οὔτ' αὐλητρίδας οὔτε ὀρχηστρίδας οὔτε ψαλ-
5 τρίας, ἀλλὰ αὐτοὺς αὑτοῖς ἱκανοὺς ὄντας συνεῖναι ἄνευ τῶν
λήρων τε καὶ παιδιῶν τούτων διὰ τῆς αὑτῶν φωνῆς, λέγον-
τάς τε καὶ ἀκούοντας ἐν μέρει ἑαυτῶν κοσμίως, κἂν πάνυ
e πολὺν οἶνον πίωσιν. οὕτω δὲ καὶ αἱ τοιαίδε συνουσίαι, ἐὰν
μὲν λάβωνται ἀνδρῶν οἷοίπερ ἡμῶν οἱ πολλοί φασιν εἶναι,
οὐδὲν δέονται ἀλλοτρίας φωνῆς οὐδὲ ποιητῶν, οὓς οὔτε
ἀνερέσθαι οἷόν τ' ἐστὶν περὶ ὧν λέγουσιν, ἐπαγόμενοί τε
5 αὐτοὺς οἱ πολλοὶ ἐν τοῖς λόγοις οἱ μὲν ταῦτά φασιν τὸν
ποιητὴν νοεῖν, οἱ δ' ἕτερα, περὶ πράγματος διαλεγόμενοι ὃ
ἀδυνατοῦσι ἐξελέγξαι· ἀλλὰ τὰς μὲν τοιαύτας συνουσίας
348 ἐῶσιν χαίρειν, αὐτοὶ δ' ἑαυτοῖς σύνεισιν δι' ἑαυτῶν, ἐν τοῖς
ἑαυτῶν λόγοις πεῖραν ἀλλήλων λαμβάνοντες καὶ διδόντες.
τοὺς τοιούτους μοι δοκεῖ χρῆναι μᾶλλον μιμεῖσθαι ἐμέ τε
καὶ σέ, καταθεμένους τοὺς ποιητὰς αὐτοὺς δι' ἡμῶν αὐτῶν
5 πρὸς ἀλλήλους τοὺς λόγους ποιεῖσθαι, τῆς ἀληθείας καὶ
ἡμῶν αὐτῶν πεῖραν λαμβάνοντας· κἂν μὲν βούλῃ ἔτι ἐρωτᾶν,
ἕτοιμός εἰμί σοι παρέχειν ἀποκρινόμενος· ἐὰν δὲ βούλῃ, σὺ
ἐμοὶ παράσχες, περὶ ὧν μεταξὺ ἐπαυσάμεθα διεξιόντες, τούτοις τέλος ἐπιθεῖναι.
b Λέγοντος οὖν ἐμοῦ ταῦτα καὶ τοιαῦτα ἄλλα οὐδὲν ἀπε-
σάφει ὁ Πρωταγόρας ὁπότερα ποιήσοι. εἶπεν οὖν ὁ Ἀλκιβιάδης πρὸς τὸν Καλλίαν βλέψας, Ὦ Καλλία, δοκεῖ σοι,
ἔφη, καὶ νῦν καλῶς Πρωταγόρας ποιεῖν, οὐκ ἐθέλων εἴτε
5 δώσει λόγον εἴτε μὴ διασαφεῖν; ἐμοὶ γὰρ οὐ δοκεῖ· ἀλλ'

180. Cf. 337d-e.
181. Cf. Platão, *Hípias Menor* 365c-d; *Mênon* 71d; *Teeteto* 171d.

homens medíocres e vulgares. Pois eles, devido à incapacidade de se entreterem por conta própria durante a bebedeira e por meio de sua própria voz e de seus próprios discursos, fruto de sua falta de educação, valorizam as auletas e despendem grande soma de dinheiro na voz alheia desses instrumentos, entreten- do-se mediante essa voz. Nos banquetes de homens excelentes e educados, contudo, você não veria nem auletas, nem dançarinas, nem harpistas; observaria que eles bastam a si próprios para se entreterem por meio de sua própria voz, alheios a essas patacoa- das infantis, e que falam e escutam ordenadamente, cada um à sua volta, ainda que bebam vinho em demasia. É o que sucede a encontros como este aqui: se eles contam com a participação de homens de tal jaez como a maioria de nós afirma ser o nosso caso[180], não carecem de voz alheia, nem mesmo dos poetas, os quais não podem ser indagados sobre o que dizem[181]. A maioria dos homens, durante as discussões, chama-nos em causa, e parte deles afirma que o poeta pensa tal coisa, enquanto outra parte, que ele pensa coisa diferente, dialogando a respeito de uma maté- ria sobre a qual são incapazes de comprovar algum ponto. A esse tipo de encontro, aqueles homens dão adeus e passam, então, a se entreter por conta própria, oferecendo e aproveitando a opor- tunidade durante suas discussões para testarem uns aos outros. Parece-me que devemos, você e eu, imitar a estes últimos e abdi- car dos poetas, para que estabeleçamos uma discussão entre nós por nossa própria conta, aproveitando a oportunidade para testar a verdade e a nós mesmos. Se ainda quiser me interrogar, estou pronto para apresentar a você as respostas; se preferir, porém, apresente-se perante mim para terminarmos aquilo que deixa- mos pela metade na discussão!

Depois que eu falei essas coisas e outras tais, Protágoras não dava indício de que via tomaria. Alcibíades, com os olhos fitos em Cálias, disse-lhe então:

— Cálias, você considera bela a atitude de Protágoras neste momento, relutante em manifestar se vai ou não se explicar? A mim não parece que seja. Pois bem, que ele continue a dialogar!

494 ΠΡΩΤΑΓΟΡΑΣ

ἤτοι διαλεγέσθω ἢ εἰπέτω ὅτι οὐκ ἐθέλει διαλέγεσθαι, ἵνα τούτῳ μὲν ταῦτα συνειδῶμεν, Σωκράτης δὲ ἄλλῳ τῳ διαλέγηται ἢ ἄλλος ὅστις ἂν βούληται ἄλλῳ.

c Καὶ ὁ Πρωταγόρας αἰσχυνθείς, ὥς γέ μοι ἔδοξεν, τοῦ τε Ἀλκιβιάδου ταῦτα λέγοντος καὶ τοῦ Καλλίου δεομένου καὶ τῶν ἄλλων σχεδόν τι τῶν παρόντων, μόγις προυτράπετο εἰς τὸ διαλέγεσθαι καὶ ἐκέλευεν ἐρωτᾶν αὐτὸν ὡς ἀποκρινούμενος.

5 Εἶπον δὴ ἐγώ· Ὦ Πρωταγόρα, μὴ οἴου διαλέγεσθαί μέ σοι ἄλλο τι βουλόμενον ἢ ἃ αὐτὸς ἀπορῶ ἑκάστοτε, ταῦτα διασκέψασθαι. ἡγοῦμαι γὰρ πάνυ λέγειν τι τὸν Ὅμηρον τὸ—

d σύν τε δύ' ἐρχομένω, καί τε πρὸ ὃ τοῦ ἐνόησεν. εὐπορώτεροι γάρ πως ἅπαντές ἐσμεν οἱ ἄνθρωποι πρὸς ἅπαν ἔργον καὶ λόγον καὶ διανόημα· "μοῦνος δ' εἴπερ τε νοήσῃ," αὐτίκα περιιὼν ζητεῖ ὅτῳ ἐπιδείξηται καὶ μεθ'

5 ὅτου βεβαιώσηται, ἕως ἂν ἐντύχῃ. ὥσπερ καὶ ἐγὼ ἕνεκα τούτου σοὶ ἡδέως διαλέγομαι μᾶλλον ἢ ἄλλῳ τινί, ἡγούμενός σε βέλτιστ' ἂν ἐπισκέψασθαι καὶ περὶ τῶν ἄλλων

e περὶ ὧν εἰκὸς σκοπεῖσθαι τὸν ἐπιεικῆ, καὶ δὴ καὶ περὶ ἀρετῆς. τίνα γὰρ ἄλλον ἢ σέ; ὅς γε οὐ μόνον αὐτὸς οἴει καλὸς κἀγαθὸς εἶναι, ὥσπερ τινὲς ἄλλοι αὐτοὶ μὲν ἐπιεικεῖς εἰσιν, ἄλλους δὲ οὐ δύνανται ποιεῖν· σὺ δὲ καὶ αὐτὸς ἀγαθὸς εἶ

5 καὶ ἄλλους οἷός τ' εἶ ποιεῖν ἀγαθούς, καὶ οὕτω πεπίστευκας σαυτῷ, ὥστε καὶ ἄλλων ταύτην τὴν τέχνην ἀπο-

349 κρυπτομένων σύ γ' ἀναφανδὸν σεαυτὸν ὑποκηρυξάμενος εἰς πάντας τοὺς Ἕλληνας, σοφιστὴν ἐπονομάσας σεαυτόν, ἀπέφηνας παιδεύσεως καὶ ἀρετῆς διδάσκαλον, πρῶτος τούτου μισθὸν ἀξιώσας ἄρνυσθαι. πῶς οὖν οὐ σὲ χρῆν παρα-

---

182. Sobre a relutância de Protágoras em participar do diálogo mediante perguntas e respostas, comparar com 338e.

183. Cf. Platão, Górgias 457c-458b.

184. Homero, Ilíada 10.224-225.

[348b-349a]　　　　　　　　　PROTÁGORAS　　　　　　　　　495

Caso contrário, confesse logo que não deseja fazê-lo para que saibamos qual a sua posição! Pois, dessa maneira, Sócrates poderá dialogar com outrem, ou então será possível iniciar outro diálogo entre aqueles que, porventura, quiserem fazê-lo.

E Protágoras, envergonhado, a meu ver, ante as palavras de Alci- c
bíades e os pedidos de Cálias e quase todos os demais presentes, foi impelido, embora não sem resistência, ao diálogo, mandando-me formular as perguntas para que as respondesse[182].

E eu lhe disse:

— Protágoras, não julgue que eu dialogo com você querendo outra coisa a não ser investigar aquilo que me embaraça a todo instante[183]. Tenho muito apreço pelo que diz Homero neste trecho:

> *Quando dois homens caminham juntos, um atina antes que o* d
> *outro.*[184]

Pois, desse modo, todos nós, homens, estamos mais bem preparados para qualquer empreendimento, discurso e pensamento. *Mas, se atinar sozinho*, olhando imediatamente à sua volta, ele procura alguém para quem mostrá-lo e com quem se certificar, até que o encontre. A situação presente, pois, é semelhante. E é por esta razão que eu, com prazer, prefiro dialogar com você a dialogar com qualquer outra pessoa: por considerar que você poderia investigar da melhor maneira os assuntos que cabem ao homem de valor examinar, especialmente a virtude. e
Que outra pessoa melhor haveria? Você não apenas presume ser um homem excelente (há outras pessoas que são homens de valor, porém incapazes de tornar outrem um indivíduo de tal tipo); além de ser bom, você é capaz de tornar boas outras pessoas. E confia tanto em si mesmo que, enquanto os demais acobertam essa arte, você anunciou a si mesmo, abertamente 349
para todos os helenos, sob a alcunha de sofista, proclamando-se mestre em educação e virtude, o primeiro a reputar-se digno de uma remuneração para tal fim[185]. Como eu, então, não deveria

---

185. Cf. 310d; 316c-317c; 328b-c. Sobre a remuneração dos sofistas, ver *Estudo Introdutório*, capítulo 1.

496 ΠΡΩΤΑΓΟΡΑΣ

5 καλεῖν ἐπὶ τὴν τούτων σκέψιν καὶ ἐρωτᾶν καὶ ἀνακοινοῦσθαι;
οὐκ ἔσθ᾽ ὅπως οὔ. καὶ νῦν δὴ ἐγὼ ἐκεῖνα, ἅπερ τὸ πρῶτον
ἠρώτων περὶ τούτων, πάλιν ἐπιθυμῶ ἐξ ἀρχῆς τὰ μὲν
ἀναμνησθῆναι παρὰ σοῦ, τὰ δὲ συνδιασκέψασθαι.· ἦν δέ,
b ὡς ἐγῷμαι, τὸ ἐρώτημα τόδε· σοφία καὶ σωφροσύνη καὶ
ἀνδρεία καὶ δικαιοσύνη καὶ ὁσιότης, πότερον ταῦτα, πέντε
ὄντα ὀνόματα, ἐπὶ ἑνὶ πράγματί ἐστιν, ἢ ἑκάστῳ τῶν ὀνομάτων τούτων ὑπόκειταί τις ἴδιος οὐσία καὶ πρᾶγμα ἔχον
5 ἑαυτοῦ δύναμιν ἕκαστον, οὐκ ὂν οἷον τὸ ἕτερον αὐτῶν τὸ
ἕτερον; ἔφησθα οὖν σὺ οὐκ ὀνόματα ἐπὶ ἑνὶ εἶναι, ἀλλὰ
c ἕκαστον ἰδίῳ πράγματι τῶν ὀνομάτων τούτων ἐπικεῖσθαι,
πάντα δὲ ταῦτα μόρια εἶναι ἀρετῆς, οὐχ ὡς τὰ τοῦ χρυσοῦ
μόρια ὅμοιά ἐστιν ἀλλήλοις καὶ τῷ ὅλῳ οὗ μόριά ἐστιν,
ἀλλ᾽ ὡς τὰ τοῦ προσώπου μόρια καὶ τῷ ὅλῳ οὗ μόριά ἐστιν
καὶ ἀλλήλοις ἀνόμοια, ἰδίαν ἕκαστα δύναμιν ἔχοντα. ταῦτα
5 εἰ μέν σοι δοκεῖ ἔτι ὥσπερ τότε, φάθι· εἰ δὲ ἄλλως πως,
τοῦτο διόρισαι, ὡς ἔγωγε οὐδέν σοι ὑπόλογον τίθεμαι, ἐάν
πῃ ἄλλῃ νῦν φῇς· οὐ γὰρ ἂν θαυμάζοιμι εἰ τότε ἀποπει-
d ρώμενός μου ταῦτα ἔλεγες.

Ἀλλ᾽ ἐγώ σοι, ἔφη, λέγω, ὦ Σώκρατες, ὅτι ταῦτα πάντα
μόρια μέν ἐστιν ἀρετῆς, καὶ τὰ μὲν τέτταρα αὐτῶν ἐπιεικῶς
παραπλήσια ἀλλήλοις ἐστίν, ἡ δὲ ἀνδρεία πάνυ πολὺ δια-
5 φέρον πάντων τούτων. ὧδε δὲ γνώσῃ ὅτι ἐγὼ ἀληθῆ
λέγω· εὑρήσεις γὰρ πολλοὺς τῶν ἀνθρώπων ἀδικωτάτους
μὲν ὄντας καὶ ἀνοσιωτάτους καὶ ἀκολαστοτάτους καὶ ἀμαθεστάτους, ἀνδρειοτάτους δὲ διαφερόντως.

e Ἔχε δή, ἔφην ἐγώ· ἄξιον γάρ τοι ἐπισκέψασθαι ὃ λέγεις.
πότερον τοὺς ἀνδρείους θαρραλέους λέγεις ἢ ἄλλο τι;—
Καὶ ἴτας γε, ἔφη, ἐφ᾽ ἃ οἱ πολλοὶ φοβοῦνται ἰέναι.—Φέρε

---

186. Sobre o problema semântico envolvido na tradução do termo *sōphrosunē*
(traduzido aqui por "temperança"), ver supra nota 90.

187. Cf. 329c-330b.

[349a-e] PROTÁGORAS 497

convocá-lo para essa investigação, interrogando e consultando-o? Não há como ser diferente.

E, neste momento, desejo recordar com você, desde o princípio, algumas coisas que lhe indaguei anteriormente, e examinar outras tantas com seu auxílio. A questão era a seguinte, creio eu: se sabedoria, temperança[186], coragem, justiça e piedade, embora sejam cinco nomes, concernem a uma única coisa, ou, se para cada um desses nomes, há uma essência particular, ou seja, uma coisa dotada de uma capacidade que lhe é própria, sendo cada uma delas diferente da outra. Bem, você afirmava que não são nomes que concernem a uma única coisa, mas que cada um desses nomes se aplica a uma coisa particular, e que todas elas são partes da virtude, não como as partes do ouro, que são semelhantes umas às outras e ao todo do qual são partes, porém como as partes do rosto, que são dessemelhantes entre si e do todo do qual são partes, cada qual com sua capacidade particular[187]. Se você mantém a mesma opinião de antes, diga-me! Mas se, de algum modo, seu pensamento for diferente disso, explique o que seja! Pois não o inculparei de nada, caso afirme agora coisa diversa; não me espantaria se, naquela ocasião, você dizia aquilo só para me testar.

— Mas lhe afirmo, Sócrates – disse ele –, que todas elas são partes da virtude, e quatro são razoavelmente parecidas umas com as outras, enquanto a coragem se distingue em muito de todas as demais. Você saberá que eu digo a verdade da seguinte maneira: encontrará muitos homens que são extremamente injustos, ímpios, intemperantes e ignorantes, mas excepcionalmente corajosíssimos[188].

— Um momento! – disse eu. – O que você está dizendo merece uma investigação. Afirma que os corajosos são audaciosos, ou algo diferente disso?

— E impulsivos – respondeu –, perante o que a maioria teme enfrentar.

188. Posição semelhante à de Protágoras, que atribui à coragem uma natureza peculiar em comparação às demais virtudes particulares, aparece também nas *Leis* na boca do Ateniense, cf. I 630a-b.

498 ΠΡΩΤΑΓΟΡΑΣ

δή, τὴν ἀρετὴν καλόν τι φῇς εἶναι, καὶ ὡς καλοῦ ὄντος
5 αὐτοῦ σὺ διδάσκαλον σαυτὸν παρέχεις;—Κάλλιστον μὲν
οὖν, ἔφη, εἰ μὴ μαίνομαί γε.—Πότερον οὖν, ἦν δ' ἐγώ, τὸ
μέν τι αὐτοῦ αἰσχρόν, τὸ δέ τι καλόν, ἢ ὅλον καλόν;—Ὅλον
που καλὸν ὡς οἷόν τε μάλιστα.—Οἶσθα οὖν τίνες εἰς τὰ
350 φρέατα κολυμβῶσιν θαρραλέως;—Ἔγωγε, ὅτι οἱ κολυμβη-
ταί.—Πότερον διότι ἐπίστανται ἢ δι' ἄλλο τι;—Ὅτι ἐπίστανται.—Τίνες δὲ ἀπὸ τῶν ἵππων πολεμεῖν θαρραλέοι εἰσίν;
πότερον οἱ ἱππικοὶ ἢ οἱ ἄφιπποι;—Οἱ ἱππικοί.—Τίνες δὲ
5 πέλτας ἔχοντες; οἱ πελταστικοὶ ἢ οἱ μή;—Οἱ πελταστικοί.
καὶ τὰ ἄλλα γε πάντα, εἰ τοῦτο ζητεῖς, ἔφη, οἱ ἐπιστήμονες
τῶν μὴ ἐπισταμένων θαρραλεώτεροί εἰσιν, καὶ αὐτοὶ ἑαυτῶν
b ἐπειδὰν μάθωσιν ἢ πρὶν μαθεῖν.—Ἤδη δέ τινας ἑώρακας,
ἔφην, πάντων τούτων ἀνεπιστήμονας ὄντας, θαρροῦντας δὲ
πρὸς ἕκαστα τούτων;—Ἔγωγε, ἦ δ' ὅς, καὶ λίαν γε θαρροῦντας.—Οὐκοῦν οἱ θαρραλέοι οὗτοι καὶ ἀνδρεῖοί εἰσιν;
5 —Αἰσχρὸν μεντἂν, ἔφη, εἴη ἡ ἀνδρεία· ἐπεὶ οὗτοί γε
μαινόμενοί εἰσιν.—Πῶς οὖν, ἔφην ἐγώ, λέγεις τοὺς ἀνδρείους; οὐχὶ τοὺς θαρραλέους εἶναι;—Καὶ νῦν γ', ἔφη.—
c Οὐκοῦν οὗτοι, ἦν δ' ἐγώ, οἱ οὕτω θαρραλέοι ὄντες οὐκ ἀνδρεῖοι ἀλλὰ μαινόμενοι φαίνονται; καὶ ἐκεῖ αὖ οἱ σοφώτατοι
οὗτοι καὶ θαρραλεώτατοί εἰσιν, θαρραλεώτατοι δὲ ὄντες

189. Cf. Platão, *Laques* 193b-c. Sobre a experiência dos gregos nesse tipo de
atividade, ver Tucídides 4.26.8.

[349e-350c]   PROTÁGORAS   499

— Adiante, então! Você afirma que a virtude é algo belo, e se apresenta como mestre de virtude porque é bela?

— Belíssima – disse ele –, se não estou delirando.

— E então – perguntei –, parte dela é bela e outra vergonhosa, ou ela é inteiramente bela?

— Sim, inteiramente bela, no máximo grau.

— Você sabe, então, quem são as pessoas que mergulham em cisternas audaciosamente?[189]

— Sim, os mergulhadores.

— Por que possuem conhecimento, ou por algum outro motivo?

— Porque possuem conhecimento.

— E quem são as pessoas audaciosas em combater montadas a cavalo? São os cavaleiros, ou os que não sabem montar?

— Os cavaleiros.

— E em manejar a pelta? Os peltastas, ou os que não sabem manejá-la?

— Os peltastas. E o mesmo vale para todos os demais casos – disse ele –, se é isto o que você procura: os que possuem conhecimento são mais audaciosos do que aqueles que não o possuem, e, em relação a si próprios, são mais audaciosos depois que aprendem do que antes de terem aprendido.

— Já viu pessoas – perguntei – que não possuem conhecimento de nenhuma dessas coisas, mas são audaciosas em cada uma delas?

— Já vi, sim – respondeu. – E excessivamente audaciosas.

— Então, essas pessoas audaciosas não são também corajosas?

— A coragem seria decerto vergonhosa se assim o fossem – disse ele –, pois são desvairadas.

— Como, então – perguntei –, você se refere aos corajosos? Não são os audaciosos?

— Mantenho o que digo – respondeu.

— Então – disse eu –, essas pessoas que são assim audaciosas não são corajosas, mas manifestamente desvairadas, não são? E os mais sábios, por sua vez, são os mais audaciosos, e, sendo

500 ΠΡΩΤΑΓΟΡΑΣ

ἀνδρειότεροι; καὶ κατὰ τοῦτον τὸν λόγον ἡ σοφία ἂν ἀνδρεία
5 εἴη;

Οὐ καλῶς, ἔφη, μνημονεύεις, ὦ Σώκρατες, ἃ ἔλεγόν τε
καὶ ἀπεκρινόμην σοι. ἔγωγε ἐρωτηθεὶς ὑπὸ σοῦ εἰ οἱ
ἀνδρεῖοι θαρραλέοι εἰσίν, ὡμολόγησα· εἰ δὲ καὶ οἱ θαρραλέοι
ἀνδρεῖοι, οὐκ ἠρωτήθην—εἰ γάρ με τότε ἤρου, εἶπον ἂν ὅτι
d οὐ πάντες—τοὺς δὲ ἀνδρείους ὡς οὐ θαρραλέοι εἰσίν, τὸ
ἐμὸν ὁμολόγημα οὐδαμοῦ ἐπέδειξας ὡς οὐκ ὀρθῶς ὡμολόγησα.
ἔπειτα τοὺς ἐπισταμένους αὐτοὺς ἑαυτῶν θαρραλεωτέρους
ὄντας ἀποφαίνεις καὶ μὴ ἐπισταμένων ἄλλων, καὶ ἐν τούτῳ
5 οἴει τὴν ἀνδρείαν καὶ τὴν σοφίαν ταὐτὸν εἶναι· τούτῳ δὲ
τῷ τρόπῳ μετιὼν καὶ τὴν ἰσχὺν οἰηθείης ἂν εἶναι σοφίαν.
πρῶτον μὲν γὰρ εἰ οὕτω μετιὼν ἔροιό με εἰ οἱ ἰσχυροὶ
e δυνατοί εἰσιν, φαίην ἄν· ἔπειτα, εἰ οἱ ἐπιστάμενοι παλαίειν
δυνατώτεροί εἰσιν τῶν μὴ ἐπισταμένων παλαίειν καὶ αὐτοὶ
αὑτῶν ἐπειδὰν μάθωσιν ἢ πρὶν μαθεῖν, φαίην ἄν· ταῦτα
δὲ ἐμοῦ ὁμολογήσαντος ἐξείη ἄν σοι, χρωμένῳ τοῖς αὐτοῖς
5 τεκμηρίοις τούτοις, λέγειν ὡς κατὰ τὴν ἐμὴν ὁμολογίαν ἡ
σοφία ἐστὶν ἰσχύς. ἐγὼ δὲ οὐδαμοῦ οὐδ᾽ ἐνταῦθα ὁμολογῶ
τοὺς δυνατοὺς ἰσχυροὺς εἶναι, τοὺς μέντοι ἰσχυροὺς δυνατούς·
351 οὐ γὰρ ταὐτὸν εἶναι δύναμίν τε καὶ ἰσχύν, ἀλλὰ τὸ μὲν
καὶ ἀπὸ ἐπιστήμης γίγνεσθαι, τὴν δύναμιν, καὶ ἀπὸ μανίας
γε καὶ θυμοῦ, ἰσχὺν δὲ ἀπὸ φύσεως καὶ εὐτροφίας τῶν
σωμάτων. οὕτω δὲ κἀκεῖ οὐ ταὐτὸν εἶναι θάρσος τε καὶ
5 ἀνδρείαν· ὥστε συμβαίνει τοὺς μὲν ἀνδρείους θαρραλέους
εἶναι, μὴ μέντοι τούς γε θαρραλέους ἀνδρείους πάντας·
θάρσος μὲν γὰρ καὶ ἀπὸ τέχνης γίγνεται ἀνθρώποις καὶ

190. Sobre a quarta prova/refutação (349e-350c), ver a análise específica desenvolvida no *Estudo Introdutório*, capítulo 6.

191. Essa admoestação pode ser interpretada como uma tirada jocosa de Protágoras, uma vez que Sócrates havia alegado, durante a crise do diálogo, que ele
tinha uma memória fraca (334c-d).

192. Protágoras estaria cumprindo assim a função que Odisseu deveria cum-
prir junto a Diomedes na *Ilíada*, a partir da analogia sugerida por Sócrates anteriormente (348d): quando duas pessoas caminham juntas, uma percebe antes da
outra e lhe comunica.

[350c-351a] PROTÁGORAS 501

os mais audaciosos, são os mais corajosos, não são? E segundo esse argumento, a sabedoria seria coragem, não seria?[190]

— Você não recorda corretamente[191], Sócrates – retorquiu ele –, o que eu disse e lhe respondi. Quando me perguntou se os corajosos são audaciosos, eu concordei, mas não fui indagado se também os audaciosos são corajosos; pois, se naquela ocasião tivesse sido essa a sua pergunta, teria eu lhe respondido que nem todos[192]. E quanto ao meu assentimento em que os corajosos são audaciosos, você não assinalou em momento algum em que ponto assenti erroneamente. Em seguida, você mostrava que os que possuem conhecimento são mais audaciosos do que eles mesmos e do que os ignorantes, presumindo com isso que a coragem e a sabedoria sejam a mesma coisa. Se seguisse esse caminho, contudo, você poderia sugerir que até mesmo a força é sabedoria. Em primeiro lugar, se permanecesse nessa trilha e me indagasse se os fortes são capazes, eu o confirmaria. Em seguida, se me perguntasse se os que sabem lutar são mais capazes do que aqueles que não o sabem, e se, em relação a si próprios, são mais capazes depois que aprendem a lutar do que antes de terem aprendido, eu o confirmaria[193]. E, estando eu de acordo com isso, você poderia, recorrendo a essas mesmas provas, afirmar que, segundo meu assentimento, a sabedoria é força. No entanto, eu, em nenhuma circunstância, muito menos agora, assinto em que os capazes são fortes, mas apenas em que os fortes são capazes. Pois capacidade e força não são a mesma coisa: a capacidade advém tanto do conhecimento quanto do desvario e da ira, ao passo que a força provém da natureza e da boa nutrição do corpo. É o que ocorre no argumento anterior: audácia e coragem não são a mesma coisa, de modo que os corajosos são audazes, mas nem todos os audazes são corajosos. Pois audácia, assim como a capacidade, advém aos homens tanto da arte quanto

_d_

_e_

351

---

193. Sobre exemplos, metáforas e vocabulário de cunho agonístico no *Protágoras*, ver *Comentário* 338a8 e 338b3, e *Estudo Introdutório*, subtítulo 4.2.

ΠΡΩΤΑΓΟΡΑΣ

b ἀπὸ θυμοῦ γε καὶ ἀπὸ μανίας, ὥσπερ ἡ δύναμις, ἀνδρεία δὲ ἀπὸ φύσεως καὶ εὐτροφίας τῶν ψυχῶν γίγνεται.

Λέγεις δέ τινας, ἔφην, ὦ Πρωταγόρα, τῶν ἀνθρώπων εὖ ζῆν, τοὺς δὲ κακῶς;—Ἔφη.—Ἆρ᾽ οὖν δοκεῖ σοι ἄνθρωπος

5 ἂν εὖ ζῆν, εἰ ἀνιώμενός τε καὶ ὀδυνώμενος ζῴη;—Οὐκ ἔφη.—Τί δ᾽ εἰ ἡδέως βιοὺς τὸν βίον τελευτήσειεν; οὐκ εὖ ἄν σοι δοκεῖ οὕτως βεβιωκέναι;—Ἔμοιγ᾽, ἔφη.—Τὸ μὲν ἄρα

c ἡδέως ζῆν ἀγαθόν, τὸ δ᾽ ἀηδῶς κακόν.—Εἴπερ τοῖς καλοῖς γ᾽, ἔφη, ζῴη ἡδόμενος.—Τί δή, ὦ Πρωταγόρα; μὴ καὶ σύ, ὥσπερ οἱ πολλοί, ἡδέ᾽ ἄττα καλεῖς κακὰ καὶ ἀνιαρὰ ἀγαθά; ἐγὼ γὰρ λέγω, καθ᾽ ὃ ἡδέα ἐστίν, ἆρα κατὰ τοῦτο οὐκ

5 ἀγαθά, μὴ εἴ τι ἀπ᾽ αὐτῶν ἀποβήσεται ἄλλο; καὶ αὖθις αὖ τὰ ἀνιαρὰ ὡσαύτως οὕτως οὐ καθ᾽ ὅσον ἀνιαρά, κακά;— Οὐκ οἶδα, ὦ Σώκρατες, ἔφη, ἁπλῶς οὕτως, ὡς σὺ ἐρωτᾷς,

d εἰ ἐμοὶ ἀποκριτέον ἐστὶν ὡς τὰ ἡδέα τε ἀγαθά ἐστιν ἅπαντα καὶ τὰ ἀνιαρὰ κακά· ἀλλά μοι δοκεῖ οὐ μόνον πρὸς τὴν νῦν ἀπόκρισιν ἐμοὶ ἀσφαλέστερον εἶναι ἀποκρίνασθαι, ἀλλὰ καὶ πρὸς πάντα τὸν ἄλλον βίον τὸν ἐμόν, ὅτι ἔστι μὲν ἃ τῶν

5 ἡδέων οὐκ ἔστιν ἀγαθά, ἔστι δ᾽ αὖ καὶ ἃ τῶν ἀνιαρῶν οὐκ ἔστι κακά, ἔστι δ᾽ ἃ ἔστι, καὶ τρίτον ἃ οὐδέτερα, οὔτε κακὰ

---

194. Sobre *natureza* e *educação* como condição necessária para a *virtude* no discurso de Protágoras (cf. 327b-e), ver *Comentário* 320b4-5 e 327b7-c1. Ver também Platão, *República* III 410d.

195. A função dessa longa discussão sobre o hedonismo que ora se inicia (351b-360e), aparentemente desconectada do tópico principal em debate (i.e., relação entre *coragem* e *conhecimento*), só se esclarecerá na última parte do argumento (359a1-360e5), conforme a sinopse apresentada abaixo. O propósito de Sócrates nessa seção, mediada pelo recurso do interlocutor fictício ("a maioria dos homens"), é demostrar que "a sabedoria relativa às coisas temíveis e não temíveis é coragem" (Ἡ σοφία ἄρα τῶν δεινῶν καὶ μὴ δεινῶν ἀνδρεία ἐστίν, 360d4-5), refutando assim a posição de Protágoras expressada em 349d, quando o diálogo passa a versar sobre essa virtude em particular – a saber, que há homens extremamente injustos, ímpios e intemperantes, mas excepcionalmente corajosos. Para fins didáticos, essa seção pode ser dividida nas seguintes partes, conforme adotado no *Estudo Introdutório*, capítulo 7:

(A) 351b3-d11: proposição do problema: o prazer, enquanto prazer, é bom?

(B) 352a1-353b6: a questão da *akrasia* (i.e., "incontinência")

(C) 353c1-354e2: exame do hedonismo

(D) 354e2-356c3: reformulação da *akrasia* à luz do hedonismo

[351b-d]   PROTÁGORAS   503

da ira e do desvario, ao passo que coragem provém da natu- b
reza e da boa nutrição da alma[194].

— Você afirma, Protágoras – disse eu –, que certos homens
vivem bem, e outros mal?[195]

Ele disse que sim.

— Porventura, parece-lhe que um homem viveria bem, se
levasse uma vida aflitiva e dolorosa?

Ele respondeu que não.

— E se chegasse ao termo da vida depois de ter vivido aprazivelmente? Não lhe parece que ele teria assim vivido bem?

— Pelo menos a mim parece – disse ele.

— Portanto, viver de modo aprazível é bom, enquanto viver c
de forma não aprazível é mau.

— Contanto que se viva comprazendo-se com coisas
belas – redarguiu.

— O que, Protágoras? Por acaso você, assim como a maioria
dos homens, chama de más certas coisas aprazíveis, e de boas,
certas coisas dolorosas? Eu me refiro ao seguinte: enquanto
aprazíveis, elas não são, enquanto tais, boas, desconsiderando
futuras consequências que lhes sejam diversas?[196] E inversamente, as coisas dolorosas não são, por sua vez, da mesma forma
más, na medida em que são dolorosas?

— Não sei, Sócrates – respondeu ele –, se devo lhe dar uma
resposta tão simples quanto é a sua pergunta, ou seja, que todas
as coisas aprazíveis são boas e todas as coisas dolorosas são más. d
Contudo, parece-me mais seguro responder a você, não apenas
no tocante a esta resposta, mas também com relação à vida que
ainda me resta, que há certas coisas aprazíveis que não são boas,
do mesmo modo que há certas coisas dolorosas que não são

(E) 356c4-357e8: refutação da *akrasia* à luz do hedonismo
(F) 358a2-359a1: recapitulação das conclusões anteriores e preparação para o
elenchos
(G) 359a1-360e5: *elenchos* da tese de Protágoras (349d)

196. Sobre o problema de ordem filológica da oração "desconsiderando futuras consequências que lhes sejam diversas", ver *Estudo Introdutório*, subtítulo 7.1,
p. 173-176.

504 ΠΡΩΤΑΓΟΡΑΣ

οὔτ' ἀγαθά.—Ἡδέα δὲ καλεῖς, ἦν δ' ἐγώ, οὐ τὰ ἡδονῆς
e μετέχοντα ἢ ποιοῦντα ἡδονήν;—Πάνυ γ', ἔφη.—Τοῦτο τοίνυν λέγω, καθ' ὅσον ἡδέα ἐστίν, εἰ οὐκ ἀγαθά, τὴν ἡδονὴν
αὐτὴν ἐρωτῶν εἰ οὐκ ἀγαθόν ἐστιν.—Ὥσπερ σὺ λέγεις, ἔφη,
ἑκάστοτε, ὦ Σώκρατες, σκοπώμεθα αὐτό, καὶ ἐὰν μὲν πρὸς
5 λόγον δοκῇ εἶναι τὸ σκέμμα καὶ τὸ αὐτὸ φαίνηται ἡδύ τε
καὶ ἀγαθόν, συγχωρησόμεθα· εἰ δὲ μή, τότε ἤδη ἀμφισβη-
τήσομεν.

Πότερον οὖν, ἦν δ' ἐγώ, σὺ βούλει ἡγεμονεύειν τῆς
σκέψεως, ἢ ἐγὼ ἡγῶμαι;
10 Δίκαιος, ἔφη, σὺ ἡγεῖσθαι· σὺ γὰρ καὶ κατάρχεις τοῦ
λόγου.

352 Ἆρ' οὖν, ἦν δ' ἐγώ, τῇδέ πη καταφανὲς ἂν ἡμῖν γένοιτο;
ὥσπερ εἴ τις ἄνθρωπον σκοπῶν ἐκ τοῦ εἴδους ἢ πρὸς ὑγίειαν
ἢ πρὸς ἄλλο τι τῶν τοῦ σώματος ἔργων, ἰδὼν τὸ πρόσωπον
καὶ τὰς χεῖρας ἄκρας εἴποι· "Ἴθι δή μοι ἀποκαλύψας καὶ τὰ
5 στήθη καὶ τὸ μετάφρενον ἐπίδειξον, ἵνα ἐπισκέψωμαι σαφέστερον," καὶ ἐγὼ τοιοῦτόν τι ποθῶ πρὸς τὴν σκέψιν· θεα-
σάμενος ὅτι οὕτως ἔχεις πρὸς τὸ ἀγαθὸν καὶ τὸ ἡδὺ ὡς
φής, δέομαι τοιοῦτόν τι εἰπεῖν· Ἴθι δή μοι, ὦ Πρωταγόρα,
b καὶ τόδε τῆς διανοίας ἀποκάλυψον· πῶς ἔχεις πρὸς ἐπιστήμην; πότερον καὶ τοῦτό σοι δοκεῖ ὥσπερ τοῖς πολλοῖς
ἀνθρώποις, ἢ ἄλλως; δοκεῖ δὲ τοῖς πολλοῖς περὶ ἐπιστήμης
τοιοῦτόν τι, οὐκ ἰσχυρὸν οὐδ' ἡγεμονικὸν οὐδ' ἀρχικὸν εἶναι·
5 οὐδὲ ὡς περὶ τοιούτου αὐτοῦ ὄντος διανοοῦνται, ἀλλ' ἐνούσης

197. Cf. 330b6-7, 332a4, 333b8, 343c6.

198. Sobre a figura de Sócrates como "médico" da alma, ver *Comentário* 313e2.

199. Adoto aqui a proposta filológica de Marco Zingano, alternativa à edição
de John Burnet, que é utilizada aqui como base para a tradução, no que tange à
linha 352b5 do texto grego. Burnet adota uma leitura que mescla duas versões distintas presentes nas duas tradições de manuscritos (bw, de um lado, e t, de outro):
οὐδὲ ὡς περὶ τοιούτου αὐτοῦ ὄντος διανοοῦνται. O sentido do texto, segundo a
leitura de Burnet, fica redundante, pois apenas repete o que já havia sido dito antes:
"ela [i.e., a maioria dos homens] pensa que o conhecimento não é algo desse tipo".
Todavia, como aponta Zingano, se adotarmos a versão pura de bw (οὐδὲ ὡς περὶ
τοῦ οὐ τοῦ αὐτοῦ ὄντος διανοοῦνται), que não apresenta nenhum problema de
natureza filológica, a tradução seria esta adotada aqui: "tampouco ela pensa *que
é a mesma coisa* que comanda o homem". A vantagem dessa leitura é que Sócrates

[351d-352b]   PROTÁGORAS   505

más, enquanto outras o são; e uma terceira classe que não é nem uma coisa nem outra, nem boas nem más.

— Não chama de aprazíveis – perguntei – as coisas que compartem do prazer ou produzem prazer?   e

— Absolutamente – respondeu ele.

— Pois bem, é a isto que me refiro: se, enquanto aprazíveis, elas são boas. Indago-lhe se o próprio prazer é bom.

— Como você diz amiúde, Sócrates – tornou ele –, investiguemos a questão[197] e, se for relevante para nossa investigação e ficar manifesto que aprazível e bom são a mesma coisa, estaremos de acordo; caso contrário, discordaremos sobre esse ponto.

— E então? – propus eu. – Você quer comandar a investigação, ou devo eu conduzi-la?

— É justo que a conduza – respondeu ele –, pois você está no comando da discussão.

— Porventura – perguntei –, poderíamos esclarecer a questão   352 deste modo? Suponhamos que alguém, examinando a saúde ou alguma outra função do corpo de um homem a partir do seu aspecto exterior, olhasse seu rosto e suas mãos e lhe dissesse: "Vamos lá! Descubra e mostre-me também o tórax e as costas, para que eu o examine melhor!" É um procedimento semelhante que desejo para a nossa investigação[198]. Ao constatar que a sua posição sobre o bem e o aprazível é aquela por você expressa, preciso lhe perguntar o seguinte: "Vamos lá, Protágoras, descubra-me também esta parte do seu pensamento: qual é a sua posi-   b ção a respeito do conhecimento? Por acaso a sua opinião se assemelha à da maioria dos homens, ou se difere dela? A opinião da maioria sobre o conhecimento é mais ou menos a seguinte: que ele não é forte, nem hegemônico, nem soberano. Tampouco ela pensa que é a mesma coisa que comanda o homem[199], mas

estaria salientando precisamente o fato de haver diferentes fontes de motivação (a saber: ira, prazer, dor, amor, medo, como referido adiante e 352b6-7) que têm o poder de se sobrepor ao conhecimento e comandar as ações humanas. Do ponto de vista filosófico, a versão de BW parece, de fato, bem mais interessante, pois ressaltaria a diversidade das fontes da motivação humana, o que a proposta de Burnet parece negligenciar.

ΠΡΩΤΑΓΟΡΑΣ

πολλάκις ἀνθρώπῳ ἐπιστήμης οὐ τὴν ἐπιστήμην αὐτοῦ
ἄρχειν ἀλλ' ἄλλο τι, τοτὲ μὲν θυμόν, τοτὲ δὲ ἡδονήν, τοτὲ
δὲ λύπην, ἐνίοτε δὲ ἔρωτα, πολλάκις δὲ φόβον, ἀτεχνῶς

c διανοούμενοι περὶ τῆς ἐπιστήμης ὥσπερ περὶ ἀνδραπόδου,
περιελκομένης ὑπὸ τῶν ἄλλων ἁπάντων. ἆρ' οὖν καὶ σοὶ
τοιοῦτόν τι περὶ αὐτῆς δοκεῖ, ἢ καλόν τε εἶναι ἡ ἐπιστήμη
καὶ οἷον ἄρχειν τοῦ ἀνθρώπου, καὶ ἐάνπερ γιγνώσκῃ τις

5 τἀγαθὰ καὶ τὰ κακά, μὴ ἂν κρατηθῆναι ὑπὸ μηδενὸς ὥστε
ἄλλ' ἄττα πράττειν ἢ ἂν ἐπιστήμη κελεύῃ, ἀλλ' ἱκανὴν εἶναι
τὴν φρόνησιν βοηθεῖν τῷ ἀνθρώπῳ;

Καὶ δοκεῖ, ἔφη, ὥσπερ σὺ λέγεις, ὦ Σώκρατες, καὶ ἅμα,

d εἴπερ τῳ ἄλλῳ, αἰσχρόν ἐστι καὶ ἐμοὶ σοφίαν καὶ ἐπιστήμην μὴ οὐχὶ πάντων κράτιστον φάναι εἶναι τῶν ἀνθρωπείων
πραγμάτων.

Καλῶς γε, ἔφην ἐγώ, σὺ λέγων καὶ ἀληθῆ. οἶσθα οὖν

5 ὅτι οἱ πολλοὶ τῶν ἀνθρώπων ἐμοί τε καὶ σοὶ οὐ πείθονται,
ἀλλὰ πολλούς φασι γιγνώσκοντας τὰ βέλτιστα οὐκ ἐθέλειν
πράττειν, ἐξὸν αὐτοῖς, ἀλλὰ ἄλλα πράττειν· καὶ ὅσους δὴ
ἐγὼ ἠρόμην ὅτι ποτε αἴτιόν ἐστι τούτου, ὑπὸ ἡδονῆς φασιν

e ἡττωμένους ἢ λύπης ἢ ὧν νυνδὴ ἐγὼ ἔλεγον ὑπό τινος
τούτων κρατουμένους ταῦτα ποιεῖν τοὺς ποιοῦντας.

Πολλὰ γὰρ οἶμαι, ἔφη, ὦ Σώκρατες, καὶ ἄλλα οὐκ ὀρθῶς
λέγουσιν οἱ ἄνθρωποι.

5 Ἴθι δὴ μετ' ἐμοῦ ἐπιχείρησον πείθειν τοὺς ἀνθρώπους
καὶ διδάσκειν ὅ ἐστιν αὐτοῖς τοῦτο τὸ πάθος, ὅ φασιν ὑπὸ

353 τῶν ἡδονῶν ἡττᾶσθαι καὶ οὐ πράττειν διὰ ταῦτα τὰ βέλτιστα,
ἐπεὶ γιγνώσκειν γε αὐτά. ἴσως γὰρ ἂν λεγόντων ἡμῶν
ὅτι Οὐκ ὀρθῶς λέγετε, ὦ ἄνθρωποι, ἀλλὰ ψεύδεσθε, ἔροιντ'
ἂν ἡμᾶς· "Ὦ Πρωταγόρα τε καὶ Σώκρατες, εἰ μὴ ἔστιν

5 τοῦτο τὸ πάθημα ἡδονῆς ἡττᾶσθαι, ἀλλὰ τί ποτ' ἐστίν, καὶ
τί ὑμεῖς αὐτό φατε εἶναι; εἴπατον ἡμῖν."

---

200. Cf. Aristóteles, *Ética Nicomaqueia* VII, 1145b21-27.

que, frequentemente, mesmo em posse do conhecimento, não é o conhecimento quem o comanda, mas alguma outra coisa, ora a ira, ora o prazer, ora a dor, às vezes o amor, muitas vezes o medo. Ela praticamente considera o conhecimento como se fosse um escravo, arrastado por aí por tudo o mais[200]. Porventura, a sua opinião se coaduna com essa, ou você crê que o conhecimento é belo e capaz de comandar o homem, e que, se alguém souber o que é bom e o que é mau, não será dominado por nenhuma outra coisa a ponto de praticar algo diferente do que o conhecimento prescrever, sendo a inteligência suficiente para socorrer o homem?"

— Não só o que você diz – disse ele – conforma-se com a minha opinião, Sócrates, como também seria vergonhoso para mim, mais do que para qualquer outro, afirmar que sabedoria e conhecimento não são, entre todas as coisas humanas, as que exercem maior domínio.

— É correto e verdadeiro – tornei eu – o que você está dizendo. Está ciente, portanto, de que a maioria dos homens não acredita nem em mim nem em você; pelo contrário, muitos afirmam que, mesmo sabendo o que é melhor, não desejam, contudo, praticá-lo, ainda que lhes seja possível fazê-lo, e acabam praticando alguma outra coisa. E todos aqueles a quem perguntei qual é, afinal, a causa disso, afirmam que quem age assim o faz porque é vencido pelo prazer ou pela dor, ou é dominado por alguma outra coisa dentre aquelas a que há pouco me referi.

— Pois os homens, julgo eu, Sócrates – acrescentou ele –, também dizem muitas outras coisas de modo equivocado.

— Adiante, então! Tentemos, juntos, persuadir os homens e lhes ensinar que experiência é essa, quando dizem que são vencidos pelos prazeres e, por esse motivo, não praticam o que é melhor, ainda que estejam cientes disso! Se nós lhes disséssemos: "vocês não falam corretamente, homens, mas estão enganados", eles nos indagariam, talvez: "Protágoras e Sócrates, se essa experiência não é ser vencido pelo prazer, o que seria ela então? Em que ela consiste, segundo o juízo de vocês? Digam-nos!"

ΠΡΩΤΑΓΟΡΑΣ

Τί δέ, ὦ Σώκρατες, δεῖ ἡμᾶς σκοπεῖσθαι τὴν τῶν πολλῶν δόξαν ἀνθρώπων, οἳ ὅτι ἂν τύχωσι τοῦτο λέγουσιν;

b Οἶμαι, ἦν δ' ἐγώ, εἶναί τι ἡμῖν τοῦτο πρὸς τὸ ἐξευρεῖν περὶ ἀνδρείας, πρὸς τἆλλα μόρια τὰ τῆς ἀρετῆς πῶς ποτ' ἔχει. εἰ οὖν σοι δοκεῖ ἐμμένειν οἷς ἄρτι ἔδοξεν ἡμῖν, ἐμὲ ἡγήσασθαι ᾗ οἶμαι ἂν ἔγωγε κάλλιστα φανερὸν γενέσθαι,
5 ἕπου· εἰ δὲ μὴ βούλει, εἴ σοι φίλον, ἐῶ χαίρειν.

Ἀλλ', ἔφη, ὀρθῶς λέγεις· καὶ πέραινε ὥσπερ ἤρξω.

c Πάλιν τοίνυν, ἔφην ἐγώ, εἰ ἔροιντο ἡμᾶς· "Τί οὖν φατε τοῦτο εἶναι, ὃ ἡμεῖς ἥττω εἶναι τῶν ἡδονῶν ἐλέγομεν;" εἴποιμ' ἂν ἔγωγε πρὸς αὐτοὺς ὡδί· Ἀκούετε δή· πειρασό-μεθα γὰρ ὑμῖν ἐγώ τε καὶ Πρωταγόρας φράσαι. ἄλλο τι
5 γάρ, ὦ ἄνθρωποι, φατὲ ὑμῖν τοῦτο γίγνεσθαι ἐν τοῖσδε, οἷον πολλάκις ὑπὸ σίτων καὶ ποτῶν καὶ ἀφροδισίων κρατού-μενοι ἡδέων ὄντων, γιγνώσκοντες ὅτι πονηρά ἐστιν, ὅμως αὐτὰ πράττειν;—Φαῖεν ἄν.—Οὐκοῦν ἐροίμεθ' ἂν αὐτοὺς ἐγώ τε καὶ σὺ πάλιν· Πονηρὰ δὲ αὐτὰ πῇ φατε εἶναι;
d πότερον ὅτι τὴν ἡδονὴν ταύτην ἐν τῷ παραχρῆμα παρέχει καὶ ἡδύ ἐστιν ἕκαστον αὐτῶν, ἢ ὅτι εἰς τὸν ὕστερον χρόνον νόσους τε ποιεῖ καὶ πενίας καὶ ἄλλα τοιαῦτα πολλὰ παρα-σκευάζει; ἢ κἂν εἴ τι τούτων εἰς τὸ ὕστερον μηδὲν παρα-
5 σκευάζει, χαίρειν δὲ μόνον ποιεῖ, ὅμως δ' ἂν κακὰ ἦν, ὅτι μαθόντα χαίρειν ποιεῖ καὶ ὁπηοῦν; ἆρ' οἰόμεθ' ἂν αὐτούς, ὦ Πρωταγόρα, ἄλλο τι ἀποκρίνασθαι ἢ ὅτι οὐ κατὰ τὴν αὐτῆς τῆς ἡδονῆς τῆς παραχρῆμα ἐργασίαν κακά ἐστιν,
e ἀλλὰ διὰ τὰ ὕστερον γιγνόμενα, νόσους τε καὶ τἆλλα.—Ἐγὼ μὲν οἶμαι, ἔφη ὁ Πρωταγόρας, τοὺς πολλοὺς ἂν ταῦτα ἀποκρίνασθαι.—Οὐκοῦν νόσους ποιοῦντα ἀνίας ποιεῖ, καὶ πενίας ποιοῦντα ἀνίας ποιεῖ; Ὁμολογοῖεν ἄν, ὡς ἐγᾦμαι.—

201. Cf. 351e.

202. Sobre a condição contrária, ou seja, a *continência* (*enkrateia*) e sua rela-ção com a *temperança* (*sophrōsunē*), ver Platão, *Górgias* 491d-e; *República* IV 430e.

— Mas por que, Sócrates, devemos examinar a opinião da maioria dos homens, que diz aquilo que lhe vier à cabeça?

— Suponho que isso, de algum modo – respondi –, diz respeito à nossa investigação sobre a coragem, como ela se relaciona com as demais partes da virtude. Se você concorda em manter o que há pouco nos pareceu apropriado[201], ou seja, eu conduzir a discussão da maneira como julgar melhor para esclarecermos o assunto, acompanhe-me então! Porém, se não quiser e não lhe aprouver, deixemo-la de lado!

— A sua ponderação é correta – disse ele. – Termine como você começou!

— Pois bem – tornei eu. – Se eles nos indagassem novamente: "O que é então, segundo o juízo de vocês, o que nós dizíamos 'ser vencido pelos prazeres'?[202]" Ao menos eu lhes responderia da seguinte forma: "Escutem, pois! Eu e Protágoras tentaremos lhes explicar. Porventura, ó homens, vocês não afirmam que é nestas circunstâncias que isso lhes acontece, quando são amiúde dominados pela comida, bebida e pelo sexo, que são coisas aprazíveis, e, mesmo sabendo que são nocivas, ainda assim as colocam em prática?" Eles confirmariam. Não voltaríamos a lhes perguntar, então, você e eu: "Em que sentido afirmam que elas são nocivas? Porque elas promovem esse prazer imediato, sendo cada uma delas aprazível, ou porque proporcionam ulteriormente doenças, pobreza e inúmeras outras coisas do tipo? Ou, ainda que não proporcionem ulteriormente algo do gênero e apenas provoquem deleite, ainda assim elas seriam más, precisamente porque provocam deleite, seja lá de que forma for?" Porventura, devemos supor, Protágoras, que eles nos dariam uma resposta diferente desta: que elas são más não por causa do prazer imediato que provocam, mas devido às consequências ulteriores, às doenças e a tudo o mais?

— Eu creio – disse Protágoras – que a maioria dos homens daria essa resposta.

— "Então, visto que propiciam doenças, elas provocam sofrimentos, e, uma vez que propiciam pobreza, provocam sofrimentos, não é?" Eles concordariam com isso, presumo eu.

510   ΠΡΩΤΑΓΟΡΑΣ

5 Συνέφη ὁ Πρωταγόρας.—Οὐκοῦν φαίνεται, ὦ ἄνθρωποι,
   ὑμῖν, ὥς φαμεν ἐγώ τε ˋκαὶ Πρωταγόρας, δι' οὐδὲν ἄλλο
   ταῦτα κακὰ ὄντα ἢ διότι εἰς ἀνίας τε ἀποτελευτᾷ καὶ ἄλλων
354 ἡδονῶν ἀποστερεῖ; Ὁμολογοῖεν ἄν;—Συνεδόκει. ἡμῖν ἀμφοῖν.—Οὐκοῦν πάλιν ἂν αὐτοὺς τὸ ἐναντίον εἰ ἐροίμεθα·
   ᾯ ἄνθρωποι οἱ λέγοντες αὖ ἀγαθὰ ἀνιαρὰ εἶναι, ἆρα οὐ τὰ
   τοιάδε λέγετε, οἷον τά τε γυμνάσια καὶ τὰς στρατείας καὶ
5 τὰς ὑπὸ τῶν ἰατρῶν θεραπείας τὰς διὰ καύσεών τε καὶ τομῶν
   καὶ φαρμακειῶν καὶ λιμοκτονιῶν γιγνομένας, ὅτι ταῦτα
   ἀγαθὰ μέν ἐστιν, ἀνιαρὰ δέ; Φαῖεν ἄν;—Συνεδόκει.—Πότε-
b ρον οὖν κατὰ τόδε ἀγαθὰ αὐτὰ καλεῖτε, ὅτι ἐν τῷ παραχρῆμα
   ὀδύνας τὰς ἐσχάτας παρέχει καὶ ἀλγηδόνας, ἢ ὅτι εἰς τὸν
   ὕστερον χρόνον ὑγίειαί τε ἀπ' αὐτῶν γίγνονται καὶ εὐεξίαι
   τῶν σωμάτων καὶ τῶν πόλεων σωτηρίαι καὶ ἄλλων ἀρχαὶ
5 καὶ πλοῦτοι; Φαῖεν ἄν, ὡς ἐγᾦμαι.—Συνεδόκει.—Ταῦτα δὲ
   ἀγαθά ἐστι δι' ἄλλο τι ἢ ὅτι εἰς ἡδονὰς ἀποτελευτᾷ καὶ
   λυπῶν ἀπαλλαγάς τε καὶ ἀποτροπάς; ἢ ἔχετέ τι ἄλλο τέλος
c λέγειν, εἰς ὃ ἀποβλέψαντες αὐτὰ ἀγαθὰ καλεῖτε, ἀλλ' ⟨ἢ⟩
   ἡδονάς τε καὶ λύπας; Οὐκ ἂν φαῖεν, ὡς ἐγᾦμαι.—
   Οὐδ' ἐμοὶ δοκεῖ, ἔφη ὁ Πρωταγόρας.—Οὐκοῦν τὴν μὲν
   ἡδονὴν διώκετε ὡς ἀγαθὸν ὄν, τὴν δὲ λύπην φεύγετε ὡς
5 κακόν;—Συνεδόκει.—Τοῦτ' ἄρα ἡγεῖσθ' εἶναι κακόν, τὴν
   λύπην, καὶ ἀγαθὸν τὴν ἡδονήν, ἐπεὶ καὶ αὐτὸ τὸ χαίρειν
   τότε λέγετε κακὸν εἶναι, ὅταν μειζόνων ἡδονῶν ἀποστερῇ
   ἢ ὅσας αὐτὸ ἔχει, ἢ λύπας μείζους παρασκευάζῃ τῶν ἐν
d αὐτῷ ἡδονῶν· ἐπεὶ εἰ κατ' ἄλλο τι αὐτὸ τὸ χαίρειν κακὸν

---

203. Talvez a escolha desse exemplo se justifique pelo fato de a discussão tratar
da *coragem* cujo âmbito prático é paradigmaticamente as ações bélicas.

204. Cf. Platão, *Górgias* 452d; Heródoto, *Histórias* 1.210.2.

Protágoras anuiu.

— "Então, ó homens, não lhes é manifesto, como afirmamos eu e Protágoras, que essas coisas são más por nenhuma outra razão senão pelo fato de resultarem em sofrimentos e impedirem outros prazeres?" Acaso eles concordariam com esse ponto?

Nós dois concordamos que sim.

— E se tornássemos a lhes perguntar, mas em sentido inverso: "Homens, quando vocês afirmam que coisas boas são dolorosas, porventura se referem a coisas do gênero, como os exercícios físicos, as expedições militares[203] e os tratamentos médicos mediante cauterizações, amputações, remédios e jejuns, que são coisas boas, mas dolorosas?" Eles confirmariam esse ponto?

Ele assentiu.

— "Por que razão, então, vocês chamam de boas essas coisas? Por que elas causam imediatamente as mais extremas algias e aflições, ou por que delas advêm ulteriormente saúde, boa compleição dos corpos, salvação das cidades, domínio sobre outros[204] e riqueza?" Eles concordariam com esse segundo ponto, presumo eu.

Ele anuiu.

— "E elas são boas por algum outro motivo senão pelo fato de resultarem em prazeres e em libertação e rechaço das dores? Podem mencionar algum outro fim além dos prazeres e das dores, em vista do qual vocês chamam de boas tais coisas?" Não mencionariam nenhum, presumo eu.

— Também creio que não – disse Protágoras.

"Então, vocês não perseguem o prazer como sendo bom, ao passo que evitam a dor, como sendo má?"

Ele anuiu.

— "Portanto, vocês consideram que a dor é má e que o prazer é bom, visto que afirmam que, por vezes, até mesmo o próprio deleite é mau, quando ele impede a fruição de prazeres maiores do que quantos ele contém, ou quando proporciona dores maiores do que os prazeres encerrados nele. Pois, se vocês

512 ΠΡΩΤΑΓΟΡΑΣ

καλεῖτε καὶ εἰς ἄλλο τι τέλος ἀποβλέψαντες, ἔχοιτε ἂν καὶ ἡμῖν εἰπεῖν· ἀλλ᾽ οὐχ ἕξετε.—Οὐδ᾽ ἐμοὶ δοκοῦσιν, ἔφη ὁ Πρωταγόρας.—Ἄλλο τι οὖν πάλιν καὶ περὶ αὐτοῦ τοῦ λυπεῖσθαι ὁ αὐτὸς τρόπος; τότε καλεῖτε αὐτὸ τὸ λυπεῖσθαι ἀγαθόν, ὅταν ἢ μείζους λύπας τῶν ἐν αὐτῷ οὐσῶν ἀπαλλάττῃ ἢ μείζους ἡδονὰς τῶν λυπῶν παρασκευάζῃ; ἐπεὶ εἰ πρὸς ἄλλο τι τέλος ἀποβλέπετε, ὅταν καλῆτε αὐτὸ τὸ λυπεῖσθαι ἀγαθόν, ἢ πρὸς ὃ ἐγὼ λέγω, ἔχετε ἡμῖν εἰπεῖν· ἀλλ᾽ οὐχ ἕξετε.—Ἀληθῆ, ἔφη, λέγεις, ὁ Πρωταγόρας.

Πάλιν τοίνυν, ἔφην ἐγώ, εἴ με ἀνέροισθε, ὦ ἄνθρωποι, "Τίνος οὖν δήποτε ἕνεκα πολλὰ περὶ τούτου λέγεις καὶ πολλαχῇ;" Συγγιγνώσκετέ μοι, φαίην ἂν ἔγωγε. πρῶτον μὲν γὰρ οὐ ῥᾴδιον ἀποδεῖξαι τί ἐστίν ποτε τοῦτο ὃ ὑμεῖς καλεῖτε τῶν ἡδονῶν ἥττω εἶναι· ἔπειτα ἐν τούτῳ εἰσὶν πᾶσαι αἱ ἀποδείξεις. ἀλλ᾽ ἔτι καὶ νῦν ἀναθέσθαι ἔξεστιν, εἴ πῃ ἔχετε ἄλλο τι φάναι εἶναι τὸ ἀγαθὸν ἢ τὴν ἡδονήν, ἢ τὸ κακὸν ἄλλο τι ἢ τὴν ἀνίαν· ἢ ἀρκεῖ ὑμῖν τὸ ἡδέως καταβιῶναι τὸν βίον ἄνευ λυπῶν; εἰ δὲ ἀρκεῖ καὶ μὴ ἔχετε μηδὲν ἄλλο φάναι εἶναι ἀγαθὸν ἢ κακὸν ὃ μὴ εἰς ταῦτα τελευτᾷ, τὸ μετὰ τοῦτο ἀκούετε. φημὶ γὰρ ὑμῖν τούτου οὕτως ἔχοντος γελοῖον τὸν λόγον γίγνεσθαι, ὅταν λέγητε ὅτι πολλάκις γιγνώσκων τὰ κακὰ ἄνθρωπος ὅτι κακά ἐστιν, ὅμως πράττει αὐτά, ἐξὸν μὴ πράττειν, ὑπὸ τῶν ἡδονῶν ἀγόμενος καὶ ἐκπληττόμενος· καὶ αὖθις αὖ λέγετε ὅτι γιγνώσκων ὁ ἄνθρωπος τἀγαθὰ πράττειν οὐκ ἐθέλει διὰ τὰς παραχρῆμα ἡδονάς, ὑπὸ τούτων ἡττώμενος. ὡς δὲ ταῦτα γελοῖά ἐστιν, κατάδηλον ἔσται, ἐὰν μὴ πολλοῖς ὀνόμασι

---

205. A identidade entre prazer e bem é constantemente criticada em outros diálogos de Platão: cf. *República* VI 505b-c, 509a; *Górgias* 495a-500a; *Filebo* 13a-c, 20c-21d.

chamam de mau o próprio deleite por algum outro motivo ou em vista de algum outro fim, enunciem-no então a nós! Contudo, não conseguirão fazê-lo."

— Também me parece que não poderiam enunciá-lo – disse Protágoras.

— "E o mesmo argumento não vale, por sua vez, também para o próprio sofrimento? Vocês não chamam de bom, por vezes, o próprio sofrimento, quando ele liberta de dores maiores do que quantas ele contém, ou proporciona prazeres maiores do que dores? Pois, se vocês têm em vista algum outro fim que não aquele a que me refiro, quando chamam de bom o próprio sofrimento, estarão aptos então a enunciá-lo a nós. Contudo, não conseguirão fazê-lo."[205]

— É verdade o que você diz – falou Protágoras.

— "Pois bem – disse eu –, se vocês, homens, tornassem a me perguntar: 'Em vista de que, então, você diz tantas coisas sobre esse assunto e de formas tão variadas?', eu lhes responderia: 'Perdoem-me! Pois, em primeiro lugar, não é fácil demonstrar em que consiste o que chamam de 'ser vencido pelos prazeres'; em segundo lugar, todas as demonstrações dependem disso'. Todavia, ainda é possível voltar atrás, se vocês conseguirem explicar, de algum modo, que o bem é outra coisa que não o prazer, ou que o mal é outra coisa que não o sofrimento. Ou basta a vocês viverem a vida aprazivelmente alheios às dores? Se isso lhes basta, porém, e vocês não conseguem enumerar alguma outra coisa boa ou má que não termine em prazer ou dor, escutem, então, o próximo passo! Pois eu digo que, se é isso o que sucede, o argumento de vocês se torna ridículo, quando afirmam que, amiúde, um homem, sabendo que as coisas más são más, ainda assim, as pratica, embora lhe fosse possível não praticá-las, porque é levado e desviado pelos prazeres; e, mais uma vez, quando afirmam que o homem, mesmo sabendo o que é bom, não deseja praticá-lo em virtude dos prazeres imediatos, uma vez que é vencido por eles. Que esse argumento é ridículo, ficará evidente, se não empregarmos vários nomes ao

514 ΠΡΩΤΑΓΟΡΑΣ

5 χρώμεθα ἅμα, ἡδεῖ τε καὶ ἀνιαρῷ καὶ ἀγαθῷ καὶ κακῷ, ἀλλ'
ἐπειδὴ δύο ἐφάνη ταῦτα, δυοῖν καὶ ὀνόμασιν προσαγορεύωμεν
αὐτά, πρῶτον μὲν ἀγαθῷ καὶ κακῷ, ἔπειτα αὖθις ἡδεῖ τε
c καὶ ἀνιαρῷ. θέμενοι δὴ οὕτω λέγωμεν ὅτι Γιγνώσκων ὁ
ἄνθρωπος τὰ κακὰ ὅτι κακά ἐστιν, ὅμως αὐτὰ ποιεῖ. ἐὰν οὖν
τις ἡμᾶς ἔρηται, " Διὰ τί;" Ἡττώμενος, φήσομεν· "Ὑπὸ
τοῦ;" ἐκεῖνος ἐρήσεται ἡμᾶς· ἡμῖν δὲ ὑπὸ μὲν ἡδονῆς οὐκέτι
5 ἔξεστιν εἰπεῖν—ἄλλο γὰρ ὄνομα μετείληφεν ἀντὶ τῆς ἡδονῆς
τὸ ἀγαθόν—ἐκείνῳ δὴ ἀποκρινώμεθα καὶ λέγωμεν ὅτι
Ἡττώμενος—" Ὑπὸ τίνος;" φήσει. Τοῦ ἀγαθοῦ, φήσομεν
νὴ Δία. ἂν οὖν τύχῃ ὁ ἐρόμενος ἡμᾶς ὑβριστὴς ὤν, γελάσεται
d καὶ ἐρεῖ· " Ἦ γελοῖον λέγετε πρᾶγμα, εἰ πράττει τις κακά,
γιγνώσκων ὅτι κακά ἐστιν, οὐ δέον αὐτὸν πράττειν, ἡττώμενος ὑπὸ τῶν ἀγαθῶν. ἆρα," φήσει, " οὐκ ἀξίων ὄντων
νικᾶν ἐν ὑμῖν τῶν ἀγαθῶν τὰ κακά, ἢ ἀξίων;" φήσομεν
5 δῆλον ὅτι ἀποκρινόμενοι, ὅτι Οὐκ ἀξίων ὄντων· οὐ γὰρ ἂν
ἐξημάρτανεν ὅν φαμεν ἥττω εἶναι τῶν ἡδονῶν. " Κατὰ τί
δέ," φήσει ἴσως, " ἀνάξιά ἐστιν τἀγαθὰ τῶν κακῶν ἢ τὰ κακὰ
τῶν ἀγαθῶν; ἢ κατ' ἄλλο τι ἢ ὅταν τὰ μὲν μείζω, τὰ δὲ
e σμικρότερα ᾖ; ἢ πλείω, τὰ δὲ ἐλάττω ᾖ;" οὐχ ἕξομεν εἰπεῖν
ἄλλο ἢ τοῦτο. " Δῆλον ἄρα," φήσει, " ὅτι τὸ ἡττᾶσθαι τοῦτο
λέγετε, ἀντὶ ἐλαττόνων ἀγαθῶν μείζω κακὰ λαμβάνειν."
Ταῦτα μὲν οὖν οὕτω. μεταλάβωμεν δὴ τὰ ὀνόματα πάλιν
5 τὸ ἡδύ τε καὶ ἀνιαρὸν ἐπὶ τοῖς αὐτοῖς τούτοις, καὶ λέγωμεν
ὅτι Ἄνθρωπος πράττει—τότε μὲν ἐλέγομεν τὰ κακά, νῦν δὲ
λέγωμεν τὰ ἀνιαρά, γιγνώσκων ὅτι ἀνιαρά ἐστιν, ἡττώμενος
356 ὑπὸ τῶν ἡδέων, δῆλον ὅτι ἀναξίων ὄντων νικᾶν. καὶ τίς
ἄλλη ἀναξία ἡδονῇ πρὸς λύπην ἐστίν, ἀλλ' ἢ ὑπερβολὴ

[355b-356a] PROTÁGORAS 515

mesmo tempo – aprazível e doloroso, bom e mau – e referirmos a eles mediante dois nomes, visto que concernem manifestamente a duas coisas apenas: no primeiro momento, mediante bom e mau, e no segundo momento, por sua vez, mediante aprazível e doloroso. Uma vez estabelecido esse ponto, afirmemos que o homem, sabendo que as coisas más são más, ainda assim as pratica. Se alguém, então, nos indagar: 'Por quê?', responderemos nós: 'porque é vencido'. 'Pelo quê?', ele nos perguntará. Nós, porém, não poderemos mais lhe dizer 'pelo prazer', pois trocamos o prazer por outro nome, pelo bem. Assim, que lhe respondamos e digamos: 'porque é vencido', e ele perguntará: 'pelo quê?' 'Pelo bem', diremos nós, 'por Zeus!' Caso aconteça, então, de nosso inquiridor ser insolente, ele rirá de nossa cara e nos perguntará: 'O que vocês dizem é ridículo, quando afirmam que alguém pratica coisas más sabendo que são más, ainda que não devesse praticá-las, porque é vencido por coisas boas. Porventura', indagará ele, 'as coisas boas que há em vocês não estão à altura das coisas más a ponto de sobrepujá-las, ou estão?' É evidente que, como resposta, diremos que 'não estão à altura delas, pois, caso contrário, não incorreria em erro aquele homem que afirmamos ser vencido pelos prazeres'. 'Em que medida,' talvez pergunte ele, 'as coisas boas não estão à altura das más, ou as coisas más, à altura das boas? Não seria precisamente quando umas são maiores, e as outras, menores? Ou quando umas são em maior número, e as outras, em menor?' Não poderemos lhe dar uma resposta diferente. 'Portanto', ele dirá, 'é evidente que 'ser vencido', como referido por vocês, consiste em contrair maiores males em troca de bens menores'. Bem, é o que sucede então.

Troquemos, pois, os nomes referentes a essas mesmas coisas por 'aprazível' e 'doloroso', e afirmemos que um homem realiza coisas dolorosas – antes dizíamos coisas más, mas agora as chamemos assim –, ciente de que são dolorosas, porque é vencido pelas coisas aprazíveis, evidenciando que estas últimas não estão à altura das primeiras a ponto de sobrepujá-las. E o que faz com

c

d

e

356

516   ΠΡΩΤΑΓΟΡΑΣ

ἀλλήλων καὶ ἔλλειψις; ταῦτα δ' ἐστὶ μείζω τε καὶ σμικρότερα γιγνόμενα ἀλλήλων καὶ πλείω καὶ ἐλάττω καὶ μᾶλλον
5 καὶ ἧττον. εἰ γάρ τις λέγοι ὅτι "Ἀλλὰ πολὺ διαφέρει, ὦ
Σώκρατες, τὸ παραχρῆμα ἡδὺ τοῦ εἰς τὸν ὕστερον χρόνον
καὶ ἡδέος καὶ λυπηροῦ," Μῶν ἄλλῳ τῳ, φαίην ἂν ἔγωγε,
ἢ ἡδονῇ καὶ λύπῃ; οὐ γὰρ ἔσθ' ὅτῳ ἄλλῳ. ἀλλ' ὥσπερ
b ἀγαθὸς ἱστάναι ἄνθρωπος, συνθεὶς τὰ ἡδέα καὶ συνθεὶς τὰ
λυπηρά, καὶ τὸ ἐγγὺς καὶ τὸ πόρρω στήσας ἐν τῷ ζυγῷ,
εἰπὲ πότερα πλείω ἐστίν. ἐὰν μὲν γὰρ ἡδέα πρὸς ἡδέα
ἱστῇς, τὰ μείζω ἀεὶ καὶ πλείω ληπτέα· ἐὰν δὲ λυπηρὰ πρὸς
5 λυπηρά, τὰ ἐλάττω καὶ σμικρότερα· ἐὰν δὲ ἡδέα πρὸς
λυπηρά, ἐὰν μὲν τὰ ἀνιαρὰ ὑπερβάλληται ὑπὸ τῶν ἡδέων,
ἐάντε τὰ ἐγγὺς ὑπὸ τῶν πόρρω ἐάντε τὰ πόρρω ὑπὸ τῶν
ἐγγύς, ταύτην τὴν πρᾶξιν πρακτέον ἐν ᾗ ἂν ταῦτ' ἐνῇ· ἐὰν
c δὲ τὰ ἡδέα ὑπὸ τῶν ἀνιαρῶν, οὐ πρακτέα. μή πῃ ἄλλῃ
ἔχει, φαίην ἄν, ταῦτα, ὦ ἄνθρωποι; οἶδ' ὅτι οὐκ ἂν ἔχοιεν
ἄλλως λέγειν.—Συνεδόκει καὶ ἐκείνῳ.
    Ὅτε δὴ τοῦτο οὕτως ἔχει, τόδε μοι ἀποκρίνασθε, φήσω.
5 φαίνεται ὑμῖν τῇ ὄψει τὰ αὐτὰ μεγέθη ἐγγύθεν μὲν μείζω,
πόρρωθεν δὲ ἐλάττω· ἢ οὔ;—Φήσουσιν.—Καὶ τὰ παχέα
καὶ τὰ πολλὰ ὡσαύτως; καὶ αἱ φωναὶ ⟨αἱ⟩ ἴσαι ἐγγύθεν
μὲν μείζους, πόρρωθεν δὲ σμικρότεραι;—Φαῖεν ἄν.—Εἰ οὖν
d ἐν τούτῳ ἡμῖν ἦν τὸ εὖ πράττειν, ἐν τῷ τὰ μὲν μεγάλα
μήκη καὶ πράττειν καὶ λαμβάνειν, τὰ δὲ σμικρὰ καὶ φεύγειν
καὶ μὴ πράττειν, τίς ἂν ἡμῖν σωτηρία ἐφάνη τοῦ βίου; ἆρα
ἡ μετρητικὴ τέχνη ἢ ἡ τοῦ φαινομένου δύναμις; ἢ αὕτη
5 μὲν ἡμᾶς ἐπλάνα καὶ ἐποίει ἄνω τε καὶ κάτω πολλάκις
μεταλαμβάνειν ταὐτὰ καὶ μεταμέλειν καὶ ἐν ταῖς πράξεσιν

---

206. Sobre as ilusões provocadas pelos sentidos, ver Platão, *República* X
602c-603a.

207. Sobre a ambiguidade semântica da expressão *eu prattein* (traduzida aqui
por "agir bem", e não por "ser bem sucedido"), ver *Estudo Introdutório*, subtítulo
5.3, p. 136-138.

que o prazer não esteja à altura da dor, senão o excesso e a falta de um em relação ao outro? E isso consiste em ser maior ou menor, em maior ou em menor número, em maior ou menor intensidade. Se alguém dissesse: 'Porém, é muito diferente, Sócrates, o aprazível imediato do aprazível e doloroso ulterio- res', eu lhe retorquiria: 'devido a alguma outra coisa que não ao prazer e à dor? Pois não há como ser diferente disso. Mas, assim *b* como um homem hábil em pesagem, junte as coisas aprazíveis de um lado, e as dolorosas de outro! Coloque na balança tanto as mais próximas quanto as mais longínquas, e diga-nos quais delas são mais numerosas! Se você pesar coisas aprazíveis com coisas aprazíveis, deverá optar sempre pelas maiores e mais numerosas; porém, se pesar coisas dolorosas com coisas dolo- rosas, deverá optar sempre pelas menos numerosas e menores. Se pesar coisas aprazíveis com coisas dolorosas, caso as dolo- rosas forem suplantadas pelas aprazíveis, quer as mais próximas pelas mais longínquas, quer as mais longínquas pelas mais pró- ximas, você deverá empreender a ação em que as aprazíveis predominarem. Contudo, caso as aprazíveis forem suplantadas *c* pelas dolorosas, não deverá empreendê-las'. Há como ser de outro modo, homens?", indagaria eu. Estou certo de que não teriam outra coisa a dizer.

Também ele anuiu.

— "Bem, na medida em que isso é o que sucede, respondam- -me ao seguinte!" – prosseguirei. – "As mesmas grandezas apa- recem a vocês ora maiores, quando vistas de perto, ora menores, quando vistas de longe, ou não?" Eles dirão que sim. "E o mesmo não sucede às coisas espessas e a tudo o mais? Sons iguais não dão a impressão de que são ora mais intensos quando de perto, ora menos intensos quando de longe?"[206] Eles diriam que sim. "Se agir bem[207] consistisse para nós, então, em praticar e adquirir as *d* coisas mais extensas e evitar e não praticar as menos extensas, qual seria manifestamente a salvação de nossas vidas? Seria, porventura, a arte da medida, ou o poder da aparência? Ou este último não fazia com que vacilássemos, trocássemos recorrentemente de lugar

518 ΠΡΩΤΑΓΟΡΑΣ

καὶ ἐν ταῖς αἱρέσεσιν τῶν μεγάλων τε καὶ σμικρῶν, ἡ δὲ
μετρητικὴ ἄκυρον μὲν ἂν ἐποίησε τοῦτο τὸ φάντασμα, δηλώ-
e σασα δὲ τὸ ἀληθὲς ἡσυχίαν ἂν ἐποίησεν ἔχειν τὴν ψυχὴν
μένουσαν ἐπὶ τῷ ἀληθεῖ καὶ ἔσωσεν ἂν τὸν βίον; ἆρ᾽ ἂν
ὁμολογοῖεν οἱ ἄνθρωποι πρὸς ταῦτα ἡμᾶς τὴν μετρητικὴν
σῴζειν ἂν τέχνην ἢ ἄλλην;—Τὴν μετρητικήν, ὡμολόγει.—
5 Τί δ᾽ εἰ ἐν τῇ τοῦ περιττοῦ καὶ ἀρτίου αἱρέσει ἡμῖν ἦν ἡ
σωτηρία τοῦ βίου, ὁπότε τὸ πλέον ὀρθῶς ἔδει ἐλέσθαι καὶ
ὑπότε τὸ ἔλαττον, ἢ αὐτὸ πρὸς ἑαυτὸ ἢ τὸ ἕτερον πρὸς τὸ
ἕτερον, εἴτ᾽ ἐγγὺς εἴτε πόρρω εἴη; τί ἂν ἔσῳζεν ἡμῖν τὸν
357 βίον; ἆρ᾽ ἂν οὐκ ἐπιστήμη; καὶ ἆρ᾽ ἂν οὐ μετρητική τις,
ἐπειδήπερ ὑπερβολῆς τε καὶ ἐνδείας ἐστὶν ἡ τέχνη; ἐπειδὴ
δὲ περιττοῦ τε καὶ ἀρτίου, ἆρα ἄλλη τις ἢ ἀριθμητική; Ὁμολογοῖεν ἂν ἡμῖν οἱ ἄνθρωποι ἢ οὔ;—Ἐδόκουν ἂν καὶ τῷ
5 Πρωταγόρᾳ ὁμολογεῖν.—Εἶεν, ὦ ἄνθρωποι· ἐπεὶ δὲ δὴ
ἡδονῆς τε καὶ λύπης ἐν ὀρθῇ τῇ αἱρέσει ἐφάνη ἡμῖν ἡ σωτηρία τοῦ βίου οὖσα, τοῦ τε πλέονος καὶ ἐλάττονος καὶ
b μείζονος καὶ σμικροτέρου καὶ πορρωτέρω καὶ ἐγγυτέρω, ἆρα
πρῶτον μὲν οὐ μετρητικὴ φαίνεται, ὑπερβολῆς τε καὶ ἐνδείας
οὖσα καὶ ἰσότητος πρὸς ἀλλήλας σκέψις;—Ἀλλ᾽ ἀνάγκη.—
Ἐπεὶ δὲ μετρητική, ἀνάγκη δήπου τέχνη καὶ ἐπιστήμη.—
5 Συμφήσουσιν.—Ἥτις μὲν τοίνυν τέχνη καὶ ἐπιστήμη ἐστὶν
αὕτη, εἰς αὖθις σκεψόμεθα· ὅτι δὲ ἐπιστήμη ἐστίν, τοσοῦτον
ἐξαρκεῖ πρὸς τὴν ἀπόδειξιν ἣν ἐμὲ δεῖ καὶ Πρωταγόραν
c ἀποδεῖξαι περὶ ὧν ἤρεσθ᾽ ἡμᾶς. ἤρεσθε δέ, εἰ μέμνησθε,

208. "(i) Seja unilateral ou (ii) reciprocamente" significa: i. quando dois números pares ou dois números ímpares são comparados entre si para saber qual deles
é maior ou menor; e, ii. quando dois números, um par e outro ímpar, são comparados entre si para saber qual deles é maior ou menor.

209. A função que Platão atribui aqui à *aritmética* (*arithmētikē*) é atribuída ao
cálculo (*logistikē*) no *Górgias*, que "examina a quantidade do par e do ímpar nas
suas relações unilaterais e recíprocas" (ὅτι καὶ πρὸς αὐτὰ καὶ πρὸς ἄλληλα πῶς ἔχει
πλήθους ἐπισκοπεῖ τὸ περιττὸν καὶ τὸ ἄρτιον ἡ λογιστική, 451c3-5) (J. Adam; A.
Adam, op. cit., p. 186-187). *Aritmética*, no *Górgias*, diz respeito ao par e ao ímpar
independentemente da quantidade, ou seja, qualquer que seja o número de cada
um deles; equivaleria assim à "teoria dos números" concernente às propriedades das séries de números inteiros enquanto tais (E. Dodds, op. cit., p. 198-199).

[356e-357c]   PROTÁGORAS   519

as mesmas coisas, e nos arrependêssemos de nossas ações e escolhas referentes a coisas grandes e pequenas? A arte da medida, por seu turno, não destituiria a autoridade dessa aparência, e, ao lhe mostrar o que é verdadeiro, não tranquilizaria a alma que e passaria a se calcar nele, salvando-lhe a vida?" Por acaso os homens concordariam que, nessas circunstâncias, seria a arte da medida a nos salvar? Ou seria outra coisa?

— A arte da medida – concordou ele.

— "E o que aconteceria se a salvação de nossas vidas dependesse da escolha referente ao ímpar e ao par, quando fosse preciso escolher corretamente ou o maior ou o menor número, seja unilateral ou reciprocamente, estando próximos ou longínquos?[208] O que salvaria nossas vidas? Porventura não seria 357 conhecimento? E não seria ele referente à medida, uma vez que é a arte concernente ao excesso e à falta? E visto que diz respeito ao ímpar e ao par, seria alguma outra coisa que não a aritmética?"[209] Os homens concordariam conosco, ou não?

Também foi do parecer de Protágoras que eles concordariam.

— "Que assim seja, homens! Uma vez que a salvação de nossas vidas depende manifestamente da escolha referente ao prazer e à dor, ao mais e ao menos numeroso, ao maior e ao menor, ao mais longínquo e ao mais próximo, porventura não é claro b que, em primeiro lugar, ela diz respeito à medida, visto que consiste no exame do excesso, da falta e da equivalência de um em relação ao outro?"

— Necessariamente.

— "E se concerne à medida, é necessário, decerto, que seja arte e conhecimento."

— Eles concordarão.

— "Pois bem, o que é essa arte e conhecimento, investigaremos em outro momento. Porém, que é conhecimento, basta para a demonstração que eu e Protágoras devemos lhes apresentar sobre o que fomos indagados. Vocês começaram a nos interpelar, se c

520   ΠΡΩΤΑΓΟΡΑΣ

ἡνίκα ἡμεῖς ἀλλήλοις ὡμολογοῦμεν ἐπιστήμης μηδὲν εἶναι
κρεῖττον, ἀλλὰ τοῦτο ἀεὶ κρατεῖν, ὅπου ἂν ἐνῇ, καὶ ἡδονῆς
καὶ τῶν ἄλλων ἁπάντων· ὑμεῖς δὲ δὴ ἔφατε τὴν ἡδονὴν
5 πολλάκις κρατεῖν καὶ τοῦ εἰδότος ἀνθρώπου, ἐπειδὴ δὲ ὑμῖν
οὐχ ὡμολογοῦμεν, μετὰ τοῦτο ἤρεσθε ἡμᾶς· "Ὦ Πρωταγόρα
τε καὶ Σώκρατες, εἰ μὴ ἔστι τοῦτο τὸ πάθημα ἡδονῆς ἡττᾶσθαι,
ἀλλὰ τί ποτ' ἐστὶν καὶ τί ὑμεῖς αὐτό φατε εἶναι; εἴπατε
d ἡμῖν." εἰ μὲν οὖν τότε εὐθὺς ὑμῖν εἴπομεν ὅτι 'Αμαθία,
κατεγελᾶτε ἂν ἡμῶν· νῦν δὲ ἂν ἡμῶν καταγελᾶτε, καὶ ὑμῶν
αὐτῶν καταγελάσεσθε. καὶ γὰρ ὑμεῖς ὡμολογήκατε ἐπιστήμης ἐνδείᾳ ἐξαμαρτάνειν περὶ τὴν τῶν ἡδονῶν αἵρεσιν καὶ
5 λυπῶν τοὺς ἐξαμαρτάνοντας—ταῦτα δέ ἐστιν ἀγαθά τε καὶ
κακά—καὶ οὐ μόνον ἐπιστήμης, ἀλλὰ καὶ ἧς τὸ πρόσθεν ἔτι
ὡμολογήκατε ὅτι μετρητικῆς· ἡ δὲ ἐξαμαρτανομένη πρᾶξις
e ἄνευ ἐπιστήμης ἴστε που καὶ αὐτοὶ ὅτι ἀμαθίᾳ πράττεται.
ὥστε τοῦτ' ἐστὶν τὸ ἡδονῆς ἥττω εἶναι, ἀμαθία ἡ μεγίστη,
ἧς Πρωταγόρας ὅδε φησὶν ἰατρὸς εἶναι καὶ Πρόδικος καὶ
Ἱππίας· ὑμεῖς δὲ διὰ τὸ οἴεσθαι ἄλλο τι ἢ ἀμαθίαν εἶναι
5 οὔτε αὐτοὶ οὔτε τοὺς ὑμετέρους παῖδας παρὰ τοὺς τούτων
διδασκάλους τούσδε τοὺς σοφιστὰς πέμπετε, ὡς οὐ διδακτοῦ
ὄντος, ἀλλὰ κηδόμενοι τοῦ ἀργυρίου καὶ οὐ διδόντες τούτοις
κακῶς πράττετε καὶ ἰδίᾳ καὶ δημοσίᾳ.

358   Ταῦτα μὲν τοῖς πολλοῖς ἀποκεκριμένοι ἂν ἦμεν· ὑμᾶς δὲ
δὴ μετὰ Πρωταγόρου ἐρωτῶ, ⟨ὦ⟩ Ἱππία τε καὶ Πρόδικε
(κοινὸς γὰρ δὴ ἔστω ὑμῖν ὁ λόγος) πότερον δοκῶ ὑμῖν ἀληθῆ
λέγειν ἢ ψεύδεσθαι.—Ὑπερφυῶς ἐδόκει ἅπασιν ἀληθῆ εἶναι
5 τὰ εἰρημένα.—Ὁμολογεῖτε ἄρα, ἦν δ' ἐγώ, τὸ μὲν ἡδὺ ἀγαθὸν
εἶναι, τὸ δὲ ἀνιαρὸν κακόν. τὴν δὲ Προδίκου τοῦδε διαίρεσιν
τῶν ὀνομάτων παραιτοῦμαι· εἴτε γὰρ ἡδὺ εἴτε τερπνὸν
λέγεις εἴτε χαρτόν, εἴτε ὁπόθεν καὶ ὅπως χαίρεις τὰ τοιαῦτα
b ὀνομάζων, ὦ βέλτιστε Πρόδικε, τοῦτό μοι πρὸς ὃ βούλομαι

---

210. Cf. 352c-d.

211. Cf. 351b-e.

212. Sobre tais distinções de Pródico, ver Aristóteles, *Tópicos* 112b21-26.

[357c-358b]　　　　　　　PROTÁGORAS　　　　　　　521

estão bem lembrados, quando nós dois concordamos que nada é superior ao conhecimento e que ele, quando presente, domina invariavelmente o prazer e tudo o mais[210]. Vocês, contudo, afirmaram que o prazer domina amiúde até mesmo o homem de conhecimento, e, quando discordamos disso, vocês nos indagaram assim: 'Protágoras e Sócrates, se essa experiência não é 'ser vencido pelo prazer', o que é ela então? O que afirmam que isso seja? Expliquem-nos!' Se naquela ocasião tivéssemos prontamente respondido 'Ignorância', vocês teriam rido de nossa cara; todavia, se agora rirem de nós, rirão de si próprios. Pois vocês, inclusive, estão de acordo que é por falta de conhecimento que incorrem em erro os que erram na escolha de prazeres e dores – que são as coisas boas e más – e não apenas por falta de conhecimento, mas por falta daquilo que, mais adiante, concordaram que era conhecimento referente à medida. E, decerto, vocês mesmos sabem que a ação incorrida em erro sem conhecimento é praticada por ignorância. Por conseguinte, 'ser vencido pelo prazer' é ignorância, a suprema ignorância, da qual Protágoras, aqui presente, afirma ser médico, assim como Pródico e Hípias. Entretanto, por suporem que se trata de outra coisa que não ignorância, vocês não encaminham nem a vocês mesmos nem os seus filhos a estes mestres de tal matéria, os sofistas, como se ela não pudesse ser ensinada; pelo contrário, preocupados com o seu dinheiro, vocês não o ofertam a eles, agindo mal tanto em particular quanto publicamente." Eis a resposta que teríamos dado à maioria dos homens. E pergunto a vocês, Hípias e Pródico, junto a Protágoras – participem da nossa discussão! – se o que foi dito lhes parece verdadeiro ou falso.

A todos parecia excepcionalmente verdadeiro o que fora dito.

— Concordam, portanto – disse eu –, que o aprazível é bom e o doloroso, mau[211]. À divisão dos nomes de Pródico, contudo, peço licença. Pois a despeito de você chamá-lo de aprazível, prazeroso ou deleitoso[212], excelentíssimo Pródico, a despeito dos motivos e do modo que lhe apraz denominá-los, responda-me em vista daquilo que quero saber!

522   ΠΡΩΤΑΓΟΡΑΣ

ἀπόκριναι.—Γελάσας οὖν ὁ Πρόδικος συνωμολόγησε, καὶ οἱ
ἄλλοι.—Τί δὲ δή, ὦ ἄνδρες, ἔφην ἐγώ, τὸ τοιόνδε; αἱ ἐπὶ
τούτου πράξεις ἅπασαι, ἐπὶ τοῦ ἀλύπως ζῆν καὶ ἡδέως, ἆρ'
5 οὐ καλαί [καὶ ὠφέλιμοι]; καὶ τὸ καλὸν ἔργον ἀγαθόν τε καὶ
ὠφέλιμον;—Συνεδόκει.—Εἰ ἄρα, ἔφην ἐγώ, τὸ ἡδὺ ἀγαθόν
ἐστιν, οὐδεὶς οὔτε εἰδὼς οὔτε οἰόμενος ἄλλα βελτίω εἶναι ἢ
c ἃ ποιεῖ, καὶ δυνατά, ἔπειτα ποιεῖ ταῦτα, ἐξὸν τὰ βελτίω· οὐδὲ
τὸ ἥττω εἶναι αὑτοῦ ἄλλο τι τοῦτ' ἐστὶν ἢ ἀμαθία, οὐδὲ
κρείττω ἑαυτοῦ ἄλλο τι ἢ σοφία.—Συνεδόκει πᾶσιν.—Τί δὲ
δή; ἀμαθίαν ἆρα τὸ τοιόνδε λέγετε, τὸ ψευδῆ ἔχειν δόξαν
5 καὶ ἐψεῦσθαι περὶ τῶν πραγμάτων τῶν πολλοῦ ἀξίων;—Καὶ
τοῦτο πᾶσι συνεδόκει.—Ἄλλο τι οὖν, ἔφην ἐγώ, ἐπί γε τὰ
κακὰ οὐδεὶς ἑκὼν ἔρχεται οὐδὲ ἐπὶ ἃ οἴεται κακὰ εἶναι, οὐδ'
d ἔστι τοῦτο, ὡς ἔοικεν, ἐν ἀνθρώπου φύσει, ἐπὶ ἃ οἴεται κακὰ
εἶναι ἐθέλειν ἰέναι ἀντὶ τῶν ἀγαθῶν· ὅταν τε ἀναγκασθῇ
δυοῖν κακοῖν τὸ ἕτερον αἱρεῖσθαι, οὐδεὶς τὸ μεῖζον αἱρήσεται
ἐξὸν τὸ ἔλαττον;—Ἅπαντα ταῦτα συνεδόκει ἅπασιν ἡμῖν.—
5 Τί οὖν; ἔφην ἐγώ, καλεῖτέ ⟨τι⟩ δέος καὶ φόβον; καὶ ἆρα
ὅπερ ἐγώ; (πρὸς σὲ λέγω, ὦ Πρόδικε). προσδοκίαν τινὰ
λέγω κακοῦ τοῦτο, εἴτε φόβον εἴτε δέος καλεῖτε.—Ἐδόκει
Πρωταγόρᾳ μὲν καὶ Ἱππίᾳ δέος τε καὶ φόβος εἶναι τοῦτο,
e Προδίκῳ δὲ δέος, φόβος δ' οὔ.—Ἀλλ' οὐδέν, ἔφην ἐγώ,
Πρόδικε, διαφέρει· ἀλλὰ τόδε. εἰ ἀληθῆ τὰ ἔμπροσθέν ἐστιν,
ἆρά τις ἀνθρώπων ἐθελήσει ἐπὶ ταῦτα ἰέναι ἃ δέδοικεν, ἐξὸν

213. Nos diálogos de Platão, a noção de *bem* está intimamente associada ao
que é *benéfico* e *útil*, ao passo que a noção de *belo* se aplica tanto a objetos físicos
(i.e., sentido estético da beleza) quanto a ações e caracteres (i.e., sentido moral da
beleza). Embora *bom* e *belo* possam parecer a princípio distintos, as duas noções
também estão intimamente associadas no pensamento platônico (D. Scott, *Plato's Meno*, p. 46).

214. Sobre a noção de "ser superior a si mesmo", ver Platão, *República* IV
430e; *Leis* I 626e.

215. Sobre *ignorância* (*amathia*) e *falsa opinião* (*pseudēs doxa*), ver Platão, *Alcibíades Primeiro*, 118a; *Apologia* 29b; *Eutidemo* 286d; *Sofista* 229c; *Teeteto* 170b-c.

216. Sobre o princípio moral de que o homem naturalmente deseja o bem, ver
Platão, *Mênon* 77b-78d; *Górgias* 468b-e; Xenofonte, *Memoráveis* 3.9.4.

[358b-e] PROTÁGORAS 523

Pródico sorriu e concordou, bem como os demais.

— E sobre este ponto, homens? – perguntei. – Todas as ações em vista de uma vida indolor e aprazível, porventura não são belas e benéficas? E o ato belo não é bom e benéfico?[213]

Eles anuíram.

— Portanto – disse eu –, se o aprazível é bom, ninguém, sabendo ou presumindo que há outras coisas a seu alcance melhores do que aquelas que põe em prática, realiza-as mesmo assim, quando lhe é possível realizar as que são melhores. Tampouco "ser vencido por si mesmo" é outra coisa senão ignorância, e "ser superior a si mesmo", sabedoria[214].

Todos anuíram.

— E então? Por acaso vocês não afirmam que ignorância é algo do gênero, como ter opinião falsa e estar enganado a respeito de assuntos de grande valia?[215]

Todos também assentiram nesse ponto.

— Portanto – disse eu –, ninguém se dirige voluntariamente às coisas más ou àquelas que presume serem más, tampouco pertence à natureza humana, como é plausível, desejar se dirigir às coisas consideradas más, preterindo as boas[216]. Quando se é constrangido a escolher entre dois males, ninguém escolherá o maior, se lhe é possível escolher o menor, não é?

O assentimento de todos nós foi absoluto.

— E então? – tornei eu. – Há algo que vocês chamam de temor e medo? Seria, porventura, como eu os chamo? Dirijo-me a você, Pródico. Refiro-me a certa expectativa de algum mal, seja medo, seja temor como chamam isso[217].

Pareceu a Protágoras e Hípias que se tratava de temor e medo, ao passo que Pródico achava que era temor, mas não medo.

— Não faz diferença nenhuma, Pródico – disse eu. – A questão é a seguinte. Se o que foi dito anteriormente é verdadeiro, por acaso algum homem desejará se dirigir às coisas que teme,

---

217. No *Laques*, Sócrates define *temor* (*deos*) em termos semelhantes: "expectativa de um mal iminente" (δέος γὰρ εἶναι προσδοκίαν μέλλοντος κακοῦ, 198b8-9). Ver também Aristóteles, *Ética Nicomaqueia* III 1115a4-14.

ἐπὶ ἃ μή; ἢ ἀδύνατον ἐκ τῶν ὡμολογημένων; ἃ γὰρ δέδοικεν, ὡμολόγηται ἡγεῖσθαι κακὰ εἶναι· ἃ δὲ ἡγεῖται κακά,
οὐδένα οὔτε ἰέναι ἐπὶ ταῦτα οὔτε λαμβάνειν ἑκόντα.—Ἐδόκει
καὶ ταῦτα πᾶσιν.

Οὕτω δὴ τούτων ὑποκειμένων, ἦν δ' ἐγώ, Πρόδικέ τε καὶ
Ἱππία, ἀπολογείσθω ἡμῖν Πρωταγόρας ὅδε ἃ τὸ πρῶτον
ἀπεκρίνατο πῶς ὀρθῶς ἔχει—μὴ ἃ τὸ πρῶτον παντάπασι·
τότε μὲν γὰρ δὴ πέντε ὄντων μορίων τῆς ἀρετῆς οὐδὲν ἔφη
εἶναι τὸ ἕτερον οἷον τὸ ἕτερον, ἰδίαν δὲ αὐτοῦ ἕκαστον ἔχειν
δύναμιν· ἀλλ' οὐ ταῦτα λέγω, ἀλλ' ἃ τὸ ὕστερον εἶπεν. τὸ γὰρ
ὕστερον ἔφη τὰ μὲν τέτταρα ἐπιεικῶς παραπλήσια ἀλλήλοις
εἶναι, τὸ δὲ ἓν πάνυ πολὺ διαφέρειν τῶν ἄλλων, τὴν ἀνδρείαν,
γνώσεσθαι δέ μ' ἔφη τεκμηρίῳ τῷδε· " Εὑρήσεις γάρ, ὦ Σώκρατες, ἀνθρώπους ἀνοσιωτάτους μὲν ὄντας καὶ ἀδικωτάτους
καὶ ἀκολαστοτάτους καὶ ἀμαθεστάτους, ἀνδρειοτάτους δέ· ᾧ
γνώσῃ ὅτι πολὺ διαφέρει ἡ ἀνδρεία τῶν ἄλλων μορίων τῆς
ἀρετῆς." καὶ ἐγὼ εὐθὺς τότε πάνυ ἐθαύμασα τὴν ἀπόκρισιν,
καὶ ἔτι μᾶλλον ἐπειδὴ ταῦτα μεθ' ὑμῶν διεξῆλθον. ἠρόμην
δ' οὖν τοῦτον εἰ τοὺς ἀνδρείους λέγοι θαρραλέους· ὁ δέ, "Καὶ
ἴτας γ'," ἔφη. μέμνησαι, ἦν δ' ἐγώ, ὦ Πρωταγόρα, ταῦτα
ἀποκρινόμενος;—Ὡμολόγει.—Ἴθι δή, ἔφην ἐγώ, εἰπὲ ἡμῖν,
ἐπὶ τί λέγεις ἴτας εἶναι τοὺς ἀνδρείους; ἢ ἐφ' ἅπερ οἱ
δειλοί;—Οὐκ ἔφη.—Οὐκοῦν ἐφ' ἕτερα.—Ναί, ἦ δ' ὅς.—

---

218. Cf. 345d-346c.

219. Cf. 329d-330b.

220. Cf. 349d.

221. Cf. 349e. Sobre a suposta "memória fraca" alegada por Sócrates na crise
do diálogo (334c-d), ver Comentário 334c8-9.

222. Sócrates passa a interpelar diretamente Protágoras, abandonando o interlocutor fictício representado aqui pela "maioria dos homens", apenas na última
etapa do argumento hedonista. Até então, Sócrates criara a ilusão de que ambos
dialogavam em comum contra uma terceira parte da discussão, em vista da refutação da concepção da massa do fenômeno da akrasia (incontinência). Somente

[358e-359c]　　　　　　PROTÁGORAS　　　　　　525

se lhe é possível se dirigir às que não teme? Ou isso é impossível, tendo em vista o que já foi assentido? Pois é consenso considerar más as coisas que se teme, e que ninguém se dirige às coisas que são consideradas más, tampouco as adquire voluntariamente[218].

Também nesse ponto todos estavam de acordo.

— Uma vez estabelecidos esses pontos, Pródico e Hípias – disse eu –, que Protágoras defenda, perante nós, a correção de sua resposta inicial, mas não exatamente de sua primeira resposta: naquela ocasião, ele afirmava que, na medida em que são cinco as partes da virtude, nenhuma delas era como a outra, cada qual dotada de uma capacidade particular[219]. Não é isso, contudo, a que me refiro, e sim ao que ele disse posteriormente[220]. Pois ele afirmou mais adiante que quatro delas são razoavelmente parecidas umas com as outras, ao passo que uma, a coragem, distingue-se em muito de todas as demais, dizendo que eu compreenderia essa diferença mediante a seguinte evidência: "Encontrará, Sócrates, homens que são extremamente ímpios, injustos, intemperantes e ignorantes, mas corajosíssimos. Com isso, você compreenderá que a coragem se distingue em muito das demais partes da virtude." Naquele instante, fiquei bastante estupefato com a resposta dele, e ainda mais estupefato quando passei em revista com vocês esse assunto. E eu lhe perguntei se ele afirmava que os corajosos são audaciosos, a que ele respondeu: "e impetuosos".[221] Está lembrado de que foi essa a sua resposta, Protágoras? – indaguei-lhe.

Ele confirmou.

— Adiante, então![222] – prossegui. – Diga-nos! Em relação a que você afirma que os corajosos são impetuosos? Não seria em relação às mesmas coisas que os covardes?

— Não – respondeu.

— Em relação a coisas diferentes?

— Sim – disse ele.

---

agora a questão da coragem e sua relação com os prazeres e dores, segundo essa perspectiva hedonista em exame, ficará evidente: justamente na refutação da posição inicial de Protágoras (349d).

526 ΠΡΩΤΑΓΟΡΑΣ

5 Πότερον οἱ μὲν δειλοὶ ἐπὶ τὰ θαρραλέα ἔρχονται, οἱ δὲ
ἀνδρεῖοι ἐπὶ τὰ δεινά;—Λέγεται δή, ὦ Σώκρατες, οὕτως ὑπὸ
τῶν ἀνθρώπων.—Ἀληθῆ, ἔφην ἐγώ, λέγεις· ἀλλ' οὐ τοῦτο

d ἐρωτῶ, ἀλλὰ σὺ ἐπὶ τί φῂς ἴτας εἶναι τοὺς ἀνδρείους; ἆρ'
ἐπὶ τὰ δεινά, ἡγουμένους δεινὰ εἶναι, ἢ ἐπὶ τὰ μή;—Ἀλλὰ
τοῦτό γ', ἔφη, ἐν οἷς σὺ ἔλεγες τοῖς λόγοις ἀπεδείχθη ἄρτι
ὅτι ἀδύνατον.—Καὶ τοῦτο, ἔφην ἐγώ, ἀληθὲς λέγεις· ὥστ' εἰ

5 τοῦτο ὀρθῶς ἀπεδείχθη, ἐπὶ μὲν ἃ δεινὰ ἡγεῖται εἶναι οὐδεὶς
ἔρχεται, ἐπειδὴ τὸ ἥττω εἶναι ἑαυτοῦ ηὑρέθη ἀμαθία οὖσα.
—Ὡμολόγει.—Ἀλλὰ μὴν ἐπὶ ἅ γε ʽθαρροῦσι πάντες αὖ
ἔρχονται, καὶ δειλοὶ καὶ ἀνδρεῖοι,· καὶ ταύτῃ γε ἐπὶ τὰ αὐτὰ

e ἔρχονται οἱ δειλοί τε καὶ οἱ ἀνδρεῖοι.—Ἀλλὰ μέντοι, ἔφη,
ὦ Σώκρατες, πᾶν γε τοὐναντίον ἐστὶν ἐπὶ ἃ οἵ τε δειλοὶ
ἔρχονται καὶ οἱ ἀνδρεῖοι. αὐτίκα εἰς τὸν πόλεμον οἱ μὲν
ἐθέλουσιν ἰέναι, οἱ δὲ οὐκ ἐθέλουσιν.—Πότερον, ἔφην ἐγώ,

5 καλὸν ὂν ἰέναι ἢ αἰσχρόν;—Καλόν, ἔφη.—Οὐκοῦν εἴπερ
καλόν, καὶ ἀγαθὸν ὡμολογήσαμεν ἐν τοῖς ἔμπροσθεν· τὰς
γὰρ καλὰς πράξεις ἁπάσαςˑἀγαθὰς ὡμολογήσαμεν.—Ἀληθῆ
λέγεις, καὶ ἀεὶ ἔμοιγε δοκεῖ οὕτως.—Ὀρθῶς γε, ἔφην ἐγώ.

360 ἀλλὰ ποτέρους φῂς εἰς τὸν πόλεμον οὐκ ἐθέλειν ἰέναι, καλὸν
ὂν καὶ ἀγαθόν;—Τοὺς δειλούς, ἦ δ' ὅς.—Οὐκοῦν, ἦν δ' ἐγώ,
εἴπερ καλὸν καὶ ἀγαθόν, καὶ ἡδύ;—Ὡμολόγηται γοῦν, ἔφη.—

223. Cf. 358b-c, 358e.

224. Em outras palavras, o corajoso e o covarde não se distinguem por evitar
o que é temível e perseguir o que não é temível, justamente porque ambos evitam
o que consideram um mal e perseguem o que consideram um bem. O covarde,
porém, comete um erro de juízo: ele considera temível (e, por conseguinte, um
mal) o que, de fato, é um bem (por exemplo, a morte gloriosa na guerra), ao passo
que considera não temível (e, por conseguinte, um bem) o que, de fato, é um mal
(por exemplo, a desonra que decorre de evitar a morte com uma fuga). O corajoso,
em contrapartida, possui o juízo correto em relação àquilo que se deve temer e
àquilo que não se deve.

225. Cf. 358b.

226. Considerar que ir para a guerra é belo e bom é compreensível; mas em que
sentido seria aprazível, se ir para a guerra é obviamente uma situação que implica
imediatamente mais dores do que prazeres? Uma possibilidade de interpretação,
como sugerida por Taylor, seria entender *aprazível* aqui em sentido lato, ou seja,
ir para a guerra é aprazível na medida em que tal ação, em última instância, contribui para uma vida em que o prazer predomina sobre a dor: em outras palavras,

[359c-360a] PROTÁGORAS 527

— Os covardes não se dirigem às coisas que infundem audácia, ao passo que os corajosos, às que infundem temor?

— Eis o que é dito pelos homens, Sócrates.

— Você diz a verdade – disse eu. – Mas não é essa a minha pergunta, e sim em relação a que você afirma que os corajosos são impetuosos. Porventura em relação às coisas que infundem temor, considerando-as temíveis, ou às que não infundem temor?

— Mas, conforme os argumentos aferidos por você[223] – respondeu ele –, ficou demonstrado há pouco que isso é impossível.

— Também isso é verdade – disse eu. – Por conseguinte, se essa demonstração está correta, ninguém se dirige às coisas que considera temíveis, uma vez que descobrimos que "ser vencido por si mesmo" é ignorância.

Ele concordou.

— Com efeito, todos se dirigem às coisas que infundem audácia, tanto os covardes quanto os corajosos, e, nesse sentido, tanto os covardes quanto os corajosos se dirigem às mesmas coisas[224].

— Todavia, Sócrates – redarguiu –, são absolutamente contrárias as coisas às quais se dirigem os covardes e os corajosos. Por exemplo: os primeiros desejam ir para a guerra, ao passo que os segundos não o desejam.

— Ir para a guerra é belo ou vergonhoso? – perguntei.

— Belo – respondeu.

— Então, não concordamos previamente que, se é belo, também é bom? Pois concordamos que todas as ações belas são boas[225].

— Você diz a verdade, e sempre creio que seja assim.

— Correto – disse eu. – Mas, segundo a sua posição, quem é que não deseja ir para a guerra, ainda que isso seja belo e bom?

— Os covardes – disse ele.

— Então – tornei eu –, se é belo e bom, não é também aprazível?[226]

embora enfrentar uma situação de guerra implique imediatamente certas privações que são dolorosas, tal ação, se bem-sucedida (evitando, por exemplo, uma sujeição à escravidão pelo inimigo ou mesmo a morte), pode contribuir para que no futuro o agente tenha uma condição de vida que lhe permita desfrutar de mais prazeres do que dores (C.C.W. Taylor, op. cit., p. 208-209).

528 ΠΡΩΤΑΓΟΡΑΣ

Ἆρ' οὖν γιγνώσκοντες οἱ δειλοὶ οὐκ ἐθέλουσιν ἰέναι ἐπὶ τὸ
5 κάλλιόν τε καὶ ἄμεινον καὶ ἥδιον;—Ἀλλὰ καὶ τοῦτο ἐὰν
ὁμολογῶμεν, ἔφη, διαφθεροῦμεν τὰς ἔμπροσθεν ὁμολογίας.
—Τί δ' ὁ ἀνδρεῖος; οὐκ ἐπὶ τὸ κάλλιόν τε καὶ ἄμεινον καὶ
ἥδιον ἔρχεται;—Ἀνάγκη, ἔφη, ὁμολογεῖν.—Οὐκοῦν ὅλως οἱ
b ἀνδρεῖοι οὐκ αἰσχροὺς φόβους φοβοῦνται, ὅταν φοβῶνται,
οὐδὲ αἰσχρὰ θάρρη θαρροῦσιν;—Ἀληθῆ, ἔφη.—Εἰ δὲ μὴ
αἰσχρά, ἆρ' οὐ καλά;—Ὡμολόγει.—Εἰ δὲ καλά, καὶ ἀγαθά;
—Ναί.—Οὐκοῦν καὶ οἱ δειλοὶ καὶ οἱ θρασεῖς καὶ οἱ μαινό-
5 μενοι τοὐναντίον αἰσχρούς τε φόβους φοβοῦνται καὶ αἰσχρὰ
θάρρη θαρροῦσιν;—Ὡμολόγει.—Θαρροῦσιν δὲ τὰ αἰσχρὰ
καὶ κακὰ δι' ἄλλο τι ἢ δι' ἄγνοιαν καὶ ἀμαθίαν;—Οὕτως
c ἔχει, ἔφη.—Τί οὖν; τοῦτο δι' ὃ δειλοί εἰσιν οἱ δειλοί,
δειλίαν ἢ ἀνδρείαν καλεῖς;—Δειλίαν ἔγωγ', ἔφη.—Δειλοὶ
δὲ οὐ διὰ τὴν τῶν δεινῶν ἀμαθίαν ἐφάνησαν ὄντες;—Πάνυ
γ', ἔφη.—Διὰ ταύτην ἄρα τὴν ἀμαθίαν δειλοί εἰσιν;—
5 Ὡμολόγει.—Δι' ὃ δὲ δειλοί εἰσιν, δειλία ὁμολογεῖται παρὰ
σοῦ;—Συνέφη.—Οὐκοῦν ἡ τῶν δεινῶν καὶ μὴ δεινῶν ἀμαθία

227. Cf. 358b-c.

[360a-c] PROTÁGORAS 529

— Ao menos foi o que assentimos – respondeu.

— Será que os covardes não desejam se dirigir ao que é mais belo, melhor e mais aprazível, mesmo cientes disso?

— Mas se concordarmos com isso – disse ele –, arruinaremos o que foi consentido previamente[227].

— E quanto ao corajoso? Ele não se dirige ao que é mais belo, melhor e mais aprazível?

— É necessário admiti-lo – disse ele.

— Então, em linhas gerais, não é vergonhoso o medo que os b corajosos sentem quando temerosos, tampouco é vergonhosa a sua audácia, não é?

— É verdade – respondeu.

— E se não são vergonhosos, são belos, não são?

Ele concordou.

— E se são belos, também são bons, não são?

— Sim.

— Então, o medo e a audácia dos covardes, dos temerários e dos desvairados não são, à contrário, vergonhosos?

Ele concordou.

— E a audácia deles é vergonhosa e má devido a alguma outra coisa senão à estupidez e ignorância?

— É o que sucede – disse ele.

— E aí? Aquilo em razão de que os covardes são covardes, c por acaso você chama de covardia ou coragem?

— Pelo menos eu chamo de covardia – respondeu.

— E não se revelaram covardes devido à ignorância das coisas temíveis?

— Certamente – disse ele.

— Portanto, são covardes devido a essa ignorância, não são?

Ele concordou.

— Aquilo em razão de que são covardes, você concorda que é covardia?

Ele confirmou.

ΠΡΩΤΑΓΟΡΑΣ

δειλία ἂν εἴη;—Ἐπένευσε.—Ἀλλὰ μήν, ἦν δ’ ἐγώ, ἐναντίον

d ἀνδρεία δειλίᾳ.—Ἔφη.—Οὐκοῦν ἡ τῶν δεινῶν καὶ μὴ δεινῶν
σοφία ἐναντία τῇ τούτων ἀμαθίᾳ ἐστίν;—Καὶ ἐνταῦθα ἔτι
ἐπένευσεν.—Ἡ δὲ τούτων ἀμαθία δειλία;—Πάνυ μόγις
ἐνταῦθα ἐπένευσεν.—Ἡ σοφία ἄρα τῶν δεινῶν καὶ μὴ

5 δεινῶν ἀνδρεία ἐστίν, ἐναντία οὖσα τῇ τούτων ἀμαθίᾳ;—
Οὐκέτι ἐνταῦθα οὔτ’ ἐπινεῦσαι ἠθέλησεν ἐσίγα τε.—Καὶ ἐγὼ
εἶπον· Τί δή, ὦ Πρωταγόρα, οὔτε σὺ φῂς ἃ ἐρωτῶ οὔτε
ἀπόφῃς;—Αὐτός, ἔφη, πέρανον.—Ἕν γ’, ἔφην ἐγώ, μόνον

e ἐρόμενος ἔτι σέ, εἴ σοι ὥσπερ τὸ πρῶτον ἔτι δοκοῦσιν
εἶναί τινες ἄνθρωποι ἀμαθέστατοι μέν, ἀνδρειότατοι δέ.—
Φιλονικεῖν μοι, ἔφη, δοκεῖς, ὦ Σώκρατες, τὸ ἐμὲ εἶναι τὸν
ἀποκρινόμενον· χαριοῦμαι οὖν σοι, καὶ λέγω ὅτι ἐκ τῶν

5 ὡμολογημένων ἀδύνατόν μοι δοκεῖ εἶναι.

Οὗτοι, ἦν δ’ ἐγώ, ἄλλου ἕνεκα ἐρωτῶ πάντα ταῦτα ἢ
σκέψασθαι βουλόμενος πῶς ποτ’ ἔχει τὰ περὶ τῆς ἀρετῆς καὶ
τί ποτ’ ἐστὶν αὐτό, ἡ ἀρετή. οἶδα γὰρ ὅτι τούτου φανεροῦ

361 γενομένου μάλιστ’ ἂν κατάδηλον γένοιτο ἐκεῖνο περὶ οὗ ἐγώ
τε καὶ σὺ μακρὸν λόγον ἑκάτερος ἀπετείναμεν, ἐγὼ μὲν λέγων
ὡς οὐ διδακτὸν ἀρετή, σὺ δ’ ὡς διδακτόν. καί μοι δοκεῖ ἡμῶν
ἡ ἄρτι ἔξοδος τῶν λόγων ὥσπερ ἄνθρωπος κατηγορεῖν τε καὶ

5 καταγελᾶν, καὶ εἰ φωνὴν λάβοι, εἰπεῖν ἂν ὅτι “Ἄτοποί γ’

---

228. Cf. 349d.

229. Sobre o valor da *makrologia* (discurso longo), ver *Comentário* 335b8.

— A ignorância das coisas temíveis e não temíveis não seria, então, covardia?

Ele acenou que sim.

— Com efeito – disse eu –, a coragem é contrária à covardia.

Ele disse que sim.

— A sabedoria relativa às coisas temíveis e não temíveis não é contrária, então, à ignorância delas?

A essa altura, ele ainda acenou que sim.

— E a ignorância delas? Não é covardia?

Com muita relutância, ele acenou que sim.

— Portanto, a sabedoria relativa às coisas temíveis e não temíveis é coragem, que é contrária à ignorância delas, não é?

Nesse momento, não desejou tampouco dar um aceno, calando-se.

E eu lhe falei:

— Por que, Protágoras, você não diz "sim" ou "não" à minha pergunta?

— Termine sozinho! – disse ele.

— Só mais uma pergunta – tornei eu. –Você ainda acredita, como no início, que há homens extremamente ignorantes, porém corajosíssimos?[228]

— Você me parece almejar a vitória, Sócrates – disse ele –, ao insistir que eu continue a responder às suas perguntas. Concederei, pois, esse favor a você. Eu afirmo que, a partir do que foi previamente consentido, parece-me impossível.

— De fato – disse eu –, todas as minhas perguntas não visam a outra coisa senão querer examinar as questões relativas à virtude, e o que é, precisamente, a virtude. Pois sei que, uma vez esclarecido esse ponto, ficaria muito mais evidente aquilo sobre o que tanto eu como você, cada um a sua volta, nos estendemos em longos discursos[229]: eu, afirmando que a virtude não pode ser ensinada, enquanto você, que ela pode ser ensinada. E parece-me que a recente conclusão de nossa discussão está nos acusando e rindo da nossa cara, como se fosse ela um indivíduo. Se adquirisse voz, poderia alegar: "Vocês são muito estranhos,

532 ΠΡΩΤΑΓΟΡΑΣ

ἐστέ, ὦ Σώκρατές τε καὶ Πρωταγόρα· σὺ μὲν λέγων ὅτι οὐ
διδακτόν ἐστιν ἀρετὴ ἐν τοῖς ἔμπροσθεν, νῦν σεαυτῷ τἀναντία
b σπεύδεις, ἐπιχειρῶν ἀποδεῖξαι ὡς πάντα χρήματά ἐστιν ἐπιστήμη, καὶ ἡ δικαιοσύνη καὶ σωφροσύνη καὶ ἡ ἀνδρεία,
ᾧ τρόπῳ μάλιστ᾽ ἂν διδακτὸν φανείη ἡ ἀρετή. εἰ μὲν γὰρ
ἄλλο τι ἦν ἢ ἐπιστήμη ἡ ἀρετή, ὥσπερ Πρωταγόρας ἐπεχείρει
5 λέγειν, σαφῶς οὐκ ἂν ἦν διδακτόν· νῦν δὲ εἰ φανήσεται
ἐπιστήμη ὅλον, ὡς σὺ σπεύδεις, ὦ Σώκρατες, θαυμάσιον
ἔσται μὴ διδακτὸν ὄν. Πρωταγόρας δ᾽ αὖ διδακτὸν τότε
ὑποθέμενος, νῦν τοὐναντίον ἔοικεν σπεύδοντι ὀλίγου πάντα
c μᾶλλον φανῆναι αὐτὸ ἢ ἐπιστήμην· καὶ οὕτως ἂν ἥκιστα
εἴη διδακτόν." ἐγὼ οὖν, ὦ Πρωταγόρα, πάντα ταῦτα καθορῶν
ἄνω κάτω ταραττόμενα δεινῶς, πᾶσαν προθυμίαν ἔχω καταφανῆ αὐτὰ γενέσθαι, καὶ βουλοίμην ἂν ταῦτα διεξελθόντας
5 ἡμᾶς ἐξελθεῖν καὶ ἐπὶ τὴν ἀρετὴν ὅτι ἔστιν, καὶ πάλιν
ἐπισκέψασθαι περὶ αὐτοῦ εἴτε διδακτὸν εἴτε μὴ διδακτόν,
μὴ πολλάκις ἡμᾶς ὁ Ἐπιμηθεὺς ἐκεῖνος καὶ ἐν τῇ σκέψει
d σφήλῃ ἐξαπατήσας, ὥσπερ καὶ ἐν τῇ διανομῇ ἠμέλησεν
ἡμῶν, ὡς φὴς σύ. ἤρεσεν οὖν μοι καὶ ἐν τῷ μύθῳ ὁ
Προμηθεὺς μᾶλλον τοῦ Ἐπιμηθέως· ᾧ χρώμενος ἐγὼ καὶ
προμηθούμενος ὑπὲρ τοῦ βίου τοῦ ἐμαυτοῦ παντὸς πάντα
5 ταῦτα πραγματεύομαι, καὶ εἰ σὺ ἐθέλοις, ὅπερ καὶ κατ᾽ ἀρχὰς
ἔλεγον, μετὰ σοῦ ἂν ἥδιστα ταῦτα συνδιασκοποίην.

Καὶ ὁ Πρωταγόρας, Ἐγὼ μέν, ἔφη, ὦ Σώκρατες, ἐπαινῶ
σου τὴν προθυμίαν καὶ τὴν διέξοδον τῶν λόγων. καὶ γὰρ οὔτε
e τἆλλα οἶμαι κακὸς εἶναι ἄνθρωπος, φθονερός τε ἥκιστ᾽ ἀνθρώπων, ἐπεὶ καὶ περὶ σοῦ πρὸς πολλοὺς δὴ εἴρηκα ὅτι ὧν ἐντυγ-
χάνω πολὺ μάλιστα ἄγαμαι σέ, τῶν μὲν τηλικούτων καὶ πάνυ·
καὶ λέγω γε ὅτι οὐκ ἂν θαυμάζοιμι εἰ τῶν ἐλλογίμων γένοιο

230. Cf. 319a-320b.

231. Cf. Platão, Mênon 87b-c, 89d, 98d-e. Ver também Aristóteles, Ética Nicomaqueia VI.3 1139b25-26.

232. Cf. 321b-c.

233. Ver K.A. Morgan, Myth and Philosophy: From Presocratics to Plato, p. 149-
150; J.P. Coby, Socrates and the Sophistic Enlightenment: A Commentary on Plato's
Protagoras, p. 175.

Sócrates e Protágoras! Você, de um lado, afirmando que a virtude não pode ser ensinada na discussão inicial[230], agora se apressa em se contradizer, ao tentar demonstrar que todas as coisas são conhecimento, isto é, a justiça e a temperança, e a coragem. Esse seria o melhor modo para mostrar que a virtude pode ser ensinada, pois, se a virtude fosse alguma outra coisa que não conhecimento, como Protágoras tentava argumentar, ela obviamente não poderia ser ensinada[231]. Todavia, se é manifesto que ela é conhecimento como um todo, como você se apressa em dizer, Sócrates, será espantoso se ela não puder ser ensinada. Protágoras, por sua vez, supondo a princípio que ela podia ser ensinada, parece agora se apressar em mostrar o contrário, que a virtude é quase tudo, menos conhecimento; dessa maneira, ela dificilmente poderia ser ensinada." Eu então, Protágoras, quando observo todas essas coisas em terrível e completa confusão, disponho-me totalmente para esclarecê-las. Eu gostaria que nós continuássemos a percorrê-las e enfrentássemos especialmente o exame do que é a virtude, para, só assim, voltarmos a investigar se ela pode ou não ser ensinada – que aquele Epimeteu não vacile e nos engane nessa investigação, tal como descurou de nós naquela distribuição, conforme o seu relato[232]. A mim agrada mais Prometeu do que Epimeteu no mito; recorrendo a ele e prometendo me preocupar com toda a minha vida, ocupo-me de todas essas coisas[233]. Como desde o princípio dizia, se assim lhe aprouvesse, eu examinaria com você esse assunto com o maior prazer.

E Protágoras me disse:

— Eu, Sócrates, elogio a sua disposição e o curso dos argumentos. De fato, não me considero um homem mau em nenhum aspecto, e sou, especialmente, o menos invejoso dos homens. A muitos tenho dito sobre você que, dentre as pessoas com que tenho deparado, é aquela por quem tenho o maior apreço, sobretudo quando equiparado a seus coetâneos. E confesso que não me espantaria se você viesse a se incluir entre os homens mais

ΠΡΩΤΑΓΟΡΑΣ

ἀνδρῶν ἐπὶ σοφίᾳ. καὶ περὶ τούτων δὲ εἰς αὖθις, ὅταν βούλῃ, διέξιμεν· νῦν δ' ὥρα ἤδη καὶ ἐπ' ἄλλο τι τρέπεσθαι.

'Αλλ', ἦν δ' ἐγώ, οὕτω χρὴ ποιεῖν, εἴ σοι δοκεῖ. καὶ γὰρ ἐμοὶ οἷπερ ἔφην ἰέναι πάλαι ὥρα, ἀλλὰ Καλλίᾳ τῷ καλῷ χαριζόμενος παρέμεινα.

Ταῦτ' εἰπόντες καὶ ἀκούσαντες ἀπῇμεν.

234. Cf. 335c.

bem reputados em sabedoria. Sobre o presente assunto, quando quiser, tornaremos a examiná-lo em outra oportunidade. Agora, contudo, já é hora de me voltar para outro afazer.

— Sim – disse eu –, devemos proceder desse modo, se é do seu parecer. A propósito, já passou da hora de me dirigir aonde eu dizia que iria[234]; permaneci aqui, contudo, para fazer um favor ao belo Cálias.

Depois de trocarmos essas palavras, fomos embora.

PROTÁGORAS: ESTRUTURA DO DIÁLOGO

1. Prólogo: Sócrates e um Amigo Anônimo [309a-310a]
2. Sócrates e Hipócrates [310a-314c]
3. A Casa de Cálias [314c-316a]
4. Sócrates e Protágoras: A Virtude Pode Ser Ensinada? [316a-320c]
5. *Mito* e *Logos* de Protágoras [320c-328d]
   5.1. Por Que Todos Participam da Virtude [320c-323c]
   5.2. Por Que a Virtude Pode Ser Ensinada [323c-324c]
   5.3. Por Que Filhos de Pais Virtuosos Não São Virtuosos Como os Pais [324d-328d]
6. Unidade das Virtudes [328d-334c]
   6.1. Proposição do Problema: A Virtude É uma Única Coisa e São Partes Dela a Justiça, Temperança/Sensatez e Piedade, ou Todas Elas São Nomes de uma Única e Mesma Coisa? [328d-330b]
   6.2. 1ª Refutação/Prova: Justiça e Piedade [330b-332a]
   6.3. 2ª Refutação/Prova: Sabedoria e Temperança/Sensatez [332a-333b]

PROTÁGORAS, DE PLATÃO

6.4. 3ª Refutação/Prova (incompleta): Temperança/Sensatez e Justiça [333b-334c]

7. Crise do Diálogo [334c-338e]

8. Exegese do Poema de Simônides [338e-347a]

8.1. Tentativa de Refutação de Protágoras [338e-339d]

8.2. Sócrates e Pródico: Contra-Argumento [339d-341e]

8.3. *Makrologia* de Sócrates [341e-347a]

9. Interlúdio: Hípias, Alcibíades e Sócrates [347a-348c]

10. Unidade das Virtudes[348c-360e]

10.1. Retomada do Problema[348c-349d]

10.2. 4ª Refutação/Prova: Sabedoria e Coragem [349d-350c]

10.3 Objeção de Protágoras [350c-351b]

10.4. 5ª Refutação/Prova: Sabedoria e Coragem > Argumento Hedonista [351b-360e]

(A) 351b3-d11: proposição do problema: o prazer, enquanto prazer, é bom?

(B) 352a1-353b6: a questão da *akrasia* (i.e. "incontinência")

(C) 353c1-354e2: exame do hedonismo

(D) 354e2-356c3: reformulação da *akrasia* à luz do hedonismo

(E) 356c4-357e8: negação da *akrasia* à luz do hedonismo

(F) 358a2-359a1: recapitulação das conclusões anteriores e preparação para o *elenchos*

(G) 359a1-360e5: *elenchos* da tese de Protágoras (349d)

11. Epílogo: 360e-362a

COMENTÁRIOS

1. Prólogo: Sócrates e um Amigo Anônimo: 309a-310a

309a6-b2   Εἶτα τί τοῦτο; … ἦν νῦν Ἀλκιβιάδης ἔχει
"E então? Você não louva Homero, o qual diz que a fase mais graciosa da juventude é quando viceja o buço, como Alcibíades hoje?"

O verso referido por Sócrates é mencionado em duas ocasiões em Homero (*Odisseia* 10.279; *Ilíada* 24.248), e em ambas a referência concerne à aparência juvenil do deus Hermes, a quem Alcibíades está sendo comparado. Sobre as referências a Homero no *Protágoras*, ver Andrea Capra (*Agōn Logōn: Il "Protagora" di Platone tra Eristica e Commedia*, p. 67-71) e Heda Segvic (Homer in Plato's *Protagoras, Classical Philology*, v. 101, n. 3).

2. Sócrates e Hipócrates: 310a-314c

310c1   τοῦ σκίμποδος
         "colchão"

O "colchão" (*skimpous*) consiste aparentemente numa cama leve usada pelos pobres e em campanhas militares (H. Segvic, op. cit., p. 252). Esse mesmo termo *skimpous*, única ocorrência na obra de Platão, é também empregado por Aristófanes em *As Nuvens* (v. 254) para designar a cama na qual dorme a personagem Sócrates. Nessa comédia, Sócrates é representado como uma personagem sincrética que combina características de diferentes figuras históricas dedicadas a diversas áreas do conhecimento, tais como Protágoras (interesse pela gramática e por ensinar a "tornar forte o discurso fraco"), Damon (interesse pela métrica), Hipo, de Élide (teoria do céu como um tampo), e Diógenes, de Apolônia (teoria do ar como princípio de todas as coisas). O estudo de Andrea Capra citado no comentário anterior, em 309a6-b2, ressalta precisamente os elementos comuns entre o *Protágoras*, de Platão, e a comédia antiga, especialmente em relação às *Nuvens*, de Aristófanes (423 a.C.), e aos *Aduladores*, de Êupolis (421 a.C.). Ele interpreta o diálogo, *grosso modo*, como uma resposta de Platão à representação cômica de Sócrates. Sua análise parte do levantamento desse tipo de elemento material comum ao palco cênico cômico, como o "colchão" de Sócrates, referência direta às *Nuvens*, e o "cajado" de Hipócrates, objeto tipicamente cômico. Outras semelhanças mais estruturais são apontadas por Capra entre o *Protágoras* e *As Nuvens*: i. diálogo ao amanhecer (*Nuvens* v. 1-5; *Protágoras* 310a-b); ii. tema da trama: possibilidade de um jovem de família abastada adentrar-se numa escola de homens reputados como sábios (*Nuvens* v. 41-48; *Protágoras* 316b); iii. ensino mediante pagamento (*Nuvens* v. 91-99; *Protágoras* 310d-e); iv. identificação do tipo de sabedoria em questão, tendo em vista a ignorância da personagem quanto ao objeto de ensino (*Nuvens* v. 99-101; *Protágoras* 312c); v. tentativa de definição do objeto de ensino:

COMENTÁRIOS

técnica oratória (*Nuvens* v. 112-118; *Protágoras* 312d); vi. vergonha perante a condição da figura do sábio (*Nuvens* v. 119-120; *Protágoras* 311a2a); vii. motivo da porta fechada que abre para um outro mundo (*Nuvens* v. 126-147; *Protágoras* 310a-b, 314c-e); e viii. descobrimento do objeto de ensino professado pela figura do sábio (*Nuvens* v. 180-223; *Protágoras* 314e-316a). Sobre a figura de Sócrates em *As Nuvens*, ver L.-A. Dorion (*Compreender Sócrates*, p. 26-32); D. Konstan (Socrates in Aristophanes' *Clouds*, em D.R. Morrison (ed.), *The Cambridge Companion to Socrates*); P.A.W. Waerdt (Socrates in the *Clouds*, em P.A.W. Waerdt (ed.), *The Socratic Movement*). Sobre *Os Aduladores*, de Êupolis, ver *Comentários* 311a1-2, 311a5-6, 315b2-3 e 361a4.

310c8-d2 ἐπειδὴ δὲ τάχιστά … ἐπορευόμην
"e assim que o sono, moroso como nunca, extirpou-me a fadiga, pus-me logo de pé e então segui para cá"

Essa parte da narração de Sócrates oferece uma vívida caracterização psicológica da personagem Hipócrates: diante da notícia da presença de Protágoras, o jovem mal consegue dormir tamanho o desejo e a ansiedade de conhecê-lo e de se tornar um de seus discípulos. Há dois pontos a serem ressaltados aqui: primeiro, o poder de fascinação que a reputação de sábio exerce sobre a juventude, como será salientado por Platão adiante (314e-315b); e, segundo, como Sócrates vai contrastar esse impulso passional de Hipócrates a um exame racional para verificar em que medida ele está ciente das consequências de sua resolução (311b-312e).

310d2-3 τὴν ἀνδρείαν
"coragem"

É a primeira referência à *coragem* (*andreia*), virtude que será objeto de discussão na última parte do diálogo (349d-360e), em que Sócrates a definirá como "a sabedoria relativa às coisas temíveis e não temíveis" (Η σοφία ἄρα τῶν δεινῶν καὶ μὴ δεινῶν ἀνδρεία ἐστίν, 360d4-5). Como observa Nicholas Denyer

542 PROTÁGORAS, DE PLATÃO

(*Plato. Protagoras*, p. 70), à luz dessa definição, a referência à *coragem* de Hipócrates é paradoxal, visto que o jovem ignora claramente os riscos que ele corre ao desejar se tornar discípulo de Protágoras, como ficará evidente adiante (313a-c). Isso representa um exemplo particular de como os planos *dramático* e *argumentativo* do diálogo estão intrinsecamente associados.

310d3   τὴν πτοίησιν
         "avidez"

O termo grego *ptoiēsis* (literalmente, "trepidação") e a sua forma verbal correlata podem designar metaforicamente um desejo de natureza erótica, como vemos em Safo ("o que excita o coração em meu peito", τό μ' ἦ μὰν | καρδίαν ἐν στήθεσιν ἐπτόαισεν, 31.5-6) (H. Segvic, op. cit., p. 253). Platão emprega justamente o verbo *ptoeō* no Livro IV da *República* ao delimitar a parte apetitiva da alma:

— Não será de fato implausível – disse eu – considerarmos que se trata de duas partes distintas entre si: aquela em virtude da qual raciocinamos, denominaremos parte racional da alma, ao passo que aquela em virtude da qual temos desejos sexuais, sentimos fome e sede e que concerne aos demais apetites que *nos excita*, denominaremos parte irracional e apetitiva, afeita a certas satisfações e a certos prazeres (IV 436d4-8).

Οὐ δὴ ἀλόγως, ἦν δ' ἐγώ, ἀξιώσομεν αὐτὰ διττά τε καὶ ἕτερα ἀλλήλων εἶναι, τὸ μὲν ᾧ λογίζεται λογιστικὸν προσαγορεύοντες τῆς ψυχῆς, τὸ δὲ ᾧ ἐρᾷ τε καὶ πεινῇ καὶ διψῇ καὶ περὶ τὰς ἄλλας ἐπιθυμίας ἐπτόηται ἀλόγιστόν τε καὶ ἐπιθυμητικόν, πληρώσεών τινων καὶ ἡδονῶν ἑταῖρον.

310d4   μῶν τί σε ἀδικεῖ Πρωταγόρας
         "**Porventura, Protágoras cometeu alguma injustiça contra você?**"

Embora haja um tom de brincadeira nessa pergunta de Sócrates, ela toca, contudo, no ponto nevrálgico do problema referente à condição do sofista em Atenas: a acusação de corrupção da juventude. Esse ponto é referido *en passant* mais adiante pela personagem Protágoras, quando ela se refere à influência nociva dos ensinamentos de Hípias sobre seus discípulos ("pois os demais sofistas *ultrajam* os jovens", οἱ μὲν γὰρ ἄλλοι λωβῶνται τοὺς νέους: 318d9). Como vemos na *Apologia*, Sócrates explica que sua iminente condenação no tribunal (ou seja, por impiedade e *corrupção da juventude*) se deve, sobretudo, à sua identificação com a figura do sofista, ainda que ele jamais tenha se professado *mestre* (*didaskalos*) de algum saber (19b-20c). Na comédia *As Nuvens*, de Aristófanes (423 a.C.), em contrapartida, um dos traços da personagem Sócrates é justamente a sua faceta "sofista":

ESTREPSÍADES: Olhe lá!
Vê aquela portinhola e aquele barraco?
FIDÍPIDES: Vejo. E o que é aquilo mesmo, pai?
EST.: Aquilo é o pensatório de almas sábias.
Ali moram homens que tentam convencer que o céu
é um forno que nos circunda, e que nós somos os carvões.
Se lhes der dinheiro, eles o ensinam a vencer
o debate em defesa de causas justas e injustas. (v. 91-99)

{Στ.} δεῦρό νυν ἀπόβλεπε.
ὁρᾷς τὸ θύριον τοῦτο καὶ τοἰκίδιον;
{Φε.} ὁρῶ. τί οὖν τοῦτ' ἐστὶν ἐτεόν, ὦ πάτερ;
{Στ.} ψυχῶν σοφῶν τοῦτ' ἐστὶ φροντιστήριον.
ἐνταῦθ' ἐνοικοῦσ' ἄνδρες οἳ τὸν οὐρανὸν
λέγοντες ἀναπείθουσιν ὡς ἔστιν πνιγεύς,
κἄστιν περὶ ἡμᾶς οὗτος, ἡμεῖς δ' ἄνθρακες.
οὗτοι διδάσκουσ', ἀργύριον ἤν τις διδῷ,
λέγοντα νικᾶν καὶ δίκαια κἄδικα.

Sobre a comédia *As Nuvens*, de Aristófanes, e o problema da caracterização de Sócrates como "sofista" na peça, ver *Estudo Introdutório*, capítulo 1.

544 PROTÁGORAS, DE PLATÃO

311a1-2 παρὰ Καλλίᾳ τῷ Ἱππονίκου
"Cálias, filho de Hipônico"

Cálias era uma figura conhecida na comédia antiga, representado como um perdulário vicioso explorado pelos sofistas (A. Capra, op. cit., p. 40). Na comédia *As Aves*, de Aristófanes, por exemplo, encenada em 414 a.C., ele é figurado como um pássaro depenado pelos sicofantas e pelas mulheres (v. 284-286). A comédia *Os Aduladore*, de Êupolis, por sua vez, encenada em 421 a.C., é ambientada na casa de Cálias, e os fragmentos supérstites sugerem uma cena de banquete vulgar envolta em luxúria e folia, como podemos observar no fr. 174 (Ateneu, *Deipnosophistae* 7.26 Kaibel):

Na casa deste Cálias, havia muitas delícias,
lagostas, caranguejos, lebres,
e mulheres de pés rodopiantes.

παρὰ τῷδε Καλλίᾳ πολλὴ θυμηδία,
ἵνα πάρα μὲν κάραβοι καὶ βατίδες καὶ λαγῴ
καὶ γυναῖκες εἰλίποδες.

Em outro fragmento, sugere-se que a riqueza de Cálias era usurpada pelos sofistas que figuravam como personagens da peça (fr. 162 = Pólux 9.89):

Eles levam embora, roubam o ouro
da casa, saqueiam a prata.

φοροῦσιν ἁρπάζουσιν ἐκ τῆς οἰκίας
τὸ χρυσίον, τἀργύρια πορθεῖται.

No âmbito do gênero "discursos socráticos" (Aristóteles, *Poética* 1447b10-16), Ésquines escreveu um diálogo homônimo em que Cálias é comparado a faisões e pavões, símbolos da luxúria e da devassidão (fr. 73 SSR). O *Banquete*, de Xenofonte, por sua vez, é ambientado na casa de Cálias, e o aspecto jocoso do diálogo é sublinhado pelo autor já no prólogo:

COMENTÁRIOS 545

Creio que sejam dignos de memória não apenas os feitos dos homens excelentes cumpridos com seriedade, mas também aqueles realizados em momentos de diversão.

Ἀλλ᾽ ἐμοὶ δοκεῖ τῶν καλῶν κἀγαθῶν ἀνδρῶν ἔργα οὐ μόνον τὰ μετὰ σπουδῆς πραττόμενα ἀξιομνημόνευτα εἶναι, ἀλλὰ καὶ τὰ ἐν ταῖς παιδιαῖς.

Na *Apologia, de Sócrates*, Platão enfatiza precisamente o aspecto perdulário de Cálias em relação aos sofistas, que fora objeto de sátira na comédia antiga:

Aliás, encontra-se entre nós outro sábio [Eveno], oriundo de Paros, o qual, segundo soube, está visitando nossa cidade; pois deparei-me com um homem que tem despendido com sofistas mais dinheiro do que todos os demais, Cálias, filho de Hipônico. (21a2-5)

ἐπεὶ καὶ ἄλλος ἀνήρ ἐστι Πάριος ἐνθάδε σοφὸς ὃν ἐγὼ ᾐσθόμην ἐπιδημοῦντα· ἔτυχον γὰρ προσελθὼν ἀνδρὶ ὃς τετέλεκε χρήματα σοφισταῖς πλείω ἢ σύμπαντες οἱ ἄλλοι, Καλλίᾳ τῷ Ἱππονίκου·

311a3 πρῲ γάρ ἐστιν
"pois é muito cedo"

A expressão "ainda é muito cedo" pode ser compreendida em dois sentidos: no sentido cronológico e concreto (é ainda o alvorecer e não é conveniente ir à casa de alguém a essa hora), e no sentido pedagógico e metafórico (é ainda cedo porque Hipócrates não é suficientemente maduro para avaliar se a educação obtida junto a Protágoras lhe é benéfica ou nociva) (L. Palumbo, Socrate, Ippocrate e il vestibolo dell'anima, em G. Casertano (ed.), *Il Protagora di Platone: Struttura e Problematiche*, p. 95). Sendo assim, a conversa subsequente entre as duas personagens teria a função de lhe revelar por que sua alma ainda não está preparada para o que pretende: por ignorar o que é o sofista e o que ele ensina (311b-312e).

546 PROTÁGORAS, DE PLATÃO

311a5-6   καὶ γὰρ τὰ πολλὰ Πρωταγόρας ἔνδον διατρίβει
"Ademais, Protágoras passa a maior parte de seu tempo
em casa"

A menção à presença de Protágoras no interior da casa de
Cálias nos remete à cena da comédia Os Aduladores (Kolakes),
de Êupolis (421 a.C.), como sugere esse fragmento supérstite
da peça: "Lá dentro está Protágoras de Téos" (ἔνδον μέν ἐστι
Πρωταγόρας ὁ Τήιος , fr. 157, linha 1). Assim como no Protágoras, de Platão, essa comédia é ambientada na casa de Cálias
e tem como personagens, além de Protágoras (fr. 157), Alcibíades (fr. 171), Querefonte (fr. 180) e possivelmente Sócrates (M.
Dorati, Platone ed Eupoli ("Protagora" 314c-316a), Quaderni
Urbinati di Cultura Classica, v. 50, n. 2, p. 88). Sobre a relação
entre o Protágoras, de Platão, e Os Aduladores, de Êupolis, ver
J.A. Arieti; R.M. Barrus (Plato's Protagoras, p. 8-13), A. Capra
(op. cit., pp. 37-84), M. Dorati (op. cit.) e A.W. Nightingale (Genres in Dialogue, p. 186-187).

311a8-b2   καὶ ἐγὼ ἀποπειρώμενος ... ἠρώτων
"E eu, testando o ímpeto de Hipócrates, comecei a
examiná-lo e a indagar-lhe"

O "teste" do ímpeto de Hipócrates por Sócrates se dá mediante
argumentos indutivos a que Sócrates recorre habitualmente nos
chamados "primeiros diálogos" ou "diálogos socráticos" de Platão. Esse tipo de argumento tem um caráter didático e de fácil
compreensão para o interlocutor, como Aristóteles observa
neste trecho dos Tópicos:

Depois dessas distinções, é preciso divisar quantas são as espécies de
argumentos dialéticos. Há a indução e o silogismo, e o que é silogismo
já foi dito previamente. Indução é o método que parte dos particulares
para o universal, como neste exemplo: se o piloto perito é o mais apto,
e assim também o auriga, o perito em cada coisa será em todos os casos
o melhor. E a indução é mais persuasiva e mais clara, mais apreensível
pela percepção e comum à maioria dos homens, ao passo que o silogismo
é mais imponente e mais efetivo contra os contraditores. (I, 105a10-19)

COMENTÁRIOS

Διωρισμένων δὲ τούτων χρὴ διελέσθαι πόσα τῶν λόγων εἴδη τῶν διαλεκτικῶν. ἔστι δὲ τὸ μὲν ἐπαγωγή, τὸ δὲ συλλογισμός. καὶ συλλογισμὸς μὲν τί ἐστιν, εἴρηται πρότερον. ἐπαγωγὴ δὲ ἡ ἀπὸ τῶν καθ᾽ ἕκαστα ἐπὶ τὸ καθόλου ἔφοδος· οἷον εἰ ἔστι κυβερνήτης ὁ ἐπιστάμενος κράτιστος, καὶ ἡνίοχος, καὶ ὅλως ἐστὶν ὁ ἐπιστάμενος περὶ ἕκαστον ἄριστος. ἔστι δ᾽ ἡ μὲν ἐπαγωγὴ πιθανώτερον καὶ σαφέστερον καὶ κατὰ τὴν αἴσθησιν γνωριμώτερον καὶ τοῖς πολλοῖς κοινόν, ὁ δὲ συλλογισμὸς βιαστικώτερον καὶ πρὸς τοὺς ἀντιλογικοὺς ἐνεργέστερον.

Sobre o uso de argumentos indutivos por Sócrates em Platão, ver R. Robinson (*Plato's Earlier Dialectic*, capítulo 4).

312a2-3   Καὶ ὃς εἶπεν ἐρυθριάσας … γενέσθαι
"E ele, ao me responder, enrubesceu, pois a luz do alvorecer já era suficiente para divisá-lo"

A *vergonha* sentida por Hipócrates ao ser interpelado por Sócrates, advinda do reconhecimento dos fins de sua ação iminente, é o primeiro freio ao impulso irracional que o motivava a ir atrás de Protágoras para se tornar um de seus discípulos. No entanto, o sentido da vergonha de Hipócrates pode ser entendido sob duas perspectivas distintas. Do ponto de vista de Sócrates, como ficará claro na sua pergunta subsequente (312a4-6), a vergonha do jovem estaria associada à própria condição ambígua dos sofistas em Atenas: de um lado, um fascínio exercido sobre os jovens pela sua fama de sabedoria, e, de outro, uma suspeita de corrupção da juventude aos olhos de parte daquela sociedade (cf. Platão, *Mênon* 91c-92e; *Górgias* 519c-520b). Do ponto de vista de Hipócrates, o sentimento de vergonha seria antes expressão de uma forma de modéstia (L. Palumbo, op. cit., p. 92-93): ele sentiria vergonha por ser descoberto por Sócrates almejando ser como Protágoras, um sonho de glória e fama dificilmente alcançável, pois trata-se, como o *Prólogo* do diálogo pontua ironicamente, do "mais sábio dentre os homens" (σοφώτατος εἶναι Πρωταγόρας, 309d1-2). Nesse sentido, a vergonha de Hipócrates seria entendida antes como uma manifestação de "pudor". De qualquer modo, Platão constrói a cena de

548 PROTÁGORAS, DE PLATÃO

tal modo que o reconhecimento pela razão coincide com a luz que desponta ao amanhecer, como observou Demétrio (*Sobre a Elocução* 218). A passagem da obscuridade à luz se dá, portanto, em dois níveis: no concreto e no metafórico. Outras cenas de enrubescimento nos diálogos platônicos: *República* I 350c-d; *Lísis* 204b-d, 213d; *Eutidemo* 275d, 297a; *Cármides* 158c; *Górgias* 494d-495a. Sobre a função da vergonha no procedimento refutatório de Sócrates, ver J. Moss (Shame, Pleasure and the Divided Soul, *Oxford Studies in Ancient Philosophy*, XXIX), R. McKim (Shame and Truth in Plato's *Gorgias*, em C.L. Griswold Jr. (ed.), *Platonic Writings: Platonic Readings*) e J.C. Shaw (*Plato's Anti-hedonism and the* Protagoras). Sobre a relação metafórica entre a luz do dia e a luz da razão, ver R. Bolzani (O Cênico no *Protágoras, Revista Brasileira de Estudos Clássicos,* v. 13-14). Sobre a condição ambígua dos sofistas em Atenas, ver C.H. Kahn (Drama and Dialectic in Plato's *Gorgias, Oxford Studies in Ancient Philosophy,* v. 1) e J.C. Shaw (op. cit.).

312c1-4   ὅτι δέ ποτε ὁ σοφιστής ἐστιν ... πράγματι
    "contudo, o que é o sofista, eu me admiraria se você soubesse. E se de fato o ignora, você não sabe a quem está ofertando a sua alma, tampouco se vem a ser alguma coisa boa ou má"

A linguagem utilizada por Sócrates aqui é comumente empregada em contextos de busca pela definição de algum objeto ou propriedade ("o que é o sofista", 312c1-2; cf. 353a5-6; 361c5). O que Sócrates ressalta aqui é a chamada "prioridade da definição", ou seja, a necessidade de se conhecer a natureza de alguma coisa antes de lhe atribuir algum juízo de valor. Esse princípio é referido, por exemplo, nesta passagem do diálogo com *Mênon*:

SOC: Eu próprio, Mênon, estou nesta condição: eu careço daquilo de que carecem meus concidadãos, e censuro a mim mesmo por não saber absolutamente nada sobre a virtude; aquilo que não sei o que é, como poderia saber que qualidade tem? Ou lhe parece possível que alguém,

COMENTÁRIOS

desconhecendo absolutamente quem é Mênon, saiba que ele é belo, rico ou nobre, ou o contrário disso? Você acha que é possível? (71b1-8)

Ἐγὼ οὖν καὶ αὐτός, ὦ Μένων, οὕτως ἔχω· συμπένομαι τοῖς πολίταις τούτου τοῦ πράγματος, καὶ ἐμαυτὸν καταμέμφομαι ὡς οὐκ εἰδὼς περὶ ἀρετῆς τὸ παράπαν· ὃ δὲ μὴ οἶδα τί ἐστιν, πῶς ἂν ὁποῖόν γέ τι εἰδείην; ἢ δοκεῖ σοι οἷόν τε εἶναι, ὅστις Μένωνα μὴ γιγνώσκει τὸ παράπαν ὅστις ἐστίν, τοῦτον εἰδέναι εἴτε καλὸς εἴτε πλούσιος εἴτε καὶ γενναῖός ἐστιν, εἴτε καὶ τἀναντία τούτων; δοκεῖ σοι οἷόν τ' εἶναι;

312c5-6   Ἐγὼ μέν, ἦ δ' ὅς ... ἐπιστήμονα
           "Eu considero que ele é, como o próprio nome indica, o conhecedor das coisas sábias"

Hipócrates faz uma etimologia equivocada (pelo menos do ponto de vista da filologia moderna) do termo *sophistēs*, como se fosse um termo composto de *sophos* (sábio) e da raiz *istē*- do verbo *ep-ista-mai* (conhecer): portanto, "conhecedor das coisas sábias" (J. Adam; A. Adam, *Plato. Protagoras*, p. 85; N. Denyer, op. cit., p. 75). Na verdade, o termo é composto da raiz verbal *sophiz*- (tornar-se sábio; tornar alguém sábio) e do sufixo de agente -*tēs*: portanto, "aquele que se torna sábio" (sentido médio) ou "aquele que torna alguém sábio" (sentido ativo). Esse tipo de procedimento adotado por Hipócrates é comum em Homero e Hesíodo, que derivam dos nomes próprios um sentido a partir de uma perífrase que, muitas vezes, não corresponde ao que nós hoje entendemos como etimologia propriamente dita. Platão leva à exaustão esse tipo de especulação linguística no diálogo *Crátilo*. Sobre a semântica do termo *sophistēs* (sofista), ver *Estudo Introdutório*, subtítulo 1.1.

312d5   ποίας ἐργασίας ἐπιστάτης
         "De que ofício ele é mestre?"

Sócrates também joga com a etimologia do termo *sophistēs* (sofista), na esteira de Hipócrates, como comentado na nota 16 da tradução. O termo grego *epistatēs* (traduzido aqui como "mestre") designa genericamente "aquele que tem um determinado encargo", daí "presidente", "juiz", "comandante". Todavia, Sócrates parece querer derivar o termo *epistatēs* de *ep-ista-mai* (conhecer), e não de *eph-ista-mai* (estar numa determinada condição), como seria de fato o caso (J. Adam, A. Adam, op. cit., p. 86; N. Denyer, op. cit., p. 76). O jogo aqui é o mesmo realizado por Hipócrates: encontrar uma definição de *sophistēs* (sofista) que derive etimologicamente do verbo *ep-ista-mai* (conhecer), ainda que tal especulação seja equivocada do ponto de vista da filologia moderna.

312d8-9   ἐρωτήσεως γὰρ ἔτι … λέγειν
"Pois nossa resposta ainda requer outra pergunta: a respeito de que o sofista torna alguém terrivelmente hábil no discurso?"

Sócrates recorre aqui a uma objeção semelhante que faz a Górgias no diálogo homônimo, quando seu interlocutor define como objeto da retórica "os discursos" (Περὶ λόγους, 449e1). A resposta de Górgias oferece uma definição genérica, e não específica como esperava Sócrates, visto que também existem outras artes que dizem respeito a discursos, precisamente aqueles referentes ao domínio específico de sua atividade, como no caso da medicina: os seus discursos concernem à saúde e à doença. Na sequência do diálogo, Górgias responde então que o objeto específico da retórica é "o justo e o injusto" (περὶ τούτων ἅ ἐστι δίκαιά τε καὶ ἄδικα, 454b7), satisfazendo essa exigência do argumento de Sócrates. Recorrendo à analogia com as outras artes, portanto, Sócrates estabelece como condição para a "arte" (*tekhnē*) ter um domínio específico, um objeto determinado (περὶ τί τῶν ὄντων, 449d9). É o que se dá nesta passagem do *Protágoras*: Hipócrates responde a Sócrates que o sofista sabe tornar alguém hábil no discurso, mas essa resposta ainda exige uma especificação do objeto desse discurso, pois o professor de cítara, por exemplo, também sabe tornar seu discípulo hábil no discurso, especificamente naquele *referente a tocar cítara*.

COMENTÁRIOS

Tanto no *Górgias* quanto no *Protágoras*, Platão parece negar a possibilidade de uma *arte genérica do discurso* que sirva para discorrer sobre qualquer assunto controverso, inclusive sobre aqueles para os quais há uma *tekhnē* específica.

313a9-b2   περὶ δὲ τούτου ... ψυχήν
"você não consultou nem seu pai, nem seu irmão, nem qualquer um de nossos amigos, para saber se deveria ou não confiar sua alma a esse estrangeiro recém-chegado aqui"

Sócrates sugere aqui que os membros mais velhos da família de Hipócrates possuem pouca influência sobre sua conduta moral. Isso, de certa forma, salienta o aspecto sociológico envolvido no fenômeno da sofística em Atenas: à medida que o interesse por um novo modelo de educação cresce entre os jovens, como no caso de Hipócrates, diminui o poder de influência dos valores "tradicionais" representado pela figura do pai e da família como um todo (L. Goldberg, *A Commentary on Plato's* Protagoras, p. 87). Esse problema é figurado na comédia *As Nuvens*, de Aristófanes (423 a.C.), mediante o embate entre a *educação tradicional*, identificada com a personificação do Discurso Forte, e a *educação nova*, identificada com a personificação do Discurso Fraco. No *agōn* entre eles, cujo fim era persuadir Fidípides, estabelece-se um confronto entre duas moralidades antagônicas: de um lado, a. a *educação antiga* (v. 961-983), baseada na poesia e ginástica (*Protágoras* 325c-326c; *República* II 376e), louva a *temperança* (σωφροσύνη, v. 962), a *justiça* (τὰ δίκαια, v. 962) e a *disciplina* (εὐτάκτως, v. 964), apoiando se no sentimento de *vergonha* e *pudor* como reguladores da conduta moral (τοῖς αἰσχροῖς αἰσχύνεσθαι, v. 992; τῆς Αἰδοῦς, v. 995); de outro lado, b. a *educação nova* (v. 1036-1045; 1067-1083) estimula, inversamente, a subversão dos valores tradicionais (ἅπαντα ταῦτ' ἐναντίαις γνώμαισι συνταράξαι, v. 1037) (τοῖσιν νόμοις καὶ ταῖς δίκαις τἀναντί' ἀντιλέξαι, v. 1040), vituperando a *temperança* (ἐν τῷ σωφρονεῖν ἅπαντα | ἄνεστιν, ἡδονῶν θ' ὅσων μέλλεις ἀποστερεῖσθαι, v. 1071-1072) e estimulando o jovem a buscar uma vida *intemperante* e *injusta*. Na comédia aristofânica, essa "nova educação", personificada pelo Discurso Fraco, é representada como causa da corrupção dos costumes e da moralidade tradicional centrada nos valores da *temperança* e da *justiça*. Sobre o assunto, ver *Estudo Introdutório*, capítulo 1.

313c4-6   Ἆρ' οὖν, ὦ Ἱππόκρατες … τρέφεται
"Porventura, Hipócrates, o sofista não seria um certo negociante e vendedor de mercadorias, com as quais a alma se nutre?"

A terceira das sete definições de "sofista", propostas no diálogo de maturidade de Platão, o *Sofista* (223c-224e, 231d), retoma essa analogia referida aqui por Sócrates. A diferença entre "negociante" (*emporos*) e "vendedor" (*kapēlos*) é que o primeiro vende suas mercadorias indo de cidade em cidade, ao passo que o segundo as vende e troca num mercado fixo na cidade. Sendo assim, Protágoras (assim como Hípias e Pródico) seria um "negociante" (*emporos*), na medida em que é um estrangeiro em visita a Atenas que passa de cidade em cidade arrebanhando discípulos (cf. 315a-b); por outro lado, seria um "vendedor" (*kapēlos*), uma vez que está alojado na casa de Cálias (o que equivaleria a uma banca no mercado da cidade), vendendo seus ensinamentos a jovens que podem pagar por eles (cf. 318a-319a).

313e2   ἐὰν μή τις … ἰατρικὸς ὤν
"a não ser que seja ele eventualmente um médico da alma"

No *Górgias*, como mostra o quadro abaixo, a *ginástica* e a *medicina* são consideradas as duas *artes* (*tekhnai*) genuínas concernentes ao corpo, ao passo que a *indumentária* e a *culinária* seriam respectivamente as *pseudoartes* (que Platão denomina de *kolakeia*, "adulação", "bajulação") que visam não o bem do corpo, mas apenas o seu comprazimento. No tocante à alma, as duas artes genuínas seriam a *legislação* e a *justiça*, e suas respectivas *kolakeiai*, a *sofística* e a *retórica* (463a-466a). No

COMENTÁRIOS

caso do *Górgias*, a ginástica teria uma função *regulativa*, assim como a legislação para a alma, enquanto a medicina teria uma função *corretiva*, assim como a justiça para a alma. Nesse sentido, a medicina seria requerida apenas em casos de doença, quando o corpo precisa recuperar sua saúde, excluindo-se assim a possibilidade de uma medicina de caráter *preventivo* e *regulativo*. Todavia, nessa passagem do *Protágoras*, quando Sócrates se refere ao "médico da alma" (περὶ τὴν ψυχὴν αὖ ἰατρικὸς ὤν, 313e2), esse médico é presumivelmente o filósofo, e o paciente, Hipócrates. Nesse sentido, Platão parece sugerir que o exame dialógico a que Sócrates submete seu interlocutor é dotado de um poder *preventivo* e *dissuasivo*, pois sua alma não estaria ainda gravemente "doente", mas sob um risco iminente: pelo menos por algum momento, ele é capaz de refrear o ímpeto do jovem e fazê-lo refletir melhor sobre a sua decisão precipitada. Nesse caso, o *elenchos* teria uma função análoga à da ginástica ou da medicina preventiva: manter o bom estado da alma e evitar que ela contraia os vícios que a corromperiam, conduzindo-a a boas decisões e ações no âmbito privado e/ou público. Sobre a analogia entre o médico e o sofista, ver Platão, *Teeteto* 167a. Sobre Sócrates como "médico da alma", e "os belos discursos", como *pharmakon*, ver Platão, *Cármides* 155a-157d.

		ALMA	CORPO
ARTE / τέχνη	*corretiva*	JUSTIÇA	MEDICINA
	regulativa	LEGISLAÇÃO	GINÁSTICA

		ALMA	CORPO
ADULAÇÃO / κολακεία	*corretiva*	RETÓRICA	CULINÁRIA
	regulativa	SOFÍSTICA	INDUMENTÁRIA

3. A Casa de Cálias: 314c-316a

314d3 Ἔα," ἔφη, "σοφισταί τινες· οὐ σχολὴ αὐτῷ"
"Ah, não! Sofistas! Ele está ocupado"

Marina McCoy (*Plato and the Rhetoric of Philosophers and Sophist*, p. 79) observa que Platão apresenta uma situação invertida quando comparada à cena semelhante de *As Nuvens*, de Aristófanes. Na comédia, é a personagem Estrepsíades que vai até o "pensatório" de Sócrates e bate na porta em busca de aprender o "discurso fraco" para não ter de pagar as suas dívidas (v. 126-147), ao passo que no *Protágoras*, é Sócrates, junto a Hipócrates, que vai até a casa de Cálias e bate na porta para interpelar o sofista. Numa interpretação bem genérica, seria uma resposta sub-reptícia de Platão à caracterização de Sócrates como sofista em Aristófanes: não é Sócrates quem é sofista, e sim homens como Protágoras, Hípias e Pródico (A. Capra, op. cit., p. 78). A identificação de Sócrates com os sofistas, que, segundo Platão na *Apologia* (19b-d; 23c-d), concorreu para a condenação de Sócrates em 399 a.C., é magistralmente referida por Platão na voz do eunuco: "Ah, não! Sofistas!" Sobre o tema, ver *Estudo Introdutório*, capítulo 1.

314e2   μόγις οὖν ποτε ... τὴν θύραν
           "A duras penas, então, o homem nos abriu a porta"

Capra identifica três elementos estruturais da comédia antiga que compareçem no *Protágoras*: i. a mudança de cena; ii. o motivo da "porta fechada" que abre para outro mundo; e iii. os *agōnes*, os embates verbais. No diálogo platônico, a mudança de cena se dá da casa de Sócrates, onde se estabelece um diálogo mediado pelo sentimento de amizade (*philia*), para a casa de Cálias, onde se dará outro tipo de diálogo, denominado pela própria personagem Protágoras de "contenda verbal" (*eis agōna logōn*, 335a4). A passagem de uma cena a outra, separada pela porta vigiada pelo eunuco, marca não somente uma mudança espacial, mas também uma transformação na natureza do próprio diálogo. A primeira parte da narração de Sócrates, concernente à sua conversa com Hipócrates, vai servir, portanto, de contraponto para o leitor refletir sobre o comportamento de Sócrates, dessa vez diante de outro tipo de interlocutor: o pretenso sábio, o "sofista". Em termos gerais, na

COMENTÁRIOS

comédia aristofânica, o protagonista – ou seja, o herói cômico – se move de um contexto familiar, realístico, para confrontar outro mundo, situado num espaço diferente e separado por uma porta fechada (A. Capra, op. cit., p. 65). Esse elemento estrutural aparece em *As Nuvens* (da casa de Estepsíades para o "pensatório" de Sócrates), na *Paz* (da casa de Trigueu para a morada dos deuses) e em *As Rãs* (da casa de Héracles para o reino subterrâneo de Hades). Sobre a relação entre *As Nuvens* e o *Protágoras*, ver *Comentários* 310c1, 310d4 e 314d3.

315a8-b1 κηλῶν τῇ φωνῇ ὥσπερ Ὀρφεύς
"encantando-os com sua voz à guisa de Orfeu"

A comparação entre Protágoras e Orfeu parece salientar precisamente o aspecto irracional envolvido no poder de persuasão do discurso do sofista, em contraste com o exercício da razão promovido pelo procedimento dialógico de Sócrates. Isso fica evidente se compararmos esta cena do *Protágoras-Orfeu* com o episódio inicial da casa de Sócrates, em que Hipócrates é levado pelo filósofo a compreender, por meio de razões, sua ignorância relativa à ação que estava prestes a tomar (ou seja, tornar--se discípulo do sofista). Nesse sentido, enquanto Protágoras incita um desejo irracional nos jovens mediante uma persuasão encantadora, Sócrates estimula a razão mediante o exercício dialógico de colocar à prova suas opiniões e convicções. Sobre o encantamento do discurso retórico, ver Platão, *Fedro* 267d. Sobre o encantamento próprio de Sócrates associado ao estado de *aporia*, ver Platão, *Mênon* 79e-80d; *Cármides* 155a-157c, 176a-b. Sobre a relação entre *logos* e *encantamento*, ver Jacqueline de Romilly (*Magic and Rhetoric in Ancient Greece*).

315b2-3 τοῦτον τὸν χορὸν μάλιστα ἔγωγε ἰδὼν ἥσθην
"Era especialmente esse coro o que me aprazia observar"

A referência explícita ao *coro* conduzido por Protágoras (315b1-2) é mais uma indicação do caráter cômico da descrição de

Sócrates do interior da casa de Cálias. Como referido no *Comentário* 311a1-2, a casa de Cálias foi cenário da comédia *Os Aduladores*, de Êupolis (421 a.c.), cujos fragmentos supérstites indicam a presença de Protágoras, Alcibíades, Querefonte e possivelmente Sócrates como personagens da peça (M. Dorati, op. cit., p. 88). A comédia *Cono*, de Amípsias, por sua vez, que superou *As Nuvens*, de Aristófanes, nas Dionísias de 423 a.c., trazia um coro de *intelectuais* (ἐν τῷ τῶν φροντιστῶν χορῷ, Ateneu, *Deipnosophistae* 5.59.12), cujos membros eram identificados pelos seus nomes, como ocorre aqui no *Protágoras*. Todavia, embora Protágoras não figure, segundo Ateneu, como membro do coro, Sócrates era provavelmente uma das personagens da peça, se os versos reportados por Diógenes Laércio (2.27-28) e atribuídos por ele a Amípsias pertenciam a esta peça (I.C. Storey, *Fragments of Old Comedy*, v. 1, p. 68-69). A casa de Cálias também aparece como cenário do *Banquete*, de Xenofonte, que também possui teor cômico (1.1.1).

Sobre *Os Aduladores*, de Êupolis, ver *Comentários* 311a1-2, 311a5-6 e 361a4.

316a5   Κριτίας ὁ Καλλαίσχρου
          "Crítias, filho de Calescro"

A polêmica relação de Sócrates com Crítias e Alcibíades ocupa boa parte do Livro I das *Memoráveis*, de Xenofonte. Referindo-se a como o acusador de Sócrates, no processo que culminou com a sua condenação à morte, explorou em sua argumentação essa controversa amizade, Xenofonte reporta o seguinte:

Depois que Crítias e Alcibíades se tornaram discípulos de Sócrates, passaram a cometer inúmeros crimes contra a cidade. Crítias, dentre todos os que deram suporte à oligarquia, foi o mais ambicioso e violento, ao passo que Alcibíades, dentre todos os que participavam da democracia, foi o mais intemperante e insolente. (1.2.12)

[...] Σωκράτει ὁμιλητὰ γενομένω Κριτίας τε καὶ Ἀλκιβιάδης πλεῖστα κακὰ τὴν πόλιν ἐποιησάτην. Κριτίας μὲν γὰρ τῶν ἐν τῇ ὀλιγαρχίᾳ πάντων

COMENTÁRIOS

πλεονεκτίστατός τε καὶ βιαιότατος ἐγένετο, Ἀλκιβιάδης δὲ αὖ τῶν ἐν τῇ δημοκρατίᾳ πάντων ἀκρατέστατός τε καὶ ὑβριστότατος.

Mais adiante, Xenofonte busca justificar a relação de Sócrates com Crítias e Alcibíades, buscando eximi-lo da responsabilidade sobre os atos imorais e criminosos de ambos:

Tanto Crítias como Alcibíades, enquanto conviveram com Sócrates, conseguiram manter sob controle seus desejos vergonhosos, tendo-o como aliado. Assim que o abandonaram, porém, Crítias exilou-se na Tessália, onde passou a conviver com homens que recorriam antes à ilegalidade do que à justiça. Alcibíades era caçado por inúmeras mulheres ilustres em virtude de sua beleza, e, por conta de seu poder na cidade e junto a seus aliados, era exaurido por muitos homens hábeis em adulá-lo; além disso, era estimado pelo povo e estava sempre em destaque sem fazer esforço: assim como os atletas das competições esportivas descuram dos exercícios quando, sem esforço, são os primeiros, também Alcibíades descurou de si próprio. (1.2.24)

Καὶ Κριτίας δὴ καὶ Ἀλκιβιάδης, ἕως μὲν Σωκράτει συνήστην, ἐδυνάσθην ἐκείνῳ χρωμένω συμμάχῳ τῶν μὴ καλῶν ἐπιθυμιῶν κρατεῖν· ἐκείνου δ᾽ ἀπαλλαγέντε, Κριτίας μὲν φυγὼν εἰς Θετταλίαν ἐκεῖ συνῆν ἀνθρώποις ἀνομίᾳ μᾶλλον ἢ δικαιοσύνῃ χρωμένοις, Ἀλκιβιάδης δ᾽ αὖ διὰ μὲν κάλλος ὑπὸ πολλῶν καὶ σεμνῶν γυναικῶν θηρώμενος, διὰ δύναμιν δὲ τὴν ἐν τῇ πόλει καὶ τοῖς συμμάχοις ὑπὸ πολλῶν καὶ δυνατῶν [κολακεύειν] ἀνθρώπων διαθρυπτόμενος, ὑπὸ δὲ τοῦ δήμου τιμώμενος καὶ ῥᾳδίως πρωτεύων, ὥσπερ οἱ τῶν γυμνικῶν ἀγώνων ἀθληταὶ ῥᾳδίως πρωτεύοντες ἀμελοῦσι τῆς ἀσκήσεως, οὕτω κἀκεῖνος ἠμέλησεν αὑτοῦ.

Tal preocupação de Xenofonte talvez responda a uma acusação comum que provavelmente Sócrates sofrera em vida em decorrência de sua relação íntima com Crítias, que se tornou um dos mais violentos membros dos chamados Trinta Tiranos, quando governaram Atenas por quase um ano, ao fim da Guerra do Peloponeso (404-403 a.C.). Em um fragmento supérstite de uma comédia anônima, preservado por Alcifronte (*Epístola* IV, 37.4-7), Sócrates é referido expressamente como educador de Crítias (em G. Giannantoni, *Socratis et Socraticorum reliquiae* (SSR), p. 6):

E você acha que o sofista se difere de uma cortesã?
****
Não é pior o modo como educamos os jovens.
Confronte, meu caro, Aspásia e Sócrates!
Dela, você verá Péricles como discípulo,
ao passo que dele, verá Crítias.

οἴει δὲ διαφέρειν ἑταίρας σοφιστήν;
****
παιδεύομεν δὲ οὐ χεῖρον ἡμεῖς τοὺς νέους.
σύγκρινον, ὦ' τάν, Ἀσπασίαν καὶ Σωκράτην·
τῆς μὲν γὰρ ὄψει Περικλέα, Κριτίαν δὲ τοῦ
ἑτέρου μαθητὴν.

Tão notória foi a relação pessoal de Sócrates com Crítias que Ésquines, no discurso *Contra Timarco*, proferido em 346/345 a.C. (portanto, mais de meio século após a condenação do filósofo à morte), no contexto do tratado de paz firmado com Filipe da Macedônia, refere-se a ela da seguinte forma:

Vocês, atenienses, condenaram à morte Sócrates, o sofista, porque ficou evidente que ele havia educado Crítias, um dos Trinta que destituíram a democracia [...]. (173)

Ἔπειθ' ὑμεῖς, ὦ Ἀθηναῖοι, Σωκράτην μὲν τὸν σοφιστὴν ἀπεκτείνατε, ὅτι Κριτίαν ἐφάνη πεπαιδευκώς, ἕνα τῶν τριάκοντα τῶν τὸν δῆμον καταλυσάντων [...].

4. Sócrates e Protágoras: A Virtude Pode Ser Ensinada? 316a-320c

316c2-4   ταῦτ' οὖν ἤδη ... μετ' ἄλλων
           "Examine agora, pois, se você julga que devemos
           dialogar a sós sobre esse assunto ou junto aos demais!"

A ênfase dada aqui ao *diálogo* (*dialegesthai*, 316c3) indica que a discussão pretendida por Sócrates sobre o futuro do jovem

Hipócrates se dê numa conversa mediada por perguntas e respostas, como ele costuma exigir de seus interlocutores (especialmente os "sofistas"), e não mediante uma *exibição* (*epideixis*) do sofista. Sobre a distinção entre *brakhulogia* (discurso breve) e *makrologia* (discurso longo), ver 328e-329b, 334c-338e. Sobre o termo *epideixis* e seus correlatos para designar a *exibição* ou performance dos sofistas perante o público, ver Platão, *Protágoras* 320b-c, 328b, 347b; *Górgias* 447a-c; *Hípias Menor* 363a-d.

316c5 Ὀρθῶς, ἔφη, προμηθῇ, ὦ Σώκρατες, ὑπὲρ ἐμοῦ
"É correta a sua preocupação para comigo, Sócrates"

O verbo *promētheomai* (traduzido aqui como "preocupar-se") é também usado nos escritos médicos para exprimir a ação de "tomar cuidado", "zelar" (L. Palumbo, op. cit., p. 100). Assim, poderíamos interpretar a fala de Protágoras como uma má compreensão sua da finalidade da presença de Sócrates na casa de Cálias: Sócrates, enquanto "médico da alma" (313e2), não está ali para observar o interesse de Protágoras, como a personagem ingenuamente parece supor, mas para "zelar" pela alma do jovem Hipócrates. E o modo pelo qual o filósofo cuida do jovem é precisamente interpelando Protágoras em seu lugar, afastando-o, ao menos momentaneamente, do *encantamento* que o sofista poderia exercer sobre o jovem, caso dialogasse diretamente com ele. Ver também a ocorrência do verbo *promētheomai* em 361d4. Sobre a visão negativa a respeito da atividade pedagógica dos sofistas em Platão, ver *Mênon* 91c-92d; *Górgias* 519c-520e.

316d7 Ὅμηρόν τε καὶ Ἡσίοδον
"Homero, Hesíodo"

A função pedagógica e moralizante da poesia homérica e hesiódica já era referida por diferentes autores do período clássico, como vemos, por exemplo, neste trecho da comédia *As Rãs*, de Aristófanes (405 a.C.), em que a personagem Ésquilo dialoga com Dioniso:

ÉSQUILO

Quanto a isso é preciso que os poetas instruam os homens. Observa,
desde o princípio, como os nobres poetas têm nos beneficiado!
Orfeu nos legou os mistérios e nos apartou dos homicídios;
Museu, as curas das doenças e os oráculos, e Hesíodo,
o cultivo da terra, a colheita dos frutos e a aragem. E o divino Homero?
De onde ele obteve honra e glória senão de seus ensinamentos úteis,
organizações de falanges, virtudes, armamentos? (v. 1030-1036)

{AI.} Ταῦτα γὰρ ἄνδρας χρὴ ποιητὰς ἀσκεῖν. Σκέψαι γὰρ ἀπ' ἀρχῆς
ὡς ὠφέλιμοι τῶν ποιητῶν οἱ γενναῖοι γεγένηνται.
Ὀρφεὺς μὲν γὰρ τελετάς θ' ἡμῖν κατέδειξε φόνων τ' ἀπέχεσθαι,
Μουσαῖος δ' ἐξακέσεις τε νόσων καὶ χρησμούς, Ἡσίοδος δὲ
γῆς ἐργασίας, καρπῶν ὥρας, ἀρότους· ὁ δὲ θεῖος Ὅμηρος
ἀπὸ τοῦ τιμὴν καὶ κλέος ἔσχεν πλὴν τοῦδ' ὅτι χρήστ' ἐδίδαξεν,
τάξεις, ἀρετάς, ὁπλίσεις ἀνδρῶν;

A referência da personagem às "virtudes" (ἀρετάς, v. 1036)
como "ensinamentos úteis" (χρήστ' ἐδίδαξεν, v. 1035) de Homero
aos homens se coaduna precisamente com o argumento de Protágoras nesse trecho do diálogo, quando ele delineia a genealogia dos sofistas: assim como Homero, no passado, instruía os
homens nas virtudes referentes à guerra (i.e., a coragem, organização militar, estratégia etc.), o sofista, no presente, ensina aos
homens "a arte política" (τὴν πολιτικὴν τέχνην, 319a4), identificada por Sócrates simplesmente como "virtude" (τὴν ἀρετὴν,
319e2, 320a3, b5) (N. Denyer, op. cit., p. 88). Em Platão, a função
pedagógica dos poemas homéricos, ressaltada nessa passagem
de *As Rãs,* aparece referida em diferentes diálogos, como, por
exemplo, no *Íon*. A personagem homônima, um rapsodo que
se vangloria de ser o melhor recitador de Homero, afirma que
seria um excelente general simplesmente porque conhecia bem
os poemas homéricos (540d-541c).

Na célebre censura de Platão à poesia nos Livros II e III da
República, por sua vez, Homero e Hesíodo são os alvos privilegiados, na medida em que seus mitos são contados às crianças
desde a tenra idade e servem, segundo o filósofo, para "moldar

COMENTÁRIOS   561

suas almas" (II 377c-e). O problema central para Platão é justamente o fato de tais poemas representarem ações de deuses
e heróis moralmente perniciosas, visto que servem de modelo
a ser imitado pelas crianças durante o processo de aprendizagem. A censura de Platão, portanto, dirige-se primeiramente
à caracterização dos deuses em Homero e Hesíodo (especificamente a *Teogonia*), ao fato de eles serem representados
como causa tanto de bens quanto de males para os homens,
de serem metamórficos e enganadores, e de mentirem em
palavras e ações (II 377b-383c). No segundo momento, a censura se volta para a caracterização dos heróis no tocante a
duas virtudes cardinais: a *coragem* (*andreia*) (III 386a-389d)
e a *temperança* (*sōphrosunē*) (III 389e-392c). Segundo Platão,
modelos de ações virtuosas se encontram misturados a de
ações viciosas, sendo que a criança não é capaz de discernir,
a partir das ações particulares dos heróis representadas na
poesia, o que é certo e o que é errado. Sendo assim, a poesia
como um todo, especialmente Homero e Hesíodo, não seria
apropriada para uma educação correta que visasse à promoção da virtude dos homens, pois não estariam de acordo com
os critérios teológicos e morais que a personagem Sócrates
estabelece para os novos "compositores de mitos" da cidade
ideal (*muthopoioi*, II 377c1). Sobre a função da poesia no processo educativo das crianças, ver adiante o trecho do grande
discurso de Protágoras (325d-326c). Sobre a relação ambivalente de Platão para com Hesíodo, ver G.W. Most (Plato's
Hesiod: An Acquired Taste?, em G.R. Boys-Stones; J.H. Haubold (eds.), *Plato and Hesiod*) e H. Koning (Plato's Hesiod:
Not Plato's Alone, em G.R. Boys-Stones; J.H. Haubold (eds.),
Plato and Hesiod); sobre a diferença de tratamento da *Teogonia*
e de *Os Trabalhos e os Dias* nos diálogos, ver G.W. Most (op.
cit.); sobre a função pedagógica e enciclopédica dos poemas
homéricos, ver E. Havelock (*Prefácio a Platão*). Ver também
Comentário 326a3-4.

PROTÁGORAS, DE PLATÃO

317b6-7 καὶ ἄλλας πρὸς ταύτῃ ... πάσχειν

"Além dessa, outras precauções tenho observado para me resguardar"

Como Protágoras não explicita quais seriam essas precauções, Larry Goldberg sugere que a associação de Protágoras com Péricles, como referido em Plutarco (*Péricles* 36), e com outros membros de famílias poderosas em Atenas (como a do próprio Cálias, representado por Platão como o anfitrião do sofista) serviria de anteparo contra a "inveja" de outros homens (L. Goldberg, op. cit., p. 34).

317d5-6 Βούλεσθε οὖν ... διαλέγησθε

"Vocês querem então – perguntou Cálias – que nos acomodemos em círculo, a fim de que dialoguem sentados?"

Essa reestruturação da cena implica, do ponto de vista dramático, a saída do âmbito sofístico, no qual cada um dos sofistas discursa separadamente para seu próprio séquito, para o registro do *diálogo* (317d6), em que todos se encontram sentados juntos e igualmente sujeitos à interpelação de Sócrates. Esse contraste se estenderá adiante ao *modo de discurso* a que Protágoras e Sócrates recorrerão: enquanto Protágoras utilizará a linguagem mitológica num discurso longo e contínuo para argumentar que a virtude pode ser ensinada ("discurso longo", *makrologia*), Sócrates conduzirá a discussão sobre a *unidade das virtudes* para o âmbito dialógico ("discurso breve", *brakhulogia*), em que ele formula as perguntas e seu interlocutor as responde brevemente. Isso será motivo de desentendimento entre eles na "crise" do diálogo (334c-338e).

318c2-4 εἰ αὐτὸν ἐπανέροιτο ... γραφικήν

"Se, diante disso, Hipócrates lhe indagasse: 'em que, pois, você afirma que me tornarei melhor e progredirei?', Zêuxipo lhe responderia que em pintura"

O recurso ao interlocutor fictício é um dos elementos comuns da estratégia argumentativa da personagem Sócrates nos diálogos de Platão. Em linhas gerais, é um artifício que, de certa forma, confere certo distanciamento entre a pessoa que fala e aquilo que é falado, na medida em que essa relação é mediada pela máscara do interlocutor imaginário. Segundo o estudo de Angela Longo sobre o tema (*La Tecnica della Domanda e le Interrogazioni Fittizie in Platone*, p. 373), ele é útil nas ocasiões em que falar de si e por si mesmo pode gerar inveja, ou requerer um longo discurso, ou criar alguma disputa, e em que falar do outro pode gerar difamação ou ser rude; nesses casos, usar como intermédio uma voz fictícia serviria para evitar um ambiente hostil na discussão. Nesse trecho do *Protágoras*, especificamente, tal artifício teria a função de atenuar a objeção de Sócrates, já que ele recorre ao mesmo tipo de *argumento indutivo* que usou na interlocução com Hipócrates. Sendo assim, diante de um interlocutor que tem como reputação ser o homem mais sábio (310c), recorrer a um argumento que possui um caráter didático (ver *Comentário* 311a8-b2) e útil para interlocutores como Hipócrates (jovem e ainda ignorante), poderia soar como provocação ou ultraje. Por isso, Sócrates faz, por conta própria, o percurso indutivo e pergunta diretamente a Protágoras o esclarecimento quanto ao objeto específico de seus ensinamentos. Sobre a função da interlocução fictícia nos diálogos platônicos, ver *Estudo Introdutório*, subtítulos 2.2, 3.2 e 7.2.

318e5-319a2 τὸ δὲ μάθημά ἐστιν εὐβουλία ... λέγειν
"E o que eu ensino é tomar boas decisões tanto a respeito dos afazeres domésticos, a fim de que se administre a própria casa da melhor maneira possível, quanto a respeito dos afazeres da cidade, para que esteja apto ao máximo a agir e discursar"

Protágoras professa ensinar seus discípulos a ser bem-sucedidos tanto na administração de seus bens privados quanto na vida política. No *Górgias* (520e) e no *Mênon* (91a-b), esse tipo de instrução é apresentado como o fim da educação sofística

PROTÁGORAS, DE PLATÃO

como um todo. Na *República*, a *euboulia* (que traduzimos nesta passagem do *Protágoras* por "tomar boas decisões", 318e5) é definida por Sócrates da seguinte forma:

Consiste em certo conhecimento circunscrito a uma parte dos cidadãos [i.e., os governantes] que vivem na cidade há pouco fundada por nós, por meio do qual se toma decisões no interesse não de uma de suas partes, mas da cidade como um todo, de modo que ela estabeleça as melhores relações, seja internamente, seja com as demais cidades. (IV 428c11-d3)

ἔστι τις ἐπιστήμη ἐν τῇ ἄρτι ὑφ' ἡμῶν οἰκισθείσῃ παρά τισι τῶν πολιτῶν, ᾗ οὐχ ὑπὲρ τῶν ἐν τῇ πόλει τινὸς βουλεύεται, ἀλλ' ὑπὲρ αὐτῆς ὅλης, ὅντινα τρόπον αὐτή τε πρὸς αὐτὴν καὶ πρὸς τὰς ἄλλας πόλεις ἄριστα ὁμιλοῖ;

Os atributos *sophos te kai euboulos* (sábio e prudente) são atribuídos por Heródoto a Temístocles, justamente porque suas deliberações sobre a estratégia a ser adotada na batalha de Salamina contra os persas (480 a.C.) foram bem-sucedidas (VII 110.1), ainda que por vezes mediante ações dolosas. Em relação a "estar apto ao máximo a agir e discursar" (ὅπως τὰ τῆς πόλεως δυνατώτατος ἂν εἴη καὶ πράττειν καὶ λέγειν, 319a1-2), Protágoras salienta aqui os dois requisitos básicos, no contexto de uma democracia, para o homem político: ser bem-sucedido não apenas em suas ações no âmbito público, mas também competente para discursar e persuadir seus concidadãos, visto que as decisões concernentes ao bem comum deveriam passar pelo crivo da assembleia. Tucídides, por exemplo, ao se referir a Péricles no limiar da Guerra do Peloponeso (431-404 a.C.), afirma que ele "era, naquele tempo, o homem mais importante, o mais capaz para agir e discursar" (ἀνὴρ κατ' ἐκεῖνον τὸν χρόνον πρῶτος Ἀθηναίων, λέγειν τε καὶ πράσσειν δυνατώτατος, 1.139.4-5), empregando uma expressão semelhante à usada aqui por Platão. Sobre a definição de *euboulia* em Aristóteles, ver *Ética Nicomaqueia* VI.9 1142a31-b33.

COMENTÁRIOS 565

319b8-c1 καὶ τἆλλα πάντα … εἶναι
"e o mesmo vale para todas as demais coisas que são
consideradas possíveis de se aprender e ensinar"

Sócrates não distingue aqui duas competências que parecem
distintas, uma que seria propriamente *técnica*, e a outra que
seria propriamente *deliberativa*. Pensemos no caso do arquiteto mencionado por Sócrates: quando é preciso construir uma
ponte, por exemplo, certamente será o arquiteto a avaliar se as
condições do terreno são propícias, se a estação do ano permite sua construção, qual o material e a mão de obra a serem
utilizados, e assim por diante. Todavia, decidir se a construção
dessa ponte é do interesse da cidade, se ela contribuirá ou não
para sua segurança, se ela beneficiará ou não sua economia, e
assim por diante, transcende a competência *técnica* do arquiteto; isso concerne antes ao âmbito da discussão *política*, em
que se delibera em vista de ações de interesse comum à cidade.

319d6-7 δῆλον γὰρ ὅτι … εἶναι
"Isso evidencia, então, que eles não consideram que isso
pode ser ensinado"

Esse é o primeiro argumento de natureza empírica de Sócrates em favor da tese de que a *arte política* não pode ser ensinada: diferentemente das demais "artes" (*tekhnai*), quando se
trata de decisões a respeito dos assuntos relativos ao interesse
comum da cidade, todos podem oferecer seus conselhos em
condição de igualdade, a despeito de sua profissão específica.
Em outras palavras, não há um profissional especializado em
política, tal como há para as demais *tekhnai*, cujo conhecimento
o habilitaria a tomar as decisões mais corretas em ações particulares que concirnam ao interesse comum da cidade. Evidentemente, o argumento de Sócrates se baseia *empiricamente* no
funcionamento da Assembleia ateniense, em que todo cidadão
livre tinha o direito de opinar e dar conselhos sobre os assuntos
de interesse público. Sendo assim, embora o próprio Sócrates

tenha definido o ensinamento propalado por Protágoras como *arte política* (319a4), essa primeira objeção coloca em xeque seu próprio estatuto de *tekhnē*, visto que seu conhecimento não seria objeto de um profissional específico, diferentemente das demais artes. O mesmo argumento é aventado por Sócrates no *Mênon*, quando da análise hipotética sobre a ensinabilidade da virtude (cf. 89c-e). Sobre os requisitos para que uma atividade constitua uma *tekhnē*, ver J. Barnes, Enseigner la vertu?, *Revue Philosophique*, n. 4, p. 583-585; A. Fussi, *Retorica e Potere: Una Lettura del Gorgia di Platone*, p. 134-135. Sobre a ambiguidade do adjetivo verbal grego *didaktos* (i.e., a. "é ensinado" ou b. "pode ser ensinado" ou c. "é do tipo que é ensinado"), ver J. Barnes (op. cit.) e J. Brunschwig (Pouvoir Enseigner la Vertu? *Revue Philosophique*, n. 4).

319e1-3   ἀλλὰ ἰδίᾳ ἡμῖν ... παραδιδόναι
           "também no âmbito particular, os mais sábios e melhores dentre nossos concidadãos não são capazes de transmitir a virtude que possuem"

Esse é o segundo argumento de natureza empírica em favor da tese de que a *virtude* não pode ser ensinada: os pais que são homens bons não conseguem transmitir aos filhos a virtude que lhes é própria. O mesmo argumento é aventado por Sócrates no *Mênon*, quando da análise hipotética sobre a ensinabilidade da virtude (cf. 93a-94e). Nesse momento, Sócrates identifica *arte política* (319a4) com *virtude* ou *excelência* [*aretē*] (319e2), e toda a discussão posterior se desenvolverá em torno da questão da ensinabilidade e da unidade da *virtude*, e não propriamente da *arte política*. Esse passo dado por Sócrates, como explica Gerd van Riel, "não é tão admirável segundo sua própria perspectiva: a 'arte política' é uma noção muito ampla que inclui todas as instâncias possíveis da capacidade de ser um *politēs*, um cidadão. Sendo assim, ela concerne à essência da habilidade social, o que significa que ela se equivale à virtude moral. Portanto, na visão de Sócrates, pode-se afirmar com

COMENTÁRIOS

segurança que a arte da cidadania (*politikē tekhnē*) é idêntica à *aretē*" (Religion and Morality: Elements of Plato's Anthropology in the Myth of Prometheus, em C. Collobert; P. Destrée; F.J. Gonzalez (eds.), *Plato and Myth: Studies on the Use and Status of Platonic Myths*, p. 147). Taylor comenta que "a questão de se a virtude pode ser ensinada, como originalmente introduzida por Sócrates nesta passagem, é a questão de se é possível ensinar alguém a ser um bom cidadão no sentido de obter tal sucesso [i.e., ter poder e reputação na cidade e engrandecer o poder e a reputação da cidade, como Péricles]. Protágoras, contudo, muda a discussão para a questão de se é possível ensinar alguém a ser um bom cidadão no sentido de um cidadão idôneo e obediente às leis. Nenhuma distinção é feita entre ser um bom cidadão naquele sentido e ser um homem bom; portanto, nós encontramos Protágoras usando expressões tais como 'excelência de um cidadão' (324a1) e 'excelência de um homem' (325a2) intercambiavelmente. O restante do diálogo é devotado antes à excelência humana, i.e., o que faz o homem ser um homem bom, do que à questão específica sobre o que faz o homem ser um bom cidadão" (*Plato. Protagoras*, p. 75). No diálogo *Mênon*, por sua vez, outras causas além do *ensino* são aventadas para se explicar como alguém se torna virtuoso: i. mediante o exercício (ἀσκητόν, 70a2), ii. por natureza (ἀλλὰ φύσει παραγίγνεται τοῖς ἀνθρώποις, 70a3), ou iii. por algum outro modo indeterminado (ἄλλῳ τινὶ τρόπῳ, 70a3-4), que poderia hipoteticamente ser a. o *acaso* ou a *espontaneidade*, como Sócrates refere aqui em relação aos filhos de Péricles (ἐάν που αὐτόματοι περιτύχωσιν τῇ ἀρετῇ, 320a3), ou b. uma *concessão divina*, como é referido no final do *Mênon* (θείᾳ μοίρᾳ παραγιγνομένη ἄνευ νοῦ, 99c6), segundo uma visão religiosa.

320b4-5   οὐχ ἡγοῦμαι διδακτὸν εἶναι ἀρετήν
           "não considero que a virtude possa ser ensinada"

No séc. v a.C., encontramos opiniões divergentes sobre as causas da *virtude* ou *excelência* humana (*aretē*). a. Píndaro (≥518->446 a.C.) refere-se, por vezes, à *natureza* como a origem suprema da virtude (*Olímpicas* IX.100-102; *Nemeias* 3.40-42):

O que é por natureza é em tudo superior.
Muitos homens se esforçam para angariar glória
mediante as virtudes a eles ensinadas.
Mas sem deus, cada feito não é mais infausto
por restar em silêncio; pois há vias
que levam mais adiante que outras vias,
e não nos nutrirá a todos
um mesmo empenho [...]
(*Olímpicas* 9.100-107)

τὸ δὲ φυᾷ κράτιστον ἅπαν· πολλοὶ δὲ διδακταῖς
ἀνθρώπων ἀρεταῖς κλέος
ὤρουσαν ἀρέσθαι·
ἄνευ δὲ θεοῦ, σεσιγαμένον
οὐ σκαιότερον χρῆμ᾽ ἕκαστον· ἐντὶ γὰρ ἄλλαι
ὁδῶν ὁδοὶ περαίτεραι,
μία δ᾽ οὐχ ἅπαντας ἄμμε θρέψει
μελέτα·

Certa vez, [Télamon] juntou-se a [Iolau] no encalço
das Amazonas de arcos brônzeos, e jamais o medo, que assola os homens,
obliterou a força de seus desígnios.
Um homem de honra inata tem grande peso,
mas quem apenas aprendeu é um homem obscuro;
aspirando coisas diferentes, jamais mantém firme
os pés no chão, tentando inúmeras proezas com a mente inapta.
(*Nemeias* 3.38-42)

καί ποτε χαλκότοξον Ἀμαζόνων μετ᾽ ἀλκάν
ἕπετό οἱ, οὐδέ νίν ποτε φόβος ἀνδροδάμας
ἔπαυσεν ἀκμὰν φρενῶν.
συγγενεῖ δέ τις εὐδοξίᾳ μέγα βρίθει.
ὃς δὲ διδάκτ᾽ ἔχει, ψεφεννὸς ἀνὴρ
ἄλλοτ᾽ ἄλλα πνέων οὔ ποτ᾽ ἀτρεκεῖ
κατέβα ποδί, μυριᾶν δ᾽ ἀρετᾶν ἀτελεῖ νόῳ γεύεται.

Na *Olímpica* IX, Píndaro recorre à *máxima* (*gnomē*) da superioridade da *natureza* sobre a *aprendizagem*, aliada à glória (*kleos*), concedida pelos deuses e consagrada pelo poema (M. Briand, *Pindare. Olympiques*, p. 139), contrastando-a com o esforço inócuo daqueles que buscam obter glória pelo mero *empenho* (*meletā*). De modo similar, na *Nemeia* III, Píndaro ressalta a insuficiência da *aprendizagem* (*didakta*) para a realização de "proezas" (*aretai*) que confeririam glória ao indivíduo, em contraste com os indivíduos superiores, tal como o herói Télamon, cuja *honra* ou *excelência* (*eudoxia*) é inata.

b. Demócrito (±460-370 a.C.), por sua vez, parece sugerir, em um fragmento supérstite que, para a maioria das pessoas, a virtude advém antes do *exercício* que da *natureza* ("Muitos indivíduos se tornam bons antes pelo exercício do que pela natureza", πλέονες ἐξ ἀσκήσιος ἀγαθοὶ γίνονται ἢ ἀπὸ φύσιος: DK 68 B242); em outro fragmento, considera que a *instrução* pode modificar a *natureza* ("A natureza e a instrução são semelhantes; com efeito, a instrução modifica o homem e, ao modificá-lo, reconfigura sua natureza", ἡ φύσις καὶ ἡ διδαχὴ παραπλήσιόν ἐστι. καὶ γὰρ ἡ διδαχὴ μεταρυσμοῖ τὸν ἄνθρωπον, μεταρυσμοῦσα δὲ φυσιοποιεῖ: DK 68 B33). Opinião semelhante parecem sustentar Epicarmo (±530-440 a.C.) ("a prática confere mais dádivas do que a boa natureza, ó amigos", ἁ δὲ μελέτα φύσιος ἀγαθᾶς πλέονα δωρεῖται, φίλοι, DK 23 B33) e Crítias ("há mais indivíduos bons pela prática do que pela natureza", ἐκ μελέτης πλείους ἢ φύσεως ἀγαθοί, DK 88 B9).

c. Teógnis (séc. VI a.C.), por seu turno, diz que, embora a virtude seja uma questão de *conhecimento*, ela não pode ser ensinada (v. 428-437); no *Mênon*, contudo, a personagem Sócrates cita duas passagens de Teógnis supostamente contraditórias quanto à possibilidade de se ensiná-la (cf. 95d-96a).

d. Um dos fragmentos supérstites do Protágoras histórico sugere que ele não considerava o ensino *condição suficiente* para a virtude, mas que ela derivava da conjunção de três fatores:

"Instrução requer natureza e exercício" (φύσεως καὶ ἀσκήσεως διδασκαλία δεῖται, DK 80 B3).

Segundo Dominic Scott (*Plato's Meno*, p. 16), "como um todo, é mais comum a tese de que mais de um fator esteja envolvido, muitas vezes todos os três [i.e., *ensino, exercício* e *natureza*], ainda que os pensadores individualmente deem um peso particular a um ou outro dentre esses fatores (cf. também Protágoras DK 80 B3 e B10; *Dissoi Logoi* DK 90 B6; Eurípides, *Suplicantes* 911-917; Eurípides, *Hécuba* 599-602; Tucídides 1.121.4-5; Xenofonte, *Memoráveis* 3.9.14 e 4.1.4; Isócrates, *Antídose* 180-192)". Sobre a discussão do problema, ver Aristóteles, *Ética Nicomaqueia* I 1099b9-11 e X 1179b20-27.

320C1   ἀλλ᾽ ἐπίδειξον
      "Faça-nos uma exibição sobre o tema!"

O verbo grego *epideiknuō* (traduzido aqui por "exibir", 320C1 e/ou por "mostrar", 320B8), e suas formas correlatas, designam, em determinados contextos dos diálogos platônicos, as *exibições* ou *performances* dos sofistas perante o público (cf. *Hípias Menor* 363a-d; *Górgias* 449a-c; *Protágoras* 328d, 347b). Diferentemente do contexto do tribunal e da assembleia, em que o orador discursa para persuadir a audiência em defesa ou contra uma determinada causa, no âmbito *epidítico* o orador tem como fim a exibição de sua virtuosidade retórica, e não necessariamente a persuasão da audiência em vista de uma ação futura (âmbito *deliberativo*) ou em vista do julgamento de uma ação passada (âmbito *judiciário*). Aristóteles vai distinguir posteriormente os três gêneros da retórica (*deliberativo, judiciário* e *epidítico*), tendo como critérios justamente os fins de cada tipo de discurso e seu contexto de *performance*, como vemos nesta célebre passagem da *Retórica*:

O fim de cada um desses gêneros é diferente, e, por serem três, três são os fins. Do deliberativo, o vantajoso e o prejudicial: quem exorta aconselha aquilo como se fosse o melhor, ao passo que quem dissuade, dissuade

COMENTÁRIOS

daquilo como se fosse pior, além de compreender, em acréscimo, os demais fins, ou seja, o justo ou o injusto, o belo ou o vergonhoso. Para quem participa de um julgamento, o justo e o injusto, além de compreender, em acréscimo, também os demais fins. Para quem elogia e vitupera, o belo e o vergonhoso, além de se referir, em acréscimo, também aos demais fins. (I 1358b20-28)

τέλος δὲ ἑκάστοις τούτων ἕτερόν ἐστι, καὶ τρισὶν οὖσι τρία, τῷ μὲν συμβουλεύοντι τὸ συμφέρον καὶ βλαβερόν· ὁ μὲν γὰρ προτρέπων ὡς βέλτιον συμβουλεύει, ὁ δὲ ἀποτρέπων ὡς χείρονος ἀποτρέπει, τὰ δ' ἄλλα πρὸς τοῦτο συμπαραλαμβάνει, ἢ δίκαιον ἢ ἄδικον, ἢ καλὸν ἢ αἰσχρόν. τοῖς δὲ δικαζομένοις τὸ δίκαιον καὶ ἄδικον, τὰ δ' ἄλλα καὶ οὗτοι συμπαραλαμβάνει πρὸς ταῦτα· τοῖς δὲ ἐπαινοῦσιν καὶ ψέγουσιν τὸ καλὸν καὶ τὸ αἰσχρόν, τὰ δ' ἄλλα καὶ οὗτοι πρὸς ταῦτα ἐπαναφέρουσιν.

Sobre a origem do gênero *epidítico*, ver Thomas Cole, *The Origins of Rhetoric in Ancient Greece*, p. 89.

320c2-4   ἀλλὰ πότερον ὑμῖν … διεξελθών
"Devo [...] fazer-lhes tal exibição contando um mito, ou empreendendo uma exposição por meio de argumentos?"

Na *República,* durante a discussão sobre o modelo de educação a ser instituído para os guardiães da cidade ideal, Sócrates propõe a seguinte distinção entre *muthos* e *logos*:

— Em que consistirá então a educação? Ou será difícil descobrir uma melhor do que aquela descoberta já há muito tempo? Ela consiste na ginástica para o corpo, e na música para a alma.
— É isso.
— Porventura, não começaremos a educá-los antes pela música do que pela ginástica?
— E como não?
— Na música – disse eu –, você inclui os discursos, ou não?
— Incluo.
— E não há duas espécies de discursos, os verdadeiros, de um lado; e os falsos, de outro?
— Sim.

572 PROTÁGORAS, DE PLATÃO

— E não devemos educá-los em ambos, mas primeiro nos falsos?

— Não compreendo o que você está dizendo – disse ele.

— Não compreende – tornei eu – que contamos às crianças primeira-mente os mitos? Como um todo, por assim dizer, eles são falsos, embora neles haja verdades. Ministramos às crianças os mitos antes dos exercícios físicos.

— De fato.

— Pois bem, era isso o que eu dizia, que se deve ter contato antes com a música do que com a ginástica.

— Correto – disse ele. (II 376e2-377a11)

Τίς οὖν ἡ παιδεία; ἢ χαλεπὸν εὑρεῖν βελτίω τῆς ὑπὸ τοῦ πολλοῦ χρόνου ηὑρημένης; ἔστιν δέ που ἡ μὲν ἐπὶ σώμασι γυμναστική, ἡ δ' ἐπὶ ψυχῇ μουσική.

Ἔστιν γάρ.

Ἆρ' οὖν οὐ μουσικῇ πρότερον ἀρξόμεθα παιδεύοντες ἢ γυμναστικῇ;

Πῶς δ' οὔ;

Μουσικῆς δ', εἶπον, τιθεῖς λόγους, ἢ οὔ;

Ἔγωγε.

Λόγων δὲ διττὸν εἶδος, τὸ μὲν ἀληθές, ψεῦδος δ' ἕτερον;

Ναί.

Παιδευτέον δ' ἐν ἀμφοτέροις, πρότερον δ' ἐν τοῖς ψευδέσιν;

Οὐ μανθάνω, ἔφη, πῶς λέγεις.

Οὐ μανθάνεις, ἦν δ' ἐγώ, ὅτι πρῶτον τοῖς παιδίοις μύθους λέγομεν; τοῦτο δέ που ὡς τὸ ὅλον εἰπεῖν ψεῦδος, ἔνι δὲ καὶ ἀληθῆ. πρότερον δὲ μύθοις πρὸς τὰ παιδία ἢ γυμνασίοις χρώμεθα.

Ἔστι ταῦτα.

Τοῦτο δὴ ἔλεγον, ὅτι μουσικῆς πρότερον ἁπτέον ἢ γυμναστικῆς.

Ὀρθῶς, ἔφη.

Nesse sentido, o mito de Prometeu e Epitemeu a ser contado por Protágoras (320d-323a) seria, por natureza, falso, ainda que ele possa transmitir *certas verdades*: no caso da *República*, essa verdade seria de cunho moral, ou seja, o mito pode ser um veículo útil para a transmissão, mediante alegorias, de opiniões que modelem as almas das crianças em vista da virtude; no caso do *Protágoras*, o mito, por ter um caráter didático que se acomoda à audiência jovem presente na cena, serve para mostrar que a virtude pode ser

COMENTÁRIOS

ensinada mediante uma narrativa que não precisa ser entendida como verdade factual. Como sintetiza Taylor, "um *muthos* compreende desde uma história completamente fictícia a uma parábola que transmite uma verdade através de uma narrativa que não é para ser tomada como literalmente verdadeira" (op. cit., p. 76). Sobre a função do mito de Protágoras na economia do diálogo, Gerd van Riel considera que "ele desempenha um papel particular na discussão, que pode ser acrescido à lista das 'funções e usos dos mitos platônicos': ele estabelece o fundamento comum para a discussão, fornecendo o ponto de partida em que ambos os interlocutores se baseiam. O desacordo entre eles se revelará subsequentemente através de suas explicações do mito, e não através do conteúdo do mito em si" (op. cit., p. 163-164). Sobre o mito do *Protágoras* e sua relação com o pensamento histórico de Protágoras, ver Gerd van Riel, op. cit., p. 145-146; A. Capra, op. cit., p. 46; T. Cole, op. cit., p. 60-61; E. Schiappa, *Protagoras and Logos: A Study in Greek Philosophy and Rhetoric*, p. 180. Sobre a relação do mito do *Protágoras* com a tradição oral e poética, ver Callame, The Pragmatics of "Myth" in Plato's Dialogues: The Story of Prometheus in the *Protagoras*, em C. Collobert; P. Destrée; F.J. Gonzalez (eds.), *Plato and Myth: Studies on the Use and Status of Platonic Myths*.

320c6-7   Δοκεῖ τοίνυν μοι … λέγειν
            "parece-me mais agradável que eu lhes conte um mito"

Embora Protágoras anuncie que vai recorrer a um *mito* (*muthos*) em vez de a um *argumento* (*logos*) para defender a tese de que a virtude pode ser ensinada, seu longo discurso se divide, efetivamente, em *muthos* (320c-324d) e *logos* (324d-328d). a. O *muthos* tem como finalidade mostrar que: i. os atenienses estão corretos em permitir que todos participem das decisões políticas, visto que todos participam, de uma forma ou de outra, da virtude política (320c-323c), diferentemente das decisões que concernem às artes específicas, como a arquitetura ou engenharia naval, por exemplo; e que ii. os atenienses, e todos os demais homens, consideram a virtude como algo que pode ser ensinado, na medida em que a punição de um ato injusto visa tanto a corrigir o agente quanto a servir de modelo aos demais homens para que não ajam injustamente; isso implica que a virtude pode ser ensinada, caso contrário não faria sentido punir o infrator (323c-324d). b. O *logos*, por sua vez, busca explicar por que: i. há casos de pais que são bons cidadãos, mas que não conseguem transmitir aos filhos a virtude que possuem, assim como ii. há casos de pais que não são virtuosos, mas que possuem filhos virtuosos. Ver K.A. Morgan, *Myth and Philosophy: From Presocratics to Plato*, p. 144-147.

5. *Mito e* Logos *de* Protágoras: *320c-328d*

5.1   Por Que Todos Participam da Virtude: 320c-323c

320c8-d1   Ἦν γάρ ποτε χρόνος ... οὐκ ἦν
  "Houve, outrora, um tempo em que os deuses existiam, mas não as espécies mortais"

Como observa Denyer (op. cit., p. 100) essa fórmula "houve, outrora, um tempo…" (320c8) e suas variantes são usadas para introduzir considerações sobre um passado mais ou menos distante, e, em particular, para introduzir histórias sobre as origens da sociedade humana, como vemos, por exemplo, neste fragmento anônimo atribuído a Crítias (?) ou Eurípides (?) (DK 88 B25):

Houve, outrora, um tempo em que a vida dos homens
era desregrada, selvagem e subserviente à força,
quando não havia prêmios para os nobres,
nem punição para os perversos.

ἦν χρόνος, ὅτ' ἦν ἄτακτος ἀνθρώπων βίος
καὶ θηριώδης ἰσχύος θ' ὑπηρέτης,
ὅτ' οὐδὲν ἆθλον οὔτε τοῖς ἐσθλοῖσιν ἦν
οὔτ' αὖ κόλασμα τοῖς κακοῖς ἐγίγνετο.

COMENTÁRIOS 575

320d2-3 τυποῦσιν αὐτὰ θεοὶ … κεράννυται
"os deuses as moldaram no seio da terra, a partir da mistura de terra e fogo, e de tudo quanto é composto de fogo e terra"

Protágoras seleciona aqui os elementos *terra* e *fogo* para explicar a composição da matéria primária a partir da qual são criadas as espécies mortais, remontando assim à tradição dos chamados "fisiólogos" (ou seja, "estudiosos da natureza") que buscavam explicar, de diferentes modos, como o mundo material sujeito ao ciclo de geração e corrupção é constituído a partir dos elementos básicos água, terra, fogo e ar (ou um deles, ou uma combinação de alguns deles, ou todos eles) (ver Aristóteles, *Física* I 184b15-25). As obras desses autores, chamados genericamente de "pré-socráticos" pela crítica contemporânea, só foram conservadas fragmentariamente, às quais se atribui o título genérico *Sobre a Natureza* (*Peri Phuseōs*). O tratado hipocrático *Sobre a Natureza do Homem* censura precisamente tais explicações discordantes sobre a formação do homem:

Para quem está acostumado a ouvir aqueles que falam sobre a natureza humana mais do que cabe à medicina tratar sobre o assunto, escutar esse discurso não lhe será útil, pois afirmo que o homem não é inteiramente ar, nem fogo, nem água, nem terra, nem qualquer outra coisa que não esteja manifesta na composição do homem. Deixo isso, todavia, para aqueles que quiserem falar sobre o assunto. De fato, parece-me que as pessoas que asseveram tais coisas não possuem uma compreensão correta, pois embora todos recorram à mesma ideia, eles não dizem as mesmas coisas. (1.1-7)

Ὅυ τις μὲν εἴωθεν ἀκούειν λεγόντων ἀμφὶ τῆς φύσιος τῆς ἀνθρωπίνης προσωτέρω ἢ ὁκόσον αὐτέης ἐς ἰητρικὴν ἐφήκει, τουτέῳ μὲν οὐκ ἐπιτήδειος ὅδε ὁ λόγος ἀκούειν· οὔτε γὰρ τὸ πάμπαν ἠέρα λέγω τὸν ἄνθρωπον εἶναι, οὔτε πῦρ, οὔτε ὕδωρ, οὔτε γῆν, οὔτ' ἄλλο οὐδὲν, ὅ τι μὴ φανερόν ἐστιν ἐνεὸν ἐν τῷ ἀνθρώπῳ· ἀλλὰ τοῖσι βουλομένοισι ταῦτα λέγειν παρίημι. Δοκέουσι μέντοι μοι οὐκ ὀρθῶς γινώσκειν οἱ τὰ τοιαῦτα λέγοντες· γνώμῃ μὲν γὰρ τῇ αὐτέῃ πάντες χρέονται, λέγουσι δὲ οὐ ταὐτά […].

PROTÁGORAS, DE PLATÃO

321b6 σωτηρίαν τῷ γένει πορίζων
"garantindo, assim, a preservação da espécie"

Esse princípio biológico de equilíbrio entre predadores e presas do ponto de vista de sua fecundidade é referido também por Heródoto ao narrar a fauna extraordinária encontrada nos confins da Arábia, como a serpente alada (cf. *Histórias*, 3.108). Assim como no *Grande Discurso*, de Protágoras, esse princípio é atribuído por Heródoto a uma providência divina que, em última instância, regula o mundo natural:

E, de certo modo, a providência divina, sendo ela sábia, como é plausível, conferiu alta fecundidade àqueles seres tementes a outros seres e presas destes, a fim de que não se extinguissem quando devorados, e baixa fecundidade àqueles que são ferozes e funestos.

Καί κως τοῦ θείου ἡ προνοίη, ὥσπερ καὶ οἰκός ἐστι, ἐοῦσα σοφή, ὅσα μὲν [γὰρ] ψυχήν τε δειλὰ καὶ ἐδώδιμα, ταῦτα μὲν πάντα πολύγονα πεποίηκε, ἵνα μὴ ἐπιλίπῃ κατεσθιόμενα, ὅσα δὲ σχέτλια καὶ ἀνιηρά, ὀλιγόγονα.

321b6-7 ἅτε δὴ οὖν οὐ πάνυ τι σοφὸς ὢν ὁ Ἐπιμηθεὺς
"Como Epimeteu não era decerto muito sábio"

Essa suposta obtusidade de Epimeteu se reflete no significado de seu próprio nome – a saber, "aquele que pensa depois" – de modo que a falta de uma ponderação correta termina em erro na distribuição das capacidades. Prometeu, por sua vez, significa "aquele que pensa antes", portanto com previsão e perspicácia. Esse contraste entre as duas figuras, expressa em seu próprio nome, é salientado por Hesíodo, na *Teogonia*:

[Clímene] pariu o célebre Menécio, o versátil
e astuto Prometeu, além do erradio Epimeteu,
fonte primeira de males para os homens obreiros. (v. 510-512)

τίκτε δ' ὑπερκύδαντα Μενοίτιον ἠδὲ Προμηθέα,
ποικίλον αἰολόμητιν, ἁμαρτίνοόν τ' Ἐπιμηθέα·
ὃς κακὸν ἐξ ἀρχῆς γένετ' ἀνδράσιν ἀλφηστῇσι·

COMENTÁRIOS   577

321d2-3   ἀμήχανον γὰρ ἦν ... γενέσθαι
"pois era impossível sem o fogo que ela fosse adquirida
por alguém ou lhe fosse útil"

No *Prometeu Acorrentado*, de Ésquilo, o fogo é descrito como "mestre de toda arte e valioso recurso para os mortais" (διδάσκαλος τέχνης | πάσης βροτοῖς πέφηνε καὶ μέγας πόρος, v. 110-111), a partir do qual "eles hão de aprender várias artes" (ἀφ᾽ οὗ γε πολλὰς ἐκμαθήσονται τέχνας, v. 254). O fogo está associado à inteligência humana, pois todas as culturas dominam o fogo de uma forma ou de outra, ao passo que os animais, não. Por essa razão, talvez, os pensadores gregos que buscavam explicações racionais para os fenômenos naturais – os chamados "fisiólogos" – especulassem que o fogo era o elemento ativo e inteligente das coisas, como vemos em Heráclito (DK 22 B30 e B64), Parmênides (DK 28 A35) e Demócrito (DK 68 A101) (N. Denyer, op. cit., p. 104). Nas *Memoráveis*, de Xenofonte, Sócrates, descrevendo os benefícios que os deuses concederam aos homens, pondera sobre a função do fogo:

Por acaso também o fogo não é fonte de recursos para nós, nosso protetor contra o frio e contra a escuridão, nosso auxiliar em todas as artes e em todos os mecanismos que os homens buscam em vista de algum benefício? Em suma, sem o fogo nenhum mecanismo encontrado pelos homens que visam ao melhoramento de sua vida é digno de menção. (4.3.7)

Τὸ δὲ καὶ τὸ πῦρ πορίσαι ἡμῖν, ἐπίκουρον μὲν ψύχους, ἐπίκουρον δὲ σκότους, συνεργὸν δὲ πρὸς πᾶσαν τέχνην καὶ πάντα ὅσα ὠφελείας ἕνεκα ἄνθρωποι κατασκευάζονται; ὡς γὰρ συνελόντι εἰπεῖν οὐδὲν ἀξιόλογον ἄνευ πυρὸς ἄνθρωποι τῶν πρὸς τὸν βίον χρησίμων κατασκευάζονται.

322a3 5   Ἐπειδὴ δὲ ὁ ἄνθρωπος ... θεῶν
"Por compartir assim do quinhão divino, o homem foi,
em primeiro lugar, o único animal a crer em deuses em
virtude de sua congeneridade com o deus, passando a
lhes erigir altares e estátuas"

Protágoras considera a manifestação religiosa do homem anterior até mesmo ao desenvolvimento da linguagem, como se fosse próprio da natureza humana a crença em seres superiores. Embora seja, evidentemente, uma reelaboração do mito de Prometeu e Epimeteu que Platão coloca na boca de sua personagem, esse aspecto da "antropologia" de Protágoras contrasta, de certo modo, com o agnosticismo do Protágoras histórico, como vemos neste fragmento, conservado por Diógenes Laércio (9.51), de seu suposto livro *Sobre os Deuses*:

Sobre os deuses, não posso saber nem que são, nem que não são, pois muitas coisas impedem de sabê-lo, a obscuridade e a brevidade da vida humana. (DK 80 B4)

περὶ μὲν θεῶν οὐκ ἔχω εἰδέναι οὔθ' ὡς εἰσίν, οὔθ' ὡς οὐκ εἰσίν· πολλὰ γὰρ τὰ κωλύοντα εἰδέναι, ἥ τ' ἀδηλότης καὶ βραχὺς ὢν ὁ βίος τοῦ ἀνθρώπου.

322c2   αἰδῶ τε καὶ δίκην
              "justiça e pudor"

Justiça (*dikē*) e *pudor* (*aidōs*) aparecem associados na narração de Hesíodo sobre a Raça de Ferro (*Os Trabalhos e os Dias*, v. 192), que é uma das referências utilizadas por Platão para a reinvenção do mito de Prometeu e Epimeteu no *Protágoras*. Em Homero, *aidōs* compreende tanto o senso de vergonha e de honra individuais, quanto o sentimento de reverência respeitosa associado ao reconhecimento da magnanimidade de uma pessoa ou de um ato. O âmbito do *aidōs* se estende, portanto, a todas as situações que implicam um olhar exterior, do ponto de vista do qual o próprio indivíduo seria censurado pela sua conduta (O. Renault, *Platon: La Médiation des émotions*, p. 36). Sobre a distinção entre *pudor* (*aidōs*) e *vergonha* (*aiskhunē*), David Konstan (*The Emotions of the Ancient Greeks*, p. 93-98) sugere, baseado nos argumentos do bispo cristão Nemésio de Emesa (séc. IV d.C.), uma distinção genérica: *aidōs* como prospectivo e orientado para sentimentos futuros de vergonha, portanto "reverência", "respeito" e "senso de honra" (sentido que vemos claramente aqui no mito do *Protágoras*); e *aiskhunē* como

COMENTÁRIOS

retrospectivo e orientado para sentimentos passados de vergonha, portanto "vergonha", "desonra". Todavia, essa distinção não procede na medida em que o uso de *aidōs* se torna progressivamente obsoleto entre os sécs. VI e IV a.C. A definição apresentada por Aristóteles na *Retórica* – a saber, "vergonha é certa dor ou perturbação relativa aos males presentes, passados ou futuros, que aparentemente acarretam ignomínia" (ἔστω δὴ αἰσχύνη λύπη τις ἢ ταραχὴ περὶ τὰ εἰς ἀδοξίαν φαινόμενα φέρειν τῶν κακῶν, ἢ παρόντων ἢ γεγονότων ἢ μελλόντων, II.6, 1383b12-14) – parece confirmar que *aiskhunē* compreende tanto o sentido prospectivo quanto o sentido retrospectivo relativo ao sentimento de vergonha. Sobre a relação ambivalente de Platão para com Hesíodo, e a diferença de tratamento da *Teogonia* e de *Os Trabalhos e os Dias* nos diálogos, ver G.W. Most (op. cit.).

322c2-3   ἵν᾽ εἶεν πόλεων … συναγωγοί
          "para que houvesse ordem nas cidades e vínculos estreitos de amizade"

Platão estaria reelaborando a seguinte passagem de *Os Trabalhos e Os Dias*, de Hesíodo:

Ó Perses, conserva estas palavras em teu âmago!
Ouve a justiça, e condena a violência ao completo oblívio!
Eis a lei instituída aos homens pelo filho de Cronos:
que devorem uns aos outros os peixes, as bestas
e os pássaros alados, pois não os rege a justiça;
aos homens, porém, concedeu a justiça, o maior
de todos os bens. Se alguém, ciente, quiser proclamar
o que é justo, Zeus longevidente o tornará feliz.
Mas se alguém, voluntariamente, cometer perjúrio
falseando testemunhos, e, ultrajando a justiça, contrair
ferida incurável, uma prole obscura há de legar.
Aos pósteros a melhor prole provém do homem leal. (v. 274-285)

Ὦ Πέρση, σὺ δὲ ταῦτα μετὰ φρεσὶ βάλλεο σῇσι
καί νυ δίκης ἐπάκουε, βίης δ᾽ ἐπιλήθεο πάμπαν.
τόνδε γὰρ ἀνθρώποισι νόμον διέταξε Κρονίων,

PROTÁGORAS, DE PLATÃO

ἰχθύσι μὲν καὶ θηρσὶ καὶ οἰωνοῖς πετεηνοῖς
ἔσθειν ἀλλήλους, ἐπεὶ οὐ δίκη ἐστὶ μετ' αὐτοῖς·
ἀνθρώποισι δ' ἔδωκε δίκην, ἣ πολλὸν ἀρίστη
γίνεται· εἰ γάρ τίς κ' ἐθέλῃ τὰ δίκαι' ἀγορεῦσαι
γινώσκων, τῷ μέν τ' ὄλβον διδοῖ εὐρύοπα Ζεύς·
ὃς δέ κε μαρτυρίῃσιν ἑκὼν ἐπίορκον ὀμόσσας
ψεύσεται, ἐν δὲ δίκην βλάψας νήκεστον ἀασθῇ,
τοῦ δέ τ' ἀμαυροτέρη γενεὴ μετόπισθε λέλειπται·
ἀνδρὸς δ' εὐόρκου γενεὴ μετόπισθεν ἀμείνων.

322d5   ὡς νόσον πόλεως
            "como se fosse ele uma doença da cidade"

Essa ressalva de Zeus salienta que há certas pessoas que são
incapazes de agir conforme as regras impostas pela justiça
compartilhada pela comunidade, e/ou de refrear seus desejos
a serem controlados pelo sentimento de pudor. São, assim, casos
crônicos que devem ser expurgados da cidade para que ela possa
subsistir. Isso coloca um problema para a teoria da punição que
será esboçada adiante por Protágoras (323c-324c): até que ponto
a punição a um ato injusto é capaz de corrigir a pessoa que o
cometeu (i.e., função *corretiva*)? Ou a punição tem como função primordial servir como exemplo para as demais pessoas e
evitar que elas também transgridam os limites da justiça (i.e.,
função *dissuasiva*)? Essa metáfora da injustiça como "doença"
da cidade, bem como o reconhecimento de casos crônicos de
injustiça, aparece também no *Górgias*, na discussão entre Sócrates e Polo, em que o filósofo tenta persuadir seu interlocutor
de que cometer injustiça não é apenas mais vergonhoso, como
também pior do que sofrê-la (480a6-b4).

323a1-2   δικαιοσύνης ... καὶ σωφροσύνης
            "justiça e sensatez"

Nesse epílogo do mito, Protágoras atualiza os conceitos até
então utilizados: a *arte política* (*politikēn tekhnēn*, 322b5)
enviada por Zeus aos homens se converte em *virtude política*

COMENTÁRIOS

(*politikēs aretēs*, 323a1); *dikē* (justiça) se converte em *dikaoisunē* ("justiça", 323a1), termo que é usado por Platão, aqui e em outros diálogos, para designar a virtude da justiça; *pudor* (*aidōs*), palavra de uso mais arcaico (ver *Comentário* 322c2), converte-se em *sensatez* (*sōphrosunē*, 323a2), termo usado por Platão, aqui e em outros diálogos, para designar a. tanto a moderação e equilíbrio no comportamento e no juízo, b. quanto a virtude relativa ao controle sobre os próprios apetites e prazeres (traduzido comumente por *temperança*). Essa mudança lexical, portanto, é um reflexo da passagem do registro mitológico para um discurso de cunho argumentativo (o qual será denominado adiante de *logos*, 324d7), em que Protágoras buscará explorar as consequências do que foi ilustrado no mito de Prometeu e Epimeteu. Sobre a distinção entre a noção de *arte política* e *virtude política*, ver *Comentário* 319d6-7. Sobre a definição de *temperança* e *justiça*, ver *República* IV 431c-e 433b, 442c-d e 443b-e. Sobre a semântica do termo *sōphrosunē*, ver *nota 90* da tradução.

323a4   αὕτη, ὦ Σώκρατες, τούτου αἰτία
             "É essa, Sócrates, a causa disso"

Vegetti propõe a seguinte interpretação geral do mito: "Enfim, o que é mais importante é a questão de se o mito conseguiu efetivamente obter aquilo a que se propunha, ou seja, mostrar a ensinabilidade da virtude. Parece, entretanto, que ele tenha ultrapassado o escopo a que era destinado, indicando como a virtude (política) não é tão ensinável quanto já efetivamente possuída por todos os homens, como condiçao necessária para a existência da comunidade política e, com ela, da própria sobrevivência do gênero humano. Desse modo, Protágoras teria legitimado decididamente a forma política da democracia." (Protagora, autore della *Reppublica*?, em G. Casertano (ed.), *Il Protagora di Platone: struttura e problematiche*, p. 149)

5.2 Por Que a Virtude Pode Ser Ensinada: 323c-324c

323c5-8   ὅτι δὲ αὐτὴν οὐ φύσει ... ἀποδεῖξαι
"No entanto, que eles presumem que ela não é dada por natureza nem surge espontaneamente, mas pode ser ensinada e advém em quem advier pelo empenho, é o que doravante tentarei demonstrar a você"

Há aparentemente uma incoerência no discurso de Protágoras, quando ele passa do *mito* para a parte propriamente argumentativa de seu discurso (G. Reale, Il mito in Platone com particolare rigaurdo al mito nel "Protagora", em G. Casertano (ed.), *Il Protagora di Platone: struttura e problematiche*, p. 140-141). No mito de Prometeu e Epimeteu (322a-e), *justiça* e *pudor* são *enviados* por Zeus aos homens; são, portanto, uma dádiva divina que pertence, nesse sentido, *naturalmente* ao homem. Consequentemente, não é algo a ser adquirido, tampouco ensinado, uma vez que o homem, enquanto homem, é dotado dessa capacidade por um dom divino. Sendo assim, nem mesmo faria sentido a lei instituída por Zeus aos homens, segundo a qual se deve condenar à morte quem não for capaz de participar da justiça e do pudor, como se fosse uma doença da cidade a ser expurgada (322d-e): como seria possível um indivíduo não participar da justiça e do pudor, se isso é concedido a todos os homens indiscriminadamente como um dom divino? Todavia, ao tratar agora da função da punição para mostrar que a virtude pode ser ensinada (323c-324c), Protágoras parte do princípio que ela não advém aos homens por *natureza* ou *espontaneamente*, mas mediante *instrução* e *empenho,* o que aparentemente contradiz a visão veiculada pelo mito. No entanto, ainda assim é possível harmonizar as duas partes do argumento do Protágoras, se interpretarmos de modo diferente o conteúdo do mito, mesmo que esse ponto não seja desenvolvido claramente por Platão (*contra* Reale). Numa segunda chave de leitura, poderíamos entender que Zeus envia aos homens a *capacidade* de ser justo e ter pudor, a qual precisa, por sua vez, ser efetivada e aprimorada por uma educação correta e pelo empenho constante de cada indivíduo. Em outras palavras, o fato de Zeus enviar aos homens justiça e pudor não é *condição suficiente* para que os homens sejam justos e pudicos; *instrução* e *empenho* são condições complementares. Sobre as diferentes posições a respeito da relação entre *natureza*, *ensino* e *exercício* para a aquisição da virtude, ver *Comentário* 320b4-5.

323d4-6 ταῦτα μὲν γὰρ οἶμαι … τούτοις
"Pois estão cientes, julgo eu, de que é por natureza e acaso que elas advêm aos homens, tanto as qualidades belas quanto os seus contrários"

Aristóteles parece aludir a essa passagem do *Protágoras* (323c8-e3) nesta seção da *Ética Nicomaqueia*:

Não somente os vícios da alma são voluntários, mas em certas ocasiões também o são os vícios do corpo, os quais nós também censuramos. Ninguém censura quem é feio por causa da natureza, mas quem o é por falta de exercício físico e por negligência. E o mesmo vale para a debilidade e a deficiência físicas, pois ninguém reprovaria alguém que é cego por natureza, ou por doença ou por algum incidente, mas teria antes piedade dele. Contudo, se a causa fosse alcoolismo ou algum outro hábito intemperante, todos o censurariam. De fato, em relação aos vícios do corpo, são censurados aqueles que dependem de nós, ao passo que não o são aqueles que não dependem. Se é isso o que sucede, também nos demais casos os vícios que merecem censura seriam aqueles que dependem de nós. (III 1114a21-31)

οὐ μόνον δ' αἱ τῆς ψυχῆς κακίαι ἑκούσιοί εἰσιν, ἀλλ' ἐνίοις καὶ αἱ τοῦ σώματος, οἷς καὶ ἐπιτιμῶμεν· τοῖς μὲν γὰρ διὰ φύσιν αἰσχροῖς, οὐδεὶς ἐπιτιμᾷ, τοῖς δὲ δι' ἀγυμνασίαν καὶ ἀμέλειαν. ὁμοίως δὲ καὶ περὶ ἀσθένειαν καὶ πήρωσιν· οὐθεὶς γὰρ ἂν ὀνειδίσειε τυφλῷ φύσει ἢ ἐκ νόσου ἢ ἐκ πληγῆς, ἀλλὰ μᾶλλον ἐλεήσαι· τῷ δ' ἐξ οἰνοφλυγίας ἢ ἄλλης ἀκολασίας πᾶς ἂν ἐπιτιμήσαι. τῶν δὴ περὶ τὸ σῶμα κακιῶν αἱ ἐφ' ἡμῖν ἐπιτιμῶνται, αἱ δὲ μὴ ἐφ' ἡμῖν οὔ. εἰ δ' οὕτω, καὶ ἐπὶ τῶν ἄλλων αἱ ἐπιτιμώμεναι τῶν κακιῶν ἐφ' ἡμῖν ἂν εἶεν.

584 PROTÁGORAS, DE PLATÃO

323e3-324a1 ὧν ἐστιν ἕν καὶ ἡ ἀδικία καὶ ἡ ἀσέβεια καὶ συλλήβδην
πᾶν τὸ ἐναντίον τῆς πολιτικῆς ἀρετῆς
"Dentre esses males, um é a injustiça e a impiedade, e,
em suma, tudo quanto é contrário à virtude política"

É a primeira proposição de Protágoras que traz à tona a questão
da *unidade das virtudes*, que será o principal tópico filosófico
do diálogo, sobrepondo-se ao tema inicial da discussão: a ensinabilidade da virtude. Eu busquei uma tradução literal dessa
passagem, pois a formulação de Protágoras suscita o problema
central que será objeto de investigação por parte de Sócrates.
A formulação verbal de Protágoras "dentre esses males, um é a
injustiça e a impiedade" (ὧν ἐστιν ἕν καὶ ἡ ἀδικία καὶ ἡ ἀσέβεια,
323e3) sugere a identidade entre injustiça e impiedade, e, por
conseguinte, entre justiça e piedade: a identidade entre *justiça*
e *piedade* será justamente o objeto do primeiro argumento de
Sócrates (331a6-332a1) que visa a demonstrar a *unidade das
virtudes*. Todavia, embora a formulação verbal de Protágoras
pareça sugerir a identidade entre impiedade e injustiça, ficará
claro adiante que sua posição em relação à unidade da virtude
difere essencialmente da de Sócrates, pois embora Protágoras
considere que as diferentes virtudes constituam certo tipo de
unidade (329d), ele admite contudo que um indivíduo possa
ter uma ou algumas delas, mas não necessariamente as demais.
Em outras palavras, enquanto Sócrates sustenta a *coimplicação* das virtudes (ou seja, se um indivíduo tem uma delas, ele
necessariamente tem todas as demais), Protágoras considera
a possibilidade de um indivíduo corajoso que seja injusto, ou
de um indivíduo justo que não seja sábio (329e). Portanto, são
dois problemas distintos que derivam, em última instância,
de duas visões contrárias: enquanto Sócrates parece defender
a tese da *unidade das virtudes* que requer a *coimplicação* entre
as virtudes particulares (sabedoria, coragem, sensatez/tempe-
rança, justiça e piedade), Protágoras defende uma noção fraca
de unidade, que não requer necessariamente a *coimplicação*
entre as suas partes. Sobre esse assunto, ver B. Centrone (A

COMENTÁRIOS 585

Virtude Platônica Como *Holon* das *Leis* ao *Protágoras*, em M. Migliori; L.M.N. Valditara, *Plato Ethicus*), J.M. Cooper (The Unity of Virtue, *Essays on Ancient Moral Psychology and Ethical Theory*), G. Vlastos (The Unity of the Virtues, em G. Vlastos (ed.), *Platonic Studies*), M. Zingano (Virtude e Saber em Sócrates, *Estudos de Ética Antiga*).

324b1-5   ὁ δὲ μετὰ λόγου ... κολασθέντα
"**Quem procura punir de forma racional pune não em vista do ato injusto já consumado – pois o que foi feito está feito –, mas visando ao futuro, a fim de que ninguém torne a cometer injustiça, seja a pessoa punida, seja quem a viu ser punida**"

Certos estudiosos atribuem essa concepção relativa à função educativa da punição ao Protágoras histórico (E. Schiappa, op. cit., p. 183). A despeito da plausibilidade desse tipo de especulação, o ponto mais relevante aqui é a distinção entre duas visões distintas sobre o ato de punir (*kolazein*): i. a primeira, mais arcaica, considera a punição como parte do processo de *dikē* (justiça), no sentido de *retribuição, vingança* ou *desagravo* (*timōria*) contra uma injustiça sofrida; ii. a segunda, por sua vez, como sugere Protágoras aqui, vê na punição um ato não só de *correção* do infrator, mas também de *exemplo* para toda a sociedade, a fim de que se desencoraje injustiças futuras por parte de outras pessoas. Protágoras dirá adiante que "o nome desta punição, na medida em que a justiça corrige, é correção" (καὶ ὄνομα τῇ κολάσει ταύτῃ καὶ παρ' ὑμῖν καὶ ἄλλοθι πολλαχοῦ, ὡς εὐθυνούσης τῆς δίκης, εὐθῦναι, 326d8-e1), em contraste com a simples noção de *vingança retributiva* (*timōria*). Por isso, Protágoras afirma aqui que os animais são capazes apenas de se vingar (324b1), ao passo que os homens se vingam não para simplesmente se vingarem, mas para que ninguém venha a cometer tais crimes no futuro, seja o próprio infrator (é nesse sentido que a vingança se converte em punição), seja a comunidade civil que assiste a essa punição exemplar. A própria semântica do verbo *kolazein* indica essa função *corretiva* e *educativa*: ele significa tanto "punir" quanto "refrear", de onde a ideia de que ela serve como instrumento *dissuasivo* contra atos injustos futuros. Esse ponto é ilustrado também no mito final do diálogo *Górgias* (525c-d). Em Lísias (*Contra os Mercadores de Grãos*, 20), em contrapartida, encontramos uma posição que difere parcialmente da de Protágoras: o fato de a punição ter uma função dissuasiva e preventiva contra atos injustos futuros não implica a negação de sua função como desagravo (N. Denyer, op. cit., p. 112):

É preciso punir, ó juízes, não *apenas* em vista de atos injustos já consumados, mas *também* em vista do futuro, a fim de que sirvam como modelo.

χρὴ δέ, ὦ ἄνδρες δικασταί, μὴ μόνον τῶν παρεληλυθότων ἕνεκα αὐτοὺς κολάζειν, ἀλλὰ καὶ παραδείγματος ἕνεκα τῶν μελλόντων ἔσεσθαι·

Sobre as implicações dessas considerações de Protágoras para a teoria da punição, ver Taylor (op. cit., p. 90-96). Sobre a função da punição em Platão, ver *Górgias* 476a-479e, 552a-d; *República* III 409e-410a, X 615c-616a; *Leis* V 735d-e, IX 854d-e, 862d-863a.

5.3 Por que Filhos de Pais Virtuosos Não São Virtuosos Como os Pais: 324d-328d

325a1-2 ἀλλὰ δικαιοσύνη καὶ σωφροσύνη καὶ τὸ ὅσιον εἶναι, καὶ συλλήβδην ἓν αὐτὸ προσαγορεύω εἶναι ἀνδρὸς ἀρετήν
"mas justiça, sensatez e ser pio – em suma, uma única coisa que eu chamo precisamente de virtude do homem"

Protágoras elenca agora três virtudes (*justiça, sensatez* e *piedade*), das quais os cidadãos devem necessariamente participar, chamando-as como um todo de *virtude do homem* (*andros aretēn*, 325a2). Essas três qualidades são vistas por ele como condição necessária para a subsistência da cidade. Antes, Protágoras parecia sugerir que a *virtude política* consiste basicamente em *justiça* e *sensatez* (323a), e que a *injustiça* e a *impiedade*

COMENTÁRIOS   587

consistem numa única coisa, o que implica que a *justiça* e a *piedade*, seus contrários, também constituem uma unidade (323e-324a). É justamente essa falta de precisão no emprego dos termos referentes às virtudes morais que será o objeto de investigação de Sócrates após o *Grande Discurso*, de Protágoras (329b-d): afinal, os diferentes nomes empregados para se referir à *virtude política* (*justiça, piedade, sensatez*) são diferentes nomes para uma única e mesma coisa, ou designam antes partes de um todo que nós chamamos de *virtude*? E se for esse o caso, como essas partes se relacionam entre si e com o todo do qual são partes? Sobre a justiça como condição de possibilidade da vida em sociedade, ver Platão, *República* I 351c-d.

325c5-6   ἐκ παίδων σμικρῶν ... νουθετοῦσιν
               "Durante toda a vida, desde a tenra infância, eles não apenas ensinam os filhos, como também os admoestam"

Em um dos fragmentos conservados do *Grande Discurso* (*megas logos*), do Protágoras histórico, encontramos uma proposição semelhante, possivelmente adaptada por Platão, aqui, no contexto argumentativo do *Protágoras*: "é preciso aprender desde jovem" (ἀπὸ νεότητος δὲ ἀρξαμένους δεῖ μανθάνει, DK 80 B3).

325d6   ὥσπερ ξύλον διαστρεφόμενον καὶ καμπτόμενον
             "como a uma árvore torta e recurva"

Uma imagem semelhante aparece no mito final do *Górgias*:

Quando se apresentam, então, ao juiz – os provenientes da Ásia, a Radamanto – Radamanto os detém e contempla a alma de cada um sem saber de quem ela é; não raro apoderou-se do Grande Rei, ou de qualquer outro rei ou dinasta, e observou que nada em sua alma era saudável, mas que ela foi açoitada e estava plena de cicatrizes pelos perjuros e pela injustiça, cujas marcas foram impressas na alma por cada uma de suas ações. Ele observou que a mentira e a jactância deixaram tudo contorcido, e nenhuma retidão havia porque fora criada apartada da verdade; e viu que, pelo poder ilimitado, pela luxúria, pela desmedida e pela incontinência de suas ações, a alma estava plena de assimetria e vergonha. (524d7-525a6)

ἐπειδὰν οὖν ἀφίκωνται παρὰ τὸν δικαστήν, οἱ μὲν ἐκ τῆς Ἀσίας παρὰ τὸν Ῥαδάμανθυν, ὁ Ῥαδάμανθυς ἐκείνους ἐπιστήσας θεᾶται ἑκάστου τὴν ψυχήν, οὐκ εἰδὼς ὅτου ἐστίν, ἀλλὰ πολλάκις τοῦ μεγάλου βασιλέως ἐπιλαβόμενος ἢ ἄλλου ὁτουοῦν βασιλέως ἢ δυνάστου κατεῖδεν οὐδὲν ὑγιὲς ὂν τῆς ψυχῆς, ἀλλὰ διαμεμαστιγωμένην καὶ οὐλῶν μεστὴν ὑπὸ ἐπιορκιῶν καὶ ἀδικίας, ἃ ἑκάστη ἡ πρᾶξις αὐτοῦ ἐξωμόρξατο εἰς τὴν ψυχήν, καὶ πάντα σκολιὰ ὑπὸ ψεύδους καὶ ἀλαζονείας καὶ οὐδὲν εὐθὺ διὰ τὸ ἄνευ ἀληθείας τεθράφθαι· καὶ ὑπὸ ἐξουσίας καὶ τρυφῆς καὶ ὕβρεως καὶ ἀκρατίας τῶν πράξεων ἀσυμμετρίας τε καὶ αἰσχρότητος γέμουσαν τὴν ψυχὴν εἶδεν·

Sobre a função corretiva e educativa da punição, ver *Comentários* 313e2 e 324b1-5.

326a3-4   ἵνα ὁ παῖς ζηλῶν ... γενέσθαι
"O intuito é que a criança, zelando por eles, imite-os e se esforce para se lhes assemelhar"

A descrição da educação primária oferecida aqui por Protágoras é o fundamento de toda crítica à poesia e aos poetas canônicos que Platão vai desenvolver nos Livros II e III da *República*. Como a personagem Sócrates reconhece nesse diálogo, o melhor modelo de educação é aquele tradicional baseado na *ginástica* para o corpo e na *música* para a alma (que, por sua vez, compreende os *mitos*, de um lado, e as *harmonias musicais* e os *ritmos*, de outro) (II 376e). A função da *música* é precisamente transmitir aquelas opiniões de cunho moral que vão plasmar as almas das crianças desde a tenra infância (II 377b-c). É justamente por essa razão que o conteúdo do que é transmitido por intermédio dos mitos deve estar subjugado por certos critérios morais definidos por Sócrates e seus interlocutores no decorrer da discussão, visto que a criança, não sendo capaz de distinguir o que é alegórico do que não é, assimila de tal modo as opiniões morais veiculadas por esses mitos que elas tendem a se tornar indeléveis e imutáveis em sua alma (II 378d). A crítica à poesia canônica na *República*, cujo foco principal é Homero e Hesíodo, parte, portanto, dessa constatação feita, aqui, por Protágoras: as crianças aprendem desde cedo como se deve agir *imitando*

COMENTÁRIOS

os modelos de virtude representados nas ações particulares de deuses e heróis. Na perspectiva da ética platônica, a poesia canônica não serve como base para a educação da cidade ideal precisamente porque não há nessa representação dos deuses e dos heróis uma distinção clara entre bem e mal, justo e injusto, corajoso e covarde, temperante e intemperante, piedoso e pio. Consequentemente, a educação baseada nos mitos tradicionais não poderia contribuir para a promoção da virtude nas crianças, falhando, portanto, na sua finalidade precípua. Em relação ao conteúdo da poesia, Platão vai criticar: i. a representação antropomórfica dos deuses tradicionais, suscetíveis às mesmas paixões e deficiências humanas, propondo em contrapartida uma nova concepção de divindade que tem como atributos a veracidade, a imutabilidade e a benevolência (i.e., causa somente de bens para os homens) (II 378e-383c); e ii. a representação de heróis que agem de maneira covarde e intemperante, quando os critérios estabelecidos por Sócrates para uma nova poesia são precisamente a representação de ações corajosas e temperantes que sirvam de modelo para as crianças imitarem no processo pedagógico (III 386a-392c). Portanto, esse trecho do discurso de Protágoras, cujo enfoque é moralmente neutro, estabelece os fundamentos para a discussão sobre educação, que terá na *República* a sua grande expressão. Sobre a educação baseada na música e na ginástica, ver também Aristófanes, *As Nuvens* v. 961-983; Kenneth James Dover, *Aristophanes' Clouds*, p. LVII-I-LXIV. Ver também *Comentários* 316d7 e 320c2-4.

326a4-5   οἵ τ' αὖ κιθαρισταί … κακουργῶσιν
"Da mesma forma, os mestres de cítara se empenham em promover a sensatez nos jovens para que não sejam malévolos em nada"

Essa relação entre *sensatez* e/ou *temperança* (*sōphrosunē*) e ensino de música (e, em especial, da cítara) é referida de modo semelhante por Aristófanes na comédias *As Nuvens* (423 a.C.), no episódio em que o *Discurso Forte/Justo* chama em causa a *antiga educação* para condenar a nova educação "sofística" representada pelo *Discurso Fraco/Injusto* (cf. v. 961-983).

326b5-6 πᾶς γὰρ ὁ βίος ... δεῖται
"pois a vida do homem, como um todo, carece de bom ritmo e boa harmonia"

Protágoras ressalta aqui a função positiva da *música* (harmonia e ritmo) na educação das crianças, habituando-as a uma conduta moderada. O poder da música na ordenação da alma é ressaltado por Sócrates no Livro III da *República* em termos semelhantes:

— Não é por este motivo, Glauco – perguntei – que a criação fundada na música é a mais apropriada, uma vez que o ritmo e a harmonia penetram as entranhas da alma, atingem-na da maneira mais lancinante por trazer consigo elegância, e tornam-na assim elegante, contanto que o indivíduo receba uma criação correta? E se ele não a receber, não vai se suceder o contrário disso? [...] (III 401d5-e1)

Ἆρ' οὖν, ἦν δ' ἐγώ, ὦ Γλαύκων, τούτων ἕνεκα κυριωτάτη ἐν μουσικῇ τροφή, ὅτι μάλιστα καταδύεται εἰς τὸ ἐντὸς τῆς ψυχῆς ὅ τε ῥυθμὸς καὶ ἁρμονία, καὶ ἐρρωμενέστατα ἅπτεται αὐτῆς φέροντα τὴν εὐσχημοσύνην, καὶ ποιεῖ εὐσχήμονα, ἐάν τις ὀρθῶς τραφῇ, εἰ δὲ μή, τοὐναντίον;

Essa relação estreita entre música e moderação, que faz do ritmo e da harmonia potencialmente benéficos para um modelo de educação tal qual pretendido por Platão na *República*, reflete-se na associação intrínseca entre a própria ideia de *harmonia* e a definição de *temperança* (*sōphrosunē*). No Livro IV, Sócrates compara a *temperança*, tanto do ponto de vista da cidade quanto do indivíduo, a um tipo de *sinfonia* e *harmonia* entre suas partes constitutivas (IV 430e1-2; 442c9-d1). Nesse sentido, a música teria potencialmente uma função positiva no processo pedagógico das crianças, desde que submetida aos critérios morais estabelecidos nos Livros II e III (ver *Comentários* 316d7 e 326a3-4). Todavia, baseando-se na teoria musical de

COMENTÁRIOS 591

Damon (III 400b), Sócrates distingue as diferentes harmonias musicais e seus ritmos correspondentes, atribuindo a cada uma delas um tipo de caráter específico. Assim, são selecionadas as harmonias *dória* e *frígia*, que imitariam o caráter corajoso e temperante, respectivamente, contribuindo para a promoção das duas virtudes básicas dos guardiães da cidade ideal. São descartadas, porém, as harmonias *mixolídia* e *sintonolídia*, que imitariam o caráter lamentoso das mulheres, e as harmonias *jônia* e *lídia*, que imitariam o caráter lascivo e indolente (III 398d-399c), precisamente por induzirem a um comportamento covarde perante o risco de morte, e intemperante na relação com os prazeres. Portanto, esse trecho do discurso de Protágoras, cujo enfoque é moralmente neutro, estabelece os fundamentos para a discussão sobre a *música* (poesia, harmonia e ritmo), que encontrará na *República* esse desenvolvimento teórico resumido acima. Na *Política*, Aristóteles também trata da natureza moral das diferentes harmonias, recorrendo provavelmente a Platão ou a uma fonte comum, da qual ambos se serviram (Damon?):

E nas próprias melodias há imitações de caracteres, e isso é evidente. Pois as harmonias diferem naturalmente, de modo que os ouvintes são por elas afetados diferentemente e não se comportam do mesmo modo com relação a cada uma delas. Algumas deixam os homens mais lamentosos e mais contidos, como a chamada Mixolídia; outras amolecem a mente, como as harmonias frouxas; aquela harmonia, que deixa os homens mais moderados e mais firmes, parece ser somente a Dória, ao passo que a Frígia os deixa entusiasmados (VIII 5, 1340a38-b5)

[...] ἐν δὲ τοῖς μέλεσιν αὐτοῖς ἔστι μιμήματα τῶν ἠθῶν (καὶ τοῦτ' ἐστὶ φανερόν· εὐθὺς γὰρ ἡ τῶν ἁρμονιῶν διέστηκε φύσις, ὥστε ἀκούοντας ἄλλως διατίθεσθαι καὶ μὴ τὸν αὐτὸν ἔχειν τρόπον πρὸς ἑκάστην αὐτῶν, ἀλλὰ πρὸς μὲν ἐνίας ὀδυρτικωτέρως καὶ συνεστηκότως μᾶλλον, οἷον πρὸς τὴν μιξολυδιστὶ καλουμένην, πρὸς δὲ τὰς μαλακωτέρως τὴν διάνοιαν, οἷον πρὸς τὰς ἀνειμένας, μέσως δὲ καὶ καθεστηκότως μάλιστα πρὸς ἑτέραν, οἷον δοκεῖ ποιεῖν ἡ δωριστὶ μόνη τῶν ἁρμονιῶν, ἐνθουσιαστικοὺς δ' ἡ φρυγιστί. [...]

592 PROTÁGORAS, DE PLATÃO

326c1-3   καὶ μὴ ἀναγκάζωνται ... πράξεσιν
**"não sejam forçadas a se acovardarem em decorrência
da debilidade física, seja na guerra, seja em qualquer
outra ação"**

Sobre a função da ginástica, ver Platão, *República* III 403c-412a; *Leis* VII 813b-814d; Aristóteles, *Política* VIII 1337b23-1339a10. Embora Protágoras não tenha se referido ainda à *coragem* (*andreia*) como uma das virtudes morais (cf. 330a), fica claro aqui que a ginástica, voltada para o cultivo do corpo, é condição necessária para a sua aquisição. Isso implica que a coragem não se reduziria a uma mera disposição cognitiva – i.e., saber o que se deve e o que não se deve temer (cf. 360d) –, mas requereria concomitantemente uma determinada condição física sem a qual ela não se efetivaria em situações particulares. A coragem será objeto de investigação nos dois últimos argumentos de Sócrates em defesa da unidade da virtude (349e1-351b2, 351b3-360e5). Sobre as definições de *coragem* nos diálogos platônicos, ver *Comentário* 360d4-5.

327b7-c1   ἀλλὰ ὅτου ἔτυχεν ὁ ὑὸς ... ηὐξήθη
**"Se o filho nascesse, porém, com a melhor natureza
para tocar o instrumento, ele seria bem reputado nessa
prática quando crescesse"**

Protágoras insere aqui o critério da *natureza* (*phusis*) na diferenciação dos diferentes graus de participação dos homens na virtude, o que explicaria por que há indivíduos mais virtuosos do que outros em *virtude política*. Isso explicaria o fato de Péricles, o maior perito em questões políticas da época dramática do diálogo, ter filhos medíocres: não basta apenas a dedicação dos pais à *educação* dos filhos, há também o elemento da *natureza* individual de cada um que não se passa de pai para filho. Esse é um acréscimo importante feito ao mito, que considerava tão somente a distribuição de *justiça e pudor* a todos os homens, promovida por Zeus, mas não respondia a essa segunda objeção feita por Sócrates à tese de que a virtude

COMENTÁRIOS

pode ser ensinada. Sendo assim, numa visão sinóptica do mito e do *logos* de Protágoras, sua posição quanto à ensinabilidade da virtude é mais complexa do que parece: os homens se tornam virtuosos pela conjunção de três fatores, *natureza* (327b-c), *exercício* (323d-324a) e *ensino* (325d-326d), e não apenas por um desses fatores isoladamente. Sobre as diferentes teses sobre a aquisição da virtude, ver *Comentário* 320b4-5. Concepção semelhante aparece também em Isócrates (*Antídose*, p. 180-192).

328b5-c2 διὰ ταῦτα καὶ τὸν τρόπον ... κατέθηκε
"É por isso que tenho estipulado a seguinte forma de pagamento: quando alguém vier aprender comigo, se lhe aprouver, ele me paga o montante que cobro; se assim não quiser, ele vai a um templo, declara sob juramento a quantia equivalente a meus ensinamentos e, então, deposita tal valor"

Diógenes Laércio reporta uma anedota sobre Protágoras relativa ao pagamento de salário:

Dizem que Protágoras, certa vez, foi exigir o pagamento de salário a seu discípulo Euatlo, que lhe replicou: "Mas eu ainda não venci em nenhuma causa"; Protágoras lhe disse então: "Se eu vencê-lo nesta causa, deverei recebê-lo porque saí vencedor, mas, se você me vencer, deverei recebê-lo da mesma forma, porque você se saiu vencedor nela." (9.56)

Λέγεται δέ ποτ' αὐτὸν ἀπαιτοῦντα τὸν μισθὸν Εὔαθλον τὸν μαθητήν, ἐκείνου εἰπόντος, "ἀλλ' οὐδέπω νίκην νενίκηκα," εἰπεῖν, "ἀλλ' ἐγὼ μὲν ἂν νικήσω, ὅτι ἐγὼ ἐνίκησα, λαβεῖν με δεῖ· ἐὰν δὲ σύ, ὅτι σύ."

Siriano, por sua vez, conta a outra metade dessa anedota (*Comentário Sobre o Livro de Hermógenes* Peri Staseōs, 42.2-5):

Euatlo concordou em pagar um salário ao sofista Protágoras quando vencesse em sua primeira causa no tribunal; contudo, depois das lições com o mestre, não quis mais entrar em litígio, e então Protágoras lhe reivindicou o salário prometido. Euatlo lhe replicou que, se ele o vencesse, não deveria lhe pagar conforme a resolução do tribunal, e, se ele perdesse

594 PROTÁGORAS, DE PLATÃO

na causa, não seria justa a reivindicação de Protágoras, uma vez que ele ainda não aprendera suficientemente.

[...] Εὔαθλος συνέθετο Πρωταγόρᾳ τῷ σοφιστῇ δώσειν μισθόν, εἰ τὴν πρώτην δίκην λέγων νικήσειε, μαθὼν καὶ μὴ βουλόμενος λέγειν ὑπὸ τοῦ Πρωταγόρου τὸν μισθὸν ἀπαιτεῖται, ὁ δὲ ἀντιλέγει, εἴτε γὰρ νικήσειεν, οὐ δίκαιος δοῦναι κατὰ τὴν σύνταξιν, εἴτε ἡττηθείη, ὡς μήπω μαθὼν οὐκ ἄξιος ἀπαιτεῖσθαι [...]

6. Unidade das Virtudes: 328d-334c

6.1 Proposição do Problema: A Virtude É uma Única Coisa e São Partes Dela a Justiça, Temperança/Sensatez e Piedade, ou Todas Elas São Nomes de uma Única e Mesma Coisa?: 328d-330b

329b3-4   ἱκανὸς δὲ καὶ ἐρωτηθεὶς ἀποκρίνασθαι κατὰ βραχὺ
"assim como [está apto] a dar respostas breves quando indagado"

Observe que é Sócrates quem atribui a Protágoras a capacidade de responder *brevemente* as perguntas a ele endereçadas. Esse movimento faz parte da estratégia argumentativa de Sócrates para conduzir o interlocutor ao âmbito dialógico, no qual ele estará apto a examinar as proposições de seu interlocutor relativas à natureza da virtude e à possibilidade de se ensiná-la. Do ponto de vista dramático, Protágoras não poderia negar a sugestão de Sócrates diante de sua audiência. Se assim o fizesse, seria uma demonstração de fraqueza, sobretudo para um sofista cuja reputação é ser "o mais sábio no discurso" (σοφώτατον εἶναι λέγειν, 310e6-7), como salientara Hipócrates. Esse ponto será especialmente importante adiante, na chamada "crise do diálogo", quando ambos os interlocutores discordarão sobre o procedimento da discussão (cf. 334c-338e). No diálogo *Górgias*, é a personagem homônima, por sua vez, que se vangloria de ser capaz tanto de fazer discursos extensos quanto de responder

COMENTÁRIOS

brevemente às perguntas, o que facilita para Sócrates o estabelecimento da investigação dialógica (449a-c). A mesma situação é representada por Platão no *Prólogo* do *Hípias Menor*: o sofista apregoa uma onipotência tanto no âmbito da *performance* oratória (*epideixis*) quanto no do *diálogo* (363c-d).

329c8-d1   πάντα ὀνόματα τοῦ αὐτοῦ ἑνὸς ὄντος
          "são todas elas nomes de uma única e mesma coisa"

É possível interpretar essa tese de dois modos, dependendo de como se entende a expressão "de uma única e mesma coisa" (τοῦ αὐτοῦ ἑνὸς ὄντος, 329d1): i. justiça, sensatez e piedade são idênticas porque possuem *o mesmo significado* (Tese Nominalista), ou porque ii., embora possuam significados diferentes, elas designam aspectos distintos de *um mesmo e único estado de caráter* (C.C.W. Taylor, op. cit., p. 103). Um exemplo dessa primeira interpretação se encontra nas *Memoráveis*, de Xenofonte, em que Sócrates defende que a justiça e as demais virtudes se reduzem à sabedoria, como vemos na seguinte passagem:

Sócrates não distinguia a sabedoria da sensatez, mas considerava sábio e sensato quem, de um lado, conhece as coisas boas e belas e as pratica, e, de outro, conhece as coisas vergonhosas e se previne contra elas. Certa vez, indagado se ele julgava sábios e insensatos aqueles que sabem o que devem fazer, mas acabam por fazer o contrário disso, ele respondeu: "eles são simplesmente ignorantes e insensatos, pois todas as pessoas, penso eu, escolhem o que presumem lhes ser mais vantajoso e o colocam em prática, desde que esteja em seu poder fazê-lo. Não considero então nem sábio nem sensato quem não age corretamente". Sócrates afirmava que tanto a justiça como qualquer outra virtude é sabedoria, pois o que é justo e tudo quanto é realizado com virtude é belo e bom. Ademais, dizia que quem conhece essas coisas jamais as preteriria, ao passo que quem as desconhece não conseguiria colocá-las em prática, e mesmo se tentasse fazê-lo, incorreria em erro. Dessa forma, os sábios fazem o que é belo e bom, ao passo que os ignorantes não conseguem fazê-lo, e, mesmo que tentem, incorrerão em erro. Portanto, uma vez que o que é justo e tudo quanto é belo e bom é realizado com virtude, é evidente que tanto a justiça como qualquer outra virtude é sabedoria. (3.9.4-5)

Σοφίαν δὲ καὶ σωφροσύνην οὐ διώριζεν, ἀλλὰ †τὸν τὰ μὲν καλά τε κἀγαθὰ γιγνώσκοντα χρῆσθαι αὐτοῖς καὶ τὸν† τὰ αἰσχρὰ εἰδότα εὐλαβεῖσθαι σοφόν τε καὶ σώφρονα ἔκρινε. προσερωτώμενος δὲ εἰ τοὺς ἐπισταμένους μὲν ἃ δεῖ πράττειν, ποιοῦντας δὲ τἀναντία σοφούς τε καὶ ἀκρατεῖς εἶναι νομίζοι, Οὐδέν γε μᾶλλον, ἔφη, ἢ ἀσόφους τε καὶ ἀκρατεῖς· πάντας γὰρ οἶμαι προαιρουμένους ἐκ τῶν ἐνδεχομένων ἃ οἴονται συμφορώτατα αὐτοῖς εἶναι, ταῦτα πράττειν· νομίζω οὖν τοὺς μὴ ὀρθῶς πράττοντας οὔτε σοφοὺς οὔτε σώφρονας εἶναι. ἔφη δὲ καὶ τὴν δικαιοσύνην καὶ τὴν ἄλλην πᾶσαν ἀρετὴν σοφίαν εἶναι. τά τε γὰρ δίκαια καὶ πάντα ὅσα ἀρετῇ πράττεται καλά τε κἀγαθὰ εἶναι· καὶ οὔτ᾽ ἂν τοὺς ταῦτα εἰδότας ἄλλο ἀντὶ τούτων οὐδὲν προελέσθαι οὔτε τοὺς μὴ ἐπισταμένους δύνασθαι πράττειν, ἀλλὰ καὶ ἐὰν ἐγχειρῶσιν, ἁμαρτάνειν· οὕτω [καὶ] τὰ καλά τε κἀγαθὰ τοὺς μὲν σοφοὺς πράττειν, τοὺς δὲ μὴ σοφοὺς οὐ δύνασθαι, ἀλλὰ καὶ ἐὰν ἐγχειρῶσιν, ἁμαρτάνειν. ἐπεὶ οὖν τά τε δίκαια καὶ τἆλλα καλά τε κἀγαθὰ πάντα ἀρετῇ πράττεται, δῆλον εἶναι ὅτι καὶ δικαιοσύνη καὶ ἡ ἄλλη πᾶσα ἀρετὴ σοφία ἐστί.

Um exemplo dessa segunda interpretação sobre a *unidade das virtudes* se encontra no *Górgias*, quando Sócrates define *sōphrosunē* no sentido de *temperança* (ou seja, moderação relativa aos apetites e prazeres, especialmente os de comida, bebida e sexo) como uma espécie de "ordenação da alma" (506c-507a). Na condição de temperante, é necessário que o indivíduo aja apropriadamente tanto nas relações com os homens quanto nas relações com os deuses, assim como é necessário que ele persiga, evite e resista o que convém perseguir, evitar e resistir. Sendo assim, o homem temperante é necessariamente justo, piedoso e corajoso (507a-c). No caso do *Protágoras*, todavia, a posição exata de Sócrates frente ao problema não é inteiramente clara, especialmente se levarmos em consideração o primeiro argumento (330b-332a), em que se conclui que "justiça e piedade são a mesma coisa ou *coisas muitíssimo semelhantes*" (ὅτι ἤτοι ταὐτόν γ᾽ ἐστιν δικαιότης ὁσιότητι ἢ ὅτι ὁμοιότατον, 331b4-5). Todavia, a despeito dessa imprecisão de Sócrates, se ainda assim é possível atribuir a ele uma determinada posição sobre a unidade das virtudes, a expressão "uma única e mesma coisa" (τοῦ αὐτοῦ ἑνὸς ὄντος, 329d1) deve ser entendida no sentido (ii) referido acima, como argumentamos no *Estudo*

COMENTÁRIOS 597

Introdutório (ver subtítulos 3.1, 3.2 e 7.7). Por outro lado, é indubitável que Sócrates rejeita absolutamente a tese defendida por Protágoras (como ficará evidente na sequência do diálogo), i.e., de que as partes da virtude são como as partes do rosto, cada qual com sua capacidade e propriedades específicas, sendo possível possuir uma ou algumas delas, mas não necessariamente todas. Sobre o problema da posição de Sócrates no Protágoras em relação à *unidade das virtudes*, ver J.M. Cooper, op. cit., p. 78-83; D.T. Devereux, The Unity of the Virtues in Plato's *Protagoras* and *Laches*, *The Philosophical Review*, v. 101, n. 4; idem, A Unidade das Virtudes. Em H. BENSON (ed.), *Platão*; M. Zingano, op. cit., p. 46-49. Sobre a diversidade semântica do termo *sōphrosunē* ("temperança" e/ou "sensatez"), ver nota 90 da tradução.

329d6 ὥσπερ τὰ τοῦ χρυσοῦ μόρια
"tais como as partes do ouro"

Embora Sócrates e Protágoras não explorem essa metáfora das partes da virtude como partes do ouro, parece-me que o ponto implícito aqui é que a diferença entre as virtudes não seria *qualitativa* (como se dá no caso da metáfora das partes rosto, cada qual possuindo uma determinada constituição, desempenhando uma função específica e sendo dotada de uma capacidade peculiar), mas apenas *quantitativa*. Poderíamos supor, assim, que haveria uma hierarquização das virtudes na composição dessa unidade, sendo a maior parte a mais importante (sabedoria?), e a menor, a menos importante (as demais?). No entanto, com a definição de *coragem* alcançada na quinta prova/refutação ("a sabedoria relativa às coisas temíveis e não temíveis é coragem", Ἡ σοφία ἄρα τῶν δεινῶν καὶ μὴ δεινῶν ἀνδρεία ἐστίν, 360d4-5) e com a subsunção das demais virtudes na *sabedoria*, o próprio modelo *partes/todo*, seja na versão "partes do rosto", seja na versão "partes do ouro", não apreenderia adequadamente a posição defendida por Sócrates sobre a *unidade das virtudes*, que só se esclarece no final do diálogo. Sobre a analogia entre as virtudes particulares

598 PROTÁGORAS, DE PLATÃO

e as partes do ouro, ver B. Centrone (op. cit., p. 110-112), T.C. Brickhouse; N.D. Smith (*The Philosophy of Socrates*, p. 165, 168) e M.J. O'Brien (Socrate e Protagora sulla virtù, em G. Casertano (ed.), *Il* Protagora *di Platone: Struttura e Problematiche*).

6.2 1ª Refutação/Prova: Justiça e Piedade: 330b-332a

331c6-d1 τὸ δ' "ἐμέ τε καὶ σέ" ... αὐτοῦ
"Refiro-me a esse 'a você e a mim', presumindo que seja esta a melhor maneira de verificar o argumento: quando se abandona o 'se'"

A admoestação de Sócrates aqui diante da condescendência de Protágoras ("se você quiser", 331c3) pode ser entendida não necessariamente como exigência de *sinceridade* do interlocutor no assentimento às premissas que expressem verdadeiramente suas próprias opiniões; ela pode ser interpretada antes como exigência de *comprometimento* do interlocutor na função de defensor de uma determinada tese, a despeito de ele acreditar nela ou não. quando Sócrates diz "a você e a mim" (331c6), ele está salientando precisamente a importância da colaboração mútua de ambas as partes como condição para um correto proceder dialético, o que não implica necessariamente o envolvimento das opiniões pessoais de ambos os interlocutores sobre o assunto em exame. Portanto, esse tipo de condescendência expressada por Protágoras, seja por desinteresse, seja como subterfúgio para escapar da discussão diante da tentativa de refutação socrática, constituiria um desvio do correto procedimento dialético. Como Sócrates vai admitir adiante (333c5-9), a finalidade precípua da discussão é o exame dos argumentos que fundamentam uma determinada tese, a fim de verificar sua consistência, o que exige do interlocutor certo desempenho apropriado. O fato de as opiniões do interlocutor estarem envolvidas na discussão não é *condição necessária*, mas apenas um *aspecto contingente*; se por acaso os argumentos arrolados

COMENTÁRIOS

na discussão condizerem com as reais opiniões do interlocutor (o que aconteceria na maior parte das vezes, mas não em todas as circunstâncias dos "primeiros diálogos" platônicos), então a discussão dialética implica não apenas um exame de argumentos, mas também o próprio interlocutor de Sócrates (*Contra* R. Robinson, *Plato's Earlier Dialectic*, p. 15). Essa situação que encontramos aqui no *Protágoras* é diferente daquela que encontramos no *Górgias*, quando Sócrates exige de Cálicles que ele responda conforme suas próprias opiniões sobre o tema em questão (i.e., identidade entre bem e prazer), como podemos ver nesta passagem:

soc: [...] Mas diga-me novamente: você afirma que aprazível e bom são o mesmo, ou que há coisas aprazíveis que não são boas?
cal: A fim de que a discussão não me contradiga se eu disser que são diferentes, eu afirmo que são o mesmo.
soc: Arruína, Cálicles, a discussão precedente, e deixaria de investigar comigo de modo suficiente o que as coisas são, se você falasse contrariamente a suas opiniões. (495a2-9)

{ΣΩ.}[...] ἀλλ' ἔτι καὶ νῦν λέγε πότερον φῂς εἶναι τὸ αὐτὸ ἡδὺ καὶ ἀγαθόν, ἢ εἶναί τι τῶν ἡδέων ὃ οὐκ ἔστιν ἀγαθόν;
{ΚΑΛ.}Ἵνα δή μοι μὴ ἀνομολογούμενος ᾖ ὁ λόγος, ἐὰν ἕτερον φήσω εἶναι, τὸ αὐτό φημι εἶναι.
{ΣΩ.} Διαφθείρεις, ὦ Καλλίκλεις, τοὺς πρώτους λόγους, καὶ οὐκ ἂν ἔτι μετ' ἐμοῦ ἱκανῶς τὰ ὄντα ἐξετάζοις, εἴπερ παρὰ τὰ δοκοῦντα σαυτῷ ἐρεῖς.

6.3   2ª Refutação/Prova: Sabedoria e Temperança/Sensatez: 332a-333b

332a3   ἀφροσύνην τι καλεῖς
          "Há algo que você chama insensatez?"

A escolha de Sócrates pelo termo *aphrosunē* (insensatez), e não *amathia,* por exemplo (cf. 357d1), para designar o contrário de *sophia* (sabedoria), não é fortuita (L. Goldberg, op. cit., p. 109, 114). Como ficará evidente na sequência do argumento, Sócrates empregará o mesmo termo *aphrosunē* para designar o contrário de "sensatez" (*sōphrosunē*), cuja semelhança etimológica contribui para o assentimento de Protágoras à premissa. Se falhasse nesse ponto, Sócrates não conseguiria levar Protágoras a se contradizer por essa via. Sobre a estrutura lógica do argumento socrático, ver *Estudo Introdutório*, subtítulo 3.3.

332c8-9   ἑνὶ ἑκάστῳ τῶν ἐναντίων ἓν μόνον ἐστὶν ἐναντίον καὶ οὐ πολλά
"para cada um dos contrários, há apenas um contrário, e não muitos"

J. Adam, A. Adam e Taylor divergem na interpretação do sentido de "contrário" nessa parte do argumento dialético conduzido por Sócrates. J. Adam e A. Adam entendem que a concepção de "contrário" (*enantion*), assumida aqui por Sócrates para provar que para cada coisa só há apenas um contrário, é a de "oposto contraditório". No caso do "belo", por exemplo, poderíamos dizer que o seu contrário compreende tanto o que é vergonhoso quanto o que é não belo, que, por sua vez, é multiforme (i.e., tudo aquilo que não é belo). Ao assumir, todavia, que o contrário de belo é vergonhoso, Sócrates estaria supostamente negligenciando essa distinção entre "contrário" e "contraditório" (J. Adam, A. Adam, op. cit., p. 136). Taylor, todavia, propõe que Sócrates usa "belo" e "vergonhoso" não como opostos contraditórios, mas apenas como pontos extremos de uma escala contínua, considerando que esse tipo de emprego é muito mais comum em Platão. Ele considera, portanto, que Sócrates quer dizer aqui não que "cada coisa tem apenas um contraditório", mas que "para qualquer qualidade no extremo de uma escala há apenas uma qualidade oposta no final dessa mesma escala" (C.C.W. Taylor, op. cit., p. 127-129). Nesse caso, a um extremo da escala, designado por P, corresponderia o termo contraditório *não-P*, que, por sua vez, designaria todo o resto dessa escala, incluindo o extremo oposto Y. Por conseguinte, Y seria apenas um item de um grupo de qualidades designado por *não-p*. Aplicado ao argumento da identidade entre *sabedoria* (*sophia*) e *sensatez* (*sōphrosunē*), *p* estaria para *insensatez* (*aphrosunē*), assim como *não-P* estaria para *sensatez* (*sōphrosunē*) e *Y* para *sabedoria* (*sophia*). Assim, *sabedoria* seria o extremo oposto de *insensatez*, mas apenas uma instância da *sensatez*. Taylor conclui, portanto, que Platão não consegue provar de maneira suficiente que *sabedoria* (*sophia*) e *sensatez* (*sōphrosunē*) são sinônimos, tampouco que elas designam a mesma disposição de caráter (ibidem, p. 127-129). O criticismo de John Beversluis, por sua vez, incide sobre a premissa "para cada contrário há apenas um único contrário", argumentando que mesmo em casos em que a dicotomia é evidente (como, por exemplo, gordo/magro), há inúmeras qualidades similares designadas por outros termos afins semanticamente (como "delgado" e "fino", de um lado, e "corpulento" e "obeso", de outro) que não são nem sinônimos nem podem ser posicionados com precisão nessa escala contínua entre dois extremos (*Cross-Examining Socrates: a Defense of the Interlocutors in Plato's Early Dialogues*, p. 267-269), como propõe Taylor.

6.4 3ª Refutação/Prova (incompleta): Temperança/Sensatez e Justiça: 333b-334c

334a3-c6   ἀλλ' ἔγωγε πολλὰ οἶδ' ... ἐν τοῖς σιτίοις τε καὶ ὄψοις
"Todavia, conheço muitas coisas [...] pelo cheiro dos alimentos e dos cozidos"

Protágoras sai do registro da *brakhulogia* (discurso breve) e se estende numa reflexão sobre a natureza relativa da noção de "bem", cuja elocução se assemelha à do mito de Prometeu e Epimeteu por ele proferido anteriormente (320d-323a), em que são preeminentes figuras de linguagem tais como *antítese* e *isócolo*. Há três proposições centrais sustentadas por Protágoras sobre o bem: i. tudo o que é bom é em certo sentido benéfico; ii. a noção de bem é relacional, ou seja, tudo o que é bom é bom para x ou y ou z; e iii. uma mesma coisa pode ser boa para x e má, ou não boa, para y (C.C.W. Taylor, op. cit., p. 133). Poderíamos acrescentar uma quarta: iv. uma mesma coisa pode ser boa para x em relação a uma parte de x, e má, em relação à outra parte de x (como seria o caso do óleo, por exemplo, para o corpo humano). A proposição (ii) implica, portanto, que não há um bem absoluto e incondicional, mas que ele é sempre relativo a uma determinada classe de coisas. Essa posição sustentada pela personagem Protágoras aqui é interpretada de modo diverso pelos estudiosos. J. Adam e A. Adam (op. cit., p. 138) e Denyer (op. cit., p. 134), por exemplo, entendem que ela se coadunaria com o chamado "relativismo" ou "subjetivismo" protagoriano expresso pelo célebre aforismo "o homem é a medida de todas as coisas" (πάντων χρημάτων μέτρον ἐστὶν ἄνθρωπος, DK 80 B1), reportado por Platão no *Teeteto* (151e-152a). Taylor, por outro lado, considera que a constatação, por exemplo, de que o esterco é benéfico para a raiz, mas prejudicial para as folhas não depende necessariamente da teoria protagoriana, segundo a qual o que alguém considera ou percebe como bom é bom (para essa mesma pessoa); pois tal observação empírica não concerne à percepção ou ao juízo dos indivíduos que podem variar de um para outro ou de uma circunstância para outra, e sim a um fato objetivo observável no mundo natural (C.C.W. Taylor, op. cit., p. 133).

7. Crise do Diálogo: 334c-338e

334c8-9   Ὦ Πρωταγόρα, ἐγὼ τυγχάνω ἐπιλήσμων τις ὢν ἄνθρωπος
"Protágoras, acontece que eu sou um homem de parca memória"

A ironia de Sócrates, que será mencionada por Alcibíades adiante (336d), é evidenciada pela própria forma do diálogo *Protágoras* escolhida por Platão. O diálogo começa com o encontro casual entre Sócrates e um amigo anônimo, logo após sua visita à casa de Cálias. O que nós, leitores, estamos lendo, portanto, é a narração da personagem Sócrates desse acontecimento recente: como então Sócrates poderia ter uma memória débil, se ele está nos narrando com tantos detalhes e de maneira tão intrincada esse encontro com os sofistas? Certamente, Platão está salientando aqui, por meio desse artifício literário, uma característica essencial de sua personagem Sócrates: a ironia e o comportamento por vezes jocoso no confronto com os sofistas. No *Mênon*, Sócrates apela igualmente à sua suposta memória fraca diante da insistência da personagem em saber do encontro entre Górgias e o filósofo (uma provável alusão ao diálogo que leva o nome do rétor), com o intuito de manter o foco na discussão sobre o que é a virtude (71c-d). Portanto, embora sejam dois contextos argumentativos bem distintos, o recurso irônico de Sócrates cumpre a mesma função: conduzir a discussão conforme o seu próprio interesse.

335a1   ὥστε μηδένα σοῦ ἐν βραχυτέροις εἰπεῖν
        "a ponto de não haver ninguém mais breve do que você no discurso"

Essa proposição que Sócrates coloca na boca de Protágoras relativamente à sua onipotência no âmbito dos discursos é muito semelhante ao que a personagem Górgias diz no diálogo platônico homônimo, num contexto em que se decide precisamente o modelo apropriado de discussão a ser seguido pelos interlocutores:

GOR: Há certas respostas, Sócrates, que nos obrigam a elaborar longos discursos. Todavia, tentarei responder o mais breve possível. Ademais, uma das coisas as quais professo é que ninguém diz as mesmas coisas da maneira mais breve do que eu. (449b9-c3)

{ΓΟΡ.} Εἰσὶ μέν, ὦ Σώκρατες, ἔνιαι τῶν ἀποκρίσεων ἀναγκαῖαι διὰ μακρῶν τοὺς λόγους ποιεῖσθαι· οὐ μὴν ἀλλὰ πειράσομαί γε ὡς διὰ βραχυτάτων.

καὶ γὰρ αὖ καὶ τοῦτο ἕν ἐστιν ὧν φημι, μηδένα ἂν ἐν βραχυτέροις ἐμοῦ τὰ αὐτὰ εἰπεῖν.

Na coleção de discursos antitéticos, conhecida como *Dissoi Logoi*, inserida no *corpus* dos fragmentos dos "sofistas" na edição canônica de Diels & Kranz (cuja autoria é, por vezes, atribuída ao próprio Protágoras histórico), encontramos uma ponderação semelhante sobre a *brakhulogia* (discurso breve) e a *makrologia* (discurso longo) como competência de uma mesma *tekhnē* (arte):

Considero que é próprio do mesmo homem e da mesma arte ser capaz de dialogar com brevidade, conhecer a verdade das coisas, saber julgar corretamente, estar apto a discursar publicamente, conhecer as artes discursivas e ensinar como todas as coisas são e vieram a ser relativamente à sua natureza. (*Dissoi Logoi*, DK 90 8.1)

(1) <τῶ αὐτῶ> ἀνδρὸς καὶ τᾶς αὐτᾶς τέχνας νομίζω κατὰ βραχύ τε δύνασθαι διαλέγεσθαι, καὶ <τὰν> ἀλάθειαν τῶν πραγμάτων ἐπίστασθαι, καὶ δικάζεν ἐπίστασθαι ὀρθῶς, καὶ δαμαγορεῖν οἷόν τ' ἤμεν, καὶ λόγων τέχνας ἐπίστασθαι,καὶ περὶ φύσιος τῶν ἁπάντων ὥς τε ἔχει καὶ ὡς ἐγένετο, διδάσκεν.

Sobre a onipotência dos sofistas no âmbito do *logos*, ver também Platão, *Fedro* 267a-b; *Hípias Menor*, 363c-364b.

335a4-5 Ὦ Σώκρατες, ἔφη, ἐγὼ πολλοῖς ἤδη εἰς ἀγῶνα λόγων ἀφικόμην ἀνθρώποις
"Sócrates, são inúmeros os homens com os quais já entrei em contenda verbal"

Na tradição doxográfica, Protágoras é reconhecido como o fundador das "contendas verbais" em contextos *dialógicos* (Diógenes Laércio 9.52: *logōn agōnas*) (Ver Anexo 1), embora a natureza e o procedimento desse tipo de discussão não sejam explicitados pelas fontes. De qualquer modo, vale ressaltar que a essa altura do diálogo, depois de experimentar por duas vezes a refutação socrática (*elenchos*) (331a6-332a1; 332a2-333b6), Protágoras não se comporta mais como alguém que discursa confortavelmente para o seu público, mas como alguém que tem diante de si um adversário a ser vencido na discussão. Esse contorno agonístico, que será observado por todas as demais personagens que intervirão nessa "crise" do diálogo (334c-338e), ajuda a compreender o próprio comportamento de Sócrates na discussão, na medida em que ele se adéqua ao ambiente sofístico e passa a operar no interior dele. Platão dedica o diálogo *Eutidemo* para tratar e caracterizar o que ele chama de "sabedoria erística" (ταύτης τῆς σοφίας ἧς ἔγωγε … τῆς ἐριστικῆς, 272b9-10), que, em linhas gerais, pode ser definida como a arte da contradição no âmbito da *brakhulogia* (discurso breve), em que a refutação do interlocutor, e não a busca pela verdade, constitui a finalidade precípua do exercício do *logos*. O *elenchos* socrático, em contrapartida, teria um caráter *protréptico*, cujo escopo seria conduzir o interlocutor ao caminho da filosofia e do zelo pela virtude (ὡς χρὴ φιλοσοφεῖν καὶ ἀρετῆς ἐπιμελεῖσθαι, 275a), sendo a refutação um meio para tal fim. No *Sofista*, na quinta definição de "sofista" dentre as sete propostas no diálogo, a "erística" é definida pelo Estrangeiro de Eleia como uma parte da "*antilogia* estabelecida mediante perguntas e respostas em discussões privadas" (τὸ δ' ἐν ἰδίοις αὖ καὶ κατακεκερματισμένον ἐρωτήσεσι πρὸς ἀποκρίσεις, 225b8-9), "que disputa tecnicamente sobre questões relativas à justiça e à injustiça, bem como sobre os demais assuntos em geral" (καὶ περὶ δικαίων αὐτῶν καὶ ἀδίκων καὶ περὶ τῶν ἄλλων ὅλως ἀμφισβητοῦν, 225c7-8). Sobre as referências à *erística* em Isócrates, ver *Contra os Sofistas* 1, 20; *Elogio de Helena* 6; *Antídose* 147. Sobre as semelhanças e as diferenças entre a *erística* e o *elenchos* socrático, ver A. Capra (op. cit.); A. Nehamas, Eristic, Antilogic, Sophistic, Dialectic: Plato's Demarcation of Philosophy from Sophistry, em A. Nehamas (ed.), *Virtues of Authenticity*. Sobre o caráter *protréptico* do *elenchos* socrático, ver R.B. Cain, *The Socratic Method: Plato's Use of Philosophical Drama*, p. 32-56.

335b8 καὶ ἐν μακρολογίᾳ καὶ ἐν βραχυλογίᾳ
"por meio tanto do discurso longo quanto do discurso breve"

Tanto no *Górgias* quanto no *Protágoras*, Platão usa dois termos para distinguir dois modos genéricos de discurso, *makrologia* e *brakhulogia*, "discurso longo" e "discurso breve", respectivamente (ver *Górgias* 449b-c). Embora ambos os diálogos tratem de tópicos filosóficos diferentes, eles possuem uma característica em comum: consistem em textos *metadialógicos*, ou seja, são diálogos em que Platão, por meio de suas personagens, reflete sobre o tipo de discurso apropriado à filosofia em oposição a outras práticas discursivas que ele atribui, como um todo, aos chamados "sofistas". Sendo assim, toda a discussão *metadialógica* tem como princípio essa subdivisão genérica e basilar dentro do domínio do *logos*: a *brakhulogia*, ou seja, o diálogo, por meio de perguntas e respostas breves, seria o registro discursivo propriamente filosófico, em que se pratica o *elenchos* e se procede na busca pelas definições; e a *makrologia*, por sua vez, compreenderia diferentes modalidades de discursos, próprias do âmbito sofístico, compreendendo, no *Protágoras*: i. a "retórica" em sentido estrito (ou seja, oratória pública: ver 318e-319a; 328e-329b); ii. a apropriação e reinvenção do mito em prosa (320c-328d); e iii. a exegese poética (339a-349d). Essa delimitação, contudo, é colocada em xeque na própria trama dramática do texto em que essas questões *metadialógicas* são discutidas, pois o que vemos representado por Platão no *Protágoras* é a incursão de seu protagonista Sócrates não só no domínio da *brakhulogia*, mas também nas diferentes modalidades de discurso no interior da *makrologia*, assim como a incursão de Protágoras, seu antagonista, em ambos os registros discursivos. Sobre esse tema, ver *Estudo Introdutório*, capítulo 5.

COMENTÁRIOS

335c4-5   καὶ ἐμοί τις ἀσχολία ἐστὶν … λόγους
"e eu tenho um compromisso que não pode esperar suas estiradas em longos discursos"

Assim como a alegação de parca memória, esse suposto compromisso constitui mais uma desculpa jocosa de Sócrates, pois, como sabemos, depois de deixar a casa de Cálias, ele ainda tinha tempo disponível para narrar todo o diálogo, que ora lemos, a seu amigo anônimo (309a-310a). Nesse sentido, o fato de Platão escolher Sócrates como o próprio narrador do diálogo nos oferece elementos relevantes de caracterização de personagem e cena, que nos ajudam a avaliar o comportamento de Sócrates no confronto com os sofistas, e, em especial, as suas passagens irônicas.

335d6-7   Ὦ παῖ Ἱππονίκου, ἀεὶ μὲν ἔγωγέ σου τὴν φιλοσοφίαν ἄγαμαι
"Filho de Hipônico, eu sempre admirei o seu apreço pela sabedoria"

O termo *philosophia* (335d7), traduzido aqui por "apreço pela sabedoria", está sendo empregado em seu sentido genérico, tal como podemos depreender de outras ocorrências em fontes supérstites do séc. v a.C., tais como Tucídides (2.40.1) e Heródoto (1.30.2). *Philosophia* designa genericamente uma curiosidade intelectual por assuntos que transcendem as questões práticas do dia a dia (N. Denyer, op. cit., p. 138). Dessa forma, o fato de Cálias hospedar em sua própria casa um grande número de sofistas indicaria, a princípio, essa disposição pela erudição; todavia, como a *philosophia* de Cálias está associada aos sofistas (cf. Platão, *Apologia* 19e-20c), a observação de Sócrates tem evidentemente um teor irônico. No *Banquete*, de Xenofonte, o narrador faz uma referência semelhante à *philosophia* de Cálias (φιλοσοφίας ἐρῶντα, 4.62), numa provável alusão a esse episódio do *Protágoras*, de Platão. Sobre a disputa entre Platão e Isócrates no séc. iv a.C pela primazia do termo *philosophia*, ver

608 PROTÁGORAS, DE PLATÃO

E. Schiappa, *The Beginnings of Rhetorical Theory in Classical Greece*, p. 162-184. Sobre esse assunto, ver *Estudo Introdutório*, capítulo 1.

336b9-c1   τοῦ δὲ διαλέγεσθαι οἷός τ' εἶναι καὶ ἐπίστασθαι λόγον τε δοῦναι καὶ δέξασθαι
"ser capaz de dialogar e saber oferecer e acolher a palavra"

Esse tipo de reflexão *metadialógica* aparece também em outros diálogos (*Laques* 187d; *República* VII 531e; *Teeteto* 177b; *Górgias* 449a-c). "Oferecer a palavra" se refere aqui a quem responde às perguntas num contexto dialógico cuja função é dar razões à posição que defende; "acolher a palavra", por sua vez, refere-se a quem formula as perguntas cuja função é colocar à prova a posição defendida pelo seu interlocutor (*Protagoras*, na tradução de Ildefonse, p. 193). Temos aqui, portanto, uma descrição mais detalhada do procedimento discursivo que Sócrates denomina *brakhulogia* (discurso breve), uma vez que não há no *Protágoras* qualquer ocorrência do termo *dialektikē* e/ou derivados.

337c7-8   ἡγοῦμαι ἐγὼ ὑμᾶς συγγενεῖς τε καὶ οἰκείους καὶ πολίτας ἅπαντας εἶναι
"eu considero que todos vocês são congêneres, parentes e cidadãos"

Essa ideia colocada na boca da personagem Hípias é provavelmente uma paródia de um texto do Hípias histórico, conservado fragmentariamente por Clemente de Alexandria (DK 86 B6), conhecido como *Coleção* (uma espécie de enciclopédia de provérbios retirados de várias fontes):

Dentre essas coisas, umas foram ditas, talvez, por Orfeu, outras por Museu brevemente em várias ocasiões, outras por Hesíodo, outras por Homero, outras pelos demais poetas, outras em obras escritas, tanto por helenos quanto por bárbaros. Eu, contudo, de todas elas, selecionarei as principais *que sejam congêneres umas às outras*, e criarei este novo e variegado discurso. (itálicos meus)

<«τούτων ἴσως εἴρηται τὰ μὲν Ὀρφεῖ, τὰ δὲ Μουσαίωι κατὰ βραχὺ ἄλλωι ἀλλαχοῦ, τὰ δὲ Ἡσιόδωι, τὰ δὲ Ὁμήρωι, τὰ δὲ τοῖς ἄλλοις τῶν ποιητῶν, τὰ δὲ ἐν συγγραφαῖς, τὰ μὲν Ἕλλησι, τὰ δὲ βαρβάροις· ἐγὼ δὲ ἐκ πάντων τούτων τὰ μέγιστα καὶ ὁμόφυλα συνθεὶς τοῦτον καινὸν καὶ πολυειδῆ τὸν λόγον ποιήσομαι»>.

Sobre a natureza dessa obra de Hípias, ver H. Koning (op. cit., p. 100-101); Morgan (op. cit., p. 89-105).

337d2-3 ὁ δὲ νόμος, τύραννος ὢν τῶν ἀνθρώπων, πολλὰ παρὰ τὴν φύσιν βιάζεται
"**mas a lei, tirana que é dos homens, violenta de várias maneiras a natureza**"

A distinção entre "natureza" (*phusis*) e "lei" e/ou "costume" (*nomos*) é um tópico do pensamento ético-político dos sécs. IV e V a.C. Em Tucídides, por exemplo, o conflito entre uma ordem natural das relações de poder entre as cidades, em que as mais fortes predominam sobre as mais fracas, e os acordos mediados por noções de justiça e injustiça, aparece em diversos discursos ao longo de sua *História da Guerra do Peloponeso*. Por exemplo: no episódio do debate ocorrido em Esparta entre os embaixadores de Corinto e os de Atenas na iminência da guerra (432 a.C.), os atenienses respondem, com base na distinção entre *phusis* e *nomos*, às acusações dos coríntios de que Atenas, a cidade mais forte e detentora da hegemonia política, agia de forma injusta ao escravizar as cidades mais fracas por meio da força:

Assim, nenhuma de nossas ações é assombrosa, tampouco em conflito com o comportamento humano, uma vez que aceitamos o poder que nos foi transmitido e o qual não recusamos, se vencidos por força maior: honra, medo e benefício. *Nem fomos nós os primeiros a tomar tal iniciativa, mas o mais fraco ser dominado pelo mais forte é algo que sempre prevaleceu.* Nós nos consideramos dignos de tal condição e vocês concordavam com isso, até o momento atual em que, tendo em vista seus próprios interesses, recorrem ao discurso justo, o qual ninguém proporia diante da possibilidade de se conquistar algo pela força, abrindo mão assim da ambição. *E merecem elogios aqueles que, mesmo recorrendo à natureza humana a fim de exercer o poder sobre outros, venham a ser mais justos do que as expectativas que se tem do poder que lhes cabe.* (1.76.2-3) (itálicos meus)

οὕτως οὐδ᾽ ἡμεῖς θαυμαστὸν οὐδὲν πεποιήκαμεν οὐδ᾽ ἀπὸ τοῦ ἀνθρωπείου τρόπου, εἰ ἀρχήν τε διδομένην ἐδεξάμεθα καὶ ταύτην μὴ ἀνεῖμεν ὑπὸ <τριῶν> τῶν μεγίστων νικηθέντες, τιμῆς καὶ δέους καὶ ὠφελίας, οὐδ᾽ αὖ πρῶτοι τοῦ τοιούτου ὑπάρξαντες, ἀλλ᾽ αἰεὶ καθεστῶτος τὸν ἥσσω ὑπὸ τοῦ δυνατωτέρου κατείργεσθαι, ἄξιοί τε ἅμα νομίζοντες εἶναι καὶ ὑμῖν δοκοῦντες μέχρι οὗ τὰ ξυμφέροντα λογιζόμενοι τῷ δικαίῳ λόγῳ νῦν χρῆσθε, ὃν οὐδείς πω παρατυχὸν ἰσχύι τι κτήσασθαι προθεὶς τοῦ μὴ πλέον ἔχειν ἀπετράπετο. ἐπαινεῖσθαί τε ἄξιοι οἵτινες χρησάμενοι τῇ ἀνθρωπείᾳ φύσει ὥστε ἑτέρων ἄρχειν δικαιότεροι ἢ κατὰ τὴν ὑπάρχουσαν δύναμιν γένωνται.

No diálogo *Górgias*, a personagem Cálicles, recorrendo à mesma oposição entre *phusis* e *nomos*, cita um poema de Píndaro que ecoa a frase de Hípias nesta passagem do *Protágoras* ("lei, tirana que é dos homens", 338d2):

Todavia, se o homem tiver nascido, julgo eu, dotado de uma natureza suficiente, ele demolirá, destroçará e evitará tudo isso; calcando nossos escritos, magias, encantamentos e todas as leis contrárias à natureza, nosso escravo, sublevado, se revelará déspota e o justo da natureza então reluzirá. Parece-me que também Píndaro expressa o que digo em um de seus cantos com tais palavras:

Lei, o supremo rei,
de mortais e imortais. (484a2-b4)

[...] ἐὰν δέ γε οἶμαι φύσιν ἱκανὴν γένηται ἔχων ἀνήρ, πάντα ταῦτα ἀποσεισάμενος καὶ διαρρήξας καὶ διαφυγών, καταπατήσας τὰ ἡμέτερα γράμματα καὶ μαγγανεύματα καὶ ἐπῳδὰς καὶ νόμους τοὺς παρὰ φύσιν ἅπαντας, ἐπαναστὰς ἀνεφάνη δεσπότης ἡμέτερος ὁ δοῦλος, καὶ ἐνταῦθα ἐξέλαμψεν τὸ τῆς φύσεως δίκαιον. δοκεῖ δέ μοι καὶ Πίνδαρος ἅπερ ἐγὼ λέγω ἐνδείκνυσθαι ἐν τῷ ᾄσματι ἐν ᾧ λέγει ὅτι –

νόμος ὁ πάντων βασιλεὺς
θνατῶν τε καὶ ἀθανάτων·

COMENTÁRIOS   611

Aristóteles, por seu turno, afirma que a oposição entre *phusis* e *nomos* era admitida por todos os antigos (*Refutações Sofísticas* 173a7-18). Encontramos referências a esse tópico em diversos autores dos sécs. v e iv a.C., como Isócrates (*Panegírico,* 105); Antístenes (Fr. 179 ssr); Tucídides (3.38-48; 5.105); Aristóteles (*Política*, 1253b21-23); Antifonte Sofista (DK 44 B87). Outros diálogos de Platão em que esse contraste aparece: *República* ii 359c; *Leis* 889e; *Górgias* 482e-484c. Sobre uma possível reconstrução da genealogia da oposição entre *phusis* e *nomos*, ver G.B. Kerferd, *The Sophistic Movement*, capítulo 10.

338a8   ῥαβδοῦχον καὶ ἐπιστάτην καὶ πρύτανιν ἑλέσθαι
             "escolhendo um juiz, presidente e prítane"

Observe a série de palavras usadas por Hípias para se referir à necessidade de uma "arbitragem" diante do impasse da discussão entre Sócrates e Protágoras. i. O termo *habdoukhon* (traduzido aqui por "juiz") significa etimologicamente "aquele que carrega o bastão", referência ao instrumento de seu ofício carregado como seu sinal distintivo; quando arbitrava uma competição atlética ou dramática, ele podia usá-lo para disciplinar os competidores indisciplinados (Tucídides 5.50.4, Aristófanes, *Paz* v. 734). ii. As reuniões das assembleias atenienses eram supervisionadas por um corpo de "prítanes", sob a chefia de um *epistatēs* (traduzido aqui por "presidente"). iii. O *epistatēs* determinava quais questões seriam colocadas em pauta (Platão, *Apologia* 32a-c; *Górgias* 473e-474a; Xenofonte, *Helênicas* 1.7.14-15; *Memoráveis* 1.1.18, 4.4.2) (N. Denyer, op. cit., p. 145-146). iv. Um pouco antes, Hípias empregou o termo *diaitētēs* (traduzido por "árbitro", 337e4), que designa uma pessoa ou instância responsável pela arbitragem de uma disputa em vista de uma reconciliação, tanto em contextos de guerra entre cidades (Heródoto, 5.95), quanto em contextos estritamente judiciários (Platão, *Leis* 956b-c; Demóstenes, *Contra Midas* 83). Tudo isso indica que Platão está salientando, mediante a voz de outras personagens que observam e avaliam o

608

andamento da discussão, a inclinação agonística assumida pelo diálogo, como o próprio Protágoras observara ao se referir a ele como um "contenda verbal" (εἰς ἀγῶνα λόγων, 335a4). Sobre a noção de "erística", ver *Comentário* 335a4-5.

338b2 Ταῦτα ἤρεσε τοῖς παροῦσι, καὶ πάντες ἐπήνεσαν
"Essa sugestão agradou aos presentes, e todos a elogiaram"

Diferentemente de Pródico, que recebeu uma aprovação apenas parcial, Hípias é incondicionalmente louvado pelos presentes. Essa diferença de grau na recepção de um discurso e outro reflete, *dramaticamente*, a diferença da condição de cada um, já representada na cena inicial descrita por Sócrates: enquanto Hípias estava sentado sobre o trono proferindo seus vereditos, Pródico fora alojado num cômodo contíguo, que Hipônico, pai de Cálias, usava como depósito (315c-316a).

338b3 βραβευτὴν
"mediador"

O termo *brabeutēs* pode designar o árbitro ou juiz de competições esportivas (cf. Sófocles, *Electra* v. 690) ou de questões judiciais (cf. Eurípides, *Orestes* v. 1650). A comparação entre competição esportiva e debate intelectual aparece em um dos fragmentos conservados do Górgias histórico (*Discurso Olímpico*, Fr. DK 82 B8):

Nossa competição, segundo Górgias de Leontine, requer duas virtudes, coragem e sabedoria; coragem, para suportar o perigo, e sabedoria, para saber trotear. Pois o discurso, como a proclamação do arauto em Olímpia, convoca aquele que almeja, mas coroa quem é capaz.

καὶ τὸ ἀγώνισμα ἡμῶν κατὰ τὸν Λεοντῖνον Γοργίαν διττῶν [δὲ] ἀρετῶν δεῖται, τόλμης καὶ σοφίας· τόλμης μὲν τὸ κίνδυνον ὑπομεῖναι, σοφίας δὲ τὸ πλίγμα (?) γῶναι. ὁ γάρ τοι λόγος καθάπερ τὸ κήρυγμα τὸ Ὀλυμπίασι καλεῖ μὲν τὸν βουλόμενον, στεφανοῖ δὲ τὸν δυνάμενον.

COMENTÁRIOS

Sobre as metáforas que conotam o ambiente agonístico do diálogo, ver *Comentário 338a8*.

338c8-d5   εἰ μὴ βούλεται Πρωταγόρας ... ὁμοίως
"Se Protágoras não quer responder [...] de maneira semelhante!"

A proposta de Sócrates visa garantir que a discussão permaneça no domínio da *brakhulogia* (discurso breve), de modo a lhe possibilitar a continuidade da refutação da tese sustentada por Protágoras sobre a virtude (329e-330b). Todavia, para que a discussão prossiga desse modo, Sócrates concede a troca das funções *dialógicas*, dando a Protágoras a incumbência de conduzir a discussão. Essa troca momentânea de papéis (338e-339d) também se reflete na mudança da postura de Sócrates: ele não apenas se propõe a responder às perguntas formuladas por Protágoras, mas também a mostrar *como se deve responder apropriadamente às questões quando alguém se encontra na condição de quem as responde*. Esse tom altivo de Sócrates, arrogando a si uma função paradigmática e pedagógica no âmbito da *brakhulogia*, é de certo modo comparável à atitude de Protágoras no início da interlocução com Sócrates, quando se propõe a contar um mito como um velho diante de uma criança, recorrendo então à *makrologia* (320c).

338e1-2   καὶ οὐδὲν δεῖ ... ἐπιστατήσετε
"E, por esse motivo, não é preciso haver um presidente, mas todos vocês, em conjunto, presidirão a discussão"

Sócrates convida, então, todos os presentes a desempenharem a função de "mediador do diálogo" (338b4). Todavia, embora ele justifique essa proposta como condescendência à vontade do público pela continuidade da discussão, essa atitude contrasta com as "condições" estipuladas pelo próprio Sócrates para o correto proceder dialético, como vemos, por exemplo, no *Górgias* (471e2-472c4): Sócrates salienta precisamente a *autossuficiência* dos dois interlocutores para a condução de um debate de cunho filosófico, em contraste com o procedimento vigente nos tribunais atenienses, nos quais as testemunhas intervêm significativamente na discussão entre acusação e defesa, sendo o debate decidido por um juízo externo proferido pelo corpo dos juízes.

8. Exegese do Poema de Simônides: 338e-347a

8.1 Tentativa de Refutação de Protágoras: 338e-339d

339a1-3   ἔστιν δὲ τοῦτο τὰ ὑπὸ τῶν ποιητῶν λεγόμενα ... λόγον δοῦναι
"E isso consiste em ser capaz de compreender, entre os dizeres dos poetas, quais são compostos corretamente e quais não o são, e saber discerni-los e explicá-los quando indagado"

No *Fedro* (267c) e no *Crátilo* (391c-e), Platão alude ao interesse de Protágoras pela *orthoepeia* (correção das palavras), que compreenderia não apenas as distinções semânticas semelhantes às de Pródico (337a-c), visando ao uso correto de palavras aparentemente sinônimas, mas também questões gramaticais relativas aos gêneros das palavras e aos tipos de sentença (H. Yunis, *Plato. Phaedrus*, p. 203). Aristóteles também se refere ao interesse do Protágoras histórico por questões "gramaticais" e/ou "linguísticas", o que envolveria consequentemente um exame crítico dos enunciados poéticos (ver *Poética*, 1456b15-19; *Refutações Sofísticas*, 173b17-22; *Retórica*, III 1407b6-8; ver também Diógenes Laércio 9.53-54). Platão atribui também a Hípias o interesse pela exegese poética, como podemos depreender do diálogo *Hípias Menor*, que se inicia dramaticamente após uma *epideixis* (exibição) do sofista sobre Homero (363a-c). No *Protágoras*, por sua vez, a personagem Hípias se prontificará a mostrar aos presentes sua própria interpretação do canto de Simônides, mas será impedido de fazê-lo por Alcibíades (347a-b). Em relação a Górgias, Platão parodia, no diálogo homônimo (502c-d), sua

COMENTÁRIOS 615

definição de *poesia* como "um discurso com metro" conservada no *Elogio de Helena* (λόγον ἔχοντα μέτρον, DK 82 B11, 9), mas não menciona seu interesse por questões exegéticas propriamente ditas. Todavia, em um dos escólios sobre Homero, consta uma referência a uma proposição de Górgias que, aparentemente, consiste numa crítica ao poeta de modo semelhante ao procedimento analítico de Protágoras referido por Aristóteles na *Poética* (1456b15-19): "ameaças estavam misturadas com súplicas, e lamentos, com preces" (<ʼἀνεμίσγοντο δὲ λιταῖς ἀπειλαὶ καὶ εὐχαῖς οἰμωγαίʼ>) (Escólios T, *Ilíada* IV 250 = DK 82 B27). Provavelmente, esse tipo de especulação teórica sobre a linguagem, que envolvia o exame crítico dos enunciados poéticos, não era perseguido pelos chamados "sofistas" como um fim em si mesmo, mas consistia antes em parte de um projeto mais amplo de formação de oradores competentes e/ou argumentadores argutos (K.A. Morgan, op. cit., p. 94-95). Apesar dessas alusões ao interesse dos chamados "sofistas" por questões poéticas, não sobreviveu até nós nenhuma peça tão completa e complexa como essa exegese sobre a *Ode a Escopas*, de Simônides, no *Protágoras*, de Platão (339a-347a). Além da importância de ser a única fonte a conservar, senão todo ele, grande parte do poema de Simônides, o *Protágoras* contém o mais antigo ensaio de exegese textual disponível na literatura grega supérstite (G. Cerri, Il canto di Simonide nel *Protagora* di Platone, em G. Casertano (ed.), *Il* Protagora *di Platone: struttura e problematiche*, p. 474).

339b2   χερσίν τε καὶ ποσὶ καὶ νόῳ τετράγωνον
         "completo nas mãos, nos pés e na mente"

A expressão "completo nas mãos, nos pés e na mente" (literalmente, "*quadrado* nas mãos, nos pés e na mente", 339b2) designa aqui metaforicamente a ideia de perfeição, não apenas no sentido moral, mas também no sentido físico (J. Adam, A. Adam, op. cit., p. 150). Portanto, o tema do poema versaria sobre em que medida o homem, na condição de mortal, pode ser perfeitamente bom. Na possível reconstrução do poema (ver *Estudo Introdutório*, subtítulo 5.3), Simônides teria em mente dois contrastes: i. entre os homens e os deuses cuja perfeição é atributo; e ii. entre a virtude perfeita, própria dos deuses, e a virtude imperfeita, que os homens podem atingir enquanto são prósperos, mas que podem perder quando acometidos por uma adversidade (N. Denyer, op. cit., p. 149).

339c6   ἐννοεῖς ὅτι ὁ αὐτὸς οὗτος καὶ τάδε λέγει κἀκεῖνα τὰ ἔμπροσθεν
"Percebe que é a mesma pessoa que afirma tanto estas últimas quanto aquelas coisas referidas há pouco?"

Sobre a natureza do canto de Simônides, Cerri diz o seguinte: "O canto se estrutura sobre aquilo que, em termos retóricos, poderíamos chamar de 'figura de pensamento' da contradição. Em termos históricos, remonta-se à antiga prática simposiasta das sequências elegíacas constituídas de pares agonísticos de elegias que versam sobre o mesmo tema e exprimem pontos de vista antagônicos, prática esta bem documentada pelas *antilogias* de Teógnis. E antecipa a prática sofística da *antilogia*: a primeira tríade expõe o discurso, a segunda tríade o contradiscurso."(op. cit., p. 477)

8.2 Sócrates e Pródico: Contra-Argumento: 339d-341e

340a8-b1   ἢ τό τε βούλεσθαι καὶ ἐπιθυμεῖν διαιρεῖς ὡς οὐ ταὐτὸν ὄν
"por meio da qual você distingue o querer do desejar presumindo que não sejam a mesma coisa"

Na psicologia moral platônica, há uma distinção entre *epithumein* (traduzido aqui por "desejar") e *boulesthai* (querer), ainda que tal distinção não se aplique a todas as ocorrências particulares desses verbos e de seus derivados no *corpus Platonicum* (por ex., *República* IV 437b6-c9). De maneira geral, *epithumein* designa os apetites referentes ao corpo cujas instâncias paradigmáticas são a sede, a fome e os desejos sexuais (*Górgias* 496c-497a; *República* IV 437b-d; IX 580e), ao passo que *boulesthai* designa o desejo pelas coisas boas, segundo a razão (*Mênon* 78a-b; *Górgias* 466d-468e). Nas *Definitiones*, uma compilação do âmbito da Academia, *boulēsis* (forma nominal de *boulesthai*) é definida estritamente como "ímpeto conforme razão reta; desejo arrazoado; desejo conforme a razão segundo a natureza" (Βούλησις ἔφεσις μετὰ λόγου ὀρθοῦ· ὄρεξις εὔλογος· ὄρεξις μετὰ λόγου κατὰ φύσιν). De modo semelhante, Aristóteles distingue três tipos de "desejos" (*orexeis*) – *boulēsis* (querer), *orgē* (ira) e *epithumia* (apetite) – como vemos, por exemplo, nesta passagem da *Retórica*:

O querer [*boulēsis*] é o desejo [*orexis*] pelo bem (pois ninguém quer alguma coisa senão quando julga que ela é boa), ao passo que os desejos irracionais são a ira [*orgē*] e o apetite [*epithumia*]. (I 1369a2-4)

ἔστιν δ' ἡ μὲν βούλησις ἀγαθοῦ ὄρεξις (οὐδεὶς γὰρ βούλεται ἀλλ' ἢ ὅταν οἰηθῇ εἶναι ἀγαθόν), ἄλογοι δ' ὀρέξεις ὀργὴ καὶ ἐπιθυμία·

340b1-2   καὶ ἃ νυνδὴ εἶπες πολλά τε καὶ καλά
"**bem como aquela profusão de coisas belas elucidadas há pouco**"

Se levarmos em consideração as referências de Platão, em outros diálogos, ao interesse de Protágoras pela *orthoepeia*, "correção das palavras" (*Fedro* 267c; *Crátilo* 391b-e), então Sócrates, ao recorrer a Pródico como autoridade sobre o assunto, estaria de certo modo desautorizando Protágoras nesse domínio ao preteri-lo. Todavia, no elenco dos livros de Protágoras transmitido por Diógenes Laércio (9.55) (ver Anexo 1), não consta uma obra intitulada *Orthoepeia*, embora certos estudiosos conjeturam a sua existência da qual fariam parte suas reflexões sobre gramática e/ou linguagem reportadas por Aristóteles (ver *Poética*, 1456b15-19; *Refutações Sofísticas*, 173b17-22; *Retórica*, III 1407b6-8). Sobre Protágoras e a

618 PROTÁGORAS, DE PLATÃO

orthoepeia, ver E. Schiappa, *Protagoras and Logos: A Study in Greek Philosophy and Rhetoric*, p. 164-165.

340c4-5 οὐ γὰρ τοῦτο ὁ Πιττακὸς ἔλεγεν τὸ χαλεπόν, <γενέσθαι> ἐσθλόν, ὥσπερ ὁ Σιμωνίδης, ἀλλὰ τὸ <ἔμμεναι>
"Pois o que Pítaco afirmava não era que é difícil *tornar-se* nobre, como dizia Simônides, mas *ser*"

Embora J. Adam e A. Adam considerem que Simônides pretenda de fato uma distinção semântica entre *emmenai* (ser) e *genesthai* (tornar-se) (op. cit., p. 153), o próprio poema, contudo, evidencia que ambos os termos são intercambiáveis: em 344c4, na continuação do canto, Simônides emprega o verbo *emmenai* (ser) no sentido de "vir a ser", "tornar-se", como o próprio Sócrates observa em sua interpretação (N. Denyer, op. cit., p. 152). Sendo assim, do ponto de vista da consistência interna do poema, a distinção pretendida por Sócrates aqui em seu contra-argumento é equivocada. Sobre a reconstrução do poema, ver A. Beresford (Nobody's Perfect: A New Text and Interpretation of Simonides PMG 542, *Classical Philology*, v. 103, n. 3).

340c8-d5 καὶ ἴσως ἂν φαίη Πρόδικος ὅδε ... ἐκτῆσθαι
"Talvez Pródico e inúmeros outros dissessem, conforme Hesíodo, que difícil é, sim, tornar-se bom – pois, *perante a virtude os deuses impuseram o suor* –, mas, quando alguém *ao cume dela alcança, fácil é então conservá-la, embora difícil tê-la obtido*"

Os versos são adaptados desta passagem do poema *Os Trabalhos e os Dias*, de Hesíodo:

Ante a virtude, os deuses imortais impuseram
o suor. Até ela, o caminho é longo e íngreme;
árduo, a princípio. Mas, quando o cume se alcança,
fácil, então, se torna, embora, difícil seja. (v. 289-292)

τῆς δ᾽ ἀρετῆς ἱδρῶτα θεοὶ προπάροιθεν ἔθηκαν

COMENTÁRIOS 619

ἀθάνατοι· μακρὸς δὲ καὶ ὄρθιος οἶμος ἐς αὐτὴν
καὶ τρηχὺς τὸ πρῶτον· ἐπὴν δ᾽ εἰς ἄκρον ἵκηται,
ῥηιδίη δὴ ἔπειτα πέλει, χαλεπή περ ἐοῦσα.

Sócrates faz um importante acréscimo na paráfrase dos versos de Hesíodo, incluindo no final de sua fala o infinitivo perfeito *ektēsthai* (estar em posse de; conservar), que não se verifica no poema. Com isso, Sócrates interpreta esses versos como ilustração do processo de aquisição da virtude: a aquisição da virtude, figurada pela imagem da subida íngreme até o cume, é difícil (ou seja, *tornar-se* virtuoso é difícil), uma vez, porém, em posse dela, figurada pela chegada ao cume, é fácil conservar tal disposição (ou seja, *ser* virtuoso é fácil). Segundo a sua leitura, portanto, Simônides estaria censurando Pítaco justamente por considerar difícil não o processo de aquisição da virtude (*tornar-se* virtuoso), mas a própria conservação dessa disposição adquirida com esforço (*ser* virtuoso). Most observa que a obra *Os Trabalhos e os Dias* age como um reservatório de provérbios ao qual Platão recorre comumente na composição dos diálogos. Em linhas gerais, Most considera que, "aos olhos de Platão, *Os Trabalhos e os Dias* parece ser um exemplo primordial de filosofia popular, com todas as virtudes e todos os vícios associados àquela forma de raciocínio não especializado: generalizações úteis extraídas da experiência cotidiana formuladas de maneira apropriada e memorável, mas desprovidas de um sentido realmente satisfatório de rigor lógico ou profundidade filosófica" (op. cit., p. 64).

340e9-341a2 κινδυνεύει γάρ τοι, ὦ Πρωταγόρα ... παλαιοτέρα
"Pois é provável, Protágoras, que a sabedoria de Pródico seja divina e antiga, que remonte à época de Simônides, ou talvez até mais antiga"

Sócrates faz uma alusão paródica à genealogia dos sofistas traçada por Protágoras no início da discussão (cf. 316d), reforçando sub-repticiamente a relação íntima entre poetas e sofistas tal como Platão a concebe. Essa referência vaga à "correção das palavras" (*orthotēs onomatōn*) como uma "sabedoria antiga" pode ser interpretada como uma alusão a Hesíodo, tendo em vista as inúmeras "etimologias" (ou melhor, decomposição dos nomes dos deuses em perífrases que visam a explicitar a sua natureza: cf. Platão, *Crátilo* 406b-d) presentes nas obras do poeta, que, em certo sentido, podem ser vistas como um procedimento antecessor das especulações linguísticas que Platão atribui à figura de Pródico nos diálogos (ver nota 22 da tradução). Sobre a relação entre Pródico e Hesíoso, ver H. Koning, op. cit., p. 102-110.

341a4 ὥσπερ ἐγὼ ἔμπειρος διὰ τὸ μαθητὴς εἶναι Προδίκου τουτουῖ
"cuja experiência se deve ao fato de ser discípulo de Pródico"

Platão se refere também em outros diálogos a essa suposta relação entre Sócrates e Pródico (*Mênon* 96d; *Crátilo* 384b; *Cármides* 163d). Especificamente no *Crátilo*, a personagem Sócrates alega que ouvira a lição de Pródico sobre a *correção das palavras* (*orthoepeia*), apenas, porém, a mais barata delas (1 dracma), e não a mais cara (50 dracmas). Nessa passagem do *Protágoras*, tendo em vista seu matiz cômico, a afirmação de Sócrates pode ser interpretada tão somente como uma expressão jocosa e provocativa, como indica o próprio texto (341d). Todavia, se levarmos em consideração que a busca pela *correção das palavras* serve ao correto proceder dialético, na medida em que estabelece distinções semânticas entre termos sinônimos, evitando assim possíveis paralogismos (em outras palavras, paralogismo por *homonímia*), então haveria um sentido sério subjacente a esse viés cômico. Um exemplo de uso positivo da "sabedoria" de Pródico pode ser visto no diálogo *Eutidemo*, em que Sócrates recorre a uma distinção semântica do verbo *manthanō* ("aprender" *versus* "compreender") para dissolver o paradoxo oriundo da refutação dos sofistas "erísticos" Eutidemo e Dionisodoro ao interpelarem Clínias:

COMENTÁRIOS

soc: Em primeiro lugar, como diz Pródico, é preciso aprender o uso correto das palavras. O que os dois estrangeiros [Eutidemo e Dionisodoro] estão lhe mostrando é que você não sabia que os homens, num primeiro momento, designam "aprender" [*manthanein*] quando alguém, não tendo a princípio conhecimento algum a respeito de certa coisa, adquire logo em seguida o conhecimento relativo a ela; e que, num segundo momento, designam também com essa mesma palavra quando alguém, já tendo o conhecimento, examina, por meio desse conhecimento, essa mesma coisa na ação ou no discurso. Nesse segundo caso, designam antes "compreender" [*sunienai*] do que "aprender" [*manthanein*], embora "aprender" [*manthanein*] também seja usado. Você, no entanto, como eles estão lhe explicando, não percebeu que o mesmo termo se aplica a homens em condições contrárias, ou seja, tanto a quem conhece quanto a quem não conhece. Foi mais ou menos isso a que se referia a segunda pergunta, quando eles lhe indagaram se os homens aprendem as coisas que conhecem ou as coisas que desconhecem. (277e3-278b2)

πρῶτον γάρ, ὥς φησι Πρόδικος, περὶ ὀνομάτων ὀρθότητος μαθεῖν δεῖ· ὃ δὴ καὶ ἐνδείκνυσθόν σοι τὼ ξένω, ὅτι οὐκ ᾔδησθα τὸ μανθάνειν ὅτι οἱ ἄνθρωποι καλοῦσι μὲν ἐπὶ τῷ τοιῷδε, ὅταν τις ἐξ ἀρχῆς μηδεμίαν ἔχων ἐπιστήμην περὶ πράγματός τινος ἔπειτα ὕστερον αὐτοῦ λαμβάνῃ τὴν ἐπιστήμην, καλοῦσι δὲ ταὐτὸν τοῦτο καὶ ἐπειδὰν ἔχων ἤδη τὴν ἐπιστήμην ταύτῃ τῇ ἐπιστήμῃ ταὐτὸν τοῦτο πρᾶγμα ἐπισκοπῇ ἢ πραττόμενον ἢ λεγόμενον – μᾶλλον μὲν αὐτὸ συνιέναι καλοῦσιν ἢ μανθάνειν, ἔστι δ᾽ ὅτε καὶ μανθάνειν – σὲ δὲ τοῦτο, ὡς οὗτοι ἐνδείκνυνται, διαλέληθεν, ταὐτὸν ὄνομα ἐπ᾽ ἀνθρώποις ἐναντίως ἔχουσιν κείμενον, τῷ τε εἰδότι καὶ ἐπὶ τῷ μή· παραπλήσιον δὲ τούτῳ καὶ τὸ ἐν τῷ δευτέρῳ ἐρωτήματι, ἐν ᾧ ἠρώτων σε πότερα μανθάνουσιν οἱ ἄνθρωποι ἃ ἐπίστανται ἢ ἃ μή.

341d7-9   καὶ σοῦ δοκεῖν ἀποπειρᾶσθαι ... βοηθεῖν
"e, ao que parece, está testando-o para ver se você é capaz de socorrer seu próprio argumento"

Sócrates salienta amiúde no *Protágoras* a função do *elenchos* como "teste" do interlocutor (311b1-2; 342a1; 348a2-5; 349d1), o que não implicaria necessariamente o envolvimento das opiniões pessoais de quem formula as perguntas sobre o tema em questão. Nesse sentido, Sócrates satiriza Pródico fazendo com que ele assinta num argumento flagrantemente falacioso, do qual ele dissente de imediato. Esse passo pode ser interpretado, por um lado, como uma breve admoestação sobre os limites da busca pela *correção das palavras*: ela, por si só, não garante a validade dos argumentos, tampouco é condição suficiente para o conhecimento das coisas. Por outro lado, ele pode ser visto como uma incursão jocosa de Sócrates no domínio de Pródico, induzindo-o a assentir num argumento baseado no mau uso da técnica da *correção das palavras* tão cara ao sofista. Sobre os limites da busca pela correção das palavras em vista do conhecimento, ver Platão, *Crátilo* 438d-439b. Sobre o "princípio da sinceridade" do interlocutor, ver *Comentário* 331c6-d1.

8.3 *Makrologia* de Sócrates: 341e-347a

343b5 βραχυλογία τις Λακωνική
"um discurso breve à moda lacônica"

Sócrates designa *brakhulogia* (discurso breve) esse tipo de discurso breve e conciso característico dos Sete Sábios, o qual consiste em máximas gnômicas. Ele emprega aqui o mesmo termo usado antes para distinguir o diálogo mediado por perguntas e respostas breves (*brakhulogia*) do discurso extenso e contínuo próprio dos oradores (*makrologia*), quando a discussão com Protágoras caiu em impasse (335b8). Todavia, as *máximas* dos Sete Sábios e o *diálogo*, ainda que alcunhados por Sócrates igualmente de *brakhulogia*, são duas modalidades de discurso bastante diferentes: de um lado, frases breves e concisas de conteúdo gnômico, e de outro, um diálogo entre dois interlocutores, no qual um tem a função de formular as perguntas e conduzir a discussão, ao passo que outro a de responder a elas de maneira breve, seguindo determinadas regras que podemos inferir ao longo dos diálogos. Sobre *brakhulogia* e *makrologia*, ver *Comentário* 335b8.

COMENTÁRIOS 623

343c7-d1 εὐθὺς γὰρ τὸ πρῶτον τοῦ ἄσματος ... τὸ <μέν>
"O início do canto seria, de pronto, um flagrante
desvario, se ele, querendo dizer que difícil é tornar-se um
homem bom, inseriu então o 'sim'"

O ponto ressaltado aqui por Sócrates referente à partícula grega
men (traduzida aqui por "sim", na tentativa de transpor para o
português o problema sintático-semântico discutido pela personagem), não diz respeito à sua ocorrência no primeiro verso
do poema, mas ao fato de que, uma vez presente, ela exigiria uma segunda sentença que a contrastasse. Sócrates supõe a
ocorrência de uma *antítese* introduzida usualmente pela coordenação das partículas gregas *men* [...] *de*: segundo a interpretação socrática, a sentença introduzida por *men* expressaria a
posição de Simônides (339b1-3), ao passo que aquela introduzida pelo *de* (οὐδέ, 339c3) representaria a posição divergente
de Pítaco (339c3-5), a qual o poeta estaria buscando refutar.
Como vimos no *Comentário* 340c8-d5, Sócrates entende que a
divergência entre eles concerniria à distinção semântica entre
genesthai (tornar-se) e *emmenai* (ser): Simônides consideraria
que a aquisição da virtude é árdua, embora, uma vez em posse
dela, seja fácil conservá-la, ao passo que Pítaco sustentaria a tese
oposta, segundo a qual difícil é conservá-la (340b-d). Sobre a
pertinência da distinção entre "ser" e "tornar-se", ver *Comentário* 340c4-5. Sobre a reconstrução do poema segundo Adam
Beresford (op. cit.), ver *Estudo Introdutório*, subtítulo 5.3.

343d1 5 τοῦτο γὰρ οὐδὲ πρὸς ἕνα λόγον ... ὥσπερ ἐρίζοντα
λέγειν τὸν Σιμωνίδην ... ἀμφισβητοῦντα εἰπεῖν [...]
"Pois é claro que essa inserção não faz sentido, a não
ser que alguém a conceba em vista da frase de Pítaco,
como se Simônides com ela disputasse. Uma vez que
Pítaco afirmava que *difícil é ser nobre*, ele, em discórdia,
retorquiu [...]"

Sócrates emprega aqui os mesmos verbos *erizō* (traduzido aqui
por "disputar") e *amphisbēteō* (traduzido aqui por "discordar")

624 PROTÁGORAS, DE PLATÃO

como sinônimos, desprezando a distinção semântica defendida por Pródico em sua intervenção durante a crise do diálogo (337a-b). Essa atitude de Sócrates pode ser interpretada como mais uma instância de desqualificação sub-reptícia do saber de Pródico, já satirizado por ele abertamente em 341b-d.

343d5-e2 Οὔκ, ἀλλὰ <γενέσθαι μὲν χαλεπὸν> ... καὶ οὐ Σιμωνίδου
"Não, *difícil é, sim, tornar-se* um homem bom, ó Pítaco, deveras" – não "deveras bom", pois não é isso a que se refere a verdade, como se houvesse certos homens deveras bons, enquanto outros, embora bons, não o fossem de verdade; é claro que isso seria ingênuo e indigno de Simônides"

A interpretação de Sócrates sobre a posição do advérbio *alatheōs* (traduzido aqui por "deveras") é forçada e serve para dar suporte ao mote de sua interpretação sobre o poema: não seria "deveras bom", como sugere a leitura natural do verso, mas "deveras difícil", pois o desacordo entre Pítaco e Simônides se daria justamente sobre o que é realmente árduo (*khalepon*): adquirir a virtude (Simônides), ou conservá-la (Pítaco) (cf. 340b-d). Todavia, o argumento de Sócrates para justificar essa interpretação é inócuo: se é de fato absurdo supor que, dentre as coisas boas, somente algumas são tais que é verdade que elas sejam boas, da mesma forma seria absurdo supor que, dentre as coisas difíceis, somente algumas são tais que é verdade que elas sejam difíceis (N. Denyer, op. cit., p. 161). No entanto, como os versos seguintes do poema esclarecem, o advérbio *alatheōs* funciona aqui como um intensificador, equivalente a "perfeitamente", "extremamente", o que é distinto de sua acepção literal "verdadeiramente", "de verdade". A ideia aqui, portanto, seria de um homem *perfeitamente bom*, "completo nas mãos, nos pés e na mente, criado sem vitupério" (339b2-3), e não de um homem *verdadeiramente bom*, no sentido em que Sócrates o interpreta.

344d1-5 οὕτω καὶ τὸν εὐμήχανον ὄντα ... ταῦτα
"da mesma forma uma adversidade irremediável poderia

> eventualmente derrubar quem é bem remediado, mas
> não quem é definitivamente irremediado; uma forte
> tempestade tornaria o capitão irremediado ao fustigá-lo,
> uma dura estação deixaria o agricultor irremediado ao
> acometê-lo, e o mesmo vale para o médico"

Sócrates recorre aqui à analogia entre as *artes* (*tekhnai*) e a *virtude* (*aretē*), como acontece usualmente nos chamados "primeiros diálogos" de Platão. Os três exemplos escolhidos (navegação, agricultura e medicina) servem para ilustrar a tese moral sustentada por Simônides: o sucesso das ações do piloto, do agricultor e do médico no desempenho de suas competências não depende apenas de seu conhecimento aplicado aos casos particulares, mas concomitantemente de fatores externos (no caso do piloto, das condições climáticas e marítimas; no do agricultor, da condição da terra e das estações; no do médico, da condição do corpo doente e da medicação). Quando esses fatores externos intervêm de modo a impedir que o conhecimento técnico prevaleça, o bom piloto deixa de ser bom e assim para os demais casos, visto que sua ação, enquanto piloto, foi malsucedida. O mesmo argumento valeria para o campo moral: se um homem, cuja disposição moral é virtuosa, é acometido por um acidente externo que o constranja a agir de modo vergonhoso, então ele deixa de ser bom e se torna mau. É nesse sentido que Simônides censura Pítaco: não é apenas difícil, é impossível que o homem seja continuamente bom, pois ele é naturalmente suscetível a infortúnios que podem privá-lo de tal condição; somente a deus cabe esse privilégio (344b-c).

345ᶜ3   ἐπὶ πλεῖστον δὲ καὶ ἄριστοί εἰσιν οὓς ἂν οἱ θεοὶ φιλῶσιν
"E são melhores, na maior parte do tempo, aqueles que forem amados pelos deuses"

Na reconstrução do poema proposta por Adam Beresford (op. cit., p. 243), a expressão ἐπὶ πλεῖστον (traduzida aqui no sentido temporal, "na maior parte do tempo") é transposta para a oração relativa e reduzida a πλεῖστον. O sentido reconstituído dos versos de Simônides seria então: "aqueles que os deuses *mais* amarem são os melhores" (οὓς | ἂν οἱ θεοὶ φιλῶσιν | πλεῖστον, εἰσ' ἄριστοι). Todavia, na interpretação socrática, ἐπὶ πλεῖστον tomado no sentido temporal é coerente, visto que o mote do poema concerne precisamente à impossibilidade da perfeição humana: na medida em que todos estão sujeitos a adversidades que nos rebaixam em nossa condição de homens bons (no caso, é claro, de homens que se tornaram bons), então aqueles que os deuses amam conseguem viver incólumes *na maior parte do tempo*, ainda que sujeitos a adversidades eventualmente. Sobre o amor dos deuses pelos homens virtuosos, ver Platão, *Banquete* 212a; *República* II 382e; Xenofonte, *Ciropedia* 4.1.6; Sófocles, Ájax v. 132-133; Demócrito, DK 68 B217.

345d9-e4   ἐγὼ γὰρ σχεδόν τι οἶμαι τοῦτο ... ἄκοντες ποιοῦσιν
"Pois tendo a crer que qualquer sábio considera que nenhum homem erra voluntariamente, nem realiza coisas vergonhosas e más voluntariamente, porém reconhece, de modo acertado, que todos os que fazem coisas vergonhosas e más fazem-nas involuntariamente"

O "mal involuntário" é uma das teses associadas ao que a crítica moderna chama de "intelectualismo socrático", as quais encontramos dispersas em diversos diálogos platônicos (cf., p. ex., *Apologia* 25e-26a; *Protágoras* 358c-d; *Mênon* 77b-78b; *Eutidemo* 281b; *República* I 351a; *Górgias* 460b, 467c-468c, 509e). De modo genérico, essa concepção intelectualista sobre a motivação humana pode ser expressa pelas seguintes proposições:

a. ninguém age contra o seu conhecimento sobre o que é melhor para si (ou o chamado *paradoxo prudencial*);

b. ninguém faz voluntariamente o que é injusto (ou o chamado *paradoxo moral*);

c. todos os homens querem o bem;

d. portanto, o fenômeno moral conhecido como *incontinência (akrasia)*, tal como a maioria dos homens o concebe (cf. *Protágoras* 352d) – ou seja, quando alguém faz alguma coisa

COMENTÁRIOS

motivado por impulsos irracionais da alma, ainda que ele compreenda que não deveria agir assim e sendo-lhe possível agir de maneira contrária – não consiste senão em ignorância, visto que o conhecimento é condição suficiente para a virtude.

Na *Ética Nicomaqueia*, Aristóteles atribui essa posição ao Sócrates "histórico", quando discute o fenômeno moral da *incontinência* (*akrasia*) (VII, 1145b21-27). Sobre o *intelectualismo socrático* em outras fontes, ver Xenofonte, *Memoráveis* 3.9.5, 4.6.6; Aristóteles, *Ética Eudêmia* 1216b6-9; *Magna Moralia* 1182a15-23. Sobre os *paradoxos socráticos*, ver T.C. Brickhouse; N.D. Smith, Os Paradoxos Socráticos, em H. Benson (ed.), *Platão*.

347a3-5   ταῦτά μοι δοκεῖ ... τοῦτο τὸ ᾆσμα
            "Eis o que, na minha opinião, Pródico e Protágoras, Simônides pensava, quando compôs esse canto"

O poema de Simônides aborda vários temas comuns da poesia dos sécs. VI e V a.C., tais como a impossibilidade da perfeição humana, o abismo intransponível entre os homens e os deuses, as vicissitudes inevitáveis da vida humana e a necessidade de moderação em todas as instâncias (C.C.W. Taylor, op. cit., p. 147-148). Todavia, Sócrates (ou melhor, Platão) interpreta o canto de maneira anacrônica, projetando sobre Simônides preocupações e opiniões próprias dele e de seu tempo (final do séc. V e começo do séc. IV a.C.). Assim, durante sua exegese, vemos aparecer teses consideradas "socráticas", como i. a identidade entre conhecimento e virtude, (346b), e ii. a impossibilidade do mal voluntário (345d-e), que intervêm decisivamente na interpretação de certas passagens. De qualquer modo, a incursão de Sócrates na exegese poética pode ser entendida como uma paródia platônica desse tipo de exercício exegético que seria característico dos chamados "sofistas". Sabemos, por fontes diversas, que Protágoras se dedicava ao criticismo poético (cf. Diógenes Láercio 9.53-54; Aristóteles, *Poética* 1456b15-19; Aristóteles, *Refutações Sofísticas* 173b17-22; Aristóteles, *Retórica*

628 PROTÁGORAS, DE PLATÃO

III 1407b6-8), mas não temos nenhum texto supérstite de sua autoria com o qual poderíamos confrontar a exegese de Sócrates para verificar o sentido dessa suposta paródia. Diante dessa limitação material, Taylor considera verossímil que a intenção de Platão, ao oferecer essa interpretação anacrônica do poema de Simônides, seja evidenciar uma falha nos métodos de interpretação que ele julga característicos dos sofistas (op. cit., p. 148). Dorothea Frede, por outro lado, tem uma visão mais positiva sobre essa seção do *Protágoras*: ela acredita que, a despeito de tais anacronismos, Sócrates teria sentido certa afinidade com Simônides, evidenciada pela presença em sua exegese de alguns sérios princípios da filosofia socrático-platônica, a saber: 1. que o homem não é bom, mas se torna bom; 2. que um estado intermediário deve ser visto como aceitável; 3. que a virtude é conhecimento e a única ruína é perdê-lo; 4. que ninguém faz um mal voluntariamente (The Impossibility of Perfection: Socrates' Criticism of Simonides' Poem in the *Protagoras*, *Review of Metaphysics* 39, p. 746). Por fim, a despeito das diferentes interpretações possíveis sobre a exegese socrática do poema de Simônides, o *Protágoras* é singularmente importante para a história da literatura grega tendo em vista um motivo específico: ele contém o mais antigo ensaio de exegese textual disponível na literatura grega supérstite (G. Cerri, op. cit., p. 474). Sobre as idiossincrasias da interpretação de Sócrates do canto de Simônides, ver *Estudo Introdutório*, subtítulo 5.3.

9. Interlúdio: Hípias, Alcibíades e Sócrates: 347a-348c

347a6-b2   Εὖ μέν μοι δοκεῖς ... ἂν βούλησθε "
A sua exposição sobre o canto, Sócrates, parece-me boa. No entanto, eu também tenho um bom argumento sobre ele, o qual posso lhes exibir, se quiserem"

O diálogo *Hípias Menor* inicia-se dramaticamente logo após uma *exibição* (*epideixis*) da personagem homônima sobre

COMENTÁRIOS 629

Homero (363a-c). No entanto, Platão não revela ao leitor nem o modo nem o teor dessa exibição; se o tivesse feito, teríamos então uma representação de exegese sobre poesia, colocada por Platão na boca de um sofista, que serviria de contraponto para a análise da exegese socrática no *Protágoras*. De qualquer modo, vale ressaltar aqui a reação da personagem Hípias depois dessa longa exposição de Sócrates: sua pronta disposição para apresentar seu argumento sobre o poema de Simônides indica sua familiaridade com esse tipo de procedimento exegético, que Platão aparentemente atribui à prática educacional sofística como um todo. A competência de Sócrates também nesse âmbito é ressaltada pela própria personagem, no início da discussão sobre Simônides: ele confessa a Protágoras que tem estudado com afinco o poema em questão (339b). Sobre a noção de *exibição* (*epideixis*) sofística, ver *Estudo Introdutório*, subtítulo 2.5.

347c3-5   καὶ γὰρ δοκεῖ μοι ... ἀνθρώπων
"Com efeito, o diálogo sobre poesia me parece muitíssimo semelhante aos banquetes de homens medíocres e vulgares"

O juízo negativo de Sócrates sobre o valor da exegese poética contrasta flagrantemente com a asserção de Protágoras no início dessa seção do diálogo, quando ele afirma que "a parte principal da educação do homem é ser hábil em poesia" (ἐγὼ ἀνδρὶ παιδείας μέγιστον μέρος εἶναι περὶ ἐπῶν δεινὸν εἶναι, 338e7-339a1). Platão salienta, assim, mais um contraste entre a *filosofia*, na figura de Sócrates, e a *sofística*, na figura de Protágoras: Protágoras, como proponente de um novo modelo de educação que, em última instância, consiste na continuidade da educação tradicional baseada na poesia, tal como descrita em seu grande discurso (325c-326e); e Sócrates, como herdeiro dos Sete Sábios (342a-343c), como modelo da verdadeira sabedoria que se constrói *dialogicamente*.

630 PROTÁGORAS, DE PLATÃO

347c5-d2 καὶ γὰρ οὗτοι … σύνεισιν
"Pois eles, devido à incapacidade de se entreterem por
conta própria durante a bebedeira e por meio de sua
própria voz e de seus próprios discursos, fruto de sua
falta de educação, valorizam as auletas e despendem
grande soma de dinheiro na voz alheia desses
instrumentos, entretendo-se mediante essa voz"

Isócrates faz uma observação muito semelhante nesta passagem
do discurso *Panatenaico*:

Encontrei com alguns amigos meus e eles me disseram que três ou quatro
sofistas ordinários, aqueles que professam conhecer tudo e que surgem
em todo e qualquer lugar num piscar de olhos, estavam sentados no Liceu
e dialogavam sobre os poetas, especialmente sobre a poesia de Hesíodo
e Homero; porém, nada diziam por sua própria conta, apenas recitavam
os versos dos poetas e buscavam rememorar as observações mais pers-
picazes feitas por outras pessoas sobre eles. (18)

Ἀπαντήσαντες γάρ τινές μοι τῶν ἐπιτηδείων ἔλεγον ὡς ἐν τῷ Λυκείῳ
συγκαθεζόμενοι τρεῖς ἢ τέτταρες τῶν ἀγελαίων σοφιστῶν καὶ πάντα
φασκόντων εἰδέναι καὶ ταχέως πανταχοῦ γιγνομένων διαλέγοιντο περὶ
τε τῶν ἄλλων ποιητῶν καὶ τῆς Ἡσιόδου καὶ τῆς Ὁμήρου ποιήσεως, οὐδὲν
μὲν παρ' αὑτῶν λέγοντες, τὰ δ' ἐκείνων ῥαψῳδοῦντες καὶ τῶν πρότερον
ἄλλοις τισὶν εἰρημένων τὰ χαριέστατα μνημονεύοντες·

347d3-5 ὅπου δὲ καλοὶ κἀγαθοὶ … ψαλτρίας
"Nos banquetes de homens excelentes e educados,
contudo, você não veria nem auletas, nem dançarinas,
nem harpistas"

No *Banquete*, de Platão, a aulista contratada por Agatão, o anfitrião do evento, é prontamente dispensada por Eurixímaco,
com um argumento muito semelhante ao empregado aqui por
Sócrates:

"Pois bem," disse Eurixímaco, "uma vez que ficou acordado que cada um
de nós deve beber o quanto lhe aprouver, sem qualquer compulsão, sugiro
então que dispensemos a aulista que há pouco adentrou aqui – que ela

COMENTÁRIOS

toque para si mesma ou, se quiser, para as mulheres lá dentro – e que *nos entretenhamos por nossa própria conta* hoje. Desejo sugerir a vocês também, se quiserem, que tipo de discussão deveríamos empreender." (176e4-10) (itálicos meus)

Ἐπειδὴ τοίνυν, φάναι τὸν Ἐρυξίμαχον, τοῦτο μὲν δέδοκται, πίνειν ὅσον ἂν ἕκαστος βούληται, ἐπάναγκες δὲ μηδὲν εἶναι, τὸ μετὰ τοῦτο εἰσηγοῦμαι τὴν μὲν ἄρτι εἰσελθοῦσαν αὐλητρίδα χαίρειν ἐᾶν, αὐλοῦσαν ἑαυτῇ ἢ ἂν βούληται ταῖς γυναιξὶ ταῖς ἔνδον, ἡμᾶς δὲ διὰ λόγων ἀλλήλοις συνεῖναι τὸ τήμερον· καὶ δι' οἵων λόγων, εἰ βούλεσθε, ἐθέλω ὑμῖν εἰσηγήσασθαι.

Nesse sentido, o *Banquete* poderia ser visto como uma representação desse tipo de banquete de "homens excelentes e educados", aludidos aqui por Sócrates, em contraponto àquele outro mediado por exegeses poéticas que ele acaba por desmerecer. O fato de haver personagens comuns em ambos os diálogos (a saber, Alcibíades, Eurixímaco, Fedro, Pausânias e Agatão, com exceção de Aristófanes), bem como a ambientação cômica comum (ver *Comentários* 310c1, 310d4, 311a5-6, 313e2 e 314d3), são indícios que sugerem uma determinada relação *intertextual* entre o *Banquete* e o *Protágoras* (A. Capra, op. cit., p. 42-43). A situação paradoxal aqui, contudo, é que o longo exame do poema de Simônides é empreendido por Sócrates, e não propriamente por Protágoras: por que Sócrates apresenta uma análise tão minuciosa para depois desprezá-la? Sobre a interpretação desse paradoxo, ver *Estudo Introdutório*, subtítulo 5.4. Sobre a presença de aulistas em banquetes, ver Aristófanes, *As Vespas* v. 1219-1223; Xenofonte, *O Banquete* 2.1-2, 2.22.

347d5-6 ἀλλὰ αὐτοὺς αὑτοῖς ἱκανοὺς ὄντας ... φωνῆς
"observaria que eles bastam a si próprios para se entreterem por meio de sua própria voz, alheios a essas patacoadas infantis"

Essa censura de Sócrates aos banquetes mediados pela voz dos poetas funciona indiretamente como uma crítica à sua própria incursão na exegese poética (339e-347a). Cerri observa que

PROTÁGORAS, DE PLATÃO

esta consideração de Sócrates indica que se trata de uma imitação irônica de certo tipo de discurso (i.e., exegese poética) em que ele próprio descrê como útil à filosofia. Todavia, do ponto de vista da composição do próprio diálogo, essa imitação não seria fortuita, mas completaria o quadro pintado por Platão do mundo dos "sofistas" no *Protágoras*, ainda que encenada aqui por Sócrates (op. cit., p. 486-487). De qualquer modo, ao considerar "patacoadas infantis" (ἄνευ τῶν λήρων τε καὶ παιδιῶν τούτων, 347d6) o recurso à voz dos poetas, Sócrates estaria em certo sentido admitindo que essa longa exegese sobre Simônides é apenas um entretenimento, o que evoca, em certo sentido, a célebre proposição de Górgias no epílogo de seu discurso supérstite *Elogio de Helena*: "quis escrever esse discurso não apenas como defesa de Helena, mas também como diversão minha" (ἐβουλήθην γράψαι τὸν λόγον Ἑλένης μὲν ἐγκώμιον, ἐμὸν δὲ παίγνιον, DK 82 B11.21).

348a1-2   ἐν τοῖς ἑαυτῶν λόγοις πεῖραν ἀλλήλων λαμβάνοντες καὶ διδόντες
            "aproveitando a oportunidade durante suas discussões para testarem uns aos outros"

Sobre a função do "teste" dialético, ver *Comentário* 341d7-9. Nicholas Denyer sublinha que a expressão "testar um ao outro" (348a2) tem uma conotação agonística (cf. Homero, *Ilíada* 23.804; Heródoto 1.76.3; Tucídides 7.38.1) (op. cit., p. 171). Sendo assim, isso seria mais um índice da caracterização do ambiente conflituoso em que procede a discussão entre Sócrates e Protágoras.

10. Unidade das Virtudes: 348c-360e

10.1 Retomada do Problema: 348c-349d

348d1 σύν τε δύ' ἐρχομένω, καί τε πρὸ ὃ τοῦ ἐνόησεν
Quando dois homens caminham juntos, um atina antes que o outro – Homero, *Ilíada* 10.224-225.

Nesse episódio do Canto x da *Ilíada* (v. 1-255), os gregos haviam recentemente sofrido grandes perdas na batalha, enquanto Aquiles permanecia apartado da guerra. Nestor solicita então voluntários para espionar o acampamento troiano a fim de saber quais os planos dos inimigos. Enquanto os demais gregos hesitam em assumir a empreitada, Diomedes se apresenta corajosamente para tal fim, mas pede que alguém o acompanhe, argumentando que dessa forma ele teria mais audácia para espionar, pois "quando dois homens caminham juntos, um atina antes que o outro". Diomedes escolhe Odisseu por sua perspicácia e bravura. O tema da *coragem* aparece de forma saliente nesse episódio (cf. Homero, *Ilíada* 10.41, 205, 223), e não é fortuito que a discussão que se segue entre Sócrates e Protágoras versará precisamente sobre essa virtude em particular (349d-360e). Nesse sentido, a analogia entre as personagens homéricas e as platônicas teria um caráter *proléptico*, ou seja, anteciparia o tema a ser discutido na sequência do diálogo. Além disso, há uma inversão de papéis aqui: se, no início do diálogo, Sócrates compara sua entrada na casa de Cálias com a visita de Odisseu ao Hades, colocando-se, portanto, na condição do herói homérico (315b-316a), aqui é Protágoras quem assume o papel de Odisseu, enquanto Sócrates, o de Diomedes. De fato, assim como Diomedes insta Odisseu a acompanhá-lo na espionagem, é Sócrates quem encoraja Protágoras a seguir firme na discussão, tendo em vista sua resistência ao diálogo. Marina McCoy sugere que a comparação de Sócrates tem uma função *protréptica*, por insinuar que o sofista seria tão arguto e hábil como Odisseu. Por outro lado, ela sugere que, no verso homérico citado, figura metaforicamente a dialética como condição para qualquer descoberta positiva na busca pelo conhecimento, uma vez que ela requer a cooperação mútua entre os dois interlocutores em detrimento da autonomia do indivíduo (op. cit., p. 72-73). Sobre as citações de Homero no *Protágoras*, ver Andrea Capra (Notes and Discussions: Protagoras' Achilles: Homeric Allusion as a Satirical Weapon (Pl. *Protágoras* 340a), *Classical Philology*, v. 100, n. 3) e Heda Segvic (op. cit.).

349a6-8 καὶ νῦν δὴ ἐγὼ ἐκεῖνα … συνδιασκέψασθαι
"E, neste momento, desejo recordar com você,
desde o princípio, algumas coisas que lhe indaguei
anteriormente, e examinar outras tantas com seu auxílio"

A passagem seguinte, em que Sócrates relembra com precisão as possíveis teses sobre a unidade da virtude, contrasta flagrantemente com sua alegação de ter uma memória parca, como vimos durante a crise do diálogo (334c-d). Isso é mais uma evidência, entre outras tantas, do comportamento jocoso e provocativo de Sócrates ao lidar com os sofistas no *Protágoras*, como discutido amiúde no *Estudo Introdutório*.

349d2-5 Ἀλλ' ἐγώ σοι, ἔφη, λέγω … πάντων τούτων
"Mas lhe afirmo, Sócrates, que todas elas são partes
da virtude, e que quatro são razoavelmente parecidas
umas com as outras, enquanto a coragem se distingue
em muito de todas as demais"

Esta retomada de Protágoras de sua posição frente ao problema da unidade das virtudes evidencia, de certa forma, uma certa concessão aos argumentos anteriores de Sócrates (329c-333b), ainda que ele mantenha certa reserva ao admitir apenas uma certa *semelhança* entre as virtudes particulares, mas não a *identidade* entre elas. Essa concessão contrasta flagrantemente com sua primeira asserção, quando admitiu que *conhecimento, justiça, piedade, sensatez* e *coragem* não são semelhantes entre si (330b). De fato, no primeiro argumento que tratava da *justiça*

COMENTÁRIOS

e da *piedade* (330b-332a), Sócrates concluiu que, se elas não são idênticas, são ao menos muitíssimo semelhantes (331b). No segundo argumento relativo à *sabedoria* e à *sensatez* (332a-333b), no entanto, Sócrates concluiu que elas são idênticas (333b). De qualquer modo, ao considerar aqui a *coragem* como uma virtude excepcional, Protágoras acaba por negar mais uma vez a *coimplicação* das virtudes, como fizera em 329e. Sobre o problema da *coimplicação* das virtudes, ver *Comentário* 329e4.

10.2   4ª Refutação/Prova: Sabedoria e Coragem: 349d-350c

350b5-6   Αἰσχρὸν μεντἄν ... μαινόμενοί εἰσιν
"A coragem seria decerto vergonhosa se assim o fossem, pois são desvairadas"

No diálogo *Laques*, Sócrates e a personagem homônima anuem a uma premissa contrária a essa, a saber, que aqueles que mergulham em cisternas sem ter técnica para isso são mais *corajosos* do que aqueles que a possuem (193c4). Nessa passagem, Sócrates busca refutar a terceira definição de coragem proposta por Laques, segundo a qual a coragem seria "perseverança com discernimento" (ἡ μετὰ φρονήσεως καρτερία, 192c8).

10.3   Objeção de Protágoras: 350c-351b

350d5-6   οὕτω δὲ τῷ τρόπῳ μετιὼν ... σοφίαν
"Se seguisse esse caminho, contudo, você poderia sugerir que até mesmo a força é sabedoria"

Vejamos a sinopse da objeção de Protágoras (350c6-351b2), a partir da estrutura analítica do argumento apresentada no subtítulo 6.2:

A. *Argumento de Sócrates segundo o diagnóstico de Protágoras:*

   i. os corajosos são audazes;
   ii. os que conhecem são mais audazes do que eles próprios quando eram ignorantes;

iii. os que conhecem são mais audazes que os demais ignorantes;
Portanto, iv. a coragem e a sabedoria são a mesma coisa;
Mas coragem e audácia são coisas diferentes (nem todos os audazes são corajosos).

B. *Contra-argumento de Protágoras:*

Q1. os fortes são capazes; (= P1)
Q2. os que sabem lutar são mais capazes do que os que não sabem, e, depois de aprenderem, mais capazes do que eles próprios antes de terem aprendido a lutar; (= P3)
*Q?. ("recorrendo a essas mesmas provas", cf. 350e4-5)
Q4. portanto, a sabedoria é força (= P8).
Mas força e capacidade são coisas diferentes (nem todos os capazes são fortes).

O contra-argumento de Protágoras não procede do ponto de vista lógico, uma vez que a conclusão não decorre necessariamente das premissas. Essa deficiência pode ser explicada pela não explicitação das demais premissas requeridas para constituir um silogismo, como aludido pelo próprio Protágoras ("recorrendo a essas mesmas provas", χρωμένῳ τοῖς αὐτοῖς τεκμηρίοις τούτοις, cf. 350e4-5). Quais seriam "essas mesmas provas", afinal? Se levarmos em conta o protesto de Protágoras (350c-d), que nega ter concedido a Sócrates que "os audazes são corajosos", mas tão somente que "os corajosos são audazes" (P1) (negando, por conseguinte, [P6]), é provável que "essas mesmas provas" concirnam a esse passo do argumento socrático (ver a reconstrução do argumento no Estudo Introdutório, subtítulo 6.2). Dessa forma, a estrutura do argumento seria mais ou menos a seguinte:

Q1. os fortes são capazes; (= P1)
Q2. os que sabem lutar são mais capazes do que os que não sabem, e, depois de aprenderem, mais capazes do que eles próprios antes de terem aprendido a lutar; (= P3)
*Q3. há certos indivíduos que não são fortes, porém capazes (= P4)
*Q4. os fortes são *os capazes*; (= P6)
*Q5. os que sabem lutar melhor são os mais capazes e, por conseguinte, são os mais fortes; (= P7)

COMENTÁRIOS 637

q6. portanto, a sabedoria é força (= p8).

Mas força e capacidade são coisas diferentes (nem todos os capazes são fortes).

Se for essa a reconstituição pretendida por Protágoras, o argumento também não procede do ponto de vista lógico, pois *(q3) e *(q4) se contradizem. Além disso, não há, no contra-argumento de Protágoras, as premissas que seriam correlatas às premissas (p2) e (p5) do argumento socrático, justamente aquelas que introduzem o valor moral da *coragem* (i.e., a coragem é algo *belo* por ser parte da virtude, que, como um todo, é *bela*). E é a partir de (p2) e (p5) que Sócrates consegue obter de Protágoras que *os corajosos são sábios*, e não os ignorantes audaciosos (i.e., os desvairados), visto que a loucura é uma condição vergonhosa, ao passo que a virtude e suas partes são belas. Sendo assim, não me parece possível reconstruir o contra-argumento de Protágoras aplicando tal critério moral às noções de *capacidade* e *força*, o que o torna implausível.

Portanto, há duas vias possíveis de interpretação dessa passagem do diálogo (351c-351b): ou a. Protágoras não compreende bem a estrutura lógica do argumento socrático, falhando na tentativa de reconstruir um argumento semelhante a partir de outros referentes (i.e., *sabedoria, força, capacidade*), ainda que ele tenha percebido, com razão, que a conclusão pretendida por Sócrates requeria a anuência a uma premissa não assentida por ele (i.e., "todos os audazes são corajosos", implicada em [p6]); ou b. Protágoras constrói propositalmente um argumento falho a fim de mostrar justamente que o argumento socrático constitui uma falácia. Todavia, a despeito da validade lógica do contra-argumento de Protágoras, sua objeção não invalida, em última instância, a inferência que Sócrates poderia ter feito, considerando apenas três premissas não contestadas por Protágoras: (p1), (p4) e (p5). Sócrates consegue pelo menos obter de Protágoras, mediante a anuência a essas três premissas, que *os corajosos são sábios*. Dessa forma, Protágoras estaria concedendo a Sócrates a negação de sua posição inicial – ou seja, que há homens corajosos que são ignorantes (349d7-8) – ainda que Sócrates não tenha explicitado esse ponto (C.C.W. Taylor, op. cit., p. 158). Sobre a discussão acerca da validade ou não da objeção de Protágoras ao argumento de Sócrates, ver C.C.W. Taylor, op. cit., p. 156-157; L. Goldberg, op. cit., p. 232; J.C. Shaw, op. cit., p. 62-65. Sobre a semelhança formal desse argumento com o presente no diálogo *Eutífron* (12a-ss.), ver R.K. Sprague, *Plato's Use of Fallacy: A Study of the Euthydemus and Some Other Dialogues*, p. 95-97.

10.4 5ª Refutação/Prova: Sabedoria e Coragem > Argumento Hedonista: 351b-360e

351c2-3   μὴ καὶ σύ, ὥσπερ οἱ πολλοί, ἡδέ᾽ ἄττα καλεῖς κακὰ καὶ ἀνιαρὰ ἀγαθά
"Por acaso você, assim como a maioria dos homens, chama de más certas coisas aprazíveis, e de boas, certas coisas dolorosas?"

A personagem Sócrates afirma na *República* que a posição da massa sobre o prazer é incoerente, pois, embora considere que o bem consiste no prazer, admite ao mesmo tempo a existência de prazeres maus:

— Com efeito, você também sabe que a maioria dos homens acredita que o bem é prazer, ao passo que os homens mais refinados, que é inteligência.
— Como não saberia?
[...]
— E quanto àqueles que definem o prazer como bem? Por acaso, estão eles menos repletos de confusão do que os demais? Ou também eles não estão obrigados a concordar que há prazeres maus?
— Com certeza.
— Por conseguinte, creio eu, eles concordam em que as mesmas coisas são boas e más; não é?
— Sim.

COMENTÁRIOS 639

— Então, não é evidente que há inúmeras controvérsias relevantes quanto a esse assunto?

— E como não haveria? (VI 505b5-8; c6-d4)

Ἀλλὰ μὴν καὶ τόδε γε οἶσθα, ὅτι τοῖς μὲν πολλοῖς ἡδονὴ δοκεῖ εἶναι τὸ ἀγαθόν, τοῖς δὲ κομψοτέροις φρόνησις.

Πῶς δ' οὔ;

[...]

Τί δὲ οἱ τὴν ἡδονὴν ἀγαθὸν ὁριζόμενοι; μῶν μή τι ἐλάττονος πλάνης ἔμπλεῳ τῶν ἑτέρων; ἢ οὐ καὶ οὗτοι ἀναγκάζονται ὁμολογεῖν ἡδονὰς εἶναι κακάς;

Σφόδρα γε.

Συμβαίνει δὴ αὐτοῖς οἶμαι ὁμολογεῖν ἀγαθὰ εἶναι καὶ κακὰ ταὐτά. ἢ γάρ;

Τί μήν;

Οὐκοῦν ὅτι μὲν μεγάλαι καὶ πολλαὶ ἀμφισβητήσεις περὶ αὐτοῦ, φανερόν;

Πῶς γὰρ οὔ;

No caso da passagem do *Protágoras* em questão, Taylor considera que, ao formular a pergunta nesses termos, Sócrates estaria admitindo que tudo o que é aprazível é bom, ao passo que tudo o que não é aprazível é mau (op. cit., p. 166), assumindo, portanto, a tese hedonista (como será explicitada adiante em 353c-354e) como se fosse a sua própria visão sobre a felicidade humana. Todavia, não há nenhum índice textual que sugira que Sócrates esteja aqui se comprometendo com tal tese; trata-se tão somente de uma pergunta retórica que coloca em confronto Protágoras e "a maioria dos homens", tendo em vista o esclarecimento da posição do interlocutor em face do problema. A meu ver, a provocação de Sócrates seria aproximadamente a seguinte: "você, Protágoras, um sofista de renome, concorda com a massa, que é ignorante em relação a tudo o mais, e acredita que há prazeres bons e maus? Isso não seria digno de sua reputação de homem sábio, que geralmente confronta as opiniões comuns aceitas pela maioria dos homens acriticamente". Sócrates recorre a esse tipo de expediente retórico porque ele precisa que Protágoras assinta na premissa de que prazer e dor

640 PROTÁGORAS, DE PLATÃO

são os únicos critérios para se julgar se uma ação é boa ou má, permitindo assim que ele prossiga na demonstração de que coragem é sabedoria. Sobre a visão da maioria dos homens acerca da relação entre prazer e bem, ver Platão, *República* IX 586a-c; *Fedro* 256c; *Filebo* 65e-66a, 66e, 67b; *Hípias Maior* 299a-b; Aristóteles, *Ética Nicomaqueia* I 1095b14-26; *Ética Eudêmia* II.10 1227a39b5. Ver também J.C. Shaw, op. cit., p. 124-128.

351c4-6   ἐγὼ γὰρ λέγω ... κακά
           "Eu me refiro ao seguinte: enquanto aprazíveis, elas
           não são, enquanto tais, boas, desconsiderando futuras
           consequências que lhes sejam diversas? E inversamente,
           as coisas dolorosas não são, por sua vez, da mesma forma
           más, na medida em que são dolorosas?"

No diálogo *Górgias*, Sócrates considera que, no processo de satisfação dos apetites tais como a fome e a sede, o prazer advém à medida que a carência do corpo vai sendo suprida, e não do estado final de saciedade. Assim, visto que a carência que motiva o apetite é dolorosa e essa dor finda progressivamente com a saciedade dessa carência, então prazer e dor coexistem no processo de satisfação (495e-497a). Sócrates fundamenta seu argumento nessa concepção fisiológica para demonstrar que prazer e bem são coisas diferentes, assim como dor e mal, uma vez que bem e mal jamais coexistem. Aqui no *Protágoras*, contudo, veremos um movimento argumentativo contrário: Sócrates buscará o assentimento de Protágoras na identidade entre prazer e bem, de um lado, e dor e mal, de outro, com o intuito de demonstrar, a partir de determinadas premissas, que coragem é a sabedoria relativa àquilo que se deve e não se deve temer (360c-e), refutando assim a posição inicial do sofista (349d).

COMENTÁRIOS   641

351e5-6   τὸ αὐτὸ φαίνηται ἡδύ τε καὶ ἀγαθόν
           "ficar manifesto que aprazível e bom são a mesma coisa"

A sentença em grego τὸ αὐτὸ φαίνηται ἡδύ τε καὶ ἀγαθόν (351e6-7) é ambígua e pode ser entendida de duas maneiras distintas: i. "se ficar manifesto que aprazível e bom são a mesma coisa", como traduzido aqui; ou ii. "se ficar manifesto que a mesma sensação é aprazível e boa" (N. Denyer, op. cit., p. 179). Todavia, com o decorrer da discussão, ficará claro que a questão vai girar em torno da identidade entre prazer e bem (cf. 354c-355a), de modo que a alternativa (i) é a mais adequada nesse contexto como solução de tradução.

352b8   πολλάκις δὲ φόβον
        "muitas vezes o medo"

Sócrates é enfático ao se referir ao *medo* ("muitas vezes o medo", 352b8) no conjunto das fontes da motivação humana porque a discussão versa precisamente sobre a *coragem*, virtude esta que será definida no final do diálogo como "a sabedoria relativa *às coisas temíveis e não temíveis*" (Η σοφία ἄρα τῶν δεινῶν καὶ μὴ δεινῶν ἀνδρεία ἐστίν, 360d1-2). Prazer e dor, por conseguinte, acompanham cada ação que envolve situações de medo e risco.

352c6-7   ἀλλ᾽ ἱκανὴν εἶναι τὴν φρόνησιν βοηθεῖν τῷ ἀνθρώπῳ
         "sendo a inteligência suficiente para socorrer o homem"

No diálogo *Mênon* (77b-78b), Sócrates busca refutar a tese de que alguém, mesmo sabendo que certas coisas más são más, ainda assim as deseja, o que implicaria a possibilidade de um conflito entre razão e apetites. Ele afirma, em contrapartida, que desejamos apenas o que pensamos que é bom, de modo que a opinião determina os apetites. Se, por outro lado, julgamos que uma coisa é má, isso seria suficiente para não a desejar. Dessa forma, seria impossível desejar coisas que acreditamos serem más, negando assim o fenômeno moral que será conhecido posteriormente como *incontinência* (*akrasia*),

PROTÁGORAS, DE PLATÃO

cuja primeira formulação teorética encontra-se aqui, nessa passagem do *Protágoras*. Para uma discussão minuciosa sobre o problema da *incontinência*, ver Aristóteles na *Ética Nicomaqueia* (VII 1-10).

352c8-d3   καὶ ἅμα, εἴπερ τῳ ἄλλῳ, αἰσχρόν ἐστι … πραγμάτων
"como também seria vergonhoso para mim, mais do que para qualquer outro, afirmar que sabedoria e conhecimento não são, entre todas as coisas humanas, as que exercem maior domínio"

No *Górgias*, a personagem Cálicles – talvez o interlocutor mais resistente a Sócrates nos diálogos platônicos – observa que o filósofo aproveita-se frequentemente do sentimento de *vergonha* de seu interlocutor para garantir o assentimento em premissas cruciais de seu argumento, que acabam por levá-lo a se contradizer (cf. 482c-483a). Como a vergonha é um sentimento moral associado ao olhar público (cf. Aristóteles, *Retórica* II 1383b12-18) (ver *Comentário* 322c2), numa situação hipotética em que Protágoras e Sócrates dialogassem privadamente a sós, longe do público presente na cena, Protágoras poderia, talvez, objetar a proposição de Sócrates num primeiro momento, ou exigir dele uma qualificação sobre o estatuto do conhecimento e sua relação com outras formas de motivação etc., sem consentir tão prontamente como ocorre aqui. Sobre a *vergonha* como instrumento do *elenchos* socrático, ver R. McKim (op. cit.); J. Moss (op. cit.); J.C. Shaw (op. cit.).

352d6-7   ἀλλὰ πολλούς φασι γιγνώσκοντας τὰ βέλτιστα οὐκ ἐθέλειν πράττειν, ἐξὸν αὐτοῖς, ἀλλὰ ἄλλα πράττειν
"pelo contrário, muitos afirmam que, mesmo sabendo o que é melhor, não desejam, contudo, praticá-lo, ainda que lhes seja possível fazê-lo, e acabam praticando alguma outra coisa"

Encontramos referências a esse fenômeno moral conhecido como *incontinência* (*akrasia*) em certas tragédias de Eurípides,

COMENTÁRIOS

como *Hipólito* (v. 380-383) e *Medeia* (v. 1078-1080) (N. Denyer, op. cit., p. 182), assim como em Isócrates (*Antídose*, 211-222). Da maneira como é caracterizado aqui, o agente que age sob tais circunstâncias é moralmente responsável pela sua ação, visto que i. ele reconhece que deveria agir de maneira diferente de como está efetivamente agindo, e ii. está em seu poder agir de modo correto, embora ele aja contrariamente. Em outras palavras, sua ação não poderia ser moralmente desculpada porque ela não foi praticada nem por *ignorância* nem por *constrição* (C.C.W. Taylor, op. cit., p. 173). Sobre as condições para o ato voluntário, ver Aristóteles, *Ética Nicomaqueia* III 1-3.

352d7-e2 καὶ ὅσους δὴ ἐγὼ ἠρόμην ... τοὺς ποιοῦντας
"E todos aqueles a quem perguntei qual é, afinal, a causa disso, afirmam que quem age assim o faz porque é vencido pelo prazer ou pela dor, ou é dominado por alguma outra coisa dentre aquelas a que há pouco me referi"

Nas *Leis*, Platão atribui ao prazer uma posição privilegiada, como vemos nesta passagem:

ATENIENSE: E agora, diremos que é mau somente quem é vencido pelas dores, ou também quem é vencido pelos prazeres?

CLÍNIAS: Sobretudo, quem é vencido pelos prazeres, presumo eu; todos nós tendemos a nos referir a quem é ignominiosamente vencido por si mesmo como aquele que é dominado pelos prazeres, e não como aquele que é dominado pelas dores. (I 633e1-6)

{ΑΘ.} Νῦν οὖν πότερα λέγομεν τὸν τῶν λυπῶν ἥττω κακὸν ἢ καὶ τὸν τῶν ἡδονῶν;

{ΚΛ.} Μᾶλλον, ἔμοιγε δοκεῖ, τὸν τῶν ἡδονῶν· καὶ πάντες που μᾶλλον λέγομεν τὸν ὑπὸ τῶν ἡδονῶν κρατούμενον τοῦτον τὸν ἐπονειδίστως ἥττονα ἑαυτοῦ πρότερον ἢ τὸν ὑπὸ τῶν λυπῶν.

354d1-3 ἐπεὶ εἰ κατ' ἄλλο τι ... ἕξετε

"Pois, se vocês chamam de mau o próprio deleite por algum outro motivo ou em vista de algum outro fim, enunciem-no então a nós! Contudo, não conseguirão fazê-lo"

Nessa seção do argumento (353c1-354e2), Sócrates tem como objetivo esclarecer à personagem fictícia ("a maioria dos homens") – e, por conseguinte, a Protágoras – que, quando afirmam que um determinado prazer é mau e uma determinada dor é boa (351c), os critérios desse juízo são baseados exclusivamente em *prazer* e *dor*. Assim, uma coisa é boa se, e somente se, ela proporciona prazer ou privação de dor, ao passo que uma coisa é má se, e somente se, ela proporciona dor ou privação de prazer. Portanto, quando a massa afirma que um prazer é mau, ela, ainda que não esteja ciente disso, está considerando que esse prazer proporciona dores ulteriores ou privação de prazer que suplantem esse mesmo prazer em dor; da mesma forma, quando afirma que uma dor é boa, ela está considerando que essa dor proporciona prazeres ulteriores ou privação de dor que suplantem essa mesma dor em prazer. Fica claro aqui que Sócrates passa a examinar a posição hedonista numa perspectiva *diacrônica*, considerando não apenas a experiência imediata e atual do prazer (351b-e), como também suas consequências numa determinada extensão de tempo. O cerne da posição hedonista no *Protágoras*, portanto, consiste precisamente neste princípio: *prazer* e *dor* são os únicos critérios para o juízo moral sobre as coisas e as ações humanas. No *Górgias*, em contrapartida, vemos uma discussão sobre o mesmo tema; em sentido contrário, porém (499c-500a). Depois de demonstrar a Cálicles que prazer e bem, de um lado, e dor e mal, de outro, são coisas diferentes (499a-b), Sócrates argumenta que um prazer é bom, na medida em que ele *beneficia* de algum modo o indivíduo, ao passo que um prazer é mau, na medida em que ele o *prejudica* de algum modo. Por exemplo: os prazeres referentes à comida e bebida, exemplos paradigmáticos de *epithumiai* (apetites), são bons se eles conferem saúde ao corpo, ao passo que são maus se eles põem em risco sua condição saudável. E o mesmo raciocínio valeria para as dores. Portanto, o critério usado por Sócrates no *Górgias* para fundamentar o juízo moral sobre os apetites é a noção de *benefício* e *prejuízo*. Comparando os dois contextos argumentativos do *Protágoras* e do *Górgias*, fica claro que são duas concepções antagônicas. Todavia, há certos pontos em comum entre elas: i. primeiro, ambas examinam o prazer *diacronicamente*, ou seja, não apenas o prazer enquanto prazer, mas levando em consideração também suas consequências ulteriores. ii. Segundo, ambas poderiam emitir o mesmo juízo sobre um determinado prazer e justificá-lo por princípios diferentes. Pensemos no exemplo paradigmático da comida: na perspectiva da visão hedonista do *Protágoras*, certo prazer relativo à comida seria mau, não exatamente porque ele debilita o corpo, mas porque essa debilidade causa dores ulteriores ou privação de prazer que suplantem esse prazer em dor; na perspectiva do *Górgias*, esse mesmo prazer poderia ser também considerado mau, não porque ele priva o indivíduo de prazeres e lhe proporciona dores, mas porque ele, de algum modo, debilita o corpo. Esse prejuízo à saúde pode ser entendido aqui (ainda que não explicitado por Sócrates) como o comprometimento de alguma função vital do corpo, que debilitasse sua condição física a ponto de comprometer o desempenho do indivíduo num determinado esporte ou numa ação de guerra (âmbito da *coragem*). Essas consequências más de certos apetites no *Górgias*, portanto, não são consideradas em termos de privação de prazer ou promoção de dores, como acontece no *Protágoras*, mas em termos de *benefício* e *prejuízo*. Um motivo de grande disputa entre os estudiosos de Platão tem sido compreender e justificar esse aparente conflito entre as duas posições sobre o prazer e o bem, aparentemente antagônicas, sustentadas por Sócrates no *Protágoras* e no *Górgias*. As alternativas de interpretação sobre o problema seriam basicamente estas: 1. Sócrates não se compromete com a tese hedonista do *Protágoras*, sendo apenas um argumento dialético, o qual ele atribui ao interlocutor fictício (i.e., "a maioria dos homens"), não contradizendo, portanto, a posição exposta no *Górgias* (posição esta a partir da qual Platão desenvolve sua psicologia moral em diálogos posteriores, como na *República*) (J.C. Shaw, op. cit.; J.P. Sullivan, The Hedonism of Plato's Protagoras, *Phronesis*, v. 6, n. 1; D. Zeyl, Socrates and Hedonism: *Protagoras* 351-358d, *Phronesis* 25); 2. Sócrates efetivamente se contradiz: a posição "socrática" seria, então, aquela sustentada no *Protágoras*, e a posição propriamente "platônica", aquela apresentada no *Górgias*, numa leitura, portanto, fortemente desenvolvimentista do pensamento de Platão (T. Irwin, *Plato's Ethics*, p. 81-83; idem, *The Development of Ethics, v. 1: From Socrates to Reformation*, p. 32-40; E.R. Dodds, *Plato: Gorgias – A Revised Text*, p. 21-22); 3. não há elementos suficientes que comprovem o comprometimento ou não de Sócrates com a posição hedonista do *Protágoras*, de modo que seria mais razoável suspender o juízo (C.C.W. Taylor, op. cit., p. 175-176, 201); 4. Sócrates não se compromete com a seção do argumento dedicada à exposição da posição hedonista (351b-357e), mas apenas com a seção seguinte, em que ele passa a examinar a coragem (358a-360e); essa segunda seção prescindiria da discussão sobre o hedonismo, na medida em que ela está baseada em noções de "bom" e "belo", de um lado, e "mau" e "vergonhoso", de outro, e não de "aprazível" e "doloroso" (W. Leszl, Le funzioni della tesi edonistica nel *Protagora* e oltre, em G. Casertano (ed.). *Il* Protagora *di Platone: Struttura e Problematiche*, p. 606-607). Para uma discussão mais minuciosa sobre os problemas concernentes à quinta prova/refutação (351b-360e), ver *Estudo Introdutório*, capítulo 7.

354e3   Πάλιν τοίνυν ... ὦ ἄνθρωποι
            "Pois bem, se vocês, homens, tornassem a me perguntar"

Sócrates cria outro diálogo fictício dentro do diálogo fictício em curso, passando a responder agora no lugar do interlocutor

COMENTÁRIOS   647

imaginário (i.e., "a maioria dos homens"). Portanto, assim como o artifício do interlocutor fictício lhe permite responder às perguntas no lugar de Protágoras, conduzindo a seu modo a discussão, agora Sócrates passa a responder às próprias perguntas no lugar da "maioria dos homens". Em certo sentido, o que temos praticamente aqui é um *monólogo dialógico* de Sócrates.

355a2-3   ἢ ἀρκεῖ ὑμῖν τὸ ἡδέως καταβιῶναι τὸν βίον ἄνευ λυπῶν
"**Ou basta a vocês viver a vida aprazivelmente alheios às dores?**"

Ao considerar aqui o espaço de tempo de toda uma vida, a única coisa que seria incondicionalmente boa então é uma vida completa em que o prazer predomina sobre a dor. Embora seja correto afirmar que certa sensação, ação ou experiência é boa na medida em que ela é aprazível (ou seja, na medida em que proporciona mais prazer do que dor numa perspectiva *diacrônica*), isso deve ser entendido como uma abreviação de uma formulação mais precisa a qual é oferecida por Sócrates aqui: certa sensação, ação ou experiência é boa na medida em que ela contribui para uma vida em que o prazer predomina sobre a dor (C.C.W. Taylor, op. cit., p. 179).

357a5-b3   Εἶεν, ὦ ἄνθρωποι ... σκέψις
"**que assim seja, homens! Uma vez que a salvação de nossas vidas depende manifestamente da escolha referente ao prazer e à dor, ao mais e ao menos numeroso, ao maior e ao menor, ao mais longínquo e ao mais próximo, porventura não é claro que, em primeiro lugar, ela diz respeito à medida, visto que consiste no exame do excesso, da falta e da equivalência de um em relação ao outro?**"

A partir da analogia com as ilusões ópticas e sonoras, Sócrates infere que o fenômeno "ser vencido pelos prazeres" (ὑπὸ τῶν ἡδονῶν ἡττᾶσθαι, 353a1) consiste em superestimar a quantidade de prazer que se obtém *imediatamente* em relação à quantidade de dor decorrente *no futuro*, assim como alguém tende a superestimar o tamanho de objetos quando vistos de perto em comparação quando vistos de longe. Todavia, essa analogia é deficiente, pois a "arte da medida" aplicada a objetos percebidos pelos sentidos, de um lado, e a prazeres e dores, de outro, não é absolutamente compatível. Taylor sintetiza bem o problema geral envolvido nesta analogia: "A função de guiar as ações humanas atribuídas a essa técnica sugere uma dificuldade imediata. As técnicas nas quais ela é modelada (pesagem, medição etc.) envolvem operações executadas em relação a objetos reais. Contudo, na medida em que a técnica proposta é uma técnica de deliberação, ela diz respeito não a objetos reais, mas a objetos prospectivos e hipotéticos, i.e., várias ações possíveis e as consequências que delas derivariam se essas ações possíveis fossem efetivamente postas em prática. Tais objetos não podem literalmente ser colocados numa balança, medidos etc. Portanto, qualquer que seja o tipo de comparação envolvido aqui, ele dever ser de um modelo muito diferente daquele sugerido pelo simples modelo de pesagem e medição, operações que envolvem a justaposição física direta de objetos [...]." (op. cit., p. 195-196)

357e2-4   ὥστε τοῦτ' ἐστὶν τὸ ἡδονῆς ... Ἱππίας
"Por conseguinte, 'ser vencido pelo prazer' é ignorância, a suprema ignorância, da qual Protágoras, aqui presente, afirma ser médico, assim como Pródico e Hípias"

Há uma ironia extremamente sutil na comparação dos sofistas com "médicos" aqui. Como referido anteriormente (ver *Comentário* 313e2), é Sócrates quem se apresenta metaforicamente como "médico da alma" (περὶ τὴν ψυχὴν ἰατρικὸς ὤν, 313e2), na medida em que é capaz de verificar, mediante o *elenchos*: a. se as "mercadorias" vendidas pelos sofistas são nocivas ou benéficas à alma de seus discípulos; bem como b. se os sofistas conhecem de fato a natureza daquelas mercadorias (i.e., os ensinamentos) que professam vender em troca de dinheiro. Nesse sentido, em vez de médicos, os sofistas são representados por

COMENTÁRIOS 649

Platão no *Protágoras* como agentes corruptores da alma, sendo Sócrates, em contrapartida, aquele indivíduo apto a ministrar o *pharmakon* apropriado para imunizar seus pacientes – no caso desse diálogo, o jovem Hipócrates.

357e4-7 ὑμεῖς δὲ διὰ τὸ οἴεσθαι ... ὡς οὐ διδακτοῦ ὄντος
"Entretanto, por suporem que se trata de outra coisa que não ignorância, vocês não encaminham nem a vocês mesmos nem os seus filhos a estes mestres de tal matéria, os sofistas, como se ela não pudesse ser ensinada"

No início da discussão com Sócrates, Protágoras lhe revelou que ensinava seus discípulos a administrar bem a casa e a ter sucesso na vida política (318e-319a). Sócrates prontamente identificou a matéria ensinada pelo sofista com a "arte política" (τὴν πολιτικὴν τέχνην, 319a4). Em seu discurso subsequente (319a-320c), a "arte política" passa a ser tratada como "virtude" em geral, e a discussão se volta, num primeiro momento, para a questão da ensinabilidade da virtude. Durante o *Grande Discurso* de Protágoras (320c-328d), as virtudes particulares (i.e., *justiça*, *sensatez/temperança*, *piedade*) e a virtude como um todo aparecem referidas sem um tratamento claro e metódico, o que leva Sócrates a colocar o problema que vai desencadear a discussão subsequente sobre a *unidade das virtudes*: se as virtudes particulares consistem em apenas nomes diferentes para uma única e mesma coisa (i.e., virtude), ou se elas são partes de uma coisa que é única (319c). Aqui, nessa altura do diálogo (357e), o que era "administração da própria casa e sucesso na vida política da cidade", nas primeiras palavras de Protágoras, converteu-se em "arte da medida": é no cálculo de prazeres e dores envolvidos na escolha de cada ação em particular que reside a virtude do homem e, por conseguinte, sua felicidade (351b-c, 355a). Sócrates, decerto ironicamente, elogia os sofistas diante de seu próprio público, sugerindo que, se eles professam ensinar a virtude, então eles devem ensinar a seus discípulos essa "arte da medida". Todavia, esse elogio irônico chama ao mesmo tempo a atenção para a tamanha discrepância entre a promessa de Protágoras no início do diálogo e as conclusões aferidas por Sócrates a essa altura da discussão: esse movimento interno do diálogo parece indicar precisamente a submissão progressiva do sofista ao escrutínio do filósofo, que vai culminar com a refutação final da posição de Protágoras sobre a *unidade das virtudes* (360c-e).

358b3-5   αἱ ἐπὶ τούτου πράξεις ἅπασαι, ἐπὶ τοῦ ἀλύπως ζῆν καὶ
          ἡδέως, ἆρ' οὐ καλαί καὶ ὠφέλιμοι
          **"Todas as ações em vista de uma vida indolor e aprazível,
          porventura não são belas e benéficas?"**

Sócrates retoma aqui o critério do *belo* (*kalon*) introduzido por Protágoras na discussão inicial sobre a posição hedonista (351b-c), mas deixado de lado até aqui. Naquela oportunidade, Protágoras não admitia a princípio que uma vida vivida aprazivelmente fosse boa sem qualificação: a condição era a de que os prazeres fossem *belos*, implicando que os *vergonhosos* deveriam ser evitados. Diante da qualificação proposta por Protágoras, Sócrates passa a examinar o estatuto do prazer *enquanto* prazer, garantindo de Protágoras que o prazer *enquanto* prazer é bom, ao passo que a dor *enquanto* dor é má. Nesse trecho do diálogo, Sócrates reintroduz o critério do *belo* na discussão, considerando que todas as ações contribuidoras para uma vida aprazível e sem dores são belas, sem qualquer qualificação. Protágoras aceita essa reconsideração do problema apresentado em 351b-c sem qualquer objeção.

359d4-6   ὥστ' εἰ τοῦτο ὀρθῶς ἀπεδείχθη ... ἀμαθία οὖσα
          **"Por conseguinte, se essa demonstração está correta,
          ninguém se dirige às coisas que considera temíveis, uma
          vez que descobrimos que 'ser vencido por si mesmo' é
          ignorância"**

Ao aceitar a demonstração de Sócrates, Protágoras admite como equivalentes as diferentes formulações empregadas pelo filósofo na análise da *coragem*: considerar temíveis certas coisas

COMENTÁRIOS 651

(ἡγουμένους δεινὰ εἶναι, 359d2), temer certas coisas (ἃ δέδοικεν, 358e4) e ter a expectativa de algum mal iminente (προσδοκίαν τινὰ … κακοῦ, 358d7) são tratadas aqui como condições idênticas (N. Denyer, op. cit., p. 198; C.C.W. Taylor, op. cit., p. 208). Nesse sentido, não parece ser considerada como relevante aqui, a princípio, a distinção entre o estado emocional provocado por uma situação que envolve medo e uma estimativa intelectual sobre a relação de prazeres e dores envolvida nas ações que envolvem medo, conforme o argumento da "arte da medida" (356a-c). Todavia, como observa Taylor: a. mesmo que seja verdade que ninguém se dirige àquilo que teme (i.e., àquilo que lhe inspira o sentimento de medo), isso não implica que ninguém se dirige àquilo que presume ser temível, na medida em que o indivíduo pode considerá-lo como tal sem, contudo, sentir medo por isso; da mesma forma, b. um indivíduo ciente de que é suscetível ao medo de modo irracional pode ter o sentimento de medo em relação a coisas que ele próprio não considera temíveis (op. cit., p. 208). De qualquer modo, segundo a perspectiva intelectualista da análise de Sócrates, a situação (a) é inconcebível, pois, se a razão estipula que determinada coisa é temível, isso é suficiente para que o indivíduo aja conforme a razão; e o mesmo raciocínio vale para o caso (b): se o indivíduo considera que uma determinada coisa não é temível, isso é suficiente para que ele não seja acometido pelo medo.

360b2-3   Εἰ δὲ μὴ αἰσχρά, ἄρ᾽ οὐ καλά
       "E se não são vergonhosos, são belos, não são?"

Sócrates desconsidera aqui a possibilidade do meio-termo (i.e., uma coisa ou uma ação que não seja nem bela nem vergonhosa), tratando *belo* e *vergonhoso* como contraditórios, e não como contrários, como ocorre em 332c (N. Denyer, op. cit., p. 200; C.C.W. Taylor, op. cit., p. 210). Na exegese do poema de Simônides, no entanto, Sócrates sugere a possibilidade de uma condição intermediária (*ta mesa*, 346d3): ainda que não seja perfeitamente bom, o indivíduo que não tenha cometido atos vergonhosos merece estima e elogios; em outras palavras, trata-se da condição intermediária de quem, em comparação com o indivíduo perfeitamente bom, não é bom, mas também não é mau, visto que não incorreu em nenhuma ação vergonhosa. Sobre a noção de *intermediário*, ver Platão, *Górgias* 467e-468b; *Banquete*, 201e-202b.

> 360c6-7 Οὐκοῦν ἡ τῶν δεινῶν καὶ μὴ δεινῶν ἀμαθία δειλία ἂν εἴη; "A ignorância das coisas temíveis e não temíveis não seria, então, covardia?"

Denyer observa que a definição de covardia permite a Sócrates inferir que coragem, sendo oposta à covardia, é "sabedoria relativa às coisas temíveis e não temíveis" (Ἡ σοφία ἄρα τῶν δεινῶν καὶ μὴ δεινῶν ἀνδρεία ἐστίν, ἐναντία οὖσα τῇ τούτων ἀμαθίᾳ; 360d4-5). Todavia, a definição de covardia não é suficiente para distingui-la da *temeridade*, que também consiste na ignorância do que é temível ou não, mas infunde um comportamento contrário ao infundido pela covardia. Assim, seria preciso um acréscimo a esta definição proposta aqui por Sócrates, algo como: covardia é ignorância das coisas temíveis e não temíveis, *com tendência a superestimar o valor da segurança*; ao passo que temeridade é ignorância das coisas temíveis e não temíveis, *com tendência a subestimar o valor da segurança*. A condição do desvairado, por sua vez, seria indefinida, na medida em que seu comportamento é imprevisível: ora superestima os riscos, ora os subestima (op. cit., p. 200-201). No diálogo *Laques*, a personagem Nícias propõe uma distinção entre o *corajoso* (*andreios*) e o *destemido* (*aphobos*) que vai ao encontro desta observação de Denyer:

NÍCIAS: Eu, Laques, não chamo de corajosos os animais e os que não temem as coisas temíveis devido à falta de inteligência; chamo-os antes de destemidos e estúpidos. Ou você supõe que eu chamo de corajosas todas as crianças, que nada temem devido à falta de inteligência? Eu, contudo, suponho que o destemido e o corajoso não são o mesmo. Muitos

COMENTÁRIOS 653

poucos, creio, tomam parte na coragem e na previdência, ao passo que a maior parte dos homens, das mulheres, das crianças e dos animais toma parte na temeridade, na ousadia e no destemor acompanhado de falta de previdência. Aqueles, então, que você e a maioria das pessoas chamam de corajosos, eu os chamo de temerários, ao passo que, de corajosos, os que são inteligentes naquelas coisas a que venho me referindo. (197a6-c1)

{NI.} Οὐ γάρ τι, ὦ Λάχης, ἔγωγε ἀνδρεῖα καλῶ οὔτε θηρία οὔτε ἄλλο οὐδὲν τὸ τὰ δεινὰ ὑπὸ ἀνοίας μὴ φοβούμενον, ἀλλ' ἄφοβον καὶ μῶρον· ἢ καὶ τὰ παιδία πάντα οἴει με ἀνδρεῖα καλεῖν, ἃ δι' ἄνοιαν οὐδὲν δέδοικεν; ἀλλ' οἶμαι τὸ ἄφοβον καὶ τὸ ἀνδρεῖον οὐ ταὐτόν ἐστιν. ἐγὼ δὲ ἀνδρείας μὲν καὶ προμηθίας πάνυ τισὶν ὀλίγοις οἶμαι μετεῖναι, θρασύτητος δὲ καὶ τόλμης καὶ τοῦ ἀφόβου μετὰ ἀπρομηθίας πάνυ πολλοῖς καὶ ἀνδρῶν καὶ γυναικῶν καὶ παίδων καὶ θηρίων. ταῦτ' οὖν ἃ σὺ καλεῖς ἀνδρεῖα καὶ οἱ πολλοί, ἐγὼ θρασέα καλῶ, ἀνδρεῖα δὲ τὰ φρόνιμα περὶ ὧν λέγω.

Sobre a definição de coragem como *meio-termo* (*mesotēs*) entre temeridade e covardia, ver Aristóteles, *Ética Nicomaqueia* II 1107a34-b4; 1115a6-1117b22.

360d4-5 Ἡ σοφία ἄρα τῶν δεινῶν καὶ μὴ δεινῶν ἀνδρεία ἐστίν, ἐναντία οὖσα τῇ τούτων ἀμαθίᾳ
"Portanto, a sabedoria relativa às coisas temíveis e não temíveis é coragem, que é contrária à ignorância delas"

No diálogo *Laques*, a personagem Nícias propõe como definição de coragem "o conhecimento relativo às coisas que infundem temor e audácia, tanto na guerra quanto em todas as demais ocasiões" (τὴν τῶν δεινῶν καὶ θαρραλέων ἐπιστήμην καὶ ἐν πολέμῳ καὶ ἐν τοῖς ἄλλοις ἅπασιν, 194c11-195a1). Depois de algumas objeções, Sócrates generaliza a definição de Nícias considerando a coragem como "praticamente o conhecimento relativo a todos os bens e males sob todas as condições possíveis" (σχεδόν τι ἡ [ἐπιστήμη] περὶ πάντων ἀγαθῶν τε καὶ κακῶν καὶ πάντως ἐχόντων, 199c7-d1). No *Laques*, essa definição do *Protágoras* é rejeitada por Sócrates, pois "o conhecimento relativo a todos os bens e males" é o mesmo que a virtude como um todo, ao passo que a coragem deve ser apenas uma "parte" da virtude (premissa que Sócrates não abandona no *Laques*). Essa aparente inconsistência entre o *Protágoras* e o *Laques* quanto à definição de *coragem* é motivo de grande disputa entre os estudiosos (sobre o problema, ver D.T. Devereux, The Unity of the Virtues in Plato's *Protagoras* and *Laches*, *The Philosophical Review*, v. 101, n. 4; idem, A Unidade das Virtudes, em H. Benson (ed.), *Platão*). No Livro IV da *República*, por sua vez, Sócrates apresenta duas definições de coragem: i. uma do ponto de vista da cidade; ii. Outra, do indivíduo, conforme a teoria da alma tripartida:

i. a coragem é "a salvaguarda da opinião, veiculada pela educação sob a égide da lei, sobre as coisas temíveis, quais são e de que tipo são" (Τὴν τῆς δόξης τῆς ὑπὸ νόμου διὰ τῆς παιδείας γεγονυίας [σωτηρίαν] περὶ τῶν δεινῶν ἅ τέ ἐστι καὶ οἷα, IV 429c7-8); e a salvaguarda dessa opinião *em toda e qualquer circunstância* significa "preservá-la em meio a dores, prazeres, apetites e medos, e não abandoná-la" (τὸ ἔν τε λύπαις ὄντα διασῴζεσθαι αὐτὴν καὶ ἐν ἡδοναῖς καὶ ἐν ἐπιθυμίαις καὶ ἐν φόβοις καὶ μὴ ἐκβάλλειν, IV 429c8-d1).

ii. o indivíduo corajoso é aquele em que "a parte irascível preserva, em meio a dores e prazeres, as prescrições racionais sobre o que é temível ou não" (ὅταν αὐτοῦ τὸ θυμοειδὲς διασῴζῃ διά τε λυπῶν καὶ ἡδονῶν τὸ ὑπὸ τῶν λόγων παραγγελθὲν δεινόν τε καὶ μή, IV 442b10-c2).

Sobre a definição de *coragem* atribuída a Sócrates em outras fontes, ver Xenofonte, *Memoráveis* 4.6.1-11; Aristóteles, *Ética Eudêmia* III.1 1229a12-16; *Ética Nicomaqueia* III.8 1116b3-15.

360e3-4   Φιλονικεῖν μοι ... τὸν ἀποκρινόμενον
            "Você me parece almejar a vitória, Sócrates, ao insistir que eu continue a responder às suas perguntas"

No diálogo *Górgias*, Cálicles, constrangido pelas perguntas de Sócrates, e sem saber o que lhe responder, faz a mesma acusação que Protágoras faz aqui. Sócrates, por sua vez, justifica seu procedimento refutativo com argumentos semelhantes em ambos os contextos:

COMENTÁRIOS

soc: [...] Diga-me: se alguém indagar-lhe sobre isso, Cálicles, o que responderá? que homem você dirá ter se tornado melhor com o seu convívio? Hesita em responder se há algum feito seu relativo a uma situação privada antes de empreender as ações públicas?

cal: Você almeja a vitória, Sócrates.

soc: Mas eu não o interrogo almejando a vitória, mas querendo verdadeiramente saber, segundo seu juízo, como se deve agir politicamente entre nós. (515a7-b8)

{ΣΩ.} [...] λέγε μοι, ἐάν τίς σε ταῦτα ἐξετάζῃ, ὦ Καλλίκλεις, τί ἐρεῖς; τίνα φήσεις βελτίω πεποιηκέναι ἄνθρωπον τῇ συνουσίᾳ τῇ σῇ; ὀκνεῖς ἀποκρίνασθαι, εἴπερ ἔστιν τι ἔργον σὸν ἔτι ἰδιωτεύοντος, πρὶν δημοσιεύειν ἐπιχειρεῖν;

{ΚΑΛ.} Φιλόνικος εἶ, ὦ Σώκρατες.

{ΣΩ.} Ἀλλ᾽ οὐ φιλονικίᾳ γε ἐρωτῶ, ἀλλ᾽ ὡς ἀληθῶς βουλόμενος εἰδέναι ὅντινά ποτε τρόπον οἴει δεῖν πολιτεύεσθαι ἐν ἡμῖν. [...]

11. Epílogo: 360e-362a

361a4   ἡ ἄρτι ἔξοδος τῶν λόγων
"a recente conclusão de nossa discussão"

A ocorrência do termo *exodos* (traduzido aqui por "conclusão") é bastante significativa aqui, pois trata-se de um termo técnico usado para designar a saída de cena dos atores e do coro no teatro. Tanto é que o dicionário Liddell & Scott reserva uma "entrada" específica para essa passagem do *Protágoras* ("end, issue of the argument"), visto que é uma ocorrência excepcional do termo. Do ponto de vista de uma análise que leva em consideração aspectos *intergenéricos* do diálogo (especialmente em relação à comédia, como no caso do *Protágoras*), a referência ao "êxodo" da discussão pode ser interpretada como um índice textual de Platão (entre outros ao longo do diálogo) de seu processo de composição literária, que comunica, em especial, com a comédia *Os Aduladores*, de Êupolis, e *As Nuvens*, de Aristófanes. Sobre a relação entre Platão e a comédia, ver A. Capra (op. cit.); A.W. Nightingale, op. cit., cap. 5.

656 PROTÁGORAS, DE PLATÃO

361b1-2   ὡς πάντα χρήματά ἐστιν ἐπιστήμη
           "todas as coisas são conhecimento"

"Todas as coisas são conhecimento" (*panta khrēmata estin epistēmē*, 361b1-2) ecoa claramente a máxima de Protágoras "o homem é a medida de todas as coisas" (*pantōn khrēmatōn metron estin anthrōpos*, DK 80 B1).

361b2   καὶ ἡ δικαιοσύνη καὶ σωφροσύνη καὶ ἡ ἀνδρεία
         "isto é, a justiça e a temperança, e a coragem"

Vale ressaltar que Sócrates não inclui a *piedade* nessa lista final das virtudes. Essa ausência proposital pode ser entendida como uma evidência de que a relação especial entre *justiça* e *piedade* é tema para outro diálogo, para outra discussão com suas preocupações específicas: a saber, o *Eutífron* (M. Zingano, op. cit., p. 51). De qualquer modo, a subsunção das virtudes particulares no conhecimento, como pretendida aqui por Sócrates, não foi plenamente demonstrada ao longo do *Protágoras*. Sócrates buscou provar, de um lado, a identidade entre *sabedoria* (*sophia*) e *sensatez/temperança* (*sōphrosunē*) em 332a-333b, e, de outro, entre *sabedoria* (*sophia*) e *coragem* (*andreia*) em 349e-351b e 351b-360e. O argumento que, presumivelmente, demonstraria a identidade entre *justiça* (*dikaiosunē*) e *sensatez/temperança* (*sōphrosunē*), e, por conseguinte, entre *justiça* e *sabedoria* (uma vez que *sabedoria* e *sensatez* são idênticas), ficou incompleto (333b-334a), pois o diálogo entrou em crise. No primeiro argumento (330c-331b), por sua vez, Sócrates buscou demonstrar a quase absoluta semelhança, se não a identidade, entre *justiça* (*dikaiosunē*) e *piedade* (*hosiotēs*), sem qualquer referência direta ao conhecimento. Portanto, a asserção de Sócrates aqui pretende mais do que foi efetivamente demonstrado ao longo da discussão. De qualquer modo, a conclusão do último argumento coloca a discussão sobre a tese da *unidade das virtudes* em outro patamar teórico. Se, na primeira metade do diálogo, Sócrates buscava demonstrar, de um modo geral, a identidade

COMENTÁRIOS

entre as virtudes – i.e., a *justiça* é idêntica à *piedade* (atendo-me aqui à primeira alternativa da conclusão de Sócrates: "justiça e piedade são a mesma coisa", ἤτοι ταὐτόν γ' ἐστιν δικαιότης ὁσιότητι, 331b4-5), a *sabedoria* é *idêntica* à *sensatez/temperança* ("Então, não seriam uma única coisa a sensatez e a sabedoria?", Οὐκοῦν ἓν ἂν εἴη ἡ σωφροσύνη καὶ ἡ σοφία; 333b4-5), a *justiça* é idêntica à *sensatez/temperança* (argumento incompleto) – o último argumento sobre a relação entre *sabedoria* e *coragem*, no entanto, mostra que não se trata de uma identidade pura e simples: a posição da *sabedoria*, em relação às demais virtudes, é assimétrica, pois ela é apresentada, na definição da *coragem*, como a causa do ser corajoso, relativamente às coisas que devem e às coisas que não devem ser temidas. Nesse sentido, a sabedoria é o elemento unificador das virtudes, é a causa da condição virtuosa da alma, que se efetiva como *coragem* quando o campo de ação envolve temor e risco. Embora Platão não proceda por definições em relação às outras virtudes, poderíamos esperar um procedimento semelhante aplicado às demais: por exemplo, a sensatez/temperança seria "a sabedoria relativa aos prazeres e dores que se deve perseguir e evitar", e assim por diante. Para uma discussão mais detida sobre o tema, ver *Estudo Introdutório*, subtítulo 7.7. Sobre a sabedoria como o princípio ou causa da presença das outras virtudes, ver M. Zingano, op. cit., p. 65-66.

361c7-d1   μὴ πολλάκις ἡμᾶς … ἐξαπατήσας
"que aquele Epimeteu não vacile e nos engane nessa investigação"

Como o nome "Epimeteu" significa "pensar depois", Platão o relaciona aqui à própria situação do final do diálogo: tanto Sócrates quanto Protágoras descuraram da pergunta que deveria ter sido feita antes de examinarem se a virtude pode ou não ser ensinada – a saber, "o que é virtude". Trata-se do princípio que a crítica platônica denomina de "prioridade da definição" (ver *Comentário* 312c4). Nesse sentido, a censura do *logos* a ambos os interlocutores concerne a um equívoco de ordem *metodológica*, na medida em que para determinar se a virtude tem certa propriedade (i.e., a da *ensinabilidade*), é necessário saber antes qual a sua natureza, o que ela é. No diálogo *Laques*, que versa sobre a *coragem*, Sócrates deixa claro qual seria o procedimento correto para esse tipo de investigação, como vemos neste trecho:

soc: Pois bem, em primeiro lugar, Laques, busquemos estabelecer o que é a coragem. Em segundo lugar, examinemos na sequência de que modo ela adviria aos jovens, em que medida é possível que ela lhes advenha mediante exercitação e ensinamento. Tente então responder à minha pergunta: o que é a coragem? (190d7-e3)

{ΣΩ.} Τοῦτο τοίνυν πρῶτον ἐπιχειρήσωμεν, ὦ Λάχης, εἰπεῖν, ἀνδρεία τί ποτ' ἐστίν· ἔπειτα μετὰ τοῦτο σκεψόμεθα καὶ ὅτῳ ἂν τρόπῳ τοῖς νεανίσκοις παραγένοιτο, καθ' ὅσον οἷόν τε ἐξ ἐπιτηδευμάτων τε καὶ μαθημάτων παραγενέσθαι. ἀλλὰ πειρῶ εἰπεῖν ὃ λέγω, τί ἐστιν ἀνδρεία.

Sobre a figura de Epimeteu e Prometeu no diálogo, ver K.A. Morgan, op. cit., p. 149-153.

362a4   Ταῦτ' εἰπόντες καὶ ἀκούσαντες ἀπῇμεν
"Depois de trocarmos essas palavras, fomos embora"

O uso da 1ª pessoa do plural aqui parece sugerir que Hipócrates vai embora com Sócrates. Esse detalhe é particularmente importante do ponto de vista *dramático*, justamente porque toda a discussão entre Sócrates e os sofistas tinha como fim, em última instância, Hipócrates: o motivo da visita do filósofo à casa de Cálias era avaliar se os ensinamentos de Protágoras constituíam uma "mercadoria" benéfica para a alma do jovem (313c-314b), se valia a pena tornar-se um discípulo dos sofistas (314e-316a). Assim, se de fato Hipócrates acompanha Sócrates nessa saída, isso sugeriria que o filósofo, como "médico da alma" (περὶ τὴν ψυχὴν αὖ ἰατρικὸς ὤν, 313e1-2), foi bem-sucedido, ao menos momentaneamente, em manter um discípulo em potencial longe de seus principais rivais, construídos por Platão sob a alcunha de "sofistas". Por outro lado, quando Sócrates encontra seu amigo anônimo, fato que teria acontecido logo após o encontro com os sofistas na casa de Cálias (cf. 309a-310a), dando início assim à narração do diálogo que acabamos de ler, ele já se encontrava sozinho, sem a companhia de Hipócrates. Teria o jovem tomado outra direção assim que saíram da casa de Cálias? Ou o uso da primeira pessoa do plural equivale aqui ao uso da primeira pessoa do singular, como é comum em grego? Nessa segunda hipótese, Hipócrates teria ficado no interior da casa junto ao restante da audiência figurada no diálogo, o que indicaria o fracasso de Sócrates como "médico da alma" em dissuadi-lo da convivência com Protágoras. Sobre a minha interpretação desse elemento *dramático*, ver *Estudo Introdutório*, capítulo 8.

BIBLIOGRAFIA

1. Edições dos Textos Gregos e Latinos

ANDÓCIDES
Discours. G. Dalmeyda. Paris: Les Belles Lettres, 1966.

ARISTÓFANES
*Aristophanis Comoediae, t. I.*F. W. Hall; W.M. Geldart. Oxford: Clarendon Press, 1957.
*Aristophanis Comoediae, t. II.*F. W. Hall; W.M. Geldart. Oxford: Clarendon Press, 1956.
Scholia Graeca in Aristophanem. F. Dübner. Paris: Didot, 1969.

ARISTÓTELES
Ars Rhetorica. W.D. Ross. Oxford: Clarendon Press, 1959.
De Arte Poetica Liber. R. Kassel. Oxford: Clarendon Press, 1965.
Ethica Nicomachea. L. Bywater. Oxford: Clarendon Press, 1894.
Ethica Eudemia. R.R. Walzer; J.M. Mingay. Oxford: Clarendon Press, 1991.
Politica. W.D. Ross. Oxford: Clarendon Press, 1988.
Topica et Sophistici Elenchi. W.D. Ross. Oxford: Clarendon Press, 1958.

ATENEU
Athenaei Naucratitae deipnosophistarum, libri xv, 3 v. G. Kaibel. Leipzig: Teubner, 1965/1966.

BAQUÍLIDES
Bacchylide: Dithyrambes, épinicies, fragments. J. Irigoin. Paris: Les Belles Lettres, 1993.

CÍCERO
Tusculanes. G. Fohlen; J. Humbert. Paris: Les Belles Lettres, 1931.

DIÓGENES LAÉRCIO
Diogenes Laertius: Lives of Eminent Philosophers. T. Dorandi. Cambridge: Cambridge University Press, 2013.

662 PROTÁGORAS, DE PLATÃO

ÉSQUILO
Eschyle. P. Mazon. Paris: Les Belles Lettres, 2000.

ÉSQUINES
Discours, t. 1. V. Martin; G. de Budé. Paris: Les Belles Lettres, 1973.

EURÍPIDES
Tragicorum Graecorum Fragmenta. A. Nauck. Leipzig: Bibliotheca Teubneriana, 1889.
Euripidis fabulae, t. 3. J. Diggle. Oxford: Clarendon Press, 1994.

FRAGMENTOS DA COMÉDIA ANTIGA
Fragments of Old Comedy. Ian Christopher Storey. Massachusetts: Harvard University Press, 2011.

FRAGMENTOS DOS HISTORIADORES GREGOS
Die Fragmente der greichischen Historiker (FGrH). F. Jacoby. Berlim: Weidmannsche Buchhandlung, 1923.

FRAGMENTOS DOS "SOCRÁTICOS MENORES" (ANTÍSTENES)
Socratis et Socraticorum reliquiae (SSR). Gabriele Giannantoni. Napoli: Bibliopolis, 1990.

HERÓDOTO
Histoires. E. Legrand. Paris: Les Belles Lettres, 1946.

HESÍODO
Hesiodi Opera. F. Solmsen. Oxford: Clarendon, 1970.

HIPÓCRATES E CORPUS HIPPOCRATICUM
Hippocrates et Corpus Hippocraticum Med., De natura hominis. In: *Oeuvres complètes d'Hippocrate, v. 6*. É. Littré. Paris: Baillière, 1962.

HOMERO
Opera. D.B. Monro; T.W. Allen. Oxford: Clarendon, 1920.

ISÓCRATES
Isocrate: Discours, v. 1. G. Mathieu; É. Brémond. Paris: Les Belles Lettres, 1963.
Isocrate: Discours, v. 3. G. Mathieu; É. Brémond. Paris: Les Belles Lettres, 1966.
Isocrate: Discours, v. 4. G. Mathieu; É. Brémond. Paris: Les Belles Lettres, 1962.

LÍSIAS
Lysiae Orationes cum Fragmentis. C. Carey. Oxford: Oxford University, 2007.

PÍNDARO
Pindari carmina cum fragmentis. H. Maehler (post B. Snell). Leipzig: Teubner, 1971.

PLATÃO
Platonis Opera. J. Burnet. Oxford: Clarendon, 1968. V. 3.
Platonis Opera, v. 1. E.A. Duke et al. Oxford: Clarendon, 1995.
Platonis Rempublicam. S.R. Slings. Oxford: Clarendon, 2003.

PLUTARCO
Plutarchi Vitae Parallelae. K. Ziegler. Leipzig: Teubner, 1964.
Plutarchi Moralia, v. 3. M. Pohlenz. Leipzig: Teubner, 1929.

SAFO
Sappho et Alcaeus. Eva-Maria Voigt. Amsterdam: Athenaeum – Polak; Van Gennep, 1971.

SIMÔNIDES
Greek Lyric, v. 3. D. Campbell. Massachusetts: Harvard University Press, 1991.
Poetae Melici Graeci. D.L. Page. Oxford: Clarendon, 1967.

BIBLIOGRAFIA

SIRIANO
Syriani in Hermogenem Commentaria, v. 2. H. Rabe. Leipzig: Teubner, 1893.

PRÉ-SOCRÁTICOS
Die Fragmente der Vorsokratiker. H. Diels; W. Kranz. Berlim: Weidmannsche Buchhandlung, 1989.

TEÓGNIS
Theognis. D. Young (post E. Diehl). Leipzig: Teubner, 1971.

TUCÍDIDES
Historiae. H.S. Jones; J.E. Powell. Oxford: Clarendon, 1988.

XENOFONTE
Opera Omnia. E.C. Marchant. Oxford: Clarendon, 1921.

II. Traduções do *Protágoras*

PLATÃO. *Protágoras, Górgias e Fedão.* Trad. C.A. Nunes. Belém: UFPA, 2002.
PLATO. *Gorgias, Menexenus, Protagoras.* M. Schofield. Trad. T. Griffith. Cambridge University Press, 2010.
PLATO. *Ion, Hippias Minor, Laches, Protagoras: The Dialogues of Plato, v. 3.* Trad. Com comentários de R.E. Allen. Yale: Yale University, 1996.
PLATO. *Protagoras.* Trad. S. Lombardo; K. Bell. In: COOPER, J. (ed.). Plato. *Complete Works.* Indianapolis: Hackett Publishing Company, 1997.
PLATO. *Protagoras and Meno.* Trad. A. Beresford. Introduction: L. Brown. London: Penguin Books, 2005.
PLATON. *Oeuvres Complètes,* t. III 1a Parte. Texto estabelecido e trad. por A. Croiset. Paris: Les Belles Lettres, 1935.
PLATON. *Oeuvres Complètes.* Trad. L. Robin. Paris: Librairie Gallimard, 1950.
PLATON. *Protagoras.* Trad. F. Ildefonse. Paris: GF Flammarion, 1997.
PLATÓN. *Protágoras.* Introdução, trad. e notas de M. Divenosa. Buenos Aires: Losada, 2006.
PLATONE. *Protagora,* a cura di A. Capra. Milano: La Nuova Italia, 2004.
PLATONE. *Protagora,* a cura di M. Lorenza Chiesara. Milano: BUR, 2010.

III. Edições Comentadas

ADAM, James; ADAM, Adela Marion. *Plato. Protagoras.* Cambridge: Cambridge University, 1905.
ARIETI, James A.; BARRUS, Roger Milton. *Plato's Protagoras.* Plymouth: Rowman & Littlefield, 2010.
DENYER, Nicholas. *Plato. Protagoras.* Cambridge: Cambridge University, 2008.
HUBBARD, B.A.F.; KARNOFSKY, E.S. *Plato's Protagoras.* London: Duckworth, 1982.
TAYLOR, C.C.W. *Plato. Protagoras.* Oxford: Clarendon, 1990.

IV. Bibliografia Crítica

ADAM, James. *Platonis Apologia Socratis.* Cambridge: Cambridge University, 1905.
____. *The Republic of Plato.* Cambridge: Cambridge University, 2009.
ADKINS, A.W.H. *Aretê, Tekhnê,* Democracy, and Sophists: *Protagoras* 316-328b. *The Journal of Hellenic Studies,* v. 93, 1973.

664 PROTÁGORAS, DE PLATÃO

BARNES, J. Enseigner la vertu? *Revue Philosophique*, n. 4, 1991.

BEEKES, Robert S.P. *Etymological Dictionary of Greek, v. 1*. Leiden: Brill, 2010.

BELLIDO, A.M. *Sofistas: Testimonios y Fragmentos*. Madri: Gredos, 1996.

BERESFORD, Adam. Nobody's Perfect: A New Text and Interpretation of Simonides *PMG* 542. *Classical Philology*, v. 103, n. 3, 2008.

BEVERSLUIS, John. Does Socrates Commit the Socratic Fallacy? In: BENSON, Hugh H. (ed.). *Essays on the Philosophy of Socrates*. Oxford: Oxford University Press, 1992.

_____. *Cross-Examining Socrates: a Defense of the Interlocutors in Plato's Early Dialogues*. Cambridge: Cambridge University Press, 2000.

BLONDELL, R. *The Play of Character in Playo's Dialogues*. Cambridge: Cambridge University Press, 2002.

BOLZANI, R. O Cínico no *Protágoras*. *Revista Brasileira de Estudos Clássicos*, São Paulo, v. 13-14, 2001.

BOYS-STONES, G.R.; HAUBOLD, J.H. (eds.). *Plato and Hesiod*. Oxford: Oxford University Press, 2010.

BLUNDELL, M.W. Character and Meaning in Plato's *Hippias Minor*. In: KLAGGE, J.C.; SMITH, N.D. (eds.). *Methods of Interpreting Plato and His Dialogues: Oxford Studies in Ancient Philosophy*, Suppl. Vol., 1992.

BRIAND, M. *Pindare: Olympiques*. Paris: Les Belles Lettres, 2014.

BRICKHOUSE, Thomas C.; SMITH, Nicholas D. *The Philosophy of Socrates*. Boulder: Westview, 2000.

_____. *Socratic Moral Psychology*. Cambridge: Cambridge University Press, 2010.

_____. Os Paradoxos Socráticos. In: BENSON, H. (ed.). *Platão*. Trad. Marco Zingano. São Paulo: Artmed, 2011.

BROCK, Roger. Plato and Comedy. In: CRAIK, Elizabeth M. (ed.). *Owls to Athens*. Oxford: Clarendon, 1990.

BRUNSCHWIG, J. Pouvoir Enseigner la Vertu? *Revue Philosophique*, n. 4, 1991.

BURNYEAT, M. First Words: A Valedictory Lecture. *Proceedings of The Cambridge Philological Society*, v. 43, 1996.

CAIN, Rebecca Bensen. *The Socratic Method: Plato's Use of Philosophical Drama*. New York: Continuum, 2007.

CALLAME, C. The Pragmatics of "Myth" in Plato's Dialogues: The Story of Prometheus in the *Protagoras*. In: COLLOBERT, Catherine; DESTRÉE, Pierre; GONZALEZ, Francisco J. (eds.). *Plato and Myth: Studies on the Use and Status of Platonic Myths*. Leiden: Brill, 2012.

CAMBIANO, G. *Platone e le Tecniche*. Torino: Einaudi, 1971.

CAPRA, Andrea. *Agōn Logōn: Il "Protagora" di Platone tra Eristica e Commedia*. Milano: LED, 2001.

_____. Notes and Discussions: Protagoras' Achilles: Homeric Allusion as a Satirical Weapon (Pl. *Protágoras* 340a). *Classical Philology*, v. 100, n. 3, 2005.

CARONE, G.R. Calculating Machines or Leaky Jars? The Moral Psychology of Plato's *Gorgias*, *Oxford Studies in Ancient Philosophy*, v. 26, 2004.

CARSON, A. How Not to Read a Poem: Unmixing Simonides from "Protagoras". *Classical Philology*, v. 87, n. 2, 1992.

CASERTANO, G. *L'Eterna Malattia del Discorso: Quattro Studi su Platone*. Napoli: Liguori, 1991.

_____. As Virtudes e a Virtude: Os Nomes e o Discurso. In: MIGLIORI, Maurizio; VALDITARA, Linda M. Napolitano. *Plato Ethicus*. Trad. S. Leite; E.V. Filho. São Paulo: Loyola, 2015.

CASERTANO, Giovanni. (ed.). *Il Protagora di Platone: Struttura e Problematiche*. Napoli: Loffredo, 2004.

CASSIN, B. (ed.). *Positions de la Sophistique*. Paris: J. Vrin, 1986.

CENTRONE, B. A Virtude Platônica Como *Holon* das *Leis* ao *Protágoras*. In: MIGLIORI, M.; VALDITARA, L.M.N. *Plato Ethicus*. Trad. S. Leite; E.V. Filho. São Paulo: Loyola, 2015.

BIBLIOGRAFIA 665

CERRI, G. Il canto di Simonide nel *Protagora* di Platone. In: CASERTANO, G. (ed.). *Il Protagora di Platone: struttura e problematiche*. Napoli: Loffredo, 2004.

CHANTRAINE, Pierre. *Dictionnaire étymologique de la langue grecque*. Paris: Klincksieck, 1968.

CLAY, D. The Origins of the Socratic Dialogue. In: WAERDT, P.W. W. (ed.). *The Socratic Movement*. Ithaca: Cornell University Press, 1994.

COBY, J. Patrick, *Socrates and the Sophistic Enlightenment: A Commentary on Plato's Protagoras*. Bucknell University Press, 1987.

COLE, Thomas. *The Origins of Rhetoric in Ancient Greece*. London: John Hopkins University Press, 1991.

COLLOBERT, Catherine; DESTRÉE, Pierre; GONZALEZ, Francisco J. (eds.). *Plato and Myth: Studies on the Use and Status of Platonic Myths*. Leiden: Brill, 2012.

COOPER, John M. Notes on Xenophon's Socrates. *Essays on Ancient Moral Psychology and Ethical Theory*. Princeton: Princeton University Press, 1999.

____. Socrates and Plato in Plato's *Gorgias*. *Essays on Ancient Moral Psychology and Ethical Theory*. Princeton: Princeton University Press, 1999.

____. The Unity of Virtue. *Essays on Ancient Moral Psychology and Ethical Theory*. Princeton: Princeton University Press, 1999.

COPE, Edward Meredith; SANDYS, John Edwin. [1877] *Aristotle: Rhetoric, v. 3*. Cambridge: Cambridge University Press, 2010.

CORNFORD, F.M. *The Origin of Attic Comedy*. New York: Anchor Books, 1961.

DENYER, Nicholas. *Plato. Alcibiades*. Cambridge: Cambridge University Press, 2001.

DESCLOS, Marie-Laurence. *Structure des Dialogues de Platon*. Paris: Ellipses, 2000.

DESJARDINS, R. Why Dialogues? Plato's Serious Play. In: GRISWOLD, C.L. (ed.). *Platonic Writings: Platonic Readings*. London: Routledge, 1988.

DES PLACES, E. *Lexique*. In: *Platon, Oeuvres Complètes*, t. XIV et XV. Paris: Les Belles Lettres, 1970.

DESTRÉE, P.; HERRMANN, F.G. (eds.). *Plato and the Poets*. Leiden: Brill, 2011.

DEVEREUX, D.T. The Unity of the Virtues in Plato's *Protagoras* and *Laches*. *The Philosophical Review*, v. 101, n. 4, 1992.

____. A Unidade das Virtudes. In: BENSON, H. (ed.). *Platão*. Trad. M. Zingano. São Paulo: Artmed, 2011.

DICKIE, M. The Argument and Form of Simonides 542 PMG. *Harvard Studies in Classical Philology*, v. 82, 1978.

DODDS, Eric R. *Plato: Gorgias – A Revised Text*. Oxford: Clarendon, 1990.

DORATI.M. Platone ed Eupoli ("Protagora" 314c-316a). *Quaderni Urbinati di Cultura Classica*, New Series, v. 50, n. 2, 1995.

DORION, Louis-André. *Enkrateia* and the Partition of the Soul in the *Gorgias*. In: BARNEY, R. et al. (eds.). *Plato and Divided Soul*. Cambridge: Cambridge University Press, 2012.

____. *Compreender Sócrates*. Trad. Lúcia Orth. Petrópolis: Vozes, 2006.

DOVER, Kenneth James. *Aristophanes' Clouds*. Oxford: Clarendon, 1968.

____. *Aristophanes' Frogs*. Oxford: Clarendon, 1993.

____. *Aristophanic Comedy*. Berkeley: University of California Press, 1972.

____. *Greek Popular Morality*. Indianapolis: Hackett, 1994.

____. *Homossexualidade na Grécia Antiga*. Trad. L.S. Krausz. São Paulo: Nova Alexandria, 2007.

FANTASIA, Ugo. *Tucidide. La Guerra del Peloponeso, libro II*. Firenze: Ets, 2003.

FARNESS, J. *Missing Socrates: Problems of Plato's Writings*. University Park: The Pennsylvania State University Press, 1991.

FREDE, D. The Impossibility of Perfection: Socrates' Criticism of Simonides' Poem in the *Protagoras*. *Review of Metaphysics*, v. 39, n. 4, 1986.

666 PROTÁGORAS, DE PLATÃO

FREDE, Michael. Plato's Arguments and the Dialogue Form. *Oxford Studies in Ancient Philosophy Supplementary Volume*. Oxford: Clarendon, 1992.

FRIEDLÄNDER, P. *Plato, v. 2*. Trad. H. Meyerhoff. New York: Pantheon Books, 1964.

FUSSI, Alesandra. *Retorica e Potere: Una Lettura del* Gorgia *di Platone*. Pisa: Ets, 2006.

GALLOP, D. Justice and Holiness in "Protagoras" 330-331. *Phronesis*, v. 6, n. 2. Leiden: Brill, 1961.

____. The Rhetoric of Philosophy: Socrates' Swan-song. In: MICHELINI, A.N. *Plato as Author: The Rhetoric of Philosophy*. Leiden-Boston: Brill, 2003.

GENTILI, Bruno. *Poesia e Pubblico nella Grecia Antica*. Milano: Feltrinelli, 2006.

GIANNANTONI, Gabriele. *Socrate. Tutte le Testimonianze: da Aristofane e Senofonte ai Padri Cristiani*. Bari: Laterza, 1971.

____. *Socratis et Socraticorum Reliquiae, v. 1*. Roma: Bibliopolis, 1990.

GOLDBERG, Larry. *A Commentary on Plato's* Protagoras. New York, Peter Lang, 1983.

GOMME, Arnold Wycombe. *A Historical Commentary on Thucydides, v. 11, books 11-111*. Oxford: Clarendon, 1956.

GONZALEZ, F. Introduction: A Short History of Platonic Interpretation and the 'Third Way'. In: GONZALEZ, F. (ed.). *The Third Way: New Directions in Platonic Studies*. Lanham: Rowman & Littlefield, 1995.

GOODWIN, William Watson. *Syntax of the Moods and Tenses of the Greek Verb*. London: Bristol Classical, 1999.

GRIFFITH, M. Greek Lyric and the Place of Humans in the World. In: BUDELMANN, Felix. *The Cambridge Companion to Greek Lyric*. Cambridge: Cambridge University Press, 2009.

GRILLI, A. *Aristofane. Le Nuvole,* introduzione, traduzione e note. Milano: BUR, 2005.

GRIMAL, Pierre. *Dicionário da Mitologia Grega e Romana*. Trad. V. Jabouille. Rio de Janeiro: Bertrand Brasil, 2005.

GRIMALDI, W.W. A. *Aristotle. Rhetoric I: a Commentary*. New York: Fordham University Press, 1980.

____. *Aristotle. Rhetoric II: a Commentary*. New York: Fordham University Press, 1988.

GRISWOLD, C.L. Style and Dialogue: The Case of Plato's Dialogue. *The Monist,* Manchester, v. 63, n. 4, 1980.

____. Plato's Metaphilosophy: Why Plato Wrote Dialogues. In: GRISWOLD, C.L. (ed.). *Platonic Writings: Platonic Readings*. London: Routledge, 1988.

GUTHRIE, W. *A History of Greek Philosophy, v. III*. Cambridge: Cambridge University Press, 1969.

____. *A History of Greek Philosophy, v. IV*. Cambridge: Cambridge University Press, 1975.

HALLIWELL, S. *The* Poetics *of Aristotle*. The University of North Carolina Press, 1987.

HAVELOCK, Eric. *Prefácio a Platão*. Trad. E. Dobránzsky. Campinas: Papirus, 1996.

HAWTREY, R.S.W. *Commentary on Plato's* Euthydemus. Philadelphia: American Philological Society, 1981.

HERÓDOTO. *Histórias, livro VIII*. Introdução e Tradução de C.L. Soares; J.R. Ferreira. Coimbra: Edições 70, 2002.

HICKS, R.H. *Diogenes Laertius: Lives of Eminent Philosophers*. Cambridge: Harvard University Press, 2005.

HORNBLOWER, Simon. *A Commentary on Thucydides, v. 1, books I-III*. Oxford: Clarendon, 1991.

HOW, Walter Wybergh; WELLS, Joseph. *A Commentary on Herodotus, v. 1*. Oxford: Oxford University Press, 1967.

HUTCHINSON, Gregory O. *Greek Lyric Poetry*. Oxford: Oxford University Press, 2001.

IRWIN, Terence. *Plato. Gorgias*. Oxford: Clarendon, 1979.

____. *Plato's Ethics*. Oxford: Oxford University Press, 1995.

BIBLIOGRAFIA 667

____. *The Development of Ethics, v. 1: From Socrates to Reformation.* Oxford: Oxford University Press, 2007.
JARRATT, S.C. *Rereading the Sophists: Classical Rhetoric Refigured.* Carbonale and Edwardsville: Southern Illinois University Press, 1991.
KAHN, Charles H. Drama and Dialectic in Plato's *Gorgias. Oxford Studies in Ancient Philosophy,* v. 1. Oxford: Clarendon, 1983.
____. Did Plato Write Socratic Dialogues? In: BENSON, H.H. (ed.). *Essays on the Philosophy of Socrates.* Oxford: Oxford University Press, 1992.
____. *Plato and the Socratic Dialogue.* Cambridge: Cambridge University Press, 1996.
KENNEDY, G.A. *Classical Rhetoric and Its Christian and Secular Tradition from Ancient to Modern Times.* Chapel Hill: University of North Carolina Press, 1980.
____. *A New History of Classical Rhetoric.* Princeton: Princeton University Press, 1994.
____. *Aristotle. On Rhetoric: a Theory of Civic Discourse.* Tradução com introdução, notas e apêndices. Oxford: Oxford University Press, 2007.
KENNY, Anthony. *The Aristotelian Ethics.* Oxford: Clarendon, 1978.
KERFERD, George Briscoe. *The Sophistic Movement.* Cambridge: Cambridge University Press, 1981.
____. Le Sophiste vu par Platon: un Philosophe Imparfait. In: CASSIN, B. (ed.). *Positions de la Sophistique: Coloque de Cerisy.* Paris: Vrin, 1986.
KLOSKO, George. Towards a Consistent Interpretation of the Protagoras. *AGPh,* v. 61, 1979.
____. Plato and the Morality of Fallacy. *The American Journal of Philology,* v. 108, n. 4, 1987.
KNOX, Benard MacGregor Walker. *The Heroic Temper: Studies in Sophoclean Tragedy.* Berkeley: University of California Press, 1966.
KONING, H. Plato's Hesiod: not Plato's alone. In: BOYS-STONES, G.R.; HAUBOLD, J.H. (eds.). *Plato and Hesiod.* Oxford: Oxford University Press, 2010.
KONSTAN, David. Socrates in Aristophanes' *Clouds.* In: MORRISON, Donald R. (ed.). *The Cambridge Companion to Socrates.* Cambridge: Cambridge University Press, 2011.
____. *The Emotions of the Ancient Greeks.* Toronto: University of Toronto Press, 2006.
KOSMAN, L.A. Silence and Imitation in the Platonic Dialogues. *Oxford Studies in Ancient Philosophy: Supplementary Volume.* Oxford: Clarendon, 1992.
KRAUT, R. Comments on Gregory Vlastos "The Socratic Elenchus". *Oxford Studies in Ancient Philosophy,* v. 1. Oxford: Clarendon, 1983.
____. Introduction to the study of Plato. In: KRAUT, R. (ed.). *The Cambridge Companion to Plato.* Cambridge: Cambridge University Press, 2006.
LANZA, D. *Aristotele. Poetica.* Introdução, tradução e nota. Milano: BUR, 2004.
LEÃO, Delfim Ferreira A Tradição dos Sete Sábios e a Caracterização da Figura do *Sophos.* In: LEÃO, Delfim Ferreira et al. (coords.). *Dos Homens e Suas Ideias: Estudos Sobre as Vidas de Diógenes Laércio.* Coimbra: Universidade de Coimbra, 2013.
LESZL, W. Le funzioni della tesi edonistica nel *Protagora* e oltre. In: CASERTANO, G. (ed.). *Il Protagora di Platone: Struttura e Problematiche.* Napoli: Loffredo, 2004.
LEVI, A.W. Philosophy as Literature: The Dialogue. *Philosophy and Rhetoric,* v. 9, n. 1. University Park: The Pennsylvania State University Press, 1976.
LIMA, P.B. *Platão. Uma Poética para a Filosofia.* São Paulo: Perspectiva, 2004.
LONGO, Angela. *La tecnica della domanda e le interrogazioni fittizie in Platone.* Pisa: Scuola Normale Superiore, 2000.
LOPES, Daniel R.N. A Função da Vergonha na Refutação de Cálicles no *Górgias* de Platão. In: *Una Mirada Actual a la Filosofía Griega: Ponencias del II Congreso Internacional de Filosofía Griega de la Sociedad Ibérica de Filosofía.* Palma de Mallorca: SIFG, 2012.
____. *Górgias de Platão.* São Paulo: Perspectiva, 2011.
____. Aspectos Cômicos do Diálogo *Górgias* de Platão. In: WERNER, Christian et al. (orgs.). *Gêneros Poéticos na Grécia Antiga: Confluências e Fronteiras.* São Paulo: Humanitas, 2014.

668 PROTÁGORAS, DE PLATÃO

LORENZ, H. The Analysis of the Soul in Plato's *Republic*. In: SANTAS, Gerasimos Xenophon (ed.). *The Blackwell Guide to Plato's* Republic. Oxford: Blackwell, 2006.

LUCAS, D.W. *Aristotle. Poetics*. Oxford: Clarendon, 1968.

MÁRSICO, Claudia. *Socráticos: Testimonios y Fragmentos*. Buenos Aires: Losada, 2014.

MCCABE, Mary Margaret. *Plato and His Predecessors: The Dramatisation of Reason*. Cambridge: Cambridge University Press, 2000.

____. A Forma e os Diálogos Platônicos. In: BENSON, H. (ed.). *Platão*. Trad. M. Zingano. São Paulo: Artmed, 2011.

MCCOY, Marina. *Plato and the Rhetoric of Philosophers and Sophists*. Cambridge: Cambridge University Press, 2008.

MCKIM, R., "Shame and Truth in Plato's Gorgias". In: GRISWOLD Jr., Charles L. (ed.). *Platonic Writings: Platonic Readings*. London: Routledge, 1988.

MEOLI, M. La funzioni dell'esempio. In: CASERTANO, G. (ed.). *Il* Protagora *di Platone: Struttura e Problematiche*. Napoli: Loffredo, 2004.

MITTELSTRASS, J. On Socratic Dialogue. In: GRISWOLD, C.L. (ed.). *Platonic Writings: Platonic Readings*. London: Routledge, 1988.

MORGAN, Kathryn A. *Myth and Philosophy: From Presocratics to Plato*. Cambridge: Cambridge University Press, 2000.

MOSS, Jessica. Plato's Division of the Soul. *Oxford Studies in Ancient Philosophy*, v. 34, 2008.

____. Shame, Pleasure and the Divided Soul. *Oxford Studies in Ancient Philosophy*, XXIX, 2005.

MOST, G.W. Plato's Hesiod: An acquired Taste? In: BOYS-STONES, G.R.; HAUBOLD, J.H. (eds.). *Plato and Hesiod*. Oxford: Oxford University Press, 2010.

NAILS, Debra. *The People of Plato: A Prosopography of Plato and Other Socratics*. Indianapolis: Hackett, 2002.

NEHAMAS, Alexander. Eristic, Antilogic, Sophistic, Dialectic: Plato's Demarcation of Philosophy from Sophistry. In: NEHAMAS, Alexander. (ed.). *Virtues of Authenticity*. Princeton: Princeton University Press, 1999.

NIGHTINGALE, Andrea Wilson. *Genres in Dialogue*. Cambridge: Cambridge University Press, 1995.

O'BRIEN, M.J. Socrate e Protagora sulla virtù. In: CASERTANO, G. (ed.). *Il* Protagora *di Platone: Struttura e Problematiche*. Napoli: Loffredo, 2004.

____. The "Fallacy" in Protagoras 349d-350c. *Transactions and Proceedings of the American Association*, v. 92, 1961.

PALUMBO, L. Socrate, Ippocrate e il vestibolo dell'anima. In: CASERTANO, G. (ed.). *Il* Protagora *di Platone: Struttura e Problematiche*. Napoli: Loffredo, 2004.

PATTERSON, R. The Platonic Art of Comedy and Tragedy. *Philosophy and Literature*, v. 6, n. 1. Baltimore: The Johns Hopkins University Press, 1982.

PENNER, T. The Unity of Virtue. *The Philosophical Review*, v. 82, n. 1, 1973.

____. Socrates and the Early Dialogues. In: KRAUT, R. (ed.). *The Cambridge Companion to Plato*. Cambridge: Cambridge University Press, 1992.

PFEIFFER, Rudolf. *History of Classical Scholarship: From the Beginnings to the End of the Hellenistic Age*. Oxford: Clarendon, 1971.

PIERI, Stefania Nonvel. *Platone Gorgia*. Tradução, introdução e comentários. Napoli: Loffredo Editore, 1991.

____. La caccia al bell'Alcibiade. In: CASERTANO, G. (ed.). *Il* Protagora *di Platone: Struttura e Problematiche*. Napoli: Loffredo, 2004.

PINA, M. da G.G. L'arrossire sorridendo di Ippocrate. In: CASERTANO, G. (ed.). *Il* Protagora *di Platone: Struttura e Problematiche*. Napoli: Loffredo, 2004.

PRESS, G.A. The Dialogical Mode in Modern Plato Studies. In: HART, Richard; TEJERA, Victorino (eds.). *Plato's Dialogues: The Dialogical Approach*. Lewiston, Maine: Edwin Mellen, 1997.

BIBLIOGRAFIA 669

PRIOR, W. O Problema Socrático. In: BENSON, H.H. (ed.). *Platão*. Trad. M. Zingano. São Paulo: Artmed, 2011.

RANDALL Jr., J.H. *Plato: Dramatist of the Life of Reason*. New York: Columbia University Press, 1970.

RANTA, Jerrald. The Drama of Plato's Ion. *The Journal of Aesthetics and Art Criticism*, v. 26, n. 2, 1967.

RAAFLAUB, K.A. Philosophy, Science, Politics: Herodotus and the Intellectual Trends of his Time. In: BAKKER, Egbert J. et al. (eds.). *Brill's Companion to Herodotus*. Leiden: Brill, 2002.

REALE, G.; GIRGENTI, G.; RAMELLI, I. *Diogene Laerzio: Vite e Dottrine dei Più Celebri Filosofi*. Milano: Bompiani, 2005.

REALE, G. Il mito in Platone com particolare rigaurdo al mito nel "Protagora". In: CASERTANO, G. (ed.). *Il Protagora di Platone: struttura e problematiche*. Napoli: Loffredo, 2004.

RENAULT, Olivier. *Platon: La Médiation des émotions*. Paris: J. Vrin, 2014.

RIEL, Gerd van. Religion and Morality: Elements of Plato's Anthropology in the Myth of Prometheus. In: COLLOBERT, Catherine; DESTRÉE, Pierre; GONZALEZ, Francisco J. (eds.). *Plato and Myth: Studies on the Use and Status of Platonic Myths*. Leiden: Brill, 2012.

ROBINSON, Richard. Plato's Consciousness of Fallacy. In: ROBINSON, R. (ed.). *Essays in Greek Philosophy*. Oxford: Clarendon, 1969.

_____. *Plato's Earlier Dialectic*. London: Oxford University Press, 1953.

ROMILLY, Jacqueline de. *Magic and Rhetoric in Ancient Greece*. Cambridge: Harvard University Press, 1975.

ROSSETTI, L. La demonizzazione della Sofistica. In: CASERTANO, G. (ed.). *Il Protagora di Platone: struttura e problematiche*. Napoli: Loffredo, 2004.

ROWE, C. Socrate e Simonide. In: CASERTANO, G. (ed.). *Il Protagora di Platone: struttura e problematiche*. Napoli: Loffredo, 2004.

_____. Interpretando Platão. In: BENSON, Hugh H. (ed.). *Platão*. Trad. M. Zingano. São Paulo: Artmed, 2011.

RUSTEN, J.S. *Thucydides: The Peloponnesian War, book II*. Cambridge: Cambridge University Press, 1989.

RUTHERFORD, R.B. *The Art of Plato*. London: Duckworth, 1995.

RYLE, G. Dialectic in Academy. In: BAMBROUGH, R. (ed.). *New Essays on Plato and Aristotle*. London: Routledge/Kegan Paul, 1966.

SCHIAPPA, Edward. Did Plato Coin Rhetorike? *American Journal of Philology*, v. 111, 1990.

_____. *The Beginnings of Rhetorical Theory in Classical Greece*. Yale: Yale University Press, 1999.

_____. *Protagoras and Logos: A Study in Greek Philosophy and Rhetoric*. Berkeley: University of South California Press, 2003.

SCOTT, Dominic. Platonic Pessimism and Moral Education. *Oxford Studies in Ancient Philosophy*, v. 17. Oxford University Press, 1999.

_____. *Plato's Meno*. Cambridge: Cambridge University Press, 2006.

SEDLEY, David N. *The Midwife of Platonism: Text and Subtext in Plato's Theaetetus*. Oxford: Clarendon, 2004.

_____. Myth, Punishment and Politics in the *Gorgias*. In: PARTENIE, Catalin P. (ed.). *Plato's Myths*. Cambridge: Cambridge University Press, 2009.

SEGVIC, Heda. Homer in Plato's *Protagoras*. *Classical Philology*, v. 101, n. 3, 2006.

SHAW, J. Clerk. *Plato's Anti-hedonism and the Protagoras*. Cambridge: Cambridge University Press, 2015.

SILK, M.S. *Aristophanes and the Definition of Comedy*. Oxford: Oxford University Press, 2002.

670 PROTÁGORAS, DE PLATÃO

SLINGS, S.R. *Plato's Apology of Socrates*. Leiden: Brill, 1994.

SMITH, J.R. *Xenophon. Memorabilia*. Introdução e comentários. New York: Arno, 1979.

SMITH, Robin. *Aristotle. Topics. Books I and VIII*. Oxford: Clarendon, 1997.

SMYTH, H.W. *Greek Grammar*. New York: Harvard University Press, 1984.

SOMMERSTEIN, A.H. *The Comedies of Aristophanes, v. 3: Clouds*. Warminster: Aris and Philips, 1981.

SPRAGUE, Rosamond Kent. *Plato's Use of Fallacy: A Study of the* Euthydemus *and Some Other Dialogues*. London: Routledge and Kegan Paul, 1962.

_____ (ed.). *The Older Sophists*. Indianapolis: Hackett, 2001.

SULLIVAN, J.P. The Hedonism of Plato's Protagoras. *Phronesis*, v. 6, n. 1, 1961.

TATHAM, M.T. *The* Laches *of Plato*. London: Macmillan, 1908.

TONDELLI, M. *Isocrate. Encomio di Elena*. Milano: La Vita Felice, 2000.

TRABATTONI, F. *Oralidade e Escrita em Platão*. Trad. Fernando Puente; Roberto Bolzani Filho. São Paulo: Discurso, 2003.

UNTERSTEINER, M. *Sofisti: Testimonianze e Frammenti, t. II*. Firenze: La Nuova Italia, 1949.

_____. *I Sofisti*. Milão: Bruno Mondadori, 1996.

VEGETTI, M. Protagora, autore della Reppublica? In: CASERTANO, G. (ed.). *Il Protagora di Platone: struttura e problematiche*. Napoli: Loffredo, 2004.

VELARDI, Roberto. *Platone. Fedro*. Milão: BUR, 2006.

VLASTOS, Gregory. The Paradox of Socrates. In: GRAHAM, D.G. (ed.). *Studies in Greek Philosophy*. Princeton: Princeton University Press, 1995.

_____. The Socratic Elenchus. *Oxford Studies in Ancient Philosophy, v. 1*. Oxford: Clarendon, 1983.

_____. Socratic Irony. In: BENSON, Hugh H. (ed.). *Essays on the Philosophy of Socrates*. Oxford: Oxford University Press, 1992.

_____. The Unity of the Virtues. In: VLASTOS, G. (ed.). *Platonic Studies*. Princeton: Princeton University Press, 1973.

XENOFONTE. *Banquete: Apologia de Sócrates*. Tradução, introdução e notas A.E. Pinheiro. Coimbra: Classica Digitalia Universitatis Conimbrigensis, 2008.

YOUNG, C.M. O Elenchus Socrático. In: BENSON, H.H. (ed.). *Platão*. Trad. M. Zingano. São Paulo: Artmed, 2011.

YUNIS, Harvey. *Plato. Phaedrus*. Cambridge: Cambridge University Press, 2011.

WAERDT, Paul A. Wander. Socrates in the *Clouds*. In: WAERDT, Paul A. Wander (ed.). *The Socratic Movement*. Ithaca: Cornell University Press, 1994.

ZEYL, D. Socrates and hedonism: *Protagoras* 351-358d. *Phronesis* 25, 1980.

ZINGANO, Marco. Une opération platonicienne: l'avènement des quatre vertus. In: PALUMBO, L. (ed.). *Logon didonai: la filosofia come esercizio del render ragione*. Napoli: Loffredo, 2011.

_____. Virtude e Saber em Sócrates. In: ZINGANO, Marco. *Estudos de Ética Antiga*. São Paulo: Discurso, 2007.

_____. *Aristóteles: Tratado de Virtude Moral (Ethica Nicomachea I 13 – III 8)*. São Paulo: Odysseus, 2008.

ANEXO 1

DIÓGENES LAÉRCIO –
VIDAS E DOUTRINAS DOS FILÓSOFOS ILUSTRES,
LIVRO IX (50-56)[1]

---

1. O texto grego utilizado nesta tradução é o da edição de Tiziano Dorandi (*Diogenes Laertius: Lives of Eminent Philosophers*, Cambridge: Cambridge University Press, 2013).

<ΠΡΩΤΑΓΟΡΑΣ>

[50] Πρωταγόρας Ἀρτέμωνος ἤ, ὡς Ἀπολλόδωρος (FGrH 244 F70) καὶ Δίνων ἐν Περσικοῖς {ἐν} (FGrH 690 F 6), Μαιανδρίου, Ἀβδηρίτης, καθά φησιν Ἡρακλείδης ὁ Ποντικὸς ἐν τοῖς Περὶ νόμων (Wehrli VII, fg. 150), ὃς καὶ Θουρίοις νόμους γράψαι φησὶν αὐτόν· ὡς δ᾽ Εὔπολις ἐν Κόλαξιν, Τήϊος· φησὶ γάρ (fg. 146a Kock),

Ἔνδον μέν ἐστι Πρωταγόρας ὁ Τήϊος.

οὗτος καὶ Πρόδικος ὁ Κεῖος λόγους ἀναγινώσκοντες ἠρανίζοντο·καὶ Πλάτων ἐν τῷ Πρωταγόρᾳ (316a) φησὶ βαρύφωνον εἶναι τὸν Πρόδικον. διήκουσε δ᾽ ὁ Πρωταγόρας Δημοκρίτου. ἐκαλεῖτό τε Σοφία, ὥς φησι Φαβωρῖνος ἐν Παντοδαπῇ ἱστορίᾳ (FHG III. 583).

[51] Καὶ πρῶτος ἔφη (DK 80 B6a) δύο λόγους εἶναι περὶ παντὸς πράγματος ἀντικειμένους ἀλλήλοις· οἷς καὶ συνηρώτα, πρῶτος τοῦτο πράξας. ἀλλὰ καὶ ἤρξατό που τοῦτον τὸν τρόπον (DK 80 B1)· "πάντων χρημάτων μέτρον ἄνθρωπος, τῶν μὲν ὄντων ὡς ἔστιν, τῶν δὲ οὐκ ὄντων ὡς οὐκ ἔστιν." ἔλεγέ τε μηδὲν εἶναι ψυχὴν παρὰ τὰς αἰσθήσεις, καθὰ καὶ Πλάτων φησὶν ἐν Θεαιτήτῳ, καὶ πάντα εἶναι ἀληθῆ. καὶ ἀλλαχοῦ δὲ τοῦτον ἤρξατο τὸν τρόπον (DK 80 B4)· "περὶ μὲν θεῶν οὐκ ἔχω εἰδέναι οὔθ᾽ ὡς εἰσίν, οὔθ᾽ ὡς οὐκ εἰσίν· πολλὰ γὰρ τὰ κωλύοντα εἰδέναι, ἥ τ᾽ ἀδηλότης καὶ βραχὺς ὢν ὁ βίος τοῦ ἀνθρώπου." [52] διὰ ταύτην δὲ τὴν ἀρχὴν τοῦ συγγράμματος ἐξεβλήθη πρὸς Ἀθηναίων· καὶ τὰ βιβλία αὐτοῦ κατέκαυσαν ἐν τῇ ἀγορᾷ, ὑπὸ κήρυκι ἀναλεξάμενοι παρ᾽ ἑκάστου τῶν κεκτημένων.

Οὗτος πρῶτος μισθὸν εἰσεπράξατο μνᾶς ἑκατόν· καὶ πρῶτος μέρη χρόνου διώρισε καὶ καιροῦ δύναμιν ἐξέθετο καὶ λόγων ἀγῶνας ἐποιήσατο καὶ σοφίσμα<τα> τοῖς πραγματολογοῦσι προσήγαγε· καὶ τὴν διάνοιαν ἀφεὶς πρὸς τοὔνομα διελέχθη καὶ τὸ νῦν ἐπιπόλαιον γένος τῶν ἐριστικῶν ἐγέννησεν· ἵνα καὶ Τίμων φησὶ περὶ αὐτοῦ (PPF 9 B 47),

PROTÁGORAS

[50] Protágoras, filho de Artémon, ou, segundo Apolodoro[2] e Dínon na *História da Pérsia*[3], filho de Meândrio, era oriundo de Abdera, como afirma Heráclito Pôntico em *Sobre as Leis*[4], que também diz ter sido ele quem redigiu as leis para os habitantes de Turi. Segundo Êupolis em *Os Aduladores*[5], contudo, ele era proveniente de Teos, pois ele diz:

Lá dentro está Protágoras de Teos.

Ele e Pródico de Ceos cobravam para ler em público seus discursos; Platão, no *Protágoras*, diz que Pródico tinha um tom grave de voz[6]. E Protágoras foi discípulo de Demócrito, o qual era chamado de "Sabedoria", como relata Favorino em *História Diversa*[7].

[51] Foi ele o primeiro a dizer[8] que há dois discursos antitéticos para todo e qualquer assunto. Foi o primeiro também a submeter ambos os discursos a questionamento. Com efeito, ele começa da seguinte maneira: "homem é a medida de todas as coisas, das que são enquanto são, e das que não são, enquanto não são"[9]. Afirmava que a alma não é nada além das percepções, como também Platão diz no *Teeteto*, e que tudo é verdadeiro. Em outra obra, ele começa da seguinte maneira[10]: "Sobre os deuses, não posso saber nem que são, nem que não são, pois muitas coisas impedem de sabê-lo, a obscuridade e a brevidade da vida humana." [52] Foi por causa desse início de seu escrito que ele foi banido pelos atenienses, que queimaram seus livros na ágora, depois de um arauto ter recolhido todas as cópias de quem havia adquirido.

Foi ele o primeiro a cobrar um salário de 100 *minas*. Foi ele também o primeiro a distinguir os tempos dos verbos, a elucidar o poder do momento oportuno, a estabelecer contendas verbais e a introduzir sofismas nas querelas. Numa discussão, preferiu o nome ao significado e deu origem à estirpe dos erísticos, hoje tão em voga. É em vista disso que Tímon diz o seguinte sobre ele:

2. *FGrH* 244 F70.
3. *FGrH* 690 F 6.
4. Wehrli VII, fr. 150.
5. Fr. 157 Storey.
6. Platão, *Protágoras* 316a.
7. *FHG* III 583.
8. DK 80 B6a.
9. DK 80 B1.
10. DK 80 B4.

PROTÁGORAS, DE PLATÃO

Πρωταγόρης τ' ἐπίμεικτος ἐριζέμεναι εὖ εἰδώς.

[53] οὗτος καὶ τὸ Σωκρατικὸν εἶδος τῶν λόγων πρῶτος ἐκίνησε. καὶ τὸν Ἀντισθένους λόγον τὸν πειρώμενον ἀποδεικνύειν ὡς οὐκ ἔστιν ἀντιλέγειν οὗτος πρῶτος διείλεκται, καθά φησι Πλάτων ἐν Εὐθυδήμῳ (286c). καὶ πρῶτος κατέδειξε τὰς πρὸς τὰς θέσεις ἐπιχειρήσεις, ὥς φησιν Ἀρτεμίδωρος ὁ διαλεκτικὸς ἐν τῷ Πρὸς Χρύσιππον. καὶ πρῶτος τὴν καλουμένην τύλην, ἐφ' ἧς τὰ φορτία βαστάζουσιν, εὗρεν, ὥς φησιν Ἀριστοτέλης ἐν τῷ Περὶ παιδείας (63 Rose)· φορμοφόρος γὰρ ἦν, ὡς καὶ Ἐπίκουρός πού φησι (fg. 172 Us.). καὶ τοῦτον τὸν τρόπον ἤρθη πρὸς Δημοκρίτου ξύλα δεδεκὼς ὀφθείς. διεῖλέ τε τὸν λόγον πρῶτος εἰς τέτταρα· εὐχωλήν, ἐρώτησιν, ἀπόκρισιν, ἐντολήν [54] (οἱ δὲ εἰς ἑπτά· διήγησιν, ἐρώτησιν, ἀπόκρισιν, ἐντολήν, ἀπαγγελίαν, εὐχωλήν, κλῆσιν), οὓς καὶ πυθμένας εἶπε λόγων. Ἀλκιδάμας (Orat. Att. II. 155b) δὲ τέτταρας λόγους φησί· φάσιν, ἀπόφασιν, ἐρώτησιν, προσαγόρευσιν.

Πρῶτον δὲ τῶν λόγων ἑαυτοῦ ἀνέγνω τὸν Περὶ θεῶν, οὗ τὴν ἀρχὴν ἄνω παρεθέμεθα· ἀνέγνω δ' Ἀθήνησιν ἐν τῇ Εὐριπίδου οἰκίᾳ ἤ, ὥς τινες, ἐν τῇ Μεγακλείδου· ἄλλοι ἐν Λυκείῳ, μαθητοῦ τὴν φωνὴν αὐτῷ χρήσαντος Ἀρχαγόρου τοῦ Θεοδότου. κατηγόρησε δ' αὐτοῦ Πυθόδωρος Πολυζήλου, εἷς τῶν τετρακοσίων· Ἀριστοτέλης (67 Rose) δ' Εὔαθλόν φησιν.

[55] Ἔστι δὲ τὰ σωζόμενα αὐτοῦ βιβλία τάδε·

Τέχνη ἐριστικῶν,
Περὶ πάλης,
Περὶ τῶν μαθημάτων,
Περὶ πολιτείας,
Περὶ φιλοτιμίας,
Περὶ ἀρετῶν,
Περὶ τῆς ἐν ἀρχῇ καταστάσεως,
Περὶ τῶν ἐν ᾅδου,
Περὶ τῶν οὐκ ὀρθῶς τοῖς ἀνθρώποις πρασσομένων,
Προστακτικός,

ANEXO 1: DIÓGENES LAÉRCIO – VIDA DE PROTÁGORAS 675

Protágoras gregário, cônscio contencioso.

[53] Foi ele o primeiro também a estimular o gênero socrático de discurso. E o argumento de Antístenes que busca demonstrar que é impossível a contradição, foi ele o primeiro a empregá-lo numa discussão, como diz Platão no *Eutidemo*[11]. Foi o primeiro também a mostrar como atacar as proposições, como afirma o dialético Artemidoro em *Para Crisipo*. Foi ele o primeiro também a inventar a chamada *tila*, sobre a qual se carrega as cargas, como diz Aristóteles em *Sobre a Educação*[12]; pois ele era carregador, como também Epicuro diz em algum momento[13]. E foi assim que Demócrito o louvou, quando o viu atar as madeiras. Foi o primeiro a discernir quatro formas de discurso: prece, pergunta, resposta e ordem [54] (outros propõem sete: narração, pergunta, resposta, ordem, relato, prece e convocação), às quais se referia como fundamentos dos discursos. Alcidamante[14], porém, afirma que há quatro formas de discurso: afirmação, negação, pergunta e saudação.

O primeiro discurso lido em público por ele foi *Sobre os Deuses* cujo início reportei acima. Ele foi lido em Atenas na casa de Eurípides, ou, como dizem alguns, na casa de Megaclides; outros dizem que foi no Liceu, lido pelo seu discípulo Arcágoro, filho de Teódoto, na condição de porta-voz. Foi acusado por Pitodoro, filho de Polizelo, um dos membros dos Quatrocentos[15]; Aristóteles, contudo, afirma que foi Euatlo.

[55] Os livros de Protágoras que se conservaram são os seguintes: *Arte Erística*, *Sobre a Luta*, *Sobre as Disciplinas*, *Sobre a Constituição Política*, *Sobre a Ambição*, *Sobre as Virtudes*, *Sobre a Condição Originária*, *Sobre as Coisas do Hades*, *Sobre as Ações Incorretas dos Homens*, *Livro dos Preceitos*,

11. Platão, *Eutidemo* 286c.
12. Fr. 63 Rose.
13. Fr. 172 Us.
14. *Oratores Attici* II 155b.
15. "Governo dos quatrocentos" consiste no regime instaurado em Atenas pelos oligarcas em 411 a.C., durante a chamada *Guerra do Peloponeso* entre Atenas e Esparta e seus respectivos aliados. Formou-se por decreto um conselho de quatrocentos cidadaos cuja tarefa seria redigir uma nova constituição. Os direitos políticos ficaram restritos a um corpo de cinco mil cidadãos selecionados pelos quatrocentos. Embora o povo (*dēmos*) não tenha oferecido resistência imediata à destituição da democracia, marinheiros e soldados atenienses que estavam em campanha militar na ilha de Samos rebelaram-se e destituíram os estrategos suspeitos de terem simpatia pelos quatrocentos, e então elegeram novos para substituí-los. Em Atenas, os quatrocentos tentaram sem sucesso tratativas de paz com os espartanos, mas tiveram de enfrentar a resistência dos hoplitas, que acabaram por expulsá-los da cidade, entregando o poder àqueles cinco mil cidadãos, que governaram Atenas por certo tempo. Esse episódio da história de Atenas é narrado por Tucídides no Livro VIII da *História da Guerra do Peloponeso*.

676 PROTÁGORAS, DE PLATÃO

Δίκη ὑπὲρ μισθοῦ,
Ἀντιλογιῶν αʹ βʹ.

καὶ ταῦτα μὲν αὐτῷ τὰ βιβλία. γέγραφε δὲ καὶ Πλάτων εἰςαὐτὸν διάλογον.

Φησὶ δὲ Φιλόχορος (FGrH 328 F 217), πλέοντος αὐτοῦ εἰς Σικελίαν, τὴν ναῦν καταποντωθῆναι· καὶ τοῦτο αἰνίττεσθαι Εὐριπίδην ἐν τῷ Ἰξίονι (Ν29, p. 490). ἔνιοι <δὲ> κατὰ τὴν ὁδὸν τελευτῆσαι αὐτόν, βιώσαντα ἔτη πρὸς τὰ ἐνενήκοντα· [56] Ἀπολλόδωρος (FGrH 244 F 71) δέ φησιν ἑβδομήκοντα, σοφιστεῦσαι δὲ τεσσαράκοντα καὶ ἀκμάζειν κατὰ τὴν τετάρτην καὶ ὀγδοηκοστὴν Ὀλυμπιάδα.

Ἔστι καὶ εἰς τοῦτον ἡμῶν οὕτως ἔχον (A. Pal. VII. 130)·

καὶ σέο, Πρωταγόρη, φάτιν ἔκλυον, ὡς ἄρ’ Ἀθηνέων
ἔκ ποτ’ ἰὼν καθ’ ὁδὸν πρέσβυς ἐὼν ἔθανες·
εἵλετο γάρ σε φυγεῖν Κέκροπος πόλις· ἀλλὰ σὺ μέν που
Παλλάδος ἄστυ φύγες, Πλουτέα δ’ οὐκ ἔφυγες.

Λέγεται δέ ποτε αὐτὸν ἀπαιτοῦντα τὸν μισθὸν Εὔαθλον τὸν μαθητήν, ἐκείνου εἰπόντος, “ἀλλ’ οὐδέπω νίκην νενίκηκα,” εἰπεῖν, “ἀλλ’ ἐγὼ μὲν ἂν νικήσω, ὅτι ἐγὼ ἐνίκησα, λαβεῖν με δεῖ· ἐὰν δὲ σύ, ὅτι σύ.”

Γέγονε δὲ καὶ ἄλλος Πρωταγόρας ἀστρολόγος, εἰς ὃν καὶ Εὐφορίων ἐπικήδειον ἔγραψε· καὶ τρίτος Στωικὸς φιλόσοφος.

ANEXO 1: DIÓGENES LAÉRCIO – VIDA DE PROTÁGORAS

Processo Judiciário Sobre Salário, *Antilogias* I e II. Esses são os livros dele. Platão também escreveu um diálogo sobre ele.

Filócoro conta que, quando ele navegava para a Sicília, o barco naufragou[16], episódio aludido por Eurípides no *Íxion*[17]. Alguns dizem que ele morreu durante uma viagem, tendo vivido aproximadamente noventa anos. [56] Apolodoro[18], porém, afirma que ele viveu setenta anos, quarenta deles como sofista, e esteve em seu auge na octogésima quarta olimpíada[19].

Eis o que foi dedicado a ele de nossa parte[20]:

> *Reza tua fama, ó Protágoras, que morreste*
> *na estrada, saindo de Atenas, já velho;*
> *foste banido pela pólis de Cécrope; sim, lograste*
> *escapar à cidade de Palas, mas não a Pluteu.*

Dizem que Protágoras, certa vez, foi exigir o pagamento de salário a seu discípulo Euatlo, que lhe replicou: "Mas eu ainda não venci em nenhuma causa"; Protágoras lhe disse então: "Se eu vencê-lo nesta causa, deverei recebê-lo porque saí vencedor, mas, se você me vencer, deverei recebê-lo da mesma forma, porque você se saiu vencedor nela."

Houve também outro Protágoras, astrólogo, para quem Eufórion escreveu uma endecha, e ainda um terceiro, filósofo estoico.

16. *FGrH* 328 F 217.
17. N 29, p. 490.
18. *FGrH* 244 F 71.
19. 444-441a.C.
20. *Antologia Palatina*, VII 130.

ANEXO 2

PLANTA DA CASA DE CÁLIAS[21]

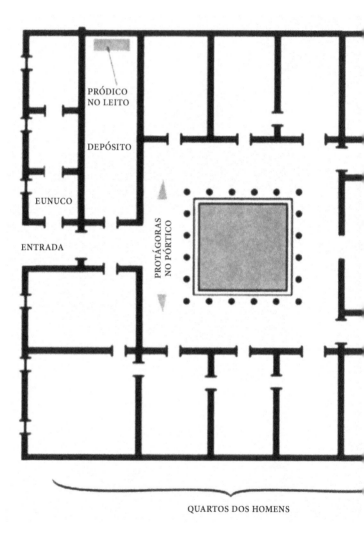

---

21 J.A. Arieti; R.M. Barrus, *Plato's Protagoras*, p. 112.

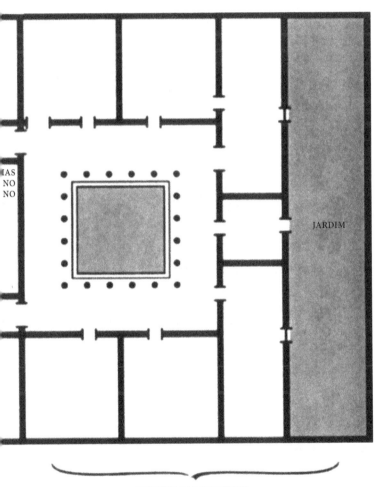

QUARTOS DAS MULHERES

JARDIM

Este livro foi impresso na cidade de Cotia,
nas oficinas da Meta Brasil,
para a Editora Perspectiva